Das

Vormundschaftsrecht

der preußischen Monarchie.

Das
Vormundschaftsrecht
der
preußischen Monarchie

nach der Vormundschaftsordnung vom 5. Juli 1875

von

Dr. Heinrich Dernburg,
Geheimen Justizrath, ord. Professor des Rechts an der Universität Berlin,
Mitglied des Herrenhauses.

Dritte, wesentlich veränderte Auflage,

bearbeitet

von

Max Schultzenstein,
Landrichter.

Berlin und Leipzig.
Verlag von J. Guttentag
(D. Collin).
1886.

Vorwort
zur ersten Auflage.

In der nunmehr abgeschlossenen, energisch und zugleich besonnen entworfenen Reform unseres Vormundschaftsrechts hat sich die Einsicht und Gestaltungskraft der Leiter unseres Justizwesens ein dauerndes Denkmal gesetzt. Doch wie hoch der Werth ihres Werks zu schätzen ist, seine Wirkung hängt vor allem ab von dem Sinn und von dem Verständniß, mit welchem die Praxis dasselbe entgegen nimmt und ins Leben überführt. Ihr hierbei behülflich zu sein, ist die Absicht dieses Buches, welches die bei der Feststellung des neuen Gesetzes waltenden Gedanken gleichsam frisch und ursprünglich zum Ausdruck zu bringen und deren Konsequenzen für das gemeine, das rheinische und das preußische Recht gleichmäßig zu entwickeln sucht. Diese Aufgabe war mir dadurch nahe gelegt, daß ich zum Zweck der Berichterstattung in der Kommission und im Plenum des Herrenhauses meine Studien längere Zeit der Vormundschaftsordnung zuzuwenden hatte und an den Berathungen thätigen Antheil nahm, welche deren letzte Gestalt in wochenlangen Erörterungen bestimmten. Die hier empfangenen Eindrücke zu verarbeiten, die gewonnenen Resultate nochmals durchzudenken und in raschem Abschlusse dem juristischen Publikum vorzulegen, betrachtete ich als eine Verpflichtung, welcher ich mit Liebe und Energie nachkam.

Hierbei habe ich nicht die Form des Kommentars gewählt, welche heutzutage bei der Einführung in neue Gesetze die gewöhnliche geworden ist, vielmehr schien mir eine systematische Darstellung dem

Gegenstand angemessener, da sie den Einblick in das Ganze erleichtert, welcher bei einem einheitlichen Werke wie die Vormundschaftsordnung von entscheidender Bedeutung ist, aber auch das Einzelne unmittelbarer an die leitenden Gesichtspunkte anschließt und vollständiger zur Entwickelung bringt. Die Vortheile eines Kommentars glaubte ich dadurch annähernd zu erreichen, daß ich den Text der Vormundschaftsordnung und der verwandten Gesetze unter Verweisung auf die vorgehende Ausführung hinzufügte.

Wenn die neuere Gesetzgebung mit Recht die Kasuistik verwirft, welche in ein Gesetz eingeprägt bald verknöchert und unzureichend wird, so kann die Praxis um so mehr von der Wissenschaft eine kasuistische Ausführung fordern, an deren Hand sie Elastizität und Fluß behält. Für eine derartige Darstellung des Details bot mir die Erfahrung des bisherigen Rechtszustandes die besten Hülfsmittel. Schon um deswillen wird es nicht befremden, daß in diesem Werke von praktischer Tendenz dem Rechte der Vergangenheit besondere Aufmerksamkeit gewidmet ist. Und ich denke, man wird bei dem Eintritt in eine neue Regelung des Vormundschaftswesens mit Interesse zurückblicken auf die Einrichtungen, durch welche die menschliche Gesellschaft in früheren Epochen ihren hülfsbedürftigen Gliedern Schutz gewährte. In solcher Betrachtung erscheint uns das Vormundschaftsrecht als ein sich fortentwickelnder Organismus von großen sozialen Gedanken, die sich geschichtlich verkörpert haben, unsere Auffassung erhebt sich über eine ängstliche Buchstabeninterpretation, unter welcher sich die Wohlthat des kodifizirten Rechts in Plage verwandelt, und wir nähern uns dem Ziele, den lebendigen Thatbestand des neugesetzten Rechts zu erkennen und durch echte Praxis zur Geltung zu bringen.

Berlin im Juli 1875.

Heinrich Dernburg.

Vorwort
zur zweiten Auflage.

Die zweite Auflage dieses Werkes, welche der ersten in wenigen Monaten folgt, hat dasselbe in Plan und Gesammtanlage unverändert gelassen, gab aber erwünschte Gelegenheit, zahlreiche Einzelheiten einer erneuten Prüfung zu unterziehen und früher ausgesprochene Ansichten bald schärfer zu formuliren, bald eingehender zu begründen, bald zu berichtigen. Zugleich suchte ich durch weitere Durcharbeitung der Sätze des Vormundschaftsrechts die praktische Verwerthbarkeit des Buches zu fördern, namentlich faßte ich das Verhältniß zum französischen Rechte bestimmter als früher ins Auge, zunächst mit Rücksicht auf die Schwierigkeit der sich hier aufwerfenden Probleme, aber auch wegen der mannigfachen Belehrung, welche die Vergleichung des wichtigen und weithin herrschenden Rechts des Nachbarvolkes gewährt.

Bei der neuen Bearbeitung fanden die Beurtheilungen der ersten Auflage sorgfältige Beachtung, wie mir auch die inzwischen erschienenen Schriften über die Vormundschaftsordnung zu Statten kamen. Insbesondere aber darf ich der schätzbaren Bemerkungen gedenken, welche mir Freunde und Gönner persönlich zustellten. Für solche Theilnahme habe ich Geheimem Justizrath Stölzel in Berlin und Professor Eccius in Greifswald, und für französisches Recht vorzugsweise Dr. Franken, Docent der Rechte in Berlin, und Referendar Dr. Rückert in Köln wie auch meinem lieben Vater Dank zu sagen. Möchte durch so vielseitige Bemühung das Werk an Brauchbarkeit gewonnen haben und sich in der vorliegenden Gestalt die Gunst des juristischen Publikums erhalten, welche es zu meiner Freude in kurzer Zeit gefunden hat.

Berlin im Dezember 1875.

Heinrich Dernburg.

Vorwort
zur dritten Auflage.

Da der Herr Verfasser dieses Buches verhindert war, eine neue Auflage selbst zu besorgen, so hat auf dessen Aufforderung der Unterzeichnete die Bearbeitung derselben übernommen.

Bei dem seit dem Erscheinen der zweiten Auflage verflossenen Zeitraum und der Erheblichkeit sowohl des von der Gesetzgebung als von der Theorie und Praxis inzwischen gelieferten neuen Materials konnte nicht eine bloße Nachtragung und Ergänzung, sondern mußte eine vollständige Durcharbeitung, vielfach sogar eine Umarbeitung erfolgen. Ueberall ist dabei jedoch an den in den Vorworten zu den beiden früheren Auflagen ausgesprochenen Grundsätzen festgehalten, ganz besonderes Gewicht aber auf die Erhaltung und Vermehrung der praktischen Brauchbarkeit des Werkes gelegt worden.

Die Aenderungen, deren Umfang äußerlich die trotz mancher, zum Theil nicht unerheblicher Kürzungen und trotz engeren Drucks stattgefundene Vermehrung der Seitenzahl der neuen Auflage auf 504 Seiten gegen 339 der zweiten Auflage zeigt, augenfällig zu machen oder auch nur die wesentlicheren derselben zusammenzustellen, war kaum ausführbar und erschien jedenfalls weder nothwendig noch zweckmäßig. Wer sich dafür interessirt, kann sie sich durch Vergleichung der beiden Auflagen leicht heraussuchen.

Für alle Aenderungen, gleichviel ob sie in Zusätzen und Er=

gänzungen, oder in Weglassungen und Kürzungen oder in sonstigen Abänderungen bestehen, hat der Unterzeichnete die alleinige Verantwortung, da ihm die Bearbeitung der neuen Auflage von dem Herrn Verfasser in jeder Beziehung frei und selbständig überlassen worden ist.

Berlin, Anfang Juli 1885.

Max Schultzenstein.

Erklärung der Abkürzungen.

Die nachstehend im §. 14 aufgeführten Kommentare zur Vormundschaftsordnung sind nur mit den Namen ihrer Verfasser und in den daselbst bezeichneten Auflagen citirt. Unter Märcker ohne weiteren Zusatz ist dabei dessen Erläuterung der Vormundschaftsordnung in der Nachlaßbehandlung rc. verstanden.

Regierungsentwurf, Bericht der K. d. H. H. und Bericht der K. d. A. H. bedeuten den unter dem 13. Januar 1875 dem Herrenhause vorgelegten Entwurf der Vormundschaftsordnung mit Motiven und den Bericht der XI. Kommission des Herrenhauses bezw. der XVI. Kommission des Abgeordnetenhauses über denselben.

Unter des Verfassers Privatrecht ist dessen Lehrbuch des Preußischen Privatrechts und der Privatrechtsnormen des deutschen Reichs, 3. Auflage, zu verstehen.

Im übrigen sind

Arndts u. Leonhard = Das Preußische Vormundschaftsrecht von Arndts und Leonhard, Berlin 1862.

Beiträge = Beiträge zur Erläuterung des deutschen Rechts, herausgegeben von Gruchot, später von Rassow und Küntzel.

Eccius ohne weiteren Zusatz = Theorie und Praxis des heutigen gemeinen preußischen Privatrechts von Förster, 4. Auflage von Eccius.

Jahrbuch (App.) = Jahrbuch für endgültige Entscheidungen der Preußischen Appellationsgerichte, herausgegeben von Johow.

Jahrbuch = Jahrbuch für Entscheidungen des Kammergerichts in Sachen der nichtstreitigen Gerichtsbarkeit und in Strafsachen, herausgegeben von Johow und Küntzel*).

Koch, Kommentar = Allgemeines Landrecht für die Preußischen Staaten, herausgegeben mit Kommentar von Koch, 8. Auflage von Achilles, Hinschius, Johow und Vierhaus**).

Kraut = Die Vormundschaft nach den Grundsätzen des deutschen Rechts von Kraut, Göttingen 1835—1859.

Rehbein u. Reincke = Allgemeines Landrecht für die Preußischen Staaten mit Erläuterungen von Rehbein und Reincke, Bd. 1 u. 2 in der 3. Auflage, Bd. 3 u. 4 in der 2. Auflage***).

Rudorff = Das Recht der Vormundschaft von Rudorff, Berlin 1832—1834.

Turnau = Die Grundbuchordnung vom 5. Mai 1872 von Turnau, 3. Auflage.

---

*) Zur Zeit 4 Bände.

**) Bis jetzt sind 20 Lieferungen erschienen, insbesondere liegt Titel 18 Theil II A. L. R. und die in demselben bearbeitete Vormundschaftsordnung in dieser neuesten Auflage noch nicht vor.

***) Während des Drucks ist auch von Bd. 3 u. 4 die 3. Auflage erschienen. Sachliche Aenderungen der früheren Ansichten sind, soweit es sich um das Vormundschaftsrecht handelt, in derselben nicht enthalten.

Inhalt.

Erster Abschnitt.

Allgemeine Lehren.

Erstes Kapitel.

Die historischen Grundlagen der Vormundschaftsordnung.

Zweites Kapitel.

Die Vormundschaftsordnung und ihre Grundzüge.

Zweiter Abschnitt.

Die Organe der vormundschaftlichen Verwaltung.

I. Das Vormundschaftsgericht.

Zweites Kapitel.

Die Begründung der Vormundschaft.

Drittes Kapitel.

Sorge für die Person des Mündels.

Viertes Kapitel.

Die Vermögensverwaltung.

b) Veräußerung und Belastung des Mündelvermögens. Gerichtliche Vertretung.

c) Neue Anlagen.

d) Verhältniß zwischen Vormund und Mündel.

e) Die Kontrolmaßregeln.

f) Anhang.

Fünftes Kapitel.

Beendigung der Vormundschaft.

Vierter Abschnitt.

Die Vormundschaft über Großjährige.

Fünfter Abschnitt.

Die Pflegschaft.

Anhang.

Erster Abschnitt.

Allgemeine Lehren.

Erstes Kapitel. Die historischen Grundlagen der Vormundschafts-Ordnung.

§. 1. Einleitung.

Die in allen wesentlichen Punkten noch unverändert geltende Vormundschaftsordnung vom 5. Juli 1875, welche das Vormundschaftswesen in der preußischen Monarchie seit dem 1. Januar 1876 regelt, ist selbständig in der Gestaltung und Verarbeitung eines reichen geschichtlich gegebenen Stoffes. Begreiflich ist aber der überwiegende Theil ihrer Rechtssätze das Ergebniß der Erfahrung von Jahrtausenden. An den Sätzen dieser Vormundschaftsordnung haben die römischen Juristen gearbeitet, in wichtigen Punkten hat das ältere deutsche Recht bestimmend eingewirkt. Auf dieser Grundlage haben das gemeine Recht, das Allgemeine Landrecht und das französische Recht, jedes in seiner Weise und in eigenthümlichen Kombinationen selbständige Systeme ausgebildet, welche in den drei Rechtsgebieten Preußens bis zur Vormundschaftsordnung in Kraft standen. Bei der Schaffung eines einheitlichen Vormundschaftsrechtes war es die Aufgabe, aus diesem Allen das Bewährte, den Anforderungen des jetzigen Lebens Entsprechende auszuscheiden und die so gewonnenen Bestandtheile zu einem Ganzen zu vereinigen, welches trotz seiner Einheitlichkeit für die in den verschiedenen Theilen der Monarchie eingelebten Rechtsanschauungen einen gewissen Spielraum ließ. Wie die Vorzüge, so mußten auch die Fehler der früheren Systeme dem Gesetze zu Gute kommen, als Warnungszeichen, welche Wege zu vermeiden waren.

Nur die Kenntniß des so benutzten Materials ermöglicht das

Verständniß der in die knappe Form von 102 Paragraphen gedrängten Gesetzgebung. Nicht zum mindesten wird dieselbe der römischen Jurisprudenz die wissenschaftliche Ergänzung und Belebung entnehmen müssen. Denn die Vormundschaftsordnung schließt sich dem römischen Recht in vielen Punkten eng an und ist demselben mehr verwandt als andere neuere Gesetzgebungen. Dies gilt insbesondere von der Hauptfrage, nämlich der Selbständigkeit des Vormundes in der vormundschaftlichen Verwaltung, welche ähnlich wie im römischen Rechte den Schwerpunkt der Vormundschaftsordnung bildet.

Das römische Vormundschaftsrecht der justinianischen Sammlung ist freilich keineswegs das Produkt eines einzigen Grundgedankens, aus welchem sich seine einzelnen Bestimmungen rationell herleiten. Es ist ein historisches Gebilde, dessen Elemente theilweise ganz entgegenstehenden Grundanschauungen ihre Entstehung verdankten. Die klassische römische Jurisprudenz hat diese verschiedenen Bestandtheile kunstvoll zusammengefügt, so daß sie das Veraltete nicht völlig beseitigte, sondern nur zurücktreten ließ oder unschädlich zu machen suchte.

§. 2. Aelteres römisches Recht.

Zwei Grundanschauungen waren es, welche das älteste römische Vormundschaftsrecht bestimmten, und in der Gesetzgebung der zwölf Tafeln sowie dem früheren Civilrecht der Römer festgehalten waren.

1. Die Vormundschaft war noch ausschließlich Sache der Familie und des Geschlechts. Der Staat betrachtete es nicht als seine Aufgabe, für die hülflosen Glieder des Gemeinwesens zu sorgen. Nach ältester Rechtsordnung hatte die s. g. legitima tutela über Unmündige und über Frauen deren nächster Agnat, bei Freigelassenen und Klienten deren Patron [1]). Auf Grund des Zwölftafelgesetzes wurde dann die testamentarische Ernennung des Vormunds durch die Gewalthaber des Mündels mit vorzüglicher Kraft anerkannt [2]). Auch sie wurzelte im Familienrechte, nämlich in der väterlichen oder der ehemännlichen Gewalt, aber freilich waltet in dieser testamentaria tutela ein ganz anderer Gedanke als in der legitima tutela. Eine obrigkeitliche Tutel war der Zeit der zwölf Tafeln nicht bekannt.

2. Sodann war die Tutel in jener Zeit ein Recht des Vormunds, welches er im eigenen Interesse und nicht in dem des

---

[1]) Gaj. Inst. I §. 155 u. §. 165.

[2]) Ulp. fragm. XI. 14.

Mündels übte [3]). Seine Erbansprüche sollte der Vormund durch Aufsicht und Fürsorge sichern. Daß ihm der Ertrag des Vermögens des Unmündigen ähnlich wie im alten deutschen Rechte zufiel, ist wahrscheinlich, da man von einer Pflicht zur Rechnungslegung noch nichts wußte. Daher stritt man auch um die Vormundschaft als um ein eigenes Recht mit der vindicatio, wovon in der tutela cessicia der klassischen Zeit eine letzte Reminiscenz lag [4]). Nur Strafklagen bedrohten den ungetreuen Vormund. Konnte er überführt werden, treuloser Weise Mündelgut unterschlagen zu haben, so stand dem ehemaligen Mündel die actio rationibus distrahendis auf Ersatz des Doppelten des Unterschlagenen offen [5]). Gegen die Erben des Vormunds ging diese Strafklage nicht. Daneben hatten die zwölf Tafeln — wohl aus dem attischen Rechte — eine accusatio suspecti tutoris anerkannt, welche die Absetzung des dolosen Vormunds ermöglichte [6]). Hiervon abgesehen konnte der Vormund wegen seiner Geschäftsgebahrung nicht zur Rechenschaft gezogen werden. Denn die actio tutelae, welche diesem Zwecke in der späteren Zeit diente, war dem ältesten römischen Rechte sicher fremd [7]). Schon ihr Charakter als bonae fidei judicium deutet auf späteren Ursprung. Und wie hätte das alte Recht neben der actio rationibus distrahendis noch eine zweite Tutelklage aufstellen sollen, da die Zahl der Klagen ursprünglich naturgemäß aufs engste begrenzt war.

Einen Wendepunkt in der Geschichte des römischen Vormundschaftswesens bildete die lex Atilia [8]), welche dem praetor urbanus das Recht verlieh, in Verbindung mit der Mehrheit der Volkstribunen den Unmündigen und Frauen einen Tutor zu geben, wenn diese keinen Tutor nach Testament oder Gesetz hatten, oder wenn ihr Tutor ungewiß war [9]). Das gleiche Recht verlieh eine lex Titia, und später eine lex Julia den Provinzialstatthaltern für die Pro-

[3]) v. Löhr, Ueber die römischen Begriffe von Tutel und Kuratel in seinem Magazin für Rechtswissenschaft und Gesetzgebung Bd. 4 S. 1 ff.

[4]) Gaj. Inst. I §. 168.

[5]) l. 55 §. 1 D. de adm. tut. 26, 7 und l. 1 D. de tut. et rat. distr. 27, 3.

[6]) l. 1 §. 2 D. de suspectis tutoribus 26, 10. Vgl. Heffter, Athen. Gerichtsverfassung S. 193 ff. und Meier und Schoemann, Attischer Prozeß S. 293 ff.

[7]) Vgl. Dernburg, Kompensation 2. Aufl. S. 51.

[8]) Aus Liv. 39 cap. 19 ist zu schließen, daß die lex Atilia älter als das Jahr 561 der Stadt Rom ist.

[9]) Gaj. Inst. I §. 185.

vinzen [10]). Seitdem wurde die obrigkeitliche Tutel, die tutela dativa, immer häufiger [11]). Doch galt das Recht der Tutelbestellung in Rom nie als ein Bestandtheil der Jurisdiktion oder auch des Imperiums der richterlichen Obrigkeiten, sondern immer nur als eine Zuthat, welche auf Grund von Spezialgesetzen geübt wurde [12]).

Nicht weniger epochemachend war die Aufstellung der actio tutelae zu Gunsten bevormundeter Unmündiger, welche den letzten Jahrhunderten der Republik angehört [13]). Diese Klage machte den Vormund verantwortlich für seine Geschäftsführung und brachte es zur Geltung, daß die Führung der Tutel im Interesse des Mündels und nicht in dem des Vormundes zu geschehen habe. Mündigen Frauenspersonen wurde dagegen eine actio tutelae gegen ihren Geschlechtstutor nicht gewährt [14]). Denn für die Geschlechtstutel erhielt sich, so lange sie dauerte, die Anschauung, daß sie blos ein Recht des Tutors begründe, nicht eine Pflicht erzeuge.

Neben der Tutel bildete das römische Recht, als eine zweite Spezies der Vormundschaft, die Kuratel aus. Sie war für Wahnsinnige, dann für erklärte Verschwender bestimmt, wurde später für mündige Minderjährige zulässig, andererseits aber auch blos zulässig, so daß sie immer nur auf Begehren des Minderjährigen stattfand, und trat noch in einigen andern Fällen ein. Während die Tutel uralt ist, erscheint uns die Kura als eine Schöpfung der Jurisprudenz und der Magistratur. Denn die zwölf Tafeln, welche die Wahnsinnigen in die Macht der Agnaten und Gentilen stellten [15]), gaben dem Institut nur einen Anstoß, ohne dessen Charakter zu bestimmen [16]). Der Gegensatz zur Tutel lag ursprünglich darin, daß bei der Kura die Verwaltung im Interesse des Mündels geführt

---

10) Rudorff, Bd. 1 S. 357 ff.

11) §. 3 J. de Atiliano tutore 1, 20.

12) l. 6 §. 2 D. de tutelis 26, 1: tutoris datio neque imperii est, neque jurisdictionis, sed ei soli competit, cui nominatim hoc dedit vel lex vel senatus consultum vel princeps.

13) Cicero de off. III. 17.

14) Gaj. Inst. I §. 191.

15) Die zwölf Tafeln bestimmten: si furiosus escit, agnatum gentiliumque in eo pecuniaque potestas esto. Cicero de inv. II. 50. Offenbar fehlte den zwölf Tafeln dabei noch der spezifische Begriff der Kura.

16) Die Kura konnte sich erst entwickeln, seit die actio negotiorum gestorum vom Prätor aufgestellt war.

werden sollte. Abgesehen von der Kura über die Wahnsinnigen war die Bestellung eines Kurators daher stets eine obrigkeitliche.

Von der Zeit an, wo auch die Tutel über Unmündige im Interesse des Mündels zu führen war, verlor die Unterscheidung zwischen Tutel und Kura ihre ursprüngliche Bedeutung und Schärfe. Seitdem waren die Differenzpunkte keine prinzipiellen mehr und gehörte zu denselben hauptsächlich nur, daß der Tutor das Recht der auctoritas hatte, durch welche er die Willenserklärungen des Unmündigen zu vollkräftigen machen konnte, während der Kurator dieses Rechts entbehrte. Diese Verschiedenheit hatte ihren Grund darin, daß nur der Unmündige handlungsunfähig war, der Minderjährige aber im allgemeinen Handlungsfähigkeit hatte, namentlich sich verpflichten, testiren und Erbschaften antreten konnte, und blos bei Rechtsgeschäften, welche eine Veräußerung enthielten, und bei der Prozeßführung in seiner Handlungsfähigkeit beschränkt und an den consensus eines Kurators gebunden war, daß aber auch der handlungsunfähige Unmündige durch den Kurator nicht vertreten werden konnte, weil eine Stellvertretung durch freie Personen bei Rechtsgeschäften grundsätzlich unstatthaft war. Demgemäß handelte der Unmündige, sobald er nicht mehr in der infantia stand und deshalb des für ein rechtliches Wollen erforderlichen Bewußtseins und damit auch vollständig der Handlungsfähigkeit entbehrte, zwar selbst, indessen seine Handlungen wurden erst durch die genehmigende Erklärung des Tutors wirksam. Diese Erklärung, die interpositio auctoritatis, mußte unmittelbar auf die des Unmündigen, sodaß also persönliche Gegenwart des Tutors bei dem von dem Unmündigen vorgenommenen Geschäfte und unmittelbare Theilnahme an demselben erforderlich war, und ohne Bedingungen oder Vorbehalte erfolgen und bildete mit der des Unmündigen eine Erklärung. War der Unmündige noch infans, also außer Stande selbst eine Erklärung über das Geschäft abzugeben, so mußte, da der Tutor ihn nicht vertreten und deshalb die Erklärung für ihn nicht abgeben konnte, ein unfreier Stellvertreter des infans die Erklärung für denselben abgeben, und zu dieser Erklärung ertheilte dann der Tutor seine Auktoritas. Dagegen sollte der Kurator des Minderjährigen nur diesen vor nachtheiligen Folgen des bei ihm vorauszusetzenden Mangels an Besonnenheit durch seine Prüfung des betreffenden Geschäfts bewahren und hatte daher blos zu den Veräußerungen und Verpflichtungen desselben seinen Konsens zu geben, der auch nachträglich ertheilt werden konnte, an keine bestimmte Form gebunden war und mit der Erklärung des Minderjährigen nicht in der Weise eine Einheit bildete, daß der Kurator wie der Tutor auctor des Geschäfts geworden wäre [17]).

§. 3. Römisches Recht der Kaiserzeit.

Das römische Vormundschaftsrecht hat seinen Höhepunkt in der klassischen Kaiserzeit erreicht.

Die Tutel über mündige Frauenspersonen starb in dieser Zeit ab [1]), bis sie sich im justinianischen Recht völlig verlor. Von diesem Institut abgesehen entscheidet jetzt durchaus das Interesse des Mündels über die Ordnung der Vormundschaft. Die Obrigkeit hat einen bestimmenden Einfluß auf das Vormundschaftswesen gewonnen. Zwar hatte sich die auf dem Familienrechte beruhende testamentarische und gesetzliche Berufung zur Tutel erhalten. Doch nur die civilrechtlich gültige, vom Hausvater befohlene Tutel trat ohne jede richterliche Mitwirkung in Kraft. Die nicht civilrechtlich gültige letztwillige Berufung bedurfte obrigkeitlicher Bestätigung. Insbesondere aber war wichtig, daß die gesetzlich berufenen Vormünder Administrationsbefugniß erst erhielten, wenn sie nach Ermessen der Obrigkeit Kaution geleistet hatten [2]). Es konnte ferner das Gericht den Vormund jetzt nicht blos wegen Nachlässigkeit, sondern auch wegen Ungeeignetheit nach vorgängiger accusatio suspecti removiren, worin eine erhebliche Stärkung des richterlichen Einflusses lag [3]).

Die Verwaltung war in der Hand des Vormundes, wenn es auch an einer allgemeinen Aufsicht der Obrigkeit nicht fehlte. Vom Ermessen des Vormundes hing z. B. ab, ob ein ererbtes Erwerbsgeschäft fortgeführt oder verkauft wurde [4]). Rechenschaft hatte der Vormund regelmäßig erst bei Niederlegung des Amtes zu geben. Doch bildete bei der Altersvormundschaft eine Caesur die Erreichung

---

[17]) Vgl. zum Vorstehenden v. Löhr in seinem Magazin für Rechtswissenschaft und Gesetzgebung Bd. 3 S. 14 u. S. 455 ff., Vangerow, Pandekten Bd. 1 §. 263 und Rudorff, Bd. 2 S. 292 ff., 310, 320 ff., 271, 283 ff. u. Bd. 1 S. 39. Cfr. l. 19 D. de auct. tut. 26, 8, l. 17 §. 1 D. de appell. 49, 1, §. 2 J. de cur. 1, 23 und l. 7 §. 2 D. de minor. vig. 4, 4.

[1]) Vgl. Gaj. I §. 157.

[2]) l. 3 u. l. 5 C. de tut. v. c. 5, 42.

[3]) l. 3 §. 5 u. §. 18 D. de suspectis tut. 26, 10.

[4]) l. 47 §. 6 D. de adm. tut. 26, 7.

der Mündigkeit, da mit ihr die Verwaltung vom Tutor auf den Kurator überging. Auch hatte der Minderjährige einen erheblichen Antheil an der Verwaltung seines Vermögens. Garantien bot ferner die Pflicht des Vormundes zur Inventarisirung bei Uebernahme der Vormundschaft, außerdem die meistens zu stellende Bürgschaft, häufig auch die Ernennung mehrerer sich kontrolirender Vormünder. Nach Beendigung der Vormundschaft war Rechnung zu legen, so daß der Vormund für jede Nachlässigkeit haften mußte, die ihm in eigenen Dingen fremd war. Dieser Anspruch war durch privilegium exigendi, seit Kaiser Konstantin auch durch gesetzliches Pfandrecht gesichert[5]), den Vormund traf zudem die Strafe der Infamie, wenn er es zur Verurtheilung in der actio tutelae kommen ließ, oder wenn er wegen Treulosigkeit removirt wurde.

Die freie Stellung des verwaltenden Vormundes wurde beschränkt durch die Oratio Severi aus dem Jahre 195 nach Chr. Geb.[6]). Der Besitz landwirthschaftlicher Grundstücke galt in jener Zeit als die bei weitem vorzüglichste Kapitalanlage. Die Vormünder sollten diesen Besitz daher nicht veräußern, abgesehen vom Fall der Nothwendigkeit wegen Schulden des Mündels und nach vorgängiger Genehmigung des praetor urbanus. In der christlichen Kaiserzeit forderte man die richterliche Genehmigung auch zur Aufgabe anderer Vermögensrechte, bald in übertriebenem Maße[7]). Immerhin übte grundsätzlich auch im justinianischen Rechte der Vormund die Verwaltung, nicht das Gericht.

Das römische Vormundschaftsrecht der Kaiserzeit zeigt ein lebendiges Zusammenwirken der Familie, welche die Vormünder zunächst stellt, bei deren Wahl durch petitio tutoris eingreift, bei der Absetzung durch accusatio suspecti mitwirkt, bei den Erziehungsfragen gehört wird, ferner der Obrigkeit, welche den Vormund vielfach ernennt, ihn kontrolirt und, wo es Noth thut, energisch thätig gegen ihn vorgeht, endlich des Vormundes, welchem Raum gelassen ist zu nützlicher freier Thätigkeit. Aber auch die Schattenseiten fehlen nicht. Die gesetzliche Vormundschaft, welche nach der Reihenfolge der Erbansprüche deferirt wurde, war an sich unzweckmäßig, diese Reihenfolge machte zudem oft thatsächlich ungewiß, wer gesetzlicher Vormund sei,

---

[5]) l. 19 §. 1 D. de r. a. j. v. 42, 5 u. l. 20 C. de adm. tut. 5, 37.
[6]) l. 1 D. de rebus eorum 27, 9.
[7]) l. 22 u. l. 25 C. de adm. tut. 5, 37.

zum großen Nachtheil des Verkehres [8]), der Vormund war übermäßig beschwert mit Kautionen, später mit gesetzlicher Hypothek, die Last der Vormundschaft wurde von den Schultern privilegirter Stände abgewälzt, in der christlichen Kaiserzeit führte bereits übertriebenes Mißtrauen zu ungehöriger Fesselung der Vormünder.

§. 4. Rezeption des römischen Rechts in Deutschland.

Auch die deutsche Vormundschaft war ursprünglich Familienschutz [1]). Sie hatte ihren Kern in der gerichtlichen Vertretung der wehrlosen Familiengenossen, der Unmündigen und Frauenspersonen, auch Geistlichen, durch die wehrhaften Familienglieder, die, da der Grundsatz, daß eine Stellvertretung durch freie Personen unzulässig sei, nicht galt, stattfinden konnte, und für die wehrhaften Familienglieder nicht eine Pflicht, sondern ein Recht war. Unterscheidungen, wie die des römischen Rechts zwischen Minderjährigen und Unmündigen, Tutor und Kurator, Auktoritas und Konsensus, waren unbekannt. Vormund war der nächste Schwertmagen — Agnat —, er war das Organ der Familie und übte sein Recht unter der Obhut der Familie aus. Er vertrat den Unmündigen in jeder Beziehung, handelte statt seiner und verwaltete sein Vermögen, wobei er an diesem vielfach ein eigenes Nutzungsrecht hatte. Neben den Familienschutz trat aber frühzeitig der Königsschutz, als immer wichtiger werdender Faktor im Vormundschaftswesen.

Die Rezeption des römischen Rechts in Deutschland wirkte auch in der Vormundschaftslehre negativ ein, indem sie diejenigen Sätze des älteren deutschen Rechts zerstörte, welche dem Anprall des fremden Rechts keinen Widerstand in einer noch lebendigen Volksüberzeugung entgegenstellen konnten [2]).

Die Vormundschaft wurde seitdem jedem Minderjährigen zu Theil, der nicht in väterlicher Gewalt stand, dagegen erlosch die alte Vormundschaft über die Geistlichen; die Geschlechtsvormundschaft, welche sich schon im Mittelalter zu einer Prozeßvormundschaft abgeschwächt hatte [3]), zerfiel vollends, wenn auch in langsamem Gang;

---

[8]) l. 1 pr. D. de eo qui pro tutore 27, 8: plerumque incertum est, utrum quis tutor an vero quasi tutor administraverit tutelam.

[1]) Kraut, Bd. 1 S. 1 ff.

[2]) Vgl. Kraut, daselbst S. 99 ff.

[3]) Sohm, Recht der Eheschließung S. 52.

die altgermanische tutela usufructuaria, nach welcher dem Vormund der Ertrag des Mündelguts zufiel, wurde beseitigt.

Andererseits mußten in Deutschland die Elemente, aus welchen sich die römische Vormundschaft zusammensetzte, zum Theil sich verflüchtigen, zum Theil eine neue Gestalt annehmen, je nachdem sie in der deutschen Rechtsanschauung Unterstützung fanden oder ihr widerstrebten. Insbesondere ist die Unterscheidung zwischen einer Vormundschaft über Unmündige — tutela — und über Minderjährige — cura —, wenngleich Wissenschaft und Gesetzgebung längere Zeit sich nicht von ihr emanzipiren konnten, doch stets eine unlebendige und wirkungslose geblieben. Die Zulassung freier Stellvertretung ferner, welche, wie ebenfalls bereits bemerkt, im deutschen Rechte bestand und überhaupt dem modernen Rechte eigenthümlich ist, führte dazu [4]), daß der Vormund für befugt galt, unmittelbar statt des Mündels zu handeln, und daß die abweichenden Grundsätze des römischen Rechts ohne Lebenskraft blieben. Auch die römische actio rationibus distrahendis, wonach der Vormund das Doppelte des unterschlagenen Mündelguts dem Mündel ersetzen sollte, ist niemals rezipirt worden [5]), während die Rechtssätze der actio tutelae nunmehr das ganze Vormundschaftswesen mit den Grundsätzen der Billigkeit und der römischen Humanität durchdrangen.

Eine eigenthümliche Entwickelung fand seit der Rezeption des römischen Rechts die staatliche Obervormundschaft. Schon früher hatte die Obrigkeit in Folge des Königsschutzes die Aufsicht über die Vormundschaft geführt, und es war dieser Schutz im Laufe der Zeit vielfach erweitert worden. Das römische Recht trat diesen Tendenzen fördernd zur Seite. Die gesteigerten Anforderungen an die Vormünder, welche dieses Recht machte und die dem moralischen Bewußtsein der gebildeten Klassen entsprachen, hätten sich nimmermehr ohne das energische Eingreifen der Obrigkeit verwirklichen lassen. Hiernach bestimmte die Reichspolizeiordnung von 1548 Tit. 31 §. 2, daß ein jeglicher Vormünder, er sei gleich in Testaments Weis' verordnet oder durch das Recht und den Richter gegeben, der Vormundschaft sich nicht unterziehen solle, die Verwaltung sei ihm denn zuvor

---

[4]) Ueber die Form der Vertretung nach älterem Rechte siehe Kraut, Bd. 1 S. 362 ff.

[5]) Vgl. Stryk, usus modernus XXVII 3 §. 12. Kraut, Bd. 2 S. 159 und dort Citirte. Es schlägt der Erfahrung ins Gesicht, wenn manche Romanisten das Gegentheil annehmen.

durch die Obrigkeit decerniret und befohlen [6]). Die hier gemeinte Obrigkeit war die politische Behörde, von ihr ging jetzt jede Vormundschaftsbestellung aus [7]). Es schrieb ferner die Reichspolizeiordnung vor, daß der Vormund ohne Zustimmung der Obrigkeit Mündelgut nicht veräußern oder beschweren könne, und daß er der Obrigkeit gebührlich Rechenschaft legen solle.

Daneben konnte die Familie ihre im deutschen Rechte hergebrachte aufsehende Stellung nicht behaupten. Aber auch die Befugnisse, welche ihr nach römischem Rechte zustanden, konnten kein Leben gewinnen. Nach römischem Rechte schlugen die Familienglieder den Vormund vor — petere tutorem. Dies beschränkte die gemeinrechtliche Praxis auf die Pflicht der Anzeige des Bedürfnißfalls der Vormundschaft. Nach römischem Rechte erfolgte die Entsetzung des ungeeigneten Vormundes regelmäßig im Wege des Akkusationsprozesses, so daß hier die Familie vorzugsweise ein Feld der Thätigkeit hatte, in der gemeinen Praxis handelte die Obrigkeit inquisitorisch und von Amtswegen.

Dagegen beließ man im Ganzen dem Vormunde in der gemeinrechtlichen Praxis die Verwaltung, ja man räumte ihm eine freiere Stellung ein, als das jüngste römische Recht gethan hatte. So vielfach, besonders in Bezug auf die Veräußerung von Mobilien. Die Veräußerung von Immobilien wurde ferner fast allgemein auch wegen Nutzens [8]) gestattet. Uebrigens bestellte man nicht ganz selten mehrere Vormünder zu gemeinsamer Vertretung.

Wo, wie dies zur Regel wurde, die Obervormundschaft einem Einzelrichter übertragen wurde, wickelte sich das Geschäft in einfacher, dem Mündel zuträglicher Weise ab.

In den gemeinrechtlichen Landen, welche unter verschiedenen Regierungen standen, waren natürlich zahlreiche Einzelheiten durch Verordnungen und Observanz in von einander abweichender Weise geregelt. Dies machte sich, als seit dem Jahre 1866 wichtige Lande des gemeinen Rechts mit Preußen vereinigt wurden [9]), gegenüber

---

[6]) Aehnlich schon Freiburger Stadtrecht von 1520 bei Kraut, Grundriß §. 191.

[7]) Roth, Bayerisches Civilrecht Bd. 1 S. 497 Anm. 8.

[8]) Kraut, Bd. 2 S. 145 ff. Roth, Bayerisches Civilrecht Bd. 2 S. 513 Anm. 20.

[9]) Die älteren Vormundschaftsordnungen in diesen Landen finden sich auf-

dem Bedürfniß einer einheitlichen Justizverwaltung als fühlbarer Uebelstand geltend.

§. 5. Die ältere preußische Gesetzgebung. Das Allg. Landrecht.

Die ältere preußische Landesgesetzgebung schloß sich durchaus an das gemeine Recht an. Insbesondere geschah dies in vernünftiger und zweckmäßiger Weise durch die unterm 26. November 1718 für die Mark Brandenburg ergangene Ordnung von Vormündern und Vormundschaften. Sie ließ unter anderem Veräußerung der Mündelgrundstücke auch wegen Vortheil zu [1]), behielt zwar den Unterschied zwischen Tutoren der unmündigen und Kuratoren der mündigen Minderjährigen bei, bestimmte aber, daß Alles, was von tutoribus vorgeschrieben sei, auch die curatores angehe [2]), verlangte die gerichtliche Bestätigung eines jeden Vormunds, er sei gleich testamentsweise verordnet oder durch das Recht oder die Obrigkeit gegeben [3]), und traf eine Reihe von praktischen instruktionellen Vorschriften, um, wie sie ausspricht, der vorkommenden übeln Haushaltung mit dem Vermögen der Mündel und der Vernachlässigung ihrer Education ein Ziel zu setzen.

Weit romanistischer war auch in dieser Materie das Projekt des corpus juris Fridericiani vom Jahre 1749 gestaltet. Charakteristisch ist, daß dieses Gesetz aufs schärfste unterscheidet zwischen Vormundschaft — Tutel — über Unmündige, welche mit der Mündigkeit endigen soll, und der Kuratel, und daß ein eigener Titel der Autorität gewidmet ist, welche der Vormund zu den Handlungen, die der Unmündige selber verrichte, interponiren müsse [4]).

Solchen Versuchen gegenüber treten die bedeutsamen Fortschritte lebhaft vor Augen, welche die Verfasser des A. L. R. machten, indem sie die überlebten Reminiscenzen des römischen Rechts ausmerzten und das Vormundschaftsrecht in selbständiger Weise gestalteten. Unter anderem ist durch das A. L. R. die Vormundschaft über Unmündige und Minderjährige eine einzige und ununterbrochene geworden. Es ist das Recht des Vormunds zur direkten Vertretung des Mündels

---

gezählt in dem Regierungsentwurf der Vormundschaftsordnung, Drucksachen des Herrenhauses, Session 1874/75 Nr. 7.

[1]) §. 50.

[2]) §. 77.

[3]) §. 33.

[4]) part. I lib. 3 tit. 10 und tit. 7.

unumwunden anerkannt. Die restitutio in integrum ex capite aetatis gegen Rechtsgeschäfte, die im römischen Recht wegen des Mangels einer fest organisirten Aufsicht ein Bedürfniß und in weitem Umfange zugelassen war [5]), aus diesem in das gemeine Recht Eingang gefunden, hier aber wegen der weitreichenden Obervormundschaft keine Berechtigung mehr hatte, ist folgerichtig abgeschafft und nur noch in beschränkter Weise gegen den Ablauf der Verjährung und im Prozeß beibehalten [6]). Doch zum Schaden gereichte dem Landrechte die einseitige Betonung der staatlichen Obervormundschaft. Die Verfasser gingen von dem an sich richtigen und schönen Gedanken aus, daß es Sache des Staates sei, für seine Bürger, die sich nicht selbst vorstehen können, für ihre Erziehung und für ihren Unterhalt, für die Konservation ihres Vermögens und für eine nutzbare Verwaltung desselben zu sorgen. Dies gedachte man konsequent durchzuführen. Daher sollten nur Dativvormundschaften vorkommen und die Obrigkeit auf testamentarische und gesetzliche Vormünder nur insofern reflektiren, als das väterliche Urtheil oder die nahe Verwandtschaft eine gegründete Vermuthung gab, daß die so bezeichnete Person die tauglichste zur Führung der Vormundschaft sei. In Folge dessen betrachtete man den Vormund nicht als den Privatadministrator eines fremden Vermögens, sondern als einen Bevollmächtigten und Beamten des Staates, welcher der Obrigkeit in Ansehung seiner ganzen Verwaltung subordinirt und ihr davon die genaueste Rechenschaft zu geben schuldig war [7]).

Demgemäß konzentrirte sich, wenn auch nach der in Theorie und Praxis herrschenden Ansicht [8]) der Vormund der eigentliche und alleinige Vertreter des Mündels war, die Verwaltung im Vormund-

---

[5]) l. 3 §. 2 D. de minor. vig. 4, 4. Siehe unten §. 40.

[6]) A. L. R. I 9 §§. 537 u. 594 und Allgem. Gerichtsordnung I 16 §. 13.

[7]) Diese Grundsätze entwickelte Suarez in den Schlußvorträgen (v. Kamptz, Jahrbücher Bd. 41 S. 184). Nach denselben läßt sich das Vormundschaftsrecht kaum mehr, wie im römischen, deutschen und selbst noch im gemeinen Recht, als Theil des Familienrechts ansehen und ist im A. L. R. selbst denn auch zum öffentlichen Recht (Theil II Titel 18) gestellt. Im A. L. R. sind jene Sätze besonders in den §§. 1, 3, 4, 235, 236 u. 237 II 18 zum Ausdruck gelangt.

[8]) Arndts u. Leonhard, S. 30 u. 74. Anders z. B. die Verfügung des Justizministers vom 4. Januar 1842 (Just. Min. Bl. 1842 S. 23), welche ein unmittelbares Einschreiten der Vormundschaftsbehörde mit Uebergehung des Vormunds als zulässig hinstellte, und ebenso Koch, Lehrbuch des preuß. gemeinen Privatrechts Bd. II §. 790 S. 595 u. 596.

schaftsgericht. Praktisch wurde dies dadurch vermittelt, daß die vorhandenen und im Laufe der Vormundschaft eingehenden Gelder in gerichtliche Verwahrung genommen wurden. Die Anlegung dieser Kapitalien geschah dann meist durch das Depositorium des Gerichts. Da ferner der Vormund zu seinen Ausgaben der Anweisung des Gerichts bedurfte, so war er schon deshalb in der Hand des Gerichts.

Ist es nun aber schon an sich nicht leicht thunlich, daß das Gericht selbst das Mündelvermögen zweckmäßig verwaltet, so traten zwei Momente weiter hindernd hinzu. Vor allem war das Gericht durch eine Reihe gesetzlicher instruktioneller Vorschriften[9]) gebunden, welche im einzelnen Falle wenig passend sein konnten, wenn sie auch in der Mehrzahl der Fälle zweckmäßig sein mochten[10]).

Dann war erschwerend, daß das Vormundschaftsgericht stets eine kollegialische Behörde bildete, was einer raschen und einheitlichen Geschäftserledigung im Wege stehen mußte. Die Absicht, das Vermögen des Mündels gegen Veruntreuung zu sichern, wurde zwar im Ganzen erreicht, aber mit unverhältnißmäßigen Opfern.

Dem landrechtlichen Vormundschaftsrecht trat nun seit den letzten Dezennien eine immer großartiger sich entwickelnde Verkehrsbewegung gegenüber. Hierdurch mußten sich die Schwierigkeiten steigern. Sie wären unerträglich gewesen, wenn nicht das Landrecht selbst, im Grunde wenig konsequent, ein Ventil geschaffen hätte. Dasselbe gab nämlich dem Erblasser, welcher dem Pflegebefohlenen mehr als einen ihm schuldigen Erbtheil zuwendete, sowie dem Vater des Pflegebefohlenen das Recht, den ernannten Vormund von den gesetzlich vorgeschriebenen Einschränkungen der Administration ganz oder zum Theil in einem gerichtlich aufgenommenen oder gerichtlich niedergelegten Testamente zu befreien[11]). Ein solcher befreiter Vormund stand nur unter der allgemeinen Aufsicht des Gerichts, verwaltete aber selbständig. Von dieser Befugniß, befreite Vormünder zu ernennen, wurde in der Praxis häufig Gebrauch gemacht.

Den Grundgedanken des A. L. R. entsprach es ferner nicht, daß in Folge des Einführungsgesetzes zum allgemeinen deutschen Handelsgesetzbuche vom 24. Juni 1861 Art. 21 die vormundschaftlichen Gerichte die Fortsetzung einer dem Mündel im Erbwege

[9]) Die 1007 Paragraphen des Tit. 18 Theil II bestehen zum größeren Theil aus solchen kasuistischen instruktionellen Vorschriften.

[10]) Vgl. z. B. A. L. R. II 18 §. 409.

[11]) A. L. R. II 18 §. 679 ff.

zugefallenen Handlung entweder einem Prokuristen oder einem Handlungsbevollmächtigten übertragen konnten, und daß auch für diesen Prokuristen die ausgedehnten Vollmachten des Handelsgesetzbuchs galten, so daß von einer Einwirkung des Gerichts auf die Details der Verwaltung in solchem Falle nicht mehr die Rede sein konnte.

§. 6. Das rheinisch-französische Vormundschaftsrecht.

Während in Deutschland selbst die ursprüngliche Einwirkung der Familie auf die Vormundschaft durch die steigende Macht der staatlichen Obervormundschaft zurückgedrängt wurde, erhielt sich in den nordfranzösischen pays du droit coutumier die altgermanische aufsehende Rolle der Familie [1]). Hieran knüpft das französische Civilgesetzbuch durch das Institut des Familienrathes an [2]).

Der Familienrath ist keine ständige Behörde. Er wird jedesmal durch den Friedensrichter nach Vorschrift des Gesetzes und mit Rücksicht auf das Bedürfniß des Falls gebildet. Die Zahl seiner Mitglieder ist regelmäßig sechs außer dem Friedensrichter, welcher den Vorsitz führt. Großjährige, in einer gewissen Nähe wohnende männliche Verwandte und Verschwägerte des Mündels müssen zunächst berufen werden, und zwar zur Hälfte von Vaters Seite, zur Hälfte von Mutters Seite unter Vorzug des näheren Grades auf jeder Seite. Entfernter wohnende Angehörige kann der Friedensrichter laden, muß dies aber nicht. Fehlt es an nahe wohnenden Angehörigen des Mündels, so können großjährige männliche Freunde des Vaters oder der Mutter des Mündels berufen werden.

Der Familienrath ernennt dem Mündel, welcher weder Vater noch Mutter, noch einen durch Vater oder Mutter berufenen Vormund, noch männliche Großeltern hat, den Vormund, und bestellt bei jeder Vormundschaft einen Gegenvormund, welcher den Vormund kontrolirt, insbesondere zur Errichtung eines Inventars anhält [3]). Der Familienrath normirt ferner die Regeln, nach welchen die vormundschaftliche Verwaltung zu führen ist, es sei denn Vater

---

[1]) Merlin, Repertoire: tutelle II §. II art. III.

[2]) code civil art. 405 ff. conseil de famille, im älteren Recht assemblée des parens, avis des parens genannt. Vgl. zum folgenden Schenk, der Familienrath, Wien 1863, besonders S. 20 ff., 36 ff., 77 ff. und 87 ff. über das Vormundschaftsrecht des Code überhaupt, S. 57 ff. über den Familienrath und namentlich S. 127 ff. darüber, wie dieser sich bewährt hat.

[3]) code civil art. 405 u. 420.

oder Mutter des Mündels Vormund; namentlich stellt er die Summen fest, welche für die Bedürfnisse des Mündels und für die Vermögensverwaltung ausgegeben werden dürfen[4]). Er bestimmt die Fristen, in welchen der Vormund dem Gegenvormund Uebersichten über den Zustand der Verwaltung zu geben hat[5]). Bei zahlreichen Verwaltungsakten ist der Vormund an die Ermächtigung des Familienraths gebunden, bei anderen, nämlich der Aufnahme von Darlehen und dem Verkauf oder der Verpfändung von Grundstücken, muß dessen Gutachten eingeholt und gerichtlich bestätigt werden[6]).

Der Familienrath endlich beschließt über die Gründe der Ablehnung einer Vormundschaft und über die Ausschließung oder Absetzung des Vormunds[7]). Widerspruch gegen einen solchen Familienrathsbeschluß kann der Vormund beim Landgericht als erster Instanz erheben, so daß er im ersten Fall gegen die Majorität des Familienraths klagt, in den beiden letzteren Fällen gegen den Gegenvormund, welcher auch seinerseits die gerichtliche Bestätigung des vom Vormund angegriffenen Absetzungs- oder Ausschließungsbeschlusses nachsuchen soll[8]).

Der Familienrath, in welchem die charakteristische Eigenthümlichkeit des rheinisch-französischen Vormundschaftsrechts lag, hat sich in der Praxis da bewährt, wo größere in sich verbundene Familien existirten, welche sich der ihnen zugehörigen Mündel annahmen. In anderen Fällen ergaben sich Mißstände. Die Vorschrift des Gesetzes, nach welcher der Familienrath zu gleichen Theilen aus der Familie des Vaters und aus derjenigen der Mutter genommen werden soll, beförderte einigermaßen den Gegensatz zwischen den beiden Gruppen von Verwan ten. Die Zahl von sechs Mitgliedern war zu hoch gegriffen und erschwerte häufig die Erledigung der Geschäfte. Wo taugliche Familienglieder nicht vorhanden waren, mußten fremde Personen, s. g. Freunde, eintreten. Oft fehlte diesen Freunden ein persönliches Interesse am Mündel, sie wechselten dann nicht selten und nahmen an der Verhandlung nur Theil, um den Anforderungen des Gesetzes zu genügen. In solchen, bezüglich der ärmeren Klasse der Mündel besonders häufigen Fällen blieb die Obervormundschaft

---

4) art. 454 u. 455.

5) art. 470.

6) art. 457, 458, 461, 463—465 u. 467.

7) art. 439 ff.

8) code de proc. art. 883 und code civ. art. 438.

in der That bei dem vorsitzenden Friedensrichter, die Zuziehung der Freunde zum Familienrath war nur eine lästige Formalität.

Dagegen findet die gesetzliche Vormundschaft, welche das französische Recht der Mutter zugesteht, in dessen Gebiet allgemeine Anerkennung. Bei der Berathung des französischen Gesetzbuchs hatte diese Vormundschaft ihre Gegner wie ihre Vertheidiger. Zur Ausgleichung der Gegensätze wurde die Bestimmung in das Gesetz aufgenommen, daß der Vater der Mutter-Vormünderin einen besondern Beirath ernennen kann, ohne dessen Gutbefinden sie keine auf die Vormundschaft bezügliche Handlung vornehmen kann [9]). Von dieser Ermächtigung wird aber in der Praxis fast kein Gebrauch gemacht.

Ebenso ist die Zuziehung eines Gegenvormundes als ständigen Beaufsichtigers und Kontradiktors des Vormunds nach den Stimmen der rheinischen Juristen wirksam gewesen, und hat sich als nützlich erwiesen [10]).

Auch das französische Recht hat sich nicht freigehalten von zwingenden Normen für die Verwaltung, welche unter Umständen den Mündel erheblich schädigen können. Als lästig erwies sich z. B. die Bestimmung, daß der Vormund innerhalb eines Monats nach dem Schlusse des Inventars im Beisein des Gegenvormunds in einer durch einen öffentlichen Beamten abzuhaltenden Versteigerung die Mobilien des Mündels verkaufen soll, deren Aufbewahrung in Natur der Familienrath nicht besonders gestattet hat [11]). Nicht weniger war der Verkauf von Immobilien an weitläufige und lästige Formalitäten gebunden [12]).

Andererseits schien die Kontrole, welche das französische Civilgesetzbuch gegenüber dem Vormund gab, der preußischen Justizverwaltung nicht ausreichend. Es wurden daher in den Jahren 1834 bis 1836 Verordnungen und ministerielle Instruktionen erlassen, welche dem Friedensrichter obervormundschaftliche Befugnisse gaben [13]).

---

[9]) art. 391.

[10]) Philippi, Die Vormundschaft in der preuß. Rheinprovinz. S. 54.

[11]) art. 453.

[12]) art. 457 ff. und code de proc. art. 953 ff. In der Rheinprovinz erleichtert durch das Gesetz vom 18. April 1855, das Verfahren bei Theilungen und bei gerichtlichen Verkäufen von Immobilien im Bezirke des Appellationsgerichtshofes zu Köln betr. (G. S. 1855 S. 521).

[13]) Zusammengestellt in der Instruktion vom 22. Dezember 1836 bei Philippi S. 325 ff.

Die Befolgung wurde gesichert durch eine Kabinetsorder vom 3. April 1835, nach welcher der Friedensrichter zu Ordnungsstrafen gegen den Vormund berechtigt wurde.

Zweites Kapitel. Die Vormundschaftsordnung und ihre Grundzüge.

§. 7. Die Vorbereitungen der Vormundschaftsordnung und ihr Abschluß,[1]) sowie Werth derselben.

Die Bestrebungen, welche die Reform des landrechtlichen Vormundschaftsrechts zum Ziel haben, datiren seit einem halben Jahrhundert. Bereits im Jahre 1825 zog man das Vormundschaftsrecht in den Bereich der beabsichtigten allgemeinen Gesetzesrevision und arbeitete einen Entwurf nebst Motiven aus — Pensum VII der Gesetzesrevision, — welcher zwar im wesentlichen das bisherige Recht festhielt, jedoch Gemeindemitglieder in die obervormundschaftliche Behörde berufen und der Familie die Mitwirkung bei der Verwaltung sichern wollte. Der Entwurf gelangte nicht zur Annahme. Das gleiche Schicksal hatte ein im Jahre 1851 für die älteren Provinzen auf Grund zahlreicher Beschwerden gegen das Vormundschaftswesen ausgearbeiteter Entwurf, welcher einen dem rheinischen Familienrathe nachgebildeten Vormundschaftsrath und eine größere Selbständigkeit der Vormünder projektirte [2]).

Erst der neuesten Zeit war es beschieden, die Reform durchzuführen. Auch hier hatte die Vereinigung der im Jahre 1866 erworbenen Landestheile, welche die Anbahnung eines einheitlichen Vormundschaftsrechts für Preußen dringend wünschenswerth machte (oben §. 4 a. E. S. 10 u. 11), den Anstoß gegeben, die Arbeiten, welche lange geruht hatten, wieder aufzunehmen. Es kam hierzu, daß die beabsichtigten Umgestaltungen der Gerichtsorganisation eine Reform des Vormundschaftsrechts im Gebiete des A. L. R. erforderten. Ein im Jahre 1870 vom Justizministerium veröffentlichter Entwurf rief zahlreiche Gutachten der Gerichte [3]), wie auch von Männern der Wissenschaft hervor [4]). Der unter Berücksichtigung dieses Materials

---

[1]) Vgl. die Mittheilungen des Regierungsentwurfs 1874/75, Drucksachen des H. H. Nr. 7 S. 21 ff.

[2]) Justizministerialblatt von 1851 S. 178.

[3]) Im ganzen 173 Gutachten, Regierungsentwurf a. a. O. S. 29.

[4]) Unter letzteren ist besonders Kurlbaum, Kritische Bemerkungen zu

umgearbeitete Entwurf wurde in der Session 1873/74 bei dem Abgeordnetenhause eingebracht und von diesem einer Kommission überwiesen, welche indessen mit ihrer Berathung nicht zu Ende gelangte.

Mit einigen Veränderungen wurde der Entwurf wiederum dem Landtage in der Session 1874/75 und zwar diesmal zuerst dem Herrenhause vorgelegt, dort in einer Kommission eingehend berathen und hier sowie im Plenum des Herrenhauses in den Sitzungen vom 13. und 15. bis 18. März 1875 nicht unerheblich umgestaltet. Auch im Abgeordnetenhause überwies man den Entwurf einer Kommission, welche die Grundprinzipien desselben billigte und im einzelnen nur wenige Aenderungen gegenüber den Beschlüssen des Herrenhauses vornahm. Der von der Kommission des Abgeordnetenhauses solcher Gestalt festgestellte Entwurf wurde von beiden Häusern des Landtags unverändert angenommen, vom Abgeordnetenhause ohne Berathung, vom Herrenhause nach nochmaliger Berathung in der Sitzung vom 24. Mai 1875.

Die daraufhin am 5. Juli 1875 publizirte Vormundschaftsordnung (G. S. 1875 S. 431), zu deren Ausführung demnächst die im wesentlichen nur Vorschriften über die büreaumäßige Behandlung der Vormundschaftssachen enthaltende und gegenwärtig nur noch theilweise geltende allgemeine Verfügung vom 20. November 1875 (Just. Min. Bl. 1875 S. 241) erging und zu der später noch verschiedene andere Verfügungen erlassen worden sind, ist für den ganzen damaligen Umfang der Monarchie mit dem 1. Januar 1876 und für den nachträglich mit derselben vereinigten Kreis Herzogthum Lauenburg nach §. 4 des Gesetzes vom 25. Februar 1878 betr. die Ausdehnung verschiedener preußischer Gesetze auf den Kreis Herzogthum Lauenburg (G. S. 1878 S. 97) mit dem 1. Oktober 1878 in Kraft getreten.

In naher Verbindung mit ihr stehen das Gesetz vom 12. Juli 1875 über die Geschäftsfähigkeit Minderjähriger und die Aufhebung der Wiedereinsetzung in den vorigen Stand wegen Minderjährigkeit (G. S. 1875 S. 518), das Gesetz vom 19. Juli 1875 betr. das Hinterlegungswesen (G. S. 1875 S. 531) und das Gesetz vom 21. Juli 1875 betr. die Kosten, Stempel und Gebühren in Vormundschaftssachen (G. S. 1875 S. 548), welche sämmtlich ebenfalls mit dem

dem Entwurf eines Gesetzes über das Vormundschaftswesen, Berlin 1870 und von späteren durch den Entwurf veranlaßten Schriften Sternberg (Graf zur Lippe), Glossen zu dem Entwurf des Gesetzes über das Vormundschaftswesen, Berlin 1874, zu nennen.

1. Januar 1876 Wirkungskraft erhielten und von denen das erste und dritte durch den citirten §. 4 des Gesetzes vom 25. Februar 1878, gleichfalls vom 1. Oktober 1878 ab, auf den Kreis Herzogthum Lauenburg ausgedehnt, inzwischen aber das zweite aufgehoben und das dritte durch das Ausführungsgesetz vom 10. März 1879 zum deutschen Gerichtskostengesetze (G. S. 1879 S. 145) nicht unwesentlich abgeändert worden ist.

Von den seit der V. O. erlassenen Gesetzen haben auf dieselbe theils ergänzend theils abändernd eingewirkt von den Reichs-Justizgesetzen namentlich die Civilprozeßordnung durch einzelne ihrer Vorschriften über das Entmündigungsverfahren und von sonstigen Gesetzen besonders das Ausführungsgesetz vom 24. April 1878 zum deutschen Gerichtsverfassungsgesetz (G. S. 1878 S. 230), hauptsächlich dessen §§. 12, 16, 20, 23 Abs. 1, 24, 26 Abs. 1, 40 und 42, 51—57, die Hinterlegungsordnung vom 14. März 1879 (G. S. 1879 S. 249), namentlich die §§. 33, 39 und 46—52 derselben, und das Gesetz vom 20. Juli 1883 betr. das Staatsschuldbuch (G. S. 1883 S. 120) §. 24.

Die büreaumäßige Behandlung der Vormundschaftssachen ist namentlich durch die Geschäftsordnung für die Gerichtsschreibereien der Amtsgerichte vom 1. August 1879 (Just. Min. Bl. 1879 S. 230) vielfach anderweit geregelt worden.

Die gegenwärtig fast zehnjährige Geltung der V. O. gestattet ein bestimmtes Urtheil, wie dieselbe sich bewährt hat [5]). Wie bei einer solchen Frage kaum anders sein kann, gehen die Meinungen hierüber allerdings auseinander. Im allgemeinen aber läßt sich behaupten, daß, nachdem einmal das stets mit unvermeidlichen Uebelständen verbundene Uebergangsstadium überwunden und von den Zweifeln und Kontroversen, die anfangs freilich in erheblicher Zahl hervortraten, ein großer Theil dadurch, daß sich im Laufe der Zeit über sie eine herrschende Ansicht gebildet hat, erledigt ist, sowohl die betheiligten Laien als auch die Richter, welche sie anzuwenden haben, im großen und ganzen mit der V. O. zufrieden sind. Es gilt dies sowohl in formeller Beziehung, obgleich allerdings gerade die Fassung der V. O. im Ausdruck durch ihre theilweise übermäßige Knappheit, mitunter auch durch direkte Unbestimmtheit und Undeutlichkeit zu

[5]) Zur Abgabe eines solchen glaubt der Herausgeber um so mehr befugt zu sein, als er sowohl vor als nach der V. O. eine ganze Reihe von Jahren praktisch als Vormundschaftsrichter thätig gewesen ist.

manchen Zweifeln Veranlassung giebt, als in materieller Beziehung. Hinsichtlich der letzteren bleibt der bedenklichste Punkt, ob die V. O. nicht in ihrem Grundprinzip, der den Vormündern eingeräumten Selbständigkeit, zu weit geht. Indessen auch hier wird man der dies verneinenden Mehrheit nur beitreten können. Von den Vormündern selbst, für welche die frühere Unselbständigkeit doch weit bequemer war und denen daher die V. O. insofern eine große Last und Verantwortlichkeit auferlegt hat, wird hierüber nicht nur keine Klage geführt, vielmehr augenscheinlich fast durchweg diese Last und Verantwortlichkeit jener Bequemlichkeit aber Bedeutungslosigkeit weit vorgezogen [6]). Auch ist ein Mangel an zur selbständigen Führung der Vormundschaft geeigneten Personen nicht oder doch höchstens ganz vereinzelt hervorgetreten [7]). Dagegen wird die Selbständigkeit vielfach von den Vormundschaftsrichtern getadelt und als den Mündeln oft zum Nachtheil gereichend bezeichnet [8]). Richtig ist dabei, daß nicht blos an sich zwar gesetzwidrige, jedoch entweder im Resultat die Mündel nicht schädigende oder doch in gutem Glauben vorgenommene Anlegungen oder Verwendungen von Mündelvermögen, die nicht zu schwer ins Gewicht fallen können, sondern auch direkte Veruntreuungen und Unterschlagungen von solchem seitens der Vormünder, die bei der früheren Unselbständigkeit, soweit nicht eine besondere Befreiung des Vormundes stattgefunden hatte, kaum möglich waren, öfter vorgekommen sind. Indessen sind diese Fälle gegenüber der großen Anzahl von Vormundschaften mit Vermögensverwaltung doch verhältnißmäßig nicht gar zu groß [9]) und wird der durch sie

---

[6]) Vgl. hierzu das Urtheil von Märcker S. VIII über die Berliner Vormünder.

[7]) In beiden Punkten ist anderer Ansicht Lyon, Geharnischte Streifzüge in die Vormundschafts-Ordnung, Berlin 1879 S. 17 u 18.

[8]) Vorwiegend sind dies wohl ältere Richter aus dem Gebiete des A. L. R., bei deren Urtheil die Gewöhnung an das letztere wenigstens theilweise noch nachwirkt und die dabei merkwürdig schnell vergessen haben, wie gerade auch von den altpreußischen Gerichten seit 1825 unausgesetzt über das landrechtliche Vormundschaftsrecht geklagt und dessen durchgreifende Aenderung durch Gewährung größerer Selbständigkeit an die Vormünder verlangt worden ist.

[9]) Im Bezirk des Landgerichts Berlin II z. B., der in Beziehung auf die Redlichkeit der Vormünder gewiß kein besonders günstiger ist, sind bei durchschnittlich 3250 jährlich schwebenden Vormundschaften mit Vermögensverwaltung in den sechs Jahren 1879 bis 1884 einschließlich im ganzen nicht mehr als 9 Bestrafungen von Vormündern wegen Unterschlagung oder Untreue vorgekommen. Mit der Behauptung, daß die Mehrzahl der Veruntreuungen nicht

angerichtete Schaden, so bedauerlich derselbe für die einzelnen Mündel ist, doch von den Vortheilen, welche die freiere Stellung der Vormünder zweifellos sonst in pekuniärer wie nicht pekuniärer Hinsicht hat, weit überwogen, zumal auch früher den Mündeln nicht selten ein direkter pekuniärer Schaden gerade dadurch zugefügt worden ist, daß sowohl der Vormund, der eine Anweisung des Gerichts erwartete, als der Richter, der das Bedürfniß einer Anweisung nicht kannte, nichts thaten. Vor allem aber ist zu bedenken, daß bloße Beschränkungen der Selbständigkeit des Vormunds in weiterem Maße, als bereits getroffen, unter sonstiger Festhaltung des Prinzips der Selbständigkeit praktisch schwerlich in zweckmäßiger Weise ausführbar sind und daß daher, um eine Hülfe gegen die Möglichkeit von Veruntreuungen und Unterschlagungen zu schaffen, nur übrig bliebe, wieder zu einer grundsätzlichen, mehr oder weniger gänzlichen Ausschließung der Selbständigkeit zurückzukehren, und dies dürfte jetzt von keiner Seite mehr gewünscht oder auch nur empfohlen werden und um so weniger angängig sein, als selbstredend das Vormundschaftsrecht für die ganze Monarchie einheitlich gestaltet bleiben muß und für die Landestheile, die bereits früher eine größere Selbständigkeit des Vormunds hatten und mit dieser stets zufrieden waren, die gemeinrechtlichen und französischrechtlichen, die Unselbständigkeit einen wohl schlechthin unmöglichen Rückschritt darstellen würde.

Als bloße weitere Beschränkungen der Selbständigkeit des Vormunds insbesondere könnten wohl nur eine Vermehrung der Fälle, in denen der Vormund der Genehmigung des Gegenvormunds oder des Vormundschaftsgerichts bedarf, und die obligatorische Anordnung der Erbauseinandersetzung des Mündels mit seinen Miterben und der Verwahrung von Werthgegenständen in Frage kommen. Die erstere aber würde entweder nur wenig weitreichend sein können und dann nur geringen Erfolg haben, oder es würde ihr wie jeder übertriebenen Kasuistik ergehen, d. h. sie würde sich ebenso oft schädlich als nützlich erweisen. Und was die letztere anbetrifft, so dürfte doch das vernünftige Ermessen des Vormunds bezw. des Vormundschaftsrichters,

---

zur Kenntniß der Behörden und zur Bestrafung gelange, der man oft begegnet, ist, weil es dabei an jedem festen Anhalt fehlt, wenig anzufangen. Uebrigens ist auch nicht außer Acht zu lassen, daß unter den Verurtheilungen sich noch manche befinden werden, die überhaupt nie zu verhindern sind, also bei Befreiungen oder an gewöhnlichen Mobilien stattgefunden haben, oder bei denen der dem Mündel zugefügte Schaden nachträglich wieder gut gemacht ist.

das jetzt entscheidet[10]), mehr das Richtige treffen, als eine allgemeine Vorschrift, die nur schablonenmäßig wirkt, außerdem auch, soweit es sich um die Verwahrung der Werthgegenstände handelt, nicht so weit ausgedehnt werden kann, um gerade diejenigen Veruntreuungen zu treffen, die am meisten zu beklagen sind, nämlich die gegen arme Mündel begangenen, für die eine geringe Summe, welche sich nicht hinterlegen läßt, mehr bedeutet als für den reichen ein hoher Betrag.

Bemerkt muß endlich noch werden, daß, wie überhaupt so Manches, was als Unzweckmäßigkeit und Unzuträglichkeit der V. O. selbst bezeichnet wird, so auch ganz besonders die Beschädigungen der Mündel durch die Vormünder häufig nur dadurch veranlaßt oder doch ermöglicht werden, daß die V. O. nicht richtig gehandhabt wird. Es kommt hierbei namentlich in Betracht, daß die diesseits bekämpften Ansichten über die Stellung des Richters nach der V. O. besonders beim Aufsichtsrecht, bei der Rechnungslegung und bei der Verwahrung der Werthgegenstände, zwar zum Theil nicht in nothwendiger Konsequenz, aber doch unleugbar thatsächlich, dahin geführt haben, daß vielfach die Richter den Vormundschaftssachen nicht mehr das erforderliche Interesse entgegenbringen und sich auf den Standpunkt stellen, in denselben ihrerseits nur das unbedingt Nothwendigste und auch das kaum zu thun[11]). Wenn dann der Vormund, der in dem Richter seinen natürlichen Berather und Leiter sucht, aber nicht findet, und dessen Kontrole überhaupt nicht mehr fühlt, willkürlich verfährt und sich schließlich an dem Mündelvermögen vergreift, so ist dies nicht zu verwundern. Hieran ist aber nicht die V. O. schuld, und steht zu hoffen, daß eine derartige falsche Handhabung

[10]) Thatsächlich entscheidet auch bei der Frage der Erbauseinandersetzung meist der Richter, s. die Anm. 11.

[11]) Als Beispiele, die leicht vermehrt werden könnten, seien hervorgehoben das von vielen Vormundschaftsrichtern bei der Frage der Erbauseinandersetzung des Mündels mit seinen Miterben, bei der erfahrungsmäßig in einem Maße, wie kaum bei einer anderen Frage, die Vormünder sich um Rath an den Richter wenden bezw. bereit sind, dessen Ansicht zu befolgen, beobachtete passive oder gar ablehnende Verhalten, statt den erbetenen Rath zu ertheilen oder auch unaufgefordert darauf hinzuwirken, daß die Auseinandersetzung, wenn sie nicht etwa aus besonderen Gründen unzweckmäßig erscheint, bewirkt wird, sowie das Verfahren bei der Prüfung der Jahresrechnungen, welches vielfach dahin geht, daß die Rechnungen sofort nach dem Eingange der Kalkulatur zugeschrieben, dieser auch deren sachliche Prüfung überlassen und lediglich die Erinnerungen des Kalkulators dem Vormunde zur Beantwortung mitgetheilt werden.

immer seltener werden wird. Sollte aber diese Hoffnung sich nicht verwirklichen, so dürfte es nur nothwendig werden, außer einer Besserung des Ausdrucks der V.O. in den durch dessen Undeutlichkeit zweifelhaften Stellen die richterliche Stellung bei den gedachten Punkten im Sinne der diesseitigen Auffassung der V.O. zweifellos klar zu stellen und damit jeder falschen Handhabung der V.O. den Boden zu entziehen. Hierdurch wird mehr erreicht werden, als durch die Aenderung einiger Einzelheiten, die bei richtiger Handhabung der jetzigen Vorschriften entbehrlich ist und bei unrichtiger unwirksam bleibt [12]).

§. 8. Begriff und Haupteintheilungen der Vormundschaft.

Nach der Vormundschaftsordnung ist zu unterscheiden eine Vormundschaft im weiteren und im engeren Sinne.

Im weiteren Sinne ist Vormundschaft jede auf staatlicher Anordnung beruhende, auch gegen den Willen des Bedürftigen eintretende Berechtigung und Verpflichtung zum Schutz und zur Vertretung einer natürlichen Person, welche sich nicht selbst gehörig vertreten kann und der väterlichen Gewalt nicht untersteht oder in ihr keinen ausreichenden Schutz findet.

Grundlage der Vormundschaft ist also zunächst stets eine staatliche Anordnung, und zwar kann diese entweder in Form einer ein für alle Mal erlassenen Vorschrift, wie bei den s. g. gesetzlichen Vormundschaften, oder in der einer für den einzelnen Fall speziell

[12]) Vgl. das ebenfalls günstige Urtheil über die V. O. von Eccius Bd. 4 §. 229 S. 188. Am schärfsten hat sich gegen dieselbe Lyon in der citirten Schrift ausgesprochen. Ein großer Theil der von demselben erhobenen Ausstellungen beruht jedoch wohl zweifellos auf Mißverständnissen oder Uebertreibungen, hervorgegangen aus dem Unbehagen der Uebergangsperiode, mitunter auch wohl aus Voreingenommenheit für das Alte und Gewohnte und gegen das Neue. Ein anderer und zwar gleichfalls nicht geringer Theil betrifft nur ganz untergeordnete Dinge. Der Rest ist schließlich nicht mehr zu groß und sicher nicht größer, als bei allen anderen Gesetzen mit ihrer durch die parlamentarische Berathung und andere Umstände verursachten Mangelhaftigkeit der Technik regelmäßig der Fall ist und besonders bei einem Gesetz, das wie die V. O. nicht blos einzelne bestimmte rechtliche Prinzipien aufzustellen und durchzuführen, sondern hauptsächlich Dinge der Zweckmäßigkeit und des praktischen Bedürfnisses zu ordnen hat, der Fall sein wird. Gegen Lyon besonders Beiträge Bd. 23 S. 946—955. Vgl. z. B. auch noch die Besprechung der Streifzüge in Heymann's kritischem Literaturblatt, herausgegeben von Ryck 1879 S. 188.

getroffenen Disposition, wie bei den richterlich eingeleiteten Vormundschaften, vorkommen.

Die Vormundschaft tritt ferner unabhängig von dem Willen des Bevormundeten ein. Eine Fürsorge, die, wie theilweise bei der s. g. Beistandschaft der Fall, stets nur mit dem Willen des dadurch Geschützten stattfinden kann, ist daher keine Vormundschaft. Das Gleiche gilt noch mehr, wenn sich Jemand, ohne daß die Voraussetzungen einer Bevormundung gegeben sind, freiwillig unter die Vormundschaft eines Anderen stellt.[1])

Sodann ist die Vormundschaft nicht blos eine Berechtigung, sondern gleichzeitig auch eine Verpflichtung wegen der, soweit nicht besondere Befreiungsgründe zugelassen sind, bestehenden Pflicht zu ihrer Uebernahme.

Es sind weiter Schutz und Vertretung wesentlich. Ein bloßer Schutz ohne Vertretung, den der Staat veranlaßt oder gewährt, ist noch keine Vormundschaft.

Ferner findet eine Vormundschaft nur für physische Personen statt. Daher zunächst nicht für einzelne Sachen oder Vermögensmassen. Es giebt mithin insbesondere auch eine s. g. Real-Kuratel nicht, namentlich läßt sich die Zulässigkeit einer solchen weder aus §. 87 V. O., indem in den Fällen dieser Vorschrift die in väterlicher Gewalt oder unter Vormundschaft stehende Person, welcher die Zuwendung gemacht ist, es ist, für welche die Pflegschaft eintritt, noch aus §. 89 V. O., weil der hiernach zu bestellende Pfleger dem unbekannten Erben bestellt wird, noch auch aus der allgemeinen Klausel des §. 90 V. O., der ausdrücklich ausspricht, daß Personen, welche u. s. w., einen Pfleger erhalten, herleiten[2]). Sodann tritt eine Vormundschaft auch nicht für juristische Personen ein. Deren staatlich angeordnete oder beaufsichtigte Vertretung ist zwar theilweise der Vormundschaft genähert und einzelnen Bestimmungen über dieselbe unterstellt, aber noch keine Vormundschaft selbst[3]). Daß bei

---

[1]) Entscheidungen des Reichsgerichts in Civilsachen Bd. 4 S. 162.

[2]) Jahrbuch (App.) Bd. 6 S. 75 u. Jahrbuch Bd. 1 S. 47, anders jedoch Jahrbuch (App.) Bd. 8 S. 124. Vgl. auch unten §. 98 bei Anm. 3 u. §. 101 bei Anm. 14.

[3]) Ebenso z. B. Jahrbuch Bd. 3 S. 69 und Eccius, Bd. 4 §. 229 S. 188. Insbesondere ist daher die bei Familienstiftungen und Familienfideikommissen vorkommende Vertretung der Familie als einer juristischen Person (z. B. A. L. R. II 4 §. 95), wenn sie auch als Kuratel bezeichnet wird, sowie die s. g. Lehns-

der Pflegschaft über die etwa künftig erwachsende Nachkommenschaft Jemandes Ungeborene, die noch nicht einmal konzipirt sind und auf die daher der Satz: nasciturus pro jam nato habetur an sich nicht Anwendung findet, die also nicht nach diesem als physische Personen angesehen werden können, bevormundet werden und bei der Pflegschaft über einen Nachlaß oder für unbekannte Berechtigte sich schließlich herausstellen kann, daß als Erbe bezw. Berechtigter der Fiskus oder eine sonstige juristische Person vertreten worden ist, steht dem Grundsatz der Unzulässigkeit einer Vormundschaft über juristische Personen nicht entgegen, weil im ersteren Falle für den Ungeborenen lediglich in Erwartung seiner künftigen Existenz und insofern unter Fiktion derselben als bereits vorhanden gesorgt und die Pflegschaft eingeleitet wird, und im letzteren Falle die Pflegschaft sofort ihr Ende erreicht, sobald sich bestimmt herausstellt, wer der Erbe bezw. Berechtigte ist, also auch wenn dies eine juristische Person ist.

Endlich ist wesentlich die Unfähigkeit, sich selbst zu vertreten, und der Mangel oder die Unzulänglichkeit der väterlichen Gewalt. Der väterliche Schutz an sich genügt also nicht, um die Bevormundung auszuschließen, sondern nur der väterliche Schutz in der Form der väterlichen Gewalt. Wenn in einem Fall, bei der Vormundschaft über Großjährige, die V. O. letztere selbst ohne Rücksicht auf das Bestehen und die Wirksamkeit einer väterlichen Gewalt eintreten läßt, so ist dies blos eine Ausnahme, die als solche für den Begriff der Vormundschaft ohne Bedeutung ist, und es um so mehr ist, als sie ihren Grund darin hat, daß Großjährige thatsächlich nur sehr selten noch der väterlichen Gewalt unterstehen und in ihr ausreichenden Schutz finden werden, sie außerdem auch noch durch die besondere Gestaltung der Vormundschaft in diesem Falle abgeschwächt ist [4]).

Im Anschluß an die Terminologie des A. L. R. wird die Vormundschaft in dem vorstehenden weiteren Sinne eingetheilt in die Vormundschaft im engeren Sinne und in die Pflegschaft, früher Kuratel genannt. Eine Vormundschaft im engeren Sinne hat, wem die vormundschaftliche Sorge für Person und Vermögen des Mündels in vollem Umfange übertragen ist, womit nicht unvereinbar ist, daß daneben für einzelne Verhältnisse aus besonderen Gründen ein

kuratel (A. L. R. II 18 §§. 996 ff.) keine Vormundschaft, auf die die V. O. Anwendung fände (Eccius, Bd. 4 §. 242 Anm. 32 S. 275 u. Anm. 51 S. 278). Vgl. auch unten §. 10 S. 31 bei Anm. 3.

[4]) Siehe unten §. 97 bei Anm. 2.

Pfleger bestellt ist. Die Pflegschaft dagegen bezieht sich auf einzelne Angelegenheiten, bei welchen Schutz und Vertretung erforderlich ist [5]). Der Kreis der Geschäfte der Pflegschaft kann umfassender oder enger sein. Das Charakteristische der Pflegschaft im Gegensatz zur eigentlichen Vormundschaft liegt aber darin, daß die Vertretungsbefugniß nicht eine präsumtiv allgemeine ist. Die Vergleichung mit den Begriffen des Eigenthums und des dinglichen Rechts an fremder Sache liegt hierbei nahe. Keine Verschiedenheit findet sich bezüglich der Zeitgrenze. Die Pflegschaft kann dauernd, die Vormundschaft für eine kürzere Periode eingesetzt sein. Dagegen besteht noch ein Unterschied in sofern, als die Fälle der Vormundschaft im Gesetz speziell festgestellt sind, die der Pflegschaft dagegen sich ganz nach den Bedürfnissen des Lebens richten und somit im einzelnen nicht erschöpfbar sind.

Die Vormundschaft im engeren Sinne zerfällt in die Vormundschaft über Minderjährige und in die über Großjährige. Erstere Vormundschaft ist die bei weitem häufigere und gleichsam die normale. Die V. O. insbesondere hat ihre hauptsächlichen Grundsätze zunächst für die Vormundschaft über Minderjährige ausgesprochen. Dieselben sind aber entsprechender Weise auch auf die Vormundschaft über Großjährige und auf die Pflegschaft anzuwenden [6]).

§. 9. Abgrenzung des Begriffs der Vormundschaft.

Das alte deutsche Recht bezeichnete den Schutz und die gerichtliche Vertretung von Unmündigen und Frauenspersonen mit demselben Namen als Mundium (Munt, die Hand), mochte sie nun dem Hausvater, dem Ehemanne oder in deren Ermangelung dem nächsten Schwertmagen als Vormund zustehen [1]). Auch war das Recht des Vaters,

---

[5]) Vgl. Jahrbuch, Bd. 4 S. 94. Der Gegensatz ist kein römischer. Die römische Unterscheidung zwischen tutela und cura hat durchaus andere Kriterien (s. oben §. 2 S. 4 u. 5). Die Unterscheidung verdankt ihre Entstehung vielmehr dem A. L. R. II 18 §§. 3 u. 4: „Diejenigen, welchen der Staat die Sorge für seine Pflegebefohlenen in Ansehung aller ihrer Angelegenheiten aufgetragen hat, werden Vormünder genannt. Diejenigen, welche denselben entweder nur zur persönlichen Aufsicht oder Erziehung oder nur zur Besorgung gewisser Geschäfte und Angelegenheiten vom Staate bestellt werden, führen den Namen der Kuratoren." Vgl. auch Stölzel im Just. Min. Bl. von 1878 S. 7.

[6]) V. O. §. 83 Abs. 3 u. §. 91 Abs. 1.

[1]) Siehe auch Beseler, Deutsches Privatrecht 3. Aufl. §. 114.

Ehemanns und Vormunds in der ältesten Zeit wohl wesentlich gleichartig. Dies hat auf das deutsche Familienrecht der Folgezeit dauernd eingewirkt, indem nach deutscher Rechtsanschauung die Gewalt des Vaters und des Ehemanns vorwiegend einen vormundschaftlichen Charakter an sich trägt, so daß auch eine obervormundschaftliche Mitwirkung Platz greift. Von diesem Standpunkt aus bezeichnet man alle genannten Vertretungsverhältnisse nicht selten noch in neuerer Zeit als Arten der deutschrechtlichen Vormundschaft [2]).

Aber die Fortbildung der Rechtsinstitute beruht doch auf ihrer Unterscheidung. Ehemännliche und elterliche Gewalt sind innerlich wesentlich verschieden von der eigentlichen Vormundschaft. Die Entwickelung mußte daher verschiedene Wege nehmen, bis schließlich die Vormundschaft aus dem Rahmen des Familienrechts ganz heraustrat [3]).

Schon im älteren deutschen Rechte war der Gegensatz zum Bewußtsein gekommen. Doch mit Schärfe wurde die Grenze gezogen in Folge der Rezeption des römischen Rechts. Das Römerthum hatte die väterliche, wie auch die ehemännliche Gewalt — potestas und manus — mit so absoluter Machtfülle ausgerüstet, daß sich die einfache Vormundschaft — die tutela — trotz ursprünglicher Verwandtschaft dagegen frühzeitig abheben mußte. In Folge dessen hat die römische Jurisprudenz die hausväterliche Gewalt und die bloße Vormundschaft zu sich ausschließenden Begriffen gemacht. Sie definirte die Vormundschaft als die vom Recht verliehene Gewalt und Macht zur Beaufsichtigung und zum Schutz eines homo sui juris, welcher sich nicht selbst vertreten kann [4]). In gleichem Maße war also charakteristisch

a) die Schutzbedürftigkeit des Mündels, sowie

b) daß der Mündel nicht in der Gewalt seines Vaters stand.

Später ließ man zwar einen Kurator des Kindes in soweit neben dem Gewalthaber zu, als dessen Gewalt behindert war. Im Grunde lag hierin aber keine Negation des Gegensatzes zwischen väterlicher Gewalt und Vormundschaft, sondern nur eine feinere Ausbildung des Prinzips der Ausschließlichkeit.

Das gemeine Recht, wie auch die neuere deutsche Gesetzgebung

---

[2]) In diesem weiten Sinne nimmt den Begriff das Werk von Kraut.

[3]) S. oben §. 5 Anm. 7 S. 12.

[4]) l. 1 pr. D. de tutelis 26, 1.

hat nun die römische Art der Abgrenzung der Vormundschaft und der väterlichen Gewalt aufgenommen. Demnach stehen die minderjährigen Kinder in der Gewalt ihres Vaters, nicht in dessen Vormundschaft, mag nun die Ehe, welcher sie entstammen, dauern oder aufgelöst sein, eine Vormundschaft über Minderjährige tritt erst ein, wenn die väterliche Gewalt erloschen oder unwirksam ist. In diesem Sinne leitet das A. L. R. II 18 in §. 1 u. 2 das Vormundschaftsrecht mit den Worten ein: „Personen, welche für sich selbst zu sorgen nicht im Stande sind, stehen unter der besonderen Aufsicht und Vorsorge des Staates. Diese Vorsorge erstreckt sich jedoch auf dergleichen Personen nur in sofern, als dieselben außer väterlicher Gewalt und Aufsicht sind oder die väterliche Gewalt ihnen nicht zu Statten kommen kann."

In anderer Weise bildete das droit coutumier Frankreichs und hiernach der code civil den Gegensatz aus, nicht ohne Einwirkung deutschrechtlicher Gedanken. Der code unterscheidet, wenn er auch einseitig von puissance paternelle spricht [5]), der Sache nach die elterliche Gewalt, von welcher die väterliche und die mütterliche Gewalt nur jede eine Seite bildet, und die Vormundschaft. Die elterliche Gewalt steht beiden Ehegatten zusammen zu, so daß zwar die Ausübung der Regel nach dem Vater gebührt [6]), die Mutter aber gehört werden muß [7]). Folgerichtig tritt nach Auflösung der Ehe, durch welche die elterliche Gewalt in ihrer Totalität zerstört wird, die Vormundschaft über die minderjährigen, nicht emanzipirten Kinder ein, die von Rechtswegen dem Ueberlebenden der Eltern, dem Vater oder der Mutter, anfällt [8]). Dennoch erhalten sich neben der Vormundschaft, auf welche die gesammte Verwaltung des Kindesvermögens übergeht [9]), einzelne Befugnisse der väterlichen sowie der mütterlichen Gewalt beim Ueberlebenden der Eltern. Diese Befugnisse gehen wegen ihres Ursprungs weder im Fall der Ausschließung, noch, soviel wenigstens den Vater betrifft [10]), im Fall der Absetzung von der Vormundschaft verloren. Es gehört hierher der Konsens zur Eheschließung des Kindes, der elterliche Nießbrauch, die testa-

[5]) code civil L. I tit. 9, De la puissance paternelle.

[6]) code civil art. 373. Vgl. aber art. 141 u. 149; Demolombe, Cours de droit civil VI n. 371.

[7]) code civil art. 148; Demolombe III n. 38 ff.

[8]) art. 390.

[9]) art. 389.

[10]) Hinsichtlich der Mutter vgl. code civil art. 381, 386 u. 399.

mentarische Ernennung eines Vormunds, das Zuchtrecht durch Einsperrung [11]).

Die V. O. vom 5. Juli 1875 steht durchaus auf der römisch-rechtlichen Grundlage, indem sie nur für diejenigen Minderjährigen eine Vormundschaft eintreten läßt, welche nicht unter einer väterlichen Gewalt sind [12]).

Dies gilt nun auch im Geltungsbereiche des rheinischen Rechts. Die bloßen Reste seiner Gewalt, welche hier seither dem Vater nach dem Tode der Mutter verblieben waren, sollten nach der bei Berathung der V. O. herrschenden Absicht [13]) vervollständigt und zu einer vollkräftigen väterlichen Gewalt erhoben werden, welche die Vormundschaft ausschließt, so daß diese auch in der Rheinprovinz beim Tode der Frau nicht mehr eröffnet wird. Das französische Recht schwächt die Gewalt des Vaters vor allem ab durch art. 389 des code civ., wonach dem Vater die Verwaltung des Kindesvermögens nur während der Dauer der Ehe zusteht. Im Widerspruch hiermit hat die V. O. dem Vater nach dem Tode der Mutter im Gebiete des rheinischen Rechts „die Rechte und Pflichten des gesetzlichen Vormunds" gegeben [14]). Diese Rechte hat der Vater nicht als Vormund, sondern wie ein solcher. Er hat sie daher auch dann, wenn er zur Führung einer Vormundschaft nicht fähig sein sollte, z. B. wenn er ein für großjährig erklärter Minderjähriger [15]) ist, oder wenn ihm die bürgerlichen Ehrenrechte fehlen. Die Kinder sind nicht Mündel, sondern Hauskinder. Sie treten nicht unter die stetige Beaufsichtigung des Vormundschaftsgerichts [16]), wenn dieses auch einzelne obervormundschaftliche Rechte, insbesondere das Recht der Genehmigung gewisser Handlungen des Vaters übt [17]), sie unterstehen ferner nicht der Aufsicht des Waisenraths, welcher die persönliche Lage der Mündel überwachen soll [18]), und ist endlich insbesondere noch der früher neben dem verwittweten Vater gebotene ständige

---

[11]) code civil art. 148 ff., 384 ff., 397 ff. u. 375 ff.

[12]) V. O. §. 11.

[13]) Vgl. insbesondere die Motive zum Regierungsentwurf §. 11.

[14]) V. O. §. 95 Abs. 2.

[15]) Ist der Vater bevormundet, so erhalten seine Kinder nach V. O. §. 11 einen Dativvormund.

[16]) V. O. §. 2 Abs. 2.

[17]) V. O. §. 42 u. §. 44.

[18]) Vgl. V. O. §. 54 Abs. 1.

Gegenvormund mit der V. O. außer Funktion getreten, bezw. seit derselben nicht mehr zu ernennen, sondern nur noch zum Zweck der Prüfung einer vom Vormundschaftsgericht zu genehmigenden Handlung des Vaters ein Gegenvormund ad hoc zu bestellen, welcher der Sache nach nur Pfleger ist [19]).

§. 10. Umfang der Beseitigung des bisherigen Rechts.

Die Vormundschaftsordnung hebt in ihrem §. 102 die bisher geltenden Vorschriften des gemeinen deutschen Rechts, des allgemeinen Landrechts und der allgemeinen Gerichtsordnung für die preußischen Staaten, des rheinischen Civilgesetzbuchs und der in den einzelnen Landestheilen geltenden Ordnungen und Gesetze über das Vormundschaftswesen auf, soweit sie in ihr nicht ausdrücklich aufrecht erhalten sind. Es bezieht sich dies wie auf Gesetze und Observanzen, so auch auf Ausführungsbestimmungen, z. B. Reskripte von Behörden. Beseitigt sind aber alle diese Normen nur als positive, vermöge ihrer äußeren Autorität bindende Vorschriften, dagegen sind sie noch — cum grano salis — zu verwerthen als Mittel der Interpretation der V. O. und als praktische Winke bei deren Handhabung.

Aufgehoben sind also die Normen über das „Vormundschaftswesen". In welchem Umfang, ist Sache wissenschaftlicher Interpretation. Diese hat sich, da das Gesetz eine Definition der Vormundschaft nicht giebt, an die Gesammtheit seines Inhalts zu halten. Hiernach ist nicht die Vormundschaft im weiteren Sinne des älteren deutschen Rechts betroffen, also nicht die väterliche und die ehemännliche Gewalt und die sich anschließenden Rechtsverhältnisse. Es wurde vielmehr nur die Vormundschaft und die Pflegschaft im eigentlichen Sinne neu geregelt.

Es ist daher stets zu untersuchen, ob eine Rechtsnorm in dem Vormundschaftswesen im vorstehenden Sinne wurzelt, oder ob sie ihre Grundlage außerhalb desselben hat [1]). Im letzteren Fall ist sie durch die V. O. an und für sich nicht beseitigt, auch wenn sie auf die Rechte des Vormunds (Pflegers) oder des Mündels einwirken

---

[19]) V. O. §. 26 Abs. 4. Vgl. zum Vorstehenden das Urtheil des Reichsgerichts vom 30. Oktober 1884 in dessen Entscheidungen in Strafsachen Bd. 11 S. 196.

[1]) Vgl. Schliephacke, Das Geltungsprinzip der Vormundschaftsordnung in der Zeitschrift für hannöversches Recht Bd. 9 (1877) S. 81.

sollte. Beispiele bilden die Bestimmungen über Handlungsfähigkeit und Testamentsfähigkeit, über den Schutz gegen Verjährung und Ersitzung, über die Haftbarkeit der Richter und dgl. Im ersteren Fall ist sie durch die V. O. aufgehoben, auch wenn hierdurch indirekt in andere Rechtsmaterien eingegriffen würde.

Die Bestimmungen der V. O. über die Einrichtung der Vormundschaftsgerichte und die Stellung der Vormundschaftsrichter haben übrigens Geltung auch für die den Vormundschafsgerichten außerhalb einer Vormundschaft oder Pflegschaft zugewiesene Thätigkeit [2]). Sie greifen also über das Gebiet der eigentlichen Vormundschaft hinaus.

Früher war ferner die V. O. noch in einem gewissen Maße bei Familienstiftungen maßgebend, da dieselben durch das Reskript vom 5. März 1841 (Just. Min. Bl. 1841 S. 117) und die Kab.-Order vom 3. Januar 1845 in Verbindung mit dem Beschluß des Staatsministeriums vom 28. Dezember 1844 (Just. Min. Bl. 1845 S. 29) unter die Oberaufsicht der Vormundschaftsbehörden gestellt waren und diese Oberaufsicht nach § 8 Abs. 2 V. O. den Vormundschaftsgerichten verblieb. Es hat sich aber dies inzwischen dadurch erledigt, daß jetzt nicht mehr das Vormundschaftsgericht als solches, sondern das Amtsgericht des Wohnsitzes des Stifters bezw. das vom Justizminister damit betraute Landgericht oder Oberlandesgericht für die Aufsichtsführung über Stiftungen, soweit eine solche überhaupt von den Gerichten zu üben ist, zuständig ist [3]).

Im einzelnen ist hervorzuheben [4]):

1. Unberührt sind die Normen über die väterliche Gewalt geblieben. Dies bezieht sich auf die persönliche Stellung der Hauskinder und

---

[2]) V. O. §. 8 Abs 2. Zu dieser Thätigkeit gehört jetzt insbesondere noch die Mitwirkung der Vormundschaftsgerichte bei der Unterbringung verwahrloster Kinder nach den Gesetzen vom 13. März 1878, 27. März 1881 und 23. Juni 1884 (G. S. 1878 S. 132, 1881 S. 275 und 1884 S. 306), die keine vormundschaftliche ist, weil sie nicht blos für bevormundete oder zu bevormundende Kinder stattfindet.

[3]) §§. 26 u. 29 des Ausführungsgesetzes vom 24. April 1878 zum deutschen Gerichtsverfassungsgesetze.

[4]) Zum Folgenden sind die Kommentare zur V. O., besonders zum §. 102 derselben, und die Citate daselbst zu vergleichen und wird hier nur noch die sonstige, namentlich die neueste Literatur speziell citirt werden.

Ueber die Fortgeltung oder Aufhebung einer großen Anzahl weiterer als der nachstehend besprochenen Vorschriften wird im Laufe dieses Werks an betreffender Stelle gehandelt werden.

auf die hierbei vorgesehene Einwirkung des Vormundschaftsgerichts [5]), wie auf die vermögensrechtlichen Verhältnisse der Kinder. Es ist also das bisherige Recht nicht blos, wie die V. O. besonders hervorhebt [6]), für das väterliche Nutzungsrecht noch in Geltung, sondern ebenso für die Verwaltung des Kindesvermögens durch den Hausvater. Ungeändert sind hiernach auch die Rechtsnormen über die Frage, wieweit die Verfügungen des Vaters über das nichtfreie Kindesvermögen an die Einwilligung des Vormundschaftsgerichts gebunden sind und wann dem Gericht die Sicherstellung dieses Vermögens obliegt [7]). Das Gleiche muß zum größeren Theil hinsichtlich der Vorschriften über die Auseinandersetzung des Vaters mit seinen minderjährigen Kindern in den §§. 970 ff. II 18 A. L. R. gelten. Daß davon diejenigen, welche die Haftung des Kurators, die Stellung des Vaters als Ehrenvormunds, die Beendigung der Kuratel und die demnächstige Bestellung des Kurators zum Vormund betreffen, also die §§. 975 und 977—983, durch die entsprechenden Vorschriften der V. O., bezw. dadurch, daß diese einen Ehrenvormund nicht kennt, beseitigt sind, ist unbedenklich. Die übrigen aber, namentlich also diejenigen, welche die Obliegenheiten

---

[5]) Nach den Vorschriften des A. L. R. liegt dem Vormundschaftsgericht in dieser Hinsicht ob die Entscheidung von Streitigkeiten der Eltern über Pflege und Wartung eines Kindes — A. L. R. II 2 §§. 72 u. 73 —, ferner die Bestimmung über Besserungshaft auf Antrag der Eltern — A. L. R. II 2 §§. 86 bis 89 —, das Einschreiten von Amtswegen bei Mißhandlung und Nichtalimentirung der Kinder durch die Eltern — A. L. R. II 2 §§. 90 u. 91 —, wobei aber gemäß dem obigen Satze, daß die Vorschriften der V. O. über die Stellung des Vormundschaftsrichters über das Gebiet der Vormundschaft hinausgehende Wirkung haben, die den Vormundschaftsbehörden gegebene Berechtigung zur Festsetzung der Alimente und Vollstreckung dieser Anordnung weggefallen ist (Jahrbuch, Bd. 1 S. 53 u. 56 und Bd. 4 S. 109), die Entscheidung über das Erziehungsrecht geschiedener oder (vgl. Striethorst, Archiv Bd. 26 S. 342 und Entscheidungen des Ober-Tribunals Bd. 37 S. 232) noch nicht geschiedener, jedoch faktisch getrennt lebender Eheleute — A. L. R. II 2 §§. 92 ff. — (vgl. das Urtheil des Reichsgerichts vom 3. Mai 1880 in den Beiträgen, Bd. 25 S. 465 und Jahrbuch, Bd. 2 S. 62 u. 64 u. Bd. 3 S. 63 u. 74), und die Entscheidung von Beschwerden des Kindes wegen der Wahl seines Berufs durch die Eltern — A. L. R. II 2 §§. 112 ff.

[6]) V. O. § 95 Abs. 1.

[7]) A. L. R. II 2 §§. 170 ff., §§. 179 ff. Urtheil des Reichsgerichts vom 3. April 1882 in den Beiträgen, Bd. 26 S. 1042 und Eccius, Bd. 4 §. 223 Anm. 20 S. 162.

des Kurators bestimmen, gelten noch fort[8]), weil die Vorschriften, welche vor der Eheschließung eine Auseinandersetzung oder Sicherstellung des Vermögens erfordern, ausdrücklich in Kraft erhalten worden sind[9]) und es sich bei den Bestimmungen über die Funktionen des Kurators in erster Linie um eine Gestaltung der Rechte des Vaters handelt und die dem Kurator übertragenen Obliegenheiten nur Folge und Ausfluß dieser Gestaltung sind. Die in Rede stehenden Bestimmungen hätten ihrem Inhalte nach vollständig ebenso gut statt durch Normirung der Rechte und Pflichten des Kurators durch Normirung der Rechte des Vaters festgestellt werden können, und würde es dann wohl kaum streitig geworden sein, daß man es nicht mit dem Vormundschaftsrecht, sondern dem Recht der väterlichen Gewalt angehörigen Vorschriften zu thun hat.

Zweifelhaft ist endlich noch besonders das Verhältniß der V. O. zu den bisherigen Normen über die Verwaltung des freien Vermögens minderjähriger Kinder durch den Vater, wie sie im A. L. R. II 2 §§. 159 und 160 und II 18 §§. 984—993 enthalten sind. Es bestehen hierüber drei Ansichten, indem jene Paragraphen von den Einen[10]) für noch vollständig fortgeltend, von Anderen[11]) für nur soweit, als sie die Verwaltung des Vaters im einzelnen regeln, also nur die §§. 990—993, beseitigt und von den Dritten[12]) als gänzlich beseitigt angesehen werden. Dabei ist so viel allgemein anerkannt, daß die Aufrechterhaltung der landrechtlichen Vorschriften aus dem §. 95 Abs. 1 V. O. nicht entnommen werden kann, weil eine gesetzliche Nutznießung, von der der §. 95 allein spricht, am

[8]) Ebenso z. B. Brettner in den Beiträgen Bd. 20 S. 699, Neumann zu §. 95 S. 291, Hesse, Anm. 3 Abs. 2 zu §. 102 S. 307 und Rehbein u. Reincke, Anm. 52 zu §. 970 Bd. 4 S. 759. A. A. sind z. B. Jahrbuch (App.) Bd. 7 S. 75, Dalcke, Anm. 59 zu §. 970 S. 1011 und Eccius, Bd. 4 §. 223 Anm. 35 S. 165.

[9]) V. O. §. 95 Abs. 3 und §. 38 Abs. 2 des Gesetzes vom 6. Februar 1875 über die Beurkundung des Personenstandes und die Eheschließung (R. G. Bl. 1875 S. 23).

[10]) Rehbein u. Reincke, Anm. 55 zu §. 984 II 18 Bd. 4 S. 761 und Wachler, Anm. 4 zu §. 86 S. 251 u. Anm. 2 zu §. 95 S. 267.

[11]) Alle übrigen Kommentatoren der V. O., sowie Boas in den Beiträgen Bd. 20 S. 768 und Wundsch daselbst Bd. 21 S. 278.

[12]) Es sind dies außer dem Verfasser hier und in seinem Privatrecht Bd. 3 §. 54 Anm. 23 S. 175 nur noch Eccius, Bd. 4 §. 223 Anm. 8 S. 159 u. 160 und Jungeblodt in den Beiträgen Bd. 28 S. 13—47. Vgl. auch noch Koch, Kommentar Anm. 13 zu §. 159 II 2 Bd. 3 S. 342.

freien Vermögen nicht besteht, sondern über sie lediglich aus dem §. 102 V. O. zu entscheiden ist, es also darauf ankommt, ob sie dem Vater die Vormundschaft über das freie Vermögen des Kindes oder ein auf seiner väterlichen Gewalt beruhendes Verwaltungsrecht an demselben, welches nur dem eines Vormunds nachgebildet ist, geben. Von diesem Gesichtspunkt aus ist aber von vornherein nur entweder die gänzliche Aufhebung oder die gänzliche Fortgeltung möglich und eine blos theilweise Aufhebung augenscheinlich eine nicht zu rechtfertigende Inkonsequenz. Der Auffassung des Rechts des Vaters nicht als Vormundschaft steht sodann entgegen, daß die Verwaltung lediglich im Interesse und in Vertretung des Kindes geführt wird. Auf der anderen Seite ist dieselbe nicht nur im Vormundschaftsrecht behandelt, sondern auch ausdrücklich [13]) als eine vormundschaftliche bezeichnet und unter die Leitung des Vormundschaftsgerichts gestellt. Endlich führt auch der geschichtliche Zusammenhang [14]) zur Annahme einer gesetzlichen Kuratel des Vaters. Es kommt daher jetzt lediglich die V. O. zur Anwendung und sind die in Rede stehenden Vorschriften gänzlich aufgehoben. Es ist also bei Anfall freien Vermögens an ein minderjähriges Hauskind eine Pflegschaft einzuleiten. Auf diese hat der Vater, da die V. O. eine gesetzliche Pflegschaft nicht kennt, kein Recht, sondern ist, wenn derjenige, der das Vermögen zugewendet hat, eine bestimmte Person bezeichnet hat, diese als Pfleger zu bestellen (§. 87 V. O.), sonst vom Vormundschaftsgericht nach Ermessen der Pfleger zu bestimmen. Im letzteren Fall wird es jedoch dem Geiste der V. O. entsprechen, wenn, sofern nicht besondere Gründe entgegenstehen, wohin, wenn auch sonst die §§. 984, 987 und 988 II 18 durch den §. 16 V. O. ersetzt und die §§. 985 und 986 II 18 ohne Ersatz fortgefallen sind, gehören kann, daß der Vater die Anzeige von dem Anfall des freien Vermögens absichtlich unterlassen hat, der Vater zum Pfleger bestellt wird. Derselbe ist dann ebenfalls zu verpflichten und stehen ihm von den Befreiungen nur diejenigen zu, die dem Vater immer (§§ 57, 59 und 60 V. O.), nicht aber diejenigen, die ihm blos als gesetzlichem Vormunde gegeben sind, da er eben die Stellung eines gesetzlichen Pflegers nicht hat. Er hat also insbesondere ein Inventar gemäß §. 35 Abs. 1 V. O. einzureichen und die daselbst vorgeschriebene Versicherung ab-

[13]) §. 159 II 2 A. L. R., vgl. auch das Marginale zu §. 984 II 18 A. L. R.

[14]) Vgl. über diesen besonders Jungeblodt a. a. O. S. 29 ff.

zugeben, ferner Schlußrechnung zu legen, auch kann ihm ein Gegenvormund an die Seite gesetzt werden (§. 91 V. O.).

Auch die elterlichen Rechte und Pflichten berührt die V. O. zunächst nicht. Das bisherige Recht über die Ausstattung der Kinder, sowie die Mitwirkung des Gerichts hierbei ist z. B. nicht betroffen [15]).

2. Die Normen des bisherigen Rechts über die Rechte des Ehemanns an Person und Vermögen der Ehefrau sind maßgebend geblieben. Es gilt dies auch hinsichtlich des Rechts des Vormundschaftsgerichts, statt der Frau die Einwilligung zu Verfügungen des Mannes über das Eingebrachte der Frau oder über das gütergemeinschaftliche Vermögen zu ertheilen [16]).

Nach dem bisherigen Eherecht bestimmt sich nicht nur die Rechtsstellung des Mannes gegenüber einer volljährigen, sondern auch gegenüber einer minderjährigen und bevormundeten Ehefrau. Ueber die Kollision zwischen dem Rechte des Ehemannes und dem Rechte des Vormunds hat das A. L. R. II 18 §§. 737—775 eingehende Normen getroffen. Daß diese, soweit sie die Frage behandeln, wieweit der Vormund der Mitwirkung des Vormundschaftsgerichts bedarf, antiquirt und alle Funktionen des Vormundschaftsgerichts, welche die in der V. O. bestimmten überschreiten und im wesentlichen auf eine Mitverwaltung des Gerichts hinauslaufen, als zum System der V. O. nicht passend beseitigt sind, ist wohl zweifellos [17]). Aber auch im übrigen müssen sie als aufgehoben angesehen werden [18]). Denn abgesehen davon, daß ihr Inhalt eine so blos theilweise Fortgeltung schwer zulassen würde, enthalten sie eine besondere Fürsorge für die verheirathete Pflegebefohlene in deren Interesse und beschränken aus diesem Gesichtspunkte heraus das Recht des Ehemannes. Sie wurzeln somit im Vormundschaftsrecht und nicht im Eherecht, und steht dem auch nicht entgegen, daß nach §. 229 II 2 A. L. R., wenn die Tochter minderjährig ist, dem Vater, dessen

---

[15]) A. L. R II 2 §. 237 ff.

[16]) Vgl. A. L. R. II 1 §§. 239, 387 u. 388, Eccius, Bd. 4 § 208 Anm. 41 S. 55 u. § 209 Anm. 66 S. 75, auch Jahrbuch Bd. 3 S. 70.

[17]) Eccius, Bd. 4 §. 208 Anm. 60 S. 58. Auch Philler, Anm. 70 zu §. 17 S. 55.

[18]) Ebenso besonders auch Dalcke, Anm. 27 zu §. 737 II 18 und Rehbein u. Reincke, Anm. 40 zu §. 736 II 18 Bd. 4 S. 748, a. A. jetzt namentlich Eccius Bd. 4 § 208 S. 57 u. 58, wo auch noch weitere Literatur angeführt ist, ferner Philler a. a. O.

Gewalt durch ihre Verheirathung erlischt, die Rechte und Pflichten eines einer verheiratheten Pflegebefohlenen bestellten Vormunds bleiben, da in Folge dessen die Tochter eben nach dem Austritt aus der väterlichen Gewalt bevormundet wird. Demgemäß sind jene Vorschriften nach §. 102 V. O. aufgehoben und läßt sich ihre Fortgeltung auch nicht aus §. 95 Abs. 1 V. O. entnehmen [19]), weil dann der §. 95 Abs. 1 etwas Besonderes, von dem §. 102 Abweichendes bestimmen würde, dies aber an sich und namentlich mit Rücksicht darauf nicht zulässig erscheint, daß der §. 95 Abs. 1 nichts Besonderes, von dem §. 102 Abweichendes bestimmen, sondern nur Zweifeln, namentlich im Gebiete des fränkischen Güterrrechts, begegnen und blos eine kautelarische Bestimmung sein soll, aus der weitere Schlüsse nicht gezogen werden dürfen [20]).

Eine andere Frage ist dagegen, ob auch die §§. 782—798 II 18 A. L. R., welche die Ausschließung der gesetzlichen allgemeinen Gütergemeinschaft für die Ehen minderjähriger Pflegebefohlenen betreffen, beseitigt sind [21]). Unzweifelhaft ist dafür, ob der Vormund, der auf die Suspension verzichten will, hierzu der gerichtlichen Genehmigung bedarf, jetzt nicht mehr der §. 783, sondern allein die V. O. maßgebend, da es sich hierbei lediglich um eine Frage des Vormundschaftsrechts handelt, insoweit also eine Aufhebung der landrechtlichen Vorschriften eingetreten. Im übrigen aber ist eine solche nicht anzunehmen.

Für die Aufhebung ist geltend gemacht worden, daß das A. L. R. dem Vormunde die Entscheidung über die so wichtige, in ihren Folgen sich über das ganze Leben des Mündels erstreckende Frage des Ein-

[19]) Den §. 95 Abs. 1 zieht Eccius a. a. O. noch heran.

[20]) Bericht der K. d. H. H. S. 101.

[21]) Die Frage ist außer in den früheren Auflagen dieses Werks S. 228 ff., bezw. 1. Aufl. S. 201, besonders auch von Anton, Dalcke, Hesse u. Löwenstein, sowie von Tophof, Trusen u. Wundsch in den Beiträgen Bd. 20 S. 504 ff. u. S. 733 ff. und Bd. 21 S. 360 bejaht, dagegen besonders von Neumann, Philler, Rehbein u. Reincke und Wachler, sowie von Brettner und Heimlich in den Beiträgen Bd. 20 S. 21, 23 u. 701, Küntzel daselbst Bd. 24 S. 145 u. Bd. 26 S. 161, ferner in dem Urtheil des Reichsgerichts vom 25. April 1881 im Just. Min. Bl. 1881 S. 125 und in dessen Entscheidungen in Civilsachen Bd. 5 S. 217 (das Urtheil desselben daselbst Bd. 3 S. 243 läßt die Frage unentschieden) und von Eccius, Bd. 4 §. 209 S. 70 theils schlechtweg, theils mit einzelnen Beschränkungen verneint. Vgl. auch des Verfassers Privatrecht Bd. 3 §. 34 Anm. 22 S. 114 und Turnau, Bd. 2 §. 71 Anm. 2 S. 295.

tritts in die allgemeine Gütergemeinschaft nicht habe geben wollen, deshalb diese in der Regel bis zur Großjährigkeit des Pfleglings habe ausgesetzt sein sollen, und ferner nicht Minderjährige schlechthin, sondern nur bevormundete Minderjährige betroffen seien, hieraus aber folge, daß jene Vorschriften ihren Grund und ihre Wurzel im Vormundschaftsrecht hätten. Indessen gerade weil es sich nicht blos um Verwaltung des während der Vormundschaft vorhandenen oder zu erwerbenden Vermögens des Mündels, sondern um dessen ganze vermögensrechtliche Stellung über die Dauer der Vormundschaft hinaus handelt, und weil deshalb das Gesetz Bedenken getragen hat, den Minderjährigen durch den Vormund außer im Falle des §. 783 vertreten zu lassen, hat man es nicht mit dem Vormundschaftswesen angehörenden Vorschriften zu thun. Ferner müßte, wäre letzteres der Fall, die Suspension der Gütergemeinschaft doch für alle Mündel gleichmäßig eintreten, während sie nur bei der Bevormundung wegen Minderjährigkeit stattfindet[22]). Endlich zeigt auch die dem Vormundschaftsgericht auferlegte Pflicht, die Pflegebefohlenen nach beendeter Vormundschaft zu vernehmen und die öffentliche Bekanntmachung der Ausschließung zu veranlassen (§§. 785, 786, 787, 794 u. 795), da es nach beendeter Vormundschaft keine Bevormundete mehr giebt, daß man es nicht mit einer staatlichen Fürsorge, die in das Vormundschaftswesen fällt, zu thun hat.

3. Wie die früheren Vorschriften über die Beendigung der Vormundschaft überhaupt, so sind insbesondere auch diejenigen der §§. 697—706 II 18 A. L. R. über die Befugniß des Vaters, die Verlängerung der Vormundschaft bis auf 6 Jahre nach der Großjährigkeit anzuordnen, durch den §. 102 V. O. beseitigt, da der V. O. eine verlängerte Vormundschaft unbekannt ist und es sich bei jener Befugniß zweifellos um eine lediglich dem Vormundschaftsrecht angehörende Bestimmung handelt[23]). Verschieden von ihnen sind diejenigen, welche, wie die §§. 707—711 II 18 A. L. R., einem Erblasser die Befugniß geben, die Verfügung des Erben oder Vermächtnißnehmers über die Zuwendung auch nach erlangter Voll-

[22]) Entscheidungen des Ober-Tribunals Bd. 70 S. 95, Striethorst, Archiv Bd. 90 S. 210.

[23]) Dies ist allgemein anerkannt, vgl. z. B. Dalcke und Rehbein u. Reincke zu den betreffenden Paragraphen, Hesse, Anm. 8 zu § 61 S. 206, Eccius, Bd. 4 §. 234 Anm. 2 S. 226 und Jahrbuch Bd. 2 S. 57. Vgl. auch unten §. 87 Anm. 2.

jährigkeit einzuschränken, und dabei dem früheren Vormunde und dem Vormundschaftsgericht eine gewisse Thätigkeit beilegen. Diese haben mit der Verlängerung der Vormundschaft und dem Vormundschaftswesen überhaupt nichts zu thun, sondern betreffen nur die Zulässigkeit letztwilliger Verfügungsbeschränkungen. Sie sind daher durch §. 102 V. O. nicht aufgehoben, und hat das Vormundschaftsgericht auch jetzt noch die zur Sicherung dieser Beschränkungen ihm zugewiesene Mitwirkung als eine ihm außerhalb des Vormundschaftsrechts auferlegte Thätigkeit auszuüben, wobei es aber nicht befugt ist, zum Zweck der ferneren Verwaltung des betreffenden Vermögens oder zur Herbeiführung der Eintragung der Verfügungsbeschränkung im Grundbuch nach beendeter Vormundschaft noch eine Pflegschaft einzuleiten [24]).

4. Als fortgeltend ist die Verlassenschaftskuratel, welche nach §. 359 I 12 A. L. R. der Erbe, der sich mit dem Geschäft der Erbschaftsregulirung nicht selbst befassen will, nachsuchen kann, anzusehen. Denn hierbei ist nicht eine Fürsorge, die selbst gegen den Willen eintreten könnte, sondern lediglich eine Abnahme von Pflichten, die nur mit dem ausdrücklichen Willen stattfindet, in Frage, und hat die Bestimmung deshalb mit dem Vormundschaftsrecht nichts zu thun [25]).

5. Ferner sind bestehen geblieben die Vorschriften über die Bestellung von Kuratoren für bekannte oder unbekannte Personen durch den Prozeßrichter. Denn diese Bestellung geschieht nicht sowohl im Interesse der Personen, für welche die Kuratoren bestellt werden, als vielmehr im Interesse der Ermöglichung oder Erledigung eines civilprozessualischen Verfahrens, wie namentlich bei der Kuratel für unbekannte Personen daraus erhellt, daß trotz der Bestellung des Kurators die sich nicht meldenden Interessenten präkludirt werden, während doch, wenn die Bestellung auf einer Fürsorge für die unbekannten Interessenten beruhte, dieselbe nothwendig zur Erhaltung der etwa vorhandenen Rechte dieser Interessenten führen müßte. Es

---

[24]) Jahrbuch Bd. 2 S. 55 u. Bd. 3 S. 54, ferner Eccius a. a. O. und Turnau, Bd. 2 §. 93 S. 347.

[25]) Ebenso z. B. Koch, Kommentar Anm. 61 zu §. 359 I 12 Bd. 2 S. 90, Neumann zu § 89 S. 272, Hesse, Anm. 11 zu §. 91 S. 283 und Eccius, Bd. 4 § 236 Anm. 16 S. 237, vgl. auch Jahrbuch (App.) Bd. 6 S. 82 u. S. 84 Anm.

liegen also hier dem Vormundschaftsrecht angehörende Vorschriften nicht vor.

Es ist das Vorstehende allerdings nicht unbestritten [26]). Die in Betracht kommenden Vorschriften: Allgem. Gerichtsordnung I 38 §. 5 und Anhang §. 283, daselbst I. 1 §§. 11, 12 und 17, Kabinets-Orders vom 4. Juli 1832 und vom 5. Dezember 1835 (G. S. 1832 S. 175 und 1835 S. 294) und Subhastationsordnung vom 15. März 1869 (G. S. 1869 S. 421) §§. 80 und 90 sind jedoch inzwischen sämmtlich aufgehoben [27]). Es ist damit die Kontroverse gegenstandslos geworden und erübrigt sich ein näheres Eingehen auf dieselbe.

Daß, wenn nach dem Inkrafttreten der V. O. sowohl zum Theil wieder in den jene Vorschriften aufhebenden Bestimmungen als sonst die Bestellung von Vertretern zugelassen und dem Vorsitzenden des Prozeßgerichts bezw. dem Vollstreckungsgericht übertragen ist [28]), es sich hierbei nicht um vormundschaftliche Verhältnisse, insbesondere nicht um Pflegschaften im Sinne der V. O. handelt, ist wohl außer Zweifel. [29])

6. Ebenso sind die §§. 622—625 II 2 A. L. R. von der V. O. nicht weiter berührt worden, als daß das Vormundschaftsgericht, wenn es nach §. 625 der Mutter die Erziehung nehmen will, dabei nach §. 28 V. O. zu verfahren hat. Denn auch hier handelt es sich nicht um vormundschaftliche Vorschriften, insbesondere nicht um ein selbständiges Erziehungsrecht des unehelichen Vaters, welches das Aufsichtsrecht des Vormundes über die Erziehung des unehelichen Kindes ausschlösse oder beschränkte, sondern vielmehr um eine Begrenzung und Einschränkung der Alimentationsverbindlichkeit des unehelichen Erzeugers, um eine Form, in welcher dieser seiner Alimentationspflicht nachkommen darf, und welche neben der V. O. gerade ebenso fortbesteht, wie sie neben den §§. 231 und 232 II 18 A. L. R. bestanden hat. [30]).

---

[26]) Vgl. Hesse, Anm. 1 zu §. 91 S. 281.

[27]) Durch die §§. 595 u. 600, 55 u. 51 Abs. 2 der deutschen Civilprozeßordnung und die §§. 131 u. 134 ff. des Zwangsvollstreckungsgesetzes vom 13. Juli 1883 (G. S. 1883 S. 131).

[28]) §§. 55, 693 Abs. 2 u. 694 der deutschen Civilprozeßordnung und §§. 4 Abs. 1 Nr. 4—6 u. Abs. 2, 131 u. 151 des Zwangsvollstreckungsgesetzes vom 13. Juli 1883.

[29]) Eccius, Bd. 4 §. 236 S. 234 u. 235.

[30]) Jahrbuch Bd. 2 S. 60 und die Citate daselbst, denen besonders noch hinzuzufügen sind Eyber im Jahrbuch (App.) Bd. 7 S. 354, Striethorst, Archiv Bd. 99 S. 260, Küntzel in den Beiträgen Bd. 26 S. 161, Eccius,

7. Das Institut der Beistände des A. L. R. [31]) ist theilweise ein Rest der alten Geschlechtsvormundschaft. Dennoch ist dasselbe durch die V. O. nicht beseitigt, da es den Charakter einer Vormundschaft im Sinne der V. O. nicht hat, sondern theils dem Handelnden nur eine mit seinem Willen eintretende, aber gesetzlich nicht nothwendige Unterstützung und Beirath gewähren soll [32]), theils wo die Mitwirkung eines Beistandes von dem Willen unabhängig ist, blos eine Sicherheit dafür gewähren soll, daß der Wille des Handelnden, der auch hier der allein maßgebende bleibt, wirklich zum richtigen Ausdruck kommt [33]).

§. 11. Fortsetzung. Positive Bestimmungen.

Die in Folge positiver Bestimmungen der V. O. ausdrücklich aufrecht erhaltenen Vorschriften des früheren Rechts sind, soweit sie nicht inzwischen anderweit aufgehoben oder geändert worden sind, wie die über das Vorzugsrecht der Mündel an dem Vermögen des Vormunds (§. 32 Abs. 5 V. O.) durch § 54 Nr. 5 der deutschen Konkursordnung und die über die Erklärung als Geisteskranker oder Verschwender (§. 81 V. O.) oder für todt, verschollen oder abwesend (§. 84 V. O.) durch die §§. 593 ff. der deutschen Civilprozeßordnung bezw. die §§. 22 und 24—26 des Ausführungsgesetzes vom 24. März 1879 zur deutschen Civilprozeßordnung, oder blos eine Uebergangsbestimmung sind, wie die über die Emanzipation im rheinischen Recht (§. 98 Abs. 2 V. O.), noch die folgenden:

1. über das Ruhen der väterlichen Gewalt (§. 11 V. O.),
2. über die religiöse Erziehung der Kinder (§. 28 V. O.),

Bd. 4 §. 228 Anm. 13 S. 178 und Koch, Kommentar Anm. 36 zu §. 622 II 2 Bd. 3 S. 428. Vgl. auch unten §. 63 Anm. 2.

[31]) A. L. R II 18 §§. 5, 17, 18, 51—55 u. 1005—1007.

[32]) S. oben §. 8 S. 24 vor Anm. 1.

[33]) Bereits der Gesetzesrevisor bemerkte gegen die §§. 5, 51—55 II 18 des A. L. R., daß die Bestimmungen über die Beistände nicht in den Titel „von Vormundschaften und Kuratelen" gehörten (Ges. Rev. Pens. VII S. 52). Die Fortdauer der Vorschriften über die Beistände ist allgemein anerkannt, a. A. nur Koris in den Beiträgen Bd. 20 S. 509 ff., gegen denselben besonders Turnau, Bd. 2 § 96 S. 352. Ueber eine partikuläre Art von Beistandschaft, die ausnahmsweise durch die V. O. aufgehoben ist, weil hier der Beistand eine wesentlich andere Stellung hatte, s. Neubauer im Just. Min. Bl. von 1879 S. 48 und Hesse, Anm. 4 a. E. zu §. 102 S. 310. Vgl. auch noch unten §. 94 Anm. 9.

3. über die Erbauseinandersetzung und die Veräußerung unbeweglicher Sachen im Gebiet des rheinischen Rechts (§§. 43 und 44 V. O.),

4. über das Erforderniß der Einwilligung des Vormunds, des Vormundschaftsgerichts und des Familienraths zur Eheschließung des Mündels und über die Wirkungen des Mangels dieser Einwilligung (§. 48 V. O.)[1]),

5. über das Verbot der Offenlegung eines Nachlaßinventars (§. 57 V. O.),

6. über die Ansprüche der Erben auf die Verwaltung und Nutznießung des Vermögens eines Abwesenden (§. 82 V. O.),

7. über solche Befugnisse des Nachlaßpflegers, welche über die demselben in der V. O. beigelegten hinausgehen (§. 89 V. O.),

8. über die einem vor der V.O. bestellten oder berufenen Vormunde oder Pfleger durch Verfügung der Eltern oder der Erblasser des Mündels eingeräumten größeren Befugnisse, als die V. O. zuläßt (§. 94 V. O.),

9. über die Befugnisse, welche Eltern oder Ehegatten kraft gesetzlicher Nutznießung am Vermögen der Kinder oder kraft ehelichen Güterrechts zustehen, sowie über die Nothwendigkeit einer Nachweisung, Auseinandersetzung oder Sicherstellung des Vermögens vor oder nach der Schließung einer ferneren Ehe (§. 95 Abs. 1 u. 3 V. O.)[2]).

Das rheinische Civilgesetzbuch gewährt den Eltern den gesetzlichen Nießbrauch am Kindesvermögen, soweit dasselbe nicht Sondergut ist, bis zum achtzehnten Lebensjahre des Kindes. Insbesondere steht auch der Mutter dies Recht nach dem Tode des Vaters bis zu ihrer Wiederverheirathung zu[3]). Es hat ferner die Mutter in vielen anderen Landestheilen, insbesondere bei allgemeiner Gütergemeinschaft, am Nachlasse des Ehemanns oder auch an anderem Vermögen der Kinder bis zu deren Abschichtung oder Volljährigkeit oder bis zu ihrer Wiederverheirathung oder bis zu ihrem Tode den Nießbrauch und die Verwaltung. So im Gebiete des fränkischen Rechts, in Hessen, Nassau, Frankfurt a. M., aber auch in Theilen von

---

[1]) Vgl. §. 29 des Gesetzes über die Beurkundung des Personenstandes und die Eheschließung vom 6. Februar 1875 (R. G. Bl. 1875 S. 23).

[2]) Vgl. §. 38 Abs. 2 daselbst.

[3]) Code civil art. 384—387.

Hannover, Schleswig-Holstein und Neuvorpommern. Solche Vermögensrechte bleiben, wie schon die Natur der Sache ergiebt und der §. 95 Abs. 1 der V. O. auch noch ausdrücklich bestimmt, unberührt, auch wenn sie ursprünglich nur ein Ausfluß der mütterlichen Vormundschaft gewesen sein sollten.

Da es sich bei dem Absatz 3 des §. 95, der in Folge eines Antrags der Kommission des Herrenhauses aufgenommen worden ist, vorzugsweise um Vermögen handelt, auf welches die Kinder des Eheschließenden Anspruch haben, und welches der Vater kraft väterlicher Gewalt oder die Eltern kraft ehelichen Güterrechts besitzen, so bedurfte es einer solchen Bestimmung im Grunde nicht, weil überhaupt die Normen der väterlichen Gewalt und des ehelichen Rechts durch die V. O. nicht betroffen werden. Gewicht wurde auf die Aufnahme des Vorbehalts nur aus dem äußeren Grunde gelegt, daß sich die angeführten Bestimmungen vielfach in partikularen Vormundschaftsordnungen finden, und man sie möglichst vor dem Vergessenwerden schützen wollte, nachdem diese Ordnungen sonst beseitigt worden.

10. über die Vormundschafts- und Pflegschafts-Angelegenheiten der Mitglieder der königlichen Familie und des Hohenzollernschen Fürstenhauses (§. 100 V. O.). Rücksichtlich dieser behält es vollständig bei der Hausverfassung sein Bewenden. Es liegt hierin nichts als eine besondere Anwendung des Grundsatzes des A. L. R. II 13 §. 17, wonach die Rechtsangelegenheiten, welche die Personen- und Familienrechte des Landesherrn betreffen, nach den Hausverfassungen und Verträgen bestimmt werden. Die besondere Hervorhebung in der V. O. war hiernach nicht nöthig, wenn auch unschädlich [4]).

Nach der königlichen Hausverfassung aber wird die Vormundschaft über die Person und das Vermögen des Königs, von der die sich als ein rein öffentlich-rechtliches Institut, als Bestandtheil des Verfassungsrechts, charakterisirende Regentschaft nach Art. 56 ff.

---

[4]) Einen ähnlichen Vorbehalt hatten für das Vormundschaftswesen des königlichen Hauses gemacht die Verordnung vom 2. Januar 1849 über die Aufhebung der Privatgerichtsbarkeit (G. S. 1849 S. 1) §. 11 und das Gesetz vom 26. April 1851, betr. die Zusätze zu der V. vom 2. Januar 1849 (G. S. 1851 S. 181) Art. III. Dies veranlaßte das Herrenhaus einen bezüglichen Zusatz aufzunehmen. Es kam hierzu die Meinung, daß man für die Erhaltung des besonderen Rechts der Standesherren Vorsorge zu treffen habe.

der Verfassungsurkunde wohl zu unterscheiden ist, von dem nächsten Agnaten geführt, sofern nicht, was geschehen kann, über sie von dem vorher regierenden König anderweitig letztwillig verfügt worden ist. Der König selbst, und im Falle einer Regentschaft der Regent, ist von Rechtswegen Vormund und Pfleger aller Prinzen und Prinzessinnen des Hauses und, wenn mit Allerhöchster Genehmigung andere Personen zu Vormündern ernannt werden, der entscheidende Obervormund, wobei ihm das Ministerium des königlichen Hauses als ausführende Behörde zur Seite steht [5]).

11) über die nach dem bisher geltenden Privat-Familienrechte der Häupter und Mitglieder der früher reichsständischen Familien begründeten Rechte (§. 101 V. O.) [6]).

Für das damalige Gebiet der Preußischen Monarchie hat hierüber die Instruktion [7]) vom 30. Mai 1820 (G. S. 1820 S. 81) §. 19 folgende Vorschriften getroffen, die auch, soweit es sich um den Gerichtsstand handelt, noch gelten [8]):

a) Die Grundsätze der Bevormundung, der vormundschaftlichen Verwaltung und der Aufsicht über diese sind in erster Linie aus den bestehenden, durch den König genehmigten oder künftig unter königlicher Genehmigung zu errichtenden Familienverträgen, auch aus dem nachzuweisenden Familienherkommen zu schöpfen. Danach ist regelmäßig in Gemäßheit des älteren deutschen Rechts Vormund der nächste Agnat des Mündels.

b) Neben diesem Familienrechte haben subsidiäre Geltung die preußischen Landesgesetze. Insoweit hat nunmehr die V.-O. Kraft erhalten.

c) Soweit von Obrigkeitswegen die Ernennung eines Vormunds zu geschehen hat, erfolgt dieselbe unmittelbar von dem Könige auf den Antrag des Justizministers.

---

[5]) Schulze, Die Hausgesetze der regierenden deutschen Fürstenhäuser Bd. 3 S. 614, 617 u. 626 und von Rönne, Das Staatsrecht der preuß. Monarchie 4. Aufl. Bd. 1 §. 47 S. 182 Anm. 5 u. §. 48 S. 184 Anm. 1.

[6]) Vgl. Heffter, Sonderrechte der souverainen und mediatisirten Häuser. Berlin 1871.

[7]) Durch Gesetz vom 12. November 1855 (G. S. 1855 S. 686) in dieser Hinsicht aufrecht erhalten. Im §. 4 desselben ist noch angeordnet, daß die Aufsichts- und Beschwerde-Instanz der Justizminister bildet.

[8]) §. 27 des Ausführungsgesetzes vom 24. April 1878 zum deutschen Gerichtsverfassungsgesetz.

d) Die obervormundschaftliche Behörde für den Standesherrn und die ebenbürtigen Mitglieder seiner Familie ist dasjenige Oberlandesgericht, in dessen Bezirk die Standesherrschaft gelegen ist.

e) Besitzt ein Standesherr mehrere inländische Standesherrschaften, so ist dasjenige Gericht zuständig, in dessen Bezirk der verstorbene Vater des zu Bevormundenden zugleich seinen Wohnsitz gewählt hatte.

f) Besitzt ein mediatisirtes Haus standesherrliche Besitzungen in andern Staaten und wird dort bevormundet, so wird für Preußen gleichwohl eine besondere Vormundschaft eingerichtet.

g) Die Bestallung des Vormundes wird von dem Justizminister ausgefertigt und vom Könige vollzogen.

Da die Reichsgesetzgebung der Landesgesetzgebung vorgeht, so bestehen natürlich auch deren ältere Bestimmungen über das Vormundschaftswesen fort. Es gilt dies namentlich von dem Strafgesetzbuch für das deutsche Reich [9]), ferner von Vorschriften der allgemeinen deutschen Wechselordnung [10]), des Reichsmilitärgesetzes vom 2. Mai 1874 (R. G. Bl. 1874 S. 45) [11]) u. s. w. [12]).

§. 12. Die Zeit des Inkrafttretens der Vormundschaftsordnung.

Die Vormundschaftsordnung ist mit dem 1. Januar 1876 in Kraft getreten. Sie findet Anwendung nicht blos auf die nachher eingeleiteten, sondern auch auf Vormundschaften und Pflegschaften, welche in diesem Augenblicke schwebten, d. h. bereits eingeleitet waren [1]). Es ist in dieser Hinsicht unter Berücksichtigung der allgemeinen Grundsätze über die nicht rückwirkende Kraft neuer Gesetze hervorzuheben:

1. Die einzelnen Akte der vormundschaftlichen Verwaltung sind als eine fortgesetzte Kette von successiven Verpflichtungsgründen anzusehen [2]). Das Gesetz, welches zur Zeit ihrer Vornahme herrschte,

---

[9]) Insbesondere gehören hierher die §§. 34 Nr. 6, 65, 174 Nr. 1, 181 Nr. 2, 247, 263 u. 266.

[10]) Art. 95 der Wechselordnung.

[11]) §. 41 des Reichsmilitärgesetzes.

[12]) Vgl. Mandry, Der civilrechtliche Inhalt der Reichsgesetze im Archiv für die civilistische Praxis Bd. 60 S. 241 u. 242.

[1]) V. O. §. 92 Abs. 1.

[2]) l. 37 pr. D. de adm. tut. 26, 7: tutorem, qui tutelam gerit, Sabinus et Cassius, prout gerit, in singulas res per tempora velut ex pluribus causis obligari putaverunt.

ist daher für sie maßgebend, wenn auch die Vormundschaft unter der Herrschaft des neuen Gesetzes zu Ende geht und der Vormund nach dessen Inkrafttreten zur Verantwortung gezogen wird. Daher haftet z. B. der Vormund des gemeinen Rechts wegen seiner Verwaltung vor dem 1. Januar 1876 nur für die in eigenen Dingen gewohnte Sorgfalt, wegen späterer Akte steht er nach der V. O. für die Sorgfalt eines ordentlichen Hausvaters ein. Wenn ferner bisher mehrere gemeinsam verwaltende Vormünder die Einrede der Theilung hatten, so können sie dieselbe noch anrufen für ihre Geschäftsführung vor dem 1. Januar 1876, nicht aber für die spätere Verwaltungsepoche.

2. Dagegen wirken Befugnisse, deren Entstehung unter dem alten Rechte sich abschloß, unter der Herrschaft der V. O. fort, auch wenn nach deren Bestimmungen solche Rechte nicht hätten entstehen können. Das dem Vormund vom Gericht für die Dauer der Vormundschaft früher zugebilligte Honorar bildet z. B. eine nicht mehr entziehbare [3]) Forderung, welche folgerecht auch nach dem 1. Januar 1876 bezüglich künftiger Raten verfällt, ohne Rücksicht darauf, ob nach dem neuen Gesetze die Voraussetzungen der Zubilligung vorliegen. Es ist weiter unzweifelhaft, daß ein Titel zum Pfandrecht, welcher unter der Herrschaft des alten Rechts für die bis zum 1. Januar 1876 erwachsenen Ansprüche erworben wurde, auch nach diesem Termin noch realisirt werden kann, trotzdem daß nach der V. O. §. 32 Abs. 5 seitdem ein gesetzlicher Pfandrechtstitel nicht mehr entsteht.

3. Andererseits sind die schwebenden Vormundschaften für Alles, was noch in Zukunft zu gestalten ist, mit dem 1. Januar 1876 unter die Herrschaft des neuen Gesetzes getreten.

a) Mit diesem Augenblicke ist die Obervormundschaft auf den Einzelrichter übergegangen. Die vormundschaftliche Thätigkeit der Familienräthe im Bezirke des Appellationsgerichtshofs zu Köln hat aufgehört. Seit dem 1. Januar 1876 kann in Vormundschaftssachen ein Familienrath nur auf Grund der V. O. und mit den Befugnissen, welche diese zutheilt, berufen werden [4]).

---

[3]) Vgl. unten §. 77 a. E.

[4]) V. O. §. 92 Abs. 2. Die Motive der Regierungsvorlage führen an, daß die Familienräthe im Sinne des code civil für andere, ihnen zugewiesene Funktionen thätig bleiben. So bezüglich art. 494 des code civ. — erhalten durch das Reichsgesetz vom 6. Februar 1875 §§. 65 u. 66, vgl. jetzt auch die §§. 58 u. 107 Abs. 2 des Ausführungsgesetzes vom 24. April 1878 zum deutschen

Ebenso mußte die Thätigkeit der Waisengerichte in den Hohenzollernschen Landen mit dem 1. Januar 1876 erlöschen.

b) Die bisherigen Vormünder oder Pfleger sind im Amte verblieben, ohne Rücksicht darauf, ob sie zu berufen waren, wenn die V. O. bei ihrer Einleitung bereits in Kraft gewesen wäre. Sie haben aber vom 1. Januar 1876 ab diejenige Rechtsstellung, welche ihnen nach der V. O. zukommt. Sie sind hiernach fortan zu entlassen oder zu entsetzen nach den Vorschriften dieser Ordnung. Da es jedoch möglich war, daß sie den vermehrten Anforderungen der V. O. nicht gewachsen waren, so gab das Gesetz dem Vormundschaftsgericht bis zum 1. Januar 1878 die Ermächtigung, sie wegen bloßer Ungeeignetheit zu entlassen, wenn sie nicht nach der V. O. gesetzliche Vormünder waren oder ein Anrecht auf die Berufung kraft Familienrechts oder letztwilliger Verfügung hatten [5]).

Wenn früher dem Vormund unmittelbar auf Grund des Gesetzes weitergehende Befugnisse zustanden, als ihm das jetzige Recht giebt, so beschränken sich seine Befugnisse seit dem 1. Januar 1876 auf dessen Maß. Anders ist es hinsichtlich der durch Verfügung der Eltern oder der Erblasser des Mündels einem bisher bestellten Vormund oder Pfleger nach dem bisherigen Rechte zulässigerweise eingeräumten größeren Befugnisse, die nach §. 94 V. O. bestehen bleiben [6]). Bei den berufenen Vormündern ist dabei nicht erforderlich, daß die Vormundschaft bereits am 1. Januar 1876 schwebte. Es sind also unter ihnen nicht blos als Substituten bereits bestellter Vormünder oder Pfleger berufene Personen zu verstehen. Wenn für das Gegentheil darauf, daß der §. 94 nur eine Ausnahme von dem §. 92, welcher die allgemeine Vorschrift über die Anwendung auf die schwebenden Vormundschaften oder Pflegschaften enthalte, bilde, und auf die Ausdrücke „Vormund" und „Pfleger", welche die Nothwendigkeit der Einleitung einer Vormundschaft oder Pflegschaft voraussetzten, Gewicht gelegt worden ist, so ist dies doch nicht so zwingend, daß nicht der Entstehungsgeschichte des §. 94, die klar erkennen läßt, daß derselbe auch für Personen, die für noch nicht schwebende Vormundschaften sei es in erster Reihe, sei es substitutions-

---

Gerichtsverfassungsgesetze, sowie die allgemeine Verfügung vom 1. Juli 1879 (Just. Min. Bl. 1879 S. 154) — ferner bezüglich code de proc. art. 856.

[5]) V. O. §. 93. Vgl. dazu Kurlbaum im Justizministerialblatt von 1875 S. 252.

[6]) S. oben §. 11 unter 8 S. 41.

weise berufen sind, gelten sollte, die ausschlaggebende Bedeutung beizulegen wäre [7]). Ebenso ist es ohne Unterschied, ob der Berufende vor dem 1. Januar 1876 verstorben ist oder diesen Termin überlebt hat [8]). Waren einem Vormunde letztwillig Befugnisse beigelegt, welche ihm auch das früher bestehende Gesetz zugetheilt hat, nicht aber das jetzige gewährt, so standen ihm doppelte Titel zu, von denen der testamentarische in die Zeit des Inkrafttretens des neuen Gesetzes hereinwirkt.

c) Für die am 1. Januar 1876 schwebenden Vormundschaften mit Vermögensverwaltung wurde mit diesem Termin die Bestellung von Gegenvormündern nöthig. Nur in soweit hatte sie zu unterbleiben, als die V. O. auch für künftig eintretende Vormundschaften hiervon absieht. Hiernach waren namentlich diejenigen Vormünder, welchen der Erblasser nach Maßgabe des bisherigen Rechts eine durchaus befreite Stellung einräumte, durch Bestellung eines Gegenvormunds nicht einzuschränken.

4. Gesetzliche Vormundschaften im Sinne der V. O. gab es früher nicht. Soweit der Vater über seine eheliche Tochter oder über das uneheliche Kind seiner Tochter früher, ohne bestellt zu sein, vormundschaftliche Rechte und Pflichten ausübte [9]), ist er in analoger Anwendung des §. 92 Abs. 1 V. O. seit dem 1. Januar 1876 gesetzlicher Vormund geworden und sind seine Befugnisse von diesem Zeitpunkt ab nach Maßgabe der Vorschriften der V. O. §. 12 Abs. 1 und 2 erweitert.

5. Eine besonders schwierige Frage war, inwieweit die Vorschrift des §. 32 Abs. 6 V. O., daß ein Pfandrecht oder ein Titel zum Pfandrecht an dem Vermögen des Vormunds durch die Vormundschaft nicht entstehe, im Gebiet des rheinischen Rechts, welches den Mündeln eine gesetzliche Kautionshypothek an dem Vermögen des Vormunds gewährte [10]), auf die schwebenden Vormundschaften einwirkte [11]).

---

[7]) Ueber die Entstehungsgeschichte s. Verhandlungen des Herrenhauses 1874/75 S. 188. Die obige Ansicht ist jetzt durchaus die herrschende, anders wohl blos noch Wachler, Anm. 2 zu §. 94 S. 265 u. 266 mit der obigen Begründung.

[8]) Jahrbuch (App.) Bd. 5 S. 293.

[9]) A. L. R. II 2 §. 229 und Anhang §. 95 zu §. 614 II 2.

[10]) Code civil art. 2121 u. 2135.

[11]) Vgl. hierüber S. 30—31 und S. 270—274 der 2. Auflage dieses Werkes und Maaßen, Anm. 12—14 zu §. 32 S. 49—50.

Dieselbe hat inzwischen ihre Erledigung dadurch gefunden, daß auch soweit diese Hypotheken nach der V. O. noch in Kraft geblieben sind, sie inzwischen durch die deutsche Konkursordnung beseitigt sind und die an Stelle derselben gemäß §. 13 des Einführungsgesetzes zur deutschen Konkursordnung durch § 22 des Ausführungsgesetzes vom 6. März 1879 zur deutschen Konkursordnung (G. S. 1879 S. 109) gesetzten Vorrechte nur für die bis zum 30. September 1881 eröffneten Konkursverfahren gewährt waren.

§. 13. Interpretation der Vormundschaftsordnung.

Die V. O. unterliegt den allgemeinen Regeln der Interpretation. Doch sind folgende Gesichtspunkte speziell zu betonen.

1. Die V. O. hat ihre letzte Formulirung auf dem Wege parlamentarischer Berathung erhalten und hierbei zahlreiche Abänderungen erlitten.

Dergleichen Veränderungen sind häufig der Ausdruck der Anforderungen des praktischen Lebens und bilden insoweit Verbesserungen. Ihre sofortige Einarbeitung in das System des Gesetzes ist aber mit erheblichen Schwierigkeiten verbunden. Sofern sie nicht vollständig gelungen ist, hat Jurisprudenz und Praxis die Aufgabe, einen solchen Hiatus nicht zu vergrößern, sondern den Assimilationsprozeß zu vervollständigen [1]). Ein Hülfsmittel für die Interpretation der solcher Gestalt eingefügten Veränderungen bilden die Landtags-Verhandlungen. Bei der V. O. kommen vorzugsweise in Betracht der Bericht der Kommission des Herrenhauses, sowie des Abgeordnetenhauses und die stenographischen Berichte über die Verhandlungen im Herrenhause. Daß aber die Auskunft, welche aus dergleichen Aktenstücken zu gewinnen ist, oft eine unvollständige und lückenhafte ist, zuweilen selbst irreführen mag, liegt in der Natur solcher Verhandlungen. Wichtige Abänderungen werden zuweilen z. B. auf Grund der persönlichen Autorität des Antragstellers oder bei Ermüdung der Kommissionen ohne Debatte angenommen; ein Beispiel bietet §. 15 der V. O. Andere Bestimmungen werden durch die Debatte mit oder ohne Absicht in ein falsches Licht gestellt und die entscheidenden Gesichtspunkte treten nicht hervor [2]).

---

[1]) Vgl. z. B. unten §. 34 bei Anm. 5 über V. O. §. 87 Abs. 2, jedoch auch §. 33 Anm. 9.

[2]) Bezüglich eines der wichtigsten Punkte des Vormundschaftsrechts, der

2. Die V. O. ist wie jedes neue Gesetz aus dem bisherigen Rechtszustande zu interpretiren.

Hier aber tritt die besondere Schwierigkeit ein, daß die V. O. an die Stelle dreier verschiedener Systeme treten soll, und zwar als ein möglichst gleichförmig anzuwendendes Gesetz. Man kann auch nicht geradezu annehmen, daß das A. L. R., als das Recht der Mehrheit der Staatsgenossen, vorzugsweise bei der Interpretation zu berücksichtigen sei. Schon deshalb nicht, weil die V. O. wichtige Grundprinzipien des A. L. R. verläßt.

Man wird vielmehr zu untersuchen haben, welchem Rechtssystem ein Gedanke der V. O. vorzugsweise entnommen ist. So ist die grundsätzliche Unterscheidung der Vormundschaft und der Pflegschaft in der V. O. nicht definirt. Die Begriffe sind aber dem A. L. R. entnommen und beruhen auf seiner Auffassung [3]). Vielfach wird zurückzugehen sein auf das römische und gemeine Recht als die gemeinsamen Grundlage.

3. Die V. O. bezieht sich häufig auf im Rechte gegebene Begriffe. Diese Begriffe sind in den verschiedenen Gesetzgebungen, welche in Preußen gelten, nicht immer gleichmäßig dieselben. Es gehört hierher z. B. der Begriff des Darlehns, der Schenkung, des lästigen Vertrages, selbst der Ausdruck Großeltern umfaßt in den verschiedenen Gebieten nicht gleichmäßig dasselbe. Die Absicht jedoch der V. O. war, in Bezug auf die Vormundschaftsverhältnisse gleiches Recht in den preußischen Landen herzustellen. Daher würde man der Regel nach die Absicht des Gesetzes nicht treffen, wenn man jene Begriffe in den verschiedenen Rechtsgebieten je nach dem Spezialrecht, welches hier herrscht, verschieden erklärte. Vielmehr wird ein Begriff zu ermitteln sein, welcher wenigstens in Bezug auf die Auslegung der V. O. zu Grunde zu legen ist. Insbesondere wird da, wo ein Begriff neben einer streng juristischen Bedeutung, die in den verschiedenen Rechtsgebieten verschieden ist, im Sprachgebrauch des gewöhnlichen Lebens eine allgemeine Bedeutung hat, anzunehmen

---

Frage, wer eine Beschwerde erheben kann, waren die Regierungskommissare und die berathenden Kommissionen beider Häuser über einen Rechtssatz einig, der gleichwohl nicht haltbar erscheint (unten §. 23 unter Nr. 2 bei Anm. 19). Vgl. auch unten §. 23 unter Nr. 4 Anm. 45 und §. 36 Anm. 4.

[3]) Vgl. oben §. 8 Anm. 5 S. 26.

sein, daß die V. O. von dem letzteren und nicht von dem ersteren ausgegangen ist [4]).

Hierbei ist dann auch der gemeinrechtlichen Wissenschaft eine besondere Berücksichtigung zu schenken.

4. Die V. O. hat sich Kürze und Prägnanz der Darstellung zum Ziel gesetzt. Definitionen jeder Art sind vermieden, instruktionelles Detail sollte ausgeschlossen bleiben.

Die Gesetzessprache hat in Folge dessen eine besondere Färbung angenommen, deren Kenntniß für die Interpretation des Einzelnen nöthig ist. Häufig wird z. B. bestimmt, das Vormundschaftsgericht kann etwas vornehmen [5]). Dies soll nicht heißen, es steht in dessen Willkür, hängt von dessen Belieben ab, vielmehr wird dem Gericht hierdurch eine Befugniß ertheilt, für deren zweckmäßige Ausübung dasselbe verantwortlich ist.

§. 14. Literatur und Hülfsmittel.

Die Quellen und die Literatur der älteren Vormundschaftsrechte kommen auch für das jetzige preußische Vormundschaftsrecht in Betracht. Es gehören hierher die justinianischen Gesetzesarbeiten, nämlich Inst. lib. 1 tit. 13—26, Digest. lib. 26 und 27, Cod. lib. 5 tit. 28—75 und die Novellen 72, 89 cap. 14, 94, 118 cap. 4 und 5 und 155. Unter den Bearbeitungen des römischen Rechts sind vorzugsweise von Bedeutung Glück, Erläuterung der Pandekten Bd. 28 S. 435 bis Bd. 33 S. 310 und Rudorff, Das Recht der Vormundschaft, 3 Bde. Berlin 1832 ff. Das deutsche Recht stellt dar das Werk von Kraut, Die Vormundschaft nach den Grundsätzen des deutschen Rechts, 3 Bde. Göttingen 1835 ff. Es gehört hierher auch Fr. Rive, Geschichte der Vormundschaft, 1. Bd. Die Vormundschaft im Rechte der Germanen, 1862, 2. Bd. Die Vormundschaft im deutschen Rechte des Mittelalters, 1. Abth. 1866, 2. Abth. 1875.

Das preußische A. L. R. behandelt die Vormundschaftsverhältnisse in Theil II Tit. 18. Eine sorgfältige Bearbeitung des früheren preußischen Rechts giebt Arndts und Leonhard, Das preußische

---

[4]) Vgl. unten §. 16 Anm. 5, §. 25 Anm. 2, §. 49 Anm. 9, §. 51 a. E. und §. 67 bei Anm. 10, auch §. 42 Anm. 7 u. 19 und §. 43 vor Anm. 6.

[5]) z. B. V. O. §. 60.

Vormundschaftsrecht, Berlin 1862. Daneben mag beachtet werden Förster, Theorie und Praxis des heutigen gemeinen preußischen Privatrechts Bd. 3 §. 229 ff.

Für das französisch-rheinische Recht sind benutzt und kommen für die hier verfolgten Zwecke vorzugsweise in Betracht außer dem code civil art. 388 ff. Philippi, Die Vormundschaft in der preußischen Rheinprovinz, 2. Auflage 1870, Zachariä, Handbuch des französischen Civilrechts Bd. I Abschnitt III, 6. Auflage, herausgegeben von Puchelt, endlich das Werk von Demolombe, Cours de droit civil vol. VII und vol. VIII, 1850 und 1851, 4. Aufl. 1874.

Ueber das bayerische Vormundschaftsrecht ist zu vergleichen Roth, Bayerisches Civilrecht I S. 480 ff.

Materialien, welche sich unmittelbar auf die Vormundschaftsordnung beziehen, sind:

Der Gesetzentwurf über das Vormundschaftswesen, veröffentlicht vom Justiz-Ministerium 1870, und der Entwurf eines Gesetzes über das Vormundschaftswesen aus der Landtagssession 1873/74 (Drucksachen des Hauses der Abgeordneten 1873/74 Nr. 94.) [1]).

Von den Landtagsverhandlungen der Session 1874/75 kommen in Betracht:

1. Der unterm 13. Januar 1875 dem Herrenhause vorgelegte Entwurf, Drucksachen des Herrenhauses Nr. 7.

2. Der Bericht der XI. Kommission des Herrenhauses, Drucksachen des H. H. Nr. 39.

3. Die Verhandlungen des Herrenhauses in dessen achter bis zwölften Sitzung vom 13. und 15. bis 18. März und in der Sitzung vom 24. Mai 1875.

4. Der Bericht der XVI. Kommission des Hauses der Abgeordneten, Drucksachen des A. H. Nr. 311.

Die Literatur über die V. O. setzt sich, abgesehen von bloßen Textausgaben und nur oder doch vorwiegend zum Gebrauch für Vormünder u. s. w. bestimmten Erläuterungen und Besprechungen, wie Anders, Der Vormund, Breslau 1880, Boas, Die Vormundschaftsordnung vom 5. Juli 1875, Arnswalde 1875, Christiani, Das Amt des Vormundes u. s. w., 2. Aufl. Berlin 1876, Krah, Das Waisenamt und das Amt des Vormundes, 3. Aufl. Frankfurt a./M. 1877, Kurlbaum, Die Vormundschaftsordnung vom 5. Juli 1875, 26. Aufl. Berlin 1885, Posseldt, Die preußische Vormundschaftsordnung im

[1]) S. oben §. 7 S. 17 u. 18.

Geltungsbereiche des Allgem. Landrechts, Berlin 1881, Wißmann, Die preußische Gesetzgebung über das Vormundschaftswesen, Berlin 1875 und Zelle, Die neue Vormundschaftsordnung, Berlin 1875, zusammen aus Kommentaren, systematischen Bearbeitungen, Erörterungen einzelner Streit- und Zweifelsfragen und gerichtlichen Entscheidungen.

Die Kommentare sind folgende:

Anton, Die Vormundschaftsordnung vom 5. Juli 1875, 2. Aufl. Berlin 1879. Die erste Auflage war eine kurze systematische Darstellung (siehe unten).

Dalcke in dem 4. Bande der 7/6. Ausgabe von Koch's Kommentar zum Allgem. Landrecht, Berlin 1880, S. 952—994.

Hesse, Die Vormundschaftsordnung vom 5. Juli 1875, 2. durch einen Nachtrag vermehrte Aufl. Berlin 1881.

Höinghaus, Neue preußische Vormundschaftsordnung, Berlin 1875.

König, Die preußische Vormundschaftsordnung vom 5. Juli 1875, 4. Aufl. Hannover 1884.

Löwenstein, Die Vormundschaftsordnung vom 5. Juli 1875, 2. Aufl. Berlin 1878.

Maaßen, Die Vormundschaftsordnung vom 5. Juli 1875, 2. Aufl. Köln 1876.

Märcker, Die Vormundschaftsordnung nebst Erläuterungen, Berlin 1875.

Derselbe, Die Nachlaßbehandlung, das Erbrecht und die Vormundschaftsordnung, 10. Aufl. Berlin 1884.

Neumann, Die preußische Vormundschaftsordnung vom 5. Juli 1875, 2. Aufl. Berlin 1880.

Philler, Die Vormundschaftsordnung vom 5. Juli 1875, 2. Aufl. Berlin 1885.

Rehbein in desselben und Reincke's Kommentar des Allgem. Landrechts, 2. Aufl. Berlin 1882, Bd. 4 S. 764—793.

von Rönne, Die preußische Vormundschaftsordnung vom 5. Juli 1875, besonderer Abdruck aus der 6. Ausg. der Ergänzungen und Erläuterungen der preußischen Rechtsbücher, Berlin 1879.

Steinitz, Die preußische Vormundschaftsordnung von 1875, Berlin 1875.

Wachler, Die preußische Vormundschaftsordnung vom 5. Juli 1875, 2. Aufl. Breslau 1879.

Zimmermann, Die Vormundschaftsordnung vom 5. Juli 1875, Berlin 1876.

An systematischen Bearbeitungen sind, abgesehen von den auf Selbständigkeit keinen Anspruch machenden Darstellungen des Vormundschaftsrechts in Engelmann, Das preußische Privatrecht, Breslau 1883 und in Schmidt, Lehrbuch des preußischen Rechts 7. Aufl. 1882/83 Bd. 2, sowie der kurzen systematischen Bearbeitung von Anton, Berlin 1876, aus welcher dessen obenerwähnter Kommentar als zweite Auflage hervorgegangen ist, und außer diesem Werk und der in des Verfassers Privatrecht Bd. 3, 3. Aufl. 1884, §§. 73—89 S. 223—271 enthaltenen nur noch die von Eccius in dessen vierter Auflage von Förster's Theorie und Praxis des heutigen gemeinen preußischen Privatrechts Bd. 4, 1884, §§. 229—236 S. 181—239 und die von Turnau in dem Hülfsbuch zu dessen Grundbuchordnung, 3. Aufl. 1883, §§. 83—96 S. 328—355 vorhanden.

Erörterungen einzelner Fragen finden sich namentlich im Justiz-Ministerialblatt und in den Beiträgen zur Erläuterung des deutschen Rechts, sonst sind von solchen noch hervorzuheben:

Eccius, Erörterungen aus dem Gebiet des Vormundschaftsrechts, Berlin 1876.

Lyon, Geharnischte Streifzüge in die Vormundschaftsordnung, Berlin 1879.

Maaßen, Die Auslegung der Gesetze aus den Materialien, dargestellt an der Vormundschaft über Geisteskranke und Verschwender, Köln 1878.

Derselbe, Die Abweichungen von der normalen Führung der Vormundschaft durch Beschränkungen des Fürsorgers (Vormundes oder Pflegers), Köln 1878.

Möbius, Erörterungen und Aphorismen, die Vormundschaftsordnung vom 5. Juli 1875 betreffend, Breslau 1876.

Seestern-Pauly, Das vom Vormund aufzunehmende Vermögensverzeichniß und die Anlegung der Kapitalien der Minderjährigen, eine für den praktischen Gebrauch der Vormünder dienende Erläuterung der §§. 35 und 39 der Vormundschaftsordnung vom 5. Juli 1875, Kiel 1875.

An gerichtlichen Entscheidungen kommen außer einzelnen bekannt gewordenen der früheren Kreisgerichte und Stadtgerichte, unter denen besonders die im Jahrbuch für endgültige Entscheidungen der preußischen Appellationsgerichte Bd. 5 S. 275—296 mitgetheilten Beschlüsse des Stadtgerichts zu Berlin, Abtheilung für Vormundschafts-sachen, hervorzuheben sind, denjenigen der früheren Appellationsgerichte, die meist in dem soeben gedachten Jahrbuch zum Abdruck gelangt sind, und denen des früheren Ober-Tribunals und des Reichs-Ober-handelsgerichts, sowie ferner den Entscheidungen des Reichsgerichts, des Ober-Verwaltungsgerichts und des Bundesamts für das Heimath-wesen, von welchen auch die beiden letzteren mitunter Veranlassung gehabt haben, sich mit dem preußischen Vormundschaftsrecht zu be-schäftigen, jetzt namentlich die Bescheide in Betracht, die vom Kammergericht auf eingelegte weitere Beschwerde erlassen werden und in dem Jahrbuch für Entscheidungen des Kammergerichts veröffent-licht sind.

Zweiter Abschnitt.

Die Organe der vormundschaftlichen Verwaltung.

I. Das Vormundschaftsgericht.

§. 15. Der Einzelrichter.

Die vormundschaftliche Thätigkeit ist Sache der Gerichte [1]). Sie bildet einen Theil der nichtstreitigen Gerichtsbarkeit.

Bis zum Inkrafttreten der Vormundschaftsordnung wurden die Vormundschaftssachen im Geltungsbereiche der Verordnung vom 2. Januar 1849 über die Aufhebung der Privatgerichtsbarkeit u. s. w. (G. S. 1849 S. 1) — also im damaligen Gebiete der Monarchie mit Ausschluß des rheinischen Rechtsgebietes — von den zweiten Abtheilungen der Kreis- und Stadtgerichte mittels kollegialischer Beschlußfassung erledigt. Minder wichtige Geschäfte waren jedoch einzelnen Richtern der zweiten Abtheilung, sowie den ständigen Gerichtskommissarien der Kreisgerichte allein überlassen [2]).

Im Gebiete des rheinischen Rechts hatte der Familienrath, an dessen Spitze ein Einzelrichter — der Friedensrichter — stand, die obervormundschaftliche Gewalt. In den im Jahre 1866 erworbenen Landestheilen wurde durch die Gesetze vom Jahre 1867 dem Amtsrichter, also einem Einzelrichter, die Bearbeitung der Vormundschaftssachen, wie dies dort bisher Rechtens war, zugewiesen; im Gebiete von Frankfurt a. M. versah jedoch die zweite Abtheilung des dortigen Stadtgerichts nach wie vor der Annexion den größeren Theil der Vormundschaftssachen kollegialisch.

---

[1]) Bei der Berathung der V. O. wurden statt der Gerichte der Familienrath (s. unten §. 24) und Gemeindebehörden (vgl. unten §. 28) in Frage gezogen.

[2]) Verordnung vom 2. Januar 1849 §. 20 ff., Arndts und Leonhard S. 19 ff.

Die Vormundschaftsordnung stellte nun für das ganze Gebiet der Monarchie und an der Spitze ihrer Bestimmungen auf, daß das Vormundschaftsgericht von Einzelrichtern — Friedensrichtern, Amtsrichtern, Gerichtskommissarien — verwaltet wird. Im Geltungsbereich der Verordnung vom 2. Januar 1849 und im Bezirke des Appellationsgerichts zu Frankfurt a. M. sollten zu diesem Zwecke bei den Kreis- oder Stadtgerichten nach Bedürfniß ein oder mehrere Einzelrichter bestimmt werden [3]).

Seit dem 1. Oktober 1879 sind die Amtsgerichte die ausschließlichen Vormundschaftsgerichte [4]). Ist das Amtsgericht mit mehreren Richtern besetzt, so wird die Bestimmung, wie die Vormundschaftssachen unter den mehreren Richtern vertheilt werden, in der Weise getroffen, wie überhaupt die Vertheilung der Geschäfte unter den mehreren Richtern erfolgt, d. i. durch das Präsidium des Landgerichts im voraus auf die Dauer eines Geschäftsjahres nach den vom Justizminister festgestellten Grundsätzen [5]), welche Grundsätze dahin normirt sind, daß die Geschäfte bei den mit zwei Richtern besetzten Amtsgerichten, sofern nicht ausnahmsweise nach Lage der konkreten Verhältnisse eine Vertheilung nach Gattungen oder nach Gattungen und Bezirken im Interesse der Rechtspflege erforderlich ist, nach örtlich abgegrenzten Bezirken zu vertheilen sind, bei den mit drei Richtern besetzten Amtsgerichten in jedem einzelnen Fall besonders zu erwägen ist, welche Art der Geschäftsvertheilung dem Interesse der Rechtspflege am meisten entspricht, und bei den mit vier oder mehr Richtern besetzten Amtsgerichten die Geschäfte in der Regel nach Gattungen zu vertheilen sind [6]). Wegen des engen Zusammenhangs der betreffenden Sachen ist ferner noch speziell bestimmt, daß die Geschäfte, welche Vormundschaften und Pflegschaften, sowie Auseinandersetzungen und Erbtheilungen betreffen, soweit nicht besondere

---

[3]) Diese Bestimmung erfolgte nach §. 1 der Allgem. Verfügung vom 20. November 1875 (Just. Min. Bl. 1875 S. 241) durch die vorgesetzten Appellationsgerichte.

[4]) §§. 12, 16 u. 26 des Ausführungsgesetzes vom 24. April 1878 zum deutschen Gerichtsverfassungsgesetze.

[5]) §. 23 Abs. 1 daselbst.

[6]) Allgem. Verfügung vom 21. Juli 1879 (Just. Min. Bl. 1879 S. 198, vgl. auch daselbst S. 212).

Verhältnisse eine Ausnahme rechtfertigen, einem Amtsrichter zu übertragen oder nach örtlich abgegrenzten Bezirken zu vertheilen sind [7]). Sind hiernach die Vormundschaftsangelegenheiten eines Orts oder mehrerer thatsächlich zusammengehöriger Orte unter mehrere Richter zu vertheilen, so empfiehlt sich meist der häufigen Umzüge wegen ihre Vertheilung nach den Anfangsbuchstaben der Namen der Mündel.

Im übrigen finden die Vorschriften, wonach die Gültigkeit der Handlung eines Amtsrichters dadurch nicht berührt wird, daß die Handlung nach der Geschäftsvertheilung von einem der anderen Amtsrichter vorzunehmen gewesen wäre, sowie diejenigen über die Vertretung verhinderter Amtsrichter [8]) auch auf Vormundschaftssachen Anwendung.

Die V. O. spricht überall von der Thätigkeit des Vormundschaftsgerichts, nicht, wie der Regierungsentwurf that, von der des Vormundschaftsrichters [9]), um auch äußerlich auszudrücken, daß die obervormundschaftliche Gewalt dem Gericht als solchem innewohne und die Person des verwaltenden Richters dahinter zurücktrete [10]). Dies trifft noch jetzt zu, da, wenn auch jeder Amtsrichter die ihm obliegenden Geschäfte, also jetzt auch die Vormundschaftssachen, als Einzelrichter erledigt [11]), für diese Geschäfte doch allein das Amtsgericht als solches, nicht der Amtsrichter für seine Person zuständig ist und die Erledigung der Geschäfte als Einzelrichter nur dasselbe generell besagt, was die Verwaltung des Vormundschaftsgerichts von Einzelrichtern im einzelnen ausdrückte.

Die von den Amtsrichtern in Vormundschaftssachen zu erlassenden Anordnungen ergehen unter der Firma des Amtsgerichts ohne weiteren Zusatz. Ist jedoch das Amtsgericht im Wege der Justizverwaltung, was zulässig ist, in Abtheilungen getheilt, so wird die

---

[7]) Dies ist durch die den Justizbehörden besonders mitgetheilte Verfügung des Justizministers vom 22. Mai 1882 — I. 790 — geschehen.

[8]) §. 23 Abs. 2 und §. 24 Abs. 1 u. 2 des Gesetzes vom 24. April 1878.

[9]) Dies auf Grund von Beschlüssen der Herrenhaus-Kommission.

[10]) Eine Ausnahme macht nur der vom Familienrath handelnde Abschnitt, in dem der Ausdruck Vormundschaftsrichter absichtlich beibehalten worden ist, weil in dem Verhältniß zum Familienrath der Vormundschaftsrichter nicht als eine außerhalb stehende Behörde, sondern nur als einzelne Persönlichkeit, nämlich als Vorsitzender desselben in Betracht kommt.

[11]) §. 22 des deutschen Gerichtsverfassungsgesetzes.

Bezeichnung der betreffenden Abtheilung hinzugefügt [12]). Soweit nach den für die amtsgerichtlichen Angelegenheiten überhaupt geltenden Vorschriften ein Siegel beizudrücken ist, ist dies auch in Vormundschaftssachen das gewöhnliche Amtsgerichtssiegel [13]). Eingaben in Vormundschaftssachen können, verschlossen oder offen, an das Amtsgericht schlechthin ohne Bezeichnung der etwa vorhandenen betreffenden Abtheilung oder mit dieser und, wenn es sich um Angelegenheiten handelt, die der Gerichtsschreiber selbständig erledigen kann, an die Gerichtsschreiberei schlechthin oder die betreffende Abtheilung derselben gerichtet werden, und werden die verschlossenen an das Amtsgericht, wenn in der Adresse die Abtheilung des Gerichts bezeichnet ist, von dem Amtsrichter dieser Abtheilung, sonst von dem aufsichtführenden Richter eröffnet und mit dem Eingangsvermerk versehen, dagegen die verschlossenen an die Gerichtsschreiberei, wenn in der Adresse die Gerichtsschreiberei-Abtheilung bezeichnet ist, sowie die offen eingehenden an das Gericht oder die Gerichtsschreiberei, wenn kein Zweifel ist, zu welcher Abtheilung sie gehören, von dem Gerichtsschreiber der Abtheilung, sonst von dem ersten Gerichtsschreiber eröffnet bezw. in Empfang genommen und mit dem Eingangsvermerk versehen [14]).

Im Auslande haben die Konsuln des deutschen Reichs bezüglich der dort sich aufhaltenden Preußen die Rechte des Vormundschaftsgerichts nach Maßgabe der Gesetze vom 8. November 1867 betr. die Organisation der Bundeskonsulate (B. G. Bl. 1867 S. 137) und vom 10. Juli 1879 über die Konsulargerichtsbarkeit (R. G. Bl. 1879 S. 197), sowie der geschlossenen besonderen Konsular- und Handelsverträge [15]).

---

[12]) Also z. B. Kgl. Amtsgericht, Abtheilung für Vormundschaftssachen oder Abtheilung XX.

[13]) Vgl. wegen der Zeit bis zum 1. Oktober 1879 die Verfügung vom 30. November 1875 betr. den Gebrauch der Gerichtssiegel in Vormundschaftssachen (Just. Min. Bl. 1875 S. 246).

[14]) §. 5 der Geschäftsordnung für die Gerichtsschreibereien der Amtsgerichte vom 1. August 1879.

[15]) Vgl. besonders die §§. 3, 12 Abs. 2, 43 u. 44 Abs. 1 des Gesetzes vom 10. Juli 1879, sowie die Instruktion vom 10. September 1879 zur Ausführung dieses Gesetzes (Centralblatt für das deutsche Reich 1879 S. 575) zum §. 44 und den Nachtrag zu derselben vom 4. Februar 1882 (daselbst 1882 S. 111) Nr. II A. der Anlage A, und von den Konsularverträgen z. B. Art. 11 Nr. 8 des mit Italien vom $\frac{\text{21. Dezember 1868}}{\text{7. Februar 1872}}$ (B. G. Bl. 1869 S. 113, R. G. Bl. 1872

Die Staatsanwaltschaft hat keine Mitwirkung beim Vormundschaftswesen, wie dies nach französisch-rheinischem Rechte der Fall war [16]).

§. 16. Zuständigkeit des Gerichts.

Im römischen Reiche bestimmte sich die Kompetenz des Magistrats zur Ernennung eines Vormunds grundsätzlich nach dem Bürgerrechte des Mündels [1]). Jedoch erstreckte sich dort die Vormundschaftsernennung nicht auf das Vermögen, welches außerhalb des Sprengels des berufenden Magistrats lag. Für dieses Vermögen hatte der dortige Magistrat einen Vormund zu ernennen. Aehnliches findet sich noch jetzt in manchen Theilen der Schweiz, z. B. im Kanton Zürich [2]), wo die Obervormundschaft den Behörden des Bürgerorts, nicht des Wohnorts des Mündels, obliegt [3]).

Im gemeinen Recht bildete sich dagegen der Satz aus, daß sich die Zuständigkeit des Vormundschaftsgerichts durch den Wohnsitz bestimme, welcher dem Mündel zugeschrieben wurde. Dieser Grundsatz wurde vom A. L. R. — II 18 §. 56 ff. — übernommen und ging in die Vormundschaftsordnung über, wo er seine weitere Ausbildung fand.

Es gelten hiernach über die Zuständigkeit des Vormundschafts-

---

S. 134), Art. 11 Nr. 8 des mit Spanien vom $\frac{\text{22. Februar 1870}}{\text{12. Januar 1872}}$ (B. G. Bl. 1870 S. 99, R. G. Bl. 1872 S. 211) und Art. XXII des mit Griechenland vom 26. November 1881 (R. G. Bl. 1882 S. 101).

16) Die Mitwirkung der Staatsanwaltschaft besteht nach französischem Rechte darin, daß jedesmal, wo das Gericht erster oder zweiter Instanz mit Mündelsachen befaßt wurde, der schriftliche oder mündliche Antrag der Staatsanwaltschaft einzuholen war, code de proc. art. 885 ff. und art. 83 No. 2. Diese Bestimmungen sind durch die V. O. aufgehoben worden. Das Gleiche gilt aber nicht von No. 6 des citirten art. 83, welche das Gehör der Staatsanwaltschaft schlechthin, wo „Minderjährige" im Prozeß sind, fordert, da diese Bestimmung nicht im Vormundschaftsrecht wurzelt. Dieselbe ist erst durch die deutsche Civilprozeßordnung beseitigt worden.

1) Die Kompetenz richtete sich im römischen Rechte keineswegs nach dem Domizil des Vaters des Mündels, wie unter anderm Rudorff, Bd. 1 S. 370 ff. annimmt. Vgl. l. un. C. ubi pet. tutores 5, 32, ferner l. 27 pr. D. de tut. dat. 26, 5. Vat. fragm. §. 232. In der l. 30 §. 1 D. de excus. 27, 1 wird zwar des Domizils gedacht, jedoch in der Unterstellung, daß sich dort Mündelvermögen befand.

2) Gesetzbuch für den Kanton Zürich §. 353.

3) Vgl. auch code civil art. 417 über eine verwandte Bestimmung des französischen Rechts.

gerichts folgende Regeln, die durch Privatverfügungen, namentlich testamentarische Bestimmungen nicht geändert werden können [4]):

1. Für die Vormundschaft über einen ehelichen Minderjährigen ist regelmäßig dasjenige Gericht zuständig, in dessen Bezirk der Vater zu der Zeit seinen Wohnsitz gehabt hat, in welcher die Bevormundung nöthig geworden ist. Dies gründet sich auf die Annahme, daß bis zum Tode des Vaters der jedesmalige Wohnsitz desselben zugleich den ordentlichen Gerichtsstand seiner in der Gewalt stehenden, insonderheit seiner minderjährigen Kinder bildet [5]). Die Zeit, wo die Nothwendigkeit der Bevormundung dem Vormundschaftsgericht angezeigt (V. O. §. 16) oder sonst bekannt geworden ist, ist unerheblich.

Hatte der Vater einen doppelten Wohnsitz, so ist an sich die Zuständigkeit beider Gerichte begründet. Daher entscheidet Prävention [6]); etwa sich anknüpfende Streitigkeiten werden wie andere

---

[4]) Jahrbuch Bd. 3 S. 42. Durch die betreffenden Vorschriften der V. O. ist auch der §. 12 des Gesetzes vom 15. Februar 1840 über Familienschlüsse (G. S. 1840 S. 20) geändert. Bei Koch, Kommentar Bd. 3 S. 468 ist derselbe allerdings noch als vollständig fortgeltend angesehen. Vgl. auch Eccius, Bd. 4 §. 241 Anm. 24 S. 268 und unten §. 98 Anm. 10.

[5]) V. O. §. 2 Abs. 1. Bezüglich des Begriffs des Wohnsitzes sind die Normen der verschiedenen Rechtsgebiete auch für die V. O. maßgebend, weil sich hier die V. O. anschließt an die allgemeine Ordnung, welche in diesen Gebieten für die Bestimmung der Kompetenzverhältnisse besteht, und es sich um einen streng juristischen Begriff handelt (s. oben §. 13 Nr. 3 S. 49). Vgl. l. 7 C. de incol. 10, 39, l. 17 §. 13 u. l. 27 §. 1 D. ad munic. 50, 1 u. l. 203 D. de verb. sign. 50, 16, §§. 10—12, 14 u. 15 I 2 Allgem. Gerichtsordnung und für das rheinische Recht code civil art. 102 ff., welche Vorschriften durch die deutsche Civilprozeßordnung, die im §. 13 den Begriff des Wohnsitzes voraussetzt und in den folgenden Paragraphen nur einzelne bebesondere civilprozeßrechtliche Bestimmungen trifft, nicht geändert sind.

Der bloße Unterstützungswohnsitz im Sinne des Gesetzes vom 6. Juni 1870 (B. G. Bl. 1870 S. 360) ist für die Zuständigkeit des Vormundschaftsgerichts unwesentlich (Jahrbuch (App.) Bd. 6 S. 30).

Für als Reichsbeamte im Auslande stationirte Preußen ist die spezielle Vorschrift des § 21 des Gesetzes vom 31. März 1873 betr. die Rechtsverhältnisse der Reichsbeamten (R. G. Bl. 1873 S. 61) zu beachten.

[6]) Anders die Bestimmung des A. L. R. II 18 §. 57 ff. Dieselbe legt Gewicht darauf, wo der Vater „wirklich gewohnt" hat. Wachler, Anm. 5 zu §. 2 S. 39 thut dies auch noch für das jetzige Recht. Der im Text vertretenen Ansicht sind z. B. Hesse, Löwenstein u. A. m.

Streitigkeiten über die Zuständigkeit mehrerer Vormundschaftsgerichte [7]) erledigt.

Besaß der Vater keinen Wohnsitz, war er z. B. Vagabund oder sonst beständig auf Reisen begriffen, so ist für die Bevormundung maßgebend der zufällige Aufenthalt, welchen er zur Zeit des Eintritts der Nothwendigkeit der Bevormundung hatte, also regelmäßig der Ort seines Todes.

2. Für die Vormundschaft über ein minderjähriges uneheliches Kind ist dasjenige Gericht zuständig, in dessen Bezirk die Mutter zur Zeit der Geburt des Kindes ihren Wohnsitz hatte. Ist dieselbe noch in väterlicher Gewalt, so ist dies der Wohnsitz ihres Vaters [8]), steht sie unter Vormundschaft, so ist es der Ort der über sie geführten Vormundschaft. In Ermangelung eines Wohnsitzes der Mutter entscheidet der Ort ihres Aufenthalts zur Zeit der Geburt.

Es kommt also nicht in Betracht, wo die Mutter zu derjenigen Zeit wohnt oder sich aufhält, in welcher die Vormundschaft zuerst eingeleitet wird. Hat sie nach der Geburt des Kindes ihren Wohnsitz oder den Aufenthalt verlegt, ehe es zur Einleitung einer Vormundschaft kam, so muß diese von dem Gerichte des früheren Wohnsitzes oder Aufenthalts ausgehen, vorbehaltlich der Abgabe der Sache an das Gericht des späteren Wohnsitzes [9]).

Auch im Falle der gesetzlichen Vormundschaft nach §. 12 Abs. 2

---

[7]) S. unten §. 17 Nr. 5.

[8]) Es gilt dies auch dann, wenn die Minderjährige mit Zustimmung ihres Vaters an einem andern Ort in ein Dienstverhältniß getreten ist. Ja selbst wenn sie mit Einwilligung des Vaters ein selbständiges Erwerbsgeschäft führt. Vgl. unten §. 44. Eine großjährige Tochter, die außerhalb des väterlichen Domizils selbständig ein Gewerbe betreibt, tritt nach gemeinem Recht dadurch aus der väterlichen Gewalt und begründet einen eigenen Wohnsitz, dessen Gericht zur Einleitung der Vormundschaft über ein demnächst von ihr geborenes uneheliches Kind zuständig ist (Jahrbuch (App.) Bd. 7 S. 22 und König, Anm. 6 zu §. 3 S. 5), anders nach dem A. L. R. (Beiträge Bd. 21 S. 289).

[9]) V. O. §. 3. Die frühere preußische Jurisprudenz nahm an, daß das Domizil der Mutter bei Einleitung der Vormundschaft, nicht bei der Geburt des Kindes entscheide. Vgl. Arndts u. Leonhard S. 20 Anm. 56. Bei der Berathung wurde in der Kommission des Herrenhauses die Beibehaltung dieser Praxis befürwortet, jedoch abgelehnt, weil man befürchtete, daß es der Mutter bei einer solchen Bestimmung möglich sein würde, durch Wegziehen die Einleitung der Vormundschaft hinauszuschieben oder zu verhindern (Bericht der K. d. H. H. S. 12).

V. O. ist der Wohnsitz bezw. Aufenthalt der Mutter, nicht der des Vaters derselben maßgebend [10]).

3. Für die Vormundschaft über einen Großjährigen ist das Gericht zuständig, in dessen Bezirk derselbe seinen Wohnsitz hat. In Ermangelung eines solchen entscheidet dessen zeitiger Aufenthalt. [11]).

Bei abwesenden Großjährigen kommt es auf den letzten inländischen Wohnsitz, bei geisteskranken Großjährigen auf den letzten Wohnsitz nach der Entmündigung an, da bei jenen der Erwerb eines neuen Wohnsitzes eben nicht bekannt ist und letztere nach der Entmündigung einen neuen Wohnsitz nicht mehr erwerben können [12]).

Vorstehende Vorschriften gelten auch für die gesetzliche Vormundschaft des Vaters in dem Fall des § 83 V. O. [13]).

4. Fehlt es für die Bevormundnng eines Preußen an einem der bisher dargelegten Kompetenzgründe, so ist das Gericht zuständig, in dessen Bezirk der Vater oder die uneheliche Mutter — nicht deren Vater — oder der zu bevormundende Großjährige den letzten Wohnsitz gehabt hat [14]). Hierher gehörige Fälle sind die Bevormundung eines Postumus, da diese erst mit der Geburt desselben nöthig wird, zu deren Zeit aber der Vater nicht mehr lebt und daher §. 2 Abs. 1 V. O. nicht anwendbar ist, sowie die von im Inlande zurückgelassenen Kindern eines Preußen, der seinen Wohnsitz aufgegeben hat und auf der Reise im Auslande verstorben ist [15]).

---

[10]) A. A. Anton, Anm. 7 zu §. 3 S. 59, dagegen Hesse, Anm. 1 zu §. 3 S. 4.

[11]) V. O. §. 4, siehe auch oben bei Anm. 6.

[12]) Hesse, Anm. 1 zu §. 4 S. 5 und König, Anm. zu §. 4 S. 5. Ueber die Zuständigkeit für die Vormundschaft über einen Geisteskranken, der sich mehr als 10 Jahre in einer ausländischen Irrenanstalt aufgehalten hat, s. Jahrbuch (App.) Bd. 7 S. 24.

[13]) Hesse, Anm. 2 zu §. 4 S. 5, Löwenstein, Anm. 14 zu §. 4 S. 13 und Philler, Anm. 11 zu §. 4 S. 35.

[14]) V. O. §. 5.

[15]) Hat ein Preuße im Auslande sein Domizil, und wird er dort bevormundet, so ist diese Bevormundung als gültig anzusehen. Die eventuellen Zuständigkeitsgründe — Aufenthalt, letzter Wohnsitz, Bestimmung des Justizministers — sind an sich ausgeschlossen, weil der Mündel bezw. sein Vater zur Zeit, wo die Bevormundung nöthig wurde, einen Wohnsitz hatte und die eventuellen Gründe nur in Ermangelung eines solchen eintreten. Nur wenn die Vormundschaft über den im Auslande domizilirten Preußen dort nicht eingeleitet worden ist oder ihre Abgabe an ein preußisches Gericht erfolgt, kommen die Bestimmungen der V. O. §. 5 in Betracht; ebenso Anton, Anm. 9 zu

Keine Rücksicht wird in diesem Falle genommen auf den bloßen früheren Aufenthalt, als schwer zu ermitteln und rechtlich irrelevant. In Ermangelung eines letzten Wohnsitzes bestimmt vielmehr der Justizminister das Gericht, welches zuständig sein soll.

5. Minderjährige, deren Eltern unbekannt sind, also besonders neugeborene s. g. Findelkinder, aber auch ältere ausgesetzte oder verlassene Kinder, werden von demjenigen Gericht unter Vormundschaft gestellt, in dessen Bezirk sie gefunden wurden [16] [17].

§. 17. Fortsetzung.

Es ist weiter zu bemerken:

1. Das A. L. R. bestimmte II 18 §. 81 im Gegensatz gegen das römische Recht, daß derjenige Richter, welcher die Vormundschaft bestellt habe, die Leitung der Vormundschaft bezüglich des gesammten Vermögens des Mündels habe, wenn dasselbe auch außer seiner Gerichtsbarkeit liege. Dieser Satz ist in der V. O. nicht mehr besonders hervorgehoben. Er gilt als selbstverständlich. Befindet sich Mündelgut im Auslande, so hängt es freilich von dem Rechte des fremden Staates ab, ob und inwieweit die Vormundschaft der von unsern Gerichten bestellten Vormünder dort Anerkennung findet. Grundsätzlich ist sie auch für ausländisches Vermögen des Mündels gegeben.

2. Die Zuständigkeit des Vormundschaftsgerichts bestimmt sich für die ganze Dauer der Bevormundung nach dem Augenblick, in

---

§. 5 S. 60, a. A. dahin, daß die §§. 2—5 alle preußischen Staatsangehörigen der diesseitigen Bevormundung unterwürfen, daher der §. 5 auch dann Anwendung finde, wenn der letzte Aufenthalt oder Wohnsitz des preußischen Vaters außerhalb Preußens gewesen, und falls dort eine Vormundschaft bereits eingeleitet sei, das diesseitige Gericht die Abgabe verlangen dürfe, Löwenstein, Anm. 16 zu §. 5 S. 14, Neumann zu §. 5 S. 8, Philler, Anm. 13 zu §. 5 S. 35 und Wachler, Anm. 6 zu §. 2 und Anm. 2 zu §. 5 S. 39 u. 41. Vgl. auch Böhm, Handbuch der internationalen Nachlaßbehandlung, Ergänzungsband, 1885, zu §. 6 S. 12.

[16]) V. O. §. 7. Auf solche Minderjährige, deren Eltern nicht der Person, sondern nur dem Aufenthalt nach unbekannt sind, findet der §. 7 nach seinem Wortlaut und nach dem des §. 62 II 18 A. L. R., dem er entspricht, keine Anwendung, sondern greifen bei denselben, wenn sie die Eigenschaft als Preußen haben, die §§. 2, 3 u. 5, andernfalls der §. 6 V. O. Platz; ebenso Hesse, Anm. 1 zu §. 7 S. 8, König, Anm. zu §. 7 S. 7 und Philler, Anm. 17 zu §. 7 S. 36, a. A. z. B. Anton, Löwenstein, Neumann u. Maaßen.

[17]) Die Bestimmungen über die Zuständigkeit für eine Pflegschaft, V. O. §. 8, siehe bei der Pflegschaft.

welchem der Fall der Bevormundung eintritt. Es kommt daher nicht in Betracht, wann die Vormundschaft wirklich eingeleitet wird. Die einmal begründete Zuständigkeit bezieht sich auch nicht blos auf die erste Einleitung einer Vormundschaft, sondern auf jede spätere Bestellung, falls der frühere Vormund wegfällt.

3. Eine Ausnahme tritt ein bezüglich der gesetzlichen Vormundschaft des Vaters.

Für die hier stattfindende Thätigkeit des Vormundschaftsgerichts wird die Zuständigkeit durch den jedesmaligen Wohnsitz oder in Ermangelung eines solchen durch den zeitigen Aufenthalt des Vaters bestimmt [1]). Im Grunde wechselt hier also das Vormundschaftsgericht von selbst mit dem Wechsel des Wohnsitzes bezw. des Aufenthalts des Vaters.

4. Bei einem Nichtpreußen [2]), mag derselbe im übrigen deutscher Reichsangehöriger sein oder nicht, ist dasjenige preußische Vormundschaftsgericht, in dessen Bezirk zu dem in den §§. 2 und 3 V. O. angegebenen Zeitpunkt der Vater des ehelichen oder die Mutter des unehelichen Minderjährigen bezw. im Falle des §. 4 V. O. der großjährige Mündel selbst gewohnt haben bezw. (§. 4) noch wohnen, für die Vormundschaft, die hier ganz so wie bei Inländern eingeleitet werden muß, zuständig. Fehlt es dagegen an einem Wohnsitz der eben bezeichneten Art, so ist eine Vormundschaft über den Nichtpreußen regelmäßig nicht einzuleiten, sondern kann nur das Gericht des Aufenthalts vorläufige Maßregeln ergreifen durch Unterbringung seiner Person, Sicherstellung seines Vermögens, etwa auch Bestellung eines Pflegers mit hierauf beschränkter Vollmacht u. dgl. Es ist dies indessen nur fakultativ [3]). Den ersten Angriff wird das Gericht in diesem Fall häufig zweckmäßig der Polizei überlassen. Die Zuziehung der Konsulatbehörde kann erforderlich sein [4]). Ausnahmsweise ist

---

[1]) V. O. §. 2 Abs. 2. Anträge, welche bezweckten, auch bei der gesetzlichen Vormundschaft des Vaters der unehelichen Mutter (V. O. §. 12 Abs. 2) und der Verpflegungsanstalten (V. O. §. 13) die gleiche Vorschrift eintreten zu lassen, wurden in der Kommission des Abgeordnetenhauses gestellt, aber abgelehnt (Kommissionsbericht des A. H. S. 2).

[2]) V. O. §. 6. Die Vorsorge ist weitergehend, als dies nach dem A. L. R. der Fall war, vgl. II 18 §. 70 ff.

[3]) V. O. §. 6 Abs. 2. Vgl. Böhm a. a. O. Bd. 1, 1881, §. 6 S. 29 u. 30.

[4]) So nach der Konvention mit Rußland über die Regulirung von Hinterlassenschaften vom $\frac{\text{12. November}}{\text{31. Oktober}}$ 1874 (R. G. Bl. 1875 S. 136) bei russischen

jedoch auch über einen solchen Fremden eine Vormundschaft einzuleiten, und zwar wieder durch das Gericht des Aufenthaltsortes, wenn der Heimathsstaat die Sorge für den zu Bevormundenden nicht übernimmt [4a]). Zweckmäßig wird dies, um nicht für den diesseitigen Staat unnöthige Verpflichtungen zu begründen, vor Einleitung der Vormundschaft durch Korrespondenz, mittels deren der Heimathsstaat zur Uebernahme aufgefordert wird, und durch den hierauf einlaufenden Bescheid festgestellt werden, wobei bei außerdeutschen Staaten es sich nach den etwa vorhandenen Staatsverträgen richtet, ob und mit welchen Behörden direkt verkehrt werden kann, eventuell die Vermittlung des auswärtigen Amtes nachzusuchen ist, und bei deutschen Staaten stets mit den betreffenden Vormundschaftsbehörden unmittelbar zu verkehren ist.

Die Vormundschaft über einen Nichtpreußen ist auf Verlangen der Behörden des Heimathsstaates jeder Zeit an diese abzugeben [5]).

5. Streitigkeiten über die Zuständigkeit mehrerer Vormundschaftsgerichte entschied nach der V. O. endgültig das Appellationsgericht und entscheidet jetzt das Oberlandesgericht, welchem sie subordinirt sind; wenn die Gerichte verschiedenen Oberlandesgerichten angehören, der Justizminister [6]).

Es gilt dies sowohl für den s. g. negativen Kompetenzkonflikt, wenn also beide Gerichte die Vormundschaft ablehnen, als für den positiven Konflikt, wenn beide dieselbe in Anspruch nehmen, aber nicht für bloße Zweifel [7]).

Die Gerichte sind dafür verantwortlich, daß solche Streitigkeiten

---

Unterthanen, wenn ein Konsularbeamter am Orte oder in der Nähe sich befindet, und nach den oben §. 15 Anm. 15 S. 58 angezogenen Konsularverträgen.

[4a]) Diese Voraussetzung ist nicht gegeben, wenn nach den Gesetzen des Heimathsstaates, wie z. B. für die freie und Hansestadt Bremen, das Fürstenthum Lippe-Detmold und die Reichslande gilt, Vormundschaften über uneheliche Kinder überhaupt nicht anzuordnen sind, solange deren Mütter leben bezw. unverheirathet sind, sondern die Mütter ihre unehelichen Kinder gesetzlich zu vertreten haben (König, Anm. 1 zu §. 6 S. 6).

[5]) V. O. §. 6 Abs. 3.

[6]) V. O. §. 9 Abs. 1 und §§. 12, 16 u. 20 Nr. 2 des Ausführungsgesetzes vom 24. April 1878 zum deutschen Gerichtsverfassungsgesetz. Die Bestimmung des zuständigen Gerichts durch den Justizminister findet aber nur statt, wenn es sich um einen Streit zwischen Gerichten handelt, welche verschiedenen preußischen Oberlandesgerichtsbezirken angehören (Jahrbuch Bd. 2 S. 40).

[7]) Hesse, Anm. 1 zu §. 9 S. 10.

der Entscheidung der vorgesetzten Behörde unverzüglich unterbreitet werden.

6. Das Vormundschaftsgericht kann aus erheblichen Gründen die Vormundschaft an ein anderes Vormundschaftsgericht abgeben [8]). Eine Pflicht hierzu besteht nicht. Dagegen ist das andere Gericht verpflichtet, hierauf einzugehen, wenn die Abgabe im Interesse des Mündels ist [9]). Die Gründe können unter anderem darin liegen, daß sich das Vermögen größtentheils an einem entfernten Orte befindet und von dort aus besser zu verwalten und zu überwachen ist. Es kann ferner in Betracht kommen, daß die Mutter nach dem Tode ihres Mannes mit dem Kinde verzieht, z. B. nach dem Wohnsitz ihres Vaters, wenngleich festzuhalten ist, daß die bloße Veränderung in dem Wohnort des Mündels nicht ohne weiteres die Abgabe rechtfertigt [10]). Auch der letztwillige Wunsch des Vaters oder Erblassers wird zu berücksichtigen sein, hat jedoch keine zwingende Kraft. Ob die Abgabe einer Vormundschaft über preußische Staatsangehörige auch an nichtpreußische Vormundschaftsbehörden statthaft ist, ist nicht unzweifelhaft. Selbstverständlich ist, daß hier eine Pflicht zur Uebernahme nicht besteht oder doch wenigstens nicht durchgesetzt werden kann. Die Abgabe selbst wird aber für statthaft zu erachten sein, weil das Gesetz dem nicht nur nicht entgegensteht, vielmehr die Zulassung der hiesigen Einleitung einer Vormundschaft über einen Nichtpreußen umgekehrt für die Zulässigkeit der Abgabe einer Vormundschaft über einen Nichtpreußen auch an eine nichtpreußische Behörde spricht. Natürlich müssen die Gründe für einen solchen Schritt besonders gewichtig sein, namentlich wenn die Abgabe an eine außerdeutsche Behörde erfolgen soll [11]).

Ist bereits ein Vormund oder Pfleger bestellt, so ist nach der Vorschrift des Gesetzes zur Abgabe der Vormundschaft oder Pflegschaft dessen Zustimmung nothwendig [12]). Dasselbe wird für einen gesetzlichen Vormund zu gelten haben, obwohl dieser nicht bestellt

---

[8]) V.O. §. 9 Abs. 2.

[9]) Vgl. A.L.R. II 18 §. 86.

[10]) Philler, Anm. 24 zu §. 9 S. 38, vgl. auch A.L.R. II 18 §. 85.

[11]) Dalcke, Anm. 15 zu §. 9 S. 954, Hesse, Anm. 4 zu §. 9 S. 11 und Märcker, Anm. 2 zu §. 9 S. 243.

[12]) Richtiger wäre es wohl gewesen, dem Vormunde (Pfleger) statt des Rechts der Zustimmung blos ein Recht, in Folge der Abgabe seine Entlassung zu fordern, beizulegen.

wird (V. O. §. 24 Abs. 3) [13]). Denn der Grund, weshalb die Zustimmung des Vormunds oder Pflegers verlangt ist, daß dieselben ein Recht auf die Vormundschaft haben, welches dadurch, daß sie mit einem entfernten Vormundschaftsgericht zu thun bekommen, erheblich verletzt werden kann [14]), trifft auch beim gesetzlichen Vormund zu.

Einigen sich die Gerichte nicht, so entscheidet wieder wie oben das Oberlandesgericht, und wenn die Gerichte verschiedenen preußischen Oberlandesgerichtsbezirken angehören, der Justizminister [15]).

7. Verliert der Bevormundete nach Einleitung der Vormundschaft die Eigenschaft als Preuße, sei es durch Auswanderung oder Verheirathung, so erlischt hiermit keineswegs die Obervormundschaft unserer Gerichte [16]). Wohl aber muß die Vormundschaft an die Behörde des neuen Heimathsstaates auf deren Verlangen abgegeben werden, z. B. auch dann, wenn die minderjährige Ehefrau des preußischen Bürgerrechts durch Auswanderung ihres Ehemannes verlustig wird [17]).

8. Die Ablehnung eines nach den vorstehenden Ausführungen mit einer Vormundschafts- oder Pflegschaftssache befaßten Richters kann nur auf das Verhältniß desselben zu den Mündeln, nicht zu Dritten — auch nicht zu ihren Eltern — gegründet werden. Die Entscheidung über Ablehnungsgesuche steht den Oberlandesgerichten zu [18]).

9. Die Frage, welche Wirkung die Bestellung eines Vormundes durch ein unzuständiges Gericht hat, kann erst später untersucht werden [19]).

---

[13]) Hesse, Anm. 5 zu §. 9 S. 12.

[14]) Bericht der K. d. H. H. S. 14.

[15]) Vgl. Hesse, Anm. 4 Abs. 3 zu §. 9 S. 11.

[16]) Anders Arndts und Leonhard S. 22, dagegen übereinstimmend Striethorst, Archiv Bd. 84 S. 297.

[17]) Nach V. O. §. 6 Abs. 3. Vgl. Eccius, Bd. 4 §. 229 Anm. 60 S. 193.

[18]) Allgem. Gerichtsordnung §. 13 III 3, §. 24 Abs. 3 des Ausführungsgesetzes vom 24. April 1878 zum deutschen Gerichtsverfassungsgesetz und Jahrbuch Bd. 3 S. 41.

[19]) S. unten §. 61.

§. 18. Die Aufgaben des Vormundschaftsgerichts.

Die Aufgaben des Vormundschaftsgerichts bezüglich der Vormundschaft und Pflegschaft [1]) sind im allgemeinen folgende [2]):

1. Das Vormundschaftsgericht hat von Amtswegen festzustellen, ob der Fall der Einleitung einer Bevormundung und seiner Zuständigkeit gegeben ist, den Vormund und Gegenvormund wo nöthig zu berufen, über dessen Ablehnungsgründe zu entscheiden und ihn zu verpflichten, sowie den Familienrath, wo die Voraussetzungen hierzu vorliegen, zu bilden.

Es hat über die Entlassung und Entsetzung des Vormunds und Gegenvormunds zu befinden und die Großjährigkeitserklärung des Mündels auszusprechen.

2. Das Vormundschaftsgericht hat unter Umständen Sicherheit vom Vormunde zu fordern, Hinterlegung der Werthpapiere und der Kostbarkeiten des Mündels oder Außerkurssetzung der Werthpapiere bezw. Eintragung der Staatsanleihe-Schuldverschreibungen im Staatsschuldbuche zu verlangen, insbesondere zur Einreichung eines Verzeichnisses des bei Einleitung der Vormundschaft vorhandenen oder später dem Mündel zugefallenen Vermögens sowie zu jährlicher oder doch periodischer Rechnungslegung eventuell Einreichung einer Uebersicht des Vermögensbestandes anzuhalten und die Rechnung bezw. Vermögensübersicht zu prüfen.

3. Gewisse Handlungen des Vormunds bedürfen zu ihrer Rechtsgültigkeit der Genehmigung des Vormundschaftsgerichts.

Das Vormundschaftsgericht kann auch die an sich vom Gegenvormund zu ertheilende Genehmigung statt desselben unter Umständen aussprechen.

4. Das Vormundschaftsgericht hat nach §. 30 der V. O. in einem Fall unmittelbar über den Gang der Verwaltung zu befinden. Dies nämlich dann, wenn mehrere Vormünder gemeinschaftlich verwalten und über einen Verwaltungsakt Meinungsverschiedenheit unter ihnen obwaltet, ohne daß die eine der Meinungen die Mehrheit erhält. In diesem Falle entscheidet das Vormundschaftsgericht die Meinungsdifferenz; die Ausführung seiner Entscheidung bleibt aber Sache der Vormünder.

---

[1]) Ueber anderweite Funktionen des Vormundschaftsgerichts siehe oben §. 10 Anm. 2 u. 5 S. 31 u. 32 und S. 35 bei Anm. 15 u. 16.

[2]) Ueber das Formelle der Geschäftsführung siehe Anhang unter IV.

5. Das Vormundschaftsgericht ist nicht befugt, den Mündel nach außen hin zu vertreten, also mit Umgehung des Vormunds oder Pflegers unmittelbar für den Mündel zu handeln, z. B. eine gegen den Mündel laufende Verjährung zu unterbrechen, Anträge auf Zwangsvollstreckung zu stellen oder eine Eintragung im Grundbuche, etwa die einer Kaution auf dem Grundstücke des Vormunds zur Sicherstellung des Mündels, beim Grundbuchrichter nachzusuchen [3]). Hiervon giebt es nur eine Ausnahme, indem, wenn das Vormundschaftsgericht nach §. 34 V. O. dem Vormunde nach Anhörung des Gegenvormunds ein Honorar zubilligt, es hierbei Vertreter des Mündels ist [4]).

6. Das Vormundschaftsgericht hat über die gesammte Thätigkeit des Vormunds und des Gegenvormunds während der Dauer der Vormundschaft die Aufsicht zu führen.

Dieser Aufsichtsgewalt über den Vormund, bei deren Ausübung das Gericht von dem Waisenrath und dem Gegenvormunde unterstützt wird, insofern als jener Mängel und Pflichtwidrigkeiten, welche er bei der körperlichen oder sittlichen Erziehung des Mündels wahrnimmt, und dieser etwaige Pflichtwidrigkeiten des Vormunds bei der Vermögensverwaltung dem Vormundschaftsgericht anzuzeigen hat [5]), und zu deren Handhabung das Gericht mit dem Recht zu Ordnungsstrafen und zur Absetzung pflichtwidriger Vormünder ausgerüstet ist, steht die dem Vormund grundsätzlich gewährte Selbständigkeit, zufolge deren der Vormund nicht bloßes Organ des Gerichts, sondern selbständiger Vertreter des Mündels und Verwalter des Mündelvermögens ist, gegenüber. Ueber die Vereinigung beider bestehen zwei Ansichten, von denen die eine, das größere Gewicht auf die Selbständigkeit des

---

[3]) Das Vormundschaftsgericht ist also nicht zuständige Behörde im Sinne des §. 41 der Grundbuchordnung vom 5. Mai 1872. Die Bestimmungen in den §§. 206, 296, 709, 725 u. 884 II 18 A. L. R., nach welchen die Vormundschaftsgerichte die Befugniß hatten, an die Hypothekenbehörden Ersuchen zu richten, sind beseitigt, vgl. Jahrbuch (App.) Bd. 5 S. 155 und Turnau, Bd. 1 Anm. 6 zu §. 41 G. B. O. S. 120 u. Bd. 2 §. 84 S. 330 u. §. 87 S. 340. Siehe auch unten §. 84 unter Nr. 2.

[4]) In dem unter Nr. 4 erwähnten Falle liegt eine Vertretung des Mündels durch das Gericht nicht vor, weil dieses nur der einen oder anderen Meinung beitreten, nicht selbst eine neue Ansicht aufstellen kann, also die Vormünder immer noch die alleinigen Vertreter des Mündels bleiben. Vgl. ferner unten §. 84 unter Nr. 6.

[5]) V. O. §. 53 Abs. 1 u. §. 31 Abs. 2.

Vormunds legend, die in der Aufsicht enthaltenen Rechte erheblich mehr beschränkt als die andere, welche mehr die Aufsichtsgewalt betont [6]).

Beide Meinungen treffen jedoch zunächst noch darin zusammen, daß sie übereinstimmend der Aufsichtsgewalt folgenden Inhalt geben:

a) Das Gericht hat auch außer den Fällen, in denen es bereits durch die Erfüllung der gesetzlichen Pflicht des Vormunds zur Einreichung von Vermögensverzeichnissen, zur Rechnungslegung und zur Einreichung von Uebersichten des Vermögensbestandes von dessen Verwaltung Kenntniß erlangt, und auch dem gesetzlichen sowie dem befreiten Vormunde gegenüber das Recht, von allen Angelegenheiten der vormundschaftlichen Geschäftsführung Kenntniß zu nehmen, und der Vormund die Pflicht, dem Gericht die erforderliche Auskunft zu ertheilen.

b) Das Gericht ist berechtigt und hier auch verpflichtet, vom Vormund Rechenschaft über einzelne Punkte seiner Verwaltung zu verlangen. Es hat dies namentlich zu geschehen, sobald Pflichtwidrigkeiten des Vormunds zur Kenntniß des Gerichts gelangen, kann aber auch sonst vorkommen, z. B. besonders in Veranlassung der Prüfung der gelegten Jahresrechnung. Der gesetzliche oder befreite Vormund ist auch hier nicht ausgenommen.

c) Das Gericht hat das Recht und die Pflicht, den Vormund zur Innehaltung der durch das Gesetz selbst oder durch eine vom Gesetz ausdrücklich gestattete Verfügung (§. 36 V. O.) seiner Selbständigkeit allgemein oder für den einzelnen Fall positiv durch Anordnung gewisser Handlungen oder negativ durch Untersagung solcher gezogenen Schranken anzuhalten und zu dem Zweck Gebote und Verbote an ihn zu erlassen, welche der Vormund vorbehaltlich der Befugniß zur Beschwerde über den Vormundschaftsrichter befolgen

---

[6]) Die erstere ist von Eccius zuerst in seinen Erörterungen aus dem Gebiet des Vormundschaftsrechts S. 3—27 aufgestellt und in seiner 4. Auflage von Förster's Privatrecht Bd. 4 §. 233 S. 218 ff. wiederholt worden, die letztere ist von dem Verfasser in den beiden ersten Auflagen dieses Werks und mit weiterer Ausführung in seinem Privatrecht Bd. 3 §. 74 S. 225 ff. vertreten. Die Kommentatoren haben sich, ohne neue Gesichtspunkte beizubringen, meist der Eccius'schen Ansicht, theilweise allerdings mit erheblichen Beschränkungen, angeschlossen. Die Praxis schwankt, und gilt dies insbesondere auch noch von den seit 1879 ergangenen einschlägigen Entscheidungen des Kammergerichts (s. diese im Jahrbuch Bd. 2 S. 45 u. 47, Bd. 3 S. 52 und Bd. 4 S. 86).

muß. Demgemäß hat das Gericht z. B. bei Verwendung von Geldern des Mündels in den Nutzen des Vormunds oder sonstiger gesetzwidriger Anlegung von Mündelvermögen einzuschreiten und im ersteren Fall die fernere Benutzung des Mündelvermögens zu untersagen [7]), im letzteren Falle aber die Einziehung und eine anderweite Belegung anzuordnen.

d) Das Gericht ist berechtigt, wenn ihm zwar nicht gesetzwidrige, wohl aber für den Mündel unzweckmäßige oder schädliche Maßregeln des Vormunds bekannt werden, diesen hierauf aufmerksam zu machen, ihn auf die Nothwendigkeit sorgfältiger Erwägung hinzuweisen, ihm auch die Ansicht des Gerichts von dem, was zu geschehen habe, mitzutheilen, sowie ferner ihm auf Anfragen Belehrung zu ertheilen. Eine Pflicht des Vormundschaftsgerichts hierzu ist nicht anzunehmen, wenn dasselbe auch in Bezug auf die rechtliche Seite der Dinge eine solche Belehrung nicht leicht verweigern wird. Es handelt sich jedoch hierbei immer nur um Belehrungen und Rathschläge, höchstens Warnungen, für die der Richter nicht weiter verantwortlich ist als jeder andere Rathgeber, und die der Vormund nicht zu befolgen braucht, deren Nichtbefolgung vielmehr nur indirekt Folgen für ihn haben kann, insofern als sie seine Verantwortlichkeit steigern und ein Verhalten, das sonst nicht schuldhaft sein würde, zu einem schuldhaften machen können.

Dagegen gehen beide Ansichten in dem praktisch überaus wichtigen Punkte auseinander, ob auch da, wo es sich nicht, wie in dem dritten Falle, um Innehaltung spezieller Vorschriften, d. i. um die Gesetzmäßigkeit, sondern wie in dem vierten Falle blos um die Zweckmäßigkeit einer Maßregel handelt, das Gericht nicht nur Rathschläge ertheilen, sondern auch vom Vormunde zu befolgende und im Nichtbefolgungsfalle direkt erzwingbare Anweisungen erlassen darf. Die die Aufsichtsgewalt einschränkende Ansicht verneint dies schlechthin als unzulässig. Die andere Ansicht lehnt zwar ebenfalls auf der einen Seite die Verpflichtung des Vormundschaftsrichters zu solchen Anweisungen und auf der anderen Seite auch seine Berechtigung zu denselben in der Regel ab, nimmt jedoch an, daß ausnahmsweise, wo es die besonderen Umstände erfordern, das Gericht aus Zweckmäßigkeitsgründen den Vormund durch Gebot und Verbot zu

---

[7]) Wegen der Geltendmachung von Ersatzansprüchen und der Festsetzung der Zahlung von Zinsen seitens des Vormunds siehe unten §. 80.

Maßregeln nöthigen dürfe und müsse, die der Vormund freiwillig nicht ergreifen würde, wobei hervorgehoben wird, daß das Gericht dem Vormunde nicht leichthin Zweckmäßigkeitsansichten oktroyiren, nicht, wo das Für und Wider sich die Wage halte, die eigene Ansicht aufdringen solle, und der Vormundschaftsrichter ein Gefühl für die Stellung, welche ihm das Gesetz geben wolle, zu gewinnen suchen und sich bei ihm ein sicherer Takt ausbilden müsse, so daß er sich für die Regel zurückhalte, andererseits aber energisch eingreife, wenn ein weiteres Geschehenlassen das Wohl des Mündels ernstlich gefährden würde; es möge sein, daß sich in Folge dessen der eine Richter im Unfehlbarkeitsdünkel in Dinge einmische, welche er besser dem Vormunde überlassen hätte, daß ein anderer träge und lässig zusehe, wo er handeln sollte, in der überwiegenden Mehrzahl werde der bon sens der Richter die richtige Mitte zu treffen wissen.

Die Gründe, welche sich für beide Ansichten geltend machen lassen und bereits von deren Hauptvertretern so erschöpfend, daß sich kaum noch etwas hinzufügen läßt, geltend gemacht worden sind, sind für die erstere:

Das Hauptziel der V. O., das in deren Motiven mit bewußter Absichtlichkeit stets wieder betont sei, die Beseitigung der Abhängigkeit der Vormünder von den Gerichten und der dadurch bedingten Schwerfälligkeit der Vermögensverwaltung und die Uebertragung der Vormundschaft auf den Vormund zur selbständigen Verwaltung kraft des Gesetzes und mit eigener Verantwortlichkeit, sei verfehlt, wenn in der soeben wiedergegebenen Weise es von dem Ermessen des Richters abhänge, wieviel er den eigenen Entschließungen des Vormundes vertrauen und wieweit er selbst leitend dazwischen treten wolle. Eine Verwaltung, welche nur so weit selbständig sei, als sie der Richter nach seinem Taktgefühl selbständig bleiben lasse, sei nicht von Gesetzeswegen selbständig. Es würde vielmehr das altpreußische Vormundschaftsrecht nicht nur erhalten, sondern noch gefährlicher ausgestaltet sein, weil die Leitung des Vormunds in die Willkür oder den Takt eines Einzelrichters gestellt wäre, statt wenigstens den Beschlüssen eines Kollegiums überlassen zu sein, und es würde zugleich in die Gebiete des gemeinen und französischen Rechts eingeführt, denen eine solche Leitung des Vormunds durch das Gericht bisher unbekannt gewesen sei. Es hätte ferner die V. O., wenn sie Aufsichtsweisungen des Gerichts an den Vormund in Zweckmäßigkeitsfragen zulassen wollte, vorschreiben müssen, daß der solchen folgende Vormund von jeder Verantwortlichkeit gegen den Mündel frei sei. Da dies nicht geschehen, so bleibe der Vormund für allen Schaden haftbar, wenn er eine wirklich zweckmäßige Handlung unterlasse oder eine unzweckmäßige vornehme, auch wenn er dies auf richterliche Anordnungen gethan habe. Daraus aber folge deren Unzulässigkeit. Sodann widerspreche es dem Begriff der Aufsicht, wo immer derselbe im Staatsleben hervortrete, und sei nicht mehr blos eine solche, sondern mehr und dasjenige, was die neueren Gesetze durch den Ausdruck „Aufsicht und Leitung" bezeichneten, wenn aus Zweckmäßigkeitsgründen in die Willensentschließung der beaufsichtigten Person eingegriffen und derselben für den einzelnen Fall Anweisungen ertheilt werden könnten [8]). Wie wenig aus dem Wort „Aufsicht" ein Leitungsrecht zu entnehmen sei, mache die V. O. selbst dadurch zweifellos, daß sie auch dem Waisenrath eine Aufsicht über den Vormund einräume, eine Aufsicht, die nur zu Anzeigen an das Gericht berechtige. Endlich wüßten die Vormünder Zweckmäßigkeitsfragen des Lebens regelmäßig besser zu beurtheilen, als die Vormundschaftsrichter, die, je tiefer ihre Bildung und juristische Schulung sei, um so mehr sich in Erkenntniß der Grenzen des eigenen Könnens enthalten würden, eine eigene Unfehlbarkeit in Bezug auf die Entscheidungen des praktischen Lebens geltend zu machen, und im anderen Falle um so weniger den Vormündern bei diesen Entscheidungen überlegen seien.

Die andere Ansicht wird dagegen auf Folgendes gestützt:

Die Organisation der Vormundschaft gehöre dem öffentlichen Recht an und habe man es bei ihr mit verwaltender Justiz zu thun. Bei aller Verwaltung aber spreche die Zweckmäßigkeit ein entscheidendes Wort und sei es hier nicht der Ort, über Kompetenzen zu hadern und nach abstrakten Regeln, die einen den wechselnden thatsächlichen Bedürfnissen nicht gewachsenen Formalismus erzeugten, Grenzen zu ziehen, sondern den mannigfach verschiedenen Gestaltungen des Lebens in ihrer Besonderheit möglichst nachzukommen. Wenn die Motive des Entwurfs des Reformgesetzes naturgemäß vorzugsweise die Seiten, in welchen die Abweichungen vom alten Recht gelegen, betonten und die Selbständigkeit des Vormunds als

[8]) Als Belege werden die Ausdrücke „Aufsicht und Leitung" und „Leitung" in den damaligen Entwürfen des jetzigen §. 148 des deutschen Gerichtsverfassungsgesetzes und des jetzigen Art. 23 Nr. 4 des Gesetzes vom 3. Juni 1876 betr. die evangelische Kirchenverfassung (G. S. 1876 S. 125) angezogen.

Regel mit Nachdruck hervorhöben, so sei doch aus ihren Wendungen über die andere Seite, über den Umfang der obervormundschaftlichen Aufsicht, welche beschränkend eingreife, in der That nichts zu entnehmen, der einzige gegen die vertretene Ansicht sprechende Passus in den früheren Motiven: „Hiermit aber ist es unverträglich, dem Richter die Befugniß einzuräumen, den Vormund mit Anweisungen zu versehen. Giebt man dem Richter dies Recht, so macht man ihn aus einem Obervormund zu einem bloßen Vormund" sogar in den Motiven des letzten Regierungsentwurfs gestrichen. Ueberdies seien selbst diese Motive zur Erklärung des Gesetzes nur in beschränkter Weise benutzbar, da letzteres im Landtage erheblich umgestaltet worden sei, zu beachten sei unter anderem namentlich die Abänderung in §. 56 Abs. 5 V. O., wonach das Vormundschaftsgericht die Rechnungen des Vormunds auch sachlich zu prüfen habe. Habe früher das Schwergewicht der Vormundschaft in übertriebener Weise im Gericht gelegen, so sei es doch nicht nothwendig, jetzt in das andere Extrem zu fallen und den Einfluß des Gerichts in ebenso übertriebener Art zu paralysiren. Wenn der Vormund ohne jedes Mißtrauen betrachtet werden solle, obgleich derselbe in der That keine in allen Fällen gleich vertrauenswürdige Person sein könne, dann sei es nicht gerechtfertigt, dem Richter das Vertrauen zu verweigern, daß er seine Stellung in entsprechender Weise auszufüllen wisse. Und wenn ein Gedanke des altpreußischen Rechts in bescheidenem Maße Einfluß in Gebiete des gemeinen und französischen Rechts, in denen übrigens, im Gebiete des rheinischen Rechts wenigstens seit den Instruktionen von 1834—1836 [9]), die Aufsicht des Vormundschaftsgerichts nicht in anderer als der hier entwickelten Weise zu verstehen gewesen und verstanden worden sei, gewonnen haben sollte, so wäre dies an sich nicht zu beklagen, vorausgesetzt nur, daß der Gedanke richtig und praktisch sei. Daß der Vormund von jeder Verantwortlichkeit frei sei, wenn er einem Gebot oder Verbot des Richters folge, sei selbstverständlich, denn dann treffe ihn keine Schuld, und könne aus dem Schweigen des Gesetzes über diesen Punkt um so weniger geschlossen werden, daß der Richter dem Vormunde nichts zu gebieten oder zu verbieten habe, als die V. O. alles kasuistische Detail überhaupt vermeide. Was sodann den Begriff der Aufsicht und Leitung anbetreffe, so sei, wenn auch das

[9]) Siehe oben §. 6 S. 16.

Recht der Leitung ein weitergehendes als das der Aufsicht sei, doch der Gegensatz zwischen beiden kein absoluter, sondern liege nur eine Steigerung vor und folge noch nicht, daß aus dem Recht der Aufsicht jede Befugniß zur Ertheilung von Anweisungen aus Zweckmäßigkeitsgründen auszuscheiden sei. Auch sei dies weder in der Verwaltung noch in der Justiz der Fall [10]). Daß die Aufsicht beim Waisenrath kein Leitungsrecht enthalte, sei bedeutungslos, da hier eine spezielle Bestimmung vorliege, die Aufsicht des Waisenraths ja auch nicht einmal die Befugnisse, welche die Gegenansicht der Aufsichtsgewalt an sich beilege, umfasse, man es sonach mit einer besonders gestalteten Art von Aufsicht zu thun habe. Endlich könne allerdings der Vormund besser berathen sein als ein beschränkter Amtsrichter. Allein das Gesetz habe diesen einmal zum Aufsichtsbeamten gemacht und ihm die Gewalt gegeben. In der Regel werde er zudem in Folge seiner klassischen Bildung, juristischen Schulung und beständigen Uebung in den Geschäften auch in der Beurtheilung von thatsächlichen Fragen wirklich einsichtiger, uninteressirter und weitblickender sein als der Vormund.

Wenn sich auch nicht verkennen lassen mag, daß die erstere Ansicht den Vorzug der streng juristischen Konsequenz und Logik für sich hat, so möchte der zweiten doch jedenfalls die größere praktische Brauchbarkeit zur Seite stehen, und wird dem Praktiker für seine Wahl zwischen beiden schließlich wohl ausschlaggebend sein, ob er mehr auf juristische Konsequenz oder auf praktische Brauchbarkeit eines Gesetzes Werth legt. Aber auch selbst demjenigen Vormundschaftsrichter, der sich in der Theorie ganz und voll jener anschließt, dürften doch in der Praxis öfter Fälle vorkommen, wo er nicht blos den prinzipiellen Standpunkt zu verlassen geneigt sein, sondern dies auch thatsächlich thun wird.

7. Das Vormundschaftsgericht hat Personen, die ihm ein Interesse zur Sache nachweisen und ohnedem an der Ausübung ihnen zu-

---

[10]) Als leicht vermehrbare Beispiele werden die Aufsichtsrechte des Oberstaatsanwalts und des Justizministers in §. 3 der Verordnung vom 3. Januar 1849 über die Einführung des mündlichen und öffentlichen Verfahrens (G. S. 1849 S. 14) und der Appellationsgerichte in §. 25 Nr. 3 der Verordnung vom 2. Januar 1849 betr. die Aufhebung der Privatgerichtsbarkeit (G. S. 1849 S. 1), bei denen die Zulässigkeit von Anweisungen in Fragen zweckmäßiger Geschäftsverwaltung nicht zu bezweifeln sei, angeführt.

stehender Rechte gehindert werden würden, Auskunft über einzelne Punkte einer Vormundschaft zu geben [11]).

Nach diesen Aufgaben des Vormundschaftsgerichts ist der Vormundschaftsrichter zwar gegen früher, besonders im Gebiet des Allgem. Landrechts, von einer Reihe zeitraubender und mechanischer Geschäfte befreit, aber seine Stellung ist eher eine schwierigere denn eine leichtere geworden, weil er mehr als früher dem individuellen Fall gerecht zu werden suchen muß. Es gilt dies namentlich, wenn man die Aufsichtsgewalt in dem diesseits angenommenen weiteren Umfange versteht, trifft aber auch sonst zu und wird besonders das Verhalten des Richters in Ansehung der Forderung von Sicherheit und des Verlangens der Verwahrung von Werthgegenständen in jedem einzelnen Falle ein verschiedenes sein, je nachdem ihm die Person und Umstände des Vormundes bekannt oder, wie in großen Städten meist, ganz unbekannt sind.

§. 19. Richterliche Maßnahmen zur Sicherstellung des Mündelvermögens [1]).

Das römische Recht kannte keine Verpflichtung des Richters, für die Sicherstellung des Mündelvermögens in Ermangelung eines Vormunds thätig zu sein. Es hing dies zum Theil damit zusammen, daß die obervormundschaftliche Gewalt des Gerichts weniger entwickelt war, zum Theil aber damit, daß die gesetzliche Vormundschaft die regelmäßig eintretende war, wobei dann dem Vormund sofort Recht und Pflicht der Sicherstellung des Mündelvermögens oblag.

Die gemeinrechtliche Praxis hingegen schrieb dem obervormundschaftlichen Gerichte die Pflicht der Sicherstellung des Vermögens der zu Bevormundenden zu, solange ein Vormund nicht vorhanden war. Namentlich legte sie dem Gerichte die Pflicht der Siegelung des Mobiliarnachlasses auf, welcher einem noch nicht bevormundeten Minderjährigen anfiel. Dies ist dann in das A. L. R. und in die französische Gesetzgebung übergegangen [2]).

Die V. O. §. 15 hat, sich hieran anschließend, den Vormund-

---

[11]) §. 89 Einleitung zum A. L. R. und Jahrbuch Bd. 2 S. 48 hinsichtlich der Ertheilung einer Bescheinigung über die Person des Vormundes. Vgl. auch unten §. 51 Anm. 15 und §. 90 bei Anm. 13.

[1]) Vgl. Rudorff, Bd. 2 S. 242, Arndts und Leonhard S. 66.

[2]) A. L. R. II 18 § 351 ff., code civil art. 819 Abs. 2 und code de proc. art. 911.

schaftsgerichten aufgelegt, in solchen Fällen von Amtswegen thätig zu sein.

a) Die Pflicht der Sicherstellung liegt dem Vormundschaftsgerichte stets dann ob, wenn ein Vormund nicht vorhanden ist [3]). Es macht keinen Unterschied, ob ein Vormund noch niemals bestellt war, oder ob er weggefallen ist. Die zahlreichsten hierher gehörenden Fälle sind natürlich, daß der Nachlaß des Vaters durch dessen Tod seinen minderjährigen Kindern zufällt und hierdurch gleichzeitig deren Bevormundung nothwendig wird, sowie daß die Mutter-Vormünderin stirbt und ihre Erbschaft ihren Kindern hinterläßt. Es sind aber auch alle sonstigen Fälle betroffen, in denen der Vormund während des Laufs der Vormundschaft, z. B. durch Tod oder Entsetzung, abgeht und sich Mündelvermögen in seiner Hand befand, für welches das Gericht zu sorgen hat. Im Falle des Todes des Vormunds konkurrirt die im §. 65 Abs. 1 V. O. den Erben desselben auferlegte Pflicht, für Sicherstellung der in dem Nachlasse befindlichen Vermögensstücke des Mündels zu sorgen.

b) Ist ein Vormund vorhanden, so ist es zunächst dessen Sache, für die Sicherung des Mündelvermögens, insbesondere eines angefallenen Nachlasses zu sorgen. Von Amtswegen für eine solche Sicherung einzutreten, ist gleichwohl den Vormundschaftsgerichten dann zur Pflicht gemacht, wenn der Vormund bei Anfall eines Nachlasses an den Mündel abwesend ist. Unter Abwesenheit ist hier der Aufenthalt in einer solchen Entfernung von dem Orte, wo sich die sicherzustellenden Sachen befinden, daß der Vormund nicht ohne Schwierigkeiten und Zeitverlust selbst die Sicherung vornehmen kann, zu verstehen [4]). Der Abwesenheit sind andere Fälle der Verhinderung, z. B. durch Krankheit, gleichzustellen.

Nach den allgemeinen Grundsätzen der V. O. hat das Vormundschaftsgericht außerdem bei Verhinderung des Vormunds, auch wenn es sich nicht gerade um Nachlaßsachen handelt, falls schleuniges

---

[3]) Ist unter Vormund hier auch der Gegenvormund gemeint? Dies ist zu verneinen, da derselbe die Befugniß nicht hat, den Mündel nach außen zu vertreten — V. O. §. 31 im Gegensatz zu §. 29 —, folglich die Interessen des Mündels nicht wahren kann, ebenso Hesse, Anm. 2 Abs. 1 zu §. 15 S. 27 und Philler, Anm. 48 zu §. 15 S. 46, a. A. Brettner in den Beiträgen Bd. 20 S. 13 a. E.

[4]) Vgl. Hesse, Anm. 4 zu §. 15 S. 29.

Eintreten für die Sicherung des Vermögens geboten ist, einen Pfleger zu bestellen, welcher die erforderlichen Maßnahmen zu betreiben hat.

Die Wahl der Sicherungsmittel unterliegt dem Ermessen des Gerichts. Hat der Erblasser gewisse Formen, z. B. die Siegelung, verboten oder besondere Mittel der Sicherung vorgeschrieben, so ist dies thunlichst zu berücksichtigen, wenn auch das Gericht nicht schlechthin gebunden ist [5]). Zu den Sicherungsmitteln gehört die Siegelung, aber sie ist nicht immer erforderlich, sondern kann die Sicherung auch in anderer Weise erfolgen, insbesondere die Polizeibehörde oder die Anstalt, in der der Erblasser gestorben ist, um Vornahme von Sicherheitsmaßregeln ersucht werden. Andererseits wird die Siegelung auch nicht immer genügen. Was bei längerer Aufbewahrung verderben oder außer Werth kommen oder offenbar unnütze Kosten verursachen würde, ist zu veräußern, so daß der Erlös in vorläufige Verwahrung genommen und demnächst hinterlegt wird [6]). Das Inventar eines dem Mündel gehörigen Landgutes oder einer ihm gehörigen Fabrik oder Handlung ist unter die Obhut eines zu vereidenden Aufsehers oder eines Bevollmächtigten zu stellen u. s. f. [7]). Wird eine Siegelung für angemessen erachtet, so kommen für ihre Ausführung die gewöhnlichen Vorschriften über Siegelungen zur Anwendung [8]).

Die Pflicht der Sicherstellung hat nicht blos das zuständige Vormundschaftsgericht, sondern jedes Vormundschaftsgericht, in dessen Bezirk sich Vermögen des Mündels befindet. Dem letzteren Gericht liegt natürlich ob, dem zuständigen Vormundschaftsgerichte von seinen Maßnahmen unverzüglich Mittheilung zu machen [9]).

Nach bisherigem Rechte fiel die Pflicht des Gerichts zur Sicherstellung in einzelnen Fällen weg. Nach dem A. L. R. insbesondere mußte die Siegelung unterbleiben, wenn ein Ehegatte des Erblassers im Sterbehaus war und nicht in sie willigte [10]). Die V. O. §. 15

---

[5]) Weiter ging das A. L. R. II 18 §§. 372—375, welche Vorschriften eben deswegen jetzt beseitigt sind. Vgl. Jahrbuch (App.) Bd. 5 S. 277 und Bd. 6 S. 35.

[6]) Vgl. A. L. R. II 18 §§. 365 u. 366.

[7]) Vgl. A. L. R. II 18 §§. 367—370.

[8]) Vgl. Allgem. Gerichtsordnung II 5 §§. 25 ff. und die §§. 58—72 der revidirten Instruktion für die Dorfgerichte vom 11. Mai 1854 (Just. Min. Bl. 1854 S. 211).

[9]) Vgl. A. L. R. II 18 §. 361 ff.

[10]) A. L. R. II 18 §. 371

Abs. 3 bestimmt nun: sind der Vater [11]) oder die Mutter des Mündels oder großjährige Miteigenthümer [12]) anwesend, so ist die Sicherstellung nicht erforderlich. Sollte hiernach bei Gegenwart dieser Personen das Einschreiten des Gerichts schlechthin ausgeschlossen sein? Dies wäre bedenklich, denn gerade von den großjährigen Miterben sind häufig Benachtheiligungen des Minderjährigen zu fürchten. Nur die Pflicht, nicht das Recht des Einschreitens des Vormundschaftsgerichts wird durch jene Klausel richtiger Ansicht nach verneint [13]). Zweifellos ist übrigens das Gericht auch berechtigt und verpflichtet, im Fall einer Gefährdung des Mündels sofort einen Pfleger zu ernennen.

Die bisher geltenden Vorschriften über die Siegelung sind durch die V. O. in soweit beseitigt, als sie die Sicherung der Mündel bezweckten [14]). Dagegen hat die V. O. die Rechtsvorschriften nicht betroffen, welche den Zweck haben, abwesende, fremde oder unbekannte Erben durch Siegelung zu schützen oder auch Ansprüche Dritter gegen die Erben durch Arrest zu sichern.

Bei der Sicherstellung des einem Ausländer gehörigen Vermögens sind in erster Linie die etwa bestehenden Staatsverträge zu beachten, eventuell kommen auch hier die vorstehenden Bestimmungen zur Anwendung.

§. 20. Ordnungsstrafen.

Das Vormundschaftsgericht kann sein Aufsichtsrecht gegenüber dem Vormund, dem Pfleger, sowie dem Gegenvormund durch s. g. Ordnungsstrafen zur Geltung bringen [1]).

1. Diese Ordnungsstrafen sind nicht, wie das Wort zu bezeichnen scheint, Strafen für begangene Ordnungswidrigkeiten, sondern

---

[11]) Es bezieht sich dies natürlich nur auf den Fall, daß der Vater nicht Vormund ist, z. B. weil er sein Kind zu Adoption gab, und gilt nicht, wenn der Vater selbst noch minderjährig oder handlungsunfähig ist.

[12]) Die Anwesenheit eines einzigen großjährigen oder für großjährig erklärten (Maaßen, Anm. 4 §. 15 S. 32) Miteigenthümers ist genügend, vgl. Jahrbuch (App.) Bd. 5 S. 277, ebenso Anton, Hesse, Märcker, Neumann, Philler u. A. m. Zu den Miteigenthümern gehören insbesondere auch Miterben (Jahrbuch (App.) Bd. 6 S. 81).

[13]) Ebenso Hesse, Anm. 8 zu §. 15 S. 31 und Philler, Anm. 53 zu §. 15 S. 50.

[14]) Vgl. Bericht der K. d. A. H. S. 5.

[1]) V. O. §. 51 Abs. 2.

bilden Exekutivstrafen, die den Zweck haben, den Vormund (Pfleger, Gegenvormund) zur Erfüllung seiner Pflichten anzuhalten [2]). Es ist also dem Gerichte gestattet, dem Vormund Handlungen oder Unterlassungen bei Strafe anzubefehlen und im Fall der Zuwiderhandlung diese Strafe festzusetzen. Dagegen kann das Gericht nicht etwa begangene Pflichtwidrigkeiten des Vormunds nachträglich mit einer disziplinaren Strafe belegen, welche vorher nicht angedroht war [3]).

2. Die Ordnungsstrafen sind nur zulässig, um die dem Gericht zustehende Aufsicht zur Geltung zu bringen, also nur, um solche Handlungen oder Unterlassungen zu erzwingen, welche das Gericht kraft seines Aufsichtsrechts, weil sie dem Vormund (Pfleger, Gegenvormund) durch spezielle gesetzliche Vorschriften auferlegt sind oder nach dem allgemeinen Inhalt des Aufsichtsrechts auferlegt werden dürfen, verlangen kann. Darüber hinaus darf durch Ordnungsstrafen nicht in die Selbständigkeit der vormundschaftlichen Verwaltung eingegriffen werden [3a]).

3. Der Verhängung der Ordnungsstrafe muß eine Androhung derselben vorhergehen. Es ist dies zwar nicht besonders vorgeschrieben, folgt aber aus dem Charakter der Exekutivstrafe [4]).

4. Das Vormundschaftsgericht kann dem Vormund (Pfleger,

---

[2]) Anders die Ordnungsstrafe, die nach §. 79 Abs. 2 V. O. gegen Mitglieder des Familienraths, welche ohne genügende Entschuldigung ausbleiben, vom Vormundschaftsrichter, der hierbei auch nicht als Vormundschaftsbehörde, sondern als Vorsitzender des Familienraths thätig ist (vgl. oben §. 15 Anm. 10 S. 57), verhängt werden kann und die wie die Ordnungsstrafe, zu welcher ein ordnungsmäßig geladener, aber ohne Entschuldigung ausgebliebener Zeuge zu verurtheilen ist (§. 50 der deutschen Strafprozeßordnung und §. 345 der deutschen Civilprozeßordnung), den Charakter einer wirklichen Strafe für die begangene Nichtachtung der gerichtlichen Ladung hat.

[3]) Bei der Berathung der V. O., insbesondere in der Kommission des Herrenhauses, wurde dies allseitig, auch seitens der Regierung, anerkannt (Bericht der K. d. H. H. S. 64).

[3a]) Vgl. oben §. 18 Nr. 6 S. 69 ff.

[4]) Vgl. z. B. §. 132 des Gesetzes vom 30. Juli 1883 über die allgemeine Landesverwaltung (G. S. 1883 S. 195) und §. 80 des Ausführungsgesetzes vom 24. April 1878 zum deutschen Gerichtsverfassungsgesetz (G. S. 1878 S. 230). Uebereinstimmend Hesse, Anm. 4 zu §. 51 S. 170, a. A. Eccius, Bd. 4 §. 233 Anm. 29 S. 225, gegen den zu bemerken ist, daß die vorgängige Androhung zwar nicht zum Wesen jeder Ordnungsstrafe gehört, indem unter Ordnungsstrafen theils Exekutivstrafen theils Disziplinarstrafen verstanden werden, wohl aber zu dem jeder Exekutiv-Ordnungsstrafe.

Gegenvormund) Ordnungsstrafen nur mit Wirkung androhen, so= lange dessen Amt besteht. Ist dieses geendet, so kann nur der Mündel oder sein Vertreter, und zwar blos im Wege des Prozesses den ehemaligen Vormund (Pfleger, Gegenvormund) zur Erfüllung seiner Pflichten anhalten.

5. Eine Ordnungsstrafe darf den Betrag von dreihundert Mark nicht übersteigen. Ein Minimalsatz ist nicht vorgeschrieben. Wird die anbefohlene Handlung nicht ausgeführt, so kann die Strafandrohung wiederholt werden, und zwar ohne daß das Gesetz den Wiederholungen in der Anzahl derselben, in den Zwischenräumen, in denen sie erfolgen, oder in dem Maximalsatz der mehreren Ordnungsstrafen eine Grenze setzt.

Abweichende Bestimmungen gelten bezüglich derjenigen Ordnungsstrafen, durch welche das Vormundschaftsgericht den berufenen Vormund zur Uebernahme der Vormundschaft zu nöthigen sucht [5]).

6. Die festgesetzte Ordnungsstrafe kann ganz oder theilweise, außer auf eingelegte Beschwerde vom Beschwerdegericht, auch von dem festsetzenden Vormundschaftsgericht selbst wieder aufgehoben werden, da die Festsetzung nicht durch Urtheil, sondern durch Beschluß erfolgt und es sich nicht um eine in Ausübung der Strafgewalt verhängte Strafe handelt, die, sofern nicht besondere entgegenstehende Vorschriften etwas anderes bestimmen [6]), nicht von dem Inhaber der Strafgewalt selbst wieder zurückgenommen, sondern außer von den etwa zugelassenen höheren Instanzen nur im Gnadenwege aufgehoben werden kann [7]).

§. 21. Das Genehmigungsrecht des Vormundschaftsgerichts.

Einen weittragenden Einfluß hat das Vormundschaftsgericht auf die vormundschaftliche Verwaltung durch das Genehmigungsrecht zu besonders wichtigen Handlungen des Vormunds. Dies Recht setzt voraus, daß bereits ein Wollen des Vormunds vorhanden ist. Es wirkt daher nur negativ, indem es ein Verbietungsrecht gewährt, es verleiht dem Gerichte dagegen nicht die Befugniß, den Vormund zu Handlungen zu nöthigen.

---

[5]) V.O. §. 20. Vgl. unten §. 60.

[6]) Vgl. z. B. §. 50 Abs. 2 der deutschen Strafprozeßordnung und §. 346 der deutschen Civilprozeßordnung.

[7]) Ebenso Eccius, Bd. 4 §. 233 Anm. 29 S. 225.

Die Geschichte der Jurisprudenz zeigt uns ein solches Genehmigungsrecht in scharfer Ausbildung zuerst bei dem Verbote der Veräußerung von Mündelgrundstücken durch die oratio Severi. Diese Veräußerung wurde nur gestattet im Falle der Nothwendigkeit wegen Schulden und nach vorgängiger Autorisation des Prätors. Fehlte eines dieser Requisite, so war die Veräußerung nichtig [1]). Im späteren römischen Rechte wurde die Genehmigung in immer mehreren Fällen gefordert. Noch weiter ging aber das A. L. R., so daß dasselbe fast bei allen erheblichen Handlungen des Vormunds solcher Genehmigung gedenkt. In Folge dessen wurde aber auch die Bedeutung der gerichtlichen Zustimmung abgeschwächt. Insbesondere wurde streitig, ob die obervormundschaftliche Genehmigung in allen Fällen, in welchen dieselbe durch das A. L. R. gefordert wurde, Bedingung der Gültigkeit der vormundschaftlichen Handlung sei, oder ob der Akt auch ohne Genehmigung Rechtsbeständigkeit habe, unbeschadet der Verantwortlichkeit des Vormunds, welcher die Einholung der Genehmigung versäumte. Die preußische Jurisprudenz hat sich schließlich dahin festgestellt, daß das Letztere als Regel anzusehen sei, und daß die Genehmigung des Gerichts nur dann Bedingung der Rechtsbeständigkeit der Handlung des Vormundes sei, wenn das Gesetz dies ausdrücklich vorschrieb [2]). Auch nach dem rheinischen Recht war der Vormund vielfach an eine Genehmigung gebunden [3]).

Die V. O. verlangt die Genehmigung des Vormundschaftsgerichts nur in einer begrenzten Zahl von Fällen [4]), die theils die

[1]) l. 11 u. l. 26 C. de praediis 5, 71.

[2]) Plenarbeschluß des Ober-Tribunals vom 22. Juni 1846 in dessen Entscheidungen Bd. 13 S. 17. Vgl. Arndts und Leonhard S. 74 ff. Anm. 181 u. 182.

[3]) Siehe oben §. 6 S. 15 bei Anm. 6.

[4]) V. O. §§. 42 u. 46. Außer dem in diesen Paragraphen behandelten Genehmigungsrecht des Vormundschaftsgerichts giebt es noch mehrere Fälle von vormundschaftsgerichtlichen Genehmigungen, die aber mit jenem Recht nichts zu thun haben und nicht nach dessen Grundsätzen zu behandeln sind, nämlich

a) Die zu einer Abweichung von den Bestimmungen des Erblassers über die Verwaltung oder die Veräußerung der zu seinem Nachlasse gehörigen Gegenstände erforderliche Genehmigung des Vormundschaftsgerichts (§. 36 V. O.). Hier handelt es sich nicht darum, durch die Genehmigung eine gesetzliche und allgemeine, sondern nur eine durch Privatverfügung getroffene spezielle Beschränkung der Selbständigkeit des Vormunds zu heben.

b) Die Zustimmung des Vormundschaftsgerichts zur Eheschließung des Mündels (§. 48 V. O.). Diese ist nicht blos eine Bestärkung des Willens des

persönlichen, theils die Vermögensverhältnisse des Mündels betreffen, und als Ausnahmen von der Regel der Selbständigkeit des Vormunds strikt zu interpretiren sind [5]). Die Rechtsgeschäfte aber, welche hiernach die V. O. an die Genehmigung bindet, sind durch dieselbe auch bedingt. Im einzelnen ist zu bemerken:

1. Die richterliche Zustimmung wird in der Regel dem von dem Vormunde beabsichtigten Rechtsakte nachfolgen und von dem Vormunde selbst eingeholt werden, kann aber auch sowohl vor dem Rechtsakt ertheilt [6]), als von dem anderen Mitkontrahenten des Vormunds eingeholt werden. Selbst wenn der Rechtsakt nur erst in Aussicht genommen ist, wird das Gericht auf in der Absicht, vergebliche Umstände und namentlich Kosten, wenn das Geschäft geschlossen, nachher aber die Genehmigung versagt werden sollte, zu vermeiden, gestellte Anfrage, ob derselbe im Fall seines Zustandekommens die Genehmigung erhalten werde, die Erklärung hierüber nicht ablehnen dürfen [7]). Nur wird dabei das Gericht, besonders wenn die Anfrage von einem Dritten gestellt wird, um nicht etwa durch eine voreilige Zustimmung die dem Mündel günstigeren Absichten des Vormunds zu vereiteln, vorsichtig zu verfahren und seine Erklärung niemals ohne vorherige Anhörung des Vormunds selbst abzugeben haben. Außerdem gilt für diese Erklärung, da sie, wenn auch blos eventuell abgegeben, doch bereits ein Theil der Genehmigung ist, dasjenige, was für diese über die Anhörung des Gegenvormunds und von Verwandten vorgeschrieben ist [8]).

Vormunds, sondern hat die Kraft, den verweigerten Konsens des Vormunds zu ersetzen (s. unten §. 64 a. E.).

c) Die im §. 5 Abs. 2 des Gesetzes vom 12. Juli 1875 betr. die Geschäftsfähigkeit Minderjähriger gedachte Genehmigung. Dieser bedarf nicht der Vormund, sondern der Minderjährige selbst.

d) Die im §. 34 Nr. 6 des deutschen Strafgesetzbuchs zugelassene Genehmigung des Vormundschaftsgerichts. Durch diese wird nicht eine Beschränkung der Selbständigkeit des bestellten Vormunds, sondern die Unfähigkeit des zu bestellenden Vormunds beseitigt.

[5]) Jahrbuch (App.) Bd. 8 S. 93 und Jahrbuch Bd. 3 S. 164.

[6]) Ein häufiges Beispiel hierfür ist die Ermächtigung zum Mitbieten bei der Zwangsversteigerung eines Grundstücks.

[7]) Vgl. Jahrbuch (App.) Bd. 7 S. 55 und die Bemerkungen dazu S. 56.

[8]) Hiermit dürfte sich der nicht die rechtliche Zulässigkeit, sondern lediglich die thatsächliche Zweckmäßigkeit einer blos eventuellen Genehmigung betreffende Einwand von Eccius, Bd. 4 §. 232 Anm. 32 S. 212 erledigen.

Daß, wenn eine solche eventuelle Genehmigung zulässig und erfolgt ist, sie

In keinem Fall darf das Gericht seine Genehmigung deshalb ablehnen, weil das ihm unterbreitete Material zur Prüfung der Zweckmäßigkeit des Geschäfts nicht genüge, sondern es hat sich dasselbe von Amtswegen selbst zu verschaffen [9]).

2. Das Gesetz verstattet, daß zur Eingehung von wechselmäßigen Verpflichtungen eine allgemeine Genehmigung ertheilt werde, vorausgesetzt, daß dieselbe durch die vormundschaftliche Vermögensverwaltung erforderlich wird [10]). Dieser Vorbehalt bildet, wie sich schon aus seiner Allgemeinheit ergiebt, nur eine Anweisung an das Vormundschaftsgericht, er enthält keine Bedingung der Geltung der generellen Genehmigung. Aus der Hervorhebung der wechselmäßigen Verpflichtungen im Gesetze ist zu schließen, daß das Vormundschaftsgericht zu Geschäften andrer Art eine allgemeine Genehmigung nicht ertheilen darf [11]). Zur Bedingung der Gültigkeit der Genehmigung macht freilich die V. O. die Spezialität derselben nirgends. In einer generellen Ermächtigung zu Handlungen der fraglichen Art, z. B. zu Grundstücksverkäufen, würde daher blos eine Pflichtwidrigkeit des Richters, keineswegs eine Nichtigkeit liegen. Dritten kann auch nicht zugemuthet werden, zu prüfen, ob die Ermächtigung des Gerichts den nöthigen Grad von Spezialität habe [12]).

3. Das Vormundschaftsgericht hat vor der Entscheidung über die Genehmigung den Gegenvormund zu hören, welcher dem Mündel bestellt ist. Desgleichen unter gewissen Voraussetzungen Angehörige des Mündels.

Auch der Mündel, welcher das achtzehnte Jahr zurückgelegt hat, ist vom Gerichte zu hören, wenn es sich um Veräußerung einer unbeweglichen Sache oder um Auflösung eines Erwerbsgeschäfts handelt.

Die Wirksamkeit der Genehmigung ist jedoch von der Anhörung der gedachten Personen nicht abhängig [13]).

---

bei einem etwaigen Wechsel in der Person des Vormundschaftsrichters auch den späteren Richter bindet und letzterer demnächst in Verfolg derselben nach dem Abschluß des Geschäfts dieses definitiv zu genehmigen hat, ist selbstverständlich.

[9]) Jahrbuch Bd. 3 S. 51.

[10]) V. O. §. 45, s. auch unten §. 71 unter b.

[11]) Philler, Anm. 220 zu §. 45 S. 95.

[12]) Ebenso Turnau, Bd. 2 §. 91 S. 346, a. A. Löwenstein, Anm. 182 zu §. 45 S. 73, Dalcke, Anm. 51 zu §. 42 S. 971 und Hesse, Anm. 1 zu §. 42 S. 140. Vgl. auch unten §. 33 bei Anm. 18 u. §. 70 bei Anm. 21.

[13]) V. O. §. 55.

4. Ebensowenig kann die Geltung der Genehmigung um deswillen angefochten werden, weil die dem Richter vorgetragenen Thatsachen, auf welche sich seine Entscheidung gründet, sich hinterher als unrichtig erweisen [14]). Natürlich kann aber, wer mit dem Vormund kolludirte, aus der erschlichenen Genehmigung keine Rechte für sich in Anspruch nehmen.

5. An und für sich ist eine Form für die gerichtliche Genehmigung nicht erforderlich, so daß sie selbst stillschweigend durch konkludente Handlungen ertheilt werden könnte [15]). Aus dem allgemeinen Grundsatze, daß gerichtliche Anordnungen, soweit sie nicht in einem mündlichen Verfahren ergehen, schriftlich zu erfolgen haben, ist jedoch die Nothwendigkeit der Schriftform zu entnehmen. Außerdem muß natürlich bei solchen Angelegenheiten, bei denen ausdrücklich eine besondere Form vorgeschrieben ist, wie z. B. im §. 35 der Grundbuchordnung vom 5. Mai 1872, diese beachtet werden.

6. Ein ohne die erforderliche Genehmigung abgeschlossenes Rechtsgeschäft hat nur dieselbe Wirkung, wie ein von einem Mündel, welcher sich mit Genehmigung des Vormunds verpflichten kann, ohne Genehmigung des Vormunds abgeschlossenes Geschäft [16]).

Die Grundsätze über die Wirkungen eines solchen Geschäfts sind später zu entwickeln. Eine der wichtigsten der zu beantwortenden Fragen ist, ob die spätere Genehmigung rückwirkende Kraft hat. Dies ist zu bejahen [17]). Ertheilt also z. B. der Vormund Jemandem die Prokura für ein Handlungsgeschäft des Mündels, so gilt das Recht des Prokuristen zur Vertretung des Mündels als rechtsbeständig von der Ertheilung an, wenn auch die Genehmigung nachfolgt.

7. Wenn die Gültigkeit der Erklärung des Vormunds an eine Frist gebunden ist, sei es an eine gesetzliche, wie z. B. die einer Erbschaftsentsagung, oder an eine vertragsmäßige, so muß die Genehmigung ebenfalls innerhalb dieser Frist ertheilt werden. Denn die Frist ist in beiden Fällen dazu bestimmt, daß innerhalb derselben das Verhältniß definitiv erledigt werde, und muß daher bis zu ihrem Ablauf

---

[14]) Anders das römische Recht l. 5 §. 15 D. de rebus 27, 9. Uebereinstimmend z. B. Wachler, Anm. 1 a. E. zu §. 42 S. 136.

[15]) Ebenso z. B. Neumann zu §. 42 S. 113, Anton, Anm. 112 zu §. 42 S. 118 und Wachler, Anm. 1 zu §. 42 S. 136.

[16]) V. O. §. 46. Vgl. unten §. 42.

[17]) Ebenso z. B. Dalcke, Anm. 51 zu §. 42 S. 971, sowie Neumann und Anton a. d. a. O.

eine wirksame Erklärung des Vormunds vorliegen. Die Retrotraktion der Genehmigung greift hier nicht ein [18]).

8. Das Gericht kann seine Genehmigung an Bedingungen knüpfen. Es kann z. B. die Genehmigung der Veräußerung eines Grundstücks des Mündels daran binden, daß ein gewisser Preis erlöst werde, oder daß der Kaufpreis direkt vom Käufer an die Gläubiger des Mündels abgeführt werde, auch bei einer nachträglichen Ratihabition die rückwirkende Kraft der Genehmigung ausschließen. Diese Bedingungen haben auch dem Mitkontrahenten gegenüber Kraft, wenn das die Genehmigung aussprechende Dekret dieselben ausdrücklich aufgenommen hat. Der Grundbuchrichter wird jedoch eine unbedingte Genehmigung verlangen können, da die Untersuchung, ob die gesetzte Bedingung eingetroffen sei, über die ihm nach §. 46 der Grundbuchordnung vom 5. Mai 1872 obliegende Prüfungspflicht hinausgeht [19]).

9. Die früher in der Provinz Hannover bestandene Stempelpflichtigkeit der Genehmigung des Vormundschaftsgerichts [20]) ist aufgehoben und die Genehmigung im ganzen Umfange der Monarchie stempelfrei [21]).

§. 22. Die Haftbarkeit des Vormundschaftsrichters.

Dem älteren deutschen Rechte war eine Verhaftung des Richters zum Ersatze des Schadens, welcher einem Mündel in Folge vernachlässigter Aufsicht erwuchs, unbekannt [1]). Diese Haftung stammt aus dem römischen Rechte. Dort gab man in der Kaiserzeit dem Pupillen eine actio tutelae subsidiaria gegen die niederen Magistrate, wenn sie ihre Pflichten bei Bestellung des Vormunds zum Schaden des Unmündigen versäumt hatten [2]). Auch die Erben des Magistrats unterlagen diesem Anspruch, jedoch nur wegen dolus und culpa lata

---

[18]) Vgl. l. 24 D. ratam rem habere 46, 8. A. A. Eccius, Bd. 4 §. 232 Anm. 27 S. 210, sowie hinsichtlich der Erbschaftsentsagungen Striethorst, Archiv Bd. 23 S. 247 und Wachler, Anm. 21 zu §. 42 S. 146.

[19]) Turnau, Bd. 2 §. 91 S. 346. Vgl. auch unten §. 69 unter Nr. 4.

[20]) Hannöversches Stempelgesetz vom 30. Januar 1859 (hannöversche G. S. 1859 S. 3).

[21]) §. 11 des Ausführungsgesetzes vom 10. März 1879 zum deutschen Gerichtskostengesetz (G. S. 1879 S. 145).

[1]) Rudorff, Bd. 3 S. 157; Kraut Bd. 1 S. 97.

[2]) Tit. Dig. de magist. conv. 27, 8, Cod. 5, 75; Rudorff, Bd. 3 S. 153 ff.

ihres Erblassers. Die gemeinrechtliche Praxis hat diese s. g. Syndikatsklage gegen jeden Vormundschaftsrichter ohne Unterschied zugelassen. Auch gewährte man sie nicht blos wegen Versehens bei Bestellung des Vormunds, sondern nicht weniger bei Vernachlässigung der dem Richter auferlegten fortlaufenden Kontrole [3]). Dagegen ist es unter den gemeinrechtlichen Juristen streitig, ob das in dieser Klage liegende Prinzip noch dahin erweitert sei, daß alle Beamten wegen der bei Erfüllung ihrer Amtspflichten begangenen Versehen haften [4]), oder ob die Beamten, abgesehen von der obervormundschaftlichen Pflicht, nur für dolus oder doch nur für dolus und culpa lata einstehen.

Das preußische Recht nahm den allgemeinen Grundsatz auf, daß Beamte für die genaueste Aufmerksamkeit bei Erfüllung ihrer Amtspflichten hafteten und den durch Vernachlässigung ihrer Pflicht Beschädigten Schadenersatz leisten müßten, sofern der Ersatz nicht von Anderen zu erlangen sei [5]). Daneben traf das A. L. R. spezielle Bestimmungen über die Verhaftung des Vormundschaftsrichters. Durch dieselben wurde dessen Haftpflicht gegenüber den allgemeinen Grundsätzen des Landrechts ermäßigt, also daß der Vormundschaftsrichter der Regel nach nur für mäßiges Versehen einstehen sollte [6]). In Ausnahmefällen haftete er blos für grobes Versehen [7]). Die Erben des Richters konnten der Regel nach nur für grobes Versehen des Erblassers in Anspruch genommen werden [8]).

Das französische Recht endlich läßt eine Schadensklage gegen den Richter (prise à partie) überhaupt nur wegen dolus und grober Fahrlässigkeit, und nur unter beschränkenden Formalitäten, sowie unter Androhung von Bußen gegen den Kläger für den Fall des Unterliegens zu [9]). Für die Verhältnisse der Obervormundschaft ist im französischen Rechte eine besondere Bestimmung nicht getroffen, namentlich auch nicht über die Verhaftung der Mitglieder des Familienraths.

---

[3]) Vgl. Glück, Pandekten Bd. 32 S. 436 ff.

[4]) Vgl. Windscheid, Pandekten Bd. 2 §. 470 Anm. 3. Die Praxis ist dieser Ausdehnung entschieden geneigt. Vgl. die dort angeführten Erkenntnisse in Seuffert's Archiv.

[5]) Ueber die Verhaftung von Mitgliedern eines Kollegiums wurden gleichfalls eingehende Vorschriften getroffen.

[6]) A. L. R. II 18 §. 301.

[7]) A. L. R. II 18 §. 170.

[8]) A. L. R. II 18 §§. 294, 295 u. 304.

[9]) code de proc. art. 505.

Die V. O. setzt nun alle besonderen Grundsätze des bisherigen Rechts über die Haftpflicht des Vormundschaftsrichters durch Beseitigung der bisherigen Normen des Vormundschaftswesens außer Kraft, ohne neue besondere Vorschriften in dieser Materie einzuführen[10]). Sie beläßt es hiernach für die Haftpflicht des Vormundschaftsrichters bei den allgemeinen Grundsätzen, welche die verschiedenen Gesetzgebungen über die Haftpflicht der Beamten überhaupt aufstellen[11]). In Folge dessen ergiebt sich das Resultat:

1. Im Gebiete des gemeinen Rechts wird die Kontroverse, ob die Beamten blos für dolus oder culpa lata oder ob sie auch für culpa levis einstehen, auch für den Vormundschaftsrichter von Bedeutung, da die besondere bisher feststehende Ordnung seiner Verhaftung weggefallen ist.

2. Im Geltungsbereich des A. L. R. treten die verschärften allgemeinen Normen über die Haftpflicht der Beamten auch für den Vormundschaftsrichter ein. Derselbe haftet zwar nur susidiär, d. i. wenn kein anderes gesetzmäßiges Mittel, wodurch den nachtheiligen Folgen abgeholfen werden könnte, mehr übrig ist, also insbesondere erst, wenn im gegebenen Falle Niemand vorhanden ist, der vor dem Richter belangt werden kann[12]), aber doch für genaueste Aufmerksamkeit und jeden Fehler.

3. Im Gebiete des französischen Rechts kann der Vormundschaftsrichter nur nach den Grundsätzen über prise à partie wegen Dolus und grober Fahrlässigkeit in Anspruch genommen werden.

§. 23. Beschwerde-Instanz.

Die Geschäftsführung der Vormundschaftsgerichte unterliegt nach ihrer formellen Seite der Aufsicht vorgesetzter Behörden. Die Zu-

---

[10]) Bezügliche Anträge wurden abgelehnt. Vgl. Bericht der K. d. H. H. S. 15. Auch den Staat für regreßpflichtig zu erklären, wurde für unstatthaft erachtet (Bericht der K. d. A. H. S. 8).

[11]) Ueber die Haftpflicht des Richters gegenüber den Vorschlägen des Waisenraths s. unten §. 57.

[12]) Dies wird z. B. der Fall sein und die Haftung des Richters, die an sich rechtlich auch hier eine subsidiäre bleibt, thatsächlich zu einer prinzipalen werden, wenn der Vormund auf formell zulässige (s. oben §. 18 Nr. 6 S. 69 ff.), aber sachlich unrichtige und dem Mündel schädliche Anweisung des Richters gehandelt hat, oder wenn der Richter dem Vormund zu Unrecht ein Honorar zugebilligt hat. Diese Verschiedenheit des faktischen und rechtlichen Verhältnisses bei der Haftung ist in den Bemerkungen von Eccius, Erörterungen aus dem Gebiet des Vormundschaftsrechts S. 7 Anm. 7 übersehen.

ständigkeit richtet sich nach allgemeinen Bestimmungen. Die Aufsichtsgewalt wird also hinsichtlich der Vormundschaftsrichter von den Präsidenten der Landgerichte, den Präsidenten der Oberlandesgerichte und dem Justizminister ausgeübt [1]). Dieselbe ermächtigt zu Verfügungen über das Formelle der Geschäftsbehandlung, zur Anstellung von Geschäftsrevisionen und zum Einschreiten gegen Verzögerung und Nachlässigkeit, überhaupt zur Handhabung der Ordnung im Geschäftsbetriebe, aber nicht zu materiellen Eingriffen und Entscheidungen. Ihre Ausübung hat von Amtswegen zu geschehen, womit nicht ausgeschlossen ist, daß die Aufsichtsbehörden auch auf Grund von Beschwerden Privater thätig werden, welche den Geschäftsbetrieb und Verzögerungen betreffen [2]). Derartige Beschwerden können von Jedem angebracht werden und ist bei ihnen, sofern sie nicht offenbar frivol oder inept sind, wenn auch der Aufsichtsbehörde eine Pflicht zur Beantwortung nicht ausdrücklich auferlegt ist, doch eine solche wenigstens üblich und angemessen [3]).

Die Aufsichtsgewalt enthält keine Disziplinargewalt [4]). Jedoch liegt in ihr die Befugniß, gegenüber nichtrichterlichen Beamten die ordnungswidrige Ausführung eines Amtsgeschäfts zu rügen und die Erledigung eines Amtsgeschäfts durch Ordnungsstrafen, deren Festsetzung die Androhung derselben vorhergehen muß, bis zum Gesammtbetrage von 100 Mk. zu erzwingen [5]), und gegenüber richterlichen Beamten die ordnungswidrige Ausführung eines Amtsgeschäfts zu rügen und zu dessen rechtzeitiger und sachgemäßer Erledigung zu ermahnen [6]). Dies gilt nun auch in Ansehung der Beamten der Vormundschaftsgerichte.

Neben dieser Aufsichtsgewalt und deren Anrufung erkennt die

---

[1]) §. 78 des Ausführungsgesetzes vom 24. April 1878 zum deutschen Gerichtsverfassungsgesetz (G. S. 1878 S. 230).

[2]) §. 85 a. a. O.

[3]) Vgl. Eccius, Erörterungen S. 36 und dagegen des Verfassers Privatrecht Bd. 3 §. 77 Anm. 21 S. 237.

[4]) Die den Aufsichtsbeamten theilweise zustehende Befugniß zur Verhängung leichterer Disziplinarstrafen, z. B. §. 13 des Gesetzes vom 7. Mai 1851 betr. die Dienstvergehen der Richter (G. S. 1851 S. 218), haben dieselben nicht als Theil der Aufsichtsgewalt, sondern weil sie ihnen neben dieser aus Zweckmäßigkeitsgründen beigelegt ist.

[5]) §. 80 Abs. 1 des Ausführungsgesetzes vom 24. April 1878.

[6]) §. 23 Abs. 1 des Gesetzes vom 9. April 1879 betr. die Abänderung von Bestimmungen der Disziplinargesetze (G. S. 1879 S. 345).

V. O. in Uebereinstimmung mit der gemeinrechtlichen und landrechtlichen Praxis ein Beschwerderecht gegen die Anordnungen des Vormundschaftsgerichts an [7]). Dieses Beschwerderecht begründet eine neue Instanz, eine abermalige Erwägung einer besonderen, in erster Instanz entschiedenen Frage und soll den Gefahren vorbeugen, die aus der Ueberlassung der wichtigsten Anordnungen des Vormundschaftsgerichts an den Einzelrichter entstehen können. Bei der Aufsicht tritt das öffentliche, bei dieser Beschwerde das private Interesse in den Vordergrund. Wir können hiernach eine „Aufsichtsbeschwerde" und eine „Privatbeschwerde" unterscheiden. Für die letztere gilt Folgendes:

1. Die Entscheidung der Beschwerde erfolgt durch das Landgericht, zu dessen Bezirk das Vormundschaftsgericht gehört, und zwar durch dessen Civilkammer bezw. bei mehreren Civilkammern durch diejenige derselben, welcher die Entscheidung dieser Beschwerden im Wege der Geschäftsvertheilung übertragen ist [8]). Die hiernach kollegialische Berathung und Beschlußfassung über die Beschwerde erfolgt nach den Vorschriften der §§. 194—199 des deutschen Gerichtsverfassungsgesetzes [9]). Die Entscheidung ist stets mit Gründen zu versehen [10]), dagegen ist die Angabe der Namen und der Unterschrift derjenigen Richter, welche bei der Entscheidung mitgewirkt haben, nicht erforderlich [11]).

Gegen die Entscheidung des Landgerichts über die Beschwerde [12]) ist, wie überhaupt in Sachen der nichtstreitigen Gerichtsbarkeit zur Erhaltung der einheitlichen Rechtsprechung, wenn sie auf einer Ver-

---

[7]) V. O. §. 10.

[8]) §. 40 Abs. 1 u. §. 42 des Ausführungsgesetzes vom 24. April 1878, vgl. Jahrbuch Bd. 1 S. 50.

[9]) §. 90 a. a. O.

[10]) Jahrbuch Bd. 1 S. 9.

[11]) Jahrbuch Bd. 3 S. 8.

[12]) Nicht auch gegen eine Entscheidung des Landgerichts, die dasselbe nicht als zweite, sondern als erste Instanz erlassen hat. Es ist daher im Falle des §. 79 Abs. 1 V. O., wo ausnahmsweise das Landgericht nicht im Beschwerdewege die zweite, sondern die erste Entscheidung trifft, dessen Beschluß mit der weiteren Beschwerde nicht anfechtbar, sondern endgültig. Anders im Falle des §. 18 Abs. 2 V. O., wo die Ausschließung des berufenen Vormunds durch das Vormundschaftsgericht die erste Entscheidung und der Widerspruch des berufenen Vormunds die in dieser Form eingelegte Beschwerde bildet (Brettner in den Beiträgen Bd. 25 S. 319).

letzung des Gesetzes im Sinne der §§. 512 und 513 der deutschen Civilprozeßordnung [13]) beruht [14]), jedoch ohne daß es, wie bei der weiteren Beschwerde nach §. 531 der deutschen Civilprozeßordnung, eines neuen selbständigen Beschwerdegrundes bedarf [15]), die weitere Beschwerde an das Kammergericht gegeben, welche von diesem, wenn, wie in Vormundschaftssachen zwar selten vorkommen wird, aber doch nicht unmöglich ist, sie ausschließlich auf die Verletzung einer in dem Bezirk des Kammergerichts nicht geltenden Rechtsnorm gestützt wird, dem Oberlandesgericht zur Verhandlung und Entscheidung zu überweisen ist, zu dessen Bezirk das Landgericht, welches die angefochtene Entscheidung erlassen hatte, gehört, wenn sie auf die Verletzung mehrerer Rechtsnormen gestützt wird, von denen die eine nicht aber die andere im Bezirk des Kammergerichts Geltung hat, in gleicher Weise nach freiem Ermessen des Kammergerichts überwiesen werden kann, — bei welchen Ueberweisungen das Oberlandesgericht, an welches die Ueberweisung erfolgt ist, sich der Erledigung der Sache zu unterziehen hat, jedoch an die rechtliche Begründung des Ueberweisungsbeschlusses nicht gebunden ist —, und sonst von dem Kammergericht selbst zu entscheiden ist. Die Erledigung der weiteren Beschwerde erfolgt stets durch den Civilsenat bezw. bei mehreren Civilsenaten durch denjenigen derselben, dem diese weiteren Beschwerden im Wege der Geschäftsvertheilung zugewiesen sind [16]), wobei gleichfalls für die Berathung und Beschlußfassung die §§. 194 bis 199 des deutschen Gerichtsverfassungsgesetzes maßgebend sind [17]) und für das sonstige Verfahren die Vorschriften der §§. 535—538 der deutschen Civilprozeßordnung entsprechende Anwendung finden [18]).

2. Die V. O. enthält keine Bestimmung darüber, wer zur Erhebung der Beschwerde berechtigt sei. Bei der Berathung

---

[13]) Dabei sind Nr. 5 u. 6 des §. 513 C. P. O., da im Vormundschaftsrecht das Prinzip der Oeffentlichkeit nicht gilt und weder ein Verhandeln mit den Parteien noch auch nur ein Anhören der Betheiligten vorgeschrieben ist, von selbst von der Anwendung ausgeschlossen (Brettner a. a. O. S. 320 unten und S. 321).

[14]) Vgl. hierzu Jahrbuch Bd. 1 S. 4, 6, 9 u. 51, Bd. 2 S. 10, Bd. 3 S. 7 und Bd. 4 S. 13.

[15]) Jahrbuch Bd. 2 S. 7.

[16]) §§. 40 Abs. 2, 51, 52, 56 u. 57 des Ausführungsgesetzes vom 24. April 1878.

[17]) §. 90 a. a. O.

[18]) §. 55 das., vgl. über das Verfahren Brettner in den Beiträgen Bd. 25 S. 320.

des Gesetzes wurde regierungsseitig die Auffassung ausgesprochen, daß das Beschwerderecht im Interesse des Mündels einem Jeden zustehe. Diese Ansicht, wonach das Beschwerderecht eine actio popularis bilden würde, erfuhr im Landtage bei der Diskussion keinen Widerspruch. Die Kommission des Herrenhauses hat sich mit ihr stillschweigend, die des Abgeordnetenhauses ausdrücklich einverstanden erklärt [19]).

In Folge dessen wird vielfach angenommen, daß die Beschwerde von Jedem erhoben werden könne, der durch das Verhalten des Gerichts entweder das Interesse des Mündels oder sein eigenes zu unrecht verletzt glaube [20]). Es erscheint dies jedoch nicht richtig und nur derjenige legitimirt, der entweder selbst durch die Anordnung verletzt ist und insofern ein eigenes Interesse bei der Sache hat, oder befugt ist, den Mündel zu vertreten. Für die Gegenansicht [21]) können die Materialien allein nicht ausschlaggebend sein [22]), und ebenso genügt es nicht für sie geltend zu machen, wie es in der Natur der Sache liege, daß das Beschwerdegericht auch substantiirte Beschwerden, die das Interesse des Mündels betreffen, gleichviel von welcher Seite sie kommen, nicht unberücksichtigt lassen dürfe [23]). Das Gegentheil möchte weit eher in der Natur der Sache liegen. Ueber verzögerten oder ungehörigen Geschäftsbetrieb mag Jeder Beschwerden anbringen und so die Erledigung von Dingen veranlassen, welche der Aufsicht der Aufsichtsbeamten unterliegen. Die Beschwerde, von der hier gehandelt wird, aber hat einen anderen Charakter. Sie ist ein Rechtsmittel, durch welches private Interessen geltend gemacht werden. Folgerichtig steht sie wie andere Rechtsmittel, insonderheit andere Beschwerden [24]), nur dem Verletzten selbst zu, so-

---

[19]) Vgl. Bericht der K. d. H. H. zu §. 10 und Bericht d. K. d. A. H. zu §. 10 des Entwurfs der V. O.

[20]) Z. B. in der ersten Auflage dieses Werks S. 48 und von Anton, Dalcke, Hesse, Maaßen, Neumann, Löwenstein, Märcker und Wachler, sowie im Jahrbuch Bd. 4 S. 71.

[21]) Gegen diese auch besonders Eccius, und zwar zuerst in der Jenaer Literaturzeitung 1875 S. 750, sodann in seinen Erörterungen S. 34 ff. und zuletzt in der 4. Auflage von Förster's Privatrecht Bd. 4 §. 229 S. 191, ferner Philler, Anm. 32 zu §. 10 S. 40 u. 41.

[22]) Siehe oben §. 13 Nr. 1 S. 48.

[23]) Hesse, Anm. 2 zu §. 10 S. 13.

[24]) Vgl. darüber, daß die Beschwerde nach §. 10 V. O. keinen dem Wesen nach von anderen Beschwerden verschiedenen Charakter hat, Jahrbuch Bd. 1 S. 52.

wie in seinem Namen demjenigen, welcher zu seiner Vertretung legitimirt ist. Dies entspricht allgemeinen Grundsätzen und der Praxis [25]).

Im Namen des Mündels kann daher Beschwerde nur erheben dessen Vormund oder Pfleger, oder wenn dieser behindert oder betheiligt ist, ein dem Mündel ad hoc zu ernennender Pfleger [26]). Die Ernennung eines solchen Pflegers durch das Vormundschaftsgericht kann der Gegenvormund [27]) anregen, aber auch andere Personen mögen dies thun, wenn sie am Mündel ein Interesse nehmen, insbesondere Verwandte desselben. Geht das Vormundschaftsgericht auf das Begehren nicht ein, so können die Aufsichtsbeamten deswegen nicht angerufen werden und die Bestellung des Pflegers nicht anordnen, da die Frage, ob die Voraussetzungen für die Bestellung eines Pflegers vorliegen, materieller Natur ist und deshalb nicht im Aufsichtswege entschieden werden kann. Wohl aber ist die Privatbeschwerde zulässig, allerdings aber selbstredend nur sofern deren Voraussetzungen, namentlich auch die in Rede stehende der Legitimation zur Beschwerdeführung, gegeben sind, und wird dann auf dieselbe das Beschwerdegericht, wenn ihm die erste Beschwerde, behufs deren Erhebung der Pfleger bestellt werden soll, prima facie erheblich erscheint, die Bestellung des Pflegers ad hoc anordnen. Ist demnächst etwa auch der bestellte Pfleger zufrieden und will nicht anfechten, und liegt die Sache auch nicht so, daß das Vormundschaftsgericht ihn kraft seiner Aufsichtsgewalt zur Erhebung der Beschwerde anweisen kann [28]), so ist damit freilich die Bestellung des Pflegers erfolglos. Dieses mögliche thatsächliche Resultat kann aber die rechtliche Zulässigkeit der Bestellung eines Pflegers zur Erhebung einer Beschwerde für den Mündel und der Erhebung der Beschwerde für den Mündel durch einen solchen nicht ausschließen [29]).

Die Beschwerde kann in eigenem Namen einlegen der Dritte, welcher ein Geschäft mit dem Vormund abgeschlossen hat, wenn das

---

[25]) Vgl. Seuffert, Archiv Bd. 15 Nr. 229 u. Bd. 19 Nr. 241, sowie die Ausführungen bei Eccius, Erörterungen S. 29 ff. und im Jahrbuch Bd. 4 S. 3.

[26]) V. O. §. 86.

[27]) V. O. §. 31.

[28]) S. oben §. 18 Nr. 6 S. 69 ff.

[29]) A. A. Eccius in seinen Erörterungen S. 39 u. 40 und in Förster's Privatrecht Bd. 4 §. 229 Anm. 55 S. 191.

Gericht dessen Genehmigung versagt [30]). Seine Beschwerde ist aber natürlich nur dann erfolgreich, wenn das Interesse des Mündels nicht mit dem seinen kollidirt.

Ebenso ist derjenige, der ein mit dem des Mündels zusammenfallendes Interesse hat, zur Beschwerde berechtigt [31]), da er eben ein eigenes Interesse hat und um deshalb selbst verletzt ist [32]).

Das Vorstehende gilt für die weitere Beschwerde in gleicher Weise. Bei dieser könnte als beschwerdeberechtigt noch das Vormundschaftsgericht, dessen Anordnung auf die Beschwerde vom Landgericht geändert worden, in Frage kommen. Es kann jedoch keinem Zweifel unterliegen und ist allgemein anerkannt, daß das Rechtsmittel der weiteren Beschwerde nur den Parteien selbst, welche bei der vom Landgericht erlassenen Entscheidung unmittelbar betheiligt sind und sich durch dieselbe verletzt erachten, nicht aber den Amtsgerichten, die in erster Instanz entschieden hatten, zusteht [33]).

---

[30]) Unbegründet ist der Widerspruch, welchen der Regierungskommissar hiergegen in der Kommission d. H. H. einlegte, vgl. Bericht der K. d. H. H. zu §. 10 d. R. E. Die Beschwerde steht eben Jedem zu, welcher durch eine gerichtliche Verfügung benachtheiligt wird, und der in Rede stehende Dritte ist, wenn er auch noch kein wohlerworbenes Recht, das ihm erst die Genehmigung gegeben haben würde, hatte, doch insofern benachtheiligt, als ihm nicht blos eine ungewisse Aussicht auf ein Vertragsrecht, sondern ein wegen der bereits vorhandenen und nur noch nicht voll wirksamen Einwilligung des Vormundes doch immerhin mehr als eine bloße Anwartschaft darstellender Anspruch entzogen ist. A. A. Eccius, Erörterungen S. 37 u. 38 und in Försters Privatrecht Bd. 4 §. 232 S. 211, und diesem sich anschließend Philler, Anm. 32 zu §. 10 S. 41. Wenn der erstere dabei noch auf die Möglichkeit einer Sinnesänderung des Vormundes und eines nachträglichen Einverständnisses desselben mit der Versagung der Genehmigung hinweist, so trifft dies nicht das Beschwerderecht des Dritten. Kann nach den Vorschriften des materiellen Rechts über die einseitige Zurücknahme einer Erklärung, die noch einer Genehmigung bedarf, seitens des Erklärenden der Vormund seine Erklärung noch wieder einseitig zurücknehmen, und thut er dies, so erledigt sich damit, da die obervormundschaftliche Genehmigung stets das Wollen des Vormunds voraussetzt und dieses niemals ersetzen kann (siehe oben §. 21 S. 81), die Genehmigung und kann eine Beschwerde wegen deren Versagung deshalb gar nicht mehr in Frage kommen.

[31]) Jahrbuch Bd. 4 S. 69.

[32]) Ueber die Berechtigung zu Beschwerden gegen die Beschlüsse des Familienrathes und das Beschwerderecht des Waisenrathes, sowie das der Mitvormünder siehe unten §. 26, §. 30 bezw. §. 32.

[33]) Jahrbuch Bd. 1 S. 5, Bd. 2 S. 11 u. 13, Bd. 3 S. 6 und Bd. 4 S. 7 u. 8.

3. Die Beschwerde kann beim Vormundschaftsgericht, welches, wenn auch in Sachen der nichtstreitigen Gerichtsbarkeit im allgemeinen das Amtsgericht keine Pflicht zur Beförderung der bei ihm eingereichten Beschwerden über seine Verfügungen an das Landgericht hat [34]), die Beschwerde an das Landgericht zu senden hat, da sonst die ausdrückliche Hervorhebung der Zulassung der Einreichung der Beschwerde bei ihm keinen Sinn hätte, oder bei dem Beschwerdegericht eingelegt werden [35]), und zwar, da eine besondere Form für die Einlegung überhaupt nicht vorgeschrieben ist, durch Erklärung zu Protokoll oder durch schriftliche Eingabe.

Die Vormundschaftsordnung hat für die Regel die Einlegung der Beschwerde an keine Frist gebunden [36]). Ausnahmsweise hat sie jedoch bestimmt, daß wegen Uebergehung der zur Vormundschaft kraft letztwilliger Verfügung oder Familienrechts nach §. 17 Berufenen die Beschwerde nur bis zum Ablauf von vier Wochen nach erhaltener Kenntniß von der Bestellung eines andern Vormunds zulässig ist [37]), und ebenso daß die Beschwerde gegen eine Entsetzung oder Entlassung des Vormunds nur bis zum Ablauf von vier Wochen nach Behändigung der betreffenden Verfügung eingelegt werden kann [38]), beides, damit die Fortdauer der Amtsführung des bestellten anderen Vormunds nicht dauernd eine fragliche und vielleicht provisorische bleibt.

---

[34]) Jahrbuch Bd. 2 S. 5.

[35]) V. O. §. 10 Abs. 2. Vgl. Jahrbuch Bd. 2 S. 3.

[36]) Hierdurch sind alle früheren entgegenstehenden Bestimmungen, wie z. B. die der hannöverschen bürgerlichen Prozeßordnung §§. 458 u. 455, über die bei Beschwerden in Sachen der freiwilligen Gerichtsbarkeit zu wahrende Frist für Vormundschaftssachen aufgehoben (Erk. des Ober-Tribunals vom 9. Oktober 1877 im Just. Min. Bl. 1878 S. 49).

[37]) V. O. §. 18 Abs. 1 und unten §. 56 bei Anm. 5. Damit die Frist läuft, wird auch Kenntniß der eigenen Berufung vorauszusetzen sein (Brettner in den Beiträgen Bd. 20 S. 16), dieselbe kann namentlich im Falle einer letztwilligen Berufung leicht längere Zeit fehlen.

Daß der Beschwerdeführer die erforderliche Kenntniß seit länger als 4 Wochen gehabt hat, ist ihm nachzuweisen und hat er nicht die Negative darzuthun. Für jenen Nachweis reicht es aber aus, wenn die Fristversäumniß aus den Akten oder aus der gesammten Sachlage nach freier Würdigung der letzteren klar erhellt; ebenso z. B. Löwenstein, Anm. 70 zu §. 18 S. 31, Hesse, Anm. 3 zu §. 18 S. 40 und Eccius, Bd. 4 §. 231 Anm. 18 S. 201.

Vgl. auch noch über einen Fall analoger Anwendung des §. 18 Abs. 1 und des gleich zu erwähnenden §. 63 Abs. 4 V. O. unten §. 51 bei Anm. 13.

[38]) V. O. §. 63 Abs. 4, siehe unten §. 89 bei Anm. 4.

Die weitere Beschwerde ist durch Einreichung einer, falls nicht der Beschwerdeführer eine öffentliche Behörde [39]) oder eine zum Richteramte befähigte Person ist, von einem Rechtsanwalt zu unterzeichnenden, nicht blos beglaubigten [40]), Beschwerdeschrift oder durch Erklärung zu Protokoll des Gerichtsschreibers, nicht des Amtsrichters [41]), bei dem Landgericht, welches die Beschwerdeschrift ohne Prüfung der Statthaftigkeit der Beschwerde weiter zu befördern hat [42]), in dringenden Fällen auch bei dem Kammergericht einzulegen und muß die Bezeichnung der verletzten Rechtsnorm enthalten, wobei jedoch eine unrichtige Bezeichnung unschädlich und eine Spezialisirung der Gesetze nicht nothwendig ist [43]).

Hinsichtlich der Frist gilt für die weitere Beschwerde dasselbe wie für die Beschwerde und genügt in den Fällen der §§. 18 Abs. 1 und 63 Abs. 4 V. O. die Einlegung bei dem Kammergericht zur Wahrung der Frist, auch wenn der Fall für dringlich nicht erachtet wird [44]).

Die Beschwerde setzt voraus, daß die obervormundschaftlichen Behörden noch mit der Vormundschaftssache befaßt sind. Nach Beendigung der Vormundschaft kann sie nicht etwa von dem ehemaligen Mündel noch nachträglich eingelegt werden. Dies gilt auch von der weiteren Beschwerde.

4. Die Beschwerde findet nur gegen Beschlüsse des Vormundschaftsgerichts statt. Nur sie bilden Anordnungen, welche durch ein Rechtsmittel angefochten werden können. Der Inhalt des Beschlusses ist für dessen Eigenschaft als Anordnung unwesentlich und ist deshalb auch ein Beschluß, der blos negativ ist und eine beantragte Anordnung zu treffen ablehnt, noch eine Anordnung, nämlich eine Anordnung, daß etwas nicht geschehe, gegen welche Beschwerde erhoben werden kann. Dagegen ist gegen reine Unterlassungen lediglich die Aufsichtsbeschwerde bei den Aufsichtsbeamten möglich [45]).

---

[39]) Als solche ist Jahrbuch Bd. 1 S. 3 der Pfarrer, welcher in dieser Eigenschaft über Anordnungen des Vormundschaftsgerichts in Betreff eines seiner Parochie angehörigen Mündels weitere Beschwerde führt, angesehen.

[40]) Jahrbuch Bd. 2 S. 6.

[41]) Jahrbuch Bd. 4 S. 12.

[42]) Daselbst S. 7.

[43]) §. 53 des Ausführungsgesetzes vom 24. April 1878 und Jahrbuch Bd. 4 S. 8.

[44]) §. 54 des Gesetzes vom 24. April 1878.

[45]) A. A. auf Grund der Motive, namentlich S. 15, der Diskussion im Land-

Auch gegen solche Anordnungen ist die Beschwerde zulässig, die, wie die Bestellung eines Gegenvormunds neben einem Vormund ohne Vermögensverwaltung, lediglich vom Ermessen des Vormundschaftsgerichts abhängen. Denn auch hier darf das Gericht nicht willkürlich verfahren[46]) und ist eine Nachprüfung, ob dies etwa geschehen ist, nicht ausgeschlossen[47]).

Man hat bezweifelt, ob das Recht der Beschwerde auch zustehe gegen die Ertheilung der Genehmigung des Vormundschaftsgerichts, welche das Gesetz zu gewissen Handlungen des Vormunds fordert, beispielsweise zur Veräußerung von Grundstücken des Mündels. Die Ertheilung der Genehmigung, sagt man, bilde keine Anordnung des Gerichts; es handle sich um Maßnahmen des Vormunds, welche durch das Gesetz nur geknüpft seien an die Zustimmung des Vormundschaftsgerichts, nicht außerdem, wie dies bei Zulassung der Beschwerde der Fall wäre, an die Billigung des Beschwerdegerichts[48]). Dieser Ansicht ist nicht beizutreten[49]). Die V. O. hat ohne Beschränkung Beschwerde gegen Anordnungen des Vormundschaftsgerichts zugelassen. Sie begreift aber unter „Anordnung" des Vormundschaftsgerichts auch dessen Genehmigung, wie dies insbesondere in V. O. §. 55 Abs. 4 ausgesprochen ist.

Ebenso ist die Beschwerde nicht ausgeschlossen, wenn das Vormundschaftsgericht bei Meinungsverschiedenheit mehrerer verwaltender

---

tage und der Erklärungen der Regierungskommissarien daselbst, z. B. Maaßen, Anm. 1 zu §. 10 S. 26, Hesse, Anm. 1 zu §. 10 S. 12 und König, Anm. 2 zu §. 10 S. 9. Indessen die gesetzgeberischen Verhandlungen sind auch hier nicht entscheidend (siehe oben §. 13 Nr. 1 S. 48 und in diesem §. bei Anm. 22 S. 92), und Unterlassungen sind das Gegentheil von Anordnungen, sind Nicht-Anordnungen. Wenn Hesse für seine Ansicht noch geltend macht, daß auch in einer Unterlassung des Gerichts wenigstens stillschweigend die positive Anordnung liegen könne, daß ein bisheriger, dem Mündel nachtheiliger Zustand bestehen bleiben solle, so geht dies offenbar zu weit. Endlich hat derselbe noch gegen sich, daß er unter den Anordnungen im §. 55 V. O. selbst nicht bloße Unterlassungen, wie auch dort ganz unmöglich ist, dasselbe Wort also verschieden versteht (siehe Hesse, Anm. 3 Abs. 1 zu §. 55 S. 182). Vgl. auch Eccius, Erörterungen S. 40 u. 41.

[46]) Siehe oben §. 13 Nr. 4 S. 50.

[47]) Anders hinsichtlich der Bestellung eines Gegenvormundes Jahrbuch (App.) Bd. 6 S. 347, dagegen Hesse, Anm. 2 Abs. 2 zu §. 26 S. 73.

[48]) So z. B. Eccius, Bd. 4 §. 232 S. 211.

[49]) Ebenso z. B. Löwenstein, Anm. 30 zu §. 10 S. 17 und Philler, Anm. 29 zu §. 10 S. 38.

Vormünder den Ausschlag giebt (§. 30 V. O.), und wenn es dem Vormund ein Honorar zubilligt (V. O. §. 34)[50]). Denn auch hier liegen Anordnungen des Vormundschaftsgerichts in dem weiten Sinne, welchen die allgemeine Fassung des §. 10 V. O. ergiebt, vor.

Hinsichtlich der weiteren Beschwerde ist bestimmt, daß sie gegen die Entscheidungen der Landgerichte stattfindet, und kann hier ein weiterer Zweifel nicht bestehen.

5. Der Bescheid der Beschwerdeinstanz, durch welchen ein Widerspruch gegen die Bestellung eines Vormunds für begründet erklärt wird, bewirkt nur dessen Entlassung ex nunc und nicht eine Beseitigung seiner Amtshandlungen rückwärts hin. Hierfür spricht die vermuthliche Absicht des Gesetzes. Die dem Vormund gegebene formelle Legitimation nach außen, die in der Bestallung ihren Ausdruck fand, kann nicht rückwärts hin entkräftet werden. Es läßt sich als Analogie anführen, daß selbst die Unfähigkeit des bestellten Vormunds in der Regel nur einen Entlassungsgrund bildet, nicht aber eine Nichtigkeit begründet[51]).

Im übrigen aber ist Streit, ob die für begründet erachtete Beschwerde die Wirkung der angefochtenen Anordnung gänzlich aufhebt, diese also kassirt, oder nur deren Wirkung für die Zukunft beseitigt[52]). Für letzteres wird geltend gemacht, daß, wenn der Gesetzgeber eine so weit gehende Folge, wie die der Aufhebung ex tunc, die zu unabsehbaren Verwicklungen führen könne, gewollt hätte, er sicherlich dies ausgesprochen oder wenigstens die Beschwerde an eine Frist gebunden hätte, auch das Ansehen des vormundschaftlichen Gerichts nothwendigerweise auf das schwerste geschädigt werden würde, wenn dessen Anordnungen beständig nur einen provisorischen Charakter hätten und scheinbar perfekt gewordene Geschäfte auf ganz ungemessene Zeit unsicher seien. Indessen wird zunächst die Aufhebung einer Anordnung des Vormundschaftsgerichts, wenn die früheren Ausführungen über den Legitimationspunkt richtig sind, blos selten

---

[50]) Uebereinstimmend z. B. Löwenstein u. Philler a. d. a. O., Neumann zu §. 10 S. 12 und Hesse, Anm. 3 zu §. 30 S. 92. A. A. Eccius, Erörterungen S. 43 und Brettner in den Beiträgen Bd. 25 S. 320.

[51]) Ebenso z. B. Eccius, Erörterungen S. 44 und Philler, Anm. 32 zu §. 10 S. 41.

[52]) Letzterer Ansicht sind Eccius in der Jenaer Literaturzeitung von 1875 S. 749, in seinen Erörterungen S. 42 ff. und in Förster's Privatrecht Bd. 4 §. 229 S. 191 und demselben sich anschließend die Kommentatoren.

und nur in schreienden Fällen vorkommen. Es ist ferner nicht zu bezweifeln, daß die rückwirkende Kraft immer nur demjenigen gegenüber eintreten kann, der unmittelbar das Geschäft, gegen welches Beschwerde erhoben ist, mit dem Vormund abgeschlossen hat. Dritte, welche vom Abkäufer des Mündels erworben haben, sind dagegen dem Bescheide der Beschwerdeinstanz nicht unterworfen, da sie zu der vormundschaftlichen Behörde nicht in ein direktes Verhältniß getreten sind. Insbesondere ist der Dritte jedenfalls dann geschützt, wenn er auf Grund des öffentlichen Glaubens des Grundbuchs erworben hat. Somit sind die Gefahren und Verwicklungen einer Aufhebung ex tunc thatsächlich nicht so sehr groß. Abgesehen hiervon aber läßt sich mit dem gleichen Rechte, wie das Gegentheil, behaupten, daß, wenn der Gesetzgeber blos die so beschränkte Wirkung der Beschwerde ex nunc gewollt hätte, er dies ausgesprochen haben würde. Das entscheidende Gewicht ist jedoch auch hier wieder wie bei dem Legimationspunkt [53]) darauf zu legen, daß die Beschwerde ein Rechtsmittel ist, und daß es die Natur eines Rechtsmittels mit sich bringt, daß es, wenn begründet, die Beseitigung der Wirkung des angefochtenen Bescheides herbeiführt. Für die Rechtsmittel in streitigen Sachen, insbesondere auch für die Beschwerde in diesen steht dies fest und wird nicht bezweifelt, daß die auf dieselben eintretende Aufhebung einer früheren Entscheidung letztere so beseitigt, daß sie als gar nicht vorhanden gewesen anzusehen ist. Zwischen den Rechtsmitteln in streitigen und in nichtstreitigen Sachen besteht aber insoweit kein Unterschied. Und so wenig das Ansehen eines Prozeßgerichts darunter leidet, daß eine Entscheidung desselben auf das dagegen eingelegte Rechtsmittel rückwärts aufgehoben wird, so wenig tritt dies bei dem Vormundschaftsgericht ein, dessen Anordnung im Beschwerdewege nicht bloß ex nunc, sondern ex tunc aufgehoben wird. Daß endlich in dem oben erwähnten einen Fall der Beschwerdebescheid nur ex nunc wirkt, steht der diesseitigen Ansicht nicht entgegen, da es sich dabei lediglich um eine durch besondere Gründe gerechtfertigte Ausnahme handelt.

In allen Fällen kann selbstverständlich die Beschwerdeinstanz bestimmen, daß die von ihr ausgesprochene Aufhebung einer Anordnung des Vormundschaftsgerichts nur ex nunc und nicht ex tunc wirken solle, wenn dies den Interessen des Mündels und den

---

[53]) Siehe oben S. 92 bei Anm. 24.

Verhältnissen entspricht. Es liegt dann ein entsprechend beschränkter Erfolg der Beschwerde vor, und der Umfang des Erfolgs einer Beschwerde hängt eben vom Beschwerdegericht ab.

Für die weitere Beschwerde greift alles Vorstehende ebenfalls Platz.

6. Die Einlegung der Beschwerde hat in dem einen Falle, wenn gegen die Ausschließung eines berufenen Vormunds durch das Vormundschaftsgericht in Form eines Widerspruchs Beschwerde eingelegt wird, aufschiebende Wirkung, da hier auf den Widerspruch sofort, unter vorläufiger Abstandnahme der Bestellung eines anderen Vormunds, die Entscheidung des Beschwerdegerichts einzuholen ist [54]). Im übrigen hat dieselbe an und für sich keinen Suspensiveffekt [55]). Zweifelsohne kann jedoch das Beschwerdegericht auf Antrag, zu dem namentlich auch der Gegenvormund des Mündels legitimirt sein würde, und von Amtswegen die Vollstreckung der Anordnung des Vormundschaftsgerichts vorläufig sistiren [56]). Auch das Vormundschaftsgericht selbst kann mit Rücksicht auf die Einlegung der Beschwerde mit der Ausführung seiner Anordnung bis zur Entscheidung des Beschwerdegerichts innehalten und wird dies zweckmäßig in Fällen, wo die Ausführung ohne Nachtheil ausgesetzt werden kann, thun. Dasselbe kann ferner, wenn es die Beschwerde bei nochmaliger Prüfung der Sache begründet findet, ihr ohne weiteres abhelfen und seine Anordnung aufheben, wodurch dann die Beschwerde gegenstandslos wird [57]).

Vorstehendes gilt für die weitere Beschwerde mit der Maßgabe, daß bei dieser das Fehlen des Suspensiveffekts sowohl für die Regel als für den einen bei der Beschwerde bestehenden Ausnahmefall, und ferner die Befugniß, die Vollziehung des Beschlusses der Civilkammer des Landgerichts auszusetzen, für diese selbst und für den Civilsenat des Kammergerichts bezw. des Oberlandesgerichts, welchem die weitere

---

[54]) V.O. §. 18 Abs. 2, vgl. oben Anm. 12 S. 90.

[55]) Anders die Beschwerde des §. 4 des Gesetzes vom 13. März 1878, betr. die Unterbringung verwahrloster Kinder (G.S. 1878 S. 231). Diese gehört zwar, da die betreffende Thätigkeit des Vormundschaftsgerichts auch bei nichtbevormundeten Kindern vorkommt, nicht in das Vormundschaftsrecht (siehe oben §. 10 Anm. 2 S. 31). Jedoch bestätigt die Thatsache, daß bei ihr eine ausdrückliche Vorschrift der aufschiebenden Wirkung für erforderlich erachtet worden ist, indirekt, daß der verwandten Beschwerde in Vormundschaftssachen der Suspensiveffekt fehlt.

[56]) Philler, Anm. 32 letzter Abs. zu §. 10 S. 42.

[57]) Uebereinstimmend besonders Hesse, Anm. 4 zu §. 10 S. 13.

Beschwerde vom Kammergericht überwiesen worden ist, ausdrücklich ausgesprochen sind [58]), und daß das Landgericht, selbst wenn es die weitere Beschwerde begründet findet, seinen Beschluß nicht mehr ändern kann [59]).

II. Der Familienrath und die gutachtliche Mitwirkung der Familie.

§. 24. Einleitung.

Der Regierungsentwurf der V. O. hatte zwar im Auge, den Einfluß der Familie auf die vormundschaftliche Verwaltung zu verstärken. Gleichwohl glaubte man den rheinisch-französischen Familienrath [1]) nicht adoptiren zu können, einmal um deswillen, weil die Familie in sehr vielen Fällen das geeignete Material nicht biete, dann aber auch weil das Einschieben des Organs der Familie zwischen den Richter und den Vormund die Einfachheit, die Uebersichtlichkeit und die Raschheit der Verwaltung gefährde. Dagegen beabsichtigte man für besondere Fälle einen neu konstruirten Familienrath zu bilden [2]). Derselbe sollte nicht wie im rheinischen Rechte unter dem Vorsitz des Friedensrichters beschließen, sondern ohne Mitwirkung desselben und ohne gesetzlich bestimmtes Präsidium die Geschäfte erledigen. Die Einrichtung eines solchen Familienrathes sollte geschehen auf Anordnung des Vaters und auch zulässig sein auf Antrag des Vormunds und Gegenvormunds. Man hielt diese Einrichtung namentlich dann für zweckmäßig, wenn bei der Verwaltung des Mündelvermögens besondere, dem Richter nicht beiwohnende technische

---

[58]) §. 54 des Ausführungsgesetzes vom 24. April 1878, der nur die Vorschriften über die Fristen bei der Beschwerde auf die weitere Beschwerde überträgt, aber nicht die über den Suspensiveffekt, §. 55 daselbst und §. 535 der deutschen Civilprozeßordnung. Vgl. über die nicht aufschiebende Wirkung der weiteren Beschwerde im Falle des §. 18 Abs. 2 V. O. Brettner in den Beiträgen Bd. 25 S. 319.

[59]) Letzteres folgt daraus, daß der die Abhelfung der Beschwerde durch das angegriffene Gericht selbst betreffende §. 534 der deutschen Civilprozeßordnung in dem §. 55 des Gesetzes vom 24. April 1878 von der entsprechenden Anwendung ausgenommen ist.

[1]) Ueber den französ. Familienrath vgl. Demolombe, Cours de droit civil vol. VII n. 231 ff., sowie Schenk, der Familienrath, Wien 1863, S. 57 ff. u. S. 127 ff.

[2]) Regierungsentwurf §§. 62—70.

Kenntnisse erfordert wurden und eine freiere Bewegung Bedürfniß sei, beispielsweise also bei der Bewirthschaftung großen Grundbesitzes, bei der Verwaltung einer großen Fabrik, dem Betrieb eines ausgedehnten Handelsgeschäfts. Der Familienrath sollte nur die Beaufsichtigung des Vormunds haben, Akte von einem obrigkeitlichen Charakter, wie Ordnungsstrafen, die Entlassung, die Entsetzung oder die Neubestellung des Vormunds dagegen dem Vormundschaftsrichter vorbehalten bleiben.

Die so vorgeschlagene Organisation fand bei der Berathung des Entwurfs in der Kommission des Herrenhauses vielfache Anfechtung [3]). Man hielt ein Präsidium zur Geschäftsleitung für unerläßlich und glaubte dasselbe praktischerweise nur dem Vormundschaftsrichter geben zu können. Der Geschäftsgang, wie er sich nach dem Regierungsentwurf gestalte, sei, führte man aus, ein weitläufiger und unzweckmäßiger. Wenn der Familienrath bei der Abnahme der Rechnung des Vormunds Monita ziehe, und diese vom Vormund nicht anerkannt würden, müsse nach jenem Entwurf, da dem Familienrath die Macht zur Durchführung seiner Beschlüsse fehle, die Sache noch an den Richter gebracht werden, was den Geschäftsgang erschwere und eine zwiespältige Leitung der Vormundschaftsgeschäfte herbeiführe. Dies trete auch dadurch grell hervor, daß der Richter die Vormünder ohne und wider den Willen des Familienrathes einsetzen und absetzen könne. Wenn man ferner den Familienrath auch nicht allgemein machen wollte, so glaubte man doch die Bildung desselben mehr erleichtern zu können, als der Entwurf es zuließ. Dies vorzugsweise um der Rheinländer willen, welche im Familienrath eine liebgewonnene und vielfach bewährte Einrichtung erblickten. Demnach wurden neue Vorschläge bezüglich des Familienrathes gemacht, welche in das Gesetz aufgenommen worden sind. Dieselben gehen von folgenden Hauptgesichtspunkten aus:

1. Die Bildung des Familienraths ist nicht obligatorisch. Der Familienrath wird gebildet auf letztwillige Anordnung der Eltern, oder auf den Antrag naher Angehöriger, oder des Vormunds oder Gegenvormunds des Mündels.

2. Die Uebernahme der Funktion als Mitglied des Familienraths ist Sache seines Beliebens. Die übernommene Funktion ist pflichtmäßig auszuüben und fortzusetzen.

---

[3]) Bericht der K. d. H. H. S. 79 ff.

3. Der Familienrath besteht aus dem Vormundschaftsrichter als Vorsitzendem und einer Anzahl ständiger Mitglieder als Beisitzern.

4. Der Familienrath hat alle Rechte und Pflichten des Vormundschaftsgerichts.

5. Der Vormundschaftsrichter ist befugt, in dringenden Fällen allein zu handeln. Derselbe übt die Funktionen des Vormundschaftsgerichts allein, wenn die Bildung oder die Ergänzung des Familienraths nicht gelingt.

Das in dieser Weise gestaltete Institut des Familienraths ist zwar bisher praktisch nicht besonders häufig ins Leben getreten [4]), hat sich aber doch für besonders schwierige und wichtige Verhältnisse oft als zweckmäßig erwiesen. Auf der anderen Seite läßt sich indessen auch nicht verkennen, daß häufig innerhalb des Familienraths sich Parteien bilden, die sich zum Nachtheil des Mündels unter einander befehden, und daß mit dem Familienrath leicht in der Art Mißbrauch getrieben werden kann und thatsächlich nicht selten getrieben wird, daß Verwandte oder Verschwägerte des Mündels, lediglich um ihre von dem Vormunde und dem Vormundschaftsgericht nicht getheilten Ansichten durchzusetzen, die Bildung eines Familienraths beantragen, in den sie vom Vormundschaftsrichter in Ermangelung anderer Angehöriger des Mündels zu berufen sind und in dem sie dann einfach den Vormundschaftsrichter majorisiren. Die Möglichkeit, nach §. 80 V. O. sie als nicht geeignete Personen zu behandeln, und weil es an der erforderlichen Anzahl von geeigneten Personen fehlt, den Antrag auf Bildung des Familienraths abzulehnen, gewährt hiergegen keinen genügenden Schutz, weil die egoistische Absicht bei Stellung des Antrags selten so klar liegen wird, um deshalb die Antragsteller als ungeeignet ansehen zu können. [5])

§. 25. Detailpunkte. Bildung des Familienraths [1]).

1. Die Bildung des Familienraths geschieht niemals von Amtswegen aus eigenem Entschluß des Vormundschaftsgerichts, sondern nur auf Grund einer letztwilligen Anordnung oder auf Antrag. Es genügt:

---

[4]) Es befanden sich z. B. unter den am Schlusse des Jahres 1883 bei den sämmtlichen Amtsgerichten anhängig gebliebenen 1 260 531 Vormundschaften und Pflegschaften nur 1953 Vormundschaften mit Familienrath.

[5]) Vgl. hierzu Märcker, Anm. 1 zu §. 71 S. 284 sowie Einleitung S. XIV.

[1]) V. O. §. 71.

a) eine letztwillige in der Form des §. 17 V. O. getroffene Anordnung des Vaters, falls dieser die väterliche Gewalt oder die Vormundschaft über den Mündel bis zu seinem Tode gehabt hat, sowie der Mutter, wenn sie bis zum Tode die Vormundschaft führte. Desgleichen

b) der Antrag von drei Angehörigen des Mündels, welche mit ihm bis zum dritten Grade verwandt oder verschwägert sind [2]). Der

---

[2]) Die Beschränkung auf den dritten Grad gilt nicht blos für Verwandte, sondern ist nach der Wortstellung im §. 71 Nr. 2 V. O. zweifellos auch auf die Verschwägerten mitzubeziehen, ebenso z. B. Hesse, Anm. 4 zu §. 71 S. 233.

Verwandte sind diejenigen, welche gemeinschaftliche Stammvorfahren haben. Für den Begriff der Schwägerschaft ist maßgebend die mit dem römischen Recht übereinstimmende Definition des A. L. R. I 1 §. 43: „Schwägerschaft heißt die Verbindung, welche durch Heirath zwischen dem einen Ehegatten und den Blutsverwandten des andern entsteht.“ Unter denselben fällt auch die Stiefverbindung (vgl. des Verfassers Privatrecht Bd. 3 §. 1 Anm. 12 S. 3 sowie Annalen des Reichsgerichts Bd. 1 S. 232). — Erlischt die Verschwägerung mit der Ehe, welche sie begründete? Dies war römischen Rechtens, l. 3 §. 1 D. de postulando 3, 1 und §. 6 J. de nuptiis 1, 10. Das Gegentheil bestimmt das kanonische Recht und zwar allgemein, wenn auch bei Behandlung der Ehehindernisse, can. 1 c. 35 qu. 10. In Folge dessen ist die Frage gemeinrechtlich kontrovers. Die Definition des A. L. R. führt nicht darauf, daß die Dauer der Verschwägerung von der verbindenden Ehe abhängig ist, wenn auch eine Entscheidung des Ober-Tribunals — Striethorst, Archiv Bd. 55 S. 198 — mit Bezug auf die Gläubigeranfechtung und aus nur für letztere passenden Gründen dies angenommen hat. Es erkennt ferner das französische Recht den Satz an, daß die Verschwägerung nach dem Tode dessen, durch den sie hergestellt war, fortdauert (vgl. Zachariä, Handbuch des französischen Civilrechts, 6. Aufl. von Puchelt, Bd. 1 §. 84 not. 11 und Text daselbst, sowie Demolombe, Cours de droit civil vol. VII 255), und ist dies um so mehr von Bedeutung, als die V. O. sich in der Materie vom Familienrath vorzugsweise an das rheinisch-französische Recht angeschlossen hat. Das entscheidende Gewicht ist jedoch darauf zu legen, daß man es nicht mit einem streng juristischen Begriff zu thun hat und deshalb anzunehmen ist, daß die V. O. hier der Auffassung des gewöhnlichen Lebens folgt (s. oben §. 13 Nr. 3 S. 49), diese aber gleichfalls die Schwägerschaft auch nach der durch den Tod eines Ehegatten bewirkten Auflösung der Ehe als noch fortdauernd ansieht, wie denn auch die neuere Reichsgesetzgebung regelmäßig die Rechtsfolgen der Verschwägerung auch noch, wenn die Ehe nicht mehr besteht, fortdauern läßt (Gesetz vom 6. Februar 1875 über die Beurkundung des Personenstandes und die Eheschließung §. 33, Gerichtsverfassungsgesetz §. 156 I Nr. 3 u. II Nr. 3, Strafprozeßordnung §. 22 Nr. 3 u. §. 51 Nr. 3 und Civilprozeßordnung §. 41 Nr. 3 u. §. 348 Nr. 3. Vgl. auch Konkursordnung §. 24 Nr. 2 und Gesetz vom 21. Juli 1879, betr. die Anfechtung von Rechtshandlungen eines Schuldners außerhalb eines Konkurs-

Antrag kann schriftlich oder mündlich sein. Die Antragsteller dürfen natürlich nicht selbst bevormundet und müssen handlungsfähig sein. Es ergiebt sich dies aus allgemeinen Gründen.

c) Es ist endlich zum Antrag auch befugt der Vormund oder Gegenvormund. Sind mehrere Vormünder vorhanden, so entscheidet über die Stellung des Antrags die Mehrheit, und wenn eine solche nicht erzielt wird, das Vormundschaftsgericht und zwar auch dann, wenn die Verwaltung unter den mehreren Vormündern getheilt ist, da der Antrag die Verwaltung der dem einzelnen Vormund zugetheilten Geschäfte nicht berührt [3]). Mehrere Gegenvormünder müssen, da es bei ihnen Mehrheitsbeschlüsse bezw. eine Entscheidung des Vormundschaftsgerichts nicht giebt, den Antrag stets einstimmig stellen [4]).

Der Vormundschaftsrichter darf dem Antrage nicht stattgeben, wenn der Vater, welcher bis zu seinem Tode die väterliche Gewalt oder die Vormundschaft über sein Kind hatte, oder wenn die Mutter, welche die Vormundschaft bis zum Tode führte, die Bildung des Familienraths in gehöriger Form — V. O. §. 17 — untersagt hat [5]). Hiervon abgesehen muß das Vormundschaftsgericht der Anordnung

---

verfahrens §. 3 Nr. 2). Dagegen ist bei Trennung der Ehe durch richterlichen Ausspruch die Fortdauer der Verschwägerung nicht anzunehmen, da in diesem Falle das durch die Ehe begründete Verhältniß im täglichen Leben allgemein als vollständig aufgehoben betrachtet wird. Bei einer nunmehr durch §. 77 des citirten Gesetzes vom 6. Februar 1875 ausgeschlossenen beständigen Trennung von Tisch und Bett kann das gleiche nicht gelten, weil hier die Ehe selbst noch besteht und nicht als gelöst gilt. Vgl. zum Vorstehenden Hesse, Anm. 4 zu §. 71 S. 232, auch Olshausen, Kommentar zum Strafgesetzbuch für das deutsche Reich 1. Aufl. (1880) Bd. 1 Note 11 b zu §. 52 S. 221.

Die Zahl der Grade bestimmt sich nach den übereinstimmenden Vorschriften des römischen, preußischen und französischen Rechts, die deshalb zweifellos auch für die V. O. Platz greifen (l. 1 D. de gradibus 38, 10, §. 45 I 1 A. L. R. u. art. 735 code civil, anders bekanntlich das kanonische Recht), nach der Zahl der Geburten, mittels deren zwei verwandte Personen auf einen gemeinschaftlichen Ursprung sich beziehen. Soviel solcher Geburten zwischen ihnen vorhanden sind, im sovielten Grade sind sie verwandt bezw. verschwägert. Ueber die hiernach zu den Verschwägerten bis zum dritten Grade gehörenden Personen siehe Hesse a. a. O.

[3]) V. O. §. 30. Ebenso Hesse, Anm. 5 zu §. 71 S. 233 und Philler, Anm. 319 zu §. 71 S. 137, a. A. Maaßen, Anm. 3 zu §. 71 S. 80, Neumann zu §. 71 S. 234 und Löwenstein, Anm. 255 zu §. 71 S. 110.

[4]) Maaßen und Neumann a. d. a. O.

[5]) Ist bei Lebzeiten der Mutter ein Familienrath gebildet, so kann die

bezw. dem Antrage nachkommen, wenn sich nur mindestens zwei geeignete Mitglieder zum Eintritt verstehen.

2. Der Familienrath wird außer dem Vormundschaftsrichter als Vorsitzendem [6]) der Regel nach aus Verwandten oder Verschwägerten des Mündels als Mitgliedern [7]) gebildet.

Auf den Grad der Verwandtschaft oder der Verschwägerung kommt es hier anders, als bei der Berechtigung zur Stellung des Antrags auf Bildung eines Familienraths, nicht an. Nähere Verwandte haben an und für sich keinen Vorzug vor entfernteren. Es ist nicht nothwendig, daß die Mitglieder des Familienraths in dem Bezirke des Vormundschaftsgerichts wohnen.

Eine wichtige Frage für den Gesetzgeber war, ob und wieweit auch fremde Personen — s. g. Familienfreunde — in den Familienrath aufzunehmen seien. Nach französischem Rechte berief man solche Personen in Ermangelung von Verwandten oder Verschwägerten, welche in der Nähe wohnten, ohne weiteres [8]), was freilich dazu beitrug, dem französischen Familienrath den Charakter eines Familienorgans zu entziehen. Der Regierungsentwurf hatte dagegen Fremde völlig ausgeschlossen. Die V. O. selbst läßt solche Fremde zu [9]),

a) wenn sie von dem Vater oder von der Mutter des Mündels nach Maßgabe der Vorschriften für die letztwillige Berufung von Verwandten in den Familienrath berufen wurden,

b) wenn ein Familienrath bereits gebildet ist und derselbe die Berufung solcher Fremden beschließt, sei es zur Vermehrung der Zahl seiner Glieder, sei es zur Stellvertretung oder auch zur Ergänzung für den Fall des Austretens eines Mitglieds.

3. Nur männliche Personen können Mitglieder des Familienraths sein. Die Mitglieder müssen zur Führung der Vormundschaft gesetzlich fähig sein. Die Gültigkeit der Bestellung gesetzlich unfähiger Mitglieder ist nach den Vorschriften der §§. 25 und 62 V. O. zu be-

---

Anordnung der später verstorbenen Mutter-Vormünderin, welche die Bildung untersagt, nicht in Betracht kommen und nicht zu dessen Auflösung führen.

[6]) Vgl. oben §. 15 Anm. 10 S. 57.

[7]) Der Vormundschaftsrichter gehört, obwohl er den Familienrath mitbilden hilft, nicht zu den „Mitgliedern", vgl. §§. 74, 76, 77 Abs. 1 u. 2 und 79 V. O.

[8]) Code civil art. 409. Siehe oben §. 6 S. 15.

[9]) V. O. §. 72. Vgl. Bericht d. K. d. H. H. S. 86.

urtheilen [10]). Hiernach hat nur Handlungsunfähigkeit die Nichtigkeit der Bestellung ipso jure zur Folge, indessen wird dadurch die Wirkung der Beschlüsse des Familienraths, welche unter Zustimmung des Handlungsunfähigen gefaßt sind, nach außen, falls sie der Vormundschaftsrichter ausgefertigt hat, nicht berührt.

Der Genehmigung vorgesetzter Behörden bedarf es zum Eintritt eines Beamten in den Familienrath nicht [11]).

Der Gegenvormund kann an sich Mitglied des Familienraths sein, ein verwaltender Vormund kann dies nicht sein, da der Familienrath gerade für dessen Beaufsichtigung bestimmt ist. Es kann jedoch auch der Gegenvormund nicht Mitglied des Familienraths sein, wenn er keine männliche Person oder wenn er bei mehreren getrennt verwaltenden Vormündern zugleich nach §. 26 Abs. 3 V. O. Vormund ist, und er kann ferner in den Fällen nicht mitwirken, wo das Vormundschaftsgericht und demgemäß auch der Familienrath vor einer Entscheidung den Gegenvormund zu hören hat, sondern ist dann statt seiner entweder ein anderes Mitglied oder ein Ersatzmitglied zu der Beschlußfassung des Familienraths heranzuziehen (§. 76 Abs. 2 V. O.) oder zur Wahrnehmung seiner Funktionen als Gegenvormund nach §. 86 V. O. ein Pfleger zu bestellen [12]).

4. Die Zahl der Mitglieder, welche neben dem Vorsitzenden fungiren, muß mindestens zwei betragen, da zwei Mitglieder, außer dem Vorsitzenden, zur Beschlußfähigkeit vorhanden sein müssen. Die Zahl der Mitglieder darf sechs nicht übersteigen [13]).

5. Die Zusammensetzung des Familienraths geschieht folgender Gestalt [14]):

a) In erster Linie sind die durch den Vater, dann die durch die Mutter nach Maßgabe der Vorschriften des §. 17 V. O. benannten Mitglieder berufen [15]). Für die Uebergehung der so berufenen Personen ist nicht der §. 18 V. O. maßgebend, da dieser

---

[10]) V. O. §. 72 Abs. 2. Vgl. §. 34 Nr. 6 des Strafgesetzbuchs für das deutsche Reich und unten §§. 47 u. 48.

[11]) Ebenso z. B. Anton und Hesse.

[12]) Hesse, Anm. 8 zu §. 72 S. 236.

[13]) V. O. §. 72 Abs. 4. Da der Vormundschaftsrichter nicht Mitglied ist (oben Anm. 7), so kann also der Familienrath aus sieben Personen bestehen.

[14]) V. O. §. 73.

[15]) Es ist denkbar, daß der Vater Mitglieder beruft, die Mutter nach dessen Tode Vormund wird und letztwillig noch weitere Mitglieder beruft.

bei den Vorschriften über den Familienrath nicht wiederholt und nicht ohne weiteres analog anwendbar ist, vielmehr kann die Berufung nur dann ohne Berücksichtigung bleiben, wenn der Berufene entweder nach §. 17 Abs. 2 V. O. gesetzlich unfähig ist, oder er nach §. 79 Abs. 1 V. O. entsetzt oder entlassen werden könnte, in welchem letzteren Falle aber nicht das Vormundschaftsgericht, sondern das Landgericht die Entscheidung haben würde [16]).

b) In Ermangelung einer zur Beschlußfähigkeit genügenden Zahl letztwillig berufener Mitglieder beruft der Vormundschaftsrichter die Mitglieder aus den Verwandten und Verschwägerten des Mündels bis zur Herstellung der Beschlußfähigkeit, also höchstens zwei [17]). Der Vormundschaftsrichter hat vorher, soweit dies ohne Verzug geschehen kann, Verwandte und Verschwägerte des Mündels über die Wahl zu hören. Die Zahl der zu Hörenden ist hier nicht bestimmt. An die Vorschläge derselben ist der Richter nicht gebunden, und hat die vollständige Unterlassung der Anhörung nicht die Wirkung, daß auf die Beschwerde hin dem Vormundschaftsrichter die Entlassung des berufenen Mitgliedes aufgegeben werden kann, sondern nur die, daß ihm die nachträgliche Anhörung und anderweite Beschlußfassung über den zu Berufenden aufzugeben ist, welche letztere dann allerdings zur Entlassung des bereits Berufenen führen kann [18]).

c) Ist die Beschlußfähigkeit des Familienraths erreicht oder überschritten, so hat dieser selbst darüber zu beschließen, ob er noch neue Mitglieder innerhalb der gesetzlichen Maximalzahl in seinen Schooß berufen will.

d) Sind — außer dem Vorsitzenden — nur zwei Mitglieder vorhanden, so hat der Familienrath ein oder zwei Ersatzmitglieder zu berufen und die Reihenfolge zu bestimmen, in welcher dieselben bei etwaiger Beschlußunfähigkeit einzutreten haben [19]).

6. Zum Eintritt in den Familienrath kann man nicht gezwungen

---

[16]) Ebenso Hesse, Anm. 4 Abs. 2 zu §. 72 S. 235, a. A. Maaßen, Anm. 1 zu §. 71 S. 80, Löwenstein, Anm. 259 zu §. 72 S. 111 und Philler, Anm. 324 zu §. 72 S. 139.

[17]) Ebenso z. B. Löwenstein, Anm. 261 zu §. 73 S. 112 und Hesse, Anm. 2 zu §. 73 S. 237.

[18]) A. A. Maaßen, Anm. 6 zu §. 73 S. 83, dagegen besonders Hesse, Anm. 3 zu §. 73 S. 237.

[19]) V. O. §. 76 Abs. 2.

werden [20]). Dies selbst dann nicht, wenn man etwa den Eltern des Mündels den Eintritt versprochen hätte.

Die Mitglieder des Familienraths werden von dem Vormundschaftsrichter durch Verpflichtung auf treue und gewissenhafte Führung ihres Amtes bestellt. Die Verpflichtung erfolgt mittelst Handschlags an Eidesstatt [21]).

In gleicher Weise sind auch wohl die berufenen Ersatzmitglieder zwar nicht nothwendig, jedoch jedenfalls zweckmäßig von vornherein zu bestellen [22]).

Der Familienrath ist gebildet, sowie die nöthige Zahl von Mitgliedern in der angegebenen Weise bestellt ist.

7. Die einmal bestellten Mitglieder sind ständig. Sie können, wenn auch ihr Eintritt in den Familienrath lediglich von ihrem Willen abhängig war, demnächst ihr Amt nicht beliebig niederlegen, sondern würden zur weiteren Erfüllung ihrer Pflichten durch Ordnungsstrafen [23]) angehalten werden.

Sie können aber entsetzt oder entlassen werden und zwar durch das Beschwerdegericht, also das Landgericht, welches hierbei aber nicht als Beschwerdeinstanz, sondern als erste Instanz entscheidet [24]). Die Gründe der Entsetzung oder der Entlassung eines Vormunds sind auch für die Entsetzung oder Entlassung der Mitglieder des Familienraths maßgebend. Da für die Entlassung ebenfalls nur ausgesprochen ist, daß die Mitglieder des Familienraths entlassen werden können, so haben dieselben nicht, wie unter Umständen der Vormund, ein Recht auf die Entlassung [25]).

8. Die Bildung eines Familienraths findet nicht blos bei der Vormundschaft über Minderjährige statt. Vielmehr kann derselbe auch für den Fall einer Vormundschaft über Großjährige und einer Pflegschaft letztwillig angeordnet oder sonst beantragt werden [26]).

---

[20]) V. O. §. 71 a. E.

[21]) V. O. §. 74. Eine Bestallung wird nicht ertheilt.

[22]) Nach Analogie der Bestimmung des §. 74 und damit die Ersatzmitglieder unmittelbar in Funktion treten können. Uebereinstimmend z. B. Hesse, Anm. 1 zu §. 74 S. 238 und Philler, Anm. 329 zu §. 74 S. 139.

[23]) Siehe unten §. 26 Nr. 2.

[24]) Siehe oben §. 23 Anm. 12 S. 90.

[25]) V. O. §. 79 Abs. 1.

[26]) V. O. §§. 83 u. 91.

§. 26. Beschlüsse, Rechte und Pflichten des Familienraths.

1. Der Familienrath wird durch den Vormundschaftsrichter zusammenberufen. Die Berufung kann von Amtswegen geschehen. Sie hat zu erfolgen auf den Antrag zweier Mitglieder oder des Vormunds oder des Gegenvormunds [1]). Man muß unterstellen, daß bei diesem Antrage der Gegenstand der Berathung zu bezeichnen ist und daß es sich nicht um etwas offenbar Unerhebliches handelt.

2. Alle Mitglieder [2]) sind mündlich oder schriftlich durch den Vormundschaftsrichter einzuladen. Eine besondere Form ist für die Einladung nicht vorgeschrieben, jedoch wird, um für die Verhängung einer Ordnungsstrafe wegen Nichterscheinens die erfolgte Ladung festzustellen, eine Beurkundung derselben in geeigneter Weise zweckmäßig sein. Auch empfiehlt es sich, in der Einladung die zu erledigenden Berathungsgegenstände wenigstens im allgemeinen anzugeben, wodurch aber nicht ausgeschlossen wird, auch noch andere Gegenstände zur Verhandlung und Entscheidung zu bringen [3]).

Der Familienrath ist nur bei Anwesenheit des Vormundschaftsrichters und mindestens zweier Mitglieder beschlußfähig [4]).

Die Sitzungen sind nicht öffentlich.

Die Mitglieder des Familienraths haben persönlich zu erscheinen und können sich nicht, wie nach französischem Recht [5]), durch Bevollmächtigte vertreten lassen [6]).

Gegen Mitglieder des Familienraths, welche ohne Entschuldigung ausbleiben, kann der Vormundschaftsrichter eine Ordnungsstrafe bis zu hundert Mark verhängen [7]). Diese Strafe kann ausgesprochen

---

[1]) V.O. §. 77.

[2]) Nicht etwa blos so viele, als zur Beschlußfassung unbedingt nöthig sind.

[3]) Vgl. Wachler, Anm. 3 zu §. 77 S. 231, Löwenstein, Anm. 264 zu §. 77 S. 114 und Hesse, Anm. 3 zu §. 77 S. 241.

[4]) V.O. §. 76. Ob aber der Vormundschaftsrichter wirklich mitstimmt oder sich der Stimme enthält, ist ohne Bedeutung für die Geltung der Beschlüsse. Anderer Ansicht Zachariae, Handbuch des franz. Civilrechts, 6. Aufl. von Puchelt, Bd. 1 §. 93 sub 1 nach code civil art. 416. Demolombe, Cours de droit civil VII 329 unterscheidet auf Grund dieses Artikels mit Recht nach der Beschaffenheit der Fälle.

[5]) code civil art. 412.

[6]) Ebenso z. B. Hesse, Anm. 4 zu §. 77 S. 241 und die hier Citirten.

[7]) V.O. §. 79 Abs. 2. Aehnlich code civil art. 413, wo das Maximum der Strafe auf 50 Francs gesetzt ist. Vgl. über den Charakter dieser Ordnungsstrafe oben §. 20 Anm. 2 S. 80.

werden, ohne daß sie der Richter vorher besonders angedroht hat. Ihre Androhung liegt im Gesetze. Selbstredend steht aber einer Hinweisung auf die Befugniß des Richters zu ihrer Verhängung in der Ladung nichts entgegen. Gegen die Verhängung der Strafe ist Beschwerde in der gewöhnlichen Weise zulässig.[8])

Eine unbegründete Enthaltung von der Theilnahme an der Berathung und vom Votum kann nicht mit der gleichen Strafe belegt werden, da Strafbestimmungen nicht nach Analogie auszudehnen sind, und hat außer dem in Rede stehenden Ordnungsstrafrecht der Vormundschaftsrichter überhaupt kein solches weiter gegen Mitglieder des Familienraths[9]).

3. Der Familienrath faßt seine Beschlüsse nach der Mehrheit der Stimmen der Anwesenden[10]). Es ist hiernach nicht zweifelhaft, daß der Vormundschaftsrichter auch dann berechtigt ist mitzustimmen, wenn sich ohne seine Stimme eine Mehrheit ergäbe[11]). Bei Stimmengleichheit giebt die Stimme des Vormundschaftsrichters den Ausschlag.

4. Zum Nachweise eines gültigen Beschlusses genügt die Unterschrift des Vormundschaftsrichters[12]).

Hiernach ist der so formalisirte Beschluß nach außen hin rechtsbeständig, wenn auch bei demselben Personen mitwirkten, welche nicht in den Familienrath hätten berufen werden sollen, ferner wenn nicht alle Mitglieder geladen waren, und selbst wenn der angebliche Beschluß in Wirklichkeit nicht der Mehrheit der abgegebenen Stimmen entspricht. Französische Juristen nahmen im Fall einer gesetzwidrigen Zusammensetzung des Familienraths nicht selten Nichtigkeit des Beschlusses an[13]). Nach der V. O. bleibt nur die Beschwerde an das Beschwerdegericht offen.

---

[8]) V. O. §. 79 Abs. 3. Diese ausdrückliche Hervorhebung der Zulässigkeit der Beschwerde hat ihren Grund darin, daß die Verhängung der Ordnungsstrafe nicht eine Anordnung des Vormundschaftsgerichts (V. O. §. 10), sondern des Vormundschaftsrichters für seine Person (s. oben §. 15 Anm. 10 S. 57) ist (Bericht der K. d. A. H. S. 18 u. 19). Nach dem code civil art. 413 ist nur Opposition wie gegen ein Kontumazialurtheil gestattet.

[9]) Vgl. oben §. 20 S. 79 und Hesse, Anm. 5 zu §. 79 S. 245.

[10]) Schriftliche Voten Abwesender sind also nicht mitzuzählen.

[11]) V. O. §. 77 Abs. 3. Abweichend nur Maaßen und Neumann, übereinstimmend dagegen z. B. Anton, Anm. 195 zu §. 72 S. 160 und Hesse, Anm. 5 zu §. 77 S. 241. Code civil art. 416 ist zweideutig und die Frage nach französischem Rechte nicht unbestritten.

[12]) V. O. §. 78 Abs. 1.

[13]) Vgl. Philippi, Die Vormundschaft in der preuß. Rheinprovinz S. 39.

5. Der Vormund kann verlangen, daß ihm die Beschlüsse des Familienraths schriftlich zugehen [14]).

6. Der Familienrath hat die Rechte und Pflichten des Vormundschaftsgerichts [15]).

Danach sind seine Befugnisse viel weitergehende als die des französischen Familienraths. Ihm liegt unter anderem ob, über Abgabe der Vormundschaft an ein anderes Gericht zu beschließen [16]), Sicherheitsmaßregeln zu treffen, wenn ein Vormund nicht vorhanden ist [17]), den Vormund zu berufen, zu bestellen, zu entlassen oder zu entsetzen, die Theilung der Verwaltung unter mehrere Vormünder anzuordnen, über das Erziehungsrecht der Mutter zu befinden und Ordnungsstrafen zu verhängen [18]). Der Familienrath prüft das eingereichte Inventar und die periodisch einzureichende Rechnung des Vormunds, er hat die der Genehmigung des Vormundschaftsgerichts unterliegenden Handlungen des Vormunds zu genehmigen u. s. f. [19]).

Hierbei ist aber zu beachten, daß der Einzelrichter als Vorsitzender und geschäftsleitender Dirigent selbstverständlich alle diejenigen Geschäfte allein abzumachen hat, welche keine Beschlüsse voraussetzen, noch solchen präjudiziren, sondern lediglich mit der äußeren Geschäftsleitung zusammenhängen [20]). Der Einzelrichter wird z. B. die

---

[14]) V. O. §. 78 Abs. 2.

[15]) V. O. §. 75. Ist der Vormund befreit, so hat auch diesem gegenüber der Familienrath nicht mehr Rechte, als das Vormundschaftsgericht gehabt haben würde (Bericht der K. d. H. H. S. 88).

[16]) V. O. §. 9 Abs. 2.

[17]) V. O. §. 15.

[18]) V. O. §§. 20 u. 51. Handelt es sich um die Verhängung einer Ordnungsstrafe gegen den Gegenvormund, der selbst Mitglied des Familienraths ist, so ist zu der betreffenden Sitzung natürlich dieser nicht und an seiner Stelle nöthigenfalls ein Ersatzmitglied einzuberufen (s. oben §. 25 Nr. 3 S. 107).

[19]) Da, wo für das Vormundschaftsgericht vor einer Anordnung die Anhörung des Gegenvormundes oder die von Verwandten oder Verschwägerten des Mündels vorgeschrieben ist, gilt dies auch für den Familienrath, wobei sich jedoch die letztere, soweit zu ihm selbst Verwandte oder Verschwägerte des Mündels gehören, von selbst erledigt; ebenso Maaßen, Anm. 3 zu §. 75 S. 84 und Hesse, Anm. 1 zu §. 75 S. 239. Wegen der Anhörung des Gegenvormundes vgl. auch oben §. 25 Nr. 3 S. 107.

[20]) So auch der Referent in der Sitzung des Herrenhauses vom 24. Mai 1875, ohne daß sich ein Widerspruch hiergegen erhob, ferner Maaßen, Anm. 1 Abs. 4 zu §. 75 S. 83, Löwenstein, Anm. 263 zu §. 75 S. 112, Hesse, Anm. 5 Abs. 2 zu §. 78 S. 243, Philler, Anm. 321 zu §. 72 S. 138 u. a. m.

dem Vormundschaftsgerichte obliegenden Mittheilungen und Bekanntmachungen statt des Familienraths vorzunehmen haben, ohne daß es einer besonderen Ermächtigung des Familienraths bedarf [21]). Der Richter wird ferner die einzelnen, auf die Sicherstellung des Mündelvermögens abzielenden Maßnahmen im Falle des §. 15 der V. O. allein zu dirigiren haben.

Gegen die Anordnungen des Familienraths findet in derselben Weise Beschwerde statt wie gegen Anordnungen des Vormundschaftsgerichts [22]). Zu dieser Beschwerde sind auch hier außer den Vertretern des Mündels nur die durch die Anordnung selbst Verletzten berechtigt. Zu diesen kann auch ein Mitglied des Familienraths und selbst der Vormundschaftsrichter als Vorsitzender gehören, und sind dieselben dann, andererseits aber auch nur dann und nicht allgemein beschwerdeberechtigt [23]).

Da die Mitglieder des Familienraths dieselben Pflichten wie der Vormundschaftsrichter haben, so trifft sie auch dieselbe Verantwortlichkeit wegen Verschuldung [24]).

7. Die Zusammenberufung des Familienraths wird für dringliche Maßnahmen nicht immer rasch genug erfolgen können, namentlich dann nicht, wenn Mitglieder desselben auswärts wohnen, oder verreist oder krank sind. Es war daher vom Gesetze Vorkehrung für Fälle zu treffen, in welchen ein sofortiges Einschreiten erforderlich ist.

Hier ist der Vormundschaftsrichter befugt, allein die nöthigen Anordnungen zu treffen [25]). Natürlich unter seiner Verantwortung.

Vgl. auch Jahrbuch Bd. 1 S. 38 über die Nichtberechtigung des Vormundschaftsrichters, allein Ordnungsstrafen anzudrohen und einzuziehen.

[21]) Es gilt dies namentlich von der Mittheilung der einzuleitenden Vormundschaft und der Person des Vormunds an den Waisenrath nach V. O. §. 54. Ebenso von der Vorschrift des §. 85 der V. O.

[22]) V. O. §. 78 Abs. 3. Es ergab sich dies übrigens schon aus §. 75 V. O.

[23]) A. A. auch hier (vgl. oben §. 23 Nr. 2 S. 92) Anton, Dalcke, Hesse, Löwenstein, Märcker, Neumann und Wachler. Daß der überstimmte Vormundschaftsrichter bei einem ungesetzlichen Beschlusse des Familienraths, selbst wenn er berechtigt wäre, Beschwerde einzulegen, doch jedenfalls nicht dazu verpflichtet sein würde, um sich gegen Regreß zu wahren (Märcker, Anm. zu §. 78 S. 287), kann wohl nicht zweifelhaft sein.

[24]) Ebenso z. B. Hesse, Anm. 3 zu §. 74 S. 238 und Philler, Anm. 331 zu §. 75 S. 140.

[25]) V. O. §. 78 Abs. 4.

Dies erstreckt sich selbst auf die Genehmigung von Handlungen des Vormunds, z. B. von Veräußerungen [26]).

Der Vormundschaftsrichter hat in solchen Fällen unverzüglich den Familienrath zusammenzurufen, diesen von der getroffenen Verfügung in Kenntniß zu setzen und über die weiter zu ergreifenden Maßregeln einen Beschluß herbeizuführen. Die Anordnungen des Vormundschaftsrichters sind also nur vorläufige und interimistische, welche von dem Familienrath ebensowohl genehmigt als verworfen werden können.

Sollte der Vormundschaftsrichter die Zusammenberufung des Familienraths unterlassen oder ungebührlich verzögern, so würde hierüber von den Mitgliedern des Familienraths nicht beim Beschwerdegericht, da dasjenige, worüber sie sich beschweren könnten, nicht sowohl die alleinige Entscheidung als vielmehr blos die Unterlassung der Zusammenberufung des Familienraths seitens des Vormundschaftsrichters sein würde, sondern nur bei den Aufsichtsbeamten Beschwerde geführt werden können [27]).

8. Fehlt es an der erforderlichen Anzahl von geeigneten Personen zur Bildung des Familienraths, so tritt ein solcher nicht ins Leben. Fehlt es an solchen Personen zur Ergänzung, so ist er aufgelöst [28]). Der Vormundschaftsrichter verwaltet dann allein das Vormundschaftsgericht [29]).

Von der Auflösung des Familienraths sind die bisherigen Mitglieder, der Vormund und der Gegenvormund in Kenntniß zu setzen.

Auch schreibt das Gesetz vor, daß dem Vormund und dem Gegenvormund eine neue Bestallung zu ertheilen, die frühere aber zurückzugeben sei [30]).

---

[26]) Der hiergegen von Wachler, Anm. 5 zu §. 78 S. 233 erhobene Zweifel trifft nicht zu, da auch bei einer solchen Genehmigung die Nothwendigkeit eines sofortigen Einschreitens, um die es sich hier allein handelt, eintreten kann und für den Grundbuchrichter die Unterschrift des Vormundschaftsrichters stets genügen muß (V. O. §. 78 Abs. 1 und oben unter Nr. 4 S. 111).

[27]) Vgl. oben §. 23 Nr. 4 S. 96 und unten §. 27 bei Anm. 8.

[28]) Eine andere Auflösungsart als die obige giebt es nicht, namentlich kann der Familienrath nicht etwa selbst seine Auflösung beschließen.

[29]) V. O. §. 80.

[30]) Der Grund liegt in der Vorschrift des §. 24 Abs. 2 V. O. Wegen derselben ist auch, wenn die Bildung des Familienraths erst erfolgt, nachdem der Vormund bezw. Gegenvormund Bestallung erhalten hatten, ihnen diese abzunehmen und eine neue, aus der die Bestellung des Familienraths ersichtlich ist, zu ertheilen.

Der einmal aufgelöste Familienrath kann nur auf Antrag der Angehörigen des Mündels oder den des Vormunds oder Gegenvormunds wieder hergestellt werden, wenn sich später geeignete Personen für denselben finden sollten.

§. 27. Gutachtliche Mitwirkung der Familie.

Auch wo ein Familienrath als Behörde nicht gebildet ist, tritt nach der V. O. in höherem Maße als früher die Theilnahme und Mitwirkuug der Familie bei der Leitung der vormundschaftlichen Geschäfte ein.

Eine solche Theilnahme war im gemeinen Recht mehr oder minder vom Ermessen des Richters abhängig [1]). Das A. L. R. forderte den Rath der Verwandten in einigen bestimmten Fällen [2]). Ob die Vormundschaftsgerichte hiernach befugt seien, auch in anderen Fällen als den vorgeschriebenen die Ansichten und Rathschläge der Angehörigen der Mündel zu erforschen, war nach dem A. L. R. nicht unbestritten.

Nach der V. O. hat das Vormundschaftsgericht vor einer jeden von ihm zu treffenden Anordnung auf Antrag des Vormunds oder Gegenvormunds oder eines Verwandten oder Verschwägerten des Mündels drei von den näheren Verwandten oder Verschwägerten [3]) desselben, sofern sie ohne Verzug erreichbar sind, gutachtlich zu hören. Es steht dem Gerichte frei, auch ohne Antrag Verwandte oder Verschwägerte des Mündels gutachtlich zu hören [4]). Unter Anordnungen ist hier dasselbe zu verstehen, wie im §. 10 V. O., so daß

---

[1]) Vgl. l. 1 §. 1 D. ubi pupillus 26, 2, l. 18 C. de nuptiis 5, 4 und l. 5 §. 11 D. de rebus eorum 27, 9.

[2]) Gutachten sollten Verwandte geben über den Verkauf von Rittergütern A. L. R. II 18 §. 559, über die Fortsetzung oder Aufhebung einer Handlung II 18 §. 615 ff., über die Abänderung elterlicher Vorschriften bezüglich der Erziehung des Mündels II 18 §. 314 und über dessen Majorennitätserklärung II 18 §. 714. Ferner hatten die Verwandten Anzeige des Bedürfnisses einer Vormundschaft und der zu ihrer Wissenschaft kommenden Absetzungsgründe zu machen.

[3]) Ueber den Begriff der Verwandten und Verschwägerten s. oben §. 25 Anm. 2 S. 104.

[4]) V. O. §. 55. Neben dieser allgemeinen Vorschrift bestehen noch die speziellen Bestimmungen über die Anhörung von Verwandten und Verschwägerten in den §§. 61, 64 u. 73 V. O.

also bloße Unterlassungen nicht darunter fallen [5]). Bei solchen Anordnungen, die nach gesetzlicher Vorschrift nicht blos getroffen werden können, sondern schlechterdings getroffen werden müssen, z. B. bei der Bestellung eines Gegenvormunds in den gesetzlich gebotenen Fällen, kann die Anhörung der Natur der Sache nach sich nur auf die Art der Ausführung erstrecken [6]).

Zum Antrag ist also auch ein ganz entfernter Verwandter berechtigt, und zwar ohne Rücksicht, ob er selbst zum Rathgeben geeignet wäre. Nur muß er natürlich handlungsfähig sein. Zu Rathe müssen gezogen werden nur nähere Verwandte oder Verschwägerte. Der Grad der Nähe ist vom Gesetze nicht bestimmt, ein freieres Ermessen ist auch hier dem Richter eingeräumt. Der Regel nach wird man wohl nur Verwandte innerhalb des vierten Grades als nähere ansehen. Der Richter hat nicht gerade die nächsten Verwandten auszusuchen. Er kann entferntere zuziehen, wenn sie ihm vertrauenswürdiger oder geeigneter erscheinen. Das Geschlecht kommt hier nicht in Betracht, auch weibliche Personen können gutachtlich gehört werden. Ebenso entscheidet darüber, ob die zu Hörenden ohne Verzug erreichbar sind, das Ermessen des Richters.

Sind nicht drei nähere Verwandte erreichbar, wohl aber zwei oder einer, so hat der Richter diese auf Antrag zu hören [7]).

Auf welchem Wege der Richter die Gutachten der Angehörigen des Mündels einholen will, ob durch Korrespondenz oder durch mündliche Vernehmung, ob getrennt oder in vereinigter Berathung, unterliegt seinem Ermessen. Ebenso steht es mit der Weise der Aufforderung; Ladung mit Zustellungsurkunde oder sonstiger Beurkundung der Behändigung kann sich empfehlen, ist aber keineswegs stets nöthig.

Die Geltung der Anordnung des Richters ist von der Anhörung der Verwandten nicht abhängig, auch wenn sie gehörig beantragt war. Wohl aber ist im Fall der Nichtanhörung Beschwerde bei den Aufsichtsbeamten zulässig [8]). Der Richter macht sich ferner durch Verabsäumung dieser Pflicht verantwortlich, wenn die getroffene Maßregel zum Schaden des Mündels ausschlug.

Eine Verpflichtung der Angehörigen des Mündels, beim Vor-

---

[5]) Siehe oben §. 23 Nr. 4 S. 96.

[6]) Vgl. Hesse, Anm. 3 Abs. 2 zu §. 55 S. 182.

[7]) Philler, Anm. 244 zu §. 55 S. 103.

[8]) Vgl. oben §. 23 Nr. 4 S. 96 und §. 26 S. 114 bei Anm. 27.

mundschaftsgericht zu erscheinen oder die abverlangten Gutachten zu geben, besteht nicht [9]). Für ihr Gutachten sind sie nur in dem Maße verhaftet, wie ein falscher Rath nach allgemeinen Grundsätzen verantwortlich macht, in der Regel also nur, wenn sie wissentlich einen nachtheiligen Rath geben [10]).

Das Gesetz legt nur dem Gerichte die Pflicht auf, die Verwandten auf Antrag zu hören. Der Vormund kann zu deren Anhörung nicht gezwungen werden.

III. Der Waisenrath.

§. 28. Einleitung.

Manches läßt sich dafür anführen, die Vormundschaft den politischen Behörden, insbesondere den Gemeindebehörden zu übertragen. Die Gemeinde hat das nächste Interesse am Gedeihen ihrer Angehörigen. Insbesondere liegt die Unterstützung ihrer verarmten Glieder ihr ob; dem würde es sich anschließen, wenn man ihr auch die Obhut über ihre hülflosen Genossen anvertraute.

Historisch übten in Rom die Gemeindebehörden der Municipalstädte die Obervormundschaft, aber freilich auch daneben die Gerichtsbarkeit. Ferner hatten in Deutschland die politischen Behörden zur Zeit der Reichspolizeiordnung von 1548 die obervormundschaftliche Gewalt; denn nach dem damaligen Sprachgebrauch sind diese und nicht die richterlichen Behörden die Obrigkeit, von welcher jene Ordnung redet [1]). Demgemäß stand in den Reichsstädten die Obervormundschaft vielfach dem Rathe zu [2]). Es findet sich auch ein aus dem Rath zusammengesetztes Oberpflegamt. Anderswo floß freilich die Obervormundschaft mit der patrimonialen städtischen Gerichtsbarkeit zusammen.

Offenbar ist es hiernach nur ein Rest älteren deutschen Rechts, daß in Kantonen der deutschen Schweiz das Vormundschaftswesen durch den Gemeinderath der politischen Gemeinde oder auch durch

---

[9]) Bericht der K. d. A. H. S. 14.

[10]) L. 2 D. mandati 17, 1, l. 8 D. de dolo 4, 3 und A. L. R. I 13 §. 217 ff.

[1]) Dies führt aus: Roth, Bayerisches Civilrecht I S. 497.

[2]) So in Augsburg, Ulm, Lübeck und Hamburg. Vgl. Roth a. a. O. S. 498 und Mittermaier, Archiv für die civilistische Praxis Bd. 16 S. 210.

eine stehende Gemeindekommission — Waisenamt, Schirmvogteiamt u. s. w. — noch jetzt besorgt wird, und daß die politischen Behörden, welchen die Gemeindebehörden ressortmäßig unterstehen, die Aufsicht führen [3]).

Eine andere Gestaltung der Sache ist es, daß in Süddeutschland die Gemeindebehörden häufig eine unterstützende Thätigkeit neben dem Vormundschaftsgericht ausüben. Eine solche Mitwirkung hatten namentlich die s. g. Waisengerichte in den Hohenzollernschen Fürstenthümern [4]). Diese Gemeindebehörden waren zur Anzeige des Bedürfnisses der Vormundschaft, zum Vorschlag des Vormunds, zur Aufsicht der persönlichen Verhältnisse der Mündel und auch zu einem Antheil an der Kontrole der vormundschaftlichen Vermögensverwaltung berufen.

Die V. O. hat im Anschluß an das bestehende Recht Preußens, wo schon nach der Vormundschaftsordnung für die Mark Brandenburg vom 26. November 1718 [5]) §. 21 Vormundschaftsbehörde eine jede Ortsobrigkeit war, welche die Niedergerichte hatte oder verwaltete, und seitdem stets die Gerichte Vormundschaftsbehörden gewesen sind, sowie des größeren Theils von Deutschland die Obervormundschaft den Gerichten belassen. Gewiß mit Recht. Denn die Uebertragung an die Gemeindebehörden möchte nur in den Städten ausführbar sein, auf dem Lande wären die entsprechenden Gemeindeorgane schwer zu finden. Auch muß das Gemeindeleben zuletzt der Last erliegen, wenn die ihm zugewiesenen Funktionen zu sehr gehäuft werden. Dagegen ist es zulässig und wünschenswerth, Gemeindeorgane zur Obsorge über die persönlichen Verhältnisse der Mündel heranzuziehen. Denn die Erfahrung zeigt die Gerichte nach dieser Richtung hin wenig geeignet. Ist es doch eine traurige, aber kaum zu überwindende Thatsache, daß ein großer Theil der vaterlosen, der ärmeren Klasse angehörenden Minderjährigen sittlichem Verderben und Verbrechen anheimfällt. Zur Abhülfe schlug der Regierungsentwurf der V. O. vor, für jede Gemeinde oder für einzelne Gemeindebezirke einen Waisenrath einzusetzen, welcher in freier Liebesthätigkeit sich

---

[3]) Vgl. unter anderem das privatrechtliche Gesetzbuch für den Kanton Zürich vom Jahre 1853 §. 353 ff. Ueber die Kantone Bern, Luzern, St. Gallen siehe Mittermaier a. a. O. S. 211 u. 213.

[4]) Aehnlich in Baden nach der Landesordnung der Markgrafschaften Baden und Hochberg und dem Gesetze vom 10. Mai 1810, sowie in Württemberg.

[5]) Siehe oben §. 5 S. 11.

der sittlichen Hebung der Waisen, insbesondere der ärmeren Klassen annähme. Bei der Berathung in den Häusern des Landtags erhielt dieses Amt den Charakter eines Gemeindeamts [6]) und wurde eingefügt in den ordentlichen Organismus der Verwaltung der Gemeinde.

§. 29. Organisation des Waisenraths.

1. Das Amt des Waisenraths ist ein unentgeltliches Gemeindeamt [1]). Die Anstellung der Waisenräthe, die Dauer ihres Amtes, die Verpflichtung zu dessen Uebernahme, die Ueberwachung und die Disziplinarverhältnisse dieser Beamten richten sich daher durchaus nach den allgemeinen Grundsätzen, welche für Gemeindeämter gelten. Daher hat in den Städten des Bereichs der Städteordnung vom 30. Mai 1853, also der sechs östlichen Provinzen, der Magistrat das Recht der Anstellung nach Vernehmung der Stadtverordneten [2]). Es ist ferner das Amt der Regel nach ein lebenslängliches; jeder stimmfähige Bürger ist weiter verpflichtet, dasselbe zu übernehmen und drei Jahre lang zu versehen, wenn ihm nicht einer der durch die Städteordnung vorgesehenen Entschuldigungsgründe zur Seite steht. Wer sich den Pflichten des Amts entzieht, kann in die dort vorgesehenen Strafen genommen werden [3]). In den Landgemeinden werden die Waisenräthe nach den Vorschriften der verschiedenen Landgemeindeordnungen über die ländlichen Gemeindebeamten gewählt. In selbständigen Gutsbezirken werden die Waisenräthe von den Gutsvorstehern ernannt [4]), die sich auch selbst ernennen können.

Eine Verpflichtung der Waisenräthe durch die Vormundschaftsgerichte findet nicht statt [5]).

Der Aufsicht des Vormundschaftsgerichts untersteht der Waisenrath nicht. Es hat also jenes namentlich auch kein Ordnungsstraf-

---

[6]) Bericht der K. d. H. H. S. 68.

[1]) V. O. §. 52 Abs. 3. Der Ausdruck Waisenrath bezeichnet sowohl die einzelne Person als das Amt selbst, wenn dieses kollegialisch besetzt ist (vgl. unten unter Nr. 2).

[2]) Städteordnung §. 56 Nr. 6.

[3]) Städteordnung §. 74.

[4]) V. O. §. 52 Abs. 5.

[5]) Vgl. über die sonstige Inpflichtnahme der Waisenräthe das Reskript des Ministers des Innern vom 5. Februar 1876 (Min. Bl. der inneren Verwaltung 1876 S. 16) und wegen der Ablehnung des Amts und das hierbei stattfindende Verfahren Entscheidungen des Oberverwaltungsgerichts Bd. 1 S. 135.

recht gegenüber dem Waisenrath [6]). Unterbleibt die Bestellung eines solchen oder ergeben sich Mängel in der Organisation des Waisenraths, Pflichtwidrigkeiten oder Verzögerung in der Geschäftsführung, so bleibt dem Gericht nur die Beschwerde bei den politischen Behörden, welche denjenigen, die zur Bestellung verpflichtet sind, bezw. dem Waisenrath vorgesetzt sind. Letzteres sind in Ansehung der städtischen Waisenräthe im Gebiet der Städteordnung vom 30. Mai 1853 der Magistrat [7]) und in Ansehung der Waisenräthe der Landgemeinden und selbständigen Gutsbezirke in den s. g. Kreisordnungs-Provinzen der Landrath als Vorsitzender des Kreisausschusses [8]).

2. Die Organisation im einzelnen hängt von der Bestimmung der Gemeinde ab [9]).

Es finden sich nur wenige zwingende Vorschriften hierüber in der V. O. Den Waisenräthen muß ein bestimmter räumlicher Bezirk zugewiesen werden, sei dies nun der ganze Gemeinde- oder Gutsbezirk oder ein örtlich abgegrenzter Theil desselben [10]). Der Waisenrath muß ferner ein Mitglied der bezüglichen Gemeinde oder ein Angehöriger des fraglichen Gutsbezirks sein. Er muß nicht nothwendig in dem besonderen Gemeindetheil, für den er sorgen soll, wohnen. Für benachbarte Gemeinden oder Gutsbezirke können

---

[6]) Hierauf bei der Berathung der V. O. gerichtete Anträge sind als mit der Eigenschaft des Waisenraths-Amtes als Gemeinde-Ehrenamtes unvereinbar abgelehnt worden.

[7]) Städteordnung §. 56 Nr. 6.

[8]) §. 24 u. §. 36 Nr. 1 des Gesetzes vom 1. August 1883 über die Zuständigkeit der Verwaltungs- und Verwaltungsgerichtsbehörden (G. S. 1883 S. 237).

[9]) Vgl. hierzu die Reskripte des Ministers des Innern vom 3. November und 9. Dezember 1875 (Min. Bl. d. i. Verw. 1875 S. 269 u. 273) über die Organisation der Waisenräthe, das Reskript des evangelischen Oberkirchenraths vom 14. März 1876 (Min. Bl. d. i. Verw. 1876 S. 68) über die Gestattung der Uebernahme des Amts als Waisenrath seitens der evangelischen Geistlichen und die generelle Ertheilung der disziplinarischen Genehmigung für die Amtsübernahme, das Reskript des Ministers des Innern vom 21. April 1876 (das. S. 97) über die Zulässigkeit der Bestellung von Pfarrern zu Waisenräthen und die Reskripte des Justizministers vom 25. August 1876 (Just. Min. Bl. 1876 S. 209) und vom 22. September 1879 Nr. 3 h zu §. 1 des Regulativs (Just. Min. Bl. 1879 S. 368) und des Finanz-Ministers und des Ministers des Innern vom 6. September 1876 (Min. Bl. d. i. Verw. 1876 S. 187) über das Porto für die Korrespondenz zwischen den Waisenräthen und den Vormundschaftsgerichten sowie für die sonstige Korrespondenz der Waisenräthe.

[10]) V. O. §. 52 Abs. 1.

dieselben Personen zu Waisenräthen gewählt werden [11]). Es genügt dann natürlich, daß der Waisenrath Angehöriger eines der Bezirke ist.

Von der Bestimmung der Gemeinde bezw. des Gutsvorstehers hängt es ab, ob für denselben Bezirk ein oder mehrere Waisenräthe bestellt werden [12]). Desgleichen ist offen gelassen, ob die Waisenräthe desselben Bezirks die Geschäfte ganz oder theilweise kollegialisch erledigen oder ob die einzelnen Sachen unter sie zu selbständiger Entscheidung vertheilt werden sollen. Ebenso besteht bezüglich der Art der Geschäftstheilung volle Freiheit. Sie kann z. B. nach den Anfangsbuchstaben der Namen der Mündel geschehen. Es steht auch nichts im Wege, die Theilung nach dem religiösen Bekenntniß der Mündel vorzunehmen, was zweckmäßig sein mag, falls Angehörige verschiedener Konfessionen im Waisenrath sich befinden, namentlich wenn Prediger oder andere Religionsbedienstete dies Amt bekleiden.

Durch Beschluß der Gemeindebehörde kann das Amt des Waisenraths besonderen kollegialisch oder nicht kollegialisch eingerichteten Abtheilungen der Gemeindeverwaltung übertragen oder mit schon bestehenden kollegialischen oder nicht kollegialischen Organen der Gemeindeverwaltung verbunden werden [13]), z. B. mit Armen- und Schulkommissionen. Die Verbindung mit den Armenkommissionen ist in sehr vielen Stadtgemeinden geschehen. In der Stadt Berlin sind besondere Waisenrathskommissionen für die einzelnen Armenkommissionsbezirke eingesetzt.

3. Die Gemeindebehörden wie der Gutsvorsteher haben dem Vormundschaftsgerichte von der Organisation des Waisenraths und den Personen der Mitglieder Kenntniß zu geben. Sie sind ferner verpflichtet, ihm von Veränderungen in der Einrichtung und vom Wechsel der Personen Mittheilung zu machen. Hierzu sind sie durch den Minister des Innern angewiesen worden [14]).

---

[11]) V. O. §. 52 Abs. 2.

[12]) V. O. §. 52 Abs. 1.

[13]) V. O. §. 52 Abs. 4.

[14]) Kurlbaum II im Just. Min. Bl. von 1875 S. 251 und das Reskript des Ministers des Innern vom 3. November 1875 (Min. Bl. d. i. Verw. 1875 S. 269).

§. 30. Wirkungskreis des Waisenraths.

1. Die Aufgabe des Waisenraths ist die Führung der Aufsicht über das persönliche Wohl des Mündels und über dessen Erziehung [1]). Es fallen also unter diese Aufsicht insbesondere die Wahl des Lebensberufs, Verheirathung, Auswanderung, Adoption u. dgl. Der Waisenrath soll auf Mündel und Vormund, wo es Noth thut, durch Belehrung und Autorität einzuwirken suchen. Direkte Zwangsmittel, seinen Ansichten Geltung gegen den Vormund zu verschaffen, hat er nicht. Dagegen kann und soll er Mängel oder Pflichtwidrigkeiten, welche er bei der körperlichen oder sittlichen Erziehung des Mündels wahrnimmt, geeignetenfalls unter Vorschlagung von zur Abhülfe dienlich scheinenden Maßregeln, dem Gerichte anzeigen, welches das Entsprechende vorzukehren hat [2]).

Das Gesetz verlangt nicht, wie bei der Berathung desselben vorgeschlagen wurde [3]), daß der Waisenrath periodisch — etwa alljährlich — dem Vormundschaftsgerichte einen Bericht über die seiner Aufsicht anvertrauten Mündel erstatten solle. Unter Umständen wird aber eine solche Einrichtung zweckmäßig sein und kann durch die Gemeinde dem Waisenrath auferlegt werden.

Der Waisenrath hat dem Gerichte auf Erfordern jeder Zeit über die Person des Mündels, also über die oben gedachten Verhältnisse desselben, ferner über eine etwaige Hülfsbedürftigkeit u. dgl. m. Auskunft zu ertheilen. Eine besondere Art dieser Auskunft

---

[1]) V.O. §. 53 Abs. 1.

[2]) Vgl. auch unten §. 63 Nr. 7. Selbstredend ist das Gericht beim Eingreifen in diesen Beziehungen nicht von der Thätigkeit des Waisenraths abhängig, da ihm die Sorge für die Person des Mündels zusteht und es die gesammte Thätigkeit des Vormunds auch selbständig zu überwachen hat (Jahrbuch (App.) Bd. 7 S. 70).

Ist ein Waisenrath selbst Vormund oder Pfleger, was an sich durchaus zulässig ist, so ist wegen der Kollision zwischen seinem Amte als Waisenrath und als Vormund bei anderen als den gesetzlichen Vormundschaften des §. 12 Abs. 1 V.O. (s. unten bei Anm. 14) oder als Pfleger bei nicht blos für reine Vermögensverwaltung eingeleiteten Pflegschaften da, wo an demselben Ort mehrere Waisenräthe vorhanden sind, die Aufsicht einem anderen Waisenrath zu übertragen. Ist dies nicht angänglich, so wird von seiner Bestellung zum Vormund bezw. Pfleger abzusehen sein (Jahrbuch (App.) Bd. 6 S. 64 und Hesse, Anm. 9 zu §. 21 S. 53 u. Anm. 2 Abs. 6 u. 7 zu §. 53 S. 176, vgl. auch unten §. 48 bei Anm. 30).

[3]) Bericht d. K. d. H. H. S. 68.

ist die gutachtliche Aeußerung, zu der nach der speziellen Vorschrift des §. 28 Abs. 1 V. O. das Vormundschaftsgericht, bevor der Mutter des Mündels dessen Erziehung entzogen wird, den Waisenrath zu veranlassen hat.

In die Vermögensangelegenheiten des Mündels hat sich der Waisenrath nicht zu mischen.

2. Eine weitere Funktion des Waisenraths ist, dem Gerichte diejenigen Personen vorzuschlagen, welche im einzelnen Falle zur Berufung als Vormund, Gegenvormund oder Pfleger geeignet erscheinen[4]). Es genügt also nicht das Anfertigen einer Liste, aus welcher der Vormundschaftsrichter die Vormünder auswählt.

Der Vorschlag erfolgt seitens des Waisenraths regelmäßig auf Erfordern des Vormundschaftsgerichts, das, wie sich aus §. 19 Abs. 1. V. O., woselbst der §. 52 V. O. ausdrücklich in Bezug genommen ist, ergiebt, vor der Bestellung eines Vormunds u. s. w., sofern dieser nicht berufen ist, den Waisenrath hören soll[5]). Er kann aber auch ohne solche Aufforderung gemacht werden, wenn dem Waisenrath die Nothwendigkeit der Bestellung anderweit bekannt geworden ist. Ist ein berufener Vormund u. s. w. vorhanden und dem Vormundschaftsgericht bekannt, so bedarf es der Anhörung des Waisenraths an sich nicht. Sie ist aber auch hier oft zweckmäßig, um Kenntniß von etwaigen Umständen, die zur Uebergehung des Berufenen führen würden, zu erhalten, und kann jedenfalls der Waisenrath nicht seine Aeußerung verweigern.

Der Waisenrath ist natürlich verpflichtet, nur Personen vorzuschlagen, welche zur Vormundschaft fähig sind, und hat auch die Vorschriften des Gesetzes über Berücksichtigung der Verwandtschaft, der Konfession u. s. w. zu beachten[6]). Er hat daher in diesen Beziehungen Ermittelungen anzustellen, wobei er, wenn er, wie natürlich zulässig ist, eine Person aus einem benachbarten Bezirk oder aus einem anderen Gerichtsbezirk vorschlägt, sich zu diesem

---

[4]) V. O. §. 53 Abs. 2. Hinsichtlich des Pflegers s. unten §. 98 bei Anm. 18.

Wegen der Bedeutung der Vorschläge s. unten §. 57.

[5]) Die Einforderung des Vorschlags kann natürlich auch in der Weise geschehen, daß der Richter dem Waisenrath eine ihm anderweit vorgeschlagene Person bezeichnet, über welche sich der Waisenrath gutachtlich zu äußern hat.

[6]) Vgl. unten §§. 48 u. 57.

Zweck am besten mit dem betreffenden Waisenrath in Verbindung setzen wird.

3. Die vorstehende Thätigkeit des Waisenraths [7]), insbesondere dessen Aufsicht, erstreckt sich auf alle Mündel, welche sich in seinem Bezirk jeweilig aufhalten, ohne Rücksicht auf das gesetzliche Domizil derselben und auf den Wohn- oder Aufenthaltsort des Vormunds.

Der Vormundschaftsrichter hat daher dem Waisenrathe des Bezirks, in welchem der Mündel sich regelmäßig aufhält [8]), von der einzuleitenden Vormundschaft Kenntniß zu geben und den ernannten Vormund oder Pfleger [9]) namhaft zu machen [10]). Ersteres fällt fort, wenn ein berufener Vormund vorhanden ist und ohne Anhörung des Waisenraths bestellt werden soll [11]). Auch im Fall der gesetzlichen Vormundschaft des Vaters der unehelichen Mutter über deren Kind, sowie der Verpflegungsanstalten über die aufgenommenen Pflegebefohlenen hat das Gericht dem Waisenrath Mittheilung zu machen [12]), bei der gesetzlichen Vormundschaft der Verpflegungsanstalten durch deren genaue Bezeichnung, ohne daß es der Namhaftmachung der Mitglieder ihres Vorstandes bedarf [13]).

---

[7]) Eine weitere Thätigkeit des Waisenraths haben die §§. 3 Abs. 4, 4 u. 9 Abs. 1 des Gesetzes vom 13. März 1878 betr. die Unterbringung verwahrloster Kinder (G. S. 1878 S. 132) geschaffen, jedoch gehört diese nicht hierher, vgl. oben §. 10 Anm. 2 S. 31.

[8]) Die V. O. §. 54 Abs. 1 spricht hier zwar von „wohnen", indessen kann es keinem Zweifel unterliegen, daß nur der regelmäßige und gewöhnliche Aufenthalt gemeint ist (Hesse, Anm. 2 zu §. 54 S. 179).

[9]) Diesen, obwohl der Waisenrath bei der Pflegschaft vielfach keine Aufsicht auszuüben hat, doch stets wegen §. 91 Abs. 1 V. O. und weil der Waisenrath wegen §. 23 Nr. 3 V. O. ein Interesse hat, die zu Pflegern bestellten Personen seines Bezirks zu kennen. Höchstens bei nur zu ganz vorübergehenden Zwecken bestellten Pflegern könnte deren Namhaftmachung unterbleiben.

Ueber den Gegenvormund ist keine Mittheilung zu machen, weil bei demselben der erstere Grund, die regelmäßige Anwendbarkeit der Vorschriften über den Vormund, nicht besteht und wenn auch der Waisenrath daran, ob Jemand Gegenvormund ist, insofern ein Interesse hat, als auch die Gegenvormundschaft ein Ablehnungsrecht geben kann, dies gegenüber dem Umstande, daß die Mittheilung nicht vorgeschrieben ist, nicht genügt, um die letztere zu begründen.

[10]) Pflicht des Gerichts war es auch, dem Waisenrath die am 1. Januar 1876 vorhandenen Vormünder mitzutheilen, da sich auch auf sie das Amt des Waisenraths erstreckt.

[11]) Vgl. oben unter Nr. 2.

[12]) V. O. §. 54 Abs. 1.

[13]) Ebenso Hesse, Anm. 5 Abs. 1 zu §. 54 S. 179.

Keine Anzeige hat das Gericht zu machen, wenn der Vater gesetzlicher Vormund seiner Kinder ist, woraus hervorgeht, daß sich das Amt des Waisenraths auf solche Mündel nicht erstreckt [14]).

Wird an Stelle eines bisherigen Vormunds oder Pflegers ein anderer bestellt, so ist auch dieser dem Waisenrath namhaft zu machen.

4. Das Amt des Waisenraths bezieht sich nur auf Mündel welche in dem Distrikt, der ihm zugewiesen ist, ihren regelmäßigen Aufenthalt haben. Mit dem Wechsel dieses Aufenthalts wechselt auch der zuständige Waisenrath.

Daher hat der Vormund den Waisenrath von der Verlegung des Aufenthalts des Mündels in eine andere Gemeinde oder einen andern Bezirk zu benachrichtigen. Ferner hat der Waisenrath des bisherigen Aufenthalts, sobald er von der Verlegung Kenntniß erhält, dem Waisenrath des neuen Aufenthaltsorts Mittheilung zu machen [15]).

5. Der Waisenrath dient nicht blos dem Vormundschaftsgerichte des eigenen Sprengels, sondern auch dem fremder Sprengel, sofern sich diesem zugehörige Mündel in seinem Bezirke aufhalten.

6. Der Waisenrath kann wie Jeder über den Vormundschaftsrichter bei dessen Aufsichtsbeamten Beschwerde führen, z. B. wenn derselbe es unterläßt, ihn abgesehen von den Fällen der Berufung nach §. 17 V. O. zu hören. Sonst hat er aber kein Beschwerderecht, namentlich auch dann nicht, wenn das Vormundschaftsgericht einen Anderen als den von ihm Vorgeschlagenen bestellt [16]).

7. Der Geschäftsverkehr zwischen den Vormundschaftsgerichten und den Waisenräthen ist möglichst einfach zu gestalten, insbesondere sind Anfragen und Rückantworten, soweit es geht, beiderseits in Urschrift auf dem die Veranlassung gebenden Blatte zu befördern [17]).

---

[14]) Ebenso z. B. Hesse, Anm. 4 a. a. O. u. Anm. 2 Abs. 5 zu §. 53 S. 176 und Philler Anm. 240 zu §. 54 S. 102.

[15]) V. O. §. 54 Abs. 2.

[16]) Anders Jahrbuch Bd. 4 S. 71, ferner Hesse, Anm. 2 Abs. 2 zu §. 10 S. 13 u. Anm. 5 Abs. 5 zu §. 53 S. 178 für den Fall, daß das Gericht seinem Vorschlage entgegen einen untauglichen Vormund bestellt, und Jahrbuch Bd. 3 S. 45 für den Fall der Nichtbestellung des vorgeschlagenen Vormunds. Hiergegen Eccius Bd. 4 §. 229 Anm. 58 S. 192. Vgl. auch Jahrbuch (App.) Bd. 7 S. 28.

[17]) Kurlbaum II im Just. Min. Bl. von 1875 S. 252.

IV. Vormund und Gegenvormund.

§. 31. Der Vormund [1]).

Nach der V. O. hat der Vormund eine selbständige, in Recht und Gesetz begründete Befugniß zum Schutz und zur Vertretung des Mündels. Er ist nicht bloßer Delegirter des Gerichts und Hülfsorgan desselben, wie dies nach dem A. L. R. der Fall war, ihm steht vielmehr vorzugsweise die Vormundschaft zu, die übrigen vormundschaftlichen Gewalten haben nur eine beaufsichtigende und ergänzende Thätigkeit ihm gegenüber.

Der Vormund übt eine Ehrenstellung. Deshalb ist in der Regel zur Vormundschaft unfähig, wer die Ehrenrechte verloren hat. Es kann ihm sein Amt ohne seinen Willen nur genommen werden, wenn er sich eine Pflichtwidrigkeit zu Schulden kommen ließ [2]). Sogar die Abgabe der Vormundschaft von dem bisherigen Vormundschaftsgericht an ein anderes Gericht ist nach dieser Anschauung an seine Zustimmung geknüpft worden [3]).

Das Amt [4]) des Vormunds ist ein unentgeltliches. Nur ausnahmsweise ist ihm ein Honorar zuzubilligen.

---

[1]) In dem Sprachgebrauch der V. O. wird unter Vormund stets nur der wirkliche Vormund verstanden und der Gegenvormund immer als solcher bezeichnet, und sind unter „Vormündern" mehrere eigentliche Vormünder, nicht der Vormund und Gegenvormund gemeint — anders in den §§. 22 Nr. 2 u. 32 der deutschen Strafprozeßordnung, siehe Entscheidungen des Reichsgerichts in Strafsachen Bd. 11 S. 223 —, während der Ausdruck „Vormundschaft" regelmäßig auch die Gegenvormundschaft, soweit ein Gegenvormund bei der Vormundschaft überhaupt betheiligt ist, mitumfaßt (vgl. z. B. die Ueberschriften der Abschnitte und §. 63 Abs. 2 a. E. V. O.) und nur ausnahmsweise die Gegenvormundschaft ein Mal (§. 67 Abs. 2 V. O.) besonders genannt und ein Mal (§. 23 Abs. 2 V. O.) der Vormundschaft gegenüber gestellt wird. Ebenso werden Vormund und Pfleger stets unterschieden und wird hier die Unterscheidung auch bei den Worten „Vormundschaft" und „Pflegschaft" festgehalten, nur daß im §. 102 V. O. unter dem Vormundschaftswesen das Pflegschaftswesen mitbegriffen ist. Das Wort „Vormund" umfaßt ferner den gesetzlichen Vormund mit und ist ebenso unter der Vormundschaft die gesetzliche Vormundschaft mitbegriffen, wo dies anders sein soll, ist es in der V.O. jedes Mal ausdrücklich hervorgehoben (vgl. z. B. §§. 22, 24 Abs. 3, 26 Abs. 4, 35 Abs. 2, 54, 57 Abs. 1 u. 2, 59 Abs. 3 und 60 Abs. 2 V. O.).

[2]) V. O. §. 63 Abs. 1. Anders z. B. das römische Recht, welches Entsetzung wegen Ungeeignetheit des Vormunds zuließ.

[3]) V. O. §. 9 Abs. 2. Siehe oben §. 17 unter Nr. 6 S. 66 u. 67.

[4]) Zu den öffentlichen Aemtern gehört dasselbe selbstredend nicht und

Der Vormund hat sowohl für das Vermögen als, außer wenigstens zum Theil bei der Vormundschaft über Abwesende[5]), für dessen Person zu sorgen.

Der Umfang der Vollmacht des Vormunds ist durch das Gesetz präsumtiv bestimmt. Diese Vollmacht kann durch Befreiung von einzelnen Verpflichtungen erweitert werden. Andererseits sind auch Beschränkungen zulässig durch Anordnungen des Erblassers[6]). Allein solche Beschränkungen verpflichten den Vormund zwar zu ihrer Einhaltung, haben aber keine Kraft nach außen gegenüber Dritten, welche mit dem Vormund im Vertrauen auf dessen gesetzlich normirte Ermächtigung bona fide kontrahiren[7]).

Kann ein Vormund nach der V. O. unter einer Zeitbestimmung oder Bedingung, kann er bis zu einem Termin oder bis zum Eintritt eines Ereignisses bestellt werden?

Das römische Recht unterschied zwischen dem testamentarischen Vormund, wo dies zulässig war, und dem richterlichen, wo man dies ausschloß[8]). Das A. L. R. dagegen ließ gerichtliche wie testamentarische Bestellung bis zu einer gewissen Zeit oder Begebenheit zu[9]).

---

wird hierzu auch nicht vom Strafgesetzbuch für das deutsche Reich gerechnet, vgl. §. 34 Nr. 3 u. 6 daselbst.

[5]) Siehe unten §. 97 bei Anm. 9.

[6]) V. O. §. 36.

[7]) Brettner in den Beiträgen Bd. 20 S. 19 nimmt an, daß der Dritte den gedachten Beschränkungen auch dann unterliege, wenn sie in der Bestallung des Vormundes standen, da er im Fall des Nichteinsehens der Bestallung seine Erkundigungspflicht versäumte. Wir sehen hierin quaestio facti. Sollte schlechthin der Dritte, welcher vom Vormund Mobilien des Mündels kauft, die Bestallung prüfen müssen, um festzustellen, daß der Erblasser des Mündels deren Veräußerung nicht verbot? Dem steht entgegen, daß die V. O. die Aufnahme der beschränkenden Anordnungen des Erblassers in die Bestallung nicht vorschreibt und daher deren Mittheilung dort nicht vermuthet werden kann, und ferner, daß trotz der Aufnahme in die Bestallung der Dritte meist gar nicht im Stande ist zu erkennen, ob die Gegenstände, um die es sich handelt, wirklich zu dem Nachlasse des Erblassers gehören und diejenigen sind, auf welche sich dessen Bestimmung bezieht, vgl. Hesse, Anm. 3 zu §. 36 S. 111, sowie Wachler, Anm. 5 zu §. 36 S. 122.

[8]) l. 8 §. 1 u. 2 D. de testament. tutela 26, 2, l. 6 §. 1 D. de tutelis 26, 1 und l. 77 D. de R. J. 50, 17.

[9]) A. L. R. II 18 §. 125. Daß die gerichtliche Bestellung auf Zeit „nicht ohne Noth“ geschehen soll, ist ein selbstverständlicher Zusatz. Die französische Jurisprudenz streitet. Demolombe, Cours de droit civil vol. VII n. 226 ff.

Die V. O. gedenkt einer Ernennung unter solchen Nebenbestimmungen nicht. Man könnte sie daher als ausgeschlossen ansehen, um so mehr, da auch bei den Beendigungsgründen der Vormundschaft in der V. O. eine Endigung durch Zeitablauf oder Bedingung nicht erwähnt ist. Dennoch erachten wir eine solche Bestellung als zulässig. Das Gesetz bestimmt nicht, daß die Berufung oder Bestellung des Vormunds nothwendigerweise für die volle Dauer der Minderjährigkeit erfolgen müsse. Es ist daher eine zeitliche Begrenzung statthaft, wie sie auch im Interesse des Mündels liegen kann. So namentlich dann, wenn der geeignetste Vormund vorerst unfähig, verhindert, oder für längere Zeit abwesend ist [10]).

Die Zeitbestimmung oder Bedingung ist in der vormundschaftlichen Bestallung hervorzuheben.

Daß der Vormund sein Amt nicht einem Andern übertragen, noch sich einen Andern für dasselbe schlechthin substituiren kann, versteht sich von selbst. Dagegen ist die Frage, ob er die vormundschaftlichen Geschäfte durch einen Stellvertreter führen kann, im allgemeinen zu bejahen, insbesondere für die Vermögensverwaltung [11]). Auch die Ernennung eines Generalbevollmächtigten ist, soweit sie eben nicht für die gesammte Amtsthätigkeit erfolgt, zulässig [12]). Dies Alles unter Verantwortlichkeit des Vormunds für sorgfältige Auswahl. Gewisse Befugnisse jedoch muß der Vormund ihrer besonderen Natur nach persönlich ausüben, z. B. die Ertheilung oder Verweigerung der Zustimmung zur Ehe des Mündels [13]).

§. 32. **Mitvormünder** [1]).

Jeder von mehreren Vormündern hatte nach römischem Recht, sofern nichts anderes rechtsbeständig festgestellt war, selbständig das

---

spricht sich gegen die Zulässigkeit aus. Andere nehmen die Unterscheidung des römischen Rechts an.

[10]) Auch die Motive zu §. 23 der Regierungsvorlage erklären Bestellung auf Zeit für zulässig. Ebenso z. B. Hesse, Anm. 1 zu §. 24 S. 65, Märcker, Anm. 1 zu §. 24 S. 252, Eccius, Bd. 4 §. 231 S. 199 u. 200 und Turnau, Bd. 2 §. 89 S. 343.

[11]) Siehe unten §. 66 Nr. 2.

[12]) Dagegen Demolombe a. a. O. n. 609. Vgl. Jahrbuch (App.) Bd. 8 S. 175.

[13]) A. A. Goldenring in den Beiträgen Bd. 21 S. 695. Vgl. unten §. 64 Anm. 16.

[1]) Rudorff, Bd. 2 S. 231 ff., Arndts und Leonhard, S. 43 ff.

ungetheilte Recht zur Vertretung des Mündels, jeder war aber auch für die Vormundschaft ganz verantwortlich [2]). Gegenüber den Handlungen des Mitvormunds stand den übrigen Vormündern ein Verbietungsrecht zu [3]). Das Verhältniß konnte entweder durch den zur Vormundschaft berufenden Vater oder durch das Gericht auf Beschluß oder nach Anhörung der Vormünder anders geregelt werden, sei es, daß man einem der Vormünder die Verwaltung ausschließlich überließ, oder die Geschäfte unter die Vormünder nach Gegenständen oder nach Distrikten vertheilte. Soweit hiernach ein Vormund von der Verwaltung entbunden wurde, hatte er die aufsehende Stellung eines Ehrenvormunds [4]).

Ganz anders war das System älterer deutscher Statuten und des A. L. R. [5]). Mehrere Vormünder hatten hiernach gemeinschaftlich zu verwalten. Sie stellten, wie sich das A. L. R. ausdrückt, eine moralische Person vor. Einzelne Vormünder waren also nicht legitimirt, ohne Zuziehung der übrigen den Mündel durch ihre Handlungen zu verpflichten oder zu berechtigen. Wenn sich die Vormünder über ein vorzunehmendes Geschäft nicht vereinigen konnten, so entschied nicht die Mehrheit der Stimmen, sondern das Vormundschaftsgericht.

Auch die V. O. kennt die Bestellung mehrerer Vormünder, doch ist die Vertretung des Mündels durch einen Vormund die überwiegende Regel. Gesetzlicher Vormund ist immer nur eine Person; denn auch der Vorstand einer Verpflegungsanstalt, der an sich aus mehreren Personen bestehen kann, führt die Vormundschaft über die Pflegebefohlenen als Organ dieser Anstalt [6]). Ferner ist kraft Familienrechts zur Vormundschaft stets nur eine Person berufen [7]). Endlich soll das Vormundschaftsgericht bei freier Wahl für einen Mündel sowie auch für mehrere Geschwister in der Regel blos einen Vormund und mehrere Vormünder nur aus besonderen Gründen berufen [8]). Häufiger wird daher die Berufung mehrerer Vor-

[2]) l. 3 pr. u. l. 22 §. 1 D. de adm. tut. 26, 7.

[3]) l. 7 §. 3 D. de cur. fur. 27, 10.

[4]) l. 3 D. de adm. tut. 26, 7.

[5]) A. L. R. II 18 §. 113 ff. Der code civil kennt für die Regel nur einen Vormund.

[6]) V. O. §§. 12 u. 13.

[7]) V. O. §. 17.

[8]) V. O. §. 19 Abs. 3. Siehe unten §. 57 Nr. 3.

münder nur in Folge letztwilliger Verfügungen vorkommen, denn es ist in dieser Hinsicht den Eltern durch das Gesetz freie Hand gelassen. Auch die Zahl der zu berufenden Vormünder ist ihrem Ermessen überlassen, da ein Antrag, welcher die Feststellung einer Grenze beabsichtigte, um einer nach der Erfahrung gemeinrechtlicher Praktiker nicht seltenen unzweckmäßigen Häufung entgegen zu treten, in der Berathung des Landtags keinen Anklang fand. Die Berufung mehrerer Vormünder seitens der Eltern hat in der Form des §. 17 V. O. zu erfolgen, da sie nur einen Theil der Berufung überhaupt bildet[9]), und ist ein Abgehen von ihr dem Vormundschaftsgericht nur gestattet, soweit dieses auch sonst von der Person eines durch letztwillige Verfügung berufenen Vormunds absehen darf.

Was die Befugnisse mehrerer Vormünder anlangt, so hat sich die V. O. an das System des A. L. R. angelehnt, jedoch nicht ohne erhebliche Abweichungen[10]). Im einzelnen gelten folgende Sätze:

1. Die mehreren Vormünder verwalten in Ermanglung andrer Bestimmungen gemeinschaftlich. Zur Vornahme einer Handlung ist jedoch nicht Einstimmigkeit erfordert, vielmehr genügt bei Meinungsverschiedenheit der Wille der Mehrheit[11]). Wird eine Mehrheit nicht erzielt, so entscheidet das Vormundschaftsgericht[12]).

Es ist hiernach anzunehmen, daß die mehreren Vormünder verpflichtet sind, vor einer jeden Verwaltungshandlung mit den sämmtlichen Mitvormündern in Berathung zu treten, was übrigens mündlich oder schriftlich geschehen kann. Trifft die Mehrheit der Vormünder Schritte, ohne sich mit den übrigen in Verbindung zu setzen, so

---

[9]) Eccius, Erörterungen aus dem Gebiet des Vormundschaftsrechts S. 18.

[10]) V. O. §. 30.

[11]) Eine Ausnahme hiervon gilt für die Einwilligung zur Verheirathung des Mündels, s. unten §. 64 bei Anm. 19.

[12]) Vgl. hierzu oben §. 18 Nr. 4 u. Anm. 4 S. 68 u. 69, sowie wegen der Beschwerde gegen die Entscheidung des Vormundschaftsgerichts oben §. 23 unter Nr. 4 S. 97 u. 98. Berechtigt zur Beschwerde sind die zur Minderheit gehörenden Vormünder im allgemeinen nicht, weil sie sich der durch den Zutritt des Vormundschaftsgerichts erzielten Mehrheit zu fügen haben und daher durch dessen Entscheidung nicht verletzt werden können. Ausnahmsweise liegt eine Verletzung ihrer Rechte vor und werden sie beschwerdeberechtigt, wenn das Vormundschaftsgericht, ohne daß die Voraussetzungen hierfür bestehen, eingeschritten ist oder, statt nur den Ausschlag zu geben, etwas Selbständiges bestimmt hat (Eccius, Bd. 4 §. 232 Anm. 3 S. 205).

macht sie sich ohne Zweifel verantwortlich, auch ist für den Mündel im Verhältniß zu den Vormündern das so ordnungswidrig zu Stande gekommene Geschäft unverbindlich. Dagegen ist zu behaupten, daß es nach außen hin genügt, wenn die Mehrheit der Vormünder eine Handlung vornimmt, oder einer Maßnahme zugestimmt hat, da Dritte die Frage, ob die Angelegenheit unter sämmtlichen Vormündern zur Erörterung gekommen ist, nicht kontroliren können [13]). Mehrere zu ungetrennter Verwaltung bestellte Vormünder haben die Rechnung gemeinschaftlich zu legen [14]).

Mehrere Vormünder haben gegenüber der Klage des Mündels die Einrede der Theilung nicht [15]).

2. Die Verwaltung kann rechtsbeständig unter die Vormünder getheilt werden, sowohl durch eine Anordnung des Vaters oder der Mutter, welche die Vormünder berufen haben, wobei für die Form dieser Anordung wieder das vorhin Bemerkte gilt, als auch durch eine Verfügung des Vormundschaftsgerichts [16]). Dagegen hat auch bei uns, wie nach römischem Recht und nach A. L. R., ein bloßes Privatabkommen der mehreren Vormünder über die Theilung der Geschäfte keine verbindliche Kraft [17]).

Ist die Verwaltung unter die mehreren Vormünder getheilt, so verwaltet jeder die ihm zugetheilten Geschäfte selbständig. Es kann daher keiner den Mündel in Bezug auf Angelegenheiten vertreten, welche dem Geschäftskreis eines anderen Vormunds angehören. Nur können begreiflich bereits früher begründete Rechte Dritter, z. B. auf eine Kompensation mit Gegenforderungen, hierdurch nicht beschränkt werden [18]). Auch ist selbstverständlich, daß die Vormünder miteinander in reger Verbindung bleiben müssen, weil die Interessen des Mündels einheitliche sind und durch eine vollständige Trennung ihrer Wahrnehmung in empfindlicher Weise leiden könnten, z. B.

[13]) Uebereinstimmend z. B. Hesse, Anm. 2 Abs. 3 zu §. 30 S. 91, Dalcke, Anm. 90 zu § 30 S. 964 und Wachler, Anm. 3 zu §. 30 S. 106, a. A. Eccius, Bd. 4 § 232 S. 205 und Turnau, Bd. 2 §. 88 S. 341.

[14]) V. O. §. 56 Abs. 2. Dasselbe gilt von den Vermögensübersichten (V. O. §. 57 Abs. 2) und von der Schlußrechnung (V. O. §. 67).

[15]) V. O. §. 32 Abs. 4.

[16]) V. O. §. 30 Abs. 3.

[17]) Dies folgt daraus, daß die Art der Theilung aus der Bestallung hervorgehen soll, somit die Theilung nicht ohne Mitwirkung des Gerichts wirksam zu Stande kommen kann.

[18]) l. 36 D. de admin. tut. 26, 7 und A. L. R. I 16 §§. 332—334.

für die Erziehung des Mündels der Geldpunkt wesentlich ist u. dgl. Der Grundsatz des römischen Rechts und des A. L. R., wonach jeder Vormund für den Geschäftskreis des andern Ehrenvormund war, besteht nicht mehr. Es steht aber nichts entgegen, ihn für den Geschäftskreis des Mitvormunds zum Gegenvormund zu bestellen [19]).

3. Andere Bestimmungen als die vorstehenden über die Verwaltung mehrerer Vormünder können nach der V. O. durch den zur Berufung Berechtigten getroffen werden [20]). Es ist hiermit gemeint, wie dies bei den Verhandlungen auch konstatirt wurde [21]), daß solche Bestimmungen nicht blos von dem berufenden Vater oder der Mutter, sondern in allen Fällen, also sowohl in Ermangelung einer entsprechenden elterlichen Bestimmung, als auch in Abweichung oder Abänderung einer solchen, weil diese wegen eingetretener Umstände dem Mündel nachtheilig sein würde, auch vom Gericht ausgehen können. Man hatte insbesondere eine Anordnung im Auge, wonach einer der Vormünder die Gesammtleitung und oberste Direktion der gesammten Vermögensverwaltung behalten soll, während die anderen Vormünder einzelne Zweige unter dieser Leitung verwalten.

Zulässig ist übrigens auch eine Bestimmung der Art, daß der eine der Vormünder die Sorge für die Person und die Erziehung des Mündels übernimmt, der andere die Vermögensverwaltung führt.

Aus der Bestallung des Vormunds sollen die Mitvormünder, sowie die Art der etwaigen Theilung der Verwaltung ersichtlich sein [22]).

Sind mehrere Vormünder bestellt, so wird durch den Abgang

---

[19]) V. O. §. 26 Abs. 3.

[20]) V. O. §. 30 Abs. 4.

[21]) Die Regierungsvorlage nannte den Richter ausdrücklich neben dem zur Berufung Berechtigten, ebenso ein ursprünglich in der Kommission des Herrenhauses eingebrachtes Amendement. In dieser Kommission wurde dann die Hervorhebung des Richters für überflüssig erklärt, weil auch der Richter zur Berufung berechtigt sei (Bericht der K. d. H. H. S. 146 u. 148). Eine Beschränkung der Befugnisse des Richters gegenüber einer elterlicherseits getroffenen Bestimmung sollte hierdurch in keiner Weise ausgedrückt werden, vgl. die Verhandlungen des Herrenhauses über die Sitzung vom 17. März 1875 S. 148. So ist also Abs. 4 des §. 30 V. O. zu verstehen. A. A. sind freilich die meisten Kommentatoren, insbesondere Hesse, Löwenstein, Philler und Wachler, übereinstimmend jedoch Eccius, Bd. 4 §. 232 Anm. 5 S. 205.

[22]) V. O. §. 24 Abs. 2.

eines Vormunds das vormundschaftliche Amt der übrigen nicht aufgehoben [23]).

Bei einer Kollektivverwaltung sind also die übrigbleibenden Vormünder — eventuell auch blos ein einziger — berechtigt, die Verwaltung des Vermögens des Mündels und dessen Vertretung fortzusetzen. Ob an Stelle des weggefallenen ein neuer Vormund zu bestellen ist, hängt von dem Inhalt der letztwilligen Verfügung, welche die mehreren Vormünder berief, und sonst von dem nach dem Bedürfniß einer solchen Gesammtverwaltung zu bestimmenden Ermessen des Vormundschaftsgerichts ab.

War die Verwaltung getheilt, so ist der Geschäftskreis des abgehenden Vormunds verwaist und für dessen Neubesetzung durch das Gericht Sorge zu tragen. Die Mitvormünder sind in allen Fällen zur Anzeige des Abganges eines Mitvormunds an das Gericht verpflichtet [24]).

§. 33. Befreite Vormünder [1]).

Die Kontrole des Vormunds, sowie die Einschränkungen seiner Gewalt sind öffentlichen Rechts, und unterstehen daher dem Begriff der Sache nach der Privatautonomie nicht. Das römische Recht erkannte hiernach testamentarische Befreiungen des Vormunds nur in beschränktem Maße an [2]). Die Institution des befreiten Vormunds ist vorzugsweise dem A. L. R. eigenthümlich. Je mehr dies Recht die Verwaltungsbefugniß des Vormunds einschränkte, je mehr es ihn in allen seinen Bewegungen vom Gerichte abhängig machte, desto nothwendiger schien es, letztwillige Anordnungen zu verstatten, durch welche der Vormund die selbständige Verwaltung erlangen konnte. Die V. O. hat nun dem Vormund zwar die Verwaltung im allgemeinen zurückgegeben, doch unterliegt er immer noch zahlreichen Einschränkungen, welche theils das Gesetz direkt trifft, theils dem Ermessen des Gerichts überläßt. Bei der Berathung in den Häusern des Landtags hat man daher die letztwilligen Befreiungen, welche der Regierungsentwurf nur in geringem Maße zuließ, erheblich erweitert, so daß auch jetzt dem Vormunde, wie dies früher im Gebiete des

---

[23]) V. O. §. 65 Abs. 2.

[24]) arg. V. O. §. 65 Abs. 1.

[1]) A. L. R. II 18 §. 679 ff., Arndts u. Leonhard S. 40 ff.

[2]) Vgl. aber l. 1 u. l. 3 C. quando decreto opus non est 5, 72.

A. L. R. ohne Schaden der Fall war, letztwillig eine höhere Selbständigkeit gegeben werden kann.

Die Befreiung kann von den Eltern des Mündels oder von demjenigen, der demselben etwas zugewendet hat, besonders also dessen Erblasser, ausgehen.

Das Recht zu Befreiungen steht zu vor allem dem Vater, welcher die väterliche Gewalt oder die Vormundschaft bis zum Tode über sein Kind hat, und in zweiter Linie der Mutter, welche die Vormundschaft bis zum Tode geführt hat [3]). Es ist nicht nothwendig, daß die Eltern, welche eine Befreiung aussprechen, dem Kinde selbst Vermögen hinterlassen. Die Befreiung erstreckt sich, sofern nichts andres bestimmt ist, auf alles Vermögen, welches in die vormundschaftliche Verwaltung bis zu ihrer Beendigung tritt [4]).

Die Befreiung muß nicht, wie nach dem A. L. R. [5]), durch gerichtliches Testament geschehen, es genügt die erleichterte Form der V. O. in §. 17.

Die Befreiung kann Folgendes betreffen:

1. Der Vater, sowie die Mutter können die Bestellung eines Gegenvormunds untersagen, dies für den von ihnen benannten Vormund sowie auch allgemein für die Vormundschaft über ihr Kind [6]).

---

[3]) Vgl. hierüber unten §. 54.

[4]) Ebenso z. B. Anton, Hesse, Löwenstein, Philler, Neumann u. A. m. Anders Anhang §. 166 zu A. L. R. II 18 §. 681.

[5]) A. L. R. II 18 §. 682.

[6]) V. O. §. 26 Abs. 6. Kurlbaum II im Just. Min. Bl. von 1875 S. 266 und demselben sich anschließend z. B. Anton, Anm. 54 zu §. 26 S. 89, Löwenstein, Anm. 106 zu §. 26 S. 44 und Turnau, Bd. 2 §. 89 S. 342 nehmen an, daß diese Vorschrift der V. O. nur auf den von den Eltern benannten Vormund bezogen werden könne. Doch kann der Grund der Untersagung sehr wohl in der objektiven Lage des Vermögens beruhen und wird man, da sie einmal allgemein vom Gesetz zugelassen ist, und zwar neben einer Befreiung des benannten Vormunds von der nach §. 41 der V. O. erforderten Genehmigung des Gegenvormunds (V. O. §. 47 Abs. 1), sie auch so zu respektiren haben. Letzteres gilt um so mehr, als dafür auch die Absicht bei Aufnahme der Bestimmung spricht. Denn in der Kommission des Herrenhauses, in welcher dieselbe dem Regierungsentwurf zugefügt wurde, bestand entschieden Abgeneigtheit gegen das Institut des Gegenvormunds und man wollte jedenfalls den Eltern schlechthin das Recht sichern, ihre Kinder gegen die mit Mißtrauen angesehene Einschiebung desselben zu schützen. In andern Fällen kann freilich nur der Erblasser ohne Rücksicht auf die Person des benannten Vormunds Befreiungen anordnen, V. O. §. 35 Abs. 3 und §. 57 Abs. 3. Mit der diesseitigen Ansicht übereinstimmend z. B.

2. Der Vater, sowie die Mutter sind berechtigt, den von ihnen benannten Vormund von der periodischen Rechnungslegung an das Gericht, nicht aber von der Einreichung einer Uebersicht des Vermögensbestandes, während der Verwaltung zu befreien [7]).

3. Der Vater, sowie die Mutter sind weiter befugt, den von ihnen benannten Vormund von der Pflicht zur Sicherheitsstellung zu befreien [8]).

4. Der Vater — nicht aber die Mutter — kann den von ihm benannten Vormund von der Nothwendigkeit der Genehmigung des Gegenvormunds, sowie des Vormundschaftsgerichts zu gewissen Handlungen, z. B. zur Veräußerung von Grundstücken, befreien [9]).

5. Der Vater — nicht aber die Mutter — kann den von ihm benannten Vormund von der Verpflichtung befreien, auf Anordnung des Vormundschaftsgerichts Werthpapiere und Kostbarkeiten in Verwahrung zu geben, Werthpapiere außer Kurs zu setzen oder Staatsanleihe-Schuldverschreibungen im Staatsschuldbuch eintragen zu lassen [10]).

Es steht auch nichts im Wege, daß der Vater bezw. die Mutter den von ihnen benannten Vormund durch eine allgemeine Klausel von sämmtlichen Einschränkungen befreien, von welchen sie die Befreiung überhaupt anordnen können, wenn nur der auf Voll-

---

Hesse, Anm. 11 zu §. 26 S. 76 u. Anm. 4 zu §. 47 S. 156, Eccius, Bd. 4 §. 231 Anm. 32 S. 203 und Philler, Anm. 120 zu §. 26 S. 67.

7) V. O. §. 57 Abs. 1.

8) V. O. §. 59 Abs. 1.

9) V. O. §. 47 Abs. 1. Daß die Mutter nicht von der Nothwendigkeit der zu gewissen Handlungen nöthigen Genehmigung durch den Gegenvormund befreien, wohl aber den Gegenvormund überhaupt ausschließen kann, ist freilich inkonsequent. Es ist eine Folge von Amendements, welche diese Frage nicht ganz übereinstimmend lösen, wie es denn auch inkonsequent ist, daß der Vater bei Handlungen, die er selbst als gesetzlicher Vormund nicht ohne Genehmigung des Vormundschaftsgerichts vornehmen darf, den von ihm berufenen Vormund von der Nothwendigkeit solcher Genehmigung befreien kann. Brettner in den Beiträgen Bd. 20 S. 22 giebt der Mutter dem Wortlaut des §. 47 der V. O. entgegen das Recht, den Vormund auch von der Einholung der Genehmigung des Gegenvormunds zu dispensiren, da in dem Mehr auch das Minder enthalten sei und der hier sich findende Hiatus durch Interpretation überbrückt werden könne. Gegen denselben auch z. B. Anton, Dalcke, Hesse, Philler, Wachler u. A. m.

10) V. O. §. 60 Abs. 2 und Gesetz vom 20. Juli 1883 betr. das Staatsschuldbuch (G. S. 1883 S. 120) §. 24 Abs. 2.

befreiung gerichtete Wille genügend erhellt [11]) und zum Ausdruck gelangt ist [12]).

Wie weit sich die Befreiung des zunächst benannten Vormunds auf dessen Substituten bezieht, ist Sache der Interpretation [13]).

Der vollbefreite Vormund kann die vermögensrechtliche Verwaltung völlig selbständig führen. Jedoch unterliegt er der allgemeinen Aufsicht des Gerichts, sowie des Waisenraths, von der er nicht befreit werden kann. Nicht zulässig ist im speziellen die Befreiung von der Pflicht der Einholung der gerichtlichen Genehmigung zur Entlassung des Mündels aus der preußischen Staatsangehörigkeit, zu dessen Annahme an Kindesstatt und zu dessen Eintritt in eine Einkindschaft. Es ist ferner nach der V. O. unzulässig die Befreiung von der Pflicht zur Legung der Schlußrechnung [14]).

Anordnungen über die Verwaltung und Veräußerung des nicht von ihnen herkommenden Vermögens, z. B. über die Anlegung der Mündelgelder, die Auflösung oder Fortsetzung eines Erwerbsgeschäfts, können Vater und Mutter nicht mit verbindlicher Kraft treffen [15]) [16]). Der Vormund und das Gericht werden gleichwohl einer solchen Autorität Beachtung schenken.

Die V. O. fordert für den Fall der Befreiung des Vormunds von der Genehmigung des Gegenvormunds oder des Vormundschafts-

---

[11]) So sagt ein Reskript vom 19. Mai 1804 bezüglich des damaligen preußischen Rechts: es sei hinreichend, wenn die Gewißheit der Willensmeinung des Ernennenden hinreichend konstire.

[12]) Jahrbuch Bd. 4 S. 74 Nr. 2.

[13]) Kaum anders A. L. R. II 18 §. 692.

[14]) V. O. §. 68. Anders A. L. R. II 18 §. 874 ff.

[15]) Die V. O. §. 36 gestattet solche Anordnungen nur dem Erblasser, nicht aber Vater und Mutter als solchen. Diese Beschränkung fand in der Kommission des Herrenhauses — Bericht S. 48 — Widerspruch. Man erklärte es für hart, daß in Folge derselben der Vater, falls die Mutter vor ihm verstorben war, über die Verwaltung des Mutterguts seiner Kinder keine letztwilligen Anordnungen treffen könne, daß ihm nicht einmal zustehe, wenn er in Gütergemeinschaft mit der Mutter gelebt und diese mit den Kindern fortgesetzt habe, bezüglich der gemeinsamen Masse Verwaltungsvorschriften zu geben, da sie nicht ausschließlich von ihm herkam. Regierungsseitig behauptete man jedoch, daß es dem Vater nicht zustehen könne, über ein Vermögen, das nicht von ihm herrühre, Bestimmungen zu treffen, da er hierdurch möglicherweise einzelne der Kinder oder auch Dritte zum Nachtheil seiner Kinder begünstigen könne.

[16]) In dieser Beziehung kann der sonst wohl ziemlich unpraktische §. 94 der V. O. Bedeutung gewinnen.

gerichts zu gewissen Handlungen, daß dem Vormund in der Bestallung die allgemeine Ermächtigung zur Vornahme dieser Handlungen ertheilt werde. Die Befreiung wird erst durch diese Ermächtigung wirksam[17]. Hierdurch ist dem Vormundschaftsgericht eine Prüfung über die vorschriftsmäßige Form, die Echtheit, die Ernstlichkeit, sowie über die Tragweite der letztwilligen Verfügung des Vaters gesichert.

Eine solche allgemeine Ermächtigung ist in Gemäßheit unserer früheren Ausführung[18]) gültig und wirksam, wenn auch das Gericht mit Unrecht eine letztwillige Befreiung des Vormunds, welche etwa ungenügend oder zurückgenommen war oder nach richtiger Auslegung nicht soweit ging, unterstellte. Dritte müssen sich auf einen solchen Vermerk in der Bestallung verlassen können. Dies verlangt die Sicherheit des Verkehrs und liegt ohne Zweifel in der Absicht des Gesetzes[19]).

Auch andere Befreiungen des Vormunds sind, wie analog anzunehmen ist, durch die Anerkennung des Vormundschaftsgerichts bedingt. Es gilt dies namentlich von dem letztwilligen Verbot der Bestellung eines Gegenvormunds, welches wirkungslos wird, wenn das Gericht gleichwohl einen Gegenvormund bestellt[20]). Erkennt das Gericht das Verbot an, so wird es dies in der Bestallung zu vermerken haben[21]). Doch ist die Aufnahme desselben in die Bestallung nichts Wesentliches, wenn sich das Gericht nur thatsächlich dem Verbot anschließt.

Kann das Vormundschaftsgericht die letztwillig angeordneten Befreiungen dann aufheben, wenn sie sich als ungeeignet erweisen?

---

[17]) V. O. §. 47 Abs. 2. Die Aufnahme der betreffenden Bestimmungen des Testaments in die Bestallung genügt nicht, sondern sind diejenigen Rechtshandlungen, zu deren selbständiger Vornahme der Vormund als ermächtigt erachtet wird, speziell zu bezeichnen, wobei allerdings die Bezeichnung durch eine Bezugnahme auf das Gesetz, soweit diese Bezugnahme nur ausreichend deutlich ist, erfolgen kann (Jahrbuch (App.) Bd. 7 S. 90, Jahrbuch Bd. 4 S. 74 Nr. 1 und Hesse, Anm. 5 zu §. 47 S. 401).

[18]) Siehe oben §. 21 unter Nr. 2 S. 84, vergl. auch unten §. 70 bei Anm. 21.

[19]) Ebenso Anton, Hesse, Neumann, Philler, Eccius, Erörterungen aus dem Gebiet des Vormundschaftsrechts S. 16 und in Förster's Privatrecht Bd. 4 §. 232 S. 212 u. A. m.

[20]) Diese Konsequenz hat folgerecht gezogen Kurlbaum im Just. Min. Bl. 1875 S. 266.

[21]) Nach V. O. §. 26 Abs. 6. Die bloße Nichterwähnung eines Gegenvormunds in der Bestallung möchte kaum ausreichen.

Die V. O. hat nur bestimmt, daß die Befreiung von der Sicherheitsstellung wegfallen soll, wenn Umstände eingetreten sind, welche eine solche nach dem Ermessen des Vormundschaftsgerichts nothwendig machen [22]). Dies ist auf Befreiungen jeder Art anzuwenden [23]). Denn es ist folgerecht, daß die von den Eltern ausgehenden Befreiungen nur so lange und so weit anerkannt werden, als die thatsächlichen Voraussetzungen, von denen sie ausgingen, bestehen; sind diese Voraussetzungen weggefallen, so ist ihre Basis geschwunden. Dieser allgemeine Gedanke, der auch anderweit in der V. O. Anerkennung gefunden hat [24]), würde zur Zulässigkeit der Aufhebung aller Befreiungen führen, wenn das Gesetz gar nichts über die Frage enthielte, und kann hieran nun der Umstand nichts ändern, daß die V. O. die Zulässigkeit der Aufhebung bei der Sicherheitsleistung noch besonders ausgesprochen hat. Denn dies ist eben blos Ausdruck jenes sie durchziehenden Grundgedankens und keine Singularität für die Sicherheitsleistung. Daß nur bei dieser der Ausdruck besonders erfolgt ist, ist als etwas Zufälliges anzusehen. Wichtig ist die in Rede stehende Frage namentlich für die Hinterlegung der Werthpapiere. Wenn der Vater den Vormund von dieser Hinterlegung befreit hat, weil der Ernannte ein reicher und durchaus sicherer Mann war, und wenn derselbe durch unerwartete Unglücksfälle in Vermögensverfall geräth, soll dann das Vormundschaftsgericht nicht die Hinterlegung der Mündelpapiere fordern können? Die Möglichkeit, vom Vormund Sicherheitsleistung zu verlangen oder ihn zu entsetzen und dadurch die Nachtheile, die aus der Unzulässigkeit der Aufhebung ungeeignet gewordener Befreiungen entstehen können, zu verhüten, auf welche von den Vertretern der Gegenansicht hingewiesen wird, giebt jedenfalls in diesem Falle keinen ausreichenden

---

[22]) V. O. §. 59 Abs. 2.

[23]) A. A. die Kommentatoren, z. B. Löwenstein, Anm. 221 zu §. 59 S. 94, Wachler, Anm. 4 zu §. 47 S. 155 und Hesse, Anm. 6 zu §. 47 S. 158 u. Anm. 5 zu §. 59 S. 199. Es stoßen hier zwei entgegengesetzte Interpretationsmethoden zusammen, von denen die eine die ratio legis zur Geltung zu bringen sucht, die andere beim Worte verharrt. Wem die Handhabung des Rechts ein Formalismus ist, dem wird die zweite Methode anstehen, wir sehen in dem Recht etwas Höheres und halten es mit dem Spruch, welchen die l. 17 D. de legibus 1, 3 auch dem Vormundschaftsrichter geschrieben hat: scire leges non est, verba earum tenere, sed vim ac potestatem.

Vgl. auch Beiträge Bd. 24 S. 820.

[24]) V. O. §. 18 Abs. 2 und §. 36.

Schutz. Denn das Verlangen der Sicherheitsleistung bleibt ohne Erfolg, weil der Vormund nichts besitzt, und deshalb allein, weil er die Sicherheit zu leisten nicht im Stande ist, kann er nicht entsetzt werden.

§. 34. Fortsetzung. Bestimmungen des Zuwenders, besonders des Erblassers.

Außer den Befreiungen, welche die den Vormund berufenden Eltern des Mündels treffen können, kommen in Betracht Anordnungen desjenigen, der dem Mündel etwas zugewendet hat, über das Zugewendete.

Hinsichtlich dieser Anordnungen ist eine Unterscheidung zu machen. Sie können Verfügungen zu Gunsten Dritter enthalten, z. B. bestimmen, daß eine Mündelsache einem Dritten für einen gewissen Preis verkauft sein soll. Dergleichen bilden regelrechte Verfügungen zu Gunsten Dritter. Sie haben in Gemäßheit der Grundsätze über die Verfügungen zu Gunsten Dritter unter Lebenden oder von Todeswegen verbindende Kraft und gehören nicht hierher.

Die Anordnungen über die Verwaltung des Zugewendeten können aber auch blos im Interesse des Mündels getroffen sein, dann schlagen sie in das Vormundschaftsrecht und damit in das öffentliche Recht ein, und sind nur insoweit rechtsverbindlich, als die V. O. solche Eingriffe anerkennt. Dieser Anerkennung erfreuen sich folgende Verfügungen, und zwar soweit es letztwillige sind, ohne Rücksicht darauf, ob dem Mündel mehr als der Pflichttheil zugewendet ist oder nicht,[1]):

1. Derjenige, der einer in väterlicher Gewalt oder unter Vormundschaft stehenden Person eine Zuwendung gemacht hat, sei es unter Lebenden oder von Todeswegen, also nicht blos der Erblasser[2]), kann für das Zugewendete eine besondere Pflegschaft anordnen und einen Pfleger berufen[3]).

Ein solcher Pfleger kann von der Rechnungslegung während der Dauer der Pflegschaft, von der Sicherheitsstellung und von der Nothwendigkeit der Genehmigung des Gegenvormunds oder des Vormundschaftsgerichts zu gewissen Handlungen[4]), endlich auch von der

[1]) Anders A. L. R. II 18 §. 683.

[2]) Hesse, Anm. 2 zu §. 87 S. 270.

[3]) V. O. §. 87 Abs. 1. Vgl unten §. 99 bei Anm. 13.

[4]) V. O. §. 87 Abs. 2.

Pflicht zur Verwahrung der Werthpapiere und Kostbarkeiten, Außerkurssetzung der ersteren und Eintragung der Staatsanleihe-Schuldverschreibungen im Staatsschuldbuche[5]) befreit werden.

2. Der Erblasser, und zwar dieser allein, kann ferner, auch wenn er keinen besonderen Pfleger ernennt, die Offenlegung des Verzeichnisses seines Nachlasses verbieten[6]), welches Verbot zugleich die Befreiung von der Rechnungslegung und der Einreichung einer Vermögensübersicht in Ansehung des davon betroffenen Vermögens nach sich zieht[7]).

3. Der Erblasser, und zwar wiederum nur dieser und nicht auch ein sonstiger Zuwender, kann endlich über die Verwaltung oder die Veräußerung der zu seinem Nachlasse gehörigen Gegenstände Bestimmungen für den Vormund mit verbindlicher Kraft treffen[8]). Diese Anordnungen können sein beschränkender Natur. Es gehört hierher die Vorschrift des Erblassers, daß gewisse Mobilien seines Nachlasses nicht verkauft, sondern aufbewahrt werden sollen, oder die Anordnung, daß der Vormund vor einer gewissen Handlung den Rath eines bestimmten Dritten hören soll. Schlechthin binden an den Rath des Dritten kann jedoch der Erblasser den Vormund nicht, da sonst dessen Verantwortlichkeit aufhören würde[9]). Die Anordnung kann auch den Kreis der Befugnisse des Vormunds erweitern, ihm z. B. verstatten, Schuldverschreibungen zu erwerben, welche sonst nicht als pupillarisch sicher erworben werden können.

In welcher Form alle diese Bestimmungen nach der V. O. zu treffen sind, kann zweifelhaft sein. Nur für das Verbot der Offenlegung des Nachlasses ist, und zwar in Folge eines in der letzten Redigirung der Vorlage getroffenen Zusatzes der Kommission des Abgeordnetenhauses, bestimmt, daß die Formen der V. O. §. 17

---

[5]) Dies ist zwar nicht ausdrücklich bestimmt, folgt aber aus der Analogie der Vorschrift bei der verwandten Sicherheitsleistung, und ist es nur ein Zufall, daß die Bestimmung des §. 60 Abs. 2, welche die Kommission des Abgeordnetenhauses einschob und auf welche der §. 24 Abs. 2 des Gesetzes vom 20. Juli 1883 (G. S. 1883 S. 120) verweist, nicht in §. 87 wiederholt ist. A. A., auch hier wieder am Wortlaut festhaltend, die Kommentatoren sowie Eccius, Bd. 4 §. 236 Anm. 13 S. 236.

[6]) V. O. §. 35 Abs. 3.

[7]) V. O. §. 57 Abs. 3.

[8]) V. O. §. 36.

[9]) l. 5 §. 8 D. de adm. tut. 26, 7.

Nr. 2 genügen [10]). Ist das Gleiche auch bei den anderen Anordnungen der Fall?

Wir nehmen dies als sicher an für die Ernennung und die Befreiung des Pflegers, auf welchen ja nach dem Gesetze die Vorschriften über die Vormundschaft entsprechende Anwendung finden sollen [11]). Aber auch die im §. 36 der V. O. gedachten Anordnungen wird man nach der Analogie der anderen Bestimmungen über die vormundschaftliche Verwaltung an die Form der V. O. §. 17 zu binden haben, da sonst eine sachlich durch nichts gerechtfertigte Verschiedenheit entstehen würde [12]).

Inwieweit kann das Vormundschaftsgericht von den Bestimmungen des Zuwenders bezw. Erblassers abgehen? Bezüglich der im §. 36 der V. O. erwähnten Anordnungen des Erblassers bestimmt die V. O., daß dem Vormunde eine Abweichung mit Genehmigung des Vormundschaftsgerichts gestattet sei, wenn Umstände eingetreten

---

[10]) V. O. §. 35.

[11]) V. O. §. 91. Die Kommission des Abgeordnetenhauses hingegen nahm mit den Regierungskommissarien an, daß die Befreiung in derselben Form wie die Zuwendung selbst erfolgen könne (Bericht der K. d. A. H. S. 20). Wäre also die Berufung eines Pflegers bei einem legatum heredi praesenti injunctum erfolgt, — das auch A. L. R. I 12 §. 172 kennt —, so würde die mündliche Befreiung genügen. So die meisten Kommentatoren, besonders Löwenstein, Anm. 295 zu §. 87 S. 126 und Hesse, Anm. 7 zu §. 87 S. 270, sowie Eccius, Bd. 4 §. 236 Anm. 13 S. 236. Dies ist irrig. Die Befreiung ist kein Vermächtniß, auch keine bloße Bedingung desselben, sondern eine selbständige, mit dem Vermächtniß verbundene, in das Vormundschaftsrecht eingreifende letztwillige Anordnung. Wenn demgegenüber besonders geltend gemacht wird, daß bei der diesseitigen Ansicht die im Abs. 2 des §. 87 V. O. ausdrücklich wiederholten Worte „bei der Zuwendung" ein ganz müßiger Zusatz seien, so ist doch schwerlich die Absicht gewesen, gerade durch diese Wiederholung eine den §. 91 V. O. ausschließende Bestimmung über die Form der Ernennung und der Befreiung des Pflegers zu treffen und auszudrücken, daß diese in der gleichen Form wie die Zuwendung selbst erfolgen können. Der diesseitigen Ansicht stimmt Neumann zu §. 87 S. 266 zu.

[12]) Auch hier gehen die Ansichten sehr auseinander und wird außer der Form des §. 17 Abs. 2 V. O. theils bloße Mündlichkeit als genügend angesehen (z. B. Jahrbuch (App) Bd. 5 S. 285 und Wachler, Anm. 1 zu §. 36 S. 121), theils in der Regel die Form der letztwilligen Verfügung gefordert (z. B. Eccius, Erörterungen aus dem Gebiet des Vormundschaftsrechts S. 17 Anm. 18 und in Förster's Privatrecht Bd. 4 §. 232 S. 216), theils diejenige Form, in welcher gültiger Weise die Zuwendung selbst gemacht werden konnte, angenommen (z. B. Maaßen, Anm. 2 zu §. 36 S. 52 und Hesse, Anm. 1 zu §. 36 S. 110).

seien, welche die Befolgung als nachtheilig für den Mündel erscheinen lassen [13]). Dem ist im Anschluß an die Ausführungen über die Aufhebung elterlicherseits angeordneter Befreiungen [14]) eine allgemeine Anwendung auf alle in diesem Paragraphen erwähnten Anordnungen des Zuwenders bezw. Erblassers zu geben, da es sich hier überall nicht um Verfügungen zu Gunsten Dritter, sondern um eine Regulirung der vormundschaftlichen Verwaltung zu Gunsten des Mündels handelt, welche auf Anerkennung keinen Anspruch hat, wenn sie ersichtlich in Widerspruch mit dem Interesse des Mündels tritt [15]).

§. 35. Der Gegenvormund. Einleitung.

Das römische Recht legte die Kontrole des Vormunds während der Führung seiner Verwaltung hauptsächlich in die Hand des Ehrenvormunds, tutor honorarius [1]). Ein solcher Vormund wurde indessen nicht bei jeder Vormundschaft, sondern nur in den Fällen berufen, in denen dies dem Testator oder der Obrigkeit nöthig oder nützlich erschien. Falls mehrere Vormünder berufen waren, wurden häufig einige zu Administratoren, andere zu Kontrolvormündern bestimmt. Solche Kontrolvormünder sollten sich regelmäßig Rechnung vom Verwaltungsvormund stellen lassen, die Deposition entbehrlicher Gelder betreiben, insbesondere aber, wenn sie übles Gebahren des Verwaltungsvormunds bemerkten, das Absetzungsverfahren in die Hand nehmen. Dies Alles unter eigener subsidiärer Verantwortlichkeit [2]).

Da im gemeinen Recht das Vormundschaftsgericht die regelmäßige Kontrole der Vormünder übernahm, so mußte der Ehrenvormund bei Seite geschoben werden.

Auch das A. L. R. kannte die Ehrenvormünder [3]) und suchte ihr Verhältniß näher zu bestimmen. Aber sie mußten auch hier ein dem System fremdes Ornament bleiben. Das Vormundschaftsgericht sollte dem Ehrenvormund von Einlangung der vom Vormund gestellten

---

[13]) Vgl. unten §. 56.

[14]) Siehe oben §. 33 S. 137 ff.

[15]) Für die allgemeine Zulässigkeit des Abgehens von den getroffenen Bestimmungen ist auch Märcker, Anm. zu §. 36 S. 259.

Für die Beseitigung des berufenen Pflegers tritt §. 18 V. O. analog ein.

[1]) Rudorff, Bd. 2 S. 238.

[2]) l. 3 §. 2 D. de adm. tut. 26, 7.

[3]) A. L. R. II 18 §. 120.

Rechnung und dem bevorstehenden Termin der Abnahme von Amtswegen Nachricht geben, und der Ehrenvormund war berechtigt, die Rechnung nachzusehen und Ausstellungen dagegen zu machen [4]). Eine Verpflichtung wurde ihm in dieser Rücksicht nicht aufgelegt. Auch haftete der Ehrenvormund nur für grobes Versehen [5]).

Umgekehrt hat das französische Recht das Institut des Kontrolvormunds — subrogé tuteur — eigenthümlich ausgebildet, was damit zusammenhing, daß dem Gericht die fortlaufende Kontrole des Vormunds nicht überwiesen wurde. Nach französischem Rechte ist für jede Vormundschaft ein subrogé tuteur — Gegenvormund — zu ernennen [6]). Der Regel nach ist er aus derjenigen der beiden Linien zu nehmen, welcher der Vormund nicht angehört [7]). Seine Funktion wird vor allem darin gesetzt, die Interessen des Minderjährigen zu vertreten, wenn sie in Widerspruch mit denen des Vormunds gerathen [8]). Er ist also von Rechtswegen ständiger Kurator des Mündels für diesen Fall. Außerdem hat er zu beaufsichtigen, bei der Inventarisirung mitzuwirken [9]), ihm sind die Uebersichten über den Zustand der Vermögensverwaltung in den Fristen zu übergeben, welche der Familienrath festsetzt [10]), und ihm steht deren Prüfung zu; findet er nichts zu erinnern, so wird Gericht und Familienrath nicht behelligt. Ferner hatte der Gegenvormund nach der Kabinetsorder vom 18. Dezember 1836 im Gebiete des rheinischen Rechts die Mitwirkung bei Verfügungen des Vormunds über Aktivkapitalien und Inhaberpapiere des Mündels. Endlich liegt ihm eine Betheiligung beim Absetzungsverfahren gegen den Vormund ob und er hat die Ernennung eines neuen Vormunds bei Wegfall oder Abwesenheit des bisherigen zu betreiben [11]).

---

[4]) A. L. R. II 18 §§. 664 u. 665.

[5]) A. L. R. II 18 §§. 291, 292 ff. u. 303.

[6]) Anknüpfungspunkte gab die coutume de Paris art. 240, wonach der überlebende Elterntheil inventarisiren sollte „avec personne capable et légitime contradicteur."

[7]) code civil art. 423.

[8]) code civil art. 420 u. art. 450.

[9]) art. 451.

[10]) art. 470.

[11]) code civil art. 424, 446 u. 448. Andere Verpflichtungen des französischen Gegenvormunds z. B. der Versteigerung der Mündelobjekte beizuwohnen, code civil art. 452 u. 459, vgl. art. 453, bedürfen hier keiner weiteren Ausführung.

§. 36. Der Gegenvormund nach der Vormundschaftsordnung.

Die V. O. hat die Kontrole über die vormundschaftliche Verwaltung im wesentlichen dem Vormundschaftsgericht belassen. Sie hat ihm aber dabei zwei Hülfsorgane gegeben, nämlich den Waisenrath für das persönliche Wohl des Mündels und den Gegenvormund für die Vermögensverwaltung. Es ergiebt sich hieraus, daß der Gegenvormund der V. O. eine andere Stellung hat, als der subrogé tuteur des französischen Rechts, wenn dieser auch zunächst das Vorbild war.

1. Das französisch-rheinische Recht verlangte für jede Vormundschaft einen Gegenvormund. Nach der V. O. ist ein Gegenvormund niemals in der Weise nothwendig, daß das Unterbleiben seiner Mitwirkung bei einem Geschäfte dessen absolute Nichtigkeit zur Folge hätte. Vielmehr hat dasselbe höchstens, und zwar auch dieses nur ausnahmsweise[1]) die Wirkung, daß das Geschäft zu einem s. g. hinkenden wird, regelmäßig sogar hat es gar keinen Einfluß auf die Gültigkeit des Geschäfts, so daß insoweit die Vorschriften über die Zuziehung des oder eines Gegenvormunds blos instruktioneller Natur sind. Im übrigen ist die Bestellung eines Gegenvormunds theils geboten und daher nothwendig, theils nicht geboten aber gestattet, theils verboten und daher unzulässig, und nach einer andern Scheidung theils eine allgemeine, theils nur eine vorübergehende behufs Mitwirkung bei einem speziellen Geschäft.

Im einzelnen gilt Folgendes:

a) Das Vormundschaftsgericht muß einen Gegenvormund bestellen, wenn mit der Vormundschaft eine Vermögensverwaltung verbunden ist[2]). Dies ist nicht der Fall, wo das Mündelvermögen blos in Mobilien besteht, die aufbewahrt werden, da eine bloße, wenn auch fortdauernde Verwahrung noch keine Verwaltung ist. Es ist ferner nicht der Fall, wo das Mündelvermögen nach Familienrecht oder besonderer rechtsgültiger Anordnung von anderen Personen, nicht dem Vormund verwaltet wird[3]). Endlich ist ein ein-

[1]) V. O. §§. 41 u. 46.

[2]) V. O. §. 26 Abs. 2.

[3]) Hierher gehören die praktisch häufigen Fälle, daß eine Wittwe auf Grund einer mit ihren Kindern fortgesetzten Gütergemeinschaft, eines Leibzuchtrechts oder eines letztwillig zugewendeten Verwaltungs- und Nießbrauchsrechts das Mündelvermögen verwaltet (vgl. unten §. 66). Hier bedarf es eines

zelner Verwaltungsakt, z. B. eine einmalige Quittungsleistung über eine schon bei Lebzeiten des Erblassers des Mündels an den ersteren gezahlte Schuld noch keine Vermögensverwaltung, zu welcher eine fortlaufende Kette von Verwaltungsakten gehört, außer es müßte denn der einzelne Verwaltungsakt sich als Anfang einer wirklichen dauernden Vermögensverwaltung darstellen, wie z. B. die Anlegung einer dem Mündel angefallenen Geldsumme. Im übrigen aber kommt es auf die Größe des zu verwaltenden Vermögens nicht an. Hiernach ist eine Verwaltung des Vormunds auch dann vorhanden, wenn es sich nur um geringe Summen handelt, die zinsbar belegt sind, z. B. bei der Sparkasse. Wenn trotzdem die Motive der Regierungsvorlage und Aeußerungen bei der Berathung im Landtage in einer zinsbaren Anlage geringer Mündelvermögen keine Vermögensverwaltung im Sinne der V. O. sehen wollen [4]), so entspricht dies, da das Einziehen und Verwenden der Zinsen oder bei einer Belegung bei der Sparkasse deren Stehenlassen eine fortlaufende Kette von Verwaltungsakten bildet, die freilich an sich keine große Summe betreffen, deren Objekt aber relativ für den armen Mündel dieselbe Bedeutung hat, wie für einen reichen ein großer Betrag, dem Gesetz nicht und giebt auch der Praxis keinen brauchbaren Anhalt zu einer Unterscheidung [5]).

Gegenvormundes selbst dann nicht, wenn die Wittwe Vormünderin ihrer Kinder ist. Denn sie verwaltet nicht als Vormünderin, und die Kontrole ihrer gütergemeinschaftlichen, Leibzuchts- oder testamentarischen Verwaltung im Interesse der Mündel kann der nur zur Kontrole der mit der Vormundschaft verbundenen Verwaltung berufene Gegenvormund nicht ausüben. Erscheint eine solche erforderlich, so würde daher nur ein Pfleger zur Wahrung der Interessen der Mündel gegenüber der Verwaltung der Wittwe bestellt werden können; ebenso Eccius, Bd. 4 §. 231 Anm. 31 S. 203, vgl. auch Neumann zu §. 26 S. 54, Jahrbuch (App.) Bd. 6 S. 41 u. 43, Hesse, Anm. 4 zu §. 26 S. 74 und Wunsch, in den Beiträgen Bd. 21 S. 274, die jedoch theilweise die Kontrole durch einen Gegenvormund statt einen Pfleger annehmen.

[4]) Regierungsentwurf S. 57 und Bericht der K. d. H. H. S. 40, ebenso die Kommentatoren und Bünger in den Beiträgen Bd. 20 S. 395 ff., die sonst mit den Ausführungen im Text übereinstimmen. Vgl. auch Eccius, Bd. 4 §. 231 S. 203. Siehe ferner oben §. 13 Nr. 1 S. 48.

[5]) Es wird sich überhaupt empfehlen, den Begriff der Vermögensverwaltung nicht zu eng zu fassen. Soll die Einsetzung eines Gegenvormunds ein Schutz sein, so ist er den kleinen Leuten so wenig zu versagen, wie dem Mittelstand und dem größeren Kapital. Ist nur wenig zu verwalten, so ist auch die Last der Gegenvormundschaft keine erhebliche. Jedenfalls wird der Vormundschaftsrichter gut thun, sobald im einzelnen Falle der Begriff der Ver-

b) Die Bestellung eines Gegenvormunds ist nicht nöthig:

α) wenn mehrere Vormünder zu ungetrennter Verwaltung bestellt sind [6]),

β) neben einem Pfleger, selbst wenn dieser eine Vermögensverwaltung führt [7]).

In beiden Fällen und ebenso dann, wenn mit der Vormundschaft keine Vermögensverwaltung verbunden ist, kann jedoch der Richter einen Gegenvormund bestellen, wenn ihm dies ersprießlich scheint [8]). Er muß dies thun, wenn Vater oder Mutter nach Maßgabe des §. 17 der V. O. Jemanden zum Gegenvormund berufen haben [9]). Hier wie dort wird durch die erfolgte Bestellung eines Gegenvormunds der Vormund in der gewöhnlichen Weise in seiner Verfügungsfähigkeit beschränkt.

c) Ausgeschlossen ist die Bestellung eines Gegenvormunds:

α) neben dem gesetzlichen Vormund, also neben dem Vater des Mündels, dem Vater der unehelichen Mutter des Mündels als gesetzlichem Vormund und dem Vorstand der mit der gesetzlichen Vormundschaft bekleideten Verpflegungsanstalten [10]),

β) wenn der Vater oder die Mutter nach Maßgabe der in §. 17 der V. O. für die Berufung eines Vormunds gegebenen Vorschriften die Bestellung eines Gegenvormunds untersagt haben [11]).

Neben dem gesetzlichen Vormunde muß jedoch wiederum ein Gegenvormund bestellt werden, wenn das Vormundschaftsgericht über die Genehmigung einer Handlung dieses Vormunds zu befinden hat, so daß der Gegenvormund aber nur ad hoc zum Zweck der Prüfung der fraglichen Maßnahme ernannt wird [12]).

Im ersteren Falle darf hierüber hinaus und im zweiten Falle überhaupt das Vormundschaftsgericht keinen Gegenvormund ernennen. Ist dies dennoch geschehen, so bleibt der gesetzliche Vormund in seinen Befugnissen trotzdem unbeschränkt. Anders dagegen, wenn einer

---

mögensverwaltung irgendwie zweifelhaft sein kann, von seiner Befugniß, auch ohne Vermögensverwaltung einen Gegenvormund zu bestellen, Gebrauch zu machen.

[6]) V. O. §. 26 Abs. 2.

[7]) V. O. §. 91.

[8]) Wegen der Beschwerde hiergegen s. oben §. 23 bei Anm. 47 S. 97.

[9]) V. O. §. 26 Abs. 5.

[10]) V. O. §. 26 Abs. 4.

[11]) V. O. §. 26 Abs. 6. Siehe oben §. 33 Nr. 1 S. 134.

[12]) V. O. §. 26 Abs. 4.

elterlichen Untersagung ungeachtet ein Gegenvormund bestellt ist. Hier tritt eine rechtlich wirksame Beschränkung des Vormunds ein. Denn in der Bestellung des Gegenvormunds ist hier der Ausdruck zu finden, daß das Gericht die nur unter gewissen Formen und Voraussetzungen gültige Untersagung nicht für rechtsbeständig angesehen hat, und kann dagegen nur Beschwerde geführt werden [13]).

2. Auf die Berufung und Bestellung des Gegenvormunds finden die für die Berufung und Bestellung des Vormunds geltenden Vorschriften entsprechende Anwendung [14]). Die Bestellung hat zu geschehen, sobald das Bedürfniß zu ihr feststeht, also wenn dies, wie meist, gleich bei der Einleitung der Vormundschaft der Fall ist, gleichzeitig mit der des Vormunds. Eine gesetzliche Gegenvormundschaft nach Analogie der gesetzlichen Vormundschaft kennt die V. O. nicht.

Verwandtschaft oder Schwägerschaft mit dem Vormund hindert die Bestellung zum Gegenvormund nicht, wird sogar bei der Gleichheit der für die Berufung geltenden Regeln häufig vorhanden sein. Sollte aus besonderen Gründen im einzelnen Fall die Bestellung eines mit dem Vormunde in naher persönlicher Beziehung stehenden Gegenvormunds bedenklich erscheinen, so geben die Vorschriften der §§. 18 und 19 V. O. genügenden Anhalt, statt seiner einen Anderen zu bestellen.

Die Gegenvormundschaft kann nicht kollegialisch ausgeübt werden. Dies widerspräche den Zwecken des Instituts. Daher spricht das Gesetz stets nur von einem Gegenvormund. Nur wenn die Vormundschaft, z. B. nach den Orten, wo sich das Mündelvermögen befindet, getheilt ist, kann jedem der Vormünder ein besonderer Gegenvormund ernannt werden. Würden gleichwohl, von diesem Fall abgesehen, letztwillig mehrere Gegenvormünder ernannt, so wäre der zuerst bezeichnete als zunächst berufen, die späteren als substituirt anzusehen [15]).

---

[13]) Ebenso z. B. Kurlbaum, Die Genehmigung des Gegenvormunds zu Rechtsgeschäften des Vormunds im Just. Min. Bl. von 1875 S. 266 und Hesse, Anm. 8 u. 12 a. E. zu §. 26 S. 75 u. 77.

[14]) V. O. §. 26 Abs. 5. Es kommen also für die Berufung die §§. 17—23 und für die Bestellung die §§. 24 u. 25 V. O. zur Anwendung.

[15]) V. O. §. 26 Abs. 3. A. A. und für die Zulässigkeit einer kollegialischen Vormundschaft z. B. Brettner in den Beiträgen Bd. 20 S. 19, Löwenstein, Anm. 101 zu §. 26 S. 42, Hesse, Anm. 10 zu §. 26 S. 76 und Philler, Anm. 119 zu §. 26 S. 67. Die Frage ist übrigens im wesentlichen nur eine Schulfrage.

Der Gegenvormund erhält eine Bestallung [16]).

3. Der Gegenvormund hat nicht das Recht der Vertretung des Mündels, auch nicht im Fall der Verhinderung des Vormunds. Seine Rechte und Pflichten, bei deren Wahrnehmung er sich in entsprechender Weise, wie es der Vormund darf, also außer in Dingen, die ihrer Natur nach als an die Person gebunden anzusehen sind, wie z. B. die Mitzeichnung der Jahresrechnungen, vertreten lassen kann [17]), sind folgende:

a) Er hat darauf zu achten, daß die Vermögensverwaltung des Vormunds oder des bei Verhinderung desselben eintretenden Pflegers ordnungsmäßig geführt werde [18]).

Demgemäß wirkt der Gegenvormund mit bei Errichtung des Inventars [19]). Die periodisch dem Gericht einzureichende Rechnung oder die an deren Statt seitens eines nach §. 57 V. O. [20]) von der Rechnungslegung befreiten Vormunds vorzulegende Uebersicht des Vermögens des Mündels ist vor der Einreichung bei Gericht dem Gegenvormund vorzulegen und von diesem mit seinen Bemerkungen zu versehen. Vorher ist ihm der Vermögensbestand nachzuweisen [21]). Auch bei der Schlußrechnung hat der Gegenvormund mitzuwirken [22]).

b) Das Vormundschaftsgericht hat vor der Entscheidung über die zu einer Handlung des Vormunds erforderliche Genehmigung den Gegenvormund zu hören. Ebenso ist der Gegenvormund vor Auswerfung eines Honorars an den Vormund zu hören [23]).

c) Vorgesetzter des Vormunds ist der Gegenvormund nicht und kann er demselben keine Anweisungen ertheilen. Dagegen ist er zur Anzeige beim Gericht verpflichtet, wenn der Vormund Pflichtwidrig-

---

[16]) V. O. §. 66. Vgl. unten §. 60 Anm. 10.

[17]) A. A. Wachler, Anm. 5 zu §. 27 S. 101. Vgl. oben §. 31 S. 128 bei Anm. 11 und unten §. 81 bei Anm. 10.

[18]) V. O. §. 31 Abs. 1.

[19]) V. O. §. 35 Abs. 1.

[20]) Neben befreiten Vormündern älteren Rechts sind Gegenvormünder überhaupt nur soweit es sich um die Verwaltung erst später dem Mündel zugefallenen Vermögens handelt, zu bestellen, Jahrbuch (App.) Bd. 7 S. 35 u. 36.

[21]) V. O. §§. 56 u. 57. Vgl. darüber, wie diese Nachweisung zu bewirken ist, Jahrbuch Bd. 3 S. 47.

[22]) V. O. §. 67 Abs. 2.

[23]) V. O. §. 55 Abs. 2 und §. 34 Abs. 1.

keiten begeht[24]), ebenso wenn der Vormund unfähig wird oder stirbt[25]).

d) Der Gegenvormund kann die Bildung eines Familienrathes veranlassen und im Fall seiner Bildung die Einberufung desselben fordern[26]). Falls kein Familienrath besteht, kann er die Anhörung von Angehörigen des Mündels beantragen[27]).

e) Der Gegenvormund hat die Genehmigung zu ertheilen zur Veräußerung von Werthpapieren des Mündels, zur Einziehung, Abtretung oder Verpfändung von ihm gehörigen Kapitalien, sofern dieselben nicht bei Sparkassen belegt sind, ferner zur Aufgabe oder Minderung der für eine Mündelforderung bestellten Sicherheit[28]). Alle diese Akte sind unverbindlich, sofern die Genehmigung nicht ertheilt wird[29]).

Die Genehmigung des Gegenvormunds zu Verfügungen über Mündelforderungen kann durch die Genehmigung des Gerichts ersetzt werden[30]).

Es ist ferner noch das Einverständniß des Gegenvormunds nöthig bei der dauernden Anlage von Mündelgeldern in pupillarisch sicheren Obligationen[31]).

4. Es erhebt sich die Frage, wie es mit den dem Gegenvormund zugewiesenen Funktionen zu halten sei, wenn ein Gegenvormund nicht bestellt ist.

Natürlich fällt dann seine allgemeine Aufsicht weg. Bezüglich der Inventarerrichtung verlangt das Gesetz ausdrücklich nur die Zuziehung des etwa vorhandenen Gegenvormunds[32]). Wo ferner die Mitwirkung des Gegenvormunds bei gerichtlichen Handlungen erfordert wird[33]) und ein Gegenvormund fehlt, hat sich das Gericht zu fragen, ob ein solcher allgemein, oder, wie beim gesetzlichen Vormund, ad hoc zu bestellen ist[34]), oder ob, wenn z. B. eine vom Gegenvormund

[24]) V. O. §. 31 Abs. 2. Vgl. oben §. 18 unter Nr. 6 S. 69.
[25]) V. O. §. 31 Abs. 2 und §. 65 Abs. 1.
[26]) V. O. §. 71 Abs. 1 unter Nr. 3 und §. 77 Abs. 1.
[27]) V. O. §. 55 Abs. 1.
[28]) V. O. §. 41. Siehe unten §. 70.
[29]) V. O. §. 46.
[30]) V. O. §. 41 Abs. 2. Siehe unten §. 70 bei Anm. 19.
[31]) V. O. §. 39 Abs. 1.
[32]) V. O. §. 35 Abs. 1.
[33]) V. O. §§. 55 u. 56.
[34]) V. O. §. 26 Abs. 4.

befreite Vormundschaft vorliegt, von einer solchen Bestellung völlig abzusehen ist. Da von der Mitwirkung des Gegenvormunds die Gültigkeit der gerichtlichen Anordnungen nicht abhängt, so ist ein Mißgriff des Richters in dieser Hinsicht nicht von erheblicher Bedeutung.

Wichtig und zweifelhaft aber ist es, wie es sich beim Fehlen des Gegenvormunds mit einer Verfügung des Vormunds über Forderungen des Mündels verhält, welche nach V. O. §§. 41 und 46 nur durch die Genehmigung des Gegenvormunds wirksam wird. Zwei Fälle sind zu unterscheiden:

a) Es ist um deswillen neben dem Vormund kein Gegenvormund bestellt, weil das Gesetz die Bestellung eines solchen ausschließt, was beim gesetzlichen Vormund sowie bei einer Untersagung der Bestellung durch die Eltern der Fall ist, oder die Bestellung unterblieb, weil sie vom Gesetz, wie im Fall der Bestellung mehrerer Vormünder, in das Ermessen des Gerichts gestellt ist und dieses sie unnöthig fand.

Hier ist der Vormund ermächtigt, über die Forderungen des Mündels ohne die in der V. O. §. 41 vorgesehene Genehmigung zu verfügen. Denn die Nichtbestellung des Gegenvormunds ist hier gerade um deswillen vorgeschrieben oder zugelassen, um den Vormund freier zu stellen [35]). Vorstehendes gilt insbesondere auch bei der Pflegschaft [36]).

b) Das Gericht hat thatsächlich keinen Gegenvormund bestellt, obgleich ein solcher nach der Vorschrift des Gesetzes hätte bestellt werden müssen. Hier wird vielfach angenommen [37]), daß die im §. 41 der V. O. erwähnten Verfügungen des Vormunds unwirksam seien, so lange sie durch einen Gegenvormund nicht genehmigt worden. Es handle sich um eine gesetzliche Einschränkung des Vormunds, die für alle Fälle gewollt sei, in welchen das Gesetz einen Gegenvormund wolle. Sei ungesetzlicherweise ein Gegenvormund nicht vorhanden,

---

[35]) Hierüber besteht kein Streit.

[36]) Dies ist allerdings nicht unbestritten, das Nähere siehe unten §. 98 bei Anm. 24 u. 29.

[37]) z. B. von Kurlbaum, Die Genehmigung des Gegenvormunds zu Rechtsgeschäften des Vormunds im Just. Min. Bl. von 1875 S. 267, Wundsch in den Beiträgen Bd. 21 S. 271, Hesse, Anm. 2 u. 3 zu §. 41 S. 399 und Turnau, Bd. 2 §. 90 S. 344 sowie im Jahrbuch (App.) Bd. 8 S. 97 und im Jahrbuch Bd. 4 S. 82.

so folge hieraus nicht eine Erweiterung der vormundschaftlichen Legitimation, vielmehr sei es nothwendig, die zur vollständigen Legitimation des Mündels gesetzlich erforderten Organe zu schaffen. So sei die Sache auch anerkanntermaßen im Bezirk des Appellationsgerichtshofes zu Köln nach den Vorschriften des code civil und der Kabinetsorder vom 18. Dezember 1836 gewesen.

Diese Auffassung ist in ihrer Unbedingtheit nicht ohne Bedenken. Wo, wie nach französischem Recht, der Gegenvormund ein nothwendiges Organ der vormundschaftlichen Verwaltung ist, muß Jeder wissen, daß, so lange derselbe fehlt, eine vollständige Vertretung des Mündels nicht hergestellt ist. Anders nach der V. O., nach welcher die Gegenvormundschaft keine schlechthin nothwendige Institution ist, sondern nur unter besonderen vom Richter zu bestimmenden Voraussetzungen einzutreten hat. Hier werden sich die Betheiligten an die Organisation des vormundschaftlichen Amtes halten, wie sie das Gericht traf, auch wenn der Gegenvormund fehlt, welcher in concreto gesetzlich nothwendig war; denn diese Organisation ist nicht eine absolut, sondern höchstens relativ für die betreffende Vormundschaft ungehörige. Wenn insbesondere das Vormundschaftsgericht den Vormund für einen vollbefreiten hielt und keinen Gegenvormund bestellte, wenn daraufhin der Vormund selbständig über Forderungen des Mündels verfügte, soll dann später das Prozeßgericht, wenn es findet, daß eine letztwillige Befreiung nicht bestand und daß ein Gegenvormund und dessen Genehmigung nothwendig gewesen wäre, die Unwirksamkeit der Handlung des Vormunds aussprechen müssen? Gewiß wäre dies ein Mangel des Gesetzes. Denn die Legitimation des Vormunds muß eine festgesicherte sein.

Die Lösung liegt darin, daß das Gericht die Genehmigung an Stelle des Gegenvormunds ertheilen kann und daß eine allgemeine Ermächtigung des Gerichts nach außen hin gültig ist, wenn solche auch der Regel nach nicht ertheilt werden soll[38]). Bestellt nun das Gericht einen Vormund ohne Gegenvormundschaft, weil es den Vormund als befreit erachtet, und erwähnt es dies in der Bestallung, so ist hierin die allgemeine Ermächtigung des Vormunds zu sehen, über Forderungen ohne Gegenvormund zu verfügen. Das Gericht kann, wenn es hierbei schuldhafterweise handelte, regreßpflichtig

---

[38]) Vgl. V. O. §. 41 Abs. 2 und §. 47 Abs. 2. Siehe oben §. 21 unter Nr. 2 S. 84, ferner §. 33 bei Anm. 18 u. 19 S. 137.

werden. Die Legitimation des Vormunds nach außen ist eine feste. Nothwendig bleibt aber hierbei immer, daß durch die Bestallung der Wille des Vormundschaftsgerichts, der Vormund solle von der Kontrole des Gegenvormunds befreit sein, zum klaren und sicheren Ausdruck gelangt ist[39]).

Anders, wenn das Gericht die Bestellung eines Gegenvormunds aus bloßer Nachlässigkeit unterließ, wenn es etwa versäumt hätte, einem am 1. Januar 1876 vorhandenen, nicht befreiten Vormunde einen Gegenvormund an die Seite zu stellen. Hierin kann natürlich die Ertheilung einer besonderen Ermächtigung an den Vormund nicht gefunden werden.

Ebenso steht es, wenn ein Gegenvormund bestellt war, aber verstorben oder sonst weggefallen ist. Hier ist das Kontrolamt konstituirt und muß neu besetzt werden, ehe die bezüglichen Handlungen vorgenommen werden können.

5. Ein Honorar kann dem Gegenvormund zwar durch ausdrückliche Bestimmung des Erblassers des Mündels, nicht aber vom Gerichte bewilligt werden[40]). Auslagen sind ihm zu erstatten, wie dem Vormund, ebenso geleistete Dienste zu vergüten, wie diesem[41]).

6. Der Gegenvormund steht wie der Vormund unter Aufsicht des Gerichts. Es sind gegen ihn Ordnungsstrafen zulässig[42]). Sicherstellung kann nicht von ihm verlangt werden[43]).

7. Die Beendigung des Amts des Gegenvormunds richtet sich nach denselben Grundsätzen wie die des Vormunds. Insbesondere ist der Gegenvormund vom Vormundschaftsgericht wegen Pflicht-

---

[39]) Uebereinstimmend Eccius, Erörterungen aus dem Gebiet des Vormundschaftsrechts S. 16 Anm. 17. Wenn derselbe dabei bemerkt, daß nach dem diesseitigen Standpunkt hinsichtlich der Beschwerde der obigen Ansicht noch hinzuzufügen sei: „Freilich kann die zu Unrecht ertheilte Ermächtigung und mit derselben jedes darauf hin geschlossene Geschäft im Beschwerdewege annullirt werden", so ist dem mit der Maßgabe beizutreten, daß die Beschwerde diese Wirkung dann hat, wenn sie überhaupt nach den Ausführungen oben §. 23 unter Nr. 5 S. 98 ff. ex tunc wirkt, thatsächlich aber selten haben wird, weil es meist an einem durch die Ermächtigung Verletzten und somit an einem Beschwerdeberechtigten fehlen wird.

[40]) V.O. §. 34 Abs. 3, ebenso z. B. Eccius, Bd. 4 §. 231 S. 204 und Hesse, Anm. 3 zu §. 34 S. 104.

[41]) V.O. §. 33 Abs. 2 u. 3.

[42]) V.O. §. 51.

[43]) V.O. §. 59 Abs. 3.

widrigkeit zu entsetzen [44]). Hört die Vermögensverwaltung, für welche der Gegenvormund hauptsächlich bestellt ist, aus irgend einem Grunde auf, so kann der Gegenvormund seine Entlassung beantragen [45]), dieselbe ist jedoch, da Vermögensverwaltung und Gegenvormundschaft nicht nothwendig Korrelate sind, nur nach Umständen zu bewilligen [46]).

§. 37. Haftbarkeit des Vormunds und des Gegenvormunds [1]).

Im römischen Rechte gelangte nach manchem Streit die Ansicht zur Herrschaft, daß der Vormund für dolus, culpa lata und nur für solche Nachlässigkeit hafte, die ihm in seinen eigenen Dingen fremd zu sein pflegte, s. g. culpa in concreto [2]). Das A. L. R. hingegen forderte vom Vormund bei Angelegenheiten seiner Pflegebefohlenen denjenigen Grad der Aufmerksamkeit, den ein ordentlicher Hausvater in eigenen Angelegenheiten gewöhnlich verwendet, und ließ ihn hiernach regelmäßig für den mittleren Grad der culpa haften [3]). Auch das französische Recht verlangt, daß der Vormund das Mündelvermögen als guter Hausvater verwalte, und macht ihn für schlechte Geschäftsführung ohne weiteres verantwortlich [4]).

Mit Recht hat sich die V. O. dem angeschlossen [5]). Der Vormund sowie der Gegenvormund haften für die Sorgfalt, welche ein ordentlicher Hausvater in eigenen Angelegenheiten verwendet. Es ist in der That nicht zu billigen, daß der üble Hausvater frei ausgeht, wenn er Mündelgeschäfte schlecht führt. Mag er auf eigene Kosten nachlässig sein, auf fremde Kosten kann ihm dies nicht gestattet werden [6]). Dazu kommt, daß der Beweis, daß man auch in eigenen Dingen unter gleichen Verhältnissen nachlässig zu verfahren pflegte, ein schwieriger ist und häufig kein sicheres Resultat giebt.

---

[44]) V. O. §. 62 Abs. 1 und §. 63 Abs. 1 u. 2. Vgl. unten §§. 88 u. 89.

[45]) V. O. §. 63 Abs. 2.

[46]) Maaßen, Anm. 6 zu §. 26 S. 43.

[1]) Rudorff, §. 172, Arndts u. Leonhard, S. 34.

[2]) l. 1 pr. D. tutelae 27, 3, l. 53 §. 3 D. de furtis 47, 2 und nov. 72 cap. 8. Die Haftung für jede culpa nehmen an l. 33 pr. D. de adm. tut. 26, 7 und l. 7 C. arbitrium tutelae 5, 5.

[3]) A. L. R. II 18 §. 275 ff.

[4]) code civil art. 450 Abs. 2.

[5]) V. O. §. 32 Abs. 1.

[6]) Vgl. Bericht der K. d. H. H. S. 45.

Dagegen wird begreiflich der Richter die Frage, ob der Vormund oder der Gegenvormund bei der Verwaltung des Mündelvermögens bezw. bei deren Kontrole die nöthige Umsicht und Diligenz fehlen ließ, nicht leichtfertig bejahen dürfen. Er wird sich dabei insbesondere in die Zeit, um welche es sich handelt, in deren Strömungen zu versetzen haben, da sich diesen Niemand völlig entziehen kann. Er darf nicht vorzugsweise nach dem Erfolge urtheilen. Wie manche Unternehmung galt in den Jahren 1870 bis 1872 als völlig solid, welche man nach dem Rückschlage seit dem Jahre 1873 als zweifelhaft erachten wird. Noch schwieriger als bei fehlgeschlagenen Unternehmungen wird der Nachweis des Mangels an Diligenz bei bloßen Unterlassungen sein. Doch wäre es eine ungerechtfertigte Prämie der Unthätigkeit und Trägheit, wenn man den Vormund oder gar den Gegenvormund bei Unterlassungen nur für dolus und grobe Nachlässigkeit in Anspruch nehmen könnte, wie dies ältere Juristen behaupteten [7]).

Bewegen sich der Vormund und Gegenvormund innerhalb der vom Gesetz gezogenen Schranken, so sind sie deshalb noch nicht von jeder Verantwortlichkeit für Verschuldung frei. Dies gilt insbesondere auch bei der Anlegung von nicht zu laufenden Ausgaben erforderlichen Geldern in den vom Gesetz hierfür als zulässig bezeichneten Werthen. Denn damit stellt das Gesetz diese nur als präsumtiv sicher hin, und haften der Vormund sowie der Gegenvormund daher z. B., wenn sie Schuldverschreibungen einer deutschen Gemeinde erworben hätten, welche zur Zeit des Erwerbs bereits nicht zahlungsfähig war. Doch wird hier, da sie der Anweisung des Gesetzes zunächst vertrauen durften, besonders schwer eine Verletzung der schuldigen Sorgfalt anzunehmen sein und thatsächlich ihre Haftung sich auf dolus und culpa lata beschränken [8]).

Umgekehrt ist die Nichtbeachtung besonderer dem Vormund oder Gegenvormund auferlegter Verpflichtungen zwar noch nicht unbedingt eine Verletzung der Sorgfalt eines ordentlichen Hausvaters, z. B.

---

[7]) Vgl. l. 7 §. 1 und l. 32 §§. 2 u. 3 D. de adm. tut. 26, 7. Rudorff, Bd. 3 S. 73 Anm. 11.

[8]) In ähnlicher Weise entscheiden die römischen Juristen, daß der Vormund im Fall der Anschaffung von Grundstücken nur hafte, wenn er gratiose oder sordide handelte, nicht wenn er non bonam conditionem elegit (l. 7 §. 2 D. de adm. tut. 26, 7). Dies deshalb, weil der Vormund nach römischem Recht verpflichtet war, mit den Mündelgeldern Grundstücke anzuschaffen.

die Unterlassung der Taxation eines Grundstücks, welches eine so zweifellose Sicherheit bietet, daß die Aufnahme einer Taxe nur als eine überflüssige Förmlichkeit erscheinen würde, wird es aber in der Regel und wenn nicht besondere Umstände entgegenstehen, sein. Jedoch bleibt auch hier der Einwand, daß der Schaden auch bei Beachtung der gesetzlichen Vorschrift entstanden sein würde [9]).

Die Haftung des Gegenvormunds ist nicht eine blos subsidiarische, die erst nach fruchtloser Ausklagung des Vormunds verfolgt werden könnte, sondern geht selbständig neben der des Vormunds her [10]). Thatsächlich wird aber in der Regel der Vormund eher als der Gegenvormund sich in Verschulden befinden und in Anspruch zu nehmen sein, auch oft die Haftung des Gegenvormunds sich damit erledigen, daß der Schaden durch den Vormund gedeckt wird.

Bei einer Mehrheit von Vormündern oder Gegenvormündern steht ein Jeder nur für das eigene Verschulden ein. Haben sie gemeinschaftlich gehandelt und trifft die Verschuldung in gleichem Maße jeden Einzelnen, so haftet Jeder dem Mündel auf das Ganze, ohne die Einrede der Theilung zu haben [11]). Bei einer durch Stimmenmehrheit beschlossenen Maßregel haften natürlich nur diejenigen, die zugestimmt haben, nicht auch diejenigen, die überstimmt worden sind [12]).

Wenn nach dem Vorstehenden eine Haftung des Vormunds oder Gegenvormunds vorhanden ist, begründet dieselbe die Verpflichtung zum Ersatz sowohl des positiven Schadens als des entgangenen Gewinnes, soweit dieser als Folge des Verschuldens sicher

---

[9]) §. 26 I 6 A. L. R. greift nicht Platz, da die in Rede stehenden Vorschriften nicht als Polizeigesetze im Sinne des §. 26 (vgl. Entscheidungen des Reichsgerichts in Civilsachen Bd. 6 S. 62) angesehen werden können. Vgl. zu den Ausführungen im Text das Urtheil des Reichsgerichts vom 3. April 1884 in dessen Entscheidungen in Civilsachen Bd. 11 S. 307 und im Just. Min. Bl. 1884 S. 218.

[10]) Urtheil des Reichsgerichts vom 20. November 1882 in den Beiträgen Bd. 27 S. 1052 und Eccius, Bd. 4 §. 235 Anm. 11 S. 231. Anders l. 3 §. 2 D. de adm. tut. 26, 7 und A. L. R. II 18 §. 292.

[11]) V. O. §. 32 Abs. 4. Vgl. l. 55 pr. D. de adm. tut. 26, 7 und A. L. R. II 18 §. 288. Aufgehoben sind die Vorschriften von l. 1 §. 11 D. de tut. 27, 3.

[12]) Ebenso z. B. Hesse, Anm. 3 u. 8 zu §. 32 S. 97 u. 98 und Philler, Anm. 226 zu §. 49 S. 98.

nachweisbar ist. Die in letzterer Beziehung in den einzelnen besonderen Gesetzgebungen geltenden beschränkenden Bestimmungen [13]) müssen außer Anwendung bleiben, weil diese mit dem System der Unterscheidung von Graden des Verschuldens in Verbindung stehen, mit dem die V. O. gebrochen hat, und ferner sonst bei ihrer Verschiedenheit eine Verschiedenheit des Umfangs der Haftung des Vormunds und Gegenvormunds in den verschiedenen Rechtsgebieten bestehen würde, die nicht zulässig erscheint. [14])

Ueber Beginn und Ende der Haftpflicht wird später im einzelnen zu handeln sein [15]).

Durch die Genehmigung eines Geschäfts seitens des Gegenvormunds wird der Vormund, durch die Genehmigung seitens des Vormundschaftsgerichts werden der Vormund und der Gegenvormund von ihrer Haftpflicht gegenüber dem Mündel nicht befreit [16]). Diese Bestimmung des Gesetzes ist abstrakt genommen völlig richtig und namentlich dann einleuchtend, wenn dem Genehmigenden Dolus zur Last fällt oder die Genehmigung auf Grund einer falschen Darstellung des Vormunds erfolgt ist [17]). Handelt es sich dagegen um den Vorwurf eines bloßen Versehens des Vormunds und des Gerichts, so wird der Nachweis später nicht leicht erbracht werden können, wenn sich zur Zeit des Ergreifens der Maßnahme die ausführende und die kontrolirende Instanz über deren Zweckmäßigkeit einigte.

Der Vormund ist nicht haftbar, sofern er zu einer schädlichen Maßregel oder Unterlassung vom Gericht, insbesondere durch Androhung von Ordnungsstrafen, genöthigt wurde, da ihn hier keine Verschuldung trifft. Ob es ihm zur Last gelegt werden kann, daß er keine Beschwerde einlegte, hängt von den Umständen ab. Es handelt sich aber hierbei immer nur um solche Verfügungen des Gerichts, denen er Folge leisten muß, die also für ihn die Bedeutung von Anweisungen haben. Anderen gerichtlichen Verfügungen gegenüber bewendet es bei der gewöhnlichen Haftpflicht [18]).

---

[13]) Vgl. besonders A. L. R. I 6 §. 10 ff.

[14]) Oben §. 13 Nr. 3 S. 49. Vgl. auch unten §. 43 unter 2b u. c.

[15]) Siehe unten §. 60 unter Nr. 3 u. 4, §. 87 ff. und §. 90 unter Nr. 4.

[16]) V. O. §. 49.

[17]) Vgl. l. 2 §. 2 D. ubi pup. educ. 27, 2.

[18]) Urtheil des Reichsgerichts vom 27. Mai 1884 in den Beiträgen Bd. 28 S. 1121

Für die vormundschaftliche Verwaltung einer zum Vormund bestellten Frau haftet deren Ehemann als Bürge, wenn er nicht der Vater des Mündels ist [19]).

Die Verpflichtungen des Vormunds und Gegenvormunds aus vernachlässigter Sorgfalt gehen auf die Erben derselben schrankenlos über [20]).

§. 38. Der Protutor.

Das römische Recht stellte besondere Rechtsmittel für den Fall auf, daß Jemand — als s. g. Protutor —, ohne Vormund zu sein, wie ein Vormund thätig war, sei es, daß er glaubte mit der Vormundschaft bekleidet zu sein, oder wissend, daß dies nicht der Fall war, sich in dies Amt eindrängte [1]). Auch das A. L. R. glaubte für diesen Fall besondere Vorkehrungen treffen zu müssen [2]).

Diese Bestimmungen sind nun durch die V. O. aufgehoben, ohne daß neue besondere Vorschriften an die Stelle getreten sind. Es ist daher zurückzugehen auf allgemeine Grundsätze.

1. Was das Verhältniß zwischen Protutor und Mündel anlangt, wofür die Römer die actio protutelae directa und contraria aufstellen, so werden die Grundsätze über Geschäftsführung ohne Auftrag zur Anwendung kommen [3]). Indessen erhalten dieselben eine besondere Färbung dadurch, daß der Protutor als Vormund

---

[19]) V. O. §. 32 Abs. 3. Siehe unten §. 49.

[20]) Ebenso Anton, Hesse, Neumann u. A. m. Anders A. L. R. II 18 §§. 293 u. 294, die durch §. 102 V. O. beseitigt sind. Auch nach römischem Recht hafteten die Erben nur beschränkt, nämlich blos für dolus und culpa lata (l. 1 C. de her. tut. 5, 54). Das Motiv für diese beschränktere Haftung der Erben, daß die Frage der gehörigen Sorgfalt des Vormunds nach dessen Tode schwer auszumitteln sei, und daß dieser Gründe für ein scheinbar schuldhaftes Verfahren gehabt haben könne, welche ihn genügend rechtfertigten, die aber der Erbe nicht kenne, wird auch jetzt noch eine thatsächliche Bedeutung insofern haben, als der Richter nach dem Tode des Vormunds, welcher sein Verfahren am besten vertheidigen konnte, doppelt vorsichtig in Annahme eines Versehens sein wird.

[1]) Tit. D. de eo, qui pro tutore 27, 5 und quod falso tutore 27, 6, sowie Tit. Cod. de eo, qui pro tutore 5, 45. Glück, Pandekten Bd. 32 S. 293 ff. Rudorff, Bd. 2 S. 292 ff.

[2]) A. L. R. II 18 §. 228 ff. Arndts und Leonhard S. 44. Der Protutor des französischen Rechts ist Mitvormund in einem besondern Fall, code civil art. 417.

[3]) Ebenso Wachler, Anm. 5 zu §. 24 S. 88.

sich gerirte. Denn jede Vernachlässigung der Pflichten eines Vormunds, insbesondere die Ueberschreitung der diesem aufgelegten Beschränkungen, macht auch den Protutor verantwortlich, welchem obliegt, sich wie ein guter Vormund zu benehmen [4]).

Die gemeinrechtliche actio protutelae war mit einem privilegium exigendi ausgestattet, wie die actio tutelae. Die V. O. erhält nun die bestehenden Vorschriften, nach welchen dem Mündel ein Vorzugsrecht vor anderen Gläubigern des Vormunds zusteht [5]). Bezieht sich dies auf den Protutor? Wir betrachten dies als in der Intention der Bestimmung liegend, welche das bisherige Recht in dieser Materie überhaupt erhalten will. Wie jedoch bereits die preußische Konkursordnung vom 8. Mai 1855 §. 80, so hat auch die deutsche Konkursordnung im §. 54 Nr. 5 das Vorrecht nur anerkannt für das „gesetzlich" in die Verwaltung des Gemeinschuldners gekommene Mündelvermögen. Ein Vorrecht gegenüber dem Protutor ist hiermit ausgeschlossen [6]).

2. Die Geschäfte, welche Jemand als Vormund mit Dritten schließt oder die er als solcher genehmigt, ohne diese Eigenschaft zu haben, sind natürlich für den Mündel unverbindlich. Wie kommt der getäuschte Dritte zu seinem Schaden?

Das römische Recht gab dem Dritten eine restitutio in integrum für den Fall, daß er seinerseits dem Mündel verpflichtet wurde, der Mündel aber nicht ihm. Dieser Fall kann nach dem jetzigen Recht nicht mehr vorkommen. Jenes Recht gab weiter dem Dritten eine Klage gegen den Vormund, wenn dieser sich wissentlich für den Vormund fälschlich ausgab [7]). Im heutigen Recht aber ist die Klage schwerlich auf diesen Fall beschränkt. Ueberwiegend nimmt man auch im gemeinen Rechte an, daß Jeder für seine culpa in contrahendo hafte, also auch der, welcher sich leichtsinnigerweise für den Vormund ausgab [8]). Jedenfalls gilt dies aber nach preußischem [9]) und nach

---

[4]) cfr. l. 4 D. de eo, qui pro tutore 27, 5.

[5]) V. O. §. 32 Abs. 5.

[6]) Dies wurde bei der Berathung der preußischen Konkursordnung ausdrücklich ausgesprochen, vgl. Koch, Konkursordnung zu §. 80. Für die deutsche Konkursordnung vgl. von Wilmowski, Deutsche Reichskonkursordnung, 2. Aufl. 1881, Anm. 12 zu §. 54 S. 283 unten u. S. 284. Uebereinstimmend auch Wachler, Anm. 14 zu §. 32 S. 113.

[7]) l. 11 pr. D. quod falso tutore 27, 6.

[8]) Ihering, culpa in contrahendo in den Jahrbüchern Bd. 4 S. 1 ff.

rheinischem Rechte. Der getäuschte Dritte hat Anspruch auf Schadensersatz.

Der Fall der eigentlichen Protutel ist, seitdem der Vormund fast durchgängig gerichtlich bestellt wird, sehr selten. Leichter kann es vorkommen, daß ein Vormund den ihm zugewiesenen Kreis von Geschäften überschreitet. Es treten dann im Verhältniß zu Dritten die entwickelten Grundsätze gleichfalls ein.

Für Wechselerklärungen, die der Vormund mit Ueberschreitung seiner Befugnisse ausgestellt hat, ist speziell vorgeschrieben, daß er für dieselben persönlich in gleicher Weise haftet, wie der Mündel gehaftet haben würde, wenn der Vormund die Wechselerklärung befugt, d. i. mit Genehmigung des Vormundschaftsgerichts, ausgestellt hätte[10]).

und Windscheid, Pandekten II §. 307 sub 5. Vgl. die weitergehende Vorschrift des allgem. deutschen Handelsgesetzbuchs Art. 55.

[9]) A. L. R. I 5 §. 284.

[10]) Art. 95 der allgem. deutschen Wechselordnung.

Dritter Abschnitt.

Die Vormundschaft über Minderjährige.

Erstes Kapitel. Die Minderjährigen und ihre Rechtsstellung.

§. 39. Der Fall der Bevormundung.

Minderjährige stehen unter Vormundschaft, wenn sie sich nicht unter väterlicher Gewalt befinden, wenn die väterliche Gewalt nach den Vorschriften des bürgerlichen Rechts ruht, oder wenn ihr Vater selbst bevormundet ist [1]). So bestimmt die V. O. [2]) übereinstimmend mit den Grundsätzen der Reichspolizeiordnung von 1548 und des A. L. R.

1. Zwischen mündigen und unmündigen Minderjährigen besteht also kein Unterschied. Doch ist in einigen Beziehungen das achtzehnte Jahr, die s. g. plena pubertas, von Gewicht [3]). Vermögens=

---

[1]) Die Einleitung einer Pflegschaft über den Vater steht der Bevormundung desselben nicht gleich. Den noch minderjährigen Kindern eines unter Pflegschaft gestellten Vaters ist daher nicht ein Vormund, sondern im Falle des Bedürfnisses ein Pfleger zu bestellen, und nur wenn die Pflegschaft über den Vater in eine Vormundschaft übergeht, muß auch den Kindern ein Vormund bestellt werden. Selbstredend kann außer in Kollisionsfällen für den Vater und seine Kinder dieselbe Person zum Vormund oder Pfleger bestellt werden (Hesse, Anm. 3 zu §. 86 S. 267).

[2]) V. O. §. 11.

[3]) V. O. §§. 55 Abs. 3, 61 Abs. 2 u. 97. Vgl. Strafgesetzbuch für das deutsche Reich §§. 56, 57 u. 65, deutsche Strafprozeßordnung §. 414 Abs. 2, auch deutsche Civilprozeßordnung §§. 358 Nr. 1 u. 435 Abs. 2, deutsche Strafprozeßordnung §§. 56 Nr. 1 u. 140 Nr. 1, Gesetz vom 23. Juni 1884 zur Ergänzung des Gesetzes vom 13. März 1878 (G. S. 1884 S. 306) und Gesetz vom 6. Februar 1875 über die Beurkundung des Personenstandes (R. G. Bl. 1875 S. 23) §. 28 Abs. 2.

lose ferner sind zu bevormunden wie Bemittelte, nur bedarf es bei den ersteren keines Gegenvormunds[4]).

Die Großjährigkeit beginnt bekanntlich nicht mehr, wie das römische Recht festsetzt, mit dem fünfundzwanzigsten oder, wie das A. L. R. annahm, mit dem vierundzwanzigsten Jahre. Im Anschluß an älteres deutsches Recht, welches auch im französischen Gesetzbuch aufgenommen war, reicht sie in Preußen seit dem Gesetze vom 9. Dezember 1869 über das Alter der Großjährigkeit (G. S. 1869 S. 1177) nur noch bis zum vollendeten 21. Jahre. Nach dem Reichsgesetz vom 17. Februar 1875 betr. das Alter der Großjährigkeit (R. G. Bl. 1875 S. 71) gilt dies für das gesammte Reich.

Nur bei den Landesherren und bei den Mitgliedern der landesherrlichen Familien, sowie des Hohenzollernschen Fürstenhauses bestimmt sich die Volljährigkeit in Gemäßheit eines besonderen Vorbehalts des Reichsgesetzes nach den hausverfassungsmäßigen oder landesgesetzlichen Bestimmungen und werden danach in Preußen sowohl der Landesherr als auch alle übrigen Mitglieder des Hauses, Prinzen wie Prinzessinnen, mit dem vollendeten 18. Lebensjahre großjährig[5]). Für die ehemaligen Reichsunmittelbaren ist ein gleicher Vorbehalt nicht gemacht, so daß sie der allgemeinen Norm des Reichsgesetzes unterliegen.

2. Ueber die Frage, wann und wie lange sich Minderjährige in väterlicher Gewalt befinden und wann die väterliche Gewalt ruht, sind, abgesehen davon, daß uneheliche Kinder nirgends in väterliche Gewalt kommen, die Bestimmungen der verschiedenen Rechtsgebiete Preußens nicht gleichförmig[6]), so daß auch jetzt noch der Fall der Bevormundung in dieser Rücksicht innerhalb der Monarchie von

---

[4]) Auch geisteskranke Minderjährige stehen unter Altersvormundschaft, vgl. l. 3 pr. u. §. 1 D. de tutelis 26, 1.

[5]) Verfassungsurkunde Art. 54 Abs. 1, welche Vorschrift sowohl für die staatsrechtlichen als für die privatrechtlichen Beziehungen des Königs gilt, und Schulze, Die Hausgesetze der regierenden deutschen Fürstenhäuser Bd. 3 S. 17, sowie die daselbst bezeugte konstante Praxis des Kgl. Hausministeriums, a. A. hinsichtlich der nichtregierenden Mitglieder des Hauses von Rönne, Das Staatsrecht der preuß. Monarchie 4. Aufl. Bd. 1 §. 47 S. 182 Anm. 2 und Koch, Kommentar Anm. 24 zu §. 26 I 1 Bd. 1 S. 83 auf Grund eines Urtheils des Ober-Tribunals vom 4. Dezember 1806 in Matthis' juristischer Wochenschrift Bd. 8 S. 109, das den Hausgesetzen nicht entspricht.

[6]) Vgl. Stölzel, Das Recht der väterlichen Gewalt in Preußen, Separatabdruck aus dem Just. Min. Bl. 1874.

verschiedenen Voraussetzungen abhängt. Im Folgenden ist besonders die Frage des Erlöschens und des Ruhens der Gewalt ins Auge zu fassen.

Schlechthin ist der Tod des Vaters Erlöschungsgrund der Gewalt [7]). Eine Gewalt des Großvaters, wie sie im römischen Rechte bestand, ist richtiger Ansicht nach gemeinrechtlich nicht praktisch und rezipirt [8]), das A. L. R. und das französische Recht kennen sie keinesfalls. Im übrigen ist zu unterscheiden:

a) In den Gebieten des gemeinen Rechts erlischt die väterliche Gewalt zur Strafe des Vaters wegen gewisser Vergehen gegen das Kind, ferner durch die Gelangung des Kindes zur Bischofswürde, endlich durch freiwillige Emanzipation des Kindes, alles gemäß den Vorschriften der römischen Gesetzgebung. Im Anschluß an das ältere deutsche Recht sieht man ferner allgemein [9]) in der Anlegung eines besonderen Hausstandes seitens des Sohnes einen Endigungsgrund der Gewalt, so daß man aber bei minderjährigen Söhnen hierzu die Einwilligung des Vaters zu fordern pflegt. Töchter treten in Schleswig-Holstein wie Söhne aus der Gewalt durch Anlegung eines Hausstandes; ob dies gemeinrechtliche Norm sei, ist bestritten. Ferner ist anerkanntermaßen Verheirathung der Tochter Endigungsgrund der Gewalt, ob auch die des Sohnes, ist zweifelhaft. Ein Ruhen der väterlichen Gewalt kennt das gemeine Recht nicht [10]).

b) Das A. L. R. hat sich im ganzen an das gemeine Recht angeschlossen, jedoch theils Kontroversen desselben zu schlichten ge-

---

[7]) Dem Tode steht im Gebiet des A. L. R. die Ablegung des Klostergelübdes gleich (§ 1199 II 11 A. L. R.).

[8]) Von Schriftstellern des gemeinen Rechts wird freilich die väterliche Gewalt des Großvaters meist noch anerkannt auf Grund der l. 4 u. 5 D. de his, qui sui vel alieni juris 1, 6. So von Windscheid, Pandekten Bd. 2 §. 521 Glück, Pandekten Bd. 2 S. 242 aber spricht von ihr wie von einer Sache, die er im Leben nicht beobachtet hat. Soweit die väterliche Gewalt durch Verheirathung des Sohnes erlischt, was vielfach anerkannt wird, kann von der Gewalt des Großvaters nicht die Rede sein. Sie kommt aber überhaupt nicht vor. Die Großväter werden als Vormünder verpflichtet.

[9]) Siehe hierüber Stölzel a. a. O. S. 17 ff.

[10]) Ebenso König, Anm. zu §. 11 S. 10. Das Gegentheil behauptet Stölzel a. a. O. nach l. 8 D. de his, qui sui 1, 6. Diese Stelle unterstützt aber die Ansicht Stölzel's nicht.

sucht, theils dasselbe fortgebildet [11]). Die Gewalt wird beendet durch eine abgesonderte Wirthschaft des großjährigen Sohnes, bei einer Tochter bildet diese nach A. L. R. keinen Endigungsgrund. Der minderjährige Sohn kann erst nach vollendetem zwanzigsten Jahre der Gewalt entlassen werden, und zwar entweder ausdrücklich durch beim Vormundschaftsgericht verlautbarte Erklärung des Vaters oder stillschweigend durch Verstattung des Betreibens eines selbständigen Gewerbes. Durch Verheirathung scheiden nach A. L. R. nur Töchter, und zwar minderjährige wie großjährige, aus der Gewalt. Nach ihrer Großjährigkeit [12]) können Töchter aus der Gewalt auch durch ausdrückliche Erklärung, die aber nicht gerichtlich abgegeben zu werden braucht, entlassen werden. Zur Strafe des Vaters erlischt dessen Gewalt, wenn er rechtskräftig zu Zuchthaus oder zu zehnjährigem oder längerem Gefängniß verurtheilt ist, wenn er gerichtlich für einen Verschwender erklärt wurde, wenn er, um sich der Militärpflicht zu entziehen, ohne staatliche Erlaubniß aus Preußen entwichen ist, wenn er vorsätzlicherweise die Kinder hülflos und ohne Aufsicht verlassen hat. Die väterliche Gewalt ruht, wenn der Vater zu mehr als zweijähriger Freiheitsstrafe verurtheilt ist, während der Strafverbüßung, sowie wenn er geisteskrank ist, mag er bereits entmündigt sein oder nicht [13]), während der Dauer der Krankheit [14]).

c) Nach französischem Rechte dauert die väterliche Gewalt, abgesehen vom Tode des Vaters, bis zur Großjährigkeit des Kindes oder bis zu dessen Emanzipation [15]). Seit Inkrafttreten der V. O. ist an Stelle der Letzteren im rheinischen Rechtsgebiet die Großjährigkeitserklärung des Kindes, da diese alle Rechte der Großjährigen giebt, sowie die Verheirathung des Kindes — des Sohnes wie der Tochter — getreten [16]). Die väterliche Gewalt ruht in

---

[11]) A. L. R. II 2 §. 210 ff. Vgl. des Verfassers Privatrecht Bd. 3 §§. 48 u. 49 S. 155 ff. und Eccius, Bd. 4 §§. 224 u. 225 S. 166 ff.

[12]) Vorher nicht, vgl. Urtheil des Reichsgerichts vom 6. Mai 1881 in den Beiträgen Bd. 26 S. 433.

[13]) Jahrbuch Bd. 2 S. 41.

[14]) Die bloße Einschränkung der väterlichen Gewalt, die das A. L. R. und zwar dieses allein noch kennt (§§ 266—268 II 2), steht deren Ruhen nicht gleich und kann höchstens zur Bestellung eines Pflegers, nicht aber zu der eines Vormunds führen; ebenso z. B. Löwenstein, Anm. 38 zu §. 11 S. 20 und Philler, Anm. 35 zu §. 11 S. 42.

[15]) Code civil art. 372. Vgl. unten §. 45 vor Anm. 9.

[16]) V. O. §. 97 Abs. 2 und §. 99 Abs. 2.

den Fällen der art. 341 – 343 des Code civil. Sie wird jedoch im Falle des art. 341 rücksichtlich der Erziehung und der Verwaltung des Vermögens der Kinder durch die Mutter ausgeübt, so daß hier eine Vormundschaft nach den Bestimmungen der V. O. nicht eröffnet ist. Dagegen ist in den Fällen der art. 342 und 343 eine solche einzuleiten [17]).

3. Die Bevormundung des Vaters kann außer durch dessen Minderjährigkeit durch Erklärung für geisteskrank oder für einen Verschwender, durch Verhinderung an Besorgung seiner Geschäfte in Folge von Taubheit, Stummheit oder Blindheit oder durch Abwesenheit desselben veranlaßt sein [18]).

4. Ob die vorstehenden Voraussetzungen für die Einleitung einer Vormundschaft vorliegen, insbesondere die väterliche Gewalt erloschen ist oder ruht, darüber entscheidet das Vormundschaftsgericht insoweit, als es sich um Ernennung eines Vormunds handelt, so z. B. wenn behauptet wird, daß der Vater ein Kind hülflos verließ. Es kann jedoch der Vater seine väterliche Gewalt, welche eins der wichtigsten seiner Privatrechte bildet, gleichwohl im Wege des Civilprozesses dem Vormund gegenüber zur rechtlichen Anerkennung bringen; gelingt ihm dies, so ist die Bevormundung zu beseitigen.

§. 40. Die Geschäftsfähigkeit der Minderjährigen.

Die Geschäftsfähigkeit der Minderjährigen war früher in den verschiedenen Rechtsgebieten der Monarchie in sehr abweichender Weise geordnet zum entschiedenen Nachtheil des Verkehrs. Bei Erlaß der V. O. erschien es daher zweckmäßig, eine einheitliche Regelung dieser Materie zu treffen. Da es sich aber nicht blos um bevormundete, sondern auch um gewaltuntergebene Minderjährige handelt [1]), so bedurfte es hierzu eines besonderen Gesetzes neben der V. O., welches mit dieser dem Landtag vorgelegt wurde und am 1. Januar 1876 mit ihr in Kraft getreten ist [2]).

---

[17]) Maaßen, Anm. 5 zu §. 11 S. 30.

[18]) V. O. §§. 81 u. 82.

[1]) Es ist überhaupt festzuhalten, daß die Beschränkung der Handlungsfähigkeit nicht Wirkung und Folge der Anordnung einer Vormundschaft ist, sondern umgekehrt der Mangel oder die Beschränkung der Handlungsfähigkeit einen der Gründe abgiebt, aus welchen die Anordnung einer Vormundschaft nöthig wird.

[2]) Gesetz, betreffend die Geschäftsfähigkeit Minderjähriger und die Auf-

Das Gesetz bezieht sich nur auf die Geschäfte unter Lebenden. Letztwillige Verfügungen der Minderjährigen unterliegen daher nach wie vor den Bestimmungen des bisherigen Rechts [3]).

Für die Ordnung der Rechtsgeschäfte Minderjähriger sind zwei Systeme denkbar, welche auch historisch zur Geltung gekommen sind:

1. Man kann davon ausgehen, daß verpflichtende Geschäfte der Minderjährigen, sofern die Genehmigung ihres Vaters oder Vormundes fehlt, an und für sich ungültig und unwirksam seien. So erklärte das römische Recht die verpflichtenden Geschäfte, welche Unmündige ohne Zustimmung ihres Tutors abgeschlossen hatten, für nichtig [4]). Für mündige Minderjährige galt dies nicht; das gemeine Recht hatte aber die Tendenz, diese Nichtigkeit auszudehnen auf Geschäfte der Minderjährigen schlechthin [5]). Nach dem A. L. R. waren hiernach verpflichtende Geschäfte von Minderjährigen jeder Art, wenn sie ohne Zustimmung von Vater und Vormund eingegangen waren, unwirksam [6]).

2. Ein anderes System liegt darin, die verpflichtenden Geschäfte der Minderjährigen an und für sich als gültig und wirksam zu betrachten, jedoch den Minderjährigen das Recht zu geben, eine

hebung der Wiedereinsetzung in den vorigen Stand wegen Minderjährigkeit vom 12. Juli 1875 (G. S. 1875 S. 518). Materialien sind die Regierungsvorlage, Drucksachen des Herrenhauses, Session 1875 Nr. 8, der Bericht der Herrenhaus-Kommission, Drucksachen des H. H. Nr. 48, und der Bericht des Abgeordnetenhauses, Drucksachen des A. H. Nr. 312.

³) Gesetz, betreffend die Geschäftsfähigkeit Minderjähriger §. 8. Es gelten daher z. B. die §§. 16—18 I 12 A. L. R. unverändert fort. Für die Ehemündigkeit ist in Kraft das Reichsgesetz vom 6. Februar 1875 (R. G. Bl. 1875 S. 23) §. 28. Sie tritt beim männlichen Geschlecht mit dem zwanzigsten, beim weiblichen mit dem sechszehnten Lebensjahre ein. Dispensation ist zulässig. Auch die Fähigkeit zu Verlöbnissen wird durch das Gesetz über die Geschäftsfähigkeit Minderjähriger nicht berührt. Nach dem A. L. R. II 1 §. 76 tritt sie mit der Ehemündigkeit, jetzt also mit dem zwanzigsten Jahre bei Männern, dem sechszehnten bei weiblichen Personen ein, nach gemeinem Recht genügt das siebente Jahr (l. 14 D. de spons. 23, 1).

⁴) l. 9 pr. D. de auct. tut. 26, 8, siehe auch oben §. 2 S. 5.

⁵) Nach römischem Rechte hatten mündige Minderjährige für die Regel nur die restitutio in integrum, l. 101 D de V. O. 45, 1. Die l. 3 C. de in integrum rest. 2, 22 hat dies nur in beschränkter Weise geändert. Wohl aber tritt seit der Reichspolizeiordnung von 1548, welche die Bevormundung bis zu erreichter Großjährigkeit allgemein vorschrieb, die Tendenz hervor, mündige und unmündige Minderjährige gleich zu behandeln.

⁶) A. L. R. I 4 §§. 21 u. 22, I 5 §§. 10 u. 11 und II 2 §. 115.

restitutio in integrum bei der Obrigkeit zu erbitten, wenn sie geschädigt sind. In dieser Art behandelten die Römer für die Regel diejenigen Geschäfte, welche mündige Minderjährige selbständig eingegangen hatten. In ähnlicher Weise giebt das französische Recht dem Minderjährigen nur ein Anfechtungsrecht wegen Verletzung resp. eine Restitution gegen seine Geschäfte [7]).

Beide Systeme haben ihre eigenthümlichen Vortheile. Doch ist dem ersten um deswillen der Vorzug zu geben, weil es ein klares und unzweideutiges Verhältniß schafft und nicht zu Geschäften solcher Art anlockt, welche hinterher der Anfechtung unterliegen. Diesem System hat sich denn auch das neue Gesetz über die Geschäftsfähigkeit der Minderjährigen angeschlossen.

Damit steht in Verbindung die Aufhebung der bis dahin im gemeinen Rechte noch geltenden Wiedereinsetzung in den vorigen Stand wegen Minderjährigkeit gegen die seit dem 1. Januar 1876 vorgenommenen Rechtsgeschäfte [8]). Diese Aufhebung bezieht sich auch auf die Restitution gegen Geschäfte der den Minderjährigen gleichgestellten Personen.

Bekanntlich entwickelte das römische Recht die Wiedereinsetzung der Minderjährigen in einer doppelten Richtung:

a) Es wurde den Minderjährigen eine Wiedereinsetzung gegen die von ihnen persönlich ohne Genehmigung ihres Vormunds aus Leichtsinn oder Unerfahrenheit abgeschlossenen Rechtsgeschäfte ertheilt.

b) Die Minderjährigen erhielten aber außerdem eine Wiedereinsetzung in den vorigen Stand gegen Geschäfte ihrer Vormünder, wenn diese beim Abschluß nicht mit der nöthigen Sorgfalt zu Werke gegangen waren.

Die Wiedereinsetzung in den vorigen Stand ist nun für die ganze Monarchie nach beiden Richtungen hin beseitigt, wie dies bereits das A. L. R. für sein Gebiet durchgeführt hatte [9]). Gegenüber den Rechtsgeschäften, welche die Minderjährigen allein schlossen, ist sie dadurch gegenstandslos geworden, daß diese Geschäfte für unwirksam erklärt wurden. Aber auch gegen Geschäfte der Vormünder der Minderjährigen ist sie entbehrlich, seit die Vormünder unter einer

---

[7]) code civil art. 1124, 1125 u. 1305. Es ist hier nicht der Ort, die Kontroversen des französischen Rechts in Bezug auf diese Paragraphen zu behandeln.

[8]) Gesetz über die Geschäftsfähigkeit der Minderjährigen §. 9.

[9]) Siehe oben §. 5 S. 12.

schärferen fortlaufenden Kontrole stehen, als nach römischem Rechte. Ja die Beseitigung lag im Interesse der Minderjährigen selbst, da andernfalls Niemand mit Zuversicht mit deren Vertretern kontrahiren kann, was schließlich zum Nachtheil der Minderjährigen selbst gereicht.

Die Wiedereinsetzung der Minderjährigen und der gleichgestellten Personen gegen andere nachtheilige Veränderungen, insbesondere gegen den Ablauf der Klagenverjährung[10]), ist durch das Gesetz nicht berührt, da dieses nur die Rechtsgeschäfte betrifft[11]).

§. 41. Fortsetzung. Geschäftsunfähigkeit des Kindes.

Das Gesetz über die Geschäftsunfähigkeit der Minderjährigen hat die dem römischen Rechte entlehnte Terminologie nicht aufgenommen, wonach drei Kategorien der Minderjährigen unterschieden wurden, nämlich Kinder, Unmündige, und endlich mündige Minderjährige.

Aber nur die Stufe der Mündigkeit ist nach dem Gesetze ohne Bedeutung. Die Geschäftsfähigkeit der Kinder, d. h. der Personen bis zum siebenten Lebensjahre, ist auch jetzt eigenthümlich geordnet. Das Gesetz geht mit dem römischen Rechte und dem A. L. R. [1]) davon aus, daß den Kindern jede Einsicht in die Tragweite rechtlicher Akte und jeder feste Wille fehle, und erklärt daher die Kinder schlechthin für unfähig zum Erwerb und zur Verpflichtung[2]). Ein von einem Kinde abgeschlossenes Geschäft würde hiernach, wenn es vorkommen sollte, den Mitkontrahenten in keiner Weise binden.

Der Besitzerwerb an sich ist kein Rechtsgeschäft. Der Satz des gemeinen Rechts, nach welchem auch ein Kind Besitz mit Ermächtigung des Vormunds erwerben kann, desgleichen auch ohne solche Ermächtigung den Besitz tradirter Sachen erlangt[3]), ist demnach

---

[10]) z. B. §. 537 I 9 A. L. R.

[11]) Vgl. Urtheil des Reichsgerichts vom 8. April 1881 in dessen Entscheidungen in Civilsachen Bd. 4 S. 156, auch deutsche Civilprozeßordnung §§. 210 u. 543, allgem. deutsches Handelsgesetzbuch Art. 149, Gesetz vom 4. Juli 1868 betr. die privatrechtliche Stellung der Erwerbs- und Wirthschafts-Genossenschaften (B. G. Bl. 1868 S. 415) §. 65 und Haftpflichtgesetz vom 7. Juni 1871 (R. G. Bl. 1871 S. 207) §. 8.

[1]) §. 10 J. de inut. stip. 3, 19. Ebenso A. L. R. I 4 §. 20. Das französische Recht zeichnet die Kinder nicht besonders aus. Vgl. jedoch Demolombe, Cours de droit civil vol. VII n. 811.

[2]) Gesetz, betr. die Geschäftsfähigkeit Minderjähriger §. 1.

[3]) l. 32 §. 2 D. de a. v. o. p. 41, 2 und l. 3 C. eod. 7, 32.

nicht geändert [4]). Dagegen ist nicht anzunehmen, daß die singuläre Bestimmung, daß das Kind in solchen Fällen Eigenthum erwerbe, bestehen geblieben ist, da Eigenthumserwerb sicher ein Rechtsgeschäft ist.

Jedenfalls bleibt aber die Vorschrift des preußischen Rechts unberührt, daß jeder Dritte Geschenke für Beschenkte annehmen kann, welche wegen Kindheit, sowie wegen geistiger oder körperlicher Krankheit die Absicht der Annahme des Geschenks nicht zu äußern vermögen [5]).

§. 42. Handlungen der Minderjährigen über sieben Jahre.

Für die Geschäftsfähigkeit der Minderjährigen über sieben Jahre gelten folgende Grundsätze [1]):

1. Solche Minderjährige sind fähig, selbständig durch Rechtsgeschäfte, bei welchen von ihnen keine Gegenleistung übernommen wird [2]), Rechte zu erwerben, sich von Verbindlichkeiten zu befreien, ferner konservatorische Maßregeln, z. B. Protestationen gegen eine Klagenverjährung, zu ergreifen. Dies gilt auch für Annahme von Schenkungen, mit welchen besondere Verpflichtungen nicht übernommen werden [3]).

Nicht hierher gehören Geschäfte, welche zwar nur vortheilhaft sind, aber doch eine Erstattungspflicht mit sich führen, z. B. ein Kommodat oder auch ein dem Minderjährigen eingeräumtes Faustpfandrecht [4]). Derartige Geschäfte bedürfen vielmehr zu ihrer Gültigkeit der Zustimmung des Vorgesetzten des Mündels.

2. Rechtsgeschäfte, durch welche seitens des Minderjährigen Verbindlichkeiten übernommen oder Rechte aufgegeben werden sollen, kann der Minderjährige nur mit Genehmigung seines Vorgesetzten — des Vaters, Vormunds oder Pflegers — vornehmen.

Die Genehmigung kann dem Abschluß des Geschäfts vorgehen

---

[4]) Uebereinstimmend Stegemann in der Zeitschrift für hannöversches Recht von 1876 S. 208, a. A. Wachler, Anm. 1 a. E. zu §. 1 S. 283.

[5]) A. L. R. I 11 §. 1060. Uebereinstimmend z. B. Turnau, Bd. 2 §. 85 S. 331, Neumann zu § 46 S. 140 und Wachler a. a. O.

[1]) Gesetz, betr. die Geschäftsfähigkeit Minderjähriger §. 2.

[2]) Aehnlich das römische Recht bezüglich der Unmündigen, pr. J. de auct. tut. 1, 21, desgleichen A. L. R. II 2 §§. 21 u. 22.

[3]) art. 463 u. 935 des code civil sind beseitigt, Motive des Reg.-Entw. S. 8.

[4]) l. 38 D. de pign. a. 13, 7.

oder ihm nachfolgen [5]). Nach dem Tode des Minderjährigen kann sie jedoch nicht mehr ertheilt werden, weil dann die zu ihrer Ertheilung legitimirende Eigenschaft als Vorgesetzter des Minderjährigen nicht mehr besteht [6]).

Eine Form ist für sie nicht vorgeschrieben. Da das Gesetz in Bezug auf die Form der Genehmigung wohl keine Verschiedenheit in den verschiedenen Rechtsgebieten wollte, so kann die Genehmigung schriftlich oder mündlich geschehen, darf also auch im Gebiete des A. L. R. formlos sein [7]). Eine ganz allgemeine Ermächtigung zu künftigen Handlungen des Minderjährigen ist aber unzulässig, da hierin eine unstatthafte Uebertragung der Rechte Großjähriger auf einen Minderjährigen liegen würde [8]). Die Genehmigung kann ferner nicht zu Geschäften des Genehmigenden mit dem Minderjährigen gegeben werden, da sonst der Genehmigende in gewissem Sinne mit sich selbst kontrahiren würde [9]). Auch ist es unzulässig,

[5]) Motive des Reg.-Entw. S. 8.

[6]) Striethorst, Archiv Bd. 55 S. 294.

[7]) Vgl. oben §. 13 unter Nr. 3 S. 49 und unten bei Anm. 19 dieses Paragraphen. Uebereinstimmend Eccius, Bd. 1 §. 73 S. 474, a. A. dahin, daß die Form der Genehmigung sich nach der für die zu genehmigende Erklärung des Minderjährigen vorgeschriebenen Form richten müsse, z. B. Wachler, Anm. 1 zu §. 2 S. 284, Hesse, Anm. 2 zu §. 2 S. 312 und Philler, Anm. 3 zu §. 2 S. 184. Danach würde im Gebiet des A. L. R. bei Verträgen, sofern nicht ein Handelsgeschäft vorliegt (Art. 317 des allgem. deutschen Handelsgesetzbuchs, Entscheidungen des Reichs-Oberhandelsgerichts Bd. 21 S. 216), in der Regel schriftliche Form erforderlich sein (Striethorst, Archiv Bd. 26 S. 296, Entscheidungen des Ober-Tribunals Bd. 72 S. 251).

Daß bei Grundbuchgeschäften dem Grundbuchrichter die Genehmigung in beglaubigter Form vorgelegt werden muß (Turnau, Bd. 2 §. 85 S. 331), steht der im Text vertretenen Ansicht selbstredend nicht entgegen (s. unten Anm. 20).

[8]) Vgl. auch §. 5 des Gesetzes.

[9]) Der Vater oder Vormund ist bei dem Geschäft nicht lediglich als Stellvertreter des Minderjährigen thätig und giebt seine Genehmigung als Stellvertreter nicht sich ebenfalls als Stellvertreter, in welchem Falle das Kontrahiren mit sich nicht unbedingt unzulässig sein würde, sondern er ist als Kontrahent des zu genehmigenden Geschäfts in eignem Namen betheiligt und giebt die Genehmigung sich als Selbstkontrahentem mit, und in diesem Falle ist das Kontrahiren mit sich jedenfalls dann ausgeschlossen, wenn anzunehmen ist, daß die Vollmacht zur Vertretung sich nicht so weit erstrecken soll, um den Bevollmächtigten auch dann zur Vertretung zu ermächtigen, wenn die Interessen des Vertretenen und des Vertreters kollidiren (vgl. die Urtheile des Reichsgerichts vom 24. September 1881, 23. November 1881 und 18. Oktober 1882 in dessen

die Genehmigung zu solchen Handlungen zu ertheilen, deren Vornahme dem Genehmigenden selbst nicht zustünde. Beispielsweise kann daher der Vormund der Regel nach seinem Mündel eine Ermächtigung zu Schenkungen oder zur Vornahme von Familienstiftungen durch Akt unter Lebenden nicht geben[10]). Soweit es einer Genehmigung des Vormundschaftsgerichts zu Handlungen des Vormunds oder Vaters bedarf, z. B. zur Veräußerung oder Belastung von Immobilien, ist dieselbe auch nöthig zu Handlungen des Minderjährigen, wenn er zu ihnen durch seinen Vater oder Vormund ermächtigt wird[11]).

Eine Genehmigung unter einer Bedingung hat bis zum Eintritt der Bedingung noch keine Geltung. An und für sich nichtig wird aber die Genehmigung durch die Bedingung nicht, wie dies nach römischem Rechte bei der auctoritas der Fall war[12]).

3. Die juristische Stellung zweiseitiger von Minderjährigen ohne Genehmigung abgeschlossener Geschäfte ist bei uns eine andere, als sie nach römischem Rechte war. Diese Verschiedenheit ist begründet in einer abweichenden Grundauffassung des zweiseitigen Geschäfts.

Nach römischem Rechte entsprangen aus solchen Geschäften gegenseitige, aber grundsätzlich selbständige Forderungsrechte. Daher erwarb der Unmündige, welcher ein zweiseitiges Geschäft ohne Genehmigung abschloß, nach römischem Recht seinerseits die für ihn sich

---

Entscheidungen in Civilsachen Bd. 5 S. 58, Bd. 6 S. 11 und Bd. 7 S. 119 u. 404). Diese Beschränkung ist aber für die in Rede stehende Genehmigung als in der Absicht des Gesetzes liegend anzusehen, weil es sonst an der erforderlichen Gewähr für den Minderjährigen fehlen würde, vgl. l. 5 pr. u. §. 2, l. 7 pr. und l. 22 D. de auct. tut. 26, 8 und A. L. R. II 18 §§. 253 u. 254 und II 2 §. 191 ff., sowie unten §. 78 bei Anm. 5. Es ist daher hier §. 86 V. O. zur Anwendung zu bringen und dem Minderjährigen für die Ertheilung der Genehmigung ein Pfleger ad hoc zu bestellen.

[10]) Turnau, Bd. 2 §. 85 S. 332.

[11]) Das Gesetz bestimmt dies im §. 5 Abs 2 für die Rechtsgeschäfte, welche innerhalb des Betriebs eines mit Genehmigung des Vaters oder Vormunds selbständig betriebenen Erwerbsgeschäfts vorgenommen werden. Es muß jedoch das Gleiche entsprechend auch bei anderen mit Genehmigung des Vaters oder Vormunds vollzogenen Rechtsgeschäften des Kindes gelten, da man den allgemeinen Grundsatz zur Anwendung bringen wollte, daß Vater und Vormund die Genehmigung zu Geschäften nicht selbständig ertheilen können in Fällen, in welchen sie der Genehmigung des Gerichts bedürfen, wenn sie selbst handeln. Vgl. unten §. 44 bei Anm. 8.

[12]) l. 8 D. h. t. 26, 8. Vgl. oben §. 2 S. 5.

ergebende Forderung, da er sich berechtigen konnte, und übernahm gleichwohl die entsprechende Gegenverbindlichkeit nicht, da er sich zu verpflichten nicht im Stande war [13]). Dem Unmündigen stand es also frei, jeder Zeit aus einem solchen Geschäfte seine Rechte klagend geltend zu machen, allerdings nur — wie man mildernd hinzufügte — unter gleichzeitigem Anbieten der Gegenleistung; umgekehrt entbehrte der Mitkontrahent seinerseits ein Klagerecht, so daß er dauernd die ungünstigen Chancen der Konjunktur zu tragen hatte.

Nach der Auffassung des A. L. R. dagegen konnte das zweiseitige Geschäft nur beidseitig gültig werden und kam vorher von keiner Seite zu Stande [14]). Der Minderjährige erwarb daher aus dem von ihm ohne Ermächtigung abgeschlossenen zweiseitigen Geschäft noch keine Forderung. Das Geschäft blieb zunächst in der Schwebe bis zur Genehmigung. Der Mitkontrahent konnte aber dem Vormunde des Minderjährigen eine entsprechende Frist zur Erklärung über die Genehmigung setzen, Nichterklärung während der Frist war Ablehnung.

Dies ist auch die Grundauffassung des neuen Gesetzes geblieben [15]). Das vom Minderjährigen ohne Ermächtigung geschlossene zweiseitige Geschäft ist noch nicht fertig. Der Mitkontrahent ist aber an seine Zustimmung zum Geschäft so lange gebunden, bis sich die Frage der Perfektion desselben erledigt hat [16]). Hiervon kann er auch durch eine spätere Vereinbarung mit dem Minderjährigen allein nicht wieder entbunden werden. Denn dem Minderjährigen fehlt die Befähigung, selbständig einmal erworbene Ansprüche wieder aufzugeben, und ein solcher Anspruch ist in Folge der Gebundenheit des anderen Theils vorhanden [17]).

---

[13]) pr. J. de auct. tut. 1, 21 u. l. 13 §. 29 D. de a. e. 19, 1. Vgl. Dernburg, Kompensation 2. Aufl. S. 71 ff Freilich ist die Sache für das römische Recht sehr bestritten. Andere Ansichten vertreten Savigny, System Bd. 3 S. 210, Puchta, Pandekten §. 232 not. a, Keller in Bekker's Jahrbuch des gem. deutschen Rechts Bd. 4 S. 352 ff. u. A. m.

[14]) A. L. R. I 5 §. 11 ff.

[15]) Gesetz betr. die Geschäftsfähigkeit Minderjähriger §§. 2—4.

[16]) Dieser Zustand der Schwebe wird meist pactum claudicans genannt, insofern nicht glücklich, als der Minderjährige noch gar nicht gebunden ist und der andere Theil lediglich aus seiner einseitigen Offerte haftet, mithin ein Vertrag noch nicht vorhanden ist.

[17]) Ebenso z. B. Paris in den Beiträgen Bd. 23 S. 336, Neumann zu §. 46 S. 143, Koch, Kommentar Anm. 37 zu §. 4 des Gesetzes Bd. 1

Das Geschäft wird perfekt durch Genehmigung des Vorgesetzten des Minderjährigen oder durch dessen Anerkennung, d. i. den mit Kenntniß von dem Inhalt des Geschäfts erfolgten Ausdruck der Absicht und des Willens, bei demselben stehen zu bleiben, nach erlangter Selbständigkeit [18]). Auch für diese Anerkennung ist eine Form nicht vorgeschrieben und aus dem bereits bei der Genehmigung [19]) geltend gemachten Grunde, daß es nicht als Absicht des Gesetzes unterstellt werden kann, es solle die mündliche Form in den verschiedenen Rechtsgebieten verschieden wirken, nicht anzunehmen [20]).

Der Mitkontrahent wird von seiner Verbindlichkeit frei,

a) wenn der Vorgesetzte des Minderjährigen oder dieser selbst nach erlangter Selbständigkeit den Vertrag verwirft, indem er Genehmigung oder Anerkennung verweigert. Die Proposition, die Bedingungen zu ändern, ist noch keine Verwerfung.

S. 143 und Eccius, Bd 1 §. 26 Anm. 8 S. 158, a. A. Entscheidungen des Ober-Tribunals Bd. 14 S. 177 u. Bd. 49 S. 36 und Striethorst, Archiv Bd. 48 S. 128, sowie Märcker, Anm. zu §. 4 S. 175 u. A. m.

[18]) Diese ist mit Großjährigkeit nicht identisch. Im Gebiete des A. L. R. ist daher Großjährigkeit und Beendigung der väterlichen Gewalt erforderlich (§. 136 II 2 A. L. R.). Nach französischem Recht genügt die Großjährigkeit, da diese die väterliche Gewalt beendet (code civil art. 372 u. Maaßen, Anm. 1 zu §. 3 S. 7). In den gemeinrechtlichen Landen ist im allgemeinen das großjährige Hauskind verpflichtungsfähig und dann ebenfalls die Großjährigkeit genügend, vgl. hierzu das Urtheil des Reichsgerichts vom 22. Dezember 1880 in dessen Entscheidungen in Civilsachen Bd. 3 S. 331.

[19]) oben S. 169.

[20]) Vgl. Drucksachen des H. H. Nr. 48 S. 2; unbestimmter äußerten sich die Regierungskommissarien nach dem Bericht der K. d A. H. A. A. z. B. Wachler, Anm. 1 zu §. 3 S. 286, Hesse, Anm. 2 zu §. 3 S. 312, Löwenstein, Anm. 6 zu §. 3 S. 169 und andere Kommentatoren, sowie Eccius, Bd. 1 §. 73 Anm. 12 S. 475. Der von dem letzteren hervorgehobene Widerspruch, daß sonst der minderjährige Haussohn nach erlangter Großjährigkeit und Beendigung der väterlichen Gewalt formlos die früher übernommene Verbindlichkeit anerkennen könnte, während der großjährige Haussohn nach wie vor nur durch gerichtliche oder notarielle Erklärung gemäß §. 137 II 2 A. L. R. dazu im Stande wäre, erledigt sich damit, daß, wenn diese Vorschrift durch das Gesetz vom 12. Juli 1875 für Verträge minderjähriger Hauskinder beseitigt ist, sie argumento a fortiori auch für diejenigen großjähriger Hauskinder als beseitigt anzusehen ist. Uebereinstimmend sind Turnau, Bd. 2 §. 78 S. 315 und das Urtheil des Reichsgerichts vom 12. Juni 1884 im Just. Min. Bl. 1884 S 272.

Daß das Anerkenntniß vom Grundbuchrichter nur zu beachten ist, wenn es beglaubigte Form hat (Turnau a. a. O. und Bd. 2 § 85 S. 332), ist selbstverständlich etwas Anderes (s. oben Anm. 7 a. E. S. 169).

b) Der Verweigerung steht es gleich, wenn der Vorgesetzte des Minderjährigen oder dieser selbst nach erlangter Selbständigkeit auf ergangene Aufforderung seitens des Mitkontrahenten die Genehmigung innerhalb einer Frist von zwei Wochen nicht — und zwar unbedingt — ertheilt.

Die Aufforderung kann mündlich oder schriftlich erfolgen [21]. Geschieht sie schriftlich, so läuft die Frist natürlich erst vom Augenblick an, in welchem dem Vorgesetzten des Minderjährigen das Schriftstück behändigt wurde. Es genügt nicht, daß die Erklärung der Genehmigung innerhalb der vierzehn Tage zur Post gegeben ist, denn mit diesem Schritte ist die Genehmigung noch nicht ertheilt. Sie muß dem Mitkontrahenten auch innerhalb der Frist zukommen, es habe denn derselbe absichtlich verhindert, daß sie ihm zukam.

Dritte können das Geschäft wegen der Minderjährigkeit des einen Kontrahenten nicht anfechten [22].

Nach dem System des Gesetzes kann eine Konvalescenz des unwirksamen Geschäfts des Minderjährigen durch bloßen Zeitablauf, wie sie im gemeinen und französischen Recht, sowie im A. L. R. sich fand [23], nicht mehr eintreten [24].

Eine wichtige Frage ist es, ob das von dem Minderjährigen abgeschlossene Geschäft durch die nachfolgende Genehmigung rückwärts hin, von der Zeit des Abschlusses an, Geltung erhält (ex tunc), oder ob es erst von der Genehmigung an (ex nunc) datirt. In der Kommission des Herrenhauses wurde die Ansicht ausgesprochen, daß die bezüglichen Geschäfte in Folge der Genehmigung ex tunc Wirksamkeit erhielten, dem stimmten die Regierungskommissare zu [25].

---

[21]) Ebenso z. B. Anton, Anm. 5 Abs. 2 zu §. 4 S. 203, Hesse, Anm. Abs. 2 zu §. 4 S. 313 und Philler, Anm. 8 zu §. 4 S. 185.

[22]) Urtheil des Reichsgerichts vom 22. Dezember 1880 in dessen Entscheidungen in Civilsachen Bd. 3 S. 331.

[23]) l. 3 C. si maj. fact. 5, 74, code civil art. 1304 und A. L. R. §. 595 II 18.

[24]) Gesetz betr. die Geschäftsfähigkeit §. 3. Es bezieht sich dies nicht auf Geschäfte, welche vor dem 1. Januar 1876 durch die Minderjährigen im Gebiete des rheinischen Rechts geschlossen waren, da diese einen ganz anderen Charakter an sich trugen, als die nach Inkrafttreten des Gesetzes geschlossenen. Aehnlich steht es im gemeinen Rechte.

[25]) Bericht der 11. Kommission über den Gesetzentwurf, betr. die Geschäftsfähigkeit Minderjähriger, Drucks. d. Herrenh. 1875 Nr. 48 S. 1 zu §. 3.

Dies ist auch für das Richtige zu halten [26]. Die Rückziehung entspricht der Absicht des Genehmigenden, welcher das Geschäft so billigt, wie es vom Minderjährigen seiner Zeit geschlossen wurde, und sie ist den allgemeinen Grundsätzen gemäß, nach welchen Genehmigungen regelmäßig zurückzuziehen sind.

§. 43. Ansprüche des Mitkontrahenten bei unwirksamen Geschäften.

1. Wer mit dem Minderjährigen ein Geschäft abgeschlossen hat, welches wegen Mangels der Genehmigung zu keiner Wirksamkeit kommt, hat Alles, was er auf Grund des Geschäfts von dem Minderjährigen erhalten hat, herauszugeben und kann seinerseits gegen den Minderjährigen nur auf Herausgabe der Bereicherung klagen, welche diesem durch das Geschäft zufloß [1].

2. Auch der geschäftsunfähige Minderjährige ist wegen seiner dolosen und kulposen Begehungen verantwortlich, wenn er nur überhaupt bereits Zurechnungsfähigkeit besitzt.

Hiernach bestimmt das Gesetz über die Geschäftsfähigkeit Minderjähriger §. 7, im Anschluß an das A. L. R. [2], daß, wenn sich ein Minderjähriger fälschlich für geschäftsfähig ausgegeben und einen Anderen ohne dessen Verschulden zur Vornahme eines Rechtsgeschäfts verleitet hat, letzterer den Ersatz des hierdurch ihm zugefügten Schadens aus dem Vermögen des Minderjährigen verlangen kann. Erforderlich ist,

a) daß sich der Minderjährige fälschlich für geschäftsfähig ausgab. Hiermit ist jedoch keineswegs eine wörtliche Erklärung gemeint, vielmehr genügt es, wenn sich der Minderjährige so gerirt, wie ein Volljähriger, und seine Minderjährigkeit dabei schuldhafterweise verschweigt [3]. Ein bestimmtes Lebensjahr des Minderjährigen, welches einen Irrthum über das Alter desselben seitens des Dritten als einen entschuldbaren erscheinen lasse, ist nicht vorgeschrieben [4].

---

[26]) Ebenso z. B. Hesse, Anm. 2 zu §. 3 S. 312, Turnau, Bd. 2 §. 85 S. 332, Koch, Kommentar Anm. 36 zu §. 4 des Gesetzes Bd. 1 S. 143 und Philler Anm. 5 zu §. 3 S. 184.

[1]) Koch, Kommentar Anm. 37 zu §. 4 des Gesetzes Bd. 1 S. 143. Vgl. auch das Urtheil des Reichs-Oberhandelsgerichts vom 18. Dezember 1876 in dessen Entscheidungen Bd. 21 S. 215.

[2]) I 5 §. 33 und II 2 §§. 134 u. 135.

[3]) Bericht der K. d. H. H. S. 2.

[4]) Hierdurch ist A. L. R. I 5 §. 34 modifizirt. Vgl. Koch, Kommentar Anm. 39 zu §. 34 I 5 Bd. 1 S. 186 und Philler, Anm. 18 zu §. 7 S. 187.

b) Weiter ist erfordert, daß dem Minderjährigen eine Schuld zur Last fällt. Dies wird im Gesetz nicht sowohl durch das Wort „fälschlich“ angedeutet, welches nur auf die objektive Unrichtigkeit des Vorgebens hinweist, als durch das Wort „verleitet“. Es genügt aber richtiger Ansicht nach jedes und auch nur leichtes Verschulden [5]). Dagegen ist der Minderjährige ohne Verantwortung, wenn er Grund zur Annahme hatte, daß der Mitkontrahent von seiner Minderjährigkeit wisse.

c) Es darf auch dem Mitkontrahenten kein Verschulden zur Last fallen. Die über das konkurrirende Verschulden des Beschädigten, insbesondere über den Grad, den dasselbe haben darf bezw. haben muß, um berücksichtigt zu werden, in den einzelnen Rechtsgebieten geltenden allgemeinen Vorschriften können, da das A. L. R., das französische Recht und das gemeine Recht in dieser Beziehung wesentlich von einander abweichen und sonst wieder eine vom Gesetz nicht beabsichtigte Verschiedenheit bestehen, auch jene Vorschriften damit, daß es bei dem Verschulden des Minderjährigen auf Grade nicht ankommt, unvereinbar sein würden, nicht zur Anwendung gelangen. Es ist vielmehr die Frage, welches konkurrirende Verschulden in Betracht kommt, nach allgemeinen Grundsätzen zu beantworten, und nach diesen ist entscheidend, ob der Schaden nach den Umständen des Falls in Wirklichkeit auf ein Verschulden des Minderjährigen zurückzuführen ist, oder ob er nicht ebensowohl dem eigenen Verschulden des Verletzten zugeschrieben werden kann. Es wird danach, wenn der Minderjährige dolos handelte, in der Regel eine leichte Nachlässigkeit des betrogenen Mitkontrahenten nicht genügen, um den Anspruch gegen Jenen auszuschließen, es ist aber auch denkbar, daß zu Ungunsten des Mitkontrahenten zu entscheiden ist, selbst wenn dessen eigenes Verschulden nur ein geringes oder mäßiges im Sinne des A. L. R. ist [6]).

Der getäuschte Mitkontrahent kann nicht Erfüllung vom Minderjährigen fordern, sondern nur Ersatz des s. g. negativen Vertrags-

---

[5]) Ebenso z. B. Hesse, Anm. 1 zu §. 7 S. 315.

[6]) Vgl. die zu dem für die maßgebenden Gesichtspunkte analogen §. 2 des Haftpflichtgesetzes vom 7. Juni 1871 ergangenen Urtheile des Reichs-Oberhandelsgerichts vom 9. Februar 1875 in dessen Entscheidungen Bd. 16 S. 111 und des Reichsgerichts vom 7. Februar 1880, 4. Oktober 1882 und 3. November 1882 in den Beiträgen Bd. 24 S. 1112, Bd. 27 S. 1020 bezw. den Entscheidungen des Reichsgerichts in Civilsachen Bd. 8 S. 30.

interesses, es ist ihm also Alles, was er in Folge des Abschlusses des Vertrags aufgewendet oder verloren hat, zu erstatten [7]). Dies gilt, auch wenn er in konkurrirendem Verschulden sich befindet. Denn die nach den Rechten der drei Rechtsgebiete verschiedenen Vorschriften können auch insoweit keine Anwendung finden, als sie theilweise bei konkurrirendem Verschulden den Umfang des zu leistenden Ersatzes beschränken. Entweder schließt das konkurrirende Verschulden jeden Ersatzanspruch aus, weil es den Grund des Schadens bildet, oder es ist letzteres nicht der Fall und dann ist voller Ersatz zu leisten [8]).

Die besprochenen Ansprüche sind keine kontraktlichen, wenn sie auch aus Veranlassung eines Kontraktes entstehen. Sie unterliegen daher nach A. L. R. der dreijährigen Verjährung außerkontraktlicher Ansprüche [9]).

§. 44. Fortsetzung. Erwerbsgeschäft u. Dienstverhältniß des Minderjährigen.

1. Das A. L. R. ließ, wie die ältere Doktrin, zu, daß sich Pflegebefohlene, welche unter vormundschaftlicher Genehmigung eine eigene Wirthschaft angelegt hatten, auch ohne Beitritt des Vormunds durch solche Verträge verpflichteten, welche zur Führung dieser eigenen Wirthschaft unmittelbar gehörten [1]).

Nach rheinischem Rechte wurden emanzipirte Minderjährige, die Handel trieben, bezüglich desselben als volljährig erachtet [2]). Erforderlich war, daß der Emanzipirte 18 Jahre alt und vom Vater, oder in dessen Ermangelung von der Mutter, oder wenn auch diese fehlte, durch einen vom Landgerichte bestätigten Beschluß des Familienraths zum Handelsbetrieb ermächtigt war [3]). In ähnlicher Weise verstattet auch das Gesetz betr. die Geschäftsfähigkeit Minderjähriger §. 5, dem Minderjährigen den selbständigen Betrieb eines Erwerbsgeschäfts einzuräumen. Hervorzuheben ist:

---

[7]) Koch, Kommentar Anm. 38 zu §. 33 I 5 Bd. 1 S. 186.

[8]) Vgl. zum Vorstehenden auch noch oben §. 37 bei Anm. 14 S. 156.

[9]) Ebenso z. B. Maaßen, Anm. 6 u. 7 zu §. 7 S. 9, Neumann zu §. 46 S. 144 und Hesse, Anm. 1 zu §. 7 S. 315.

[1]) A. L. R. I 5 §. 20. Die Bestimmung des A. L. R. II 18 §. 807 bildete nur eine polizeiliche Vorschrift, nach welcher Minderjährige ohne Autorisation des Vormundschaftsgerichts nicht zum Gewerbebetrieb zugelassen werden sollten (Striethorst, Archiv Bd. 38 S. 238 ff.), und ist bereits durch die Gewerbeordnung vom 21. Juni 1867 beseitigt worden.

[2]) code civil art. 487.

[3]) Einführungsgesetz zum allgem. deutschen Handelsgesetzbuch Art. 37 u. 38.

a) Es ist keine Altersgrenze gesetzt. Grundsätzlich genügt daher das Alter über sieben Jahre.

b) Für Minderjährige unter väterlicher Gewalt genügt die Gestattung des Vaters, bei bevormundeten Minderjährigen muß zu der Gestattung des Vormunds die Genehmigung des Vormundschaftsgerichts hinzukommen.

Die Einwilligung des Vaters kann ausdrücklich oder stillschweigend sein und in dem bloßen Geschehenlassen des Geschäftsbetriebs liegen [4]).

Kann die Verstattung zurückgenommen werden? Man könnte das Gegentheil daraus schließen, daß das Gesetz der Zurücknahme der Genehmigung nur in §. 6 nicht in §. 5 gedenkt, welcher vom Betrieb des Erwerbsgeschäfts handelt [5]). Es ist jedoch der Natur der Sache nach eine solche Zurücknahme zulässig [6]). Ist sie aber eine blos wörtliche unter Belassung des Geschäftsbetriebs, so kann sie Dritten nicht schaden, welche mit dem Minderjährigen bona fide kontrahiren, so wenig, als dies bei der Zurücknahme der Vollmacht eines Institor der Fall ist, wenn er das Geschäft fortbetreibt.

Der Begriff eines Erwerbsgeschäfts ist weit umfassender als der eines Handelsgeschäfts. Dasselbe begreift jede regelmäßige Thätigkeit in sich, durch welche Jemand in selbständiger Weise Erwerb sucht, also Landwirthschaft, Handwerk, Fabrikation und Handel. Im Gegensatz steht Erwerb durch ein Dienstverhältniß [7]).

Der zum Betrieb eines Erwerbsgeschäfts zugelassene Minderjährige gilt als ermächtigt zu solchen Handlungen, welche in den Kreis jenes Geschäfts fallen. Darüber hinaus ist er zu Rechts-

---

[4]) Ebenso z. B Philler, Anm. 10 zu §. 5 S. 186.

[5]) Der Bericht der Herrenhaus-Kommission enthält hierüber S. 2: „Die Unzulässigkeit der Zurückziehung wurde von einer Seite als gerechtfertigt erklärt. Dagegen wurde von anderer Seite ausgesprochen, daß dem Vater oder Vormund nicht benommen sein könne, ein Erwerbsgeschäft des Minderjährigen, zu dem er die Genehmigung ertheilt hat, wieder zu schließen". Hiermit stimmten auch die Regierungskommissare überein. Der Bericht des Abgeordnetenhauses sagt S. 1: „Zu §. 5 war die Kommission mit den Regierungskommissaren dahin einig, daß der Vater und der Vormund die zum selbständigen Betriebe eines Erwerbsgeschäfts ertheilte Erlaubniß jeder Zeit widerrufen könne".

[6]) Ebenso z. B. Maaßen, Anm. 2 zu §. 5 S. 8, Hesse, Anm. 3 zu §. 5 S. 313, Philler, Anm. 12 zu §. 5 S. 186 und Wachler, Anm. 4 zu §. 5 S. 289.

[7]) Vgl. Hesse, Anm. 2 zu §. 5 S. 313.

handlungen nicht legitimirt. Ist ihm z. B. gestattet, sich als Schuhmacher zu etabliren, so kann er keine Geschäfte abschließen, welche sich auf einen Weinhandel beziehen.

Ferner aber bedarf er der Genehmigung des Vormundschaftsgerichts zu solchen Handlungen, zu welchen der Vater oder Vormund selbst, wenn er das Geschäft schlösse, der Genehmigung des Vormundschaftsgerichts bedurfte. Bei der Berathung des Gesetzes wurde diese Bestimmung als bedenklich für den Verkehr angefochten. Man glaubte aber, daß der Vater nicht größere Rechte durch seine Genehmigung geben könne, als ihm selbst zuständen. Auch hielt man für viele Erwerbsgeschäfte, z. B. den Betrieb eines Handwerks, die regelmäßige Vornahme von Handlungen, welche der Genehmigung des Gerichts vorbehalten sind, für entbehrlich, insbesondere z. B. die Ausstellung von Wechseln [8]).

Es muß daher zur Großjährigkeitserklärung geschritten werden, wenn der Minderjährige beim Betrieb seines Geschäfts völlig freie Hand haben soll. Dieselbe ist nunmehr aber auch nach dessen achtzehntem Jahre zulässig [9]).

2. Im Anschluß an das bestehende Recht [10]) verstattet das Gesetz über die Geschäftsfähigkeit Minderjähriger weiter, daß der Vater oder Vormund eine allgemeine Genehmigung ertheile, nach welcher der Minderjährige in Dienst oder Arbeit treten kann [11]). Das

---

[8]) Bericht der K. d. H. H. S. 2.

[9]) V. O. §§. 61, 97 u. 98. Auf den für großjährig Erklärten ist A. L. R. II 2 §. 214 nicht anwendbar, vielmehr wird er durch den selbständigen Geschäftsbetrieb auch gewaltfrei nach II 2 §. 210. — A. L. R. II 2 §. 218 stimmt nicht recht; doch wird man V. O. §. 12 anwenden. Vgl. unten §. 45 Anm. 26, sowie Rehbein u. Reincke, Anm. 89 zu §. 214 u. Anm. 91 zu §. 218 II 2 Bd. 3 S. 166 u. 167 und Koch, Kommentar Anm. 20 a. E. zu §. 218 II 2 Bd. 3 S. 360.

[10]) Vgl. Motive der Regierungsvorlage.

[11]) §. 6 des Gesetzes. Neben demselben bestehen noch die Spezialvorschriften der Kabinetsorder vom 10. Februar 1825 (G. S. 1825 S. 15) und der Nr. VIII des Allerh. Erlasses vom 1. April 1867 (G. S. 1867 S. 519), wonach jeder Soldat in Bezug auf seine freiwillige Entschließung, im stehenden Heere noch fortdienen zu wollen, als großjährig zu betrachten und die Zustimmung der Eltern oder Vormünder hierzu nicht erforderlich ist, und des §. 1 des Gesetzes vom 29. Mai 1879 betr. die Rechtsverhältnisse der Studirenden (G. S. 1879 S. 389), wonach die Eigenschaft eines Studirenden keine Ausnahme von den Bestimmungen des allgemeinen Rechts begründet, jedoch daraus, daß ein Studirender zur Zeit der Annahme einer Vorlesung minderjährig war

Dienst- und Arbeitsverhältniß bildet den ergänzenden Gegensatz zu dem vorstehend erörterten selbständigen Betrieb eines Erwerbsgeschäfts. Die Uebernahme eines öffentlichen Amtes gehört nicht dazu [12]).

Die Genehmigung kann, da eine besondere Form auch hier nicht vorgeschrieben ist, wieder auch durch Handlungen und Geschehenlassen ertheilt werden [13]). Sie ist eine generelle und wird durch sie der Minderjährige selbständig zur Eingehung und Auflösung von Dienst- und Arbeitsverhältnissen der genehmigten Art befugt.

Der Vater oder Vormund ist, wie das Gesetz ausdrücklich erklärt, berechtigt, die Genehmigung zurückzuziehen oder einzuschränken. Die kontraktlichen Rechte, welche die Dienstherren durch Vertrag mit dem Minderjährigen erlangt haben, können hierdurch nicht verkümmert, also laufende Dienst- oder Arbeitsverhältnisse gegen den Willen des dritten Kontrahenten nicht ohne weiteres aufgehoben werden. Wohl aber steht dem Vater oder Vormund jeder Zeit zu, statt des Mündels das kontraktlich vorbehaltene oder gesetzlich zuständige Kündigungs- oder Auflösungsrecht auszuüben [14]).

§. 45. Großjährigkeitserklärung.

Die für großjährig Erklärten stehen den Großjährigen gleich [1]).

Das Institut der Großjährigkeitserklärung stammt aus dem römischen Rechte. Seit dieses Recht die Mündigen unter 25 Jahren, welche es ursprünglich von andern Mündigen nicht unterschieden hatte, als Minderjährige immer mehr in ihrer Verfügungsfähigkeit beschränkte, wurde eine Dispensation dringendes Bedürfniß für solche Minderjährige, welche der selbständigen Leitung ihrer Angelegenheiten gewachsen waren. Diese Dispensation, die sogenannte venia aetatis, bildete ein Reservatrecht der römischen Kaiser [2]), sollte nur ertheilt werden männlichen Personen über 20 und weiblichen Personen über 18 Jahren, befreite von der Kuratel und schloß die Wieder-

---

oder unter väterlicher Gewalt stand, ein Einwand gegen die Verpflichtung zur Zahlung des Honorars nicht entnommen werden darf.

[12]) Hesse, Anm. 1 zu §. 6 S. 314.

[13]) Philler, Anm. 14 zu §. 6 S. 186.

[14]) Uebereinstimmend z. B. Anton, Anm. 11 zu §. 6 S. 204, Löwenstein, Anm. 12 zu §. 6 S. 171 und Wachler, Anm. 3 zu §. 6 S. 290.

[1]) V. O. §. 98 Abs. 1.

[2]) Tit. C. de his, qui veniam 2, 45.

einsetzung in den vorigen Stand aus, ließ aber das Verbot der Veräußerung von Grundstücken der Minderjährigen unberührt [3]).

Auch in Deutschland wurde dies Reservatrecht seit dem Mittelalter vom Kaiser, sowie von den Pfalzgrafen an dessen Statt geübt. Jeweilen hatte auch die Familie das Recht, die Familiengenossen mündig zu sprechen [4]). Allmählig aber wurde die Großjährigkeitserklärung in konsequenter Entwicklung des gemeinen Rechts Sache der obervormundschaftlichen Behörde [5]).

Dies wurde im A. L. R. die Regel [6]). Außerdem aber bestimmte das A. L. R., daß auch die Entlassung des zwanzigjährigen oder älteren Haussohnes aus der Gewalt durch den Vater mittelst gerichtlich verlautbarter Erklärung die Rechte der Großjährigkeit ertheile, ohne daß es nach der richtigen und in der Praxis angenommenen Meinung einer Prüfung oder Genehmigung des Vormundschaftsgerichts bedurfte [7]). Es lag hierin ein anomales Zugeständniß an die hausväterliche Gewalt. In der Regel gab die Großjährigkeitserklärung nach A. L. R. alle Rechte der Großjährigen. Doch war es zulässig, daß das Gericht Beschränkungen bezüglich der Veräußerung und Verpfändung von Grundstücken anordnete und in das Grundbuch eintragen ließ [8]).

Eine abweichende und eigenthümliche Entwicklung nahm das französische Recht. Dasselbe bildete als ein besonderes Institut die Emanzipation, d. h. die Entlassung aus der elterlichen und vormundschaftlichen Gewalt, aus. Eine solche Emanzipation tritt ein:

1. Durch Verheirathung des Minderjährigen von Rechts wegen.

2. Durch eine gerichtliche Erklärung des Vaters oder in dessen Ermangelung der Mutter des Minderjährigen, vorausgesetzt, daß derselbe 15 Jahre alt ist.

3. Elternlose Minderjährige können durch Beschluß des Familienraths nach vollendetem 18. Jahr emanzipirt werden.

Der Emanzipirte erhält nach französischem Rechte nicht die

---

[3]) l. 3 C. eodem 2, 45.

[4]) Kraut, Bd. 2 S. 87 ff.

[5]) Kraut, Bd. 2 S. 169 Anm. 14 u. 15.

[6]) Vgl. A. L. R. II 18 §. 713 ff.

[7]) So A. L. R. II 2 §. 216, und gegenüber dem aus dem A. L. R. II 18 §. 716 u. §. 717 entnommenen Zweifel Entsch. des Ober-Tribunals Bd. 12 S. 321 u. Bd. 18 S. 289 ff., sowie Arndts u. Leonhard, S. 141 Anm. 506.

[8]) A. L. R. II 18 §. 724 ff.

Rechtsstellung eines Großjährigen, sondern nur die laufende Verwaltung seines Vermögens, an welchem die elterliche Nutznießung endet. Zu wichtigeren Geschäften bedarf der Emanzipirte des Beistands eines ihm zu gebenden ständigen Kurators, zur Veräußerung von Grundstücken und zur Aufnahme von Darlehen der Ermächtigung des Familienraths und gerichtlicher Genehmigung [9]).

Die V. O. hat sich im wesentlichen auf den Standpunkt des gemeinen Rechts gestellt [10]). Ihre Bestimmungen sind folgende:

1. Die Großjährigkeitserklärung eines Minderjährigen erfolgt nur durch Beschluß [11]) des zuständigen Vormundschaftsgerichts. Dies ohne Unterschied, ob es sich um einen Minderjährigen unter Vormundschaft oder unter väterlicher Gewalt handelt. Die Entlassung aus der Gewalt hat demnach auch bei Söhnen im Gebiete des A. L. R. nicht mehr die Bedeutung einer Großjährigkeitserklärung [12]).

Weil ein Beschluß des zuständigen Vormundschaftsgerichts erforderlich ist und es sonst an letzterem fehlt, kann die Großjährigkeitserklärung eines nicht unter väterlicher Gewalt stehenden Minderjährigen nicht ohne vorherige Einleitung einer Vormundschaft erfolgen. Hierauf deutet auch der im §. 61 Abs. 2 V. O. gebrauchte Ausdruck „Mündel" hin, unter dem nur ein wirklich bevormundeter Minderjähriger zu verstehen ist [13]).

Die Großjährigkeitserklärung vollendet sich mit der Behändigung oder sonstigen Eröffnung des Beschlusses an den bisher Minderjährigen. Bis zu diesem Augenblick ist das Gericht noch befugt, sofern ihm in der Zwischenzeit Bedenken gegen den gefaßten Beschluß aufsteigen sollten, seine Entschließung abzuändern [14]).

Wie gegen andere Anordnungen des Vormundschaftsgerichts ist auch gegen die Versagung oder Ertheilung der Großjährigkeit Beschwerde zulässig. Doch ist die Beschwerde gegen Ertheilung der

---

[9]) Code civil art. 476—484. Philippi, Die Vormundschaft in der preuß. Rheinprovinz S. 139 ff. und Schenk, Der Familienrath, Wien 1863, S. 102 ff.

[10]) V. O. §. 61 Abs. 2 u. §. 97 Abs. 1.

[11]) Jahrbuch (App.) Bd. 6 S. 73.

[12]) Ebenso z. B. Eccius, Bd. 4 §. 224 S. 170 und die dort Citirten.

[13]) Märcker, Anm. 3 zu §. 61 S. 279.

[14]) Vgl. Entscheidungen des Reichs-Oberhandelsgerichts Bd. 6 S. 318, sowie Striethorst, Archiv Bd. 46 S. 256, Bd. 55 S. 161, Bd. 87 S. 151, Bd. 96 S. 298 und Bd. 98 S. 38. Vgl. auch z. B. noch Turnau, Bd. 2 §. 93 S. 347.

Großjährigkeit davon abhängig, daß sie dem Minderjährigen noch nicht zugestellt ist, da mit dieser Zustellung die obervormundschaftliche Zuständigkeit erloschen ist [15]).

2. Personen über 18 Jahre können für großjährig erklärt werden. Es gilt dies für Männer wie für Frauen, während nach gemeinem Recht und nach A. L. R. für Männer das 20. Lebensjahr die Minimalgrenze gebildet hatte [16]).

3. Das Verfahren kann auf Antrag in Angriff genommen werden, z. B. auf Antrag des Mündels, seines Vaters, Vormunds, Gegenvormunds oder eines Verwandten. Zulässig ist aber auch, wennschon dies der Natur der Sache nach nur selten geschehen wird, daß das Vormundschaftsgericht von Amtswegen zur Einleitung schreitet [17]). Eine Großjährigkeitserklärung per testamentum kennt die V. O. nicht. Ist eine solche oder ein Wunsch derselben in einer letztwilligen Verfügung des Vaters oder der Mutter enthalten, so ist dies als ein Antrag auf Großjährigkeitserklärung durch das Gericht anzusehen [18]) und daraufhin wie gewöhnlich zu verfahren. Es entbindet insbesondere die letztwillige Anordnung der Eltern nicht das Gericht von selbständiger Prüfung. Ebensowenig ist aber auch das Gericht absolut an ein letztwilliges Verbot der Eltern gebunden [19]).

4. Die Großjährigkeitserklärung setzt voraus, daß nach vernünftigem Ermessen der Minderjährige die Reife und sittliche Festigkeit hat, um seinen Geschäften in derselben Weise vorzustehen, wie dies ein umsichtiger, volljähriger Hausvater thut [20]). Hierüber hat eine Sachprüfung durch das Gericht stattzufinden.

---

15) Vgl. oben §. 23 unter Nr. 3 a. E. S. 96.

16) V. O. §. 61. Ueber römisches Recht siehe l. 2 C. de his, qui veniam 2, 45. Vgl. A. L. R. II 18 §. 719.

17) Ebenso z. B. Hesse, Anm. 15 Abs. 2 zu §. 61 S. 210 und Philler, Anm. 291 zu §. 61 S. 131.

18) Philler in den Beiträgen Bd. 12 S. 875.

19) Anders in beiden Beziehungen A. L. R. II 18 §§. 717 u. 718, welche Bestimmungen nicht mehr gelten (Boas in den Beiträgen Bd. 20 S. 762).

20) Das A. L. R. II 18 §. 713 verlangte mehr, nämlich daß die Aufhebung der Vormundschaft den wahren und dauernden Vortheil des Pflegebefohlenen mehr, also nicht blos ebensoviel, als deren Fortsetzung befördern werde. Dies ist aber nicht mehr maßgebend; ebenso z. B. Anton, S. 150 Anm., Löwenstein, Anm. 232 zu §. 61 S. 100 und Hesse, Anm. 12 zu §. 61 S. 209, a. A. Jahrbuch (App.) Bd. 6 S. 73 und Neumann zu §. 61 S. 224.

Die Verheirathung des Mündels kann ein die Großjährigkeitserklärung rechtfertigender Grund sein (Jahrbuch (App.) Bd. 8 S. 109).

Die Anhörung von Verwandten und Verschwägerten des Mündels hat zu diesem Zweck bei bevormundeten Minderjährigen nach Maßgabe des §. 55 der V. O. zu erfolgen. Die Anhörung des Vormunds und Gegenvormunds wird vom Gesetze nicht besonders gefordert [21]); dennoch liegt es auf der Hand, daß der Richter nicht leicht unterlassen darf, diese Personen zu hören, und ihrem etwaigen Widerspruch besondere Bedeutung beilegen wird, wennschon derselbe die Großjährigkeitserklärung an sich nicht hindert. Auch den Waisenrath zu hören, empfiehlt sich. Bei Minderjährigen in väterlicher Gewalt, bei deren Großjährigkeitserklärung der Vater mitwirkt und dessen Gutachten dasjenige von Verwandten und Verschwägerten ersetzt, ist die Anhörung von Verwandten oder Verschwägerten des Kindes nicht vorgeschrieben.

5. Die Großjährigkeitserklärung kann nur mit Einwilligung des Minderjährigen erfolgen [22]). Bei Hauskindern ist auch die Einwilligung des Vaters nöthig. Die Einwilligung kann schriftlich, sowie durch Stellvertreter und überhaupt formlos erklärt werden, so daß die des Minderjährigen auch schon in der bloßen Annahme des die Großjährigkeitserklärung aussprechenden Beschlusses des Vormundschaftsgerichts genügend zum Ausdruck gelangt.

6. Ist eine Großjährigkeitserklärung vom Vormundschaftsgericht ausgesprochen worden, ohne daß die vorstehend unter Nr. 2—5 erörterten Voraussetzungen für sie bezw. das Verfahren vorlagen, so ist sie dritten Personen gegenüber doch voll wirksam, da diesen eine Prüfung des gerichtlichen Beschlusses nicht zugemuthet werden kann [23]). Was dagegen das Verhältniß zum Minderjährigen anbetrifft, so kann es nicht zweifelhaft sein, daß diesem gegenüber, wenn es an dem Erforderniß des vollendeten 18. Lebensjahres fehlt, die Großjährigkeitserklärung unwirksam ist und vom Vormundschaftsgericht jeder Zeit zurückgenommen werden kann bezw. sogar zurückgenommen werden muß. Denn die Vollendung des 18. Lebensjahres ist die Bedingung, ohne welche die Großjährigkeitserklärung unzulässig ist. Dasselbe muß auch noch hinsichtlich der Einwilligung des Minder-

---

[21]) §. 55 Abs. 2 V. O. trifft hier nicht zu.

[22]) Es hat dies seinen Grund sowohl darin, daß beneficia non obtruduntur, als darin, daß ein Minderjähriger, der nicht einmal selbst das Verlangen nach Selbständigkeit hat, schwerlich für diese reif ist.

[23]) Vgl. oben §. 21 S. 84 bei Anm. 12, §. 26 Nr. 4 S. 111 und §. 33 S. 137 bei Anm. 19.

jährigen sowie bei Hauskindern hinsichtlich der des Vaters gelten. Denn auch diese erscheinen als Bedingungen der Großjährigkeitserklärung selbst, nicht blos als Erfordernisse des Verfahrens. Dagegen sind die Sachprüfung durch das Gericht und die Anhörung von Verwandten und Verschwägerten nur Erfordernisse des Verfahrens und ist die Nichtbeachtung derselben als solcher kein Grund zur Zurücknahme der Großjährigkeitserklärung.

Wo eine Zurücknahme der Großjährigkeitserklärung stattfindet, bei der selbstredend das Vormundschaftsgericht von Amtswegen thätig sein kann und sofort nach Ermittlung des der Großjährigkeitserklärung zu Grunde liegenden Irrthums von Amtswegen thätig sein muß, ist das ertheilte Großjährigkeitszeugniß zurückzufordern und die aufgehobene Vormundschaft wieder einzuleiten. Die Zurücknahme wirkt aber nur ex nunc [24]).

7. Die für großjährig Erklärten haben die Rechte der Großjährigen unbeschränkt [25]). Beschränkungen bei dieser Erklärung durch das Gericht sind nicht mehr zulässig.

Großjährig erklärte Hauskinder treten nach gemeinem Rechte und nach dem A. L. R. an sich so wenig aus der Gewalt, wie großjährige Kinder. Häufig wird aber der Vater mit seiner Einwilligung zur Großjährigkeitserklärung die Entlassung verbinden, welche Entlassung, da der großjährig Erklärte alle Rechte des Volljährigen hat, stattfinden darf, wenn auch das sonst für die Entlassung erforderliche Alter noch nicht vorhanden ist [26]). Wie ein Großjähriger kann sie

---

[24]) Bis auf die Wesentlichkeit der Einwilligung übereinstimmend Hesse, Anm. 10 zu §. 61 S. 208.

[25]) V. O. §. 98 Abs. 1. Es bezieht sich dies aber nur auf die aus den Gesetzen entspringenden Rechte, so daß z. B. ein für großjährig Erklärter auch gemäß §. 32 des Gesetzes vom 6. Februar 1875 über die Beurkundung des Personenstandes und die Eheschließung (R. G. Bl. 1875 S. 23) auf Einwilligung zur Eheschließung klagen kann, und auch nur auf solche Rechte, die an die Großjährigkeit als rechtlichen Zustand und nicht an die Thatsache der Vollendung des 21. Lebensjahres geknüpft sind (s. oben §. 19 Anm. 12 S. 79 und unten §. 48 bei Anm. 3, §. 58 bei Anm. 26 und §. 64 Anm. 9). Bei Privatverfügungen, die etwas von der Großjährigkeit abhängig machen, wird dafür, ob die betreffenden Rechte schon mit der Großjährigkeitserklärung erlangt werden, die Absicht desjenigen, der die Verfügung getroffen hat, entscheidend sein (l. 4 C. de his, qui veniam 2, 45, vgl. auch Beiträge Bd. 16 S. 90 ff. u. 101 ff., sowie Märcker, Anm. zu §. 98 S. 298).

[26]) §. 214 II 2 A. L. R. ist also insoweit nicht mehr anwendbar. Vgl. des

der für großjährig erklärte Sohn auch durch Begründung einer eigenen Wirthschaft selbst herbeiführen.

8. Im Gebiete des rheinischen Rechts findet die nach den Vorschriften des französischen Rechts bisher eintretende Emanzipation nicht mehr statt [27]).

9. Den Bestimmungen der V. O. über die Großjährigkeitserklärung und die Aufhebung der französischen Emanzipation ist in gewissen Beziehungen rückwirkende Kraft beigelegt.

Im Gebiete des gemeinen Rechts und in dem des A. L. R. sind die vor dem 1. Januar 1876 für großjährig erklärten Personen mit diesem Augenblick von allen Beschränkungen frei geworden, welche noch in Folge ihrer Minderjährigkeit auf ihnen lasteten [28]).

Die im Gebiete des rheinisch-französischen Rechts vor dem Inkrafttreten der V. O. Emanzipirten haben alle Rechte der Großjährigen mit diesem Augenblicke erhalten, wenn sie bereits das 18. Lebensjahr überschritten hatten. Das Gleiche gilt für diejenigen Emanzipirten, welche bei Inkrafttreten des Gesetzes noch unter 18 Jahren waren, sowie sie das 18. Lebensjahr vollendet haben [29]).

Die vor dem Inkrafttreten des Gesetzes Emanzipirten zwischen dem 15. und 18. Jahre sind den bisherigen Vorschriften des rheinischen Rechts unterworfen geblieben, so jedoch, daß die dem Familienrath und dem Landgerichte zugewiesene Thätigkeit fortan von dem Vormundschaftsgerichte auszuüben war [30]).

Zweites Kapitel. Die Begründung der Vormundschaft.

§. 46. Einleitung. Gesetzliche und richterliche Vormundschaft.

Auf den früheren Entwickelungsstufen des Vormundschaftswesens wird der Vormund durch die Ordnung des Familienrechts gegeben und eine Bestellung des Vormunds durch die Obrigkeit kommt nicht vor. So im ältesten Rom [1]) und in den frühesten

---

Verfassers Privatrecht Bd. 3 §. 48 Anm. 14 S. 157 und Eccius, Bd. 4 §. 224 Anm. 21 S. 170, siehe auch oben §. 44 Anm 9 S. 178

[27]) V. O §. 97 Abs. 2.

[28]) Vgl. Bericht d. K. d. A. H S. 21. Ebenso z. B. Hesse, Anm. 2 zu §. 98 S. 301 und Turnau, Bd. 2 §. 93 S. 347.

[29]) A. A. Maaßen, Anm. 4 zu §. 98 S. 100.

[30]) V. O. §. 98 Abs. 2.

[1]) Vgl. oben §. 2 S. 2.

Zuständen Deutschlands [2]). Erst allmählig tritt der richterlich gesetzte Vormund dem geborenen ebenbürtig zur Seite. Das französische Recht fußt noch jetzt auf der älteren Ordnung. Es beruft als gesetzliche Vormünder Vater und Mutter, sowie die männlichen Großeltern, denen jedoch die vom Längstlebenden der Eltern letztwillig Berufenen vorgehen, in Ermangelung solcher Vormünder ernennt der Familienrath den Vormund [3]).

Hierzu steht im scharfen Gegensatze das Bestreben in Deutschland seit Ausgang des Mittelalters, die Bestellung der Vormünder ganz in die Hand der Behörde zu legen. Dies war die Tendenz der Reichspolizeiordnung von 1548, welche Tit. 31 §. 2 die Verwaltung jeder Vormundschaft von einem obrigkeitlichen Dekret abhängig machte [4]), und noch bestimmter die des A. L. R. [5]). Denselben Standpunkt theilten die ersten Regierungsentwürfe der jetzigen V. O.

Es fanden sich indessen in dem A. L. R. und dem Anhange zu demselben Ansätze zu einer s. g. natürlichen oder gesetzlichen, von richterlicher Bestellung unabhängigen Vormundschaft. Sie waren mit dem landrechtlichen System kaum vereinbar und hier durchaus anomale Erscheinungen, indessen entsprachen sie praktischen Bedürfnissen. Es gab dies den Anstoß dazu, bei den letzten Umarbeitungen der V. O. im Regierungsentwurfe und mehr noch bei dessen Umänderung im Herrenhause für einige Fälle eine gesetzliche, ohne richterliche Bestellung eintretende Vormundschaft anzuerkennen, und ist dies in zwei Abstufungen geschehen, nämlich entweder so, daß der gesetzliche Vormund nur insofern eintritt und nur so lange zu fungiren hat, als nicht das Vormundschaftsgericht einen anderen Vormund bestellt, oder so, daß seine Bestellung von dem Gericht ganz unabhängig ist und er der Einwirkung des letzteren nur insofern unterliegt, als das Vormundschaftsgericht ihn unter den gesetzlichen Voraussetzungen entsetzen oder entlassen kann [6]).

Gesetzlicher Vormund in dem letzteren Sinne ist allein der Vater

---

[2]) Ueber die ältere deutsche Entwickelung Kraut Bd. 1 S. 222. Der richterlich gesetzte Vormund wurde zuerst nicht ständig, sondern nur für die einzelne Gerichtssitzung aufgestellt. Eine solche Ernennung war ursprünglich Ausnahme. Roth, Bayerisches Civilrecht Bd. 1 S. 482 Anm. 3.

[3]) Vgl. oben §. 6 S. 14, code civil art. 389 ff.

[4]) Siehe oben §. 4 S. 9.

[5]) A. L. R. II 18 §. 110 u. §. 172 ff.

[6]) V. O. §§. 12 u. 13.

des Mündels. Die gesetzliche Vormundschaft in dem ersteren Sinne, bei der gewissermaßen eine Bestellung durch stillschweigende Zustimmung des Gerichts vorliegt, haben der Vater der unehelichen Mutter des Mündels sowie gewisse Verpflegungsanstalten, in welchen der Mündel Aufnahme gefunden hat.

Regel aber ist die Bestellung des Vormunds durch das Gericht geblieben. Die Berufung des Vormunds hingegen geschieht bald unabhängig vom Richter kraft letztwilliger Verfügung der Eltern, oder kraft der Ordnung des Familienrechts für gewisse Ascendenten [7]), bald erfolgt auch sie durch die Wahl des Richters. Es ergeben sich hiernach drei Kategorien von Vormündern:

1. Die gesetzlichen Vormünder, welche eintreten ohne jede richterliche Vermittelung, sowie der Fall der Bevormundung gegeben ist.

2. Kraft letztwilliger Verfügung oder Familienrechts berufene, aber vom Gericht bestellte Vormünder. Diese Vormünder sind zwar richterlich gesetzte, materiell aber nähert sich ihr Verhältniß der gesetzlichen Vormundschaft, da das Gesetz ihre Bestellung fordert und dieselbe nicht in einer freien Wahl des Gerichts ihren Grund hat.

3. Die dritte Klasse bilden Vormünder, welche das Gericht berufen und bestellt hat.

Eine gesetzliche Gegenvormundschaft findet nicht statt [8]). Der Gegenvormund ist also stets vom Gerichte zu bestellen. Im übrigen finden für dessen Berufung und Bestellung die Grundsätze über Berufung und Bestellung des Vormunds entsprechende Anwendung [9]).

I. Unfähigkeit zur Vormundschaft.

§. 47. Unmittelbar und mittelbar wirkende Unfähigkeit.

Die römische Jurisprudenz unterschied bereits zwei Kategorien von Gründen der Unfähigkeit zur Vormundschaft [1]). Einige Gründe machten die Berufung und Bestellung zur Vormundschaft unmittel-

---

[7]) V.O. §. 17.

[8]) So auch nach französischem Rechte, wo der Familienrath den Gegenvormund bestellt (oben §. 6 S. 14, code civil art. 420).

[9]) V.O. §. 26 Abs. 5. Siehe oben §. 36 unter Nr. 2 S. 147.

[1]) Rudorff, Bd. 2 S. 17 ff.

bar nichtig [2]). In solcher Art unfähig waren Sklaven, Fremde ohne Commercium und Frauen, nach justinianischem Recht auch die Minderjährigen [3]). Andere Gründe wirkten nur mittelbar, so daß der Richter die solchergestalt Unfähigen nicht berufen sollte, und wenn sie Vormünder wurden, entlassen mußte.

Diese Unterscheidung ist in die V. O. übergegangen [4]).

1. Absolut unfähig zur Führung der Vormundschaft ist der Handlungsunfähige. Es ist damit aber nur gemeint, wer der Handlungsfähigkeit vollständig entbehrt, also Kinder und Geisteskranke. Dagegen ist nicht absolut unfähig, wer nur eine beschränkte Handlungsfähigkeit hat, wie dies bei gerichtlich erklärten Verschwendern, über 7 Jahre alten Minderjährigen, Gemeinschuldnern während der Dauer des Konkurses und Tauben, Stummen oder Blinden, die hierdurch an Besorgung ihrer Rechtsangelegenheiten gehindert sind (§. 81 Nr. 3 V. O.), der Fall ist. Es ergiebt sich dies daraus, daß das Gesetz Handlungsunfähige und Bevormundete bezüglich der Unfähigkeit unterscheidet. Auch liegt es im Interesse aller Betheiligten, die Fälle der absoluten Unfähigkeit nicht über das Nothwendige hinaus auszudehnen.

Die richterliche Bestellung eines Handlungsunfähigen zum Vormund ist nichtig. Der Mündel gilt daher ungeachtet derselben in rechtlichem Sinne als unbevormundet. Es sind also die Handlungen desjenigen, welcher trotz solcher Unfähigkeit zum Vormund bestellt ist, für den Mündel schlechthin unverbindlich. Der Mündel hat keine Vormundschaftsklage — actio tutelae — gegen den Scheinvormund, entbehrt daher auch der sie schützenden Vorrechte [5]). Im Gebiete des A. L. R. kann gegen den Mündel, weil er des Vormunds entbehrt, keinerlei Verjährung anfangen [6]).

Natürlich erlischt auch die Vormundschaft von selbst, wenn der bestellte Vormund später durch Geisteskrankheit absolut unfähig wird [7]).

---

[2]) Arndts, Pandekten §§. 442 u. 443.

[3]) l. 5 C. de leg tut. 5, 30.

[4]) V. O. §. 21 u. §. 25.

[5]) Deutsche Konkursordnung §. 54 Nr. 5. Vgl oben §. 38 S. 158.

[6]) A. L. R. I 9 §§. 535, 536 u. 595, Erkenntnisse des Ober-Tribunals vom 15. August 1846 und 22. Oktober 1875 in dessen Entscheidungen Bd 15 S. 19 und Bd. 75 S. 288.

[7]) Siehe unten §. 88 unter Nr. 2.

Auch die gesetzliche Vormundschaft tritt nicht ein, wenn derjenige, an welchen sie sonst fallen würde, absolut handlungsunfähig ist, und sie erlischt, wenn er handlungsunfähig wird [8]). Außerdem ist aber die gesetzliche Vormundschaft ausgeschlossen und tritt deren Erlöschen ein, wenn der an sich zu derselben Berufene bevormundet oder nicht im Besitze der bürgerlichen Ehrenrechte ist, bezw. bevormundet wird oder die bürgerlichen Ehrenrechte verliert [9]). Diese beiden Gründe der Unfähigkeit, welche im Falle der gerichtlichen Bestellung des Vormunds nur mittelbar wirken, greifen also im Fall der gesetzlichen Vormundschaft unmittelbar und von selbst ein [10]).

Auf den Anstaltsvorstand als gesetzlichen Vormund passen die Vorschriften über die Unfähigkeit überhaupt nicht, weil diese eine spezielle physische Person voraussetzen und der Vorstand immer nur als solcher ohne Rücksicht auf die physischen Personen, die ihn bilden, in Betracht kommt. Dies gilt selbst dann, wenn der Vorstand nur aus einer einzigen Person besteht. Es bleibt daher, wenn, was jedoch kaum vorkommen wird, bei einer Person, die Mitglied oder alleiniger Repräsentant des Vorstandes ist, ein Unfähigkeitsgrund bestehen oder nachher eintreten und sie trotzdem Mitglied bezw. Repräsentant des Vorstandes bleiben sollte, nur übrig, von dem Rechte des §. 13 a. E. V. O., einen anderen Vormund zu bestellen, Gebrauch zu machen [11]).

2. In der Regel wirkt die Unfähigkeit des Vormunds nicht unmittelbar, sondern nur durch die Vermittelung des Vormundschaftsgerichts.

Das Vormundschaftsgericht soll nämlich einen derart Unfähigen nicht zum Vormund bestellen und es soll, da die Unfähigkeit nicht blos für die Uebernahme, sondern für die F ü h r u n g der Vormundschaft ausgesprochen ist, ferner denselben entlassen, wenn er trotz seiner Unfähigkeit Vormund geworden ist. Diese Entlassung hat auch dann einzutreten, wenn die Unfähigkeit erst im Laufe der

---

[8]) Siehe unten §. 88 vor Anm. 12.

[9]) V. O. §. 25 Abs. 2.

[10]) Der Grund für die größere Strenge ist in der freieren Stellung des gesetzlichen Vormunds zu suchen, welche für dessen Selbständigkeit und Moralität eine größere Garantie erfordert.

[11]) H e s s e, Anm. 5 Abs. 3 zu §. 13 S. 25.

Vormundschaft entstand [12]). Sie hat den gesetzlichen Vormund, wie den richterlich bestellten zu treffen [13]) [14]).

Bis zur Entlassung vertritt der in solcher Weise unfähige Vormund den Mündel nach außen mit derselben Rechtswirkung, wie wenn er fähig wäre. Auch dem Mündel gegenüber hat er dieselben Rechte und Verpflichtungen wie der fähige Vormund.

Die Gründe der Unfähigkeit zur Bekleidung der Vormundschaft bewirken auch Unfähigkeit zur Führung der Gegenvormundschaft.

§. 48. Fortsetzung. Die Fälle mittelbar wirkender Unfähigkeit.

Unfähig zur Führung der Vormundschaft in dem zuletzt bezeichneten Sinne sind [1]):

1. Bevormundete, soweit sie nicht total handlungsunfähig und damit absolut an der Bekleidung der Vormundschaft behindert sind. Hierher gehören also namentlich bevormundete Verschwender, ferner bevormundete Taube, Blinde oder Stumme. Dieser Unfähigkeitsgrund, im römischen Rechte nicht erwähnt, ist durch die gemeinrechtliche Doktrin ausgebildet und findet sich auch in anderen neueren Gesetzgebungen [2]).

2. Ferner sind unfähig zur Vormundschaft Personen unter einundzwanzig Jahren. Dies also ohne Unterschied, ob sie noch bevormundet sind oder für großjährig erklärt wurden [3]). Nach römischem Rechte begann die Fähigkeit mit dem fünfundzwanzigsten, nach dem

---

[12]) Der Unfähige hat dem Gericht den Unfähigkeitsgrund anzuzeigen, sofern ihm dies thunlich war. Er ist dem Mündel wegen Nichtanzeige dann verantwortlich, wenn seine Unfähigkeit die Ursache einer Beschädigung seines Mündels geworden ist und ihm die Nichtanzeige nach allgemeinen Grundsätzen zur Schuld beigemessen werden kann. Ebenso richtet sich lediglich nach den allgemeinen Grundsätzen, ob der Vorschlag eines unfähigen Vormunds zum Schadenersatz verpflichtet, vgl. Bericht der K. d. H. H. S. 39 u. 40.

[13]) V. O. §. 25 Abs. 3 bezieht sich auf Abs. 1 u. 2. Ebenso z. B. Hesse, Anm. 10 zu §. 25 S. 70 und die dort Citirten, sowie jetzt auch Philler, Anm. 114 zu §. 25 S. 66.

[14]) Ueber den Vater, der nach dem Tode der Mutter im rheinischen Rechtsgebiet Recht und Pflicht des gesetzlichen Vormunds hat, siehe oben §. 9 a. E. S. 29 und wegen der Wiederbestellung eines blos vorübergehend unfähig gewordenen Vormunds unten §. 89 bei Anm. 19.

[1]) V. O. §. 21.

[2]) A. L. R. II 18 §. 130, österr. Gesetzbuch §. 191, code civil art. 442.

[3]) Siehe oben §. 45 Anm. 25 S. 184.

A. L. R. mit dem vierundzwanzigsten Jahre[4]). Die Befähigung mit vollendetem einundzwanzigsten Jahre nach der V. O. steht in Verbindung mit dem früheren Beginn der Großjährigkeit.

Allerdings wird es sich für die Regel nicht empfehlen, Personen, welche noch im Anfang der zwanziger Jahre stehen, zu Vormündern zu wählen. Dennoch war es zweckmäßig, daß dem Richter die Freiheit gegeben wurde, wo es die Umstände des Falls erfordern, auch solche Personen, z. B. Geschwister, zum Vormund zu berufen. Insbesondere ist die Herabsetzung der Altersgrenze von Wichtigkeit für die Vormundschaft der Mutter.

3. Unfähig ist, wer der bürgerlichen Ehrenrechte verlustig erklärt ist, jedoch nicht schlechthin[5]), sondern nur nach Maßgabe des Strafgesetzbuches[6]).

Demgemäß[7]) ist die Unfähigkeit, die in gleicher Weise für Vormünder, Gegenvormünder, Pfleger, gerichtliche Beistände und Mitglieder eines Familienraths gilt, Wirkung der als Nebenstrafe ausgesprochenen Aberkennung der bürgerlichen Ehrenrechte, tritt mit der Rechtskraft des Urtheils ein, besteht für die Dauer derjenigen Zeit fort, für welche der Verlust der Ehrenrechte im Urtheil ausgesprochen ist und welche von dem Tage ab, an dem die Hauptstrafe verbüßt, verjährt oder erlassen ist, berechnet wird, und fällt Verwandten absteigender Linie gegenüber fort, wenn das Vormundschaftsgericht bezw. der Familienrath die Genehmigung ertheilt. Es hängt also vom Ermessen des Gerichts bezw. des Familienraths ab, ob sie den der bürgerlichen Ehrenrechte für verlustig Erklärten zur Vormundschaft über seine Descendenten berufen und ob sie demselben die Vormundschaft über dieselben belassen wollen[8]).

---

[4]) l. 5 C. de leg. tutela 5, 30, A. L. R. II 18 §. 131.

[5]) Wie im §. 25 Abs. 2 V. O., siehe oben §. 47 S. 189 bei Anm. 9 u. 10.

[6]) Die Bestimmung ist alten deutschen Rechts. Verm. Sachsensp. I. 43, 10: „Der erlose Man mag Nyment Vormunde gesin, wenne sines Wibes und siner Kinder oder Swester“. Zunächst aber ist sie entnommen dem code pénal art. 28 u. art. 42: „Il sera incapable de tutelle et de curatelle, si ce n'est de ses enfants et sur l'avis seulement de sa famille“. Von da ist sie in das preuß. Strafgesetzbuch vom 14. April 1851 §. 12 herübergewandert und in das Reichsstrafgesetzbuch übergegangen.

[7]) Strafgesetzbuch für das deutsche Reich §§. 34 u. 36.

[8]) Inwieweit Ascendenten unehelicher Kinder nach der Bestimmung des Strafgesetzbuchs fähig zur Vormundschaft über dieselben werden können, wird

4. Unfähig sind Gemeinschuldner während der Dauer des Konkursverfahrens [9]).

5. Unfähig ist auch zur Vormundschaft, wer offenkundig einen unsittlichen Lebenswandel führt [10]). Die Bestimmung ist insbesondere auch um deswillen wichtig, weil sie dem Gerichte die Möglichkeit giebt, Vormünder zu entlassen, welche wegen ihrer Sitten verdächtig sind, ohne daß in der Führung der Vormundschaft bereits eine Pflichtwidrigkeit zu Tage trat. Es gehören hierher Kuppler und Bordellwirthe, notorische Trunkenbolde, Spieler und Geschäftsleute, welche die Ausbeutung des Publikums offenkundig zum Gewerbe machen, wenn sie auch den Bestimmungen des Strafgesetzbuchs zu entgehen wissen.

Ob Offenkundigkeit vorliegt, ist vom Richter unter Berücksichtigung etwaiger Mittheilungen des Waisenraths und sonstiger Betheiligter zu beurtheilen. Uebrigens ist auch ein unsittlicher Lebenswandel, der nicht offenkundig, aber doch anderweit dem Richter zuverlässig bekannt ist, als genügend anzusehen, um die Unfähigkeit zu begründen [11]).

6. Wer von dem Vater oder von der Mutter nach Maßgabe der in §. 17 der V. O. für die Berufung eines Vormunds gegebenen Vorschriften ausgeschlossen wurde, ist gleichfalls unfähig. Dieselbe Bestimmung traf bereits das römische Recht [12]). Das A. L. R. schloß auch Personen aus, welche ein anderer Erblasser verbeten hatte, sofern er dem Mündel mehr als den Pflichttheil hinterließ [13]). Dies ist weggefallen. Hervorzuheben ist, daß nach Wort und Sinn der Bestimmung der Vater auch die Mutter von der Vormundschaft über

---

davon abhängen, inwieweit in dem betreffenden Rechtsgebiet ein Ascendentenverhältniß anerkannt wird.

[9]) Einzelne deutsche Statuten Süddeutschlands, welche den Falliten für unfähig erklären, nennt Roth, Bayerisches Civilrecht Bd. 1 S. 489. Weder das römische Recht noch das A. L. R. noch das französische Recht kennt dagegen diesen Unfähigkeitsgrund. Die französische Jurisprudenz schließt die Kridare unter Umständen „wegen schlechter Aufführung“ aus (code civil art. 444, Demolombe, Cours de droit civil vol. VI n. 492).

[10]) Vgl. A. L. R. II 18 §. 135, code civil art. 444 und l. un. C. de infamibus 10, 57.

[11]) Hesse, Anm. 6 Abs. 2 zu §. 21 S. 51.

[12]) l. un. C. si contra matris voluntatem tutor datus est 5, 47 und l. 21 §. 2 D. de tut. et cur. dat. 26, 5; vgl. auch l. 21 §. 1 D. eod.

[13]) A. L. R. II 18 §§. 141 u. 142.

ihre Kinder ausschließen kann, also auch für den Fall, daß er keinen Vormund ernennt, oder daß der von ihm benannte Vormund wegfällt. Die Ausschließung muß keine ausdrückliche sein. Es genügt, daß der Verstorbene unzweideutig die Ausschließung gewollt hat.

7. Unfähig sind endlich weibliche Personen, jedoch mit erheblichen Ausnahmen. Hierüber später.

Die jetzige Gesetzgebung hat eine große Zahl von Unfähigkeitsgründen fallen lassen, welche sich im gemeinen Rechte und im A. L. R. angesammelt hatten.

Hauskinder konnten nach dem A. L. R. die Vormundschaft nur mit Einwilligung des Vaters übernehmen [14]). Dies ist nicht mehr Rechtens. Großjährige Hauskinder sind daher, wie nach römischem Rechte [15]), zur Vormundschaft ohne weiteres befähigt.

Bischöfe und Mönche waren nach der nov. 123 unfähig zur Vormundschaft [16]). Insbesondere aber waren die Ordensgeistlichen nach deutscher Rechtsanschauung von der Führung der Vormundschaft ausgeschlossen [17]). Die V. O. gedenkt dieser Unfähigkeit nicht mehr. Im Gebiete des A. L. R. jedoch wird man die Mönche und Nonnen nach abgelegtem Klostergelübde immer noch als unfähig zur Vormundschaft erachten müssen, da sie in Ansehung aller weltlichen Geschäfte als verstorben gelten, also handlungsunfähig sind [18]). Die Angehörigen geistlicher Kongregationen sind hingegen geschäfts- und vormundschaftsfähig.

Unfähig jeder Vormundschaftsführung war des weiteren nach dem A. L. R., wer wegen Untreue oder grober Fahrlässigkeit einer Vormundschaft entsetzt worden war [19]). Die V. O. hat, entgegen dem Regierungsentwurf, diesen Grund übergangen. Eine Entsetzung von einer anderen Vormundschaft wird dem Vormundschaftsgerichte jedoch nahe legen, von dem hierdurch verdächtig gewordenen Vormund wegen ihm noch verbleibender Vormundschaften oder bei neuer Uebertragung einer solchen Sicherheit zu verlangen.

Auch Ausländer, welche der preußischen Gerichtsbarkeit nicht

---

[14]) A. L. R. II 18 §. 133.

[15]) l. 7 D. de tutelis 26, 1. Der römische Satz, daß der Vater für den Sohn hafte, si tutelam adgnovit, findet keine Anwendung mehr.

[16]) Vgl. übrigens über die Novelle Rudorff, Bd. 2 S. 109.

[17]) A. L. R. II 18 §. 134, österr. bürgerliches Gesetzbuch §. 195.

[18]) A. L. R. II 11 §. 1199.

[19]) A L R. II 18 §. 136.

unterstehen, sind zur Vormundschaft ohne weiteres fähig, während das A. L. R. Genehmigung des Justizministers für nothwendig erachtete [20]).

Das ältere deutsche Recht schloß Juden — als Hörige — von der Vormundschaft über Christen aus. Dies war in die gemeinrechtliche Praxis und in das A. L. R. übergegangen [21]), obgleich das römische Recht den entgegengesetzten Grundsatz aussprach [22]). Die Unfähigkeit ist nunmehr gefallen.

Nach römischem Rechte war der Stiefvater fähig, Vormund seiner Stiefkinder zu sein [23]). Dies erhielt sich unter anderem im französischen Rechte. Dagegen hat die gemeinrechtliche Doktrin und Praxis vielfach den Stiefvater für unfähig erklärt, woran sich das A. L. R. [24]) und andere neuere Gesetzgebungen anschlossen. Mit Recht hat das Herrenhaus, dem Regierungsentwurf entgegen, diesen Unfähigkeitsgrund gestrichen, da nicht selten der Stiefvater oder die Stiefmutter der passendste Vormund sein wird. Als Verschwägerter muß sogar der Stiefvater vom Vormundschaftsgericht vorzugsweise berufen werden, wenn er nicht als ungeeignet erscheint.

Todfeindschaft — inimicitiae capitales — zwischen dem Vater des Pupillen und dem Vormund bewirkte, wenn keine Versöhnung eingetreten war, nach römischem Rechte Unfähigkeit zur Vormundschaft [25]). Dies war in neuere Gesetzgebungen übergegangen. Den Sitten und dem Temperament im heutigen Deutschland sind solche Todfeindschaften jedoch fremd. Ein Unfähigkeitsgrund liegt nach der V. O., entgegen dem Regierungsentwurf, demnach in offenkundiger Feindschaft nicht mehr. Hat sich nach der testamentarischen Berufung durch den Vater Feindschaft zwischen ihm und dem Vormund entwickelt, so ist dies ein Umstand, welcher ein Abgehen von der Berufung seitens der Obervormundschaft rechtfertigt. Auch wird das Gericht einen Feind des Vaters des Mündels nicht leicht zum Vormund berufen, wenn es sich nicht verantwortlich machen will.

---

[20]) A. L. R. II 18 §. 156. Die Unfähigkeit der Ausländer ist älteres deutsches Recht gewesen.

[21]) Lauterbach, collegium theor. pract. Pandectarum tit. 26, 1 §. 23, A. L. R. II 18 §§. 137 u. 138.

[22]) l. 15 §. 6 D. de excusat. 27, 1.

[23]) l. 32 §. 1 D. de adopt. 1, 7, l. 2 C. de interd. matrimonio 5, 6 und l. 3 C. de contr. jud. tut. 5, 58.

[24]) A. L. R. II 18 §. 139.

[25]) l. 6 §. 17 D. de excus. 27, 1.

Das spätere römische Recht, sowie das A. L. R. sahen in der Eigenschaft als Gläubiger oder Schuldner des Mündels unter gewissen Voraussetzungen einen Unfähigkeitsgrund [26]). Dies ist weggefallen; ebenso die an die Verschweigung des obligatorischen Verhältnisses geknüpften Strafen [27]).

Auch Lesens- und Schreibensunkunde ist an sich kein Unfähigkeitsgrund. Es wird sich jedoch empfehlen, Analphabeten, besonders wenn sie Vermögen zu verwalten haben, nicht zu bestellen, sondern sie, abgesehen von Nothfällen oder von ganz besonderen, ihre Bestellung befürwortenden Umständen, regelmäßig für ungeeignet zu halten [28]).

Endlich begründet weder das Amt als Waisenrath, noch Verwandtschaft oder Schwägerschaft mit dem Waisenrath oder mit dem Vormundschaftsrichter an sich eine Unfähigkeit. Es ist aber wegen der dann stattfindenden Kollision mit dem Aufsichtsrecht des Waisenraths, sofern es sich nicht blos um eine nur für reine Vermögensverwaltung eingeleitete Pflegschaft handelt, bezw. mit dem des Vormundschaftsrichters deren Thätigkeit von einem anderen Waisenrath bezw. dem den Vormundschaftsrichter in Verhinderungsfällen vertretenden Richter [29]) wahrzunehmen und muß, wenn letzteres nicht möglich ist, von der Bestellung abgesehen werden [30]).

§. 49. Die Fähigkeit weiblicher Personen.

Das ältere Vormundschaftsrecht betrachtete die Frauen als unfähig zur Führung einer Vormundschaft. Der Grund lag darin, daß die Frauen selbst als hülfsbedürftig galten und unter Vormundschaft standen, und daß sie zur gerichtlichen Vertretung des Mündels die volle Befähigung nicht hatten.

Nur die Frage erhob sich frühzeitig, ob und inwieweit der Mutter oder etwa auch der Großmutter die Vormundschaft über ihre Kinder einzuräumen sei, da für eine solche Vormundschaft die allerdringlichsten sachlichen Gründe sprechen können. Das römische Recht gab schließlich der Mutter und der Großmutter ein Recht auf die

---

[26]) nov. 72, A. L. R. II 18 §§. 147—149.

[27]) Siehe unten §. 82 Anm. 6.

[28]) Hesse, Anm. 9 zu §. 21 S. 52.

[29]) §. 24 Ausführungsgesetz vom 24. April 1878 zum deutschen Gerichtsverfassungsgesetz.

[30]) Vgl oben §. 30 Anm. 2 S. 122 und §. 17 unter Nr. 8 S. 67.

Tutel über die Kinder und Enkel vor den Seitenverwandten, jedoch nur bis zu einer etwaigen Wiederverheirathung [1]). In den Rechten der deutschen Stämme wurde die Vormundschaft der Mutter über ihre Kinder zum Theil frühzeitig anerkannt, zum Theil aber auch entschieden verworfen [2]).

Auch die neueren Gesetzgebungen haben, der alten Tradition folgend, durchgängig Frauen für unfähig zur Vormundschaft erklärt [3]), und nur diejenigen Ausnahmen für die Mutter und die Großmutter aufgenommen, welche bereits das römische Recht anerkannt hatte. Ein innerer Grund für die Ausschließung der Frauen von der Führung der Vormundschaft liegt jedoch nicht vor. Sehr häufig werden gerade Frauen die geeignetsten Vormünder sein, wenn sie den Mündeln durch die Bande besonderer Liebe verknüpft sind, da sie vielfach in geschäftlicher Gewandtheit den Männern nicht nachstehen. Es gilt dies nicht blos von der natürlichen ehelichen und selbst der unehelichen Mutter, wennschon bei der letzteren die Verhältnisse des einzelnen Falls der ganz besonderen Berücksichtigung bedürfen, sondern unter Umständen auch von einer Stiefmutter, Pflegemutter und nahen weiblichen Verwandten. Auf Grund dieser Anschauungen hat nunmehr unsere V. O. die Fälle, in welchen weibliche Personen die Vormundschaft führen können, erheblich vermehrt, wenn man auch die Regel der Unfähigkeit nicht geradezu fallen gelassen hat. Hiernach sind Frauen zur Vormundschaft in folgenden Fällen befähigt:

1. Die Mutter kann die Vormundschaft über ihre ehelichen Kinder führen. Die Bestimmung des römischen und auch des älteren deutschen Rechts, nach welcher die Mutter unfähig zur Vormundschaft über ihre Kinder wurde, wenn sie zu einer anderweiten Ehe schreitet [4]), besteht nicht mehr zu Recht, wie sie auch in ihrer Unbedingtheit unzweckmäßig ist [5]).

---

1) Früher bedurfte es besonderen kaiserlichen Privilegs, l. 8 D. de tutelis 26, 1 und l. 26 D. de test. tut. 26, 2. Dagegen nov. 24 und nov. 118 cap. 5. Rudorff, Bd. 1 S. 249 ff.

2) Vgl. das Nähere unten in §. 55 unter Nr. 2.

3) So A. L. R. II 18 §. 143 und code civil art. 442 sub 3.

4) So auch noch im wesentlichen das A. L. R. II 18 §. 188 ff.

5) Die Mutter, welche vor Inkrafttreten der V. O. die Vormundschaft über ihre Kinder erhielt, hat natürlich nicht mehr die Vormundschaft von selbst verloren, wenn sie sich nach Inkrafttreten des Gesetzes verheirathet hat, bezw. verliert sie nicht mehr durch nachträgliche Verheirathung. Es ist §. 64 V. O. eingetreten bezw. tritt ein.

Dagegen wird die Mutter unfähig zur Führung der Vormundschaft über ihre Kinder, wenn sie von dem Vater derselben[6]) rechtskräftig[7]) geschieden und bei der Trennung für den schuldigen Theil erklärt worden ist, wobei es, da das Gesetz keine weitere Unterscheidung macht, gleichgültig ist, ob sie für den allein schuldigen oder blos für den überwiegend schuldigen oder gar blos für den weniger schuldigen Theil erklärt worden ist.

2. Die Mutter ist ferner fähig zur Vormundschaft über ihre unehelichen Kinder[8]).

3. Sie ist der Vormundschaft fähig über ihre angenommenen Kinder, dahin gehören natürlich nicht etwa die blos von ihrem Ehemann adoptirten Kinder.

4. Die Großmutter ist zur Vormundschaft über ihre ehelichen Enkel, nicht auch über uneheliche[9]), befähigt. Nicht befähigt ist die

---

[6]) Diese im Gesetz nicht direkt ausgesprochene Beschränkung ergiebt sich aus dem Gebrauch des bestimmten Artikels in den Worten des §. 21 Abs. 2 V. O. „bei Trennung der (also nicht jeder überhaupt eingegangenen) Ehe", sowie daraus, daß im §. 17 Abs. 2 V. O. ebenfalls nur die Trennung der Ehe mit dem Vater des Mündels berücksichtigt ist. Ueber Kinder aus einer anderen als der getrennten Ehe bleibt also die Mutter der Ehescheidung ungeachtet fähig, die Vormundschaft zu führen. Ebenso Hesse, Anm. 12 zu § 21 S. 53 gegen z. B. Jahrbuch (App.) Bd. 5 S. 277, Anton, Anm. 34[a] zu §. 21 S. 79 und Löwenstein, Anm. 66 zu §. 17 S. 30.

[7]) Dies ist zwar ebenfalls nicht ausdrücklich gesagt, jedoch als selbstverständlich anzusehen, da vor Rechtskraft des Urtheils keine Trennung der Ehe vorliegt. A. A. Anton, Anm. 20 zu §. 17 S. 74, dagegen Hesse, Anm. 13 Abs. 2 zu § 17 S. 38.

[8]) So auch schon l. 3 C. quando mulier 5, 35 bezüglich der liberi naturales. Es ist jedoch bei Bestellung der unehelichen Mutter stets mit Vorsicht zu verfahren, weil sie oft nicht geeignet sein wird

[9]) Letzteres folgt daraus, daß der Ausdruck „Großeltern" in der V. O. sich stets nur auf die eheliche Descendenz bezieht (s. unten §. 51 bei Anm. 20), und daß bei der Fähigkeit der Mutter die unehelichen Kinder ausdrücklich genannt sind, mithin, wenn bei der Großmutter der unehelichen Abkömmlinge keine Erwähnung geschieht, diese Fassung keinen Zweifel darüber läßt, daß nur die Großmutter im gewöhnlichen Sinne, d. i. die eheliche Großmutter, gemeint ist. Es treffen diese Gründe auch für die Rechtsgebiete zu, in denen das uneheliche Kind in die Familie seiner Mutter eintritt, so daß die Verschiedenheit in letzterer Beziehung keinen ungleichmäßigen Rechtszustand, g gen den man sich sonst erklären müßte (oben §. 13 unter Nr. 3 S. 49), veranlassen kann.

Der obigen Ansicht sind auch die Kommentatoren, ferner Eccius, Bd. 4 §. 231 Anm. 20 S. 201 und Jahrbuch Bd. 3 S. 45.

Großmutter, wenn ihre Ehe mit dem Großvater des Mündels [10]) getrennt und sie für den schuldigen Theil erklärt worden ist, wobei es auch hier auf den Grad der Schuld nicht ankommt.

5. Endlich sind weibliche Personen ohne Unterschied, z. B. auch die Stiefmutter, zur Vormundschaft befähigt, sofern sie letztwillig von dem Vater oder der Mutter des Mündels nach Maßgabe des §. 17 der V. O. zur Vormundschaft berufen sind.

Ein Zwang zur Uebernahme der Vormundschaft findet gegen weibliche Personen nicht statt [11]), die übernommene Vormundschaft dürfen sie aber nicht willkürlich niederlegen.

Eine Frau, welche verheirathet ist, darf nur mit Einwilligung des Ehemanns zum Vormund bestellt werden. Diese Einwilligung ist nur dann nicht erforderlich, wenn ihr Ehemann der Vater des Mündels ist und eine Bevormundung nöthig wird, z. B. wegen des Ruhens der väterlichen Gewalt [12]), oder wenn der Ehemann selbst der von ihr zu Bevormundende ist [13]). Ist der Ehemann bevormundet und es handelt sich um die Bestellung der Frau zum Vormunde einer anderen Person, so bleibt die Einwilligung nothwendig und ist von dem Vormund des Ehemannes zu ertheilen. Verheirathet sich eine zum Vormund bestellte Frau, so hat das Vormundschaftsgericht zu entscheiden, ob sie zu entlassen sei. Die Beibehaltung ist nur mit Einwilligung des Ehemannes zulässig [14]).

Die Einwilligung bedarf überall keiner besonderen Form, da eine solche nicht vorgeschrieben ist, und kann selbst durch konkludente Handlungen erklärt werden. Zweckmäßig bleibt es jedoch wegen der an sie geknüpften Folgen, sie in unbezweifelbarer Weise, zu Protokoll oder dgl., festzustellen [15]). Ist sie einmal ertheilt, so kann sie nicht wieder zurückgenommen werden, sondern ist nur, obwohl auch dies nicht ausdrücklich ausgesprochen ist, der Ehemann für legitimirt zu erachten, gemäß §. 63 V. O. aus erheblichen Gründen die Entlassung seiner Ehefrau zu beantragen [16]).

---

[10]) Vgl. oben Anm. 6.

[11]) V. O. §. 23 Nr. 1.

[12]) V. O. §. 21 Abs. 3.

[13]) V. O. §. 83 Abs. 2. Märcker, Anm. 5 zu §. 21 S. 250.

[14]) V. O. §. 64.

[15]) Hesse, Anm. 15 zu §. 21 S. 54.

[16]) Ebenso z. B. Brettner in den Beiträgen Bd. 20 S. 417, Anton, Anm. 34 zu §. 21 S. 80, Hesse, Anm. .4 zu §. 21 S. 54 und Philler, Anm. 94 zu §. 21 S. 60.

Der Ehemann einer zum Vormund bestellten Frau haftet für die vormundschaftliche Verwaltung als Bürge[17]). Dabei ist natürlich vorausgesetzt, daß er seine Einwilligung zur Uebernahme oder Fortführung der Vormundschaft nicht verweigert hat.

Bezieht sich diese Bürgschaft blos auf die Zeit der Verwaltung nach Abschluß der Ehe oder auch auf die vorhergehenden Akte? Es besteht hierüber Meinungsverschiedenheit[18]). Das französische Recht, welches als Vorbild diente, indem es den Ehemann zum Mitvormund neben seiner Frau macht, läßt ihn nur für die Verwaltung nach Abschluß der Ehe haften[19]). Indessen kann hierauf kein Gewicht gelegt werden, weil nach der V. O. der Ehemann nicht Mitvormund, wie nach französischem Recht, sondern Bürge sein soll. Nach dem Wortlaut der V. O. aber haftet der Mann schlechthin für die Verwaltung der Frau, ohne daß zwischen der Zeit vor und nach der Ehe unterschieden wird, und muß dies auch als Absicht des Gesetzes angesehen werden, da die Verwaltung eine einheitliche ist und praktisch eine Unterscheidung zwischen Begehungen vor und nach der Ehe schwierig und oft kaum durchführbar sein würde. Hat z. B. die Frau vor Eingehung der Ehe eine Summe dem Mündel abhanden gebracht, so ist sie stets und auch nach dem Eheschluß verpflichtet, dieselbe dem Mündel zu ersetzen. Für die Nichterfüllung dieser Pflicht, also für den Nichtersatz, müßte daher auch wohl nach der Gegenansicht der Ehemann einstehen. Wenn für diese Gegenansicht geltend gemacht wird, daß den Ehemann die gesetzliche Bürgschaft nur deshalb treffe, weil seine Ehefrau mit seinem Willen verwalte, und die maritalischen Rechte und insbesondere der dadurch bedingte Einfluß des Mannes auf die vormundschaftliche Verwaltung der Frau eine Gefahr für das Mündelinteresse in sich bergen, welche durch die Mitverantwortlichkeit des bürgenden Ehemannes abgeschwächt werden solle, so ist dies nicht durchschlagend. Denn wenn gesetzlich die Bürgschaft sich auf die frühere Zeit mit erstreckt, so liegt in der Einwilligung in die Bestellung der Frau zum Vormund der Wille, die Haftung in jenem weiten Umfange zu übernehmen. Will der

---

[17]) V. O. §. 32 Abs. 3.

[18]) Gegen die diesseitige Ansicht sind insbesondere Brettner in den Beiträgen Bd. 20 S. 416 und Eccius, Bd. 4 §. 235 S. 233 und die meisten Kommentatoren, für dieselbe ist z. B. Wachler, Anm. 11 Abs. 3 zu §. 32 S. 112.

[19]) Code civil art. 396.

Ehemann dies nicht, so muß er eben und kann er ja auch stets seine Einwilligung versagen. Und wenn auch der nächste Grund der Vorschrift der Einfluß des Ehemannes auf die Verwaltung gewesen sein mag und dieser Einfluß sich erst in der Zeit nach der Eheschließung geltend machen kann, so schließt dies doch nicht aus, daß das Gesetz hat weiter gehen wollen und die Haftung, weil damit zweifellos dem Interesse des Mündels gedient ist und dem Ehemann nicht zu nahe getreten wird, denn volenti non fit injuria, der Einheitlichkeit der Verwaltung entsprechend ebenfalls zu einer einheitlichen gemacht hat.

Wird die Ehe getrennt, so steht der Ehemann für die weitere Verwaltung seiner früheren Frau nicht mehr ein.

Der Ehemann haftet nur in zweiter Linie, da die Einrede der Vorausklage nicht ausgeschlossen, seine Bürgschaft also keine selbstschuldnerische ist [20]).

Der Ehemann ist nicht Bürge, wenn er der Vater des Mündels ist. Dies um deswillen, weil hier seine Einwilligung zur Führung der Vormundschaft nicht erfordert wird [21]).

II. Die Fälle der gesetzlichen Vormundschaft.

§. 50. Gesetzliche Vormundschaft des Vaters.

Das ältere römische Recht kannte eine gesetzliche Vormundschaft des Vaters, die s. g. tutela fiduciaria, über sein Kind, welches durch Emanzipation aus seiner Gewalt getreten war. Es ist aber bestritten, ob diese Tutel auch nach der justinianischen Novelle 118 Geltung und gemeinrechtliche Kraft habe [1]). Im modernen Rechte erweiterte sich die Frage dahin, ob dem Vater die Vormundschaft über diejenigen Kinder zustehe, welche während der Minderjährigkeit durch Verheirathung oder durch getrennte Haushaltung aus seiner Gewalt traten und noch zu bevormunden waren. Dies war gerade das Praktische.

Das A. L. R. behandelte nur den Fall der Verheirathung einer minderjährigen Tochter besonders. Dasselbe bestimmte, daß zwar

---

[20]) Bericht der K. d. A. H. S. 8.

[21]) V. O. §. 21 Abs. 3 und §. 32 Abs. 3.

[1]) Rudorff, Bd. 1 S. 487.

durch die Verehelichung der Haustochter die väterliche Gewalt erlösche, daß aber dem Vater die Rechte und Pflichten eines bestellten Vormunds über seine verheirathete minderjährige Tochter zuständen [2]). Wie dies Recht des Vaters aufzufassen sei, darüber gingen die Meinungen der preußischen Juristen auseinander. Manche nahmen an, daß der Vater hier weder väterliche Gewalt noch Vormundschaft habe, und daß es sich um anormale, blos auf dem Gesetz beruhende Befugnisse handle. Andere betrachteten hingegen die Stellung des Vaters als den Ausfluß einer ihm durch das Gesetz zugetheilten natürlichen Vormundschaft [3]).

An diese letztere Auffassung schließt sich die V. O. an [4]). Sie macht nach §. 12 Abs. 1 den bisherigen Gewalthaber zum gesetzlichen Vormund des minderjährigen [5]) Kindes, wenn

a) seine väterliche Gewalt durch Verheirathung des Kindes erlischt,

b) wenn sie erlischt durch getrennte Haushaltung, was nach dem A. L. R. freilich Erlöschungsgrund nur bei großjährigen Söhnen ist [6]),

c) wenn das Kind — Sohn oder Tochter — durch Entlassung aus der Gewalt tritt [7]).

Vorausgesetzt ist, daß das Kind nicht zugleich bei dem Austritt aus der Gewalt die Rechte eines Großjährigen erwirbt. Dies ist aber nach der V. O. nur dann der Fall, wenn gleichzeitig der Mündel durch das Gericht für großjährig erklärt wird. Denn die Bestimmung des A. L. R., nach welcher der Sohn über 20 Jahre durch Entlassung nicht blos gewaltfrei, sondern auch großjährig wurde, ist, wie bereits ausgeführt wurde [8]), weggefallen.

Der bisherige Gewalthaber hat keine gesetzliche Vormundschaft über Kinder, welche aus seiner Gewalt durch Hingabe an Kindesstatt herausgingen. Dies auch dann nicht, wenn trotz derselben die Nothwendigkeit einer Bevormundung eintritt. Selbst ein vorzugsweises Anrecht des natürlichen Vaters auf die Vormundschaft des zur

---

[2]) A. L. R. II 2 §. 229.

[3]) Vgl. Arndts u. Leonhard, S. 100 Anm. 309.

[4]) Ueber das französische Recht und einen für dieses allein geltenden singulären weiteren Fall einer gesetzlichen Vormundschaft des Vaters über seine minderjährigen Kinder siehe oben §. 9 S. 29. Vgl. code civil art. 476 ff.

[5]) Wegen der gesetzlichen Vormundschaft des Vaters über großjährige Kinder siehe unten §. 97.

[6]) A. L. R. II 2 §§. 210 u. 223.

[7]) A. L. R. II 2 §. 214 ff. und §. 218.

[8]) Oben im §. 45 bei Anm. 12 S. 181.

Adoption gegebenen Kindes, wie dies der Regierungsentwurf vorschlug, erkennt die V. O. nach den Beschlüssen des Herrenhauses [9]) nicht mehr an. Man erwog, daß das Kind nicht selten durch die Adoption in eine ganz andere Lebensstellung und in neue soziale Verhältnisse komme, so daß eine Vormundschaft des natürlichen Vaters leicht ungeeignet sein könne.

Der bisherige Gewalthaber, der hiernach gesetzlicher Vormund wird, kann nur der leibliche eheliche oder der Adoptivvater sein und letzteres auch nur, soweit die Adoption die väterliche Gewalt begründet, was in den einzelnen Rechtsgebieten verschieden ist [10]).

Der Vater, d. i. also der leibliche eheliche und der Adoptivvater, als gesetzlicher Vormund, der, da er vom Gericht nicht verpflichtet wird, keine Bestallung erhält und sich eintretenden Falls als gesetzlicher Vormund durch Darlegung der maßgebenden Verhältnisse zu legitimiren hat, ist vom Gesetz auf das freieste gestellt. Abgesehen davon, daß, wie neben dem gesetzlichen Vormund überhaupt nicht, neben ihm kein ständiger Gegenvormund zu ernennen ist, sondern nur wo die Genehmigung des Gerichts zu einer Handlung des Vaters nach V. O. §. 42 nöthig wird, ein solcher ad hoc einzutreten hat, ist er außerdem frei von der Pflicht zur Inventarisirung des Mündelvermögens und von der Pflicht zur Rechnungslegung und Einreichung von Vermögensübersichten, kann er zur Sicherheitsleistung und zur Hinterlegung von Werthpapieren und Kostbarkeiten des Mündels, Außerkurssetzung von Werthpapieren oder Eintragung von Staatsanleihe-Schuldverschreibungen im Staatsschuldbuch nicht angehalten werden und erstreckt sich die Aufsicht des Waisenraths auf ihn nicht [11]).

---

[9]) Zu dem jetzigen §. 17 der V. O., Bericht der K. d. H. H. S. 25.

[10]) Nach gemeinem Recht giebt nur die arrogatio und adoptio plena, nicht aber die adoptio minus plena, nach dem A. L. R., welches nur eine Art der Adoption kennt, diese stets dem Adoptirenden die väterliche Gewalt, vgl. des Verfassers Privatrecht Bd. 3 §. 61 S. 194 und §. 63 S. 197. Nach dem code civil begründet die Adoption keinerlei Familiengemeinschaft und keine väterliche Gewalt, hat also stets den Charakter der adoptio minus plena (code civil art. 343). Der Adoptivvater bei der adoptio minus plena und der Adoptivvater bei der Adoption des französischen Rechts können daher nicht gesetzlicher Vormund werden. Ebenso werden es in allen Rechtsgebieten niemals der Vater eines unehelichen, nicht durch nachfolgende Ehe legitimirten Kindes, der Pflegevater und der Stiefvater.

[11]) V. O. §. 26 Abs. 4, §. 35 Abs. 2, §. 57 Abs. 1 u. 2, §. 59 Abs. 3, §. 60 Abs. 2 und §. 54 Abs. 1, sowie oben §. 30 bei Anm. 14 S. 125.

§. 51. Gesetzliche Vormundschaft des Vaters der unehelichen Mutter.

Im Gegensatze zu den Grundsätzen des römischen Rechts, aber übereinstimmend mit älteren deutschrechtlichen Anschauungen tritt das uneheliche Kind nach dem A. L. R. [1]) weder in die Familie der Mutter noch des Vaters, und gilt daher insbesondere nicht als verwandt mit den Eltern der Mutter. Es bestand daher nach dem A. L. R. weder ein besonderes Recht noch eine besondere Pflicht dieser Personen zur Führung der Vormundschaft über ein solches Kind.

Dieser Rechtszustand führte zu unerfreulichen Resultaten, da nach demselben für die unehelichen Kinder häufig nur unzureichend gesorgt wurde, zum Schaden der Gesammtheit wie dieser Individuen. Daher hat bereits eine Verfügung des Churmärkischen Pupillenkollegiums vom 16. Dezember 1800 an die Vormundschafts-Deputation des Berliner Magistrats dem Vater die Sorge für die unehelichen Kinder der in seiner Gewalt stehenden Tochter aufgetragen; dies gestützt auf den Satz, daß solche Kinder unter der Gewalt des Vaters der unehelichen Mutter stünden [2]). Die Verfügung erhielt — jedoch ohne Wiederholung dieser Begründung — allgemeine Gesetzeskraft durch Anhang §. 95 zum A. L. R. II 2 §. 614. Sie entsprach dem praktischen Bedürfnisse, indem sie das uneheliche Kind an den Vater seiner Mutter wies und diesem Recht und Pflicht gab, für das Wohl des Enkels einzutreten, ohne daß eine fortwährende Einmischung des Gerichts den Makel der Familie immer aufs neue zur Sprache brachte. Dagegen war die juristische Seite des Verhältnisses eine unausgebildete und bestrittene, da die Jurisprudenz eine väterliche Gewalt des Vaters über die unehelichen Kinder seiner Tochter nicht anerkennen konnte und das Ober-Tribunal auch den Gedanken verwarf, daß derselbe natürlicher oder gesetzlicher Vormund seines unehelichen Enkels sei [3]).

Das gemeine Recht rezipirte durchaus das römische System. Nach der Mutter gilt also deren Vater als nächster Verwandter des unehelichen Kindes und ist in dieser Eigenschaft zunächst nach ihr zur Vormundschaft berufen. Dagegen schließt sich das französische

---

[1]) A. L. R. II 2 §. 639.

[2]) Rabe, Sammlung preuß. Gesetze Bd. 6 S. 381.

[3]) Plenarbeschluß vom 6. November 1854, Präjud. 2563, Entsch. des Ober-Tribunals Bd. 29 S. 34 ff. Entsch. des Ober-Tribunals Bd. 51 S. 374 ff. Vgl. Arndts u. Leonhard, S. 82 u. 83.

Recht auch hier wiederum dem ältern germanischen Rechte an. Das uneheliche Kind unterliegt nur einer Dativvormundschaft. Immerhin ist es bestritten, ob wenigstens auf das anerkannte uneheliche Kind [4]) die gesetzliche und die testamentarische Vormundschaft Anwendung findet [5]).

Der Regierungsentwurf der V. O. hatte die gesetzliche Vormundschaft des Vaters der unehelichen Mutter fallen lassen. Allein in der Herrenhaus-Kommission wurde vielseitig und mit Nachdruck die Zweckmäßigkeit des durch Anhang §. 95 im Gebiete des A. L. R. geschaffenen Rechtszustandes betont und daraufhin die Bestimmung aufgenommen, nach welcher über ein uneheliches Kind der Vater der unehelichen Mutter gesetzlicher Vormund ist, so lange das Vormundschaftsgericht nicht einen anderen Vormund bestellt [6]).

Der Vater hat hiernach die gesetzliche Vormundschaft auch dann, wenn seine Tochter bei der Geburt des unehelichen Enkels nicht mehr in seiner Gewalt steht, namentlich also, wenn dieselbe durch Verheirathung aus der Gewalt getreten ist und in der Ehe oder nach der Auflösung derselben außerehelich geboren hat. Auch dauert die Vormundschaft fort, wenn die Tochter nach der unehelichen Geburt aus der Gewalt tritt [7]).

Der Vater der Mutter wird gesetzlicher Vormund unmittelbar mit der Geburt seines unehelichen Enkels. Eine gerichtliche Verpflichtung als Vormund findet nicht statt [8]).

Das Vormundschaftsgericht ist jedoch verpflichtet, festzustellen, ob der Vater der Mündelmutter überhaupt noch lebt und von der Geburt seines Mündels Kenntniß hat. Denn wenn auch der Eintritt der gesetzlichen Vormundschaft rechtlich von dieser Kenntniß nicht abhängig ist, so kann sie doch thatsächlich ohne dieselbe nicht wirksam werden. Jene Feststellung erfolgt, soweit sich nicht bereits aus der

---

[4]) code civil art. 334 ff.

[5]) Im verneinenden Sinne spricht sich aus Demolombe, Cours de droit civil VIII n. 381 ff.

[6]) V. O. §. 12 Abs. 2.

[7]) Anders nach früherem altpreußischen Rechte, s. Striethorst, Archiv Bd. 91 S. 332.

[8]) Auch im Gebiete des rheinischen Rechts treten hiernach die unehelichen Kinder unter die Vormundschaft des Vaters der unehelichen Mutter ohne Rücksicht darauf, ob sie von derselben anerkannt sind. Dies folgt aus der Tendenz der V. O., für die drei Rechtsgebiete gleiche Bestimmungen zu treffen (oben §. 13 unter Nr. 3 S. 49). Es genügt zur Konstatirung der Mutter die Eintragung als solche im Geburtsregister.

Anzeige des Standesbeamten über den Geburtsfall [9]) das Erforderliche ergiebt, durch Anfrage bei der unehelichen Mutter, dem Waisenrath oder der Polizeibehörde u. dgl. Ergiebt sich dabei, daß der Vater nicht mehr lebt oder unfähig ist, so ist in der gewöhnlichen Weise anderweit die Vormundschaft einzuleiten. Im anderen Falle und soweit nicht von der Befugniß, einen anderen Vormund zu bestellen, Gebrauch gemacht wird, ist eine entsprechende Mittheilung an den Vater zu richten [10]).

Auch wenn der Vater lebt und nicht unfähig ist, kann stets die Bestellung eines anderen Vormunds erfolgen und wird erfolgen, sobald der Vater aus irgend einem Grunde, der bei der erwähnten Feststellung sich ergeben hat oder sonst zur Kenntniß gelangt ist, nicht geeignet erscheint. Ebenso kann das Vormundschaftsgericht später den Vater der unehelichen Mutter, außer daß es ihn wie jeden anderen Vormund gemäß §. 63 V. O. entsetzen oder entlassen kann, auch stets durch Ernennung eines anderen Vormunds ersetzen [11]). Ob es hierzu schreiten will, bleibt ebenfalls lediglich seinem pflichtmäßigen Ermessen überlassen. Einen hinreichenden Grund giebt es nicht blos ab, wenn der Vater der unehelichen Mutter pflichtwidrig handelt oder vertrauensunwürdig ist, sondern auch, wenn die Ernennung eines anderen Vormunds, z. B. der Mutter selbst oder des unehelichen Erzeugers, für den Mündel vortheilhafter erscheint. Mit der Verpflichtung des neuen Vormunds erlischt die Vormundschaft des Vaters der unehelichen Mutter von selbst und in der Art, daß sie auch beim Wegfall jenes nicht wieder auflebt. Rechtzeitige Mittheilung an den Vater ist Pflicht des Vormundschaftsgerichts, das Erlöschen seiner Funktion ist aber nicht an diese Mittheilung geknüpft [12]). Dem Vater der unehelichen Mutter steht das Be-

---

[9]) Siehe unten §. 53 Anm. 9.

[10]) Nach den amtlichen Formularen im Bezirk des Kammergerichts geschieht dies in der Form, daß der Vater aufgefordert wird, die Gerechtsame des Kindes als dessen gesetzlicher Vertreter (richtiger Vormund) wahrzunehmen.

[11]) Eine vierte Art, wie die gesetzliche Vormundschaft des Vaters einer unehelichen Mutter außer durch Entsetzung, Entlassung und Ersetzung noch aufhören kann, ist die durch Aufnahme des Mündels in eine Verpflegungsanstalt im Sinne des §. 13 V. O., da im §. 62 Abs. 2 V. O. unter dem bisherigen Vormund auch ein bisheriger gesetzlicher Vormund begriffen ist, siehe unten §. 52 bei Anm. 11.

[12]) A. A. Wachler, Anm. 8 zu §. 12 S. 53. Wenn derselbe dabei bemerkt, daß die Meinungsverschiedenheit praktisch nicht von großer Bedeutung

schwerderecht gegen seine Ersetzung zu. Die Zeitgrenze von vier Wochen nach der Kenntniß ist hierbei nach Analogie der V. O. §§. 18 Abs. 1 und 63 Abs. 4 festzuhalten, da es nicht als Meinung des Gesetzes angesehen werden kann, den Vater der unehelichen Mutter in dieser Hinsicht günstiger zu stellen, als den der ehelichen, und einen Unterschied zwischen der Entsetzung oder Entlassung und der Ersetzung, die, wenn auch in den Voraussetzungen verschieden, doch in dem Resultate, auf das es hierbei allein ankommen kann, gleich ist, zu machen[13]).

Der Vater der unehelichen Mutter erhält wie andere gesetzliche Vormünder, da er nicht gerichtlich verpflichtet wird, keine Bestallung. Er legitimirt sich, z. B. beim Grundbuchamt, durch Nachweis des fraglichen Verhältnisses[14]). Wird er ersetzt, so sind gegen einen etwaigen Mißbrauch seiner abgelaufenen Gewalt seitens des neu bestellten Vormunds nach Umständen sichernde Maßregeln zu treffen, z. B. durch Benachrichtigung der Schuldner, schleunige Abforderung der Schulddokumente, Anzeige beim Grundbuchamt[15]).

---

sei, so trifft dies nach der diesseitigen Ansicht, nach der auch dem gutgläubigen Dritten das Erlöschen der Funktion des Vormunds entgegensteht, vgl. unten §. 90 unter Nr. 1, nicht mehr zu.

[13]) A. A., weil Fristbestimmungen nicht analog anzuwenden seien, z. B. Hesse, Löwenstein, Philler u. Wachler. Vgl. auch unten §. 57 Anm. 5.

[14]) Vgl. oben §. 50 hinter Anm. 10 S. 202. Uebereinstimmend z. B. Turnau, Bd. 2 §. 86 S. 333 und Philler, Anm. 42 Abs. 4 zu §. 12 S. 45.

[15]) Märcker, Vormundschaftsordnung zu §. 12 S. 17 verlangt zur Legitimation dieses gesetzlichen Vormunds bei Gericht Beibringung eines Attestes des Vormundschaftsgerichts, daß ein anderer Vormund nicht bestellt sei. Dagegen mit Recht Brettner in den Beiträgen Bd. 20 S. 15. Die Sache steht nicht viel anders, wie wenn ein bestellter Vormund nach seiner Entlassung die Bestallung nicht zurückgegeben hat. Brettner fehlt jedoch, wenn er dem Vormundschaftsgericht aufgiebt, bei Bestellung des Vormunds sichernde Maßregeln zu treffen. Dies ist vielmehr Sache des Vormunds (vgl. oben §. 18 unter Nr. 5 S. 69), welcher bei seiner Einsetzung vom Gericht hierauf aufmerksam gemacht werden kann.

Uebrigens ist die Frage der Legitimation praktisch nicht so bedeutend, wie man annehmen könnte, weil in den wichtigsten Fällen die hier nach §. 42 V. O. nothwendige Genehmigung des Vormundschaftsgerichts jede weitere Legitimation entbehrlich macht und für geringere Fälle die oben bei Anm. 12 erwähnte Mittheilung ausreicht und sonst eine Bescheinigung des Vormundschaftsgerichts, daß ein anderer Vormund nicht bestellt sei, die, wenn sie auch an sich nicht nothwendig ist, doch auf Verlangen vom Vormundschaftsgericht ertheilt werden muß (oben §. 18 unter Nr. 7 S. 75 u. 79), jede Schwierigkeit leicht beseitigt. Vgl.

Der Vater der unehelichen Mutter steht auch als gesetzlicher Vormund unter der Aufsicht des Vormundschaftsgerichts [16]), desgleichen unter der Kontrole des Waisenraths [17]). Ein Gegenvormund wird auch hier nur ernannt, wenn das Vormundschaftsgericht die zu einer Handlung des Vormunds erforderliche Genehmigung zu geben hat [18]). Dieser Genehmigung wird insbesondere nach §. 42 Nr. 8 der V. O. in der Regel die Abschließung von Vergleichen über die Alimentenansprüche des unehelichen Kindes unterliegen.

Von der Verpflichtung zur jährlichen Rechnungslegung und zur Sicherheitsstellung sind nach dem Gesetze die „Großeltern" des Mündels frei [19]). Bezieht sich dies auch auf den Vater der unehelichen Mutter des Mündels? Man könnte die Behauptung aufstellen, daß dies im Gebiete des gemeinen Rechts anzunehmen sei, wo das uneheliche Kind mit den Verwandten der Mutter als verwandt gilt, nicht aber nach A. L. R., wo dasselbe nicht zur Familie der Mutter gehört. Wir meinen aber, das Gesetz wollte auch in dieser Hinsicht ein einheitliches Recht für die Monarchie schaffen und dabei sich an das Familienrecht des A. L. R. anlehnen. Hiernach ist mit einer gewissen Absichtlichkeit die Rede von dem „Vater der unehelichen Mutter" und vermieden, ihn als Großvater seines Mündels zu bezeichnen [20]).

§. 52. Gesetzliche Vormundschaft der Verpflegungsanstalten.

Bereits das römische Recht der christlichen Zeit legte die Vormundschaft über die in Verpflegungsanstalten aufgenommenen Waisen

---

die übereinstimmenden Ausführungen bei Hesse, Anm. 12 zu §. 12 S. 21 und bei Wachler, Anm. 8 zu §. 12 S. 53.

[16]) V. O. §. 51. Der Standesbeamte ist daher stets verpflichtet, dem Vormundschaftsgerichte Mittheilung zu machen, wenn ihm die Geburt eines unehelichen Kindes angemeldet wird (V. O. §. 16 Abs. 2).

[17]) V. O. §. 54.

[18]) Vgl. oben §. 36 S. 146.

[19]) V. O. §§. 57 Abs. 1 und 59 Abs. 3.

[20]) V. O. §. 12 Abs. 2. Für den Sprachgebrauch des Gesetzes ist auch von Erheblichkeit §. 17 unter Nr. 6. Denn unter dem hier erwähnten Großvater mütterlicherseits ist doch offenbar nicht der bereits §. 12 Abs. 2 erwähnte Vater der unehelichen Mutter gemeint. Mit der obigen Ansicht stimmen überein Jahrbuch (App.) Bd. 5 S. 289, Anton, Hesse, Löwenstein, Philler, Wachler u. A. mehr, anderer Ansicht sind z. B. Brettner in den Beiträgen Bd. 20 S. 419, Dalcke, Maaßen u. Märcker.

in die Hand der Administration dieser Anstalten [1]), so zwar, daß sie von Bürgschaft und Rechnungslegung frei war, aber ein Inventar bei Beginn ihrer Verwaltung aufnehmen sollte.

Diese gesetzliche Vormundschaft, welche das A. L. R. nicht kannte, wurde vorzugsweise durch das französische Recht ausgebildet. Ausführliche Bestimmungen traf hier ein Gesetz vom 15 Pluviose XIII — 4. Februar 1805 —, welches die Vormundschaft über die aufgenommenen Pfleglinge nicht blos staatlichen und kommunalen, sondern auch kirchlichen Anstalten einräumte [2]). Nach diesem Gesetze tritt die Vormundschaft der Anstalten selbst dann ein, wenn die Eltern des Pfleglings noch leben. Sie dauert in der Regel bis zur Großjährigkeit der Pfleglinge oder deren durch Heirath oder andere Ereignisse herbeigeführten Emanzipation. Im Fall der Pflegling die Anstalt verläßt, um an einem entfernteren Orte als Arbeiter, Dienstbote oder Lehrling untergebracht zu werden, kann die Vormundschaft einer näher gelegenen Pfleganstalt überwiesen werden. Ferner sollen die Einkünfte des Mündelvermögens bis zum Austritt des Mündels als Entschädigung für die Ernährungs- und Unterhaltungskosten der Anstalt zufallen; der Anstalt steht ein Erbrecht zu, wenn sich kein anderer Erbe meldet.

Die V. O [3]) hat diese gesetzliche Vormundschaft aufgenommen, jedoch nur unter wesentlichen Beschränkungen.

1. Nur Verpflegungsanstalten, d. i. Anstalten, welche die leibliche oder bezw. und geistige Pflege von Menschen bezwecken, also Waisen-, Findel-, Rettungshäuser, Siechen-, Blinden-, Taubstummen-, Irrenanstalten u. dgl., und ferner nur solche Verpflegungsanstalten, welche unter der Verwaltung des Staates oder einer Gemeindebehörde stehen und dadurch eine genügende Garantie für die Qualifikation der Vorstände gewähren, haben die Vormundschaft über ihre Pfleglinge. Als Gemeindebehörde ist jede kommunale Behörde anzusehen, also auch die eines Kreises oder einer Provinz. Verpflegungsanstalten, welche einen kirchlichen Charakter haben, erhalten die Vormundschaft nur, wenn sie den angegebenen Voraussetzungen entsprechen, andererseits haben sie dieselbe dann aber

---

[1]) l. 32 C. de episcopis 1, 3: orphanotrophos hujus inclytae urbis nulla quidem subtilitate juris obsistente, eos quidem, qui pupillorum sunt quasi tutores, adolescentium vero quasi curatores . . ., nov. 131 cap. 13.

[2]) Vgl. Philippi, Die Vormundschaft in der preuß. Rheinprovinz S. 50.

[3]) V. O. §. 13.

auch, da der Umstand, daß sie auch kirchliche Zwecke verfolgen, keine Ausnahme begründet [4]). Anstalten, die von Privatpersonen gestiftet, nur unter obrigkeitlicher Aufsicht verwaltet werden, haben die gesetzliche Vormundschaft nicht. Wohl aber steht dieselbe den Erziehungs- und Besserungsanstalten, in welche verwahrloste Kinder in Gemäßheit des Gesetzes vom 13. März 1878 (G. S. 1878 S. 132) untergebracht sind, über diese zu, da der Grund der Unterbringung und daß derselbe hier eine strafbare Handlung ist, unwesentlich ist und jene Anstalten unter den Begriff der Verpflegungsanstalten fallen [5]). Letzteres ist bei Gefängnissen nicht der Fall und steht diesen deshalb — nicht weil die Unterbringung in ihnen eine strafweise ist — die gesetzliche Vormundschaft nicht zu.

Die Bestimmung des Gesetzes hat ferner nur Bezug auf geschlossene Verpflegungsanstalten, nicht auf solche, welche von vornherein die Pfleglinge bei Privaten unterbringen [6]), und auch bei den ersteren tritt die gesetzliche Vormundschaft nur ein über die in der Anstalt selbst unter unmittelbarer Aufsicht des Vorstandes verpflegten, nicht dagegen über außerhalb der Räume des Anstaltsgebäudes bei Privatpersonen untergebrachte Pfleglinge, denn letztere sind nicht, wie es das Gesetz verlangt, in die Anstalt aufgenommen [7]).

Ob bei einer Anstalt die Merkmale des §. 13 V. O. zutreffen, ist nöthigenfalls nach deren Statuten festzustellen.

2. Die gesetzliche Vormundschaft der Verpflegungsanstalten erstreckt sich nur auf minderjährige Personen, nicht auch auf großjährige, die z. B. wegen Geisteskrankheit entmündigt sind. Die Vorschrift des §. 13 V. O. ist in dem blos die Minderjährigen betreffenden Abschnitte der V. O. enthalten, und wenn dessen Bestimmungen auch nach §. 83 V. O. für Großjährige entsprechende Anwendung finden, so fehlt es doch an der zu dieser Anwendung erforderlichen Gleichheit der Verhältnisse. Denn bei in Anstalten untergebrachten Minderjährigen ist in der Regel das Vermögen un-

---

[4]) Hesse, Anm. 2 Abs. 3 zu §. 13 S. 23 gegen die in der zweiten Auflage dieses Werks S. 138 vertretene Ansicht.

[5]) A. A. Anton, Anm. 8 zu §. 13 S. 70, gegen denselben Hesse, Anm. 2 Abs. 4 zu §. 13 S. 23.

[6]) In diesem Sinne äußerten sich die Regierungskommissare unter Zustimmung der Kommission des A. H. nach dem Berichte der K. d. A. H. S. 4.

[7]) Jahrbuch (App) Bd. 6 S. 33 und Eccius, Bd. 4 §. 231 Anm. 5 S. 198.

bedeutend und die Sorge für die Person die Hauptsache, welche Sorge die Anstalt am besten übernimmt, bei Großjährigen dagegen wird es sich nicht selten um erhebliche, den Geschäften der Anstalt fremde, oft verwickelte Vermögensverhältnisse handeln. Auch die Worte des Gesetzes „bis zu dessen Großjährigkeit" schließen die entsprechende Anwendung aus [8]).

3. Die Vormundschaft der Verpflegungsanstalten tritt nur dann ein, wenn die allgemeinen Bedingungen einer Bevormundung des Pfleglings vorliegen. Sie bezieht sich daher namentlich nicht auf Pfleglinge, welche noch der väterlichen Gewalt unterstehen. Dagegen geht diese Vormundschaft jeder andern vor, so lange sie nicht durch gerichtliche Entschließung beseitigt ist.

4. Die gesetzliche Vormundschaft der Verpflegungsanstalt wird von deren Vorstande, der nicht selbst Vormund ist, sondern nur, wie das Gesetz besagt, die Rechte und Pflichten eines gesetzlichen Vormunds hat, geführt [9]). Derselbe kann einem seiner Mitglieder die Geschäfte der vormundschaftlichen Verwaltung überweisen. Dies ist aber eine innere Angelegenheit [10]). Nach außen hin handelt der Vorstand als Vormund.

5. Mit der Aufnahme des Mündels in eine Verpflegungsanstalt, deren Vorstand die Rechte eines gesetzlichen Vormunds hat, erlischt von selbst das Amt des bisherigen Vormunds, ohne Unterschied, ob dieser ein bestellter oder ein gesetzlicher ist [11]). Sollte ein Gegenvormund bestellt sein, was freilich nicht leicht der Fall sein wird, so erlischt gleichzeitig dessen Amt, da neben dem gesetzlichen Vormund ein Gegenvormund nicht fungirt [12]).

6. Die gesetzliche Vormundschaft ist natürlich nicht blos Recht, sondern auch Pflicht der bezüglichen Anstalten.

---

[8]) Ebenso Kurlbaum im Just. Min. Bl. von 1876 S. 22, ferner z. B. Löwenstein, Anm. 45 zu §. 13 S. 25, Turnau, Bd. 2 §. 94 S. 349, Hesse, Anm. 1 zu §. 13 S. 22 und Eccius, Bd. 4 §. 231 Anm. 5 S. 198. A. A. Jahrbuch (App.) Bd. 8 S. 79. Vgl. auch unten §. 97 bei Anm. 17.

[9]) Vgl. wegen der Unfähigkeit desselben oben §. 47 unter Nr. 1 a. E. S. 189.

[10]) Hesse, Anm. 5 zu §. 13 S. 25.

[11]) V. O. §. 62 Abs. 2. Siehe oben §. 51 Anm. 11 S. 205. Voraussetzung ist dabei natürlich, daß die Aufnahme keine blos vorübergehende, z. B. wegen augenblicklicher Obdachlosigkeit des Mündels ist.

[12]) Vgl. V. O. §. 26 Abs 4. A. A. Hesse, Anm. 4 Abs. 3 zu §. 62 S. 212. Uebereinstimmend Anton, Anm. 170 zu §. 62 S. 151.

Dieselben stehen unter der Aufsicht des Gerichts, ohne die Befugnisse zu haben, die dem Vater des Mündels zustehen, und insbesondere mit der Verpflichtung, wenn der Mündel Vermögen hat, gemäß §. 35 V. O. von demselben ein Verzeichniß einzureichen [13]). Auch der Waisenrath hat bezüglich des persönlichen Wohls der Pfleglinge seine regelmäßigen Funktionen.

Die Vormundschaft der Verpflegungsanstalten dauert fort auch nach dem Austritt aus der Anstalt bis zur Großjährigkeit [14]). Hierdurch soll der Verpflegungsanstalt auch nachher ein Einfluß auf die Haltung ihrer Pfleglinge gesichert und ihr die fortdauernde Sorge für ihr Wohl nahe gelegt werden.

7. Das Vormundschaftsgericht hat das Recht, die gesetzliche Vormundschaft der Verpflegungsanstalt jederzeit dadurch zu beendigen, daß es dem Pflegling einen andern Vormund bestellt [15]). Diese Maßnahme, die übrigens auch der Anstaltsvorstand selbst in Antrag bringen kann, hängt ausschließlich von dem pflichtmäßigen Ermessen des Gerichts ab. Sie ist auch zulässig, so lange sich der Pflegling noch in der Anstalt befindet. Insbesondere kann aber der Austritt aus der Anstalt unter Umständen dem Gericht Veranlassung geben, einen anderen Vormund zu bestellen.

Wegen der Beschwerde des Vorstandes über seine Ersetzung gilt das für den Vater der unehelichen Mutter Gesagte [16]) ebenfalls.

8. Auch hinsichtlich der Legitimation des Vorstandes gilt das dort Ausgeführte [17]) entsprechend. Soweit es sich um die Legitimation des Vorstandes als solchen handelt, erfolgt diese selbstredend nach Maßgabe der Anstaltsverfassung.

9. Die Bestimmungen des französischen Rechts, nach welchen die Verpflegungsanstalten die Einkünfte des Vermögens der Pfleglinge als Entschädigung für deren Unterhaltung beziehen, werden

---

[13]) Hesse, Anm. 7 zu §. 13 S. 26.

[14]) Ebenso z. B. Hesse, Anm. 3 zu §. 13 S. 23 und Turnau, Bd. 2 §. 86 S. 334, a. A. Anton, Anm. 8 Abs. 1 zu §. 13 S. 70.

Ist mit dem Austritt aus der Anstalt ein Aufenthaltswechsel des Mündels verbunden, so hat der Vorstand den §. 54 Abs. 2 V. O. zu beachten.

[15]) Gerichtliche Mittheilung an die Anstalt hat selbstverständlich rechtzeitig zu geschehen. Sie ist nicht Bedingung der Beendigung ihrer Funktion, wie Wachler, Anm. 5 zu V. O. §. 13 S. 55 auch hier behauptet. Siehe oben §. 51 Anm. 12 S. 205.

[16]) Oben §. 51 bei Anm. 13 S. 206.

[17]) daselbst bei Anm. 14.

durch die V. O. nicht berührt, da es sich hierbei nicht um eine Einrichtung des Vormundschaftsrechts handelt. Ebensowenig ist das Erbrecht, welches diese Anstalten theilweise nach allgemeinen gesetzlichen Vorschriften [18]) oder auf Grund spezieller Privilegien in Bezug auf den Nachlaß ihrer Pfleglinge haben, betroffen.

III. Richterliche Bestellung.

§. 53. Einleitung. Anzeigepflicht [1]).

Das Vormundschaftsgericht hat von Amtswegen die Vormundschaft einzuleiten, wenn eine Bevormundung nothwendig und ein gesetzlicher Vormund nicht vorhanden ist [2]) oder, was dem gleichsteht, der an sich vorhandene gesetzliche Vormund unfähig ist oder entsetzt bezw. entlassen werden muß. Auch dann liegt ihm eine solche Einleitung ob, wenn es glaubt, den Vater der unehelichen Mutter oder die Verpflegungsanstalt ersetzen zu müssen [3]).

Jeder kann dem Gerichte die Anzeige machen, daß der Fall der Einleitung einer Vormundschaft gegeben sei, z. B. ein Gläubiger des Mündels. Gewisse Personen sind aber zur Anzeige verpflichtet. Nach römischem Rechte hatten die Mutter und andere Intestaterben die Pflicht, einen Vormund vorzuschlagen, und zwar bei Strafe des Verlustes ihres Erbrechts in das Vermögen des Mündels [4]). Das moderne Recht hat die unverhältnißmäßige Strafe des Verlustes des Erbrechts nicht übernommen [5]). Anstatt dessen suchte man mit der Androhung von Geldstrafen die Anzeige zu erzwingen und hat die Anzeigepflicht um so mehr erweitert, je weniger sich an die Versäumniß ein ernsterer Nachtheil knüpfte. Dies geschah namentlich nach dem A. L. R. [6]).

---

[18]) Vgl. z. B. A. L. R. II 19 §. 50 ff.

[1]) Die hier entwickelten Grundsätze gelten auch für die Pflegschaft, V. O. §. 91.

[2]) V. O. §. 14. Vgl. oben §. 39 S. 160 ff.

[3]) V. O. §. 12 Abs. 2 und §. 13.

[4]) Rudorff, Bd. 1 S. 419.

[5]) daselbst S. 436.

[6]) A. L. R. II 18 §. 91 ff., auch II 7 §. 67. Im Gebiete des rheinischen Rechts galt die Kabinetsorder vom 4. Juli 1834, nach welcher die Anzeigepflicht hatten der Ortspfarrer sowie der Civilstandsbeamte bei Ordnungsstrafe, ferner die Verwandten bis zum vierten Grade bei Haftung für den aus der Nichtanzeige entstehenden Schaden.

Nach der V. O. besteht die Pflicht der Anzeige nur für den Fall, daß eine Vormundschaft einzuleiten ist, also nicht für den einer gesetzlichen Vormundschaft, dies jedoch mit einer Ausnahme — unten unter Nr. 2 —, und ist auf wenige Personen, welche die Anzeige unverzüglich, sobald die Einleitung der Vormundschaft nöthig geworden, dem Vormundschaftsgericht zu machen haben, eingeschränkt [7]).

1. Zur Anzeige sind verpflichtet die Mutter, die Stiefmutter und die großjährigen Geschwister, sowie der etwaige Adoptivvater, welcher nicht die väterliche Gewalt hat, und die Adoptivmutter des Mündels.

2. Eine Pflicht zur Anzeige haben ferner die Standesbeamten [8]), wenn ihnen ein Geburts- oder Sterbefall oder gemäß §. 24 Abs. 1 des Gesetzes vom 6. Februar 1875 über die Beurkundung des Personenstandes (R. G. Bl. 1875 S. 23) der Fund eines neugeborenen Kindes angemeldet wird, welche die Einleitung einer Vormundschaft nöthig machen. Ob dies der Fall ist, haben die Standesbeamten mit Sorgfalt zu prüfen. Die Geburt eines unehelichen Kindes ist stets dem Vormundschaftsgerichte vom Standesbeamten anzuzeigen, und zwar auch dann, wenn ein gesetzlicher Vormund vorhanden ist [9]).

---

[7]) V. O. §. 16. Hierdurch sind alle früheren Bestimmungen über die Anzeigepflicht beseitigt, also auch die des §. 67 II 7 A. L. R., a. A. Hesse, Anm. zu §. 16 S. 394, auch in Koch's Kommentar Bd. 3 S. 611 ist der §. 67 noch als geltend angesehen.

Die Anzeige ist an sich an das für die betreffende Vormundschaft zuständige Vormundschaftsgericht zu richten. Es genügt jedoch, wenn sie an dasjenige Gericht erfolgt, welches der Anzeigepflichtige für das zuständige halten konnte, denn nähere Ermittelungen über die Zuständigkeit liegen demselben nicht ob. Es gilt dies insbesondere auch hinsichtlich der Standesbeamten. Das Gericht, an welches die Anzeige gerichtet ist, hat dieselbe daher anzunehmen, sobald es nur zuständig sein kann, und dann selbst seine Zuständigkeit festzustellen und danach entweder die Vormundschaft einzuleiten oder die Anzeige weiter zu geben (König, Anm. 2 zu §. 16 S. 14).

[8]) Das A. L. R. II 18 §. 93 gedachte der Prediger, Dorfgerichte u. dgl. Schon vor der V. O. war den Standesbeamten zur Pflicht gemacht, dem Gericht über Geburts- und Sterbefälle, welche eine Bevormundung nöthig machen, Anzeige zu erstatten, siehe allgem. Verfügung vom 8. September 1874 (Just. Min. Bl. 1874 S. 247).

[9]) Diese Ausnahme hat ihren Grund darin, daß dem Vater der unehelichen Mutter gegenüber besonders häufig von dem Recht, eine andere Vormundschaft einzuleiten, Gebrauch gemacht werden wird.

3. Wird eine Bevormundung in Folge eines gerichtlichen Verfahrens nöthig, so liegt dem befaßten Gericht die Benachrichtigung des Vormundschaftsgerichts ob. Dies ist z. B. der Fall, wenn der Vater des Minderjährigen, der die Gewalt hatte, bevormundet wird, sei es wegen Verschwendung oder Wahnsinns [10]). Hat jedoch die Staatsanwaltschaft mitgewirkt, so ist diese allein zur Benachrichtigung verpflichtet. Es gilt letzteres besonders bei strafrechtlichen Verurtheilungen des Vaters, in Folge deren die väterliche Gewalt aufhört oder ruht, und bei der Erklärung einer Ehe, aus der noch minderjährige Kinder hervorgegangen sind, für nichtig oder ungültig. Bei Entmündigungen, z. B. der eines Großjährigen als geisteskrank oder Verschwender, hat indessen, auch wenn bei dem Entmündigungsverfahren die Staatsanwaltschaft als Antragstellerin oder sonst mitgewirkt hat, wieder allein das die Entmündigung aussprechende Gericht die Pflicht zur Mittheilung der betreffenden Entscheidung an das Vormundschaftsgericht [11]).

Der Akt, welcher die Bevormundung hervorzurufen hat, ist bei den vorstehenden Benachrichtigungen bald ein rechtskräftiges Erkenntniß, bald auch ein anderer Abschnitt des Verfahrens.

Erfährt das Gericht oder die Staatsanwaltschaft bei Gelegenheit eines anderen Verfahrens zufälligerweise, daß in einem gegebenen Fall die Einleitung einer Bevormundung nöthig ist, so werden diese Behörden dem Vormundschaftsgericht hiervon regelmäßig Mittheilung machen. Gesetzlich verpflichtet sind sie jedoch zu einer Mittheilung in solchen Fällen nicht.

Die Standesbeamten werden, soweit sie hierzu im Stande sind, zweckmäßig mit der Anzeige von einem Sterbefall mit Rücksicht auf §. 15 V. O. die Angabe, ob die Mutter des Mündels oder großjährige Miteigenthümer am Sterbeorte vorhanden sind, und mit der von einer unehelichen Geburt mit Rücksicht auf die §§. 3 u. 12 V. O. die Angabe, ob und wo der Vater der unehelichen Mutter noch lebt, und wo die letztere zur Zeit der Geburt des Kindes ihren Wohnsitz oder in Ermangelung eines solchen ihren Aufenthalt gehabt hat, verbinden.

Wegen des Portos für die Anzeigen der Standesbeamten siehe die Verfügungen des Justizministers vom 31. August 1875 und 22. September 1879 zu §. 1 des Regulativs Nr. 3 g (Just. Min. Bl. 1875 S. 196 und 1879 S. 368) und des Ministers des Innern vom 15. April 1876 (Min. Bl. d. i. V. 1876 S. 101).

[10]) V. O. §. 11.

[11]) Deutsche Civilprozeßordnung §§. 603 Abs. 1, 615, 619 Abs. 3, 620 Abs. 4, 623 Abs. 2, 624 Abs. 4, 625 Abs. 1 und 626 Abs. 4.

Die Behörden, welche ihrer Anzeigepflicht nicht nachkommen, sind disziplinarisch von ihrer Aufsichtsbehörde in Strafe zu nehmen[12]). Verwandte ferner, welche die Anzeige schuldhafterweise unterlassen, können wegen dieser Pflichtwidrigkeit von der Vormundschaft, zu welcher sie sonst berufen waren, ausgeschlossen werden[13]).

Der Regierungs-Entwurf der V. O. hatte außerdem bestimmt, daß, wer die ihm obliegende Anzeige unterlasse, dem Mündel für den aus der verzögerten Einleitung der Vormundschaft entstehenden Schaden verantwortlich sei. Bei der Berathung der Kommission des Herrenhauses wurde dieser Satz gestrichen, weil der Nachweis des Kausalnexus nicht zu erbringen, die Bestimmung also illusorisch sei[14]). Damit ist jedoch nicht ausgeschlossen, daß, wenn nach allgemeinen Grundsätzen wegen der Verzögerung oder Unterlassung der Anzeige sich ein Anspruch auf Schadensersatz gegen den Anzeigepflichtigen begründen läßt, dieser geltend gemacht werden kann[15]).

§. 54. Berufung kraft letztwilliger Verfügung.

Die gerichtliche Bestellung des Vormunds setzt dessen vorgängige Berufung voraus. Dieselbe kann geschehen, wie oben bemerkt wurde, kraft letztwilliger Verfügung oder Familienrechts, oder durch das Vormundschaftsgericht.

Wir wenden uns zunächst zur Berufung durch letztwillige Verfügung, welche man auch, obgleich ungenau, als testamentarische be-

---

[12]) Standesbeamte also in den Landgemeinden und Gutsbezirken von dem Landrath als Vorsitzendem des Kreisausschusses, in höherer Instanz von dem Regierungspräsidenten und dem Minister des Innern, in den Stadtgemeinden von dem Regierungspräsidenten, in höherer Instanz von dem Oberpräsidenten und dem Minister des Innern, im Stadtkreise Berlin von dem Oberpräsidenten und in höherer Instanz von dem Minister des Innern, und im Bezirk des Oberlandesgerichts zu Köln von der Staatsanwaltschaft beim Landgericht und der Oberstaatsanwaltschaft, siehe §. 154 des Zuständigkeitsgesetzes vom 1. August 1883 (G. S. 1883 S. 237), §§. 11 u. 84 des Gesetzes vom 6. Februar 1875 über die Beurkundung des Personenstandes (R. G. Bl. 1875 S. 23), §§. 58 u. 107 des Ausführungsgesetzes vom 24. April 1878 zur deutschen Civilprozeßordnung, Code civil art. 49 u. 53 und Bekanntmachung der Minister der Justiz und des Innern vom 1. Juli 1879 betr. die Ausführung des Reichsgesetzes vom 6. Februar 1875 (Just. Min. Bl. 1879 S. 154).

[13]) V. O. §. 18 Abs. 2. Siehe unten §. 56 bei Anm. 9.

[14]) Bericht der K. d. H. H. S. 22.

[15]) Hesse, Anm. 4 Abs. 1 zu §. 16 S. 33 und Eccius, Bd. 3 §. 231 Anm. 9 S. 199.

zeichnet. Diese Berufung war dem älteren deutschen Rechte fremd [1]), wie dasselbe ja überhaupt letztwillige Verfügungen ursprünglich nicht anerkannt hatte. Doch faßte frühzeitig der römische Gedanke der Testamentsvormünder in Deutschland Boden, nicht ohne wesentliche Veränderungen zu erleiden.

Das römische Recht hatte zwei Arten von letztwillig ernannten Vormündern gekannt, einmal diejenigen, welche der Hausvater in förmlicher Weise durch ein regelrechtes Testament ernannt hatte, die jure dati, dann diejenigen, welche Vater, Mutter oder Erblasser in formloser Weise erwählt hatten und welche erst durch gerichtliche Bestätigung ihr Amt erhielten, die confirmati [2]). Die testamentarische Vormundschaft im ersten Sinne beruhte auf der Gewalt des Hausvaters und trat ohne Vermittlung des Gerichts ein. Die zweite Art stützte sich auf die Anschauung, daß die Eltern des Mündels, sowie dessen Erblasser besser als Dritte den passenden Vormund auswählten. Sie entnahm ihre formelle Kraft aus der gerichtlichen Bestätigung, welche gegenüber dem Vorschlag des Vaters ohne weiteres, gegenüber der Benennung der Mutter oder anderer Erblasser nach vorgängiger Prüfung erfolgte. Seitdem nun in Folge der Reichspolizeiordnung von 1548 auch die testamentarischen Vormünder der ersten Klasse zur Verwaltung eines Dekrets der Behörde bedurften, verwischte sich dieser Unterschied im gemeinen Rechte und die letztwillige Berufung gestaltete sich allgemein zu einem bloßen Anspruch auf Bestellung [3]). Nach dem A. L. R. war dieser Anspruch nur ein sehr unvollkommener. Zwar verlangte dasselbe, daß das Gericht auf diejenigen Personen vorzüglich Rücksicht nehme, welche durch die Eltern des Pflegebefohlenen letztwillig benannt waren, es hatte aber der Richter ohne weiteres die Freiheit, von diesem Vorschlage abzugehen, wenn er sich der Wahl der Eltern nicht anschloß [4]).

Auch nach der V. O. giebt die letztwillige Verfügung der Eltern

---

[1]) Kraut, Bd. 1 S. 202.

[2]) Tit. Dig. de test. tut. 26, 2 und de confirm. tut. 26, 3. Rudorff, Bd. 1 S. 266 ff.

[3]) Anders das französische Recht. Hier haben die Eltern das Recht direkter Ernennung des Vormunds. Doch kann nur der zuletzt mit Tode abgehende Theil, also der Vater nur nach dem Tode der Mutter, die Mutter nur nach dem Tode des Vaters, von diesem Rechte Gebrauch machen, code civ. art. 397. Zachariä, Handbuch des französischen Civilrechts §. 100, Demolombe, Cours de droit civil vol. VII n. 155 ff.

[4]) A. L. R. II 18 §. 172 ff.

nur einen Anspruch auf richterliche Bestellung. Dieser Anspruch aber ist in weit höherem Maße gesichert, als dies nach dem A. L. R. der Fall war. Die V. O. hat folgende Grundsätze aufgestellt [5]):

1. Die letztwillige Berufung zur Vormundschaft steht frei dem Vater, sofern er zur Zeit seines Todes die väterliche Gewalt über den Mündel hatte oder unter Voraussetzung der bereits erfolgten Geburt desselben gehabt haben würde [6]). Der Vater hat dasselbe Recht, wenn er zwar die Gewalt verlor, aber die Vormundschaft, d. i. die gesetzliche, über sein Kind bis zu seinem Tode führte. Auch der Adoptivvater hat dieses Berufungsrecht, sofern ihm die persönlichen Rechte der väterlichen Gewalt zukommen, also nicht der pater minus plene adoptans des gemeinen Rechts und der Adoptivvater des Code [7]), noch weniger der Stief- oder Pflegevater. In zweiter Linie [8]) hat die Mutter die testamentarische Berufung, wenn sie die Vormundschaft, gleichviel ob sie ein Recht auf dieselbe hatte, thatsächlich bis zu ihrem Tode führte, und zwar nicht blos über eheliche, sondern auch über uneheliche Kinder, desgleichen auch über Adoptivkinder, sofern ihr die Adoption die persönlichen Rechte einer leiblichen Mutter verliehen hatte [9]), und selbst im Falle einer Wiederverheirathung, wenn sie nach derselben der Vormundschaft nicht entlassen worden ist.

Es kommt nichts darauf an, ob die Voraussetzungen der Berufung bereits zur Zeit der Errichtung der Urkunde da waren; nothwendig ist nur, daß sie zur Zeit des Todes des Berufenden existirten. Gültig ist daher z. B. die Berufung des Vaters für ein legitimirtes Kind, wenn auch die Legitimation dem Berufungsakte erst nachfolgte. Hiernach ist auch eine vor dem 1. Januar 1876 errichtete Urkunde, die den Voraussetzungen der V. O. §. 17 entspricht, ausreichend, um nach Maßgabe derselben als gültige Berufung zu wirken.

Andere Erblasser des Mündels haben das Recht der testamentarischen Berufung eines Vormunds nicht; sie können dem Mündel

---

[5]) V. O. §. 17 unter Nr. 2 u. 4 und §. 18.

[6]) cfr l. 1 §. 1 D. de test. tutela 26, 2.

[7]) Siehe oben §. 50 Anm. 10 S. 202

[8]) Hätte der Vater der Mutter-Vormünderin für die Vormundschaft einen Substituten gegeben, so würde dieser dem von der Mutter bezeichneten Vormund vorgehen, ebenso z. B. Löwenstein, Anm. 65 zu §. 17 S. 30.

[9]) Ebenso z. B. Neumann, Anm. 4 zu §. 17 S. 37 und Märcker, Anm. 4 zu §. 17 S. 248.

nur einen Pfleger für ihren Nachlaß mit Rechtswirkung bestellen [10]). Immerhin wird jedoch das Vormundschaftsgericht auch den vom Erblasser vorgeschlagenen Vormund berücksichtigen.

Das Recht der letztwilligen Berufung eines Vormunds steht den Eltern auch dann zu, wenn sie dem Mündel nichts hinterlassen.

2. Die Form der letztwilligen Berufung des Vormunds ist durch die V. O. in hohem Grade erleichtert. Sie kann geschehen

a) in einem Testamente, dessen Form in den verschiedenen Rechtsgebieten Preußens bekanntlich sehr verschieden ist, im Gebiete des A. L. R. aber in der Regel eine gerichtliche sein muß, nicht aber in einem bloßen Kodizill,

b) in einer Urkunde, welche der Berufende der Unterschrift nach notariell [11]) oder gerichtlich beglaubigen ließ,

c) in einer Urkunde, die vom Berufenden eigenhändig geschrieben und unterschrieben ist. Die Datirung einer solchen Urkunde ist vom Gesetz nicht gefordert und deshalb auch nicht geradezu unerläßlich, natürlich aber zweckmäßig.

Ob die Berufung in einer einseitigen Verfügung oder in einer Vertragsurkunde geschieht, ist für ihre Geltung gleichgültig. Sie ist aber, richtiger Ansicht nach, auch wenn sie in einem Vertrag vorgenommen wurde, stets einseitig widerruflich [12]) und hat also den Charakter einer letztwilligen Disposition. Denn die Berufung ist Sache des persönlichen Vertrauens der Eltern und nicht Gegenstand eines Vertrags [13]). Eine eigentliche tutela pactitia besteht also nicht.

3. Erforderlich ist, daß der Berufende die Fähigkeit zu letzt-

---

[10]) V. O. §. 87 Abs. 1.

[11]) Die notarielle Beglaubigung muß formgerecht sein, also im Gebiete des Gesetzes vom 11. Juli 1845 über das Verfahren bei Aufnahme von Notariats-Instrumenten (G. S. 1845 S. 487 und 1880 S. 180) dessen Anforderungen entsprechen, wobei es jedoch weder in diesem Gebiete noch in dem der rheinischen Notariatsordnung vom 25. April 1822 (G. S. 1822 S. 109) bei der Beglaubigung der Zuziehung von Zeugen oder der Aufnahme eines Protokolls bedarf, s. §. 5 Gesetz vom 8. März 1880, enthaltend Bestimmungen über das Notariat (G. S. 1880 S. 177). Natürlich reicht es aber auch hin, wenn den Anforderungen der V. O., die unter c des Textes genannt sind, Genüge geleistet ist.

[12]) Vgl. auch A. L. R. II 18 §. 178. Uebereinstimmend z. B. Philler, Anm. 63 zu §. 17 S. 52.

[13]) Anderer Ansicht Kraut, Bd. 1 S. 276 für den Fall, daß der Mitkontrahent ein Interesse an der Aufrechthaltung habe, z. B. der Ehegatte, wenn der Vormund im Ehevertrag bezeichnet ist.

willigen Verfügungen habe. Hiernach hat also auch der minderjährige Vater das Berufungsrecht, wenn er die persönliche Fähigkeit besitzt, letztwillige Verfügungen zu treffen [14]).

Die Berufung muß dem ernsten Willen des Berufenden entsprechen und darf namentlich nicht auf Irrthum beruhen [15]). Auch muß sie, da der Berufene benannt sein soll, ein bestimmtes Individuum bezeichnen, die bloße Ueberlassung der Berufung an einen Dritten, oder dessen Ermächtigung, einen Vormund zu ernennen, genügen daher nicht bezw. machen den so Ernannten nicht zum berufenen Vormund [16]). Der Berufende kann mehrere Vormünder in beliebiger Zahl berufen. Er kann auch Substituten berufen, und zwar in doppelter Weise, sowohl für den Fall, daß der zunächst Berufene nicht Vormund wird, als für den Fall, daß derselbe Vormund wird, aber das vormundschaftliche Amt später verliert. Meist wird die Substitution Beides begreifen. Er kann endlich die Befugnisse des von ihm berufenen Vormunds beschränken. Denn wer überhaupt berechtigt ist, einen Vormund zu bestellen, dem muß auch das Recht zustehen, die Befugnisse dieses Vormundes besonders zu regeln. Dagegen ist er nicht befugt, auch das Vormundschaftsgericht bindende Bestimmungen zu treffen [17]).

4. Der Berufende kann die Berufung widerrufen. Der Widerruf ist unbedingt maßgebend für den Richter, wenn er in der Form geschieht, welche für die Berufung bestimmt ist [18]). Da für ihn eine Form nicht vorgeschrieben, wird der Richter aber auch einen blos mündlichen Widerruf zu beachten haben [19]).

---

[14]) l. 3 §. 3 D. de adm. tut. 26, 7.

[15]) l. 16 §. 2 — 4 D. de test. tut. 26, 2.

[16]) Jahrbuch Bd. 1 S. 33. Vgl. §. 27 J. de leg. 2, 20 über Berufung eines tutor incertus.

[17]) Urtheil des Reichsgerichts vom 16. Oktober 1882 in den Beiträgen Bd 27 S. 1051. Die §§. 312 ff. u. 316 II 18 A L. R., auf Grund deren, wie in diesem Urtheil mitgetheilt ist, der Berufungsrichter angenommen hatte, daß auch das Gericht bindende Bestimmungen getroffen werden könnten, sind nicht mehr als geltend anzusehen, vgl. Rehbein u. Reincke Bd. 4 S. 743 und Dalcke in Koch's Kommentar Bd. 4 S 996 zu den §§. 311—338 II 18.

[18]) V. O §. 21 unter Nr. 6.

[19]) Ebenso Philler, Anm. 63 zu §. 17 S. 52. Vgl. auch V. O. §. 18 Abs. 2.

§. 55. Berufung zur Vormundschaft kraft Familienrechts.

Kraft Familienrechts ist zur Vormundschaft berufen [1]):

1. Wer, ohne die väterliche Gewalt zu erwerben, den Mündel an Kindesstatt angenommen hat.

Dies gilt für adoptirende Frauenspersonen allgemein. Im übrigen ist es zunächst für das gemeine Recht bestimmt, wenn nach Vornahme einer s. g. adoptio minus plena der natürliche Vater stirbt oder die Gewalt sonst verliert, ohne gesetzlicher Vormund zu werden. Nach rheinisch-französischem Rechte ist jede Adoption, die übrigens stets den Charakter der adoptio minus plena hat, bezüglich Minderjähriger ausgeschlossen [2]). Es kann also in dessen Gebiet die Vorschrift nicht für die Bevormundung Minderjähriger und auch nicht gemäß §. 83 Abs. 3 V. O. für die Großjähriger praktisch werden, da §. 83 Abs. 1 V. O. zur Anwendung gelangt. Für das A. L. R., nach welchem die Adoptiveltern in Bezug auf die Person des Kindes dieselben Rechte und Pflichten erhalten wie leibliche Eltern [3]), dagegen das Recht des Adoptivvaters sich nicht auf das Vermögen des Kindes erstreckt, kann sie, da die Verwaltung dieses Vermögens im Fall der Minderjährigkeit des Adoptivkindes zunächst dem natürlichen Vater verbleibt [4]), nur in sofern zur Anwendung kommen, als, wenn der natürliche Vater stirbt, nach den Grundsätzen der V. O. eine Pflegschaft für die Vermögensverwaltung einzutreten hat, auf welche die Adoptiveltern nach Analogie der hier besprochenen Bestimmung den nächsten Anspruch haben [5]).

2. Es ist ferner nach Familienrecht zur Vormundschaft über ihre Kinder berufen die Mutter.

Welche Stellung der Mutter in Bezug auf die Vormundschaft über ihre Kinder einzuräumen sei, darüber waren bei der Berathung

---

[1]) V. O. §. 17.

[2]) code civil art. 347 ff.

[3]) A. L. R. II 2 §. 681 ff.

[4]) A. L. R. II 2 §. 694.

[5]) Vgl. unten §. 99 bei Anm. 12 sowie Rehbein u. Reincke, Anm 135 zu §. 61 Bd. 4 S. 783. Das A. L. R. II 2 §§. 699 u. 700 bestimmte: „Stirbt der natürliche Vater des angenommenen Kindes nach der Adoption, so kann die Vormundschaft über das Vermögen des Kindes dem angenommenen Vater aufgetragen werden. Doch ist das Vormundschaftsgericht an die Person desselben nicht gebunden".

Vgl. zu den Ausführungen im Text auch noch oben §. 50 Anm. 10 S. 202.

der V. O. die Meinungen sehr getheilt. Von der einen Seite nahm man für die Mutter eine gesetzliche Vormundschaft nach dem Tode des Vaters unbedingt in Anspruch als etwas Naturgemäßes und der deutschen Rechtsauffassung Entsprechendes. Von anderer Seite bekämpfte man die gesetzliche Vormundschaft der Mutter und glaubte jedenfalls dem Vater das Recht wahren zu müssen, die Mutter durch letztwillige Verfügung auszuschließen [6]). Ein ähnlicher Widerstreit der Auffassungen tritt schon im alten deutschen Rechte hervor, denn während einerseits alte Volksrechte und mittelalterliche Statuten die gesetzliche Vormundschaft der Mutter anerkennen, war sie anderen Quellen durchaus unbekannt [7]). In der Gegenwart hat die mütterliche Vormundschaft im Westen Deutschlands vorzugsweise Boden. Es traf damit zusammen, daß auch nach französischem Vormundschaftsrecht der überlebende Ehegatte, also der Vater und nach dessen Tode die Mutter, gesetzlicher Vormund der ehelichen Kinder ist [8]). Im Osten der preußischen Monarchie hingegen sprach sich die Stimmung überwiegend gegen die unbedingte gesetzliche Vormundschaft der Mutter aus [9]).

Demzufolge hat die V. O. einen vermittelnden Standpunkt eingenommen. Die Mutter ist nicht gesetzlicher Vormund, wohl aber ist sie zur Vormundschaft berufen, so daß sie vom Gericht bestellt werden muß, wo keine entgegengesetzte bindende Verfügung des Vaters vorliegt und keine Umstände sich finden, welche sie als ungeeignet erscheinen lassen [10]).

Kraft Familienrechts berufen ist die Mutter jedoch nur über eheliche Kinder und Adoptivkinder. Ueber uneheliche Kinder kann sie vom Richter berufen werden, ja sie ist als Verwandte zu berücksichtigen [11]). Aber einen festen Anspruch hat die uneheliche Mutter nicht, da sie die Garantien der ehelichen Mutter nicht bietet. In folgenden Fällen ist auch die eheliche Mutter nicht kraft Familien=

---

[6]) Bericht der K. d. H. H. S. 24. Stenogr. Bericht des H. H. S. 130 ff. Bericht der K. d. A. H. S. 3.

[7]) Kraut, Bd. 1 S. 677 ff.

[8]) code civil art. 390. Vgl. oben §. 6 S. 14.

[9]) Vgl. auch A. L. R. II 18 §. 186 ff.

[10]) Motive zum Regierungsentwurf S. 60.

[11]) Nach rheinischem Recht wird sie als geeignet nur im Fall der Anerkennung des Kindes gelten.

rechts berufen, wobei gleichfalls zu beachten ist, daß damit ihre Berufung durch Wahl des Richters nicht ausgeschlossen ist,

a) wenn die Kinder einem Dritten an Kindesstatt hingegeben wurden [12]), und zwar ist sie hier selbst dann nicht berufen, wenn die Adoption ohne ihre Zustimmung geschehen ist und geschehen konnte [13]),

b) wenn die Mutter mit einem Anderen als dem Vater des Mündels verheirathet ist [14]),

c) endlich wenn die Ehe der Mutter mit dem Vater des Mündels rechtskräftig [15]) getrennt wurde. Dies ohne Unterschied, ob sie der schuldige Theil war oder nicht, da ein unbedingtes Vertrauen zu ihrer mütterlichen Liebe auch im letzteren Falle nicht besteht. Unfähig zur Vormundschaft, so daß sie auch vom Richter nicht durch Wahl berufen werden kann, ist die geschiedene Mutter, wie wir sahen, nur dann, wenn sie durch rechtskräftiges Urtheil für den schuldigen Theil erkannt wurde [16]).

Bei Anwendung dieser Vorschriften ist die Zeit maßgebend, in welcher es sich um die Bestellung der Mutter als Vormund handelt [17]). Dies gilt namentlich, falls eine zweite Ehe geschlossen war und wieder aufgelöst ist. Geschah die Auflösung durch den Tod, so ist die Mutter zur Vormundschaft der Kinder beider Ehen berufen. Erfolgte eine Scheidung, so ist sie nur berufen zur Vormundschaft über die Kinder der nicht durch Scheidung getrennten Ehe; wurde sie als schuldiger Theil erklärt, so ist sie nur unfähig bezüglich der Kinder der getrennten Ehe, nicht bezüglich der Kinder der andern Ehe [18]).

3. Die V. O. hat endlich noch — und zwar im Gegensatz zum Regierungsentwurf — kraft Familienrechts berufen den Großvater väterlicher und nach ihm den mütterlicher Seite. Aehnliches bestimmte das französische Gesetzbuch [19]).

---

[12]) Ueber die Gründe vgl. oben §. 50 bei Anm. 9 S. 202.

[13]) Vgl. A. L. R. II 2 §. 679.

[14]) V. O. §. 17 Abs. 2.

[15]) Siehe oben §. 49 bei Anm. 7 S. 197.

[16]) Oben §. 49 S. 197.

[17]) Die uneheliche Mutter ist daher nach der Ehe mit dem Erzeuger berufen.

[18]) Vgl. oben §. 49 bei Anm. 6 S. 197, sowie Eccius, Bd. 4 §. 231 Anm. 16 S. 200.

[19]) code civil art. 402 ff. giebt den Ascendenten eine gesetzliche Vormundschaft, und zwar auch den entferntesten Ascendenten. Das Letztere ist sicher nicht zweckmäßig.

Es ist hierbei nur an eheliche Enkel gedacht [20]).

Die Großmutter ist zwar zur Vormundschaft fähig, aber nicht von Rechtswegen berufen.

§. 56. Reihenfolge der Berufenen. Bedeutung der Berufung.

Unter den bisher aufgeführten, kraft Familienrechts oder kraft letztwilliger Verfügung berufenen Personen besteht nach dem §. 17 der V. O. folgende Reihenfolge. Es sind berufen:

1. die Adoptiveltern,
2. die vom Vater letztwillig Bezeichneten,
3. die Mutter,
4. die von der Mutter letztwillig Bezeichneten,
5. der Großvater väterlicher Seite,
6. der Großvater mütterlicher Seite.

Die Berufung wird existent, sowie das Bedürfniß der Einleitung einer Vormundschaft vorliegt, also nicht blos bei der ersten Einleitung der Vormundschaft, sondern auch dann, wenn die Vormundschaft durch Wegfall des früheren Vormunds erledigt ist. Dagegen wirkt sie nicht, solange ein Vormund des Mündels vorhanden ist. War z. B. die Mutter bei der ersten Einleitung der Vormundschaft noch minderjährig und deshalb zur Vormundschaft unfähig, und ist ein Fremder vom Gerichte zum Vormund bestellt, so bleibt der Anspruch der Mutter unkräftig, solange der Dritte die Vormundschaft führt. Das Gericht kann aber den Dritten von vornherein bis zu der Zeit der Fähigkeit der Mutter zum Vormund bestellen [1]), so daß die Berufung der Mutter mit dem Augenblick ihrer Fähigkeit zur Geltung kommt.

Wer zur Vormundschaft unfähig ist, gilt nicht als berufen [2]).

Ist einer Ehefrau ein Vormund zu bestellen, so darf vor jedem anderen Berufenen der Ehemann zum Vormund bestellt werden [3]).

---

[20]) Vgl oben §. 51 Anm. 20 S. 207, ferner z. B. Hesse, Anm. 12 zu §. 17 S. 37 und Eccius, Bd. 4 §. 231 Anm. 17 S. 200.

[1]) Vgl. oben §. 31 S. 128.

[2]) Der Unfähige kann und muß daher ohne weiteres, namentlich ohne die sonst vorgeschriebene Befragung und Einholung der Entscheidung des Beschwerdegerichts übergangen werden, ebenso z. B. Jahrbuch (App.) Bd. 5 S. 278 und Hesse, Anm 2 zu §. 17 S. 35 u. Anm. 1 zu §. 18 S. 39.

[3]) V. O. §. 17 Abs. 3. Nach römischem Rechte war der Ehemann zur Führung der Vormundschaft über seine Ehefrau unfähig. Rudorff, Bd. 2

Es setzt dies einmal voraus, daß die Nothwendigkeit der Bevormundung erst nach Eingehung der Ehe hervortritt; war bei dieser bereits ein Vormund bestellt, so bleibt derselbe, unbeschadet der gesetzlichen Vorschriften über die Möglichkeit oder Nothwendigkeit seiner Entsetzung oder Entlassung, im Amt. Ferner ist Voraussetzung, daß nicht nach §. 12 Abs. 1 oder §. 95 Abs. 2 V. O. der Vater über die minderjährige Ehefrau die Vormundschaft führt. Aber auch wenn beide Voraussetzuugen vorhanden sind, gehört der Ehemann nicht zu den Berufenen und hat kein Recht auf die Vormundschaft, sondern ist das Vormundschaftsgericht nur nach seinem Ermessen befugt, ihn den gesetzlich Berufenen vorzuziehen [4]).

Wird statt eines Berufenen ein gar nicht oder erst an späterer Stelle Berufener bestellt, so liegt eine Uebergehung des ersteren vor, gegen welche Beschwerde bis zum Ablauf von vier Wochen nach erhaltener Kenntniß von der Bestellung des anderen Vormunds, abgesehen von dieser Fristbestimmung aber in gewöhnlicher Weise zulässig ist [5]). Dies gilt sowohl dann, wenn der Richter den anderen Vormund bestellte, weil er jenen nicht gewollt hat, als auch, wenn er denselben bestellte, weil er jenen als Berufenen bezw. näher Berufenen nicht gekannt hat. Denn es ist einerseits das Gericht zu Nachforschungen über das Vorhandensein berufener Personen nicht verpflichtet und wird ihm dasselbe oft auch nicht aus eigener Wissenschaft oder durch Mittheilungen des Waisenraths oder anderer Betheiligter bekannt sein oder werden. Andererseits ist häufig auch der Berufene, besonders der durch letztwillige Verfügung Berufene, nicht im Stande, sich rechtzeitig zu melden, weil ihm der Bevormundungsfall oder sein Recht nicht zeitig genug bekannt geworden. Es würde daher, wenn wegen Uebergehung aus Unkenntniß keine Beschwerde gegeben wäre, thatsächlich das Recht der Berufung vielfach ganz illusorisch sein. [6])

S. 38. Deutscher Rechtsanschauung entspricht dies nicht. — Im Fall einer Kollision der Interessen zwischen dem Ehemann-Vormund und der Ehefrau-Mündel ist natürlich ein Pfleger zu bestellen.

[4]) A. A. gegen den klaren Wortlaut Jahrbuch (App.) Bd. 8 S. 80 und Philler, Anm. 71 zu §. 18 S. 55, übereinstimmend z. B. Hesse, Anm. 14 zu §. 17 S. 38, Märcker, Anm. 6 zu §. 17 S. 248 und König, Anm. 4 zu §. 17 S. 15.

[5]) V. O. §. 18 Abs. 1. Siehe oben §. 23 S. 90 ff., insbesondere auch S. 95 Anm. 37 wegen des Fristenlaufs.

[6]) A. A. Jahrbuch (App.) Bd. 5 S. 278, übereinstimmend z. B. Brettner

Wird die Beschwerde für begründet befunden, so ist der bestellte andere Vormund von seinem Amte zu entbinden, ohne daß es der bei Entsetzung oder Entlassung nach §. 63 V. O. gebotenen Anhörung bedarf [7]).

Eine besondere wichtige Frage ist, ob und unter welchen Voraussetzungen das Gericht von der Berufung kraft letztwilliger Verfügung oder Familienrechts abgehen kann? [8]) Gestattet man dies dem Richter unbedingt, sobald er den Berufenen für nicht geeignet hält, so liegt nichts vor als ein bloßer Vorschlag, dessen Berücksichtigung von dem Ermessen, vielleicht auch von dem mehr oder weniger starken Eigenwillen des Richters abhängt. Macht man dagegen die Berufung kraft letztwilliger Verfügung oder Familienrechts zu einer unbedingt wirksamen, so läuft man Gefahr, daß eine letztwillige Berufung, die unter ganz anderen Umständen, vielleicht vor langer Zeit getroffen wurde, trotz offenbarer Ungeeignetheit bindend ist, desgleichen, daß das Gericht die ersichtlich untauglichen, wenn auch nicht geradezu unfähigen Ascendenten des Mündels zur Vormundschaft bestellen muß.

Die V. O. §. 18 Abs. 2 hat schließlich nach dem Vorschlage der Kommission des Herrenhauses einen Mittelweg eingeschlagen. Eine Uebergehung des berufenen Vormunds ist möglich, wenn Umstände eingetreten sind, welche die Bestellung desselben als dem Mündel nachtheilig erscheinen lassen. Es müssen hiernach Thatsachen vorliegen, auf welche sich der Richter stützt [9]). Sind hierbei nur Umstände zu berücksichtigen, welche nach der Berufung, insbesondere der letztwilligen Ernennung eintraten? Dies scheint dem Wortlaut des Gesetzes zu entsprechen. Dennoch wird das Gericht auch ältere

---

in den Beiträgen Bd. 20 S. 16, Löwenstein, Anm. 69 zu §. 18 S. 31 und Hesse, Anm. 1 zu §. 18 S. 39.

[7]) Jahrbuch Bd. 3 S. 44.

[8]) Vgl. Bericht der K. d. H. H. zu §. 17, jetzt §. 18 der V. O. S. 26.

[9]) Vgl. die aus Tryphoninus lib. 14 disputationum entnommenen l. 8 u. l. 10 D. de confirm. tutore 26, 3, eine Erörterung, die für unsere heutige V. O. geschrieben scheint: In confirmando tutore hoc praetor inquirere debet, an duraverit patris voluntas. Quod in facili est, si proximo mortis tempore tutores non jure vel curatores scripserit pater. Nam si ante annos, ut spatio medio potuerit facultatum dati non jure tutoris a patre fieri deminutio, vel morum ante celata vel ignorata emersit improbitas, aut inimicitiae cum patre exarserunt, utilitatem pupillorum praetor sequitur, non scripturam testamenti vel codicillorum.

Thatsachen zu beachten haben, falls sie den Berufenen noch jetzt als vertrauensunwürdig erscheinen lassen. Hierauf führt die Natur der Sache. Auch die Vorgeschichte des Gesetzes bietet hierzu einen Anhalt, indem man bei dem verwandten §. 36 der V. O. die Hervorhebung, daß jene Umstände „später" eingetreten sein müßten, eliminirte, um dem Gericht mehr Freiheit zu lassen. Es dürfen jedoch die älteren Thatsachen dann nicht berücksichtigt werden, wenn sie dem Berufenden bereits bekannt waren und ihn nicht abgehalten haben, den Vormund zu berufen. Denn da bei der Berufung der Wille des Berufenden das Entscheidende ist, kann über ihn nur insoweit hinweggegangen werden, als sich annehmen läßt, daß der Berufende, wenn er die betreffenden Thatsachen gekannt hätte, anders gewollt haben würde, nicht aber, wenn er trotz derselben doch gewollt hat. Dagegen läßt sich auch nicht die Rücksicht auf das Mündel-Interesse geltend machen und daß dieses der Rücksicht auf den Berufenden vorgehen müsse. Denn es ist ja gerade hier vom Gesetz die Beurtheilung der Frage, was im Mündel-Interesse liegt, dem Willen des Berufenden überlassen und dem Gericht entzogen [10]).

Ferner ist das Verfahren bezüglich der Uebergehung des Berufenen eigenthümlich durch die V. O. §. 18 Abs. 2 geordnet [11]). Das Vormundschaftsgericht hat, wenn es die Uebergehung für geboten hält, die Zustimmung des Berufenen hierzu einzuholen; bei dessen Widerspruch hat es die Sache dem Beschwerdegerichte, also dem Landgericht, zur Entscheidung zu unterbreiten. Es bezieht sich dies zunächst nur auf den Fall der Uebergehung wegen Nichtwollens. Im Fall der Uebergehung wegen Unkenntniß hat das Vormundschaftsgericht, wenn es den sich nachträglich Meldenden nicht für ungeeignet hält, diesen einfach unter Entlassung des anderen bestellten Vormunds zu bestellen und ist nur, wenn es letzteres nicht will und der sich Meldende widerspricht, die Entscheidung des Beschwerdegerichts einzuholen.

---

[10]) Uebereinstimmend besonders Jahrbuch Bd. 2 S. 43, Löwenstein, Anm. 72 zu §. 18 S. 32, Märcker, Anm. 2 zu §. 18 S. 249 und Anton, Anm. 22 zu §. 18 S. 75, welchem letzteren jedoch darin, daß dem Vormundschaftsrichter keine Pflicht zur Prüfung obliege, ob die eingetretenen Umstände bereits dem Berufenden bekannt sein konnten und bekannt waren, nicht beigetreten werden kann. A. A. sind z. B. Dalcke, Anm. 51 zu §. 18 S. 958, Neumann zu §. 18 S. 39 und Hesse, Anm. 4 zu §. 18 S. 41.

[11]) Das Vorbild dieser Bestimmung ist wohl code civil art. 448 gewesen.

Die Zustimmung des Berufenen kann mündlich oder schriftlich geschehen. Dem Widerspruch ist es nach allgemeinen Grundsätzen gleichzustellen, wenn der Berufene auf ergangene Aufforderung nicht antwortet.

In allen Fällen, in denen hiernach ein bestellter Vormund, sei es in Folge einer von dem Uebergangenen eingelegten Beschwerde, sei es auf die sonstige Entscheidung des Beschwerdegerichts, sei es ohne solche in Folge der eigenen Entschließung des Vormundschaftsgerichts entlassen wird, wirkt dies nur ex nunc [12]).

§. 57. Berufung durch das Vormundschaftsgericht.

Fehlt es an Personen, welche kraft letztwilliger Verfügung oder Familienrechts zur Vormundschaft berufen sind, so hat das Vormundschaftsgericht den Vormund nach seinem Ermessen zu berufen [1]). Das Gericht wird hierbei durch den Waisenrath [2]) unterstützt, welcher ihm Personen vorzuschlagen hat, die in den einzelnen Fällen zur Berufung als Vormund oder Gegenvormund geeignet erscheinen. Die Vorschläge des Waisenraths sind für den Vormundschaftsrichter nicht bindend. Er kann stets sowohl einen anderen Vorschlag erfordern, wie auch einen anderen Vormund als den vom Waisenrath vorgeschlagenen bestellen, und zwar ohne über den zu bestellenden vorher nochmals den Waisenrath hören zu müssen, da mit dessen einmaliger Anhörung dem Gesetz jedenfalls Genüge geschehen ist. Weil die Vorschläge nicht bindend sind und der Waisenrath grund-

---

[12]) Vgl. oben §. 23 unter Nr. 5 S. 98.

[1]) V. O. §. 19 Abs. 1.

[2]) V. O. §. 53 Abs. 2. Vgl. oben §. 30 unter Nr. 2 S. 123. Der Waisenrath ist nach dem Gedanken des Gesetzes derjenige des zeitigen Aufenthalts des Mündels (Stenographische Verhandlungen des Herrenhauses S. 170). Wenn der Richter den zeitigen Aufenthalt des Mündels nicht kennt, oder wenn für mehrere an verschiedenen Orten sich aufhaltende Geschwister ein Vormund zu ernennen ist, so hat sich der Richter an den Waisenrath des Bezirks zu wenden, in welchem der Erblasser sein letztes Domizil hatte, beim Wechsel des Vormunds an den Waisenrath des Bezirks, in dem sich die Mehrzahl der Mündel aufhält oder aus dem der Vormund am geeignetsten zu wählen sein möchte (vgl. Jahrbuch (App.) Bd. 5 S. 281, Lyon, Geharnischte Streifzüge S. 87 und Philler, Anm. 238 zu §. 53 S. 102, a. A. dahin, daß sich das Gericht an den Waisenrath derjenigen Gemeinde zu halten habe, durch welche die Beziehung des Gerichts zur Vormundschaft nach Maßgabe der §§. 2—8 V. O. begründet ist, König, Anm. 4 zu §. 53 S. 51.

sätzlich nicht als selbständiges Mittelglied zwischen Staat und Vormund, sondern lediglich zur Unterstützung des Richters fungirt, wo demselben im Interesse des Mündels eine solche Noth thut [3]), kann der Richter, wenn die Dringlichkeit es erfordert oder er über die Qualifikation des zu Bestellenden bereits anderweit genügend unterrichtet ist, überhaupt von der Einholung des Vorschlags des Waisenraths absehen. Die Nichtbeachtung oder die Nichteinholung des Vorschlags macht den Richter auch nicht ohne weiteres für die Folgen der Wahl eines ungeeigneten oder gar treulosen Vormundes verantwortlich, wie umgekehrt die Befolgung des Vorschlags ihn auch nicht schlechthin von jeder Verantwortlichkeit entbindet. Es ist ersteres vielmehr nur dann der Fall, wenn sein Verhalten nach allgemeinen Grundsätzen als ein schuldhaftes erscheint, wobei insbesondere auch die Qualifikation des Waisenraths und das Vertrauen, welches der Vormundschaftsrichter zu ihm hegen kann, in Betracht zu ziehen sind [4]).

Der Waisenrath bei seinem Vorschlage, das Vormundschaftsgericht bei der Berufung haben Folgendes zu beachten:

1. Zunächst sind geeignete Verwandte oder Verschwägerte des Mündels zu berücksichtigen. Hierbei giebt aber keineswegs, wie dies nach gemeinem Rechte der Fall war, die Nähe des Erbrechts ein Vorzugsrecht. Es bleibt unbenommen, die Wahl auch auf einen entfernteren Verwandten zu lenken. Auch hat die Vorschrift keinen schlechthin zwingenden Charakter. Erachtet der Richter einen Nichtverwandten für befähigter zur Vormundschaft, so kann er denselben vor Verwandten wählen. Aber freilich haben die Verwandten, wie auch der fremde Vormund ein Beschwerderecht, so daß die vorgesetzte Kollegialbehörde über die Gründe des Gerichts entscheidet. Diese Beschwerde ist keine solche wegen Uebergehung nach §. 18 V. O., sondern die allgemeine aus §. 10 V. O. und deshalb an keine Frist gebunden [5]).

---

[3]) Motive zum Regierungsentwurf S. 39—41.

[4]) Vgl. die, soweit es sich um das Abweichen von gesetzlichen Vorschriften, welches, da die Anhörung des Waisenraths wenigstens instruktionell vorgeschrieben ist, auch hier vorliegt, handelt, analogen Ausführungen oben §. 37 S. 154 hinter Anm. 8.

[5]) Die Sachlage ist eine andere als bei der Ersetzung des Vaters der unehelichen Mutter, oben §. 51 bei Anm. 13 S. 206, da die dort wesentliche Analogie des §. 63 Abs. 4 V. O. hier nicht zutrifft. Gegen die Befristung der in Rede stehenden Beschwerde auch z. B. Hesse, Anm. 1 a. E. zu §. 18 S. 40 und Anm. 3 a. E. zu §. 19 S. 44.

2. Der Richter soll weiter bei der Auswahl des Vormunds auf das religiöse Bekenntniß des Mündels Rücksicht nehmen [6]). Dies wird in der Regel das des Vaters des Mündels sein, doch kann der Vater den Mündel auch einer ihm fremden Religionsgemeinde zugewendet haben. Gehört der Mündel, was seit Aufhebung des Taufzwanges vorkommen kann, keiner Religionsgemeinde an, so hat der Richter natürlich das religiöse Moment nicht zu beachten. Bei minderjährigen Geschwistern verschiedenen Bekenntnisses tritt dieser Gesichtspunkt gleichfalls zurück, da für sie regelmäßig nur ein Vormund bestellt werden soll.

Natürlich bezieht sich ferner die Anforderung nur auf die vom Richter selbst zu berufenden Vormünder, nicht auf diejenigen, welche kraft letztwilliger Verfügung oder Familienrechts berufen sind [7]). Bei diesen kann die Verschiedenheit des Bekenntnisses nur dann in Betracht kommen, wenn sie ausnahmsweise als nachtheilig im Sinne des §. 18 Abs. 2 V. O. erscheint.

Berücksichtigt der Richter die Anforderung der Gleichheit des religiösen Bekenntnisses nicht, ohne daß hierfür überwiegende Gründe bestehen, so bleibt der Beschwerdeweg offen [8]).

3. Das Vormundschaftsgericht hat in der Regel für einen Mündel, sowie für mehrere Geschwister nur einen Vormund zu berufen [9]).

Von dieser Regel wird das Gericht unter anderem dann abzugehen haben, wenn die Interessen der Geschwister aus besonderen Gründen, z. B. weil sie aus verschiedenen Ehen stammen, kollidiren. Ferner kann der Umfang der Geschäftsführung, die Zerstreutheit der Besitzungen u. dgl. die Ernennung mehrerer Vormünder für einen Mündel rechtfertigen.

4. Es ist noch hervorzuheben, daß unter Umständen der Waisen-

---

[6]) V. O. §. 19 Abs. 2.

[7]) Jahrbuch Bd. 3 S. 44 Nr. 2.

[8]) Die Beschwerde der V. O. §. 10 wird in diesem Fall regelmäßig nur der Vormund selbst erheben können. Andere Interessenten, z. B. Geistliche der Konfession des Mündels, können sich bei Zuwiderhandlung gegen die Vorschrift nur an die Aufsichtsbehörde wenden. Diese mag einschärfen, dem Gesetze konform zu verfahren, die einmal erfolgte Bestellung des Vormunds aber kann im Aufsichtswege nicht aufgehoben werden. Vgl. oben §. 23 unter Nr. 2 S. 91 ff.

[9]) V. O. §. 19 Abs. 3.

rath oder mit diesem oder dem Vormundschaftsrichter nahe verwandte oder verschwägerte Personen nicht zu Vormündern zu ernennen sind[10]).

§. 58. Ablehnung des Berufenen.

Der zur Vormundschaft oder zur Gegenvormundschaft Berufene kann die Uebernahme dieses Amtes, von der die Fortführung desselben nach erfolgter Uebernahme wohl zu unterscheiden ist, unter bestimmten Voraussetzungen ablehnen[1]). Die V. O. hat, zum Theil unter der Einwirkung des Landtags, die Ablehnung im Gegensatz zum früheren Rechte vielfach erleichtert. Die Vorschriften derselben über die Ablehnung beziehen sich sowohl auf die nach §. 17 als auf die nach §. 19 V. O. Berufenen. Bei gesetzlichen Vormündern kann von einer Ablehnung und daher insbesondere auch von dem damit in Verbindung stehenden Zwange zur Uebernahme des Amtes nicht die Rede sein, da die gesetzliche Vormundschaft ipso jure eintritt und der, wenn der gesetzliche Vormund demnächst seine Pflicht nicht erfüllt, gegen ihn seitens des Vormundschaftsgerichts anzuwendende Zwang nur auf bestimmte einzelne Handlungen oder Unterlassungen, nicht auf Uebernahme des Amtes selbst geht.[2])

1. Die V. O. legt die Pflicht der Uebernahme der Vormundschaft jedem **Preußen** auf, welcher nicht gesetzlich unfähig oder zur Ablehnung berechtigt ist[3]). Der Nichtpreuße ist also zur Uebernahme nicht verpflichtet, selbst wenn er in Preußen seinen Wohnsitz hat und dem deutschen Reiche angehört, also aller Rechte des Preußen bei uns theilhaftig ist. Hat aber der Nichtpreuße die Vormundschaft einmal übernommen, so ist er in derselben Weise zu deren Fortführung verbunden, wie der Preuße[4]). Die Eigenschaft des Nichtpreußen ist hiernach nichts anderes als ein eigenthümlicher Ablehnungsgrund.

2. Es können die Vormundschaft ablehnen weibliche Personen, soweit sie überhaupt bestellt werden können[5]).

---

[10]) Siehe oben §. 30 Anm. 2 S. 122 und §. 48 bei Anm. 30 S. 195.

[1]) Vgl. Tit. Dig. de excus. 27, 1. **Rudorff**, Bd. 2 S. 43. A. L. R. II 18 §. 208 ff. code civil art. 427 ff.

[2]) Vgl. **Hesse**, Anm. 1 zu §. 20 S. 45 und Anm. 2 zu §. 23 S. 60.

[3]) V. O. §. 20.

[4]) Ebenso Jahrbuch Bd. 4 S. 73 sowie die Kommentatoren.

[5]) V. O. §. 23 unter Nr. 1, siehe oben §. 49 S. 196 ff.

3. Ablehnungsgrund ist auch hohes Alter [6]). Das römische Recht ließ das Ablehnungsrecht mit dem siebzigsten, das französische Recht mit dem fünfundsechzigsten, das allgemeine Landrecht mit dem sechzigsten Jahre eintreten [7]). Die V. O. hat sich der letzteren Altersgrenze angeschlossen.

4. Nach römischem Rechte hatte man ein Ablehnungsrecht, wenn bereits drei Vormundschaften im Hause geführt wurden [8]). Das A. L. R. befreite Personen, welche schon zwei mit Vermögensadministration verknüpfte Vormundschaften oder auch eine sehr verwickelte Vormundschaft verwalteten [9]). Nach der V. O. hat ein Ablehnungsrecht, wer bereits mehr als eine Vormundschaft oder Pflegschaft führt, wobei aber die Führung einer Gegenvormundschaft der Führung einer Vormundschaft oder Pflegschaft nicht gleichsteht [10]). Dies soll heißen, daß zwei Gegenvormundschaften nicht genügen und hier nicht wie sonst [11]) die Vormundschaft die Gegenvormundschaft mitumfaßt, nicht, daß auf Gegenvormundschaften überhaupt keine Rücksicht genommen werden solle. Das Verstärkte, die Grundlage der Ablehnung, muß eine Vormundschaft oder Pflegschaft sein, die Verstärkung, welche das Gewicht voll macht, kann jedes vormundschaftliche Amt, Pflegschaft oder Gegenvormundschaft, natürlich aber andererseits auch nur ein vormundschaftliches Amt, also z. B. nicht eine Testamentsexekutel, sein. Demgemäß genügt es zur Ablehnung, entweder zwei Vormundschaften oder zwei Pflegschaften, oder eine Vormundschaft und eine Pflegschaft, oder eine Vormundschaft und eine Gegenvormundschaft, oder eine Pflegschaft und eine Gegenvormundschaft zu verwalten [12]). Dies gilt gemäß §. 26 Abs. 5 V. O. in gleicher Weise

---

[6]) V. O. §. 23 unter Nr. 2.

[7]) §. 13 J. h. t. 1, 25, l. 2 pr. D. h. t., code civil art. 433 und A. L. R. II 18 §. 208 Nr. 7.

[8]) l. 5 pr. D. h. t. 27, 1.

[9]) A. L. R. II 18 §. 212. Aehnlich code civil art. 435.

[10]) V. O. §. 23 Abs. 1 unter Nr. 3 und Abs. 2.

[11]) Siehe oben §. 31 Anm. 1 S. 126.

[12]) A. A. dahin, daß eine Vormundschaft und eine Gegenvormundschaft sowie eine Pflegschaft und eine Gegenvormundschaft nicht genügen, z. B. Jahrbuch (App.) Bd. 5 S. 282, Löwenstein, Anm. 90 zu §. 23 S. 37, Neumann zu §. 23 S. 47, Hesse, Anm. 5 zu §. 23 S. 60 und Philler, Anm. 103 zu §. 23 S. 62. Daß jedoch der im Text angegebene, mit dem Wortlaut des Gesetzes auch übereinstimmende Sinn der Intention des Antragstellers in der Kommission des Herrenhauses und der Auffassung dieser Kom-

für die Ablehnung einer Gegenvormundschaft, da der Abs. 2 des §. 23 V. O. nur bezüglich des Ablehnungsgrundes unter Nr. 3 einen Unterschied zwischen Vormundschaft und Gegenvormundschaft macht, im übrigen aber deren Gleichstellung bleibt und nach dieser die für die Ablehnung der Vormundschaft geltenden Gründe auch Gründe für die Ablehnung einer Gegenvormundschaft sind. Zur Ablehnung der letzteren genügt daher z. B. auch die Verwaltung zweier Vormundschaften [13]).

Gleichgültig ist überall, ob die bereits geführte Vormundschaft oder Pflegschaft mit oder ohne Vermögensverwaltung, sowie im ersteren Fall ob mit großer oder geringer Verwaltung und ob sie eine eingeleitete oder gesetzliche ist.

5. Ablehnen kann und soll weiter, wer an einer, die ordnungsmäßige Führung der Vormundschaft hindernden Krankheit leidet [14]). Natürlich gehören hierher auch Gebrechen, welche nicht als Krankheit bezeichnet werden, z. B. Erblindung, unter Umständen auch Taubheit [15]), und große Geistesbeschränktheit. Auch muß es sich begreiflich um eine dauernde Krankheit handeln. Während einer akuten Krankheit des berufenen Vormunds ist ein Pfleger zu bestellen, falls dies nöthig werden sollte.

6. Zur Ablehnung ist auch befugt, wer nicht in dem Bezirk des Vormundschaftsgerichts seinen Wohnsitz hat [16]). Als Grund hierfür wurde angeführt, daß derselbe der Jurisdiktion des Gerichts nicht unterworfen ist, zudem aber die Führung der Vormundschaft einem außerhalb des Gerichtssprengels Wohnenden besonders lästig werden könne. Ein solcher Exkusationsgrund galt auch im römischen Rechte [17]). Nach dem A. L. R. [18]) und dem code civil [19]) hingegen

---

mission selbst entspricht, ist sicher. Man zweifelte nur, ob zwei Gegenvormundschaften nach §. 23 Nr. 3 Ablehnungsgrund seien, Bericht der K. d. H. H. S. 35. Diesem Zweifel sollte Amendement Nr. 98 S. 41 des Berichts begegnen, welches nunmehr Abs. 2 des §. 23 der V. O. bildet. Uebereinstimmend ist z. B. Wachler, Anm. 4 zu §. 23 S. 83. Vgl. auch noch Möbius, S. 10.

[13]) Jahrbuch (App.) Bd. 6 S. 348, Hesse, Neumann, Philler und Wachler a. d. a. O. A. A. Eccius, Bd. 4 §. 231 Anm. 33 S. 204.

[14]) V. O. §. 23 unter Nr. 4. Einen Anhalt zur Beurtheilung giebt §. 7 J. de exc. 1, 25: Item propter adversam valetudinem, propter quam ne suis quidem negotiis interesse potest, excusatio locum habet.

[15]) l. 40 D. de exc. 27, 1. Vgl. auch §. 48 unter Nr. 1 S. 190.

[16]) V. O. §. 23 unter Nr. 5.

[17]) l. 46 §. 2 D. h. t. 27, 1.

[18]) A. L. R. II 18 §. 150 ff.

[19]) Vgl. code civil art. 432.

hatten auswärts wohnende Verwandte ein unbedingtes Ablehnungsrecht keineswegs. Der angeführte Grund der Vorschrift ergiebt, daß unter dem Bezirk des Vormundschaftsgerichts der Bezirk des Amtsgerichts, nicht, wenn dieses mit mehreren Richtern besetzt ist und die Geschäfte unter denselben örtlich getheilt sind, der Bezirk des einzelnen Vormundschaftsrichters zu verstehen ist [20]).

7. Eigenthümlich ist es der V. O. [21]), daß die Vormundschaft ablehnen kann, wer vom Gericht nach Maßgabe des §. 58 V. O. zur Stellung einer Sicherheit angehalten wird. Dies ist auf Grund des Vorschlags der Kommission des Herrenhauses angenommen worden, um die Last der Vormundschaft weniger drückend zu machen, und weil man es für billig hielt, denjenigen nicht gegen seinen Willen mit dem Amt zu behelligen, welchem man kein volles Vertrauen schenkt.

8. Das römische Recht gab dem Vater, welcher eine gewisse Anzahl von Kindern hatte, — in der Stadt Rom selbst drei, in Italien vier, in den Provinzen fünf — das Privilegium der Exkusation von der Vormundschaft [22]). Dies ohne Unterschied, ob der Vater noch für die Kinder zu sorgen hatte, da der Zweck war, die Erzielung von Kindern zu begünstigen. Neuere Gesetze haben dies wohl aufgenommen, jedoch nur von dem Gesichtspunkte aus, daß man den Vater, welcher für eigene Kinder zu sorgen hat, der weiteren Belastung entheben will [23]). Auch die V. O. giebt aus diesem Grunde ein Ablehnungsrecht dem Vater, welcher fünf oder mehr minderjährige eheliche Kinder hat [24]). Ein im Mutterleibe befindliches Kind rechnet nicht mit [25]), ebenso nicht ein für großjährig erklärtes [26]). Ein zur Adoption gegebenes Kind ist nach der Absicht des Gesetzes gleichfalls nicht zu berücksichtigen, dagegen sind es minderjährige Kinder, die, ohne für großjährig erklärt zu werden, aus der väterlichen Gewalt entlassen oder aus dieser durch Verheirathung oder

---

[20]) Hesse, Anm. 7 zu §. 23 S. 61 und Philler, Anm. 104 zu §. 23 S. 63.

[21]) V. O. §. 23 unter Nr. 6. Vgl. hierüber auch unten §. 84 unter Nr. 8.

[22]) pr. J. h. t. 1, 25. Fragmenta Vaticana §. 191 ff.

[23]) A. L. R. II 18 §§. 210 u. 211. Anders code civil art. 436.

[24]) V. O. §. 23 unter Nr. 7.

[25]) Das später lebend zur Welt gekommene Kind kann aber einen Entlassungsgrund nach §. 63 Abs. 2 V. O. bilden.

[26]) Siehe oben §. 45 Anm. 25 S. 184.

abgesonderte Wirthschaft ausgetreten sind, da sie nach §. 12 Abs. 1 V. O. in die gesetzliche Vormundschaft des Vaters fallen, der Grund des Ablehnungsrechts also ihnen gegenüber bestehen bleibt.

Finden sich anstatt der gesetzlich angeführten Gründe andere, welche den Berufenen als ungeeignet zur Führung einer bestimmten Vormundschaft erscheinen lassen, z. B. Schreibensunfähigkeit bei einer verwickelten Verwaltung, so muß der Richter auch sie berücksichtigen. Da der Richter verpflichtet ist, geeignete Vormünder zu bestellen, so müssen ihn solche Gründe bestimmen, die Berufung fallen zu lassen [27].

Die Ablehnungsgründe sind glaubhaft zu machen.

Das Ablehnungsrecht geht verloren, wenn es nicht bei dem Vormundschaftsgericht vor der Verpflichtung geltend gemacht wird [28], soweit jedoch einige Ablehnungsgründe auch noch später dazu berechtigen, die Entlassung zu fordern, geht dieses von dem Ablehnungsrecht verschiedene Entlassungsrecht nicht verloren [29]. Das mit der Sicherheitsleistung zusammenhängende Ablehnungsrecht wird der Natur der Sache nach erst mit der wirklichen Stellung der Sicherheit verloren [30].

Eine besondere Form für die Geltendmachung des Ablehnungsrechts ist nicht vorgeschrieben. Dieselbe kann insbesondere auch in einer vor der Verpflichtung beim Beschwerdegericht erhobenen Beschwerde erfolgen [31].

Es genügt, daß der Ablehnungsgrund bis zum Termin der Verpflichtung eingetreten ist, wenn er auch zur Zeit der Berufung nicht bestand. Es genügt nicht, daß er zur Zeit der Berufung bestand, wenn er zur Zeit des Termins der Verpflichtung nicht mehr existirt.

Ist der Berufene trotz seiner Ablehnung vom Gericht verpflichtet worden, so ist sein Ablehnungsrecht nicht verloren gegangen, sondern kann noch im Beschwerdewege geltend gemacht werden, die Beschwerde aber in solchem Fall nur noch zur Wiederentlassung, nicht zur Aufhebung der Bestellung rückwärts hin führen.

Die Nichtgeltendmachung eines Ablehnungsgrundes bis zu dem

---

[27]) Siehe oben §. 48 S. 195 bei Anm. 28.

[28]) V. O. §. 23 Abs. 3. Das römische Recht hatte bestimmte Fristen für die Ablehnung vorgeschrieben, dieselben sind aber nicht gemeinrechtlich geworden.

[29]) Siehe hierüber unten §. 89 unter Nr. 3.

[30]) Löwenstein, Anm. 94 zu §. 23 S. 39 und Neumann zu §. 23 S. 48.

[31]) Jahrbuch (App.) Bd. 8 S. 83.

bezeichneten Zeitpunkt ist ihrem Wesen nach ein stillschweigender Verzicht auf das Ablehnungsrecht. Weil ein solcher zugelassen ist, muß auch ein ausdrücklicher Verzicht als zulässig angesehen werden [32]). Es ist zwar das Vormundschaftsrecht öffentliches Recht, indessen auch innerhalb des öffentlichen Rechts giebt es Befugnisse Einzelner, auf die Letztere verzichten können, und zu diesen gehört das Ablehnungsrecht, denn sonst könnte dasselbe nicht in Folge stillschweigenden Verzichts durch Nichtgeltendmachung verloren gehen. Der ausdrückliche Verzicht ist dabei statthaft bei allen Ablehnungsgründen, ohne Unterschied, ob zu ihrer Zulassung das Interesse des Vormunds oder das des Mündels Veranlassung gegeben hat. Denn abgesehen davon, daß sich eine solche Scheidung in abstracto kaum durchführen läßt, ist eben wieder ohne Rücksicht auf sie bei allen Gründen der stillschweigende Verzicht möglich und muß es deshalb auch der ausdrückliche in gleichem Umfange sein. Um wirksam zu sein, muß aber der ausdrückliche Verzicht gegenüber Jemandem abgegeben sein, der zu dessen Annahme legitimirt erscheint. Das sind der Vater des Mündels [33]), sowie derjenige, von dem die Berufung ausgegangen ist. Eine besondere Form für den Verzicht ist nicht erforderlich [34]).

Weder der stillschweigende noch der ausdrückliche Verzicht schließen aus, daß der Vormundschaftsrichter den betreffenden Ablehnungsgrund doch berücksichtigt, weil der Berufene wegen desselben ungeeignet erscheint, und kommt hierbei in Betracht, ob in concreto bei dem Ablehnungsgrund das Interesse des Mündels, wie z. B. meist bei dem unter Nr. 4 des §. 23 V. O., oder das des Vormunds, wie z. B. regelmäßig bei dem unter Nr. 6 des §. 23, überwiegt.

Ist einer letztwillig zum Vormund bestellten Person ein Vermächtniß hinterlassen, so wird vermuthet, daß ihr dasselbe als Vergütung für die Mühewaltung der Vormundschaft ausgesetzt wurde. Lehnt sie daher die Vormundschaft ab, so verliert sie die ihr letztwillig zugedachten Vortheile [35]). Das A. L. R. nimmt dies, noch

[32]) Ebenso Wachler, Anm. 10 zu §. 23 S. 86, a. A. Hesse, Anm. 14 zu §. 23 S. 63.

[33]) l. 15 §. 1 D. de excusat. 27, 1.

[34]) Anders A. L. R. II 18 §. 214, welche Vorschrift aber, da sonst in den einzelnen Rechtsgebieten Ungleichheit bestehen würde (oben §. 13 unter Nr. 3 S. 49), sowie nach §. 102 V. O. nicht mehr gilt.

[35]) l. 28 pr. D. de test. tut. 26, 2.

weitergehend als das gemeine Recht, auch dann an, wenn der Vermächtnißnehmer die Vormundschaft nicht führen kann [36]). Diese Vorschriften stellen keine Strafe für die Ablehnung fest, da sie nicht blos den Fall des Nichtwollens, sondern auch den des Nichtkönnens betreffen. Sie gehören daher nicht dem Vormundschaftsrecht, sondern dem Erbrecht an und enthalten nichts anderes als eine gesetzliche Interpretation des Willens des Erblassers dahin, daß, wenn das Motiv seiner letztwilligen Zuwendung nicht zutreffe, diese fortfallen solle. Sie gelten daher noch fort [37]).

§. 59. Fortsetzung. Berufung von Militärpersonen und Beamten.

Militärpersonen und Beamte haben wegen ihres öffentlichen Dienstes bald nicht die Pflicht, bald auch nicht einmal das Recht, die Vormundschaft, zu der sie berufen sind, zu übernehmen. Das römische Recht erklärte die Soldaten geradezu für unfähig der Vormundschaft [1]). Zahlreiche Kategorien von römischen Beamten hatten ferner das Recht, sich zu exkusiren [2]).

Nach dem jetzigen Rechte bestehen folgende für Vormundschaft, Gegenvormundschaft und Pflegschaft gleichmäßig geltende [3]) Grundsätze [4]):

1. Die Militärpersonen des Friedensstandes und die Civilbeamten der Militärverwaltung haben nach dem Reichsmilitärgesetz [5]) ein unbedingtes Recht, die Uebernahme von Vormundschaften

---

[36]) A. L. R. II 18 §§. 218 u. 219.

[37]) Ebenso z. B. Brettner in den Beiträgen Bd. 20 S. 699 u. 700, Rehbein u. Reincke, Anm. 23 zu §. 218 Bd. 4 S. 741 und Hesse, Anm. 15 zu §. 23 S. 64, a. A. z. B. Neumann zu §. 23 S. 46, Dalcke, Anm. 76 zu §. 23 S. 961 und Wachler, Anm. 8b zu §. 23 S. 85.

[1]) §. 14 J. de excus. 1, 25: in milite observandum est, ut nec volens ad tutelae onus admittetur.

[2]) §. 3 J. h. t. 1, 25; Rudorff, Bd. 2 S. 78 ff.

[3]) Höchstens bei einem lediglich zu ganz vorübergehendem Zwecke bestellten Gegenvormunde (§. 55 Abs. 2 V. O.) oder Pfleger wird von einer Genehmigung abgesehen werden können, vgl. Hesse, Anm. 6 zu §. 22 S. 58.

[4]) Ueber das A. L. R. vgl. II 18 §. 208 ff. Siehe ferner code civil art. 427 ff.

[5]) §. 41 des Reichsmilitärgesetzes vom 2. Mai 1874 (R. G. Bl. 1874 S. 45). Beurlaubte Reserve- und Landwehroffiziere gehören nicht zu den Militärpersonen des Friedensstandes (§. 61 a. a. O.), wohl aber Offiziere zur Disposition und Beamte auf Wartegeld. Vgl. auch Daube, Die bürgerlichen Rechtsverhältnisse der Militärpersonen, Berlin 1880, S. 93.

abzulehnen. Und zwar haben sie dieses Recht, ohne daß etwas darauf ankommt, ob ihnen die vorgesetzte Behörde die Genehmigung verweigert.

Sind die Militärpersonen bereit, die Vormundschaft zu übernehmen, so bedürfen sie zu deren Uebernahme der Genehmigung ihrer Vorgesetzten, welche dem Vormundschaftsrichter — regelrecht vor der Verpflichtung — beizubringen ist. War die Bestellung ausnahmsweise ohne Beibringung der Genehmigung erfolgt, so führt der Bestellte sein Amt mit voller Verantwortlichkeit, ist aber zu entlassen, sobald die Genehmigung versagt wird. Das Reichsmilitärgesetz bestimmt nicht, daß der Vormund, wenn er unter die Militärpersonen tritt, zur Fortführung einer früher übernommenen Vormundschaft einer Genehmigung bedürfe.

2. Der Regel nach sollen Beamte eine vom Vormundschaftsgericht eingeleitete Vormundschaft weder übernehmen, noch führen ohne Genehmigung ihrer zunächst vorgesetzten Dienstbehörde [6]). Das Gericht hat sie daher nicht zu bestellen, ehe diese Genehmigung beigebracht ist. Es hat sie zu entlassen, wenn sie gleichwohl, sei es aus Versehen, sei es wegen Dringlichkeit, bestellt wurden [7]) und ihnen die erwartete Genehmigung nicht ertheilt wird, oder wenn ihnen die früher ertheilte Genehmigung später entzogen wird, oder wenn sie nach Uebernahme der Vormundschaft in die Dienststellung eintreten und die Genehmung nicht erhalten [8]).

Es gehören hierher folgende Personen:

a) Sämmtliche unmittelbare Staatsbeamte, ohne Unterschied ob sie Gehalt beziehen oder nicht, mögen sie nun ein preußisches oder ein Reichscivilstaatsamt bekleiden [9]). Es sind hierher auch die Referendare zu zählen, desgl. unbesoldete Universitätsprofessoren und auf Wartegeld stehende Beamte, dagegen nicht Rechtsanwälte, da diese seit der Rechtsanwaltsordnung vom 1. Juli 1878 nicht mehr Beamte sind.

---

[6]) V. O. §. 22.

[7]) An sich hat auch hier vor Ertheilung der Genehmigung die Bestellung nicht zu erfolgen, indessen ist sie auch nicht unbedingt ausgeschlossen und jedenfalls nicht nichtig, Jahrbuch Bd. 1 S. 35, vgl. jedoch dagegen Hesse, Anm. 4 zu §. 22 S. 57 u. Anm. 1 zu §. 22 S. 394.

[8]) V. O. §. 63.

[9]) Rücksichtlich der Reichscivilbeamten verweist §. 19 des Gesetzes vom 31. März 1873 (R. G. Bl. 1873 S. 61) auf die Landesgesetze.

b) Ferner bedarf der Genehmigung, wer ein besoldetes Amt in der Kommunal- oder Kirchenverwaltung bekleidet. Es fallen hierunter besoldete kommunale Beamte jeder Kategorie, z. B. auch des Kreises, der Provinz. Es gehören nicht blos solche Beamte hierher, welche die Gemeindeangelegenheiten verwalten, sondern auch sonstige Angestellte, insbesondere die Lehrer [10]).

Beim Kirchenamt ist nur zu denken an eine Anstellung im Dienste der evangelischen Landeskirche, sowie der katholischen Kirche, da diese Kirchen eine besondere staatliche Beziehung haben. Anstellungen bei anderen mit Korporationsrechten versehenen Religionsgesellschaften, z. B. Altlutheranern, Mennoniten, Baptisten, Juden, gehören nicht hierher [11]).

Der Beamte hat, wenn er zur Vormundschaft berufen ist — falls er nicht zur der Kategorie unter 1 gehört, welche unbedingt berechtigt ist, die Vormundschaft abzulehnen, — die Entscheidung seiner vorgesetzten Dienstbehörde über die Genehmigung nachzusuchen. Aber auch das Vormundschaftsgericht selbst ist befugt, diese Entscheidung einzuholen, namentlich dann, wenn der Beamte die Nachsuchung verzögert oder verweigert [12]).

3. Wer ein Ehrenamt in der Kirchen-, Gemeinde-, Amts-, Kreis- oder Provinzialverwaltung bekleidet, bedarf keiner Genehmigung seiner vorgesetzten Behörde zur Uebernahme einer Vormundschaft. Das Herrenhaus schlug aber vor, diesen Personen das Recht der Ablehnung zu geben, wenn ihre vorgesetzte Behörde bestätigte, daß die Uebernahme der Vormundschaft mit der ordentlichen Führung des Ehrenamts nicht vereinbar sei. Dies hat das Abgeordnetenhaus nach dem Vorschlage seiner Kommission abgelehnt, da man von der Unterstellung ausging, daß ein solches Ehrenamt regelmäßig die Zeit des Beamten nicht der Art in Anspruch nähme, daß ihm zur Führung der Vormundschaft keine Muße bliebe [13]). Diese Unterstellung ist thatsächlich nicht immer richtig. Die unbesoldeten Magistratsmitglieder z. B. von Berlin sind zum Theil nicht weniger überbürdet als die besoldeten. Produzirt ein solcher Beamte ein Zeugniß seiner Oberbehörde, welches seine Ueberbürdung durch das vormundschaftliche Amt bezeugt, so wird

---

[10]) Art. 23 der Verfassungs-Urkunde. Somit sind von den Lehrern nur die eigentlichen Privatlehrer von der Nothwendigkeit der Genehmigung frei.

[11]) Ebenso z. B. Hesse, Anm. 2 a. E. zu §. 22 S. 56.

[12]) Reskript vom 1. März 1882 in von Kamptz' Jahrbüchern Bd. 19 S. 306.

[13]) Bericht der K. d. H. H. S. 6.

ihn das Vormundschaftsgericht, weil ein erheblicher Grund dazu vorliegt, nach §. 63 V. O. von der Vormundschaft zu entbinden haben.

4. Von wem die Genehmigung, soweit sie erforderlich ist, als dem Vorgesetzten bezw. der nächsten vorgesetzten Behörde zu ertheilen ist, hat der Vormundschaftsrichter nach den hierfür maßgebenden gesetzlichen und sonstigen Bestimmungen zu prüfen [14]).

Eine besondere Form ist für sie nicht vorgeschrieben, doch ergiebt sich von selbst, daß sie in derjenigen Form zu ertheilen ist, in der die betreffende Person oder Behörde ihre sonstigen dienstlichen bezw. amtlichen Erklärungen abgiebt, also mindestens schriftlich und, soweit ein Dienstsiegel vorhanden ist, unter dessen Beidrückung [15]).

Die Genehmigung ist stets und ohne Rücksicht auf die Form, in der sie ausgestellt worden, stempelfrei [16]).

5. Eine Genehmigung zur Führung einer gesetzlichen Vormundschaft durch die Oberbehörde ist nicht nöthig. Es gilt dies wie für den bisherigen Gewalthaber des Mündels und für den Vater der unehelichen Mutter des Mündels, so auch für die Anstaltsvorstände [17]).

§. 60. Bestellung des Vormunds. Beginn der Vormundschaft.

1. Steht dem Berufenen kein Ablehnungsgrund zur Seite und ist er zur Führung fähig, so muß er die Vormundschaft oder Gegen=

[14]) Im einzelnen sei Folgendes hervorgehoben: Von denjenigen Generalen und Stabsoffizieren, welche sich in einer Immediatstellung befinden, ist die Genehmigung unmittelbar bei Seiner Majestät dem Kaiser, seitens der übrigen Generale und Stabsoffiziere, sowie von allen anderen Militärpersonen bei der zunächst vorgesetzten Militärbehörde nachzusuchen und geeignetenfalls zu ertheilen (Kabinetsorder vom 8. August 1876 im Armee=Verordnungsblatt von 1876 S. 189). Den Justizbeamten ertheilen deren Aufsichtsbeamte (§. 78 des Ausführungsgesetzes vom 24. April 1878 zum deutschen Gerichtsverfassungsgesetz), Universitäts=Dozenten und Professoren der Minister der geistlichen ꝛc. Angelegenheiten die Genehmigung. Den evangelischen Geistlichen wird sie in den altländischen Provinzen von den Superintendenten (Verfügung vom 14. November 1871 im Just. Min. Bl. 1871 S. 260), katholischen vom Bischof ertheilt. Ist ein staatlich anerkannter Bischof oder Bisthumsverweser nicht vorhanden, so fehlt es an einer Person, welche die Genehmigung geben könnte. Der staatlich ernannte Kommissar (§. 6 des Gesetzes vom 20. Mai 1874 über die Verwaltung erledigter katholischer Bisthümer — G. S. 1874 S. 135 —) hat dieses Recht nicht, da nur die Befugnisse des Bischofs in Ansehung der Vermögens=Verwahrung und Verwaltung auf ihn übergehen (§. 9 daselbst).

[15]) Vgl. Hesse, Anm. 5 zu §. 22 S. 58.

[16]) Allgem. Verfügung vom 20. Januar 1877 (Just. Min. Bl. 1877 S. 13).

[17]) Ebenso z. B. Hesse, Anm. 4 zu §. 22 S. 56.

vormundschaft übernehmen. Das vormundschaftliche Amt ist eine allgemeine öffentliche Last [1]).

Wer sich der Uebernahme weigert, kann [2]) zu derselben durch das Vormundschaftsgericht gezwungen werden. Doch hat die V. O. [3]) die Zwangsmittel, welche es dem Gerichte zu Gebote stellt, sehr eng begrenzt. Die dem Berufenen anzudrohende Ordnungsstrafe, für die sonst das Gleiche wie für die Ordnungsstrafen gegen Vormünder gilt [4]), darf den Betrag von 300 Mark nicht übersteigen. Mehrere Strafen dürfen nur in Zwischenräumen von mindestens einer Woche verhängt werden. Ist die Strafe dreimal ohne Erfolg verhängt, so hat das Gericht einen anderen Vormund oder Gegenvormund zu bestellen.

Es versteht sich übrigens von selbst, daß Personen, welche sich solchergestalt der Uebernahme einer Vormundschaft entzogen haben, zu anderen Vormundschaften, nöthigenfalls unter neuen Strafandrohungen, herangezogen werden können. Man kann sich also nicht von dieser Bürgerpflicht überhaupt durch das Opfer von 900 Mark befreien. Auch kann sich im einzelnen Fall, wenn durch die fortgesetzte Weigerung dem Mündel Schaden erwachsen ist, nach allgemeinen Grundsätzen ein Ersatzanspruch begründen lassen [5]).

2. Die Bestellung zum Vormund oder Gegenvormund geschieht durch Verpflichtung auf treue und gewissenhafte Führung des Amts seitens des Vormundschaftsrichters. Die Verpflichtung erfolgt, wie dies in Deutschland seit lange herkömmlich ist, mittels Handschlages an Eidesstatt [6]). Sie muß nicht nothwendig durch den zuständigen Vormundschaftsrichter selbst, sondern kann auf dessen Ersuchen durch

---

[1]) Anders in der älteren Zeit, wo die Vormundschaft ein Recht, nicht eine Pflicht war, siehe oben §. 2 S. 2 u. 3 und §. 4 S. 8 u. 9, vgl. auch Kraut, Bd. 1 S. 228 ff.

[2]) Nicht muß, das Vormundschaftsgericht kann also, wenn es ihm angemessen erscheint, auch von jedem Zwange Abstand nehmen.

[3]) V. O. §. 20 Abs. 2 u. 3.

[4]) Oben §. 20 S. 79 ff.

[5]) Die spezielle Vorschrift des §. 204 II 18 A. L. R. ist als solche beseitigt.

[6]) V. O. §. 24 Abs. 1. Die Novelle 72 cap. 8 und die Reichspolizeiordnung von 1577 Tit. 32 §. 3 verlangten allgemein eidliche Verpflichtung; dem älteren deutschen Rechte — Kraut a. a. O. S. 118 — wie dem früheren römischen Rechte war sie fremd. Handschlag an Eidesstatt forderte die gemeinrechtliche Praxis, so auch A. L. R. II 18 §. 220. Das französische Recht hat diese Form nicht.

einen anderen Richter bewirkt werden, z. B. wenn der zu Verpflichtende in einem anderen Gerichtsbezirk wohnt. Dagegen ist eine Stellvertretung des Vormunds bei diesem Akte nicht zulässig. Der Berufene muß daher nothwendig, wenn das Amt beginnt, persönlich zu seiner Verpflichtung erscheinen, was der Regel nach auch zweckmäßig sein wird.

Der Vormund erhält eine Bestallung, d. h. ein Schriftstück, aus welchem Dritte seine Legitimation zur Verwaltung zu entnehmen haben. Aus der Bestallung sollen ersichtlich sein die Namen und Geburtszeiten der Mündel und der Name des Vormunds. Ferner ist der Name des Gegenvormunds, der Mitvormünder und die Art der etwaigen Theilung der Verwaltung anzugeben. Die Befreiung des Vormunds von den regelmäßigen Beschränkungen seiner Selbständigkeit hat hier ihren Platz gleichfalls zu finden [7]). Ist der Vormund blos auf Zeit oder bis zum Eintritt eines bestimmten Ereignisses bestellt, so ist auch dies ohne Zweifel aufzunehmen [8]). Die etwaige Bildung eines Familienraths ist nicht weniger zu vermerken [9]). Die Bestallung muß ergänzt bezw. berichtigt, eventuell durch eine neue ersetzt werden, sowie sich in einem der aufgeführten Punkte etwas ändert, also z. B. auch, wenn eine zum Vormund bestellte Mutter sich wieder verheirathet, da sie in der Bestallung als Wittwe bezeichnet ist und jeder Dritte wissen muß, daß sie nicht gemäß §. 64 V. O. entlassen worden ist. Eine entsprechende Bestallung erhält der Gegenvormund [10]).

---

[7]) Siehe oben §. 33 S. 137 bei Anm. 17. Anders bei den Beschränkungen des Vormunds in seiner Verwaltung durch Anordnungen des Erblassers (§. 36 V. O., vgl. oben §. 34 unter Nr. 3 S. 140), da diese auf das Verhältniß des Vormunds zu dritten Personen keinen Einfluß haben; ebenso z. B. Anton, Anm. 84 zu §. 36 S. 105 u. 106 und Hesse, Anm. 3 a. E. zu §. 24 S. 66, a. A. Neumann zu §. 36 S. 95.

[8]) A. A. Philler, Anm. 109 zu §. 24 S. 65, weil der Richter zu der betreffenden Zeit die Bestallung zurückzufordern habe und deshalb der Vermerk überflüssig sei. Indessen vergeht doch von der Zurückforderung, die nicht vor der betreffenden Zeit stattfinden kann, bis zur wirklichen Zurückgabe noch eine gewisse Zeit, innerhalb deren der Vermerk nicht überflüssig ist, und oft bleibt auch die Zurückforderung ganz ohne Erfolg.

[9]) V. O. §. 24 Abs. 2 u. §. 47 Abs. 2. Auf den im Bezirk des Kammergerichts eingeführten Formularen zu den Bestallungen der Vormünder sind nicht unzweckmäßig die für die Obliegenheiten des Vormunds wichtigsten Paragraphen der V. O. auf der Rückseite abgedruckt.

[10]) V. O. §. 66. Nur bei einem lediglich zum Zwecke einmaliger Anhörung

3. Nach römischem Rechte begann die Pflicht und Verantwortlichkeit des Vormunds, sowie er von der Berufung Kenntniß erhielt. So ist es nach französischem Rechte noch jetzt [11]). Dagegen beginnt nach gemeinem Rechte die Verwaltungsbefugniß des Vormunds erst mit der Verpflichtung; nur nahm man vielfach an, daß der berufene Vormund verpflichtet sei, seine Bestätigung zu erwirken, etwa auch für das Dringliche und Unaufschiebliche zu sorgen [12]).

Nach dem A. L. R. endlich erhielt der Vormund das Recht und die Pflicht zur Ausübung seines Amtes erst durch die Aushändigung der Bestallung; wenn Gefahr im Verzuge war, hatte er schon vorher nach seiner Ernennung für den Mündel zu sorgen [13]).

Die V. O. §. 32 Abs. 2 läßt die Verantwortlichkeit des vom Gericht bestellten Vormunds mit seiner gerichtlichen Verpflichtung beginnen, bis dahin ist es Sache des Vormundschaftsgerichts, für die Sicherstellung des Mündels zu sorgen. Die Bestallung, deren Aushändigung sich an die Verpflichtung anzuschließen hat, setzt den Beginn der Vormundschaft voraus und beurkundet denselben, bedingt ihn aber nicht. Nur die Befreiung des Vormunds von der Nothwendigkeit der Genehmigung gewisser Handlungen durch Gericht und Gegenvormund ist von der Aufnahme in die Bestallung abhängig [14]). Demgemäß kann einem verpflichteten Vormunde auch nicht die Bestallung aus irgend einem Grunde, z. B. weil sich inzwischen Bedenken gegen ihn ergeben haben, verweigert werden [15]).

4. Die gesetzliche Vormundschaft tritt ein, sowie der Fall derselben gegeben ist, also auch ohne Willen des Vormunds und

---

nach §. 55 Abs. 2 V. O. verpflichteten Gegenvormund wird ebenso wie bei dem Pfleger einer ganz vorübergehenden Pflegschaft (siehe unten §. 98 hinter Anm. 20) von der Ertheilung einer Bestallung abgesehen werden können.

Den vor dem 1. Januar 1876 bestellten, nicht nach §. 93 V. O. entlassenen Vormündern war, soweit es sich nicht um Vormundschaften ohne Vermögensverwaltung und um befreite Vormundschaften handelte, ebenfalls eine neue Bestallung zu ertheilen, Jahrbuch (App.) Bd. 5 S. 283.

[11]) l. 1 §. 1 D. de adm. tut. 26, 7. — code civil art. 418.

[12]) Vgl. Glück, Pandekten Bd. 29 S. 306 u. S. 313. Windscheid, Pandekten §. 436 Anm. 4. Dagegen wohl übereinstimmend mit der gemeinrechtlichen Praxis ist Roth, Bayerisches Civilrecht Bd. 1 S. 501.

[13]) A. L. R. II 18 §§. 225 u. 226.

[14]) V. O. §. 47 Abs. 2, siehe oben §. 33 S. 137 bei Anm. 17.

[15]) Anders Jahrbuch (App.) Bd. 7 S. 31, dagegen Hesse, Anm. 2 zu §. 24 S. 65 und Neumann zu §. 24 S. 49, siehe auch unten §. 61 Anm. 2.

ohne die Zulässigkeit einer Ablehnung der Uebernahme, sondern nur mit der Möglichkeit, bei Gericht eine Entbindung von der Vormundschaft aus erheblichen Gründen nachzusuchen, und ohne daß eine Bestellung durch das Gericht stattfindet [16]). Die Verantwortlichkeit des gesetzlichen Vormunds beginnt daher mit dem Augenblick, in welchem er die die gesetzliche Vormundschaft begründenden Thatsachen erfahren hat, und erhält er keine Bestallung [17]).

§. 61. Fehlerhafte Bestellung eines Vormunds.

Es sind verschiedene Fälle denkbar, in welchen ein Vormundschaftsgericht in Folge von Unkenntniß und Irrthum einen Vormund bestellt, den es nicht hätte bestellen sollen.

1. Es ist möglich, daß der Fall der Bevormundung überhaupt nicht vorlag und dennoch ein Vormund bestellt und mit Bestallung versehen wurde, z. B. das Vormundschaftsgericht nahm in Folge einer Verwechselung an, daß der Vater eines Minderjährigen verstorben sei, oder ein Volljähriger wurde für einen Minderjährigen gehalten. Hier ist die Bestellung des Vormunds ohne Zweifel nichtig, da überhaupt keine Vormundschaft Platz greift [1]).

2. Zweifelhafter ist die Frage, wie es sich verhalte, wenn das Gericht Jemandem, welcher bereits einen Vormund hat, im Glauben, daß er unbevormundet sei, einen Vormund ernennt. Ist hier der erste beseitigt, oder der zweite ungültig ernannt, oder sind etwa beide legitimirt, den Mündel zu vertreten? Da auch hier eine Bevormundung nicht einzuleiten war, wird man die zweite Ernennung als nichtig ansehen müssen. Damit stimmen auch die Entscheidungen der römischen Juristen überein [2]).

3. Welche Wirkung hat die Bestellung eines Vormunds durch

---

[16]) V.O. §. 24 Abs. 3.

[17]) Ueber seine Legitimation s. oben §. 50 S. 202 hinter Anm. 10, §. 51 S. 206 bei Anm. 14 und §. 52 unter Nr. 8 S. 211

[1]) Urtheil des Reichsgerichts vom 30. Oktober 1884 in dessen Entscheidungen in Strafsachen Bd. 11 S. 201. Vgl. etwa auch noch l. 6 §. 4 D. de tutelis 26, 1.

[2]) l. 10 D. de tutoribus dat. 26, 5. Anders liegt die Sache in dem Fall, auf den sich die Entscheidung im Jahrbuch (App). Bd. 7 S. 31 (siehe oben §. 60 Anm. 15 S. 242) bezieht, und in dem, da das Gericht sich hier nicht in einem thatsächlichen Irrthum über die Nichtbevormundung des Mündels befand und der einmal bestellte Vormund nicht ohne weiteres aufhörte, Vormund zu sein, der später bestellte Vormund als Mitvormund anzusehen sein würde.

ein unzuständiges Gericht? Auch hierüber schweigt die V. O., da man es nicht für geboten hielt, diese Frage, welche nach allgemeinen Prinzipien entschieden werden müsse, im Gesetze zu berühren [3]). Daß die Bestellung durch ein für Vormundschaftssachen sachlich überhaupt nicht zuständiges Gericht, z. B. durch ein Landgericht, schlechthin nichtig ist, kann keinem Zweifel unterliegen. Dagegen erscheint eine von einem blos örtlich unzuständigen Gericht in den gesetzlich vorgeschriebenen Formen vorgenommene Bestellung eines Vormunds, wenn nur überhaupt der Fall der Einleitung der Vormundschaft gegeben war, wirksam, bis sie durch das Vormundschaftsgericht wieder beseitigt wird [4]). Hierfür spricht die Analogie der Bestimmungen der V. O. über die Bestellung eines unfähigen Vormunds, welche gleichfalls in der Regel nicht nichtig ist, sondern nur die Entlassung des unfähigen Vormunds bedingt [5]). Es ist überhaupt bei der nichtstreitigen Gerichtsbarkeit eine Nichtigkeit wegen mangelnder Kompetenz in der Regel nach den Anschauungen des modernen Rechts nicht anzunehmen [6]) und hat meist nicht einmal bei den Angelegenheiten der streitigen Gerichtsbarkeit, bei denen die örtliche Zuständigkeit an sich doch von größerer Bedeutung ist, eine Verletzung der Vorschriften über dieselbe ohne weiteres eine solche weitreichende Folge [7]).

4. Aus denselben Gründen rechtfertigt es sich, daß der Bescheid der Beschwerde-Instanz, welcher gegen die Bestellung eines Vormunds ausfällt, nur dessen Entlassung herbeiführt, nicht aber die Bestellung rückwärts hin vernichtet [8]).

---

[3]) Bericht der K. d. H. H. S. 15.

[4]) Uebereinstimmend sind z. B. Hesse, Anm. 3 zu §. 5 S. 6 und die dort Citirten, sowie das Urtheil des Reichsgerichts vom 3. Mai 1881 in dessen Entscheidungen in Strafsachen Bd. 4 S. 145 ff., besonders S. 149 u. 150, a. A. sind z. B. Wachler, Anm. 3 zu §. 2 S. 38 und Maaßen, S. 21 Anm. 6.

[5]) V. O. §. 25 Abs. 3.

[6]) Vgl. z. B. A. L. R. I 12 §. 73 und II 17 §. 60, Allgem. Gerichtsordnung II 2 §. 10 und Dernburg u. Hinrichs, Das Preuß. Hypothekenrecht Abthlg. I §. 10 Anm. 9 S. 94 u. 95. Anders die frühere hessische Praxis, Pfeiffer, Praktische Ausführungen Bd. 1 S. 168 ff. u. Bd. 8 S. 304 und Strippelmann, Entscheidungen Bd. 7 S. 285.

[7]) Vgl. z. B. deutsche Strafprozeßordnung §. 20.

[8]) Siehe oben §. 23 unter Nr. 5 S. 98.

Drittes Kapitel. Sorge für die Person des Mündels.

§. 62. Einleitung.

Die Stellung des deutschen Vormunds ist hinsichtlich der Person des Mündels eine andere, als die des römischen war. In Rom war für den Vormund das Mündelvermögen die Hauptsache. Wenn auch der Tutor die Sitten des Unmündigen zu überwachen hatte [1]), so fiel doch die Leitung der Erziehung desselben Anderen, nämlich Verwandten und der Obrigkeit zu; der Kurator des mündigen Minderjährigen vollends hatte nur für dessen Vermögen, nicht aber für dessen Person zu sorgen [2]).

Nach deutscher Auffassung hat der Vormund gegenüber dem Mündel die Stellung des Vaters. Die Obhut und die Vertretung der Person liegt ihm in erster Linie ob, die Vermögensverwaltung ist erst die Folge [3]). Daher erhält auch der vermögenslose Mündel einen Vormund wie der besitzende.

An diese Auffassung knüpft das öffentliche Recht vielfach an.

So ist bei Antragsdelikten der Vormund zur Stellung des Strafantrags für den verletzten Mündel, der daneben auch selbst vom vollendeten achtzehnten Lebensjahre ab antragsberechtigt ist, sowie auch zur Zurücknahme des von ihm gestellten Antrags [4]), soweit diese überhaupt zulässig, berechtigt [5]) und hat auch sonst das

---

[1]) l. 12 §. 3 D. de adm. et per. tut. 26, 7: quum tutor non rebus dumtaxat, sed etiam moribus pupilli praeponatur. Vgl. aber l. 2 C. ubi pupilli 5, 49.

[2]) l. 20 D. de ritu nupt. 23, 2: officium ejus in administratione negotiorum constat.

[3]) Vgl. Roth, Bayerisches Civilrecht Bd. 1 S. 529. Nach den Reichspolizeiordnungen lautete daher der Vormündereid, „daß er seinen Pflegkindern und ihren Gütern getreulich und erbarlich vorseyn, ihre Personen und Güter versehren und vermehren wolle“.

[4]) Nicht auch des von dem achtzehnjährigen Mündel gestellten Antrags, dessen Zurücknahme nicht vom Vormund, wohl aber vom Mündel selbst erfolgen kann, welcher andererseits den vom Vormund gestellten Antrag nicht zurücknehmen kann, §. 64 des deutschen Strafgesetzbuches, sowie z. B. Oppenhoff, Das Strafgesetzbuch für das deutsche Reich Anm. 6 zu §. 64 und Anm. 17 u. 18 zu §. 65.

[5]) §. 65 des Strafgesetzbuches. Eine Genehmigung des Vormundschaftsgerichts ist dabei in keiner Weise erforderlich und insbesondere die Zurücknahme sogar, wenn sie gegen ein ausdrückliches Verbot des Gerichts geschehen sein

Verhältniß zwischen Vormund und Mündel zu verschiedenen hierauf bezüglichen besonderen strafrechtlichen Bestimmungen Veranlassung gegeben [6]).

Es ist ferner der Vormund im Sinne der Strafprozeßordnung gesetzlicher Vertreter des Mündels [7]) und als solcher berechtigt, alle Befugnisse, die in der Strafprozeßordnung den gesetzlichen Vertretern gegeben sind [8]), für seinen Mündel selbständig auszuüben. Außerdem hat speziell der Vormund eines minderjährigen Beschuldigten noch die Eigenschaft eines Beistandes, der im Vorverfahren zugelassen werden kann und in der Hauptverhandlung zugelassen und gehört werden muß. Endlich steht jedem Vormunde, andrerseits aber nur dem Vormunde und nicht auch dem über achtzehn Jahre alten Mündel, die Befugniß zur Erhebung der Privatklage für den Mündel zu [9]).

Im Civilprozeß und im Konkursverfahren ist der Vormund gleichfalls gesetzlicher Vertreter des Mündels für den Prozeß bezw. das Konkursverfahren überhaupt sowie für die Zustellungen in denselben, im Prozeß auch für das Beweismittel des Eides, hier jedoch mit beschränkter Eidesfähigkeit eines sechzehn Jahre alten oder wegen Verschwendung bevormundeten Mündels neben ihm [10]), und ist speziell

---

sollte, wirksam (Oppenhoff, Anm. 13 u. 14 zu §. 65 St. G B.). Es könnte im letzteren Falle nur das Vormundschaftsgericht gegen den Vormund wegen Pflichtwidrigkeit vorgehen.

[6]) Vgl. §§. 174 Nr. 1, 181 Nr. 2, 247 Abs. 1, 263 Abs. 4 und 266 Nr. 1 St. G. B.

[7]) Löwe, Die Strafprozeßordnung Anm. 3a zum 11. Abschnitt, 3. Aufl. S. 361.

[8]) §§. 137, 140, 268 u. 340 St. P. O., vgl. auch §. 405 St. P. O. und über die analoge Anwendbarkeit der Vorschriften über die Berechtigung des gesetzlichen Vertreters zur Einlegung von Rechtsmitteln auf das Gesuch um Wiedereinsetzung in den vorigen Stand, den Einspruch gegen einen amtsrichterlichen Strafbefehl und den Antrag auf gerichtliche Entscheidung gegen eine polizeiliche Strafverfügung und gegen einen Strafbescheid der Verwaltungsbehörde Löwe, a. a. O. Anm. 3b zu §. 44 S. 236, Anm. 3 zu §. 451 S. 728, Anm. 3 zu §. 454 S. 733 und Anm. 2 zu §. 460 S. 737.

[9]) §. 414 St. P. O. und Löwe a. a. O. Anm. 5 zu §. 414 S. 694.

[10]) §§. 50 u. 51, 157 u. 169, 435 u. 436 der deutschen Civilprozeßordnung, welche letzteren die Eidesfähigkeit betreffenden Bestimmungen auch beim Editionseide (§. 391 Abs. 3) und beim richterlichen Eide (§§. 438 u. 439 Abs. 1 C. P. O.) gelten und jedenfalls auch für den Schätzungseid (§. 260) und den Offenbarungseid (§§. 711 u. 769 C. P. O.) Platz greifen, Brettner in den Beiträgen Bd. 25 S. 323;

für ein den Mündel betreffendes Entmündigungsverfahren noch bestimmt, daß der Vormund zur Stellung des Antrags auf Entmündigung oder Wiederaufhebung der Entmündigung sowie zur Erhebung der Beschwerde und Anstellung der Anfechtungs- und Wiederaufhebungsklage gegen die ergangenen Beschlüsse befugt und die Anfechtungsklage des Staatsanwalts gegen ihn zu richten ist [11]).

Auf dem Gebiet der Verwaltung kann der Vormund z. B. das Stimm- und Wahlrecht seines Mündels in der Gemeinde und im Kreise wahrnehmen und vertritt denselben in seinen Rechten und Pflichten als Besitzer eines einen selbständigen Gutsbezirk bildenden Gutes [12]).

Endlich macht der Staat seine staatsrechtlichen Anforderungen an die Person des Mündels in Bezug auf die Impfung, die Anmeldung und Gestellung militärpflichtiger Mündel, den Schulunterricht u. dgl. dem Vormund gegenüber geltend [13]).

Die V. O. selbst überweist im §. 27 dem Vormund allgemein die Sorge für die Person des Mündels. Unterstützend und kontrolirend steht in dieser Hinsicht neben ihm der Waisenrath.

Diese Sorge für die Person berechtigt jedoch den Vormund selbstverständlich nicht zur Vertretung des Mündels bei höchst persönlichen Rechten, z. B. der Errichtung einer letztwilligen Verfügung [14]),

---

§. 65 der deutschen Konkursordnung. Ueber die bei der Anwendung der §§. 435 u. 436 C. P. O. maßgebenden Gesichtspunkte vgl. Brettner a. a. O. S. 323 u. 324.

[11]) §§. 595, 604, 605, 607 Abs. 2, 616, 620 Abs. 2, 621 Abs. 3, 625 u. 626 Abs. 2 C. P. O. Unter dem Vormunde ist hier natürlich auch der gesetzliche Vormund mitverstanden (v. Wilmowski u. Levy, C. P. O. 3. Aufl. 1884 Anm. 3 zu §. 595 S. 720).

[12]) §. 6 Nr. 1 des Gesetzes vom 14. April 1856, betr. die Landgemeindeverfassungen (G. S. 1856 S. 359) und §. 97 Nr. 7 u. §. 31 Abs. 4 der Kreisordnung vom 13. Dezember 1872 (G. S. 1881 S. 180). Vgl. auch noch zu dem §. 97 Nr. 7 Entscheidungen des Oberverwaltungsgerichts Bd. 3 S. 6.

[13]) Reichsimpfgesetz vom 8. April 1874 (R. G. Bl. 1874 S. 31) §§. 12 u. 14, Reichsmilitärgesetz vom 2. Mai 1874 (R. G. Bl. 1874 S. 45) §§. 31—33, deutsche Wehrordnung vom 28. September 1875 §. 23 Nr. 5 und die verschiedenen besonderen Schulordnungen und Verordnungen der Verwaltungsbehörden.

[14]) Siehe unten §. 67 Nr. 1.

dem Abschluß einer Ehe und der Anstellung einer Scheidungsklage[15]), dem Austritt aus der Kirche[16]) u. dgl.[17]).

Abgesehen hiervon ist sie vom Gesetz selbst theils zu Gunsten der Mutter, theils durch die Anordnung einer Zustimmung des Gerichts ausdrücklich beschränkt. Von der ersteren Beschränkung wird gleich die Rede sein[18]). Was die letztere Beschränkung betrifft, so bedürfen gewisse Rechtsakte, weil sie die persönliche Stellung des Mündels wesentlich verändern, zum Theil auch in ihren Konsequenzen zur Beseitigung der Vormundschaft führen, nicht blos der Zustimmung des Vormunds, sondern auch der Genehmigung des Gerichts[19]). Es sind dies

1. die Entlassung des Mündels aus der preußischen Staatsangehörigkeit[20]),

---

[15]) Urtheile des Reichsgerichts vom 16. Dezember 1881 und 28. März 1883 in dessen Entscheidungen in Civilsachen Bd. 6 S. 157 und Bd. 9 S. 219 sowie im Just. Min. Bl. 1881 S. 373. Die Frage, ob man eine Ehe scheiden lassen oder ob man verzeihen wolle, beruht auf einem derartig subjektiven Entschlusse des Ehegatten, daß in dieser Hinsicht von einer Vertretung keine Rede sein kann, a. A. Striethorst, Archiv Bd. 68 S. 211 und Peters, Die Ehescheidung, 1881, S. 5. Vgl. auch unten §. 97 Anm. 8. Etwas anderes ist die Anfechtung einer Ehe als nichtig oder ungültig, vgl. hierüber das citirte Urtheil des Reichsgerichts vom 28. März 1883, sowie für die Anfechtung einer Ehe, weil sie ohne Zustimmung des Vormunds geschlossen ist, unten §. 64 bei Anm. 7. Siehe ferner wegen der Unfähigkeit des Mündels, auch wenn derselbe die Ehescheidung will, die Ehescheidungsklage allein und ohne den Vormund anzustellen, unten §. 74 bei Anm. 2.

[16]) §. 1 des Gesetzes vom 14. Mai 1873, betr. den Austritt aus der Kirche (G. S. 1873 S. 207) verlangt, daß die Austrittserklärung in Person erfolgt, es kann sie daher nicht der Vater für seine unmündigen Kinder abgeben (vgl. des Verfassers Privatrecht Bd. 3 §. 51 Anm. 17 S. 165), also auch nicht der Vormund für seinen Mündel.

[17]) Zu den höchst persönlichen Rechten gehört nicht die Anerkennung der Kindschaft, andererseits aber auch nicht die Anfechtung der Ehelichkeit eines Kindes seitens des präsumtiven Vaters, so daß der Vormund des letzteren für diesen die Illegitimitätsklage anstellen kann, Entscheidungen des Ober-Tribunals Bd. 57 S. 179 und Förster-Eccius, Privatrecht Bd. 4 §. 219 Anm. 31 S. 136, a. A. Beiträge Bd. 11 S. 760.

[18]) Siehe den folgenden §. 63 unter Nr. 1.

[19]) V. O. §. 42 unter Nr. 1, 2 u. 3.

[20]) Nach §. 13 ff. des Gesetzes vom 1. Juli 1870 über den Erwerb und den Verlust der Bundes- und Staatsangehörigkeit (B. G. Bl. 1870 S. 355) kann die Entlassung auf gestellten Antrag regelmäßig nicht versagt werden und bewirkt die von der zuständigen Verwaltungsbehörde ertheilte Entlassung schlechthin den Verlust der Staatsangehörigkeit. Da dies als reichsgesetzliche Vor-

2. die Annahme des Mündels an Kindesstatt [21]). Dem Vormund selbst ist nicht untersagt, den Mündel an Kindesstatt anzunehmen, natürlich muß aber hierbei dem Mündel ein Pfleger zur Seite stehen;

3. der Eintritt in eine Einkindschaft [22]).

Hierbei hat auch der Gegenvormund mitzuwirken, obwohl er sonst mit den persönlichen Verhältnissen des Mündels nichts zu thun hat, da er gemäß §. 55 Abs. 2 V. O. vor der Entscheidung des Vormundschaftsgerichts zu hören ist.

Zu der Sorge für die Person gehören besonders die Erziehung und die Einwilligung zur Verheirathung des Mündels und ist hiervon noch besonders zu handeln.

§. 63. Das Erziehungsrecht des Vormunds.

Der Vormund hat als Theil der ihm obliegenden Sorge für die Person des Mündels das Recht und die Pflicht der Erziehung des Minderjährigen. Erziehung ist dabei in weiterem Sinne zu verstehen. Sie umfaßt daher sowohl die körperliche Pflege und Unterhaltung als die geistige Belehrung und Unterweisung [1]), und

schrift von der V. O. nicht geändert werden konnte, so bedeutet deren Bestimmung im §. 42 Nr. 1 nur, daß die Verwaltungsbehörde den Vormund allein ohne Genehmigung des Gerichts nicht als antragsberechtigt ansehen soll, nicht, daß die Entlassung des Mündels in ihrer Wirksamkeit von dieser Genehmigung abhängig sei, vgl. Eccius, Bd. 4 §. 232 Anm. 17 S. 208.

[21]) Soweit eine gerichtliche Bestätigung des Adoptionsvertrages vorgeschrieben ist, wie in §. 667 II 2 A. L. R., §. 7 II 1 und §§. 21—24 II 3 Allgem. Gerichtsordnung, §. 14 Verordnung vom 2. Januar 1849 über die Aufhebung der Privatgerichtsbarkeit (G. S. 1849 S. 1) und §. 26 des Ausführungsgesetzes vom 24. April 1878 zum deutschen Gerichtsverfassungsgesetz, ist diese zweifellos noch neben der obervormundschaftlichen Genehmigung bestehen geblieben. Die erstere ist keine Funktion des Vormundschaftsrichters (Jahrbuch (App.) Bd. 6 S. 59).

Eine Pflegekindschaft, insbesondere auch die des Code civil art. 361—370, steht der Annahme an Kindesstatt nicht gleich; a. A. Maaßen, Anm. 6 zu §. 42 S. 58. Ebensowenig bedarf die bloße Annahme eines anderen Namens seitens des Mündels (vgl. den Allerh. Erlaß vom 12. Juli 1867 — G. S. 1867 S. 1310 —) der Genehmigung des Vormundschaftsgerichts (Jahrbuch (App.) Bd. 6 S. 61).

[22]) Vgl. A. L. R. II 2 §. 724 ff. Die betreffenden Bestimmungen sind noch zu Recht bestehend. Vgl. zu denselben Kayser in den Beiträgen Bd. 20 S. 475.

Das rheinische Recht kennt die Einkindschaft nicht. Für das gemeine Recht ist sie bestritten, jedenfalls aber kommt sie in Partikularrechten vor.

[1]) Vgl. Hesse, Anm. 2 Abs. 3 zu §. 28 S. 83.

fällt unter sie insbesondere auch die religiöse Unterweisung und die Wahl des Berufs. Sie erreicht ihr Ende, soweit nicht ausnahmsweise in einzelnen Beziehungen anderweite Grenzen gesetzt sind, wie für die allgemeine Schulpflicht, die bis zu einem verschieden bestimmten Zeitpunkte dauern muß, und für die religiöse Unterweisung, über welche nach dem 14. Lebensjahre des Mündels der Vormund nicht mehr zu bestimmen hat, erst mit dem Zeitpunkt, wo der Zweck, zu dem sie geschah, erreicht bezw. der Lebensberuf, für den sie vorbereiten sollte, vom Mündel ergriffen wird.

Das Erziehungsrecht des Vormunds ist insofern beschränkt, als die Mutter des Mündels ihm in dieser Hinsicht vorgeht, ohne jedoch sein Recht ganz auszuschließen. Die Beschränkung tritt aber nur zu Gunsten der Mutter ein, mit anderen Angehörigen des Mündels, wenn sie auch noch so nahe verwandt sind, hat der Vormund dies Recht nicht zu theilen [2]) [3]), und kann es sonst nur noch dadurch beschränkt werden, daß der Strafrichter nach §. 56 des deutschen Strafgesetzbuchs auf Unterbringung des Mündels in eine Erziehungs- oder Besserungs-Anstalt erkennt, oder das Vormundschaftsgericht in Ausübung der ihm gegen verwahrloste Kinder allgemein zustehenden Befugnisse die Zwangserziehung des Mündels beschließt [4]).

---

[2]) Dem steht nicht entgegen, daß im Gebiete des A. L. R. nach den noch fortgeltenden §§. 622 ff. II 2 dem unehelichen Vater nach zurückgelegtem vierten Jahre seines Kindes die Wahl zusteht, ob er dessen Verpflegung und Erziehung selbst besorgen oder der Mutter auf seine Kosten belassen will. Denn dieses Recht beschränkt nicht das Erziehungsrecht bezw. das der Mutter gegenüber blos vorhandene Aufsichtsrecht des Vormunds, sondern lediglich das Erziehungsrecht der Mutter selbst (siehe oben §. 10 unter Nr. 6 S. 39). Auf Grund der Aufsicht, die er auch dem unehelichen Vater gegenüber hat, kann insbesondere außer der Mutter selbst auch der Vormund beim Vormundschaftsgericht nöthigenfalls die Anwendung der im A. L. R. II 2 §. 624 getroffenen Vorschriften, deren Gegenstand die fernere Erziehung des unehelichen Kindes und zwar lediglich diese ist (Jahrbuch Bd. 3 S. 75), beantragen.

[3]) Die Erziehungsrechte der Pflegeeltern nach A. L. R. II 2 §. 753 bleiben übrigens unberührt, da diese insoweit die Rechte und Stellung der natürlichen Eltern haben, vgl. Jahrbuch (App.) Bd. 5 S. 40. Dagegen ist ein vom Vater mit einem Dritten geschlossener Vertrag, durch welchen dem letzteren das Kind als Pflegekind hingegeben worden ist, für den Vormund nicht bindend, da ein derartiger Vertrag die Rechte, welche die Pflege eines von seinen Eltern verlassenen Kindes giebt, nicht begründet und jeder Zeit aufgehoben werden kann (Eccius, Bd. 4 §. 220 S. 144, a. A. Philler, Anm. 123 Abs. 2 zu §. 27 S. 68).

[4]) §. 55 Abs. 2 Strafgesetzbuch und die Gesetze vom 13. März 1878,

Hervorzuheben ist:

1. Die Mutter hat nach V. O. §. 28 das Erziehungsrecht und damit die Entscheidung aller die Erziehung betreffenden Fragen, auch wenn sie nicht Vormund ist. Auch die uneheliche Mutter [5]), sowie die Adoptivmutter [6]), nicht aber die Stiefmutter hat dies Recht. Die Mutter verliert die Erziehung ihrer Kinder nicht durch Uebergang zur zweiten Ehe, wie dies seiner Zeit das römische Recht bestimmte, aber schon das A. L. R. nicht mehr anerkannte [7]). Ebensowenig wird das Erziehungsrecht der unehelichen Mutter durch Verheirathung mit einem anderen Manne als dem Erzeuger zu Gunsten des Ehemanns beschränkt. Aus erheblichen Gründen, welche seiner Beurtheilung unterliegen, kann das Vormundschaftsgericht der Mutter das Erziehungsrecht entziehen; der Vormund sowie der Waisenrath sind vorher zu hören, ihrer Zustimmung bedarf es jedoch nicht [8]).

Eine letztwillige Bestimmung des Vaters kann der Mutter das Erziehungsrecht nicht nehmen, das Gericht wird aber die Gründe, welche der Vater anführte, zu prüfen und zu beachten haben.

Der Vormund führt die Aufsicht über die Erziehung der Mutter, er hat sie hierbei nach Umständen zu unterstützen. Er macht seinen Einfluß namentlich auch dadurch geltend, daß er die Mittel zur Erziehung des Pfleglings zu geben hat. Soweit der Erzeuger eines unehelichen Kindes dessen Erziehung statt der Mutter hat [9]), besteht das Aufsichtsrecht des Vormundes diesem gegenüber.

---

27. März 1881 und 23. Juni 1884 betr. die Unterbringung verwahrloster Kinder (G. S. 1878 S. 132, 1881 S. 275 u. 1884 S. 306).

[5]) Vgl. hierzu Jahrbuch Bd. 1 S. 37 und Märcker, Anm. 1 zu §. 28 S. 254.

[6]) Vgl. oben §. 54 S. 217 bei Anm. 9.

[7]) l. 1 C. ubi pupilli 5, 49. Dagegen A. L. R. II 18 §. 317.

[8]) Die Anhörung des Vormunds und Waisenraths erfolgt formlos und findet keine mündliche Verhandlung statt. Da der §. 321 II 18 A. L. R., wonach der Richter die Gründe des die Entziehung aussprechenden Beschlusses blos der vorgesetzten Behörde anzeigen sollte, keine Geltung mehr hat, so ist jetzt ein motivirter Beschluß zu fassen (Märcker, Anm. 3 zu §. 28 S. 255) und der Mutter und dem Vormunde zuzustellen. Mit der Zustellung geht dann das Erziehungsrecht auf den Vormund über. Ist, was vorkommen kann, gleichzeitig damit, ob der Mutter die Erziehung zu entziehen ist, über die Unterbringung zur Zwangserziehung zu beschließen, so modifizirt sich das Vorstehende dahin, daß daneben das für die letztere vorgeschriebene Verfahren zur Anwendung kommt.

[9]) Siehe oben Anm. 2.

2. Der Vormund kann die Erziehung des Mündels, wenn die Mutter dieselbe nicht führt, persönlich vornehmen oder Anderen unter seiner Aufsicht überlassen. Letztwillige Bestimmungen der Eltern über die Art der Erziehung sind für den Vormund nicht schlechthin bindend, sondern hängt es von seinem pflichtmäßigen Ermessen ab, ob und wie weit er sie befolgen will[10]).

Verträge, welche der Vormund zum Zweck der Erziehung des Mündels abschließt, insbesondere auch Lehrverträge[11]), gelten im Zweifel als im Namen des Mündels geschlossen[12]). Doch wird anzunehmen sein, daß sich der Vormund seinerseits dazu persönlich verbindet, seine Gewalt zur Durchführung des Lehrvertrags einzusetzen, und er insoweit Selbstkontrahent ist.

3. Zur Erziehung gehört namentlich auch die religiöse Unterweisung; hierüber verweist die V. O. auf die bestehenden Vorschriften[13]).

Es ist anerkannt, daß die Minderjährigen mit den s. g. Entscheidungsjahren, d. h. dem 14. Jahre, die selbständige Wahl des religiösen Bekenntnisses haben[14]).

Im übrigen kennt das gemeine Recht keine besonderen Normen über die religiöse Erziehung. Diese hängt hier, soweit nicht partikulare Bestimmungen bestehen, von dem Erzieher ab, also in erster Linie von der Mutter, in zweiter Linie von dem Vormunde. Es ist natürlich, daß der Letztere die Religion des ehelichen Vaters des Mündels zu berücksichtigen hat.

Eingehende Bestimmungen bestehen im Gebiete des A. L. R. für Kinder aus s. g. gemischten Ehen. Das A. L. R. hatte vorgeschrieben, daß die Söhne in der Religion des Vaters, die Töchter in derjenigen der Mutter bis zu den Entscheidungsjahren unterrichtet wurden[15]). Da hierdurch aber die Spaltung der Religion und damit auch häufig Unfrieden in den Familien verewigt wurde, änderte dies die Dekla-

[10]) Anders l. 1 §. 1—3 D. ubi pup. educ. 27, 2, l. 1 §. 10 D. de insp. ventre 25, 4 u. l. 7 D. de annuis leg. 33, 1 und §§. 312—314 II 18 A. L. R., welche Vorschriften nicht mehr gelten, da die V. O. entsprechende nicht aufgenommen hat; ebenso Eccius, Bd. 4 §. 232 S. 214.

[11]) Vgl. Entscheidungen des Reichs-Oberhandelsgerichts Bd. 2 S. 135 Anm. des Referenten.

[12]) V. O. §. 29, siehe unten §. 66 bei Anm. 9.

[13]) V. O. §. 28 Abs. 2.

[14]) Vgl. z. B. A. L. R. II 2 §. 84.

[15]) A. L. R. II 2 §. 76.

ration vom 21. November 1803 [16]) dahin, daß die Kinder aus gemischten Ehen, ohne Unterschied des Geschlechts, in der Religion des Vaters erzogen werden sollen. Die Religion des Vaters ist auch nach dessen Tode maßgebend, doch gilt dies nur für den Fall, daß der Vater keine entgegengesetzte Absicht durch Handlungen [17]) an den Tag legte, wohin insbesondere gehört, daß er sein Kind mindestens ein Jahr lang in einem abweichenden Glaubensbekenntniß unterrichten ließ oder einer ihm fremden Konfession durch die Taufe zuwendete [18]). Verträge der Ehegatten über die religiöse Erziehung der Kinder sind nicht rechtsverbindlich.

Die Deklaration vom 21. November 1803 wurde durch die Kabinetsorder vom 17. August 1825 (G. S. 1825 S. 221) auf Rheinland und Westphalen übertragen [19]).

Hat der Vater nach Ausscheiden aus den anerkannten oder geduldeten Religionsgesellschaften ein Kind religionslos erzogen, so ist aus den Bestimmungen des Landrechts und der Deklaration vom 21. November 1803 nicht herzuleiten, daß das Kind religionslos weiter erzogen werden müßte, vielmehr greift hier die Entscheidung der Mutter und eventuell des Vormundes frei durch [20]).

Uneheliche Kinder werden in dem Glaubensbekenntnisse der

---

[16]) Novum corpus Constitutionum XI pag. 1931 und von Rabe, Sammlung preuß. Gesetze und Verordnungen Bd. 7 S. 524.

[17]) So Anton in der Anwaltszeitung von 1862 S. 58 ff. und Koch, Kommentar Anm. 13 zu §. 82 II 2 Bd. 3 S. 326.

[18]) Ebenso z. B. Neumann zu §. 28 S. 78, theilweise abweichend Wachler, Anm. 6 zu §. 28 S. 103 und Koch, Kommentar a. a. O.

Die entgegengesetzte Absicht des Vaters wirkt selbstredend nur in Ansehung des Kindes, für das sie in der erforderlichen Weise zum Ausdruck gekommen ist, nicht auch ohne weiteres in Ansehung von Geschwistern (Jahrbuch Bd. 4 S. 78).

[19]) Für Hannover enthält den altpreußischen ähnliche Bestimmungen die Verordnung vom 31. Juli 1826. Danach entscheidet der Vater über die religiöse Erziehung seiner ehelichen Kinder; nach seinem Tode sind dieselben in seiner Religion zu erziehen, wobei von einem Glaubenswechsel in der letzten Krankheit abgesehen wird; in anderer Religion wird das Kind nur erzogen, wenn der Vater a) das schulpflichtige Kind in derselben mit Inbegriff der Unterscheidungslehren immer bis an sein Ende unterrichten ließ, b) wenn er zu gerichtlichem Protokoll den hierauf gerichteten Willen erklärte (König, Anm. 3 zu §. 28 S. 26). — Für Nassau siehe Edikt vom 22./26. März 1818, für Hessen Roth und Meibom I 487.

[20]) Eccius, Bd. 4 §. 222 S. 152.

Mutter zur Zeit der Geburt bezw. der Aufnahme des Kindes in die religiöse Gemeinschaft erzogen, und ist ein späterer Konfessionswechsel der Mutter ohne Bedeutung [21]).

Da nach den für maßgebend erklärten bestehenden Vorschriften ein Taufzwang nicht mehr gilt [22]), so hat auch die Mutter bezw. der Vormund keine Pflicht mehr, den Mündel taufen zu lassen [23]).

4. Der Vormund hat, sofern er das Erziehungsrecht hat, aber auch nur soweit, nicht also wenn dieses der Mutter zusteht [24]), den Beruf zu bestimmen, zu welchem sich der Mündel vorzubilden hat. Natürlich wird er hierbei auf die Anlagen des Mündels, das Vermögen desselben, die Familientraditionen u. dgl. Rücksicht zu nehmen haben [25]). Auch die letztwilligen Anordnungen der Eltern hat er in Betracht zu ziehen.

An die obervormundschaftliche Genehmigung ist er bei Bestimmung des Berufs des Mündels nicht gebunden [26]), außer daß er dem Mündel den selbständigen Betrieb eines Erwerbsgeschäfts schon während der Minderjährigkeit nur mit Genehmigung des Vormundschaftsgerichts gestatten kann [27]).

Für einzelne Berufsarten und die bei denselben erforderliche

---

[21]) So A. L. R. II 2 §. 642 und Jahrbuch Bd. 4 S. 79; A. L. R. II 2 §. 643 ist aufgehoben. Der Grundsatz wird in allen Rechtsgebieten beachtet werden. Doch finden nach der hannöverschen Verordnung die Vorschriften über eheliche Kinder auf uneheliche Kinder Anwendung, welche der Vater anerkannt hat und in seinem Hause, oder doch auf seine alleinigen Kosten, ohne alles Zuthun der Mutter erzieht (König a. a. O.). Für das A. L. R. siehe Anm. 2.

[22]) §. 56 Gesetz vom 9. März 1874 über die Beurkundung des Personenstandes (G. S. 1874 S. 95) und §. 82 Gesetz vom 6. Februar 1875 (R. G. Bl. 1875 S. 23), durch welche Vorschriften insbesondere der Anhangs- §. 131 zu §. 446 II 11 A. L. R. aufgehoben ist, vgl. Koch, Kommentar Anm. 22 zu dem §. 56 Bd. 3 S. 36.

[23]) A. A. Hesse, Anm. 7 Abs. 2 zu §. 28 S. 88.

[24]) Ebenso Eccius, Bd. 4 §. 232 S. 215 oben, a. A. Hesse, Anm. 2 zu §. 28 S. 84.

[25]) Eine allgemeine noch jetzt zu beachtende Bestimmung des A. L. R. II 12 §§. 62 u. 63 geht dahin, daß junge Leute, welche vorzügliche Fähigkeiten und Anlagen zeigen, zur Fortsetzung ihrer Studien aufgemuntert und unterstützt, mittelmäßige Subjekte dagegen in Zeiten zu anderen nützlichen Gewerben angehalten werden sollen. Vgl. A. L. R. II 18 §. 334.

[26]) Anders A. L. R. II 18 §. 329 ff.

[27]) Siehe oben §. 44 unter Nr. 1b S. 177.

vormundschaftliche Genehmigung gelten besondere Bestimmungen, die der Vormund zu beachten hat [28]).

5. Die Mittel zur Erhaltung und Erziehung des Mündels hat der Vormund aus dem Mündelvermögen zu entnehmen. Ist der Mündel derart vermögenslos und ohne alimentationspflichtige Verwandte, daß behufs seiner Erhaltung und Erziehung die öffentliche Armenpflege in Anspruch genommen werden kann und muß, so hat der Vormund bei dem nach den Bestimmungen des Gesetzes vom 6. Juni 1870 über den Unterstützungswohnsitz (B. G. Bl. 1870 S. 360) und des Ausführungsgesetzes vom 8. März 1871 (G. S. 1871 S. 130) verpflichteten Armenverbande die erforderlichen Anträge zu stellen [29]).

Zu Aufwendungen für den Mündel aus eigenem Vermögen ist der Vormund natürlich niemals verbunden.

Die Höhe der Aufwendungen zu Erziehungszwecken bestimmt der Vormund, ohne daß die Genehmigung des Vormundschaftsgerichts in Frage kommt. Er ist befugt, wo dies Noth thut, das Reinvermögen anzugreifen, um die Erziehung zu vollenden [30]). Es kann sogar gerechtfertigt sein, den Mündel zu diesem Zweck mit Schulden zu belasten, welche dessen Vermögen überschreiten.

Der Vormund kann natürlich dem Mündel zu seinem Unterhalt und seiner Ausbildung, z. B. auf Gymnasien und Universitäten, sowie zu Reisen ein angemessenes Taschengeld überweisen.

Wo dies zweckmäßig ist, darf der Vormund auch die Nutzungen des Mündelvermögens z. B. von Grundstücken desselben, den Angehörigen des Mündels oder anderen Personen gegen die Verpflichtung zum Unterhalt und zur Unterweisung überlassen.

6. Der Vormund kann zur Durchführung der Erziehung die

---

[28]) Vgl. besonders §§. 108 u. 137 der Reichsgewerbeordnung und §§. 5 u. 6 der Seemannsordnung vom 27. Dezember 1872 (R. G. Bl. 1872 S. 409), sowie hinsichtlich der mit der Bestimmung des Berufs zusammenhängenden Bestimmung des Aufenthaltsorts §. 2 des Reichsgesetzes vom 1. November 1867 über die Freizügigkeit (B. G. Bl. 1867 S. 55).

[29]) Vgl. wegen sonstiger, den Vormündern sich bietender Gelegenheiten, unbemittelten Pflegebefohlenen zu einem passenden Fortkommen, Aufnahme in Waisenhäuser, Unteroffizierschulen u. dgl., zu verhelfen, die Zusammenstellungen bei Hesse, Anm. 2 zu §. 28 S. 84 und Anm. 4 zu §. 28 S. 397 und bei Anders, Der Vormund S. 37—55.

[30]) V. O. §. 37, durch den die gesetzliche Verpflegungspflicht der Eltern und anderer Verwandten übrigens nicht berührt wird.

nöthigen Mittel anwenden, namentlich auch Zuchtmittel[31]). Es folgt dies von selbst daraus, daß ihm die Sorge für den Mündel anvertraut ist, wenn auch das Abgeordnetenhaus den vom Herrenhaus angenommenen Zusatz, daß der Vormund das väterliche Zuchtrecht habe, aus der V. O. gestrichen hat[32]).

Der Vormund kann daher körperliche Züchtigung anwenden, soweit es zum Zweck der Erziehung nöthig ist. Es ist dies auch dann nicht ausgeschlossen, wenn er mit der Mutter die Sorge für die Person des Mündels theilt, nur daß er damit nicht eigenmächtig in das Erziehungsrecht der Mutter eingreifen darf.

Selbst Unterbringung in eine öffentliche Korrigendenanstalt kann der Vormund bei deren Verwaltung beantragen[33]). Dieselbe hat dem Antrage stattzugeben, wenn die Maßnahme zur Besserung des Mündels geboten ist. Daneben hat der Vormund das Recht, die Unterbringung seines Mündels zur Zwangserziehung nach den darüber geltenden Bestimmungen[34]) zu betreiben, und wird sich hiermit praktisch meist das Recht auf eigene Unterbringung des Mündels in eine Besserungs- oder Erziehungsanstalt erledigen.

Einen indirekten Zwang kann der Vormund auch dadurch ausüben, daß er für den Mündel einen schriftlichen Lehrvertrag abschließt, indem zu dessen Erfüllung der Mündel durch polizeiliche Zwangsmittel angehalten werden kann[35]).

7. Wegen gesetzwidriger oder unzweckmäßiger Maßregeln des Vormunds bei Ausübung der vorstehenden Befugnisse kann der Waisenrath einschreiten, auf Antrag oder von Amtswegen, natürlich

---

[31]) Nach älterem deutschen Rechte hatte der Vormund ein Strafrecht, wie die Eltern (Kraut, Bd. 1 S. 293).

[32]) Uebereinstimmend z. B. Anton, Dalcke, Hesse, Löwenstein und Maaßen, sowie Boas in den Beiträgen Bd. 20 S. 766 und Eccius, Bd. 4 §. 232 Anm. 51 S. 215, anders wohl nur Neumann zu §. 27 S. 56.

[33]) Ueber das Recht des Vaters bezüglich seines Hauskindes vgl. Stölzel Just. Min. Bl. von 1875 S. 22 ff. u. S. 26 ff. und dazu des Verfassers Privatrecht Bd. 3 §. 51 Anm. 26 S. 166. Der Satz des Textes beruht auf seiner innern Evidenz und bedarf keiner Anlehnung an das Recht des Vaters, die Einsperrung seiner Hauskinder zu fordern. A. A. sind Boas a. a. O. S. 767 u. 768 und Neumann zu §. 27 S. 57. Die Bestimmungen des code civil art. 375 ff. u. art. 468 sind für das Vormundschaftswesen außer Kraft getreten, ebenso Maaßen, Anm. 4 zu §. 27 S. 46.

[34]) Oben Anm. 4 S. 250.

[35]) Reichsgewerbeordnung §. 130.

aber, ohne einen direkten Zwang auszüben zu dürfen [36]). Fügt sich der Vormund den Anordnungen des Waisenraths nicht, so hat ihn auf dessen Anzeige hiervon das Gericht zur Folgeleistung zu nöthigen, wenn jene nicht als ungerechtfertigt erscheinen. In gleicher Weise kann das Vormundschaftsgericht auch unmittelbar eingreifen. Es gilt dies insbesondere auch, soweit es sich um die Wahl des Berufs und um die Höhe der Aufwendungen für die Erziehung des Mündels handelt. Demgemäß kann z. B. die die Erziehung führende Mutter, wenn zwischen ihr und dem Vormunde Streit über die Höhe dessen, was ihr der letztere aus dem Vermögen des Kindes zur Erziehung zu gewähren hat, entsteht, die Entscheidung des Gerichts nachsuchen und dieses überhaupt unzweckmäßige und übertriebene Ausgaben für die Erhaltung und Erziehung des Mündels bei der Rechnungslegung beanstanden [37]).

§. 64. Einwilligung zur Verheirathung des Mündels.

Die Verschiedenheit der Stellung des Vormunds zur Person des Mündels nach römischem und nach deutschem Recht tritt besonders bei der Frage des Rechts der Einwilligung zu dessen Ehe hervor. Der römische Kurator, denn nur um diesen konnte es sich im justinianischen Rechte handeln, hatte mit der Eheschließung des Mündels nichts zu thun. Dagegen besaßen die Mutter, die Verwandten und die Obrigkeit in Rom einen bestimmenden Einfluß auf

[36]) Vgl. oben §. 30 unter Nr. 1 S. 122.

[37]) A. A., abgesehen von der Gewährung der erforderlichen Mittel an die mit der Erziehung befaßte Mutter und der Feststellung der Höhe derselben, dahin, daß im übrigen das Vormundschaftsgericht keinen weiteren Einfluß hat, als daß es, falls das Verhalten des Vormunds eine Pflichtwidrigkeit darstellt, denselben deswegen entfernen kann, ist in Konsequenz seiner beschränkteren Auffassung des Aufsichtsrechts des Vormundschaftsgerichts (s. oben §. 18 unter Nr. 6 S. 70 ff.) Eccius, Erörterungen aus dem Gebiet des Vormundschaftsrechts S. 19 u. 20 und in Förster's Privatrecht Bd. 4 §. 232 S. 214 u. 215 besonders Anm. 44, 46 u. 49. Dagegen Küntzel im Jahrbuch (App.) Bd. 6 S. 339. Ferner mit dem Text übereinstimmend Neumann zu §. 28 S. 79 u. 80 und Jahrbuch (App.) Bd. 7 S. 68, welche noch dafür, daß das Vormundschaftsgericht in Folge seines Aufsichtsrechts auf Beschwerde des Mündels oder der Mutter oder des Waisenraths oder auch von Amtswegen gegen den Vormund bei einer unangemessenen Wahl des Berufs einschreiten kann, nicht unzutreffend darauf hinweisen, daß nach §. 109 ff. II 2 A. L. R. selbst der Vater in der Wahl des Lebensberufs für den Sohn nicht unbeschränkt sei, sowie Jahrbuch Bd. 2 S. 45.

die Verehelichung einer vaterlosen Mündigen [1]). Umgekehrt ist es als gemeines deutsches Recht anzusehen, daß der Vormund das Zustimmungsrecht zur Verehelichung seines minderjährigen Mündels hat, da ihm die Sorge für dessen Person an Vaters Statt obliegt [2]). Die Genehmigung des Vormundschaftsgerichts ist gemeinrechtlich dagegen nicht gefordert.

Im wesentlichen steht auf dem gleichen Standpunkt auch das A. L. R. Nach diesem hat zu Ehen vaterloser Minderjähriger und bevormundeter Verschwender außer der Mutter und den Großeltern der Vormund das Zustimmungsrecht [3]). Der Vormund soll zwar die Genehmigung des Vormundschaftsgerichts einholen, dieselbe ist aber nichts Wesentliches. Das Gericht kann die Zustimmung statt des Vormunds ertheilen, wogegen dem Vormund Beschwerde offensteht [4]). Die Versagung der Genehmigung soll nur aus erheblichen Gründen geschehen. Dahin gehört insbesondere die naheliegende Gefahr einer unglücklichen Ehe, sei es wegen Mangels des nöthigen Auskommens oder grober Laster des Verlobten oder schwerer Krankheit, oder auch erheblicher Verschiedenheit des Standes und der Bildung [5]).

Eine Ehe des Mündels ohne Konsens des Vormundes ist un-

---

[1]) l. 20 D. de ritu nuptiarum 23, 2 und l. 20 C. de nuptiis 5, 4.

[2]) Vgl. Kraut, Bd. 1 S. 323 u. Bd. 2 S. 110 und Roth, Bayerisches Civilrecht Bd. 1 S. 333. Anders Stölzel, Das Eheschließungsrecht im Geltungsbereiche des preußischen Gesetzes vom 9. März 1874, 3. Aufl., S. 7 Anm. 11. — Ursprünglich verlobte der Vormund — Vater oder Agnat — die Braut, da es sich hierbei um Aufgabe des Mundium handelte. Seit dem Mittelalter wandelte sich dies Recht in ein Zustimmungsrecht. Sohm, Recht der Eheschließung S. 56.

[3]) A. L. R. II 1 §. 53 ff., Arndts u. Leonhard, S. 86 ff.

[4]) A. L. R. II 1 §. 70 sagt freilich: „Beharrt der Vormund auf seiner Weigerung, so steht ihm frei, auf richterliches Gehör und Erkenntniß darüber anzutragen". Die Schriftsteller nehmen hiernach an, daß an eine Klage im Prozeßwege gedacht sei, und tadeln dies mit Recht, z. B. Koch in seinem Kommentar zum A. L. R. II 1 §. 70 und Arndts u. Leonhard, S. 87 Anm. 252. Es findet sich aber dieselbe Vorschrift im A. L. R. II 18 §. 200, wo die Praxis gleichfalls nur eine Beschwerde zuließ (Striethorst, Archiv Bd. 33 S. 5 und Arndts u. Leonhard, S. 61 Anm. 83 u. 84). Für die Klage im Falle des §. 70 auch Goldenring, Das Recht des elterlichen und vormundschaftlichen Heirathskonsenses in den Beiträgen Bd. 21 S. 679. Vgl. ferner Eccius, Bd. 4 §. 203 Anm. 30 S. 17.

[5]) Arndts u. Leonhard, S. 87 und Goldenring a. a. O. S. 683 ff.

gültig. Die gerichtliche Ungültigkeitserklärung der Ehe kann vom Vormund mit Genehmigung des Vormundschaftgerichts ohne Zeitbeschränkung während der ganzen Dauer der Vormundschaft, ferner vom Mündel selbst innerhalb der Zeit von sechs Monaten nach erreichter Volljährigkeit oder nach Großjährigkeitserklärung nachgesucht werden [6]). Es geschieht dies durch Klage, welche vom Vormunde gegen beide Eheleute, vom früheren Mündel gegen den anderen Ehegatten zu richten ist [7]).

Mehr dem römischen Rechte schließt sich das französische Vormundschaftsrecht an [8]). Das Recht des Konsenses zur Ehe des Minderjährigen haben zunächst die Eltern — Vater und Mutter —, in deren Ermangelung die Großeltern, fehlen auch diese, der Familienrath. Nicht anerkannten, oder zwar anerkannten, aber gegenwärtig vater- und mutterlosen Minderjährigen wird durch einen gemäß den allgemeinen Regeln zusammengesetzten Familienrath ein tutor ad hoc bestellt, welcher über die Genehmigung zu befinden hat.

Die Bestimmungen des bisherigen Rechts über den vormundschaftlichen Konsens zu Mündelehen sind durch die neuere Gesetzgebung zwar im Ganzen beibehalten, aber im Einzelnen nicht unerheblich geändert, so daß eine Rechtseinheit nicht erzielt, wohl aber, wenigstens im Gebiete des französischen Rechts, ein kontroverser und irrationeller Zustand hervorgerufen worden ist. In Betracht kommt vor allem das Reichsgesetz vom 6. Februar 1875 in seinen §§. 29—36. Durch dasselbe ist der Konsens der Großeltern im Gebiete des deutschen Reichs beseitigt. Andererseits fordert das Reichsgesetz die Zustimmung des Vormunds zu Ehen vaterloser bevormundeter Minderjähriger [9]), denen uneheliche Minderjährige gleichstehen, allgemein, beschränkt dies aber durch den Zusatz: „Inwiefern die Wirksamkeit einer Vormundschaftsbehörde oder eines Familienraths stattfindet, bestimmt sich nach Landesrecht." Hiermit ist ge-

[6]) A. L. R. II 1 §§. 999, 978—984.

[7]) Goldenring a. a. O. S. 704 u. 705.

[8]) Code civil art. 159, 160 u. 175.

[9]) Die Konsenspflicht der Verschwender als solcher ist also, soweit sie früher bestand, beseitigt. Für großjährig Erklärte stehen den Großjährigen gleich und bedürfen keines Konsenses (Maaßen, Anm. 4 zu §. 48 S. 66, Koch, Kommentar Anm. 70 u. 68 zu §. 29 Bd. 3 S. 65 und Goldenring a. a O. S. 672). Die Zustimmung des Vormunds bleibt übrigens auch dann erforderlich, wenn der Mündel noch eine Mutter hat und diese gleichfalls konsentiren muß.

meint, daß, soweit bisher nicht der Vormund, sondern Gericht oder Familienrath neben oder statt des Vormunds den Konsens gab, es hierbei auch in Zukunft bewende[10]). Weiter hat dann die V. O. §. 48 zwar im übrigen das bisherige Recht zum Konsens von Mündelehen, wie es in den verschiedenen Rechtsgebieten Preußens besteht, aufrecht erhalten, indessen die Funktionen, welche bisher der Familienrath im Gebiete des rheinischen Rechts übte, auf das Vormundschaftsgericht übertragen. Dies wenig glücklich, da der französische Familienrath hier nicht als obervormundschaftliche Behörde, sondern als Repräsentant der Familieninteressen handelte.

---

[10]) Der Zusatz könnte auch so verstanden werden, daß die Zustimmung des Vormundes bei Ehen bevormundeter vaterloser Minderjähriger stets nöthig sei, und allein darüber, ob es außerdem der Zustimmung einer Vormundschaftsbehörde oder eines Familienraths bedürfe, das Landesrecht entscheide. Indessen war die Auffassung des Textes jedenfalls diejenige des Regierungsentwurfs (Drucksachen des Reichstags 1874/75 Nr. 153), nach welchem §. 28, jetzt §. 29, gefaßt war:

„2 ... nach dem Tode des Vaters, so lange sie minderjährig sind, von Seiten der Mutter, und wo eine Vormundschaft besteht, auch von dieser.

Inwiefern die Wirksamkeit einer Vormundschaftsbehörde oder eines Familienraths stattfindet, bestimmt sich nach Landesrecht."

Hierzu bemerkten die Motive: „Was unter der Einwilligung der „Vormundschaft" zu verstehen sei, soll der Bestimmung des Landesrechts überlassen bleiben. Wo also die Mitwirkung eines Vormundschaftsrichters erfordert wird, oder wo der Familienrath und nicht der Vormund die Einwilligung ertheilt (code art. 160), hat es hierbei sein Bewenden, und wo bisher keinerlei vormundschaftliche Einwilligung verlangt wurde, soll künftig die Einwilligung des Vormunds, nicht auch des Vormundschaftsgerichts nöthig sein." Nun hat zwar der Reichstag den ersten Theil des §. 28, jetzt §. 29, nach manchen Richtungen hin geändert, und bei diesen Aenderungen ist schließlich der überlegte Ausdruck Einwilligung der „Vormundschaft" verschwunden und hat dem Ausdruck „Vormund" Platz gemacht. Aber es ist um deswillen nicht anzunehmen, daß der Schlußsatz „Inwiefern rc.", welcher unverändert blieb, in Folge der Veränderungen der Vordersätze eine andere Bedeutung erhalten sollte als die ursprünglich beabsichtigte.

Nur, wenn man diese Bedeutung zu Grunde legt, wurde das alte Recht konservirt, was doch allein Tendenz der Bestimmung sein konnte; hätte man gewollt, daß in den Ländern, in welchen bisher der Familienrath ausschließlich die Zustimmung gab, diese Zustimmung der des Vormunds hinzutreten solle, so hätte man nicht das Alte erhalten, sondern in wunderlicher Weise dieses unter dem Schein der Erhaltung zu etwas ganz Anderem gemacht, als es ursprünglich war.

Der diesseitigen Ansicht sind auch z. B. Stölzel, Deutsches Eheschließungsrecht S. 9, 26 u. 27 und Koch, Kommentar a. a. O. Anm. 74 zu §. 29 S. 66.

So gestaltet sich jetzt die vormundschaftliche Genehmigung zu Ehen minderjähriger Mündel [11]) folgendermaßen:

1. Im Gebiete des gemeinen Rechts ist nur die Genehmigung des Vormunds erforderlich. Ihr Mangel bildet ein aufschiebendes Ehehinderniß, kein trennendes.

2. Im Gebiete des A. L. R. ist die Genehmigung des Vormunds wesentlich, ihr Mangel giebt ein Recht der Anfechtung der Mündelehe. Auch die Genehmigung des Gerichts ist erforderlich, so daß der Standesbeamte vorher nicht zur Eheschließung schreiten darf [12]), aber sie ist für die Geltung der Ehe nichts Wesentliches. Das Gericht kann den verweigerten Konsens des Vormunds rechtsgültig ersetzen. Die gerichtliche Genehmigung ist auch bei einem gesetzlichen Vormunde nothwendig, sofern er nicht zugleich der Vater des Mündels ist, also in den Fällen des §. 12 Abs. 2 und des §. 13 V. O. Führt dagegen der Vater selbst die Vormundschaft (§. 12 Abs. 1 V. O.), so bedarf es nach §. 29 Abs. 1 des Gesetzes vom 6. Februar 1875 lediglich seiner väterlichen Einwilligung, deren Wirksamkeit von dem Fortbestehen der väterlichen Gewalt nicht abhängig ist [13]).

3. Im rheinischen Rechtsgebiete sind verschiedene Konstellationen zu unterscheiden:

a) Der Mündel hat eine Mutter. Hier ist ihre Zustimmung nöthig; nach dem Reichsgesetz muß aber auch der etwa verschiedene Vormund zustimmen [14]).

b) Der Mündel ist ein eheliches Kind und hat weder Vater noch Mutter. Hier hat das Vormundschaftsgericht statt

---

[11]) Ueber die Ehemündigkeit bestimmt das Reichsgesetz §. 28. Vgl. oben §. 40 Anm. 3 S. 165. Von der regelrechten Ehemündigkeit ist Dispensation zulässig. Diese ertheilt der Justizminister. Die Gesuche sind beim Amtsgericht anzubringen, welches sie zu begutachten und dem Justizminister einzureichen hat (Verordnung vom 24. Februar 1875, G. S. 1875 S. 97, Allgem. Verfügungen vom 2. März und 6. November 1875, Just. Min. Bl. 1875 S. 63 u. 234, und §. 26 des Ausführungsgesetzes vom 24. April 1878 zum deutschen Gerichtsverfassungsgesetz). Der Natur der Sache nach ist diese Begutachtung Aufgabe des Vormundschaftsrichters.

[12]) A. A. Tophoff in den Beiträgen Bd. 20 S. 508 u. 509, dagegen z. B. Hesse, Anm. 1 zu §. 48 S. 160, Goldenring S. 671 u. 672 und sonst durchweg.

[13]) Hesse a. a. O. und Jahrbuch (App.) Bd. 8 S. 105.

[14]) Nicht aber das Vormundschaftsgericht, da bisher hier kein Familienrath funktionirte, code civil art. 149.

des bisherigen Familienraths der Ehe zuzustimmen, nicht aber der Vormund.

c) Der Mündel ist ein mutterloses uneheliches Kind, hier hat nach dem Reichsgesetz sein Vormund das Zustimmungsrecht [15]).

Mangel des vormundschaftlichen Konsenses ist kein trennendes Ehehinderniß.

Für alle drei Rechtsgebiete gilt hinsichtlich der Einwilligung zur Verheirathung des Mündels noch gemeinschaftlich Folgendes:

Es greift sowohl für die des Vormunds als die des Vormundschaftsgerichts alles Platz, was von den Heirathskonsensen überhaupt gilt, so daß insbesondere sie dem Standesbeamten in beglaubigter Form, zu der jedoch die Attestirung durch jeden öffentlichen Beamten genügt, beigebracht werden müssen, die Einwilligung des Gerichts mithin unter Siegel und Unterschrift des Richters zu ertheilen ist, sie ferner zu einer bestimmten Ehe, unbedingt und unbetagt zu ertheilen sind und bis zur Eheschließung noch wieder zurückgenommen werden können [16]).

Ueber die Verweigerung des Konsenses seitens des Vormundes ist Beschwerde beim Vormundschaftsgericht, über die seitens des Vormundschaftsgerichts Beschwerde beim Beschwerdegericht zulässig. Eine Klage auf den Konsens findet selbst da, wo früher eine solche gegeben gewesen sein sollte [17]), seit dem Reichsgesetz vom 6. Februar 1875 nicht mehr statt, weil dieses eine Ergänzung des Konsenses im Prozeßwege bei Minderjährigen überhaupt ausschließt und es daher auch nicht zulässig sein kann, daß sie auf Klage des Vormunds ausgesprochen wird [18]).

---

[15]) Allerdings könnte man folgendermaßen argumentiren: Bisher hat der Familienrath bei Ehen nicht anerkannter, unehelicher Kinder dadurch mitgewirkt, daß er einen Kurator ad hoc ernannte, diese Mitwirkung soll nach dem Reichsgesetz §. 29 erhalten werden, sie geht nach der V. O. §. 48 auf das Vormundschaftsgericht über, dasselbe hat also in solchem Fall einen Pfleger ad hoc zu bestellen. Indessen dürfte dies zu weit gehen. Nur die unmittelbare Mitwirkung des Familienraths ist durch das Reichsgesetz §. 29 Abs. 5 erhalten, nicht die hier stattfindende mittelbare. Vgl. auch Bericht der K. d. A. H. über die V. O. S. 12.

[16]) Goldenring, S. 689 ff. Wegen Unzulässigkeit einer Stellvertretung des Vormunds bei dem Konsens siehe oben §. 31 S. 128 bei Anm. 13.

[17]) Oben Anm. 4 S. 258.

[18]) Ebenso z. B. Stölzel a. a. O. S. 25 Anm. 5, Koch, Kommentar Anm. 84 zu §. 32 Bd. 3 S. 67, Hesse, Anm. 1 zu §. 48 S. 161 u. 162 und Eccius, Bd. 4 §. 203 S. 17 besonders Anm. 30, a. A. z. B. Goldenring, S. 680.

Sind mehrere Vormünder vorhanden, so findet für deren Konsensertheilung der §. 30 V. O. Anwendung, außer im Gebiete des A. L. R., welches im §. 72 II 1 eine Spezialvorschrift hat, die gemäß §. 48 V. O. aufrecht erhalten ist und nach der bei Uneinigkeit der mehreren Vormünder stets der Beschluß des Gerichts eintritt und den Ausschlag giebt [19]).

Soweit eine Genehmigung des Vormundschaftsgerichts nothwendig ist, bedarf es vor derselben der Anhörung des Gegenvormunds nicht, weil die Genehmigung eine andere Bedeutung, als die zu einer Handlung des Vormunds nach §. 55 Abs. 2 V. O. erforderliche, hat [20]).

Viertes Kapitel. Die Vermögensverwaltung.

§. 65. Einleitung.

Unterschiedslos fallen Arme, Wohlhabende und Reiche unter Vormundschaft. Das Vermögen der Mündel kann sich beim Beginn der vormundschaftlichen Verwaltung in einer geordneten und ruhigen Lage befinden; häufig aber ergreift der Tod den Vater des Minderjährigen in einem Moment, in welchem sein Vermögen zu den Zwecken seines Berufs, seiner Spekulation mobil gemacht ist. Und wie ganz anders sind die Verhältnisse, wenn eine Mutter da ist, welche die Vormundschaft zu führen bereit und geeignet ist, als wenn Fremde berufen werden müssen. Mit Recht hat sich daher unsere V. O. enthalten, gleichförmige und allgemeine instruktionelle Vorschriften über die Behandlung des Mündelvermögens zu geben. Die Verhältnisse des einzelnen Falls müssen entscheiden. Diesen hat der Vormund mit klarem Blick und fester Hand gegenüber zu stehen, und hiernach das Entsprechende und zugleich nach den Umständen Mögliche für den Mündel zu erreichen.

Die bisherige Gesetzgebung, insbesondere die des A. L. R., hat die rasche Liquidation des Mündelvermögens zu befördern gesucht und hierdurch eine Sicherung dieses Vermögens und dessen bequeme

---

[19]) Ebenso z. B. Koch, Kommentar Anm. 87 zu §. 70 Bd. 3 S. 20, Märcker, Anm. 1 zu §. 30 S. 256 und Goldenring, S. 681.

[20]) Siehe oben §. 21 Anm. 4b S. 82. Uebereinstimmend Eccius, Bd. 4 §. 232 Anm. 18 S. 208, a. A. Hesse, Anm. 8 zu §. 48 S. 164 u. Anm. 8 zu §. 55 S. 184.

Verwaltung durch das Vormundschaftsgericht erstrebt, welche oft erkauft wurde durch empfindliche Verluste. Die Auseinandersetzung mit den Miterben mußte, abgesehen von wenigen Ausnahmen, unverzüglich erfolgen [1]). Eine Fortsetzung des ererbten Handelsgeschäfts wurde nur nach den eingehendsten Untersuchungen gerichtlich gestattet [2]), die Verwendung des Vermögens des Mündels zur Anlegung einer neuen Handlung war verboten [3]). In demselben Sinne war bestimmt, daß der Vormund ausstehende Forderungen des Erblassers sofort kündigen oder einziehen müsse, wenn sie nicht durch Pfand oder Hypothek gedeckt seien [4]); auch waren der Regel nach Inhaberpapiere, welche nicht als pupillarisch sicher galten, sofort ohne Berücksichtigung der Konjunktur zu veräußern [5]).

Die V. O. läßt der Möglichkeit freieren Spielraum, daß das Kapital des Mündels ein werbendes bleibt. Ob und wann die Auseinandersetzung über einen dem Mündel angefallenen Nachlaß mit dessen Miterben von dem Vormund herbeizuführen sei, hat dieser zu ermessen [6]). Es steht ferner dem Vormund frei, ein ererbtes Erwerbsgeschäft des Mündels fortzuführen, ohne daß er hierbei der Genehmigung des Gerichts bedarf [7]). Nur die Veränderung [8]) oder Auflösung eines solchen Geschäfts ist an die Genehmigung des Vormundschaftsgerichts gebunden und soll vor der Auflösung auch noch der über 18 Jahre alte Mündel gehört werden [9]). Endlich ist die Neubegründung und die Uebernahme eines Erwerbsgeschäfts nicht

---

[1]) A. L. R. II 18 §. 409 ff.

[2]) A. L. R. II 18 §. 606 ff.

[3]) A. L. R. II 18 §. 605.

[4]) A. L. R. II 18 §. 455 ff.

[5]) Eine gewisse Freiheit gab Anhang §. 159 zu A. L. R. II 18 §. 455.

[6]) V. O. §. 43 Abs. 1. Siehe unten §. 73.

[7]) V. O. §. 42 unter Nr. 9. Der Regierungsentwurf verlangte die Genehmigung auch zur Fortsetzung des Erwerbsgeschäfts. Im Interesse von Verkehr und Industrie hat die Kommission des Herrenhauses dies gestrichen (Bericht der K. d. H. H. S. 58). Natürlich wird der Vormund bei dieser wichtigen Entschließung besonders sorgfältig zu Werke gehen müssen. Nach Umständen wird er Sachverständige sowie Angehörige des Mündels zu konsultiren haben.

[8]) Was ist unter Veränderung des Geschäfts zu verstehen? Das Geschäft muß ein anderes werden, z. B. statt eines Bankgeschäfts ein Waarengeschäft. Andere Betriebsgrundsätze bilden noch kein anderes Geschäft.

[9]) V. O. §. 55 Abs. 3.

mehr schlechthin verboten, sondern mit Genehmigung des Vormundschaftsgerichts zulässig [10]).

Die V. O. hat ferner keinerlei Bestimmung darüber getroffen, wie sich der Vormund in Bezug auf Forderungen zu verhalten hat, welche der Erblasser dem Mündel hinterließ. Schlechte Forderungen hat der Vormund natürlich möglichst gut zu realisiren und ist hierfür verantwortlich. Inhaberpapiere und Aktien kann er behalten oder nach Umständen unter Zustimmung des Gegenvormunds veräußern. Er hat auch hierbei, wie überall, mit der Sorgfalt eines ordentlichen Hausvaters zu verfahren und kann nicht schon deshalb zur Verantwortung gezogen werden, weil der Erfolg hinterher gegen seine Entschließung spricht, wenn z. B. Papiere stiegen, welche er veräußerte, und wenn solche fielen, welche er behielt. Denn die Börsenkonjunktur ist nicht zu berechnen [11]).

Die V. O. bestimmt auch nicht besonders, wie das A. L. R. [12]), daß der Vormund fällige Schulden, welche er bei Uebernahme der Vormundschaft vorfindet, zu tilgen hat. Dies ergiebt sich für die Regel von selbst, unter Umständen kann es vortheilhafter sein, hiermit bis zur Mahnung zu warten.

Das Recht und die Pflicht des Vormunds zur Verwaltung des Mündelvermögens erstreckt sich an sich auch auf das im Auslande befindliche Vermögen. Es hängt jedoch von dem Recht des Auslandes ab, ob und inwieweit die Legitimation des diesseitigen Vormunds respektirt wird [13]).

---

[10]) Hiernach ist die Veränderung des Erwerbsgeschäfts des Mündels, sowie die Uebernahme eines solchen ohne obervormundschaftliche Genehmigung für den Mündel unverbindlich. Wenn nun aber der Vormund ohne Genehmigung ein Erwerbsgeschäft des Mündels verändert oder begründet hat, sind dann die Verträge, welche Dritte bona fide mit dem Vormund oder dessen Bevollmächtigten bei Betreibung des veränderten oder neuen Erwerbsgeschäfts abgeschlossen haben, unverbindlich? Dies ist zu verneinen, sofern jene Geschäfte zu denen gehören, die der Vormund ohne gerichtliche Genehmigung an sich schließen kann. Der Vormund ist freilich schadensersatzpflichtig. Vgl. oben §. 38 a. E. S. 159.

[11]) Vgl. oben §. 37 S. 154 ff. und unten §. 76 bei Anm. 9.

[12]) A. L. R. II 18 §. 522 ff.

[13]) Die Bestimmung des §. 83 II 18 A. L. R. kann als auf einem ganz anderen Standpunkt stehend, als der der V. O. ist, nicht mehr gelten; ebenso Eccius, Bd. 4 §. 236 Anm. 9 S. 235 und Dalcke in Koch's Kommentar zu dem §. 83 Bd. 4 S. 996, sowie Rehbein u. Reincke zu demselben §. 83 Bd. 4 S. 739, a. A. Neumann zu §. 86 S. 265 und Wachler, Anm. 6 zu

a) Die Verwaltungsbefugniß im allgemeinen.

§. 66. Umfang und Weise der Verwaltung.

Dem Vormund steht die regelmäßige Verwaltung des Mündelvermögens ausschließlich und vollständig zu. Der Mündel selbst kann, abgesehen von einseitigen Erwerbsgeschäften, nur mit vormundschaftlicher Genehmigung handeln.

Die vormundschaftliche Verwaltung tritt erstens jedoch nicht ein, solange andere Personen ein Anrecht auf die Verwaltung des Vermögens des Mündels haben [1]). Es kann dies eine Folge des Familienrechts sein, z. B. wenn die überlebende Ehefrau nach dem Tode des Vaters des Mündels an dem gesammten Vermögen, welches in der Ehe zusammen kam, Nießbrauch und Verwaltung hat. Hier liegt dem Vormund nur ob die Aufsicht über die Verwaltung der Mutter und je nach dem besondern Recht die Feststellung des Vermögens des Mündels, die Betreibung einer Sicherheit, endlich die Vertretung bei einzelnen Akten, z. B. bei der Veräußerung von Grundstücken, zu welchen die Zustimmung des Kindes gesetzlich nothwendig ist. Die Verwaltung des Vormunds kann auch zurückgedrängt sein durch eine seitens des Erblassers des Mündels getroffene letztwillige Verfügung, welche die Verwaltung des Mündelvermögens einem Anderen zuwendet [2]), sowie durch eine von demselben angeordnete Testamentsexekution. In welchem Maße bei der letzteren hängt von der dem Testamentsexekutor letztwillig gegebenen Vollmacht ab.

Zweitens tritt die Verwaltung des Vormunds nicht ein, wenn und soweit für gewisse Angelegenheiten, besonders in Verhinderungs- und Kollisionsfällen (V. O. §. 86) ein Pfleger bestellt ist [3]).

Im übrigen erstreckt sich, nachdem die transitorische Bestimmung des §. 96 V. O. sich erledigt hat, die Verwaltung des Vormunds

---

§. 83 S. 252. Vgl. auch Böhm, Handbuch der internationalen Nachlaßbehandlung Bd. 1, 1881, §. 6 S. 31, sowie oben §. 17 unter Nr. 1 u. 4 S. 63 u. S. 64 und unten §. 98 bei Anm. 5.

[1]) Vgl. oben §. 36 bei Anm. 3 S. 144.

[2]) Vgl. auch A. L. R. I 12 §. 61, ferner II 2 §. 160. Solchen Verwaltern gegenüber, die durch letztwillige Verfügung berufen sind, wahrt der Vormund die Interessen des Mündels. V. O. §. 36 bezieht sich hierauf nicht, vgl. Jahrbuch (App.) Bd. 5 S. 293.

[3]) V. O. §. 27.

ihrem Umfange nach auf das gesammte Vermögen [4]) des Mündels, vorbehaltlich etwaiger Beschränkungen auf Grund des §. 60 V. O., und findet ihrem Inhalte nach nur in der Mitwirkung des Gegenvormunds und in dem Genehmigungs- und Aufsichtsrecht des Vormundschaftsgerichts, sowie in der Unzulässigkeit bezw. dem Verbot einzelner Geschäfte, wie dem der Schenkungen, eine Begrenzung.

Das Vorstehende gilt auch in Ansehung des vor dem Inkrafttreten der V. O. erworbenen Mündelvermögens und selbst in solchen Fällen, in denen der Erblasser nach früherem Rechte die Verwaltung des Vermögens durch das Gericht ausdrücklich verordnet hatte [5]).

Bei seiner Verwaltung hat der Vormund nicht die Stellung eines vertragsmäßigen Verwalters fremder Güter, da es an jedem Vertrage fehlt. Es können daher auch nicht die für jenen geltenden Vorschriften zur Anwendung kommen, sondern muß das Wesen der vormundschaftlichen Verwaltung aus den Bestimmungen der V. O. selbst erklärt werden, und nur wo diese und die aus ihren Prinzipien abzuleitenden Folgerungen etwa nicht ausreichen, wird man nach den Regeln der Analogie auch die Vorschriften über die civilrechtliche Verwaltung fremder Sachen und Güter berücksichtigen dürfen [6]), letzteres jedoch ferner auch nur so weit, als nicht die Verschiedenheit dieser Vorschriften eine Verschiedenheit des für die vormundschaftliche Verwaltung sich ergebenden Resultats begründen würde [7]).

Wie andere Vertreter kann der Vormund unmittelbar im Namen des Mündels auftreten, oder für dessen Rechnung, aber in eigenem Namen Geschäfte abschließen [8]).

1. Wenn der Vormund ein Geschäft ausdrücklich im Namen des Mündels schließt, desgleichen, wenn er es unter Umständen schließt, welche ergeben, daß dasselbe nach dem Willen der Betheiligten für den Mündel geschlossen werden soll, so wird der Mündel hieraus

---

[4]) Wegen des ausländischen siehe oben §. 65 bei Anm. 13 S. 265.

[5]) Jahrbuch (App.) Bd. 5 S. 284 und Hesse, Anm. 3 zu §. 27 S. 81.

[6]) Hesse, Anm. 2 zu §. 27 S. 82.

[7]) Vgl. oben §. 13 unter Nr. 3 S. 49 und unten §. 90 bei Anm. 9.

[8]) Letzteres ist zwar in der V. O. nicht besonders ausgesprochen, kann indessen keinem Zweifel unterliegen, vgl. z. B. Hesse, Anm. 1 Abs. 1 zu §. 29 S. 89.

allein berechtigt und verpflichtet, der Vormund erlangt aus dem Geschäfte weder Rechte noch Verbindlichkeiten [9]).

Die Fragen der Redlichkeit und des wesentlichen Irrthums sind natürlich aus der Person des Vormunds, welcher den Abschluß vornahm, nicht aus derjenigen des Mündels, für welchen gehandelt wurde, zu beurtheilen. Haftet der Mündel für etwaigen Dolus des Vormunds beim Geschäftsschluß? Das römische Recht verneinte die Frage und ließ nur eine Klage auf die Bereicherung gegen den Mündel zu [10]). Den Grundgedanken der unmittelbaren Stellvertretung, wie sie sich im neueren Rechte entwickelt hat, entspricht dies nicht. Hiernach treffen vielmehr den Mündel alle Folgen des Geschäfts, welches der Vormund für ihn schloß [11]).

Dagegen kann der Mündel nicht aus Vergehen in Anspruch genommen werden, welche sich der Vormund außerkontraktlich zu Schulden kommen ließ, wenn sie auch bei Verwaltung des Mündelvermögens vorkamen, wie im Fall einer Besitzstörung. Der Beschädigte kann gegen den Mündel nur auf den Betrag der Bereicherung desselben klagen, im übrigen hat er sich an den Vormund zu halten.

2. Der Vormund ist ferner befugt, Geschäfte in eigenem Namen, aber für Rechnung des Mündels abzuschließen. Durch solche Geschäfte wird der Vormund nach außen hin allein berechtigt und verpflichtet. Er ist dann verpflichtet, dem Mündel die Vortheile des Geschäfts in Rechnung zu stellen, und berechtigt, den Mündel mit den entsprechenden Auslagen zu belasten. Sein Ersatzanspruch ist aber dadurch bedingt, daß die Unternehmung des Geschäfts im Interesse des Mündels lag, und daß er bei der Durchführung als ordentlicher Hausvater zu Werke ging.

Der Vormund kann behufs Verwaltung des Vermögens Bevollmächtigte anstellen, er haftet hierbei für sorgfältige Auswahl. Natürlich kann er aber dem Bevollmächtigten keine weitergehende Vollmacht geben, als er selbst besitzt, so daß, wenn er auch zur Ertheilung der Vollmacht an sich selbständig befugt ist, doch ein von

---

[9]) V. O. §. 29. Etwas anders noch A. L. R. II 18 §. 251 nach Analogie der actio institoria.

[10]) l. 13 §§. 6 u. 7 D. de a. e. 19, 1. So auch Demolombe, Cours de droit civil vol. VIII n. 127.

[11]) Vgl. Arndts u. Leonhard, S. 74 Anm. 179, Wachler, Anm. 2 zu §. 29 S. 105 und Neumann zu §. 29 S. 82.

dem Bevollmächtigten geschlossenes Geschäft, das, von dem Vormund selbst geschlossen, der Genehmigung des Gegenvormunds oder des Gerichts bedurfte, dieser ebenfalls bedarf [12]). Nur bei der Ertheilung einer Prokura verhält sich dies anders, da der Prokurist eine vom Gesetze ihrem Umfang nach bestimmte Vollmacht hat [13]), welche theilweise weniger beschränkt ist, als die des Vormunds. Daher bedarf es zur Ertheilung der Prokura der gerichtlichen Genehmigung [14]). Gewöhnliche Bevollmächtigte vertreten den Vormund, ihre Vollmacht erlischt mit dessen Amt; Prokuristen und Handelsbevollmächtigte vertreten den Mündel, ihre Vollmacht überdauert das Amt des Bestellers [15]).

§. 67. Geschäfte von Todeswegen, Schenkungen, Vergleich, Kompromiß.

Das vormundschaftliche Amt giebt nur die Befugniß zu Verwaltungshandlungen, nicht aber zu Liberalitäten.

1. Hiernach kann der Vormund Verfügungen von Todeswegen anstatt des Mündels nicht treffen [1]). Dies bezieht sich auf testamentarische Dispositionen jeder Art, also auch auf Schenkungen von Todeswegen, soweit dieselben den Charakter einer letztwilligen Verfügung haben [2]), desgleichen auf Zuwendungen im Wege des Erbvertrags. Der Vormund ist insbesondere auch nicht berechtigt, einen gegenseitigen Erbvertrag für den Mündel abzuschließen, selbst wenn derselbe dem Mündel für den Fall seines Ueberlebens Vortheile versprechen sollte. Erbverträge, durch welche dem Mündel blos Zuwendungen gemacht werden, kann der Vormund dagegen eingehen, da solche Verträge für den Mündel keine Geschäfte von Todeswegen bilden. Unzulässig ist auch die Errichtung einer Familienstiftung oder eines Familienfideikommisses durch den Vormund, da derselbe nur zu verwalten, nicht letztwillig zu disponiren oder Freigebigkeit zu üben hat [3]).

---

[12]) Eccius, Bd. 4 §. 232 Anm. 26 S. 210, Hesse, Anm. 17 zu §. 42 S. 146.

[13]) Allgem. deutsch. Handelsgesetzbuch Art. 43.

[14]) V. O. §. 42 unter Nr. 11.

[15]) Vgl. Art. 54 Abs. 2 Handelsgesetzbuch.

[1]) Die V. O. spricht sich über diesen Punkt nicht besonders aus. Vgl. auch Roth, Bayerisches Civilrecht Bd. 1 S. 534, sowie oben §. 62 bei Anm. 14 S. 247.

[2]) Soweit dies nicht der Fall ist, fallen sie unter die nachfolgende Nr. 2.

[3]) Hierüber existirt eine Abhandlung von Walter: Kann nach altpreußischem

2. Die V. O. bestimmt ausdrücklich im §. 38, daß der Vormund Schenkungen für den Mündel nicht vornehmen kann. Hierbei ist der Begriff der Schenkung nicht im streng technischen Sinne zu nehmen. Eine solche liegt bekanntlich nur vor, wenn der Schenker durch Uebereignung eines in seinem Vermögen befindlichen Objekts ärmer, der Empfänger reicher wird und zwar in Folge einer Schenkungsabsicht [4]). Durch das Verbot der V. O. sind aber auch andere Liberalitäten getroffen, z. B. die Verzichtleistung auf ein dem Mündel zustehendes Pfandrecht, welche nur aus der Absicht hervorging, den Eigenthümer der Pfandsache zu begünstigen [5]). Die Natur der Sache rechtfertigt, das Verbot der Schenkung in diesem weiteren Sinne zu nehmen, weil das vormundschaftliche Amt nicht zu Verfügungen berechtigen kann, welche dem Zweck desselben, der Erhaltung und Vermehrung des Mündelvermögens, widersprechen. Dem läßt sich auch nicht entgegenstellen, daß Ausnahmevorschriften strikter Auslegung unterworfen sind. Denn wenn auch zugegeben werden muß, daß, soweit es sich um das Vermögen des Mündels handelt, — und dieses steht hier allein in Frage — die Vertretungsbefugniß des Vormunds nicht auf den Kreis der Verwaltung, die ein Recht zu reinen Liberalitäten nicht geben würde, beschränkt ist und insofern eine Ausnahmevorschrift vorliegt, so kommt doch in Betracht, daß jene Auslegungsregel nicht gilt, wenn eine andere Absicht des Gesetzgebers anzunehmen ist. Für diese aber spricht einmal, daß auch im gemeinen Recht dem Vormund nicht blos eigentliche Schenkungen, sondern auch sonstige Freigebigkeiten, außer wo der Anstand es erfordert, verboten waren [6]), und nach dem A. L. R., wenn auch hier Meinungsverschiedenheit bestand, diese doch nicht die Frage, ob der Vormund blos zu eigentlichen Schenkungen oder auch zu anderen Liberalitäten, sondern nur die, in welchem Umfange er zu unentgeltlichen Veräußerungen überhaupt nicht befugt sei, be-

---

Rechte der Vormund eines Minderjährigen aus dessen Vermögen ein Familienfideikommiß errichten? eine juristische Studie als Beitrag zu dem erwarteten Gesetz über das Vormundschaftswesen, Berlin 1875.

[4]) Savigny, System Bd. 4 S. 4.

[5]) Es ist dies keine Schenkung, weil die Forderung bestehen bleibt, der Erlassende also grundsätzlich nicht ärmer wird. Vgl. Dernburg, Pfandrecht Bd. 1 S. 169 ff.

[6]) Vgl. l. 12 u. l. 17 D. de cur. furiosi 27, 10, l. 12 §. 3, l. 13 §. 2 und l. 22 D. de adm. 26, 7, l. 1 §§. 2, 4—6 D. de tut. act. 27, 3 und l. 16 C. de adm. tut. 5, 37, Rudorff, Bd. 2 S. 378.

traf [7]). Zweitens ist auch daraus, daß der juristische Begriff Schenkung in den drei Rechtsgebieten kein gleicher ist, indem mit der vorstehend wiedergegebenen gemeinrechtlichen, übrigens bereits für sich allein keineswegs unstreitigen Begriffsbestimmung die Definition des A. L. R. nicht übereinstimmt [8]) und besonders der Code civil abweicht, der die Schenkungen mit den Testamenten unter dem Gesammtbegriff der freigebigen Verfügungen verbindet [9]), und somit bei Festhaltung des streng juristischen Begriffes eine Rechtsungleichheit entstehen würde, die vermieden wird und nur vermieden werden kann, wenn Schenkung nicht im technischen Sinne, sondern in dem weiteren des gewöhnlichen Lebens verstanden wird, letzteres, da die V. O. Rechtsgleichheit erstrebt [10]), gleichfalls als deren Absicht zu folgern. Und wenn ferner noch eingewendet worden ist, wohin es wirthschaftlich führen würde, wenn die Einwilligung in die pfandfreie Abschreibung einer zur Sicherheit des Mündels nicht erforderlichen Parzelle von einem dem Mündel verpfändeten Grundstücke während der Dauer der Vormundschaft schlechthin unmöglich wäre, weil sie als Akt der Liberalität anzusehen wäre und deshalb im §. 38 V. O. ein Verbotsgesetz entgegenstände, so kann die Unausführbarkeit mancher juristischen Schenkung wirthschaftlich ebenso schädlich sein, wie die jener Liberalität, und ist nicht abzusehen, weshalb der Dritte auf letztere einen größeren Anspruch haben soll als auf erstere [11]).

Auch mit Genehmigung des Vormundschaftsgerichts kann der Vormund hiernach verbotene Liberalitäten nicht vornehmen.

Die verbotene Schenkung ist nichtig. Es kann daher sowohl der Vormund das Verschenkte zurückfordern, als der Mündel selbst nach erreichter Selbständigkeit die verschenkten Sachen als ihm gehörig in Anspruch nehmen und die schenkungsweise erlassenen Forde-

---

[7]) Juristische Wochenschrift 1837 S. 727, Arndts u. Leonhard, S. 89 Anm. 261.

[8]) A. L. R. §. 1037 I 11.

[9]) Code civil art. 893—1100.

[10]) Oben §. 13 unter Nr. 3 S. 49.

[11]) Für die diesseitige Auffassung sind besonders Anton, Dalcke, Löwenstein, Neumann und Wachler zum §. 38 V. O., a. A. sind z. B. Eccius, Erörterungen aus dem Gebiet des Vormundschaftsrechts S. 15 Anm. 16 und in Förster's Privatrecht Bd. 2 §. 122 Anm. 8 S. 8 u. Bd. 4 §. 232 Anm. 7 S. 206, Hesse, Anm. 1 zu §. 38 S. 115 und Philler, Anm. 167 zu §. 38 S. 81.

rungen noch einklagen [12]). Ob und inwieweit Dritte geschützt sind, welche verschenkte Mündelsachen bona fide erwarben, bestimmt sich nach allgemeinen Grundsätzen. Der Mündel kann auch den Vormund, wenn der Anspruch gegen den Beschenkten oder dessen Rechtsnachfolger erfolglos bezw. unstatthaft ist, wegen des durch die unerlaubte Schenkung zugefügten Schadens in Anspruch nehmen [13]).

Dem Vormund sind ausnahmsweise Geschenke gestattet [14]).

a) Er darf Geschenke machen, welche nach den örtlichen Verhältnissen, dem Stande des Mündels u. dgl. üblich sind, z. B. Weihnachts- und Neujahrsgeschenke, Geschenke an die Arbeiter nach gethaner Ernte. Es versteht sich von selbst, daß auch im Maß der Geschenke die Sitte bestimmend sein muß. Der Vormund ist nicht verpflichtet zu knickern, es kann ihm aber auch nicht gestattet sein, auf fremde Kosten besondere Großmuth zu üben.

b) Der Vormund kann auch sonst Geschenke geben, welche durch die Vermögensverwaltung begründet werden. Dieselben müssen durch ein unzweideutiges und dringendes Interesse des Mündels gerechtfertigt sein. Es können dem Mündel daher in Rechnung gestellt werden z. B. Geschenke an Arbeiter, um sie in einem dringenden Falle, wo vielleicht große ökonomische Vortheile auf dem Spiele stehen, zu einer vermehrten Thätigkeit anzuspornen, ja, wenigstens unter Umständen, selbst trotz des unmoralischen Beigeschmacks Geschenke an Zollbehörden oder sogar an Richter, wenn der Mündel eine Angelegenheit in einem fremden Lande zu verfolgen hat, wo deren günstige Erledigung ohne solche Aufwendungen notorisch nicht stattzufinden pflegt, sowie ein Geschenk an einen Damnifikaten, welcher gegen den Mündel wegen eines Vergehens sonst mit einem Strafantrag vorgehen könnte und dies zu thun droht [15]).

3. Der Regierungsentwurf beabsichtigte wie die Schenkungen, so auch Verzichtleistungen seitens des Vormunds für unzulässig zu erklären. Dies wurde jedoch auf Anregung der Kommission des Herrenhauses gestrichen, indem man davon ausging, daß solche Ver-

---

[12]) Urtheil des Reichsgerichts vom 29. November 1880 in dessen Entscheidungen in Civilsachen Bd. 3 S. 307.

[13]) Eccius, Bd. 4 §. 232 Anm. 7 S. 206.

[14]) V. O. §. 38 Satz 2. Die Genehmigung des Gegenvormunds oder des Vormundschaftsgerichts ist hierzu nicht erforderlich.

[15]) Vgl. Anton, Anm. 88 zu §. 38 S. 108 und Hesse, Anm. 3 zu §. 38 S. 116.

zichtleistungen entweder Liberalitäten seien und dann durch das Verbot der Schenkungen betroffen würden, oder daß sie im Interesse des Mündels abgegeben würden, in welchem Falle kein Grund bestehe, sie zu verbieten [16]). Insbesondere kann hiernach der Vormund Pachterlasse vornehmen, prozessualischen Rechten entsagen und Sicherungsmittel aufgeben, wo dies im Interesse des Mündels liegt, ferner auf einen Kux verzichten, um der Verpflichtung der Leistung von Zubußen zu entgehen [17]).

Zur Aufgabe oder Minderung der für eine Forderung bestellten Sicherheit bedarf es jedoch der Genehmigung des Gegenvormunds [18]); die Entsagung von Erbschaften oder Vermächtnissen ist an die gerichtliche Genehmigung gebunden [19]).

4. Der Vormund ist zu Vergleichen über Ansprüche des Mündels berechtigt.

Er bedarf jedoch zur Abschließung eines Vergleiches der Genehmigung des Vormundschaftsgerichts, wenn der Gegenstand, um den es sich handelt, den Betrag von 300 Mark überschreitet, oder wenn derselbe unschätzbar ist, d. h. entweder keine vermögensrechtliche Natur hat, wie die Anerkennung der Vaterschaft, oder eine sichere Schätzung um deswillen nicht zuläßt, weil die Verwirklichung des Anspruchs oder seine Höhe noch von unberechenbaren Faktoren abhängt, wie bei den Alimenten eines unehelichen Kindes [20]).

Dafür, ob die Genehmigung nothwendig ist oder nicht, ist der Gegenstand des Vergleichs maßgebend, d. i. das zweifelhafte oder ungewisse Recht, über welches der Vergleich geschlossen wird, so daß

[16]) Bericht der K. d. H. H. S. 50.

[17]) In der Kommission des Abgeordnetenhauses wurde beantragt, mindestens die Genehmigung des Gegenvormunds zu verlangen. Allein auch dies wurde abgelehnt, da man es für bedenklich hielt, die Wirkung aller Verzichtleistungen, namentlich auch der im Prozeß erfolgten, von solcher Genehmigung abhängig zu machen (Bericht der K. d. A. H. S. 11).

[18]) V. O. §. 41 unter Nr. 3.

[19]) V. O. §. 42 unter Nr. 14.

[20]) V. O. §. 42 unter Nr. 8. Da der §. 42 V. O. auch für die gesetzliche Vormundschaft gilt, so ist für den von dem Vater der unehelichen Mutter des Mündels als Vormund geschlossenen Alimentenvergleich ebenfalls die gerichtliche Genehmigung erforderlich. Vgl. über das weitere Verfahren nach einem solchen Vergleich Märcker, Anm. 12 zu §. 42 S. 267. Außerordentliche Beschränkungen des Vergleichs traf der code civil art. 467. Danach war Genehmigung des Familienraths auf Grund eines Gutachtens von drei Juristen und Genehmigung des Instanzgerichts nöthig.

z. B. bei einer bestrittenen Forderung von 301 Mark die Genehmigung erforderlich ist, wenn auch der Vormund nur 1 Mark gegen Anerkennung der übrigen 300 Mark erläßt [21]). Entscheidend ist dabei die Zeit des Abschlusses des Vergleichs, nicht die der Einholung oder Ertheilung der Genehmigung. Festzuhalten ist ferner, daß es sich um einen wirklichen Vergleich handeln muß, also unter Aufgeben von Prätentionen auf beiden Seiten ein zweifelhafter Anspruch festgestellt wird. Nicht jede Vereinbarung über einen illiquiden Anspruch, z. B. über die Höhe der Remission eines Pachtzinses, welche der Pächter zu beanspruchen hat, ist ein Vergleich. Unter den §. 42 Nr. 8 V. O. fallende Vergleiche sind insbesondere auch die Vergleiche vor dem Schiedsmann sowie die Rezesse in Gemeinheitstheilungssachen [22]), dagegen nicht Erbrezesse, da diese im §. 42 Nr. 4 besonders behandelt sind [23]), ebenso nicht Akkorde im Konkurse, wohl aber wieder die sog. Prozeßvergleiche [24]).

5. Die V. O. spricht sich nicht darüber aus, ob und unter welchen Voraussetzungen der Vormund zum Abschluß von Kompromissen über Mündelsachen befugt ist. Das römische Recht hielt den Tutor zu Kompromissen für befähigt, freilich vorbehaltlich der Restitution des Minderjährigen [25]). Das A. L. R. ließ den Abschluß unter obervormundschaftlicher Genehmigung zu [26]). Französische Juristen wollen dem Vormund den Abschluß eines Kompromisses völlig verbieten [27]). Nach der V. O. konnte sich nur fragen, ob dem Vormund die Abschließung von Kompromissen schlechthin freisteht, oder ob man sie bei Gegenständen, die unschätzbar oder über 300 Mark sind, an die Genehmigung des Vormundschaftsgerichts binden will, indem man das Kompromiß als eine Art des Vergleichs ansieht. Gegen das Letztere ließ sich geltend machen, daß die Beschränkungen der Gewalt des Vormunds singulärer Natur und nicht ausdehnend zu interpretiren seien, andererseits sprach für die Subsumtion des Kompromisses unter den Vergleich, daß es weiter geht, einen Anspruch gegen die unsicheren Chancen des Schieds-

[21]) Eccius, Bd. 1 §. 103 Anm. 6 S. 792.

[22]) Ebenso z. B. Hesse, Anm. 14 zu §. 42 S. 146 u. 400.

[23]) Siehe unten §. 73.

[24]) Ueber die Akkorde und Prozeßvergleiche siehe unten §. 74 hinter Anm. 8.

[25]) l. 35 D. de receptis 4, 8 und l. 34 §. 1 D. de min. 4, 4.

[26]) A. L. R. II 18 §. 521.

[27]) Demolombe, Cours de droit civil vol. VII n. 778 ff.

gerichts als gegen ein festes Opfer aufzugeben[28]). Gegenwärtig kann, nachdem §. 851 der deutschen Civilprozeßordnung der Vereinbarung, daß die Entscheidung einer Rechtsstreitigkeit durch einen oder mehrere Schiedsrichter erfolgen solle, nur insoweit rechtliche Wirkung beigelegt hat, als die Parteien berechtigt sind, über den Gegenstand des Streits einen Vergleich zu schließen, es nicht zweifelhaft sein, daß der Vormund zum Schiedsvertrage der gerichtlichen Genehmigung dann bedarf, wenn diese nach §. 42 Nr. 8 V. O. zu einem Vergleich erforderlich ist[29]).

b) Veräußerung und Belastung des Mündelvermögens. Gerichtliche Vertretung.

§. 68. Das Veräußerungsrecht des Vormunds.

Der Vormund hat das Recht der Veräußerung des Mündelvermögens zu den Zwecken der Verwaltung. Allerdings ist er aber hierbei auch nach der V. O. vielfach an eine Genehmigung gebunden.

Unbeschränkt steht ihm das Veräußerungsrecht zu bezüglich der Mobilien des Mündels. Es ist Sache seines freien pflichtmäßigen Ermessens, ob er dieselben aufbewahren, ob er sie veräußern und unter welchen Formen er sie veräußern will. Es liegt ihm ob, die Anordnung des Erblassers zu beachten[1]). Auch versteht es sich von selbst, daß er die Veräußerung solcher Objekte vorzunehmen hat, welche ohne Nachtheil für die Substanz nicht aufbewahrt werden können oder durch längere Aufbewahrung ihren Werth verlieren würden[2]). Bei anderen Objekten kommt in Betracht, ob sie dem Mündel selbst nothwendig oder nützlich sein werden und ob um deswillen ihre Aufbewahrung wirthschaftlich ist, oder ob ihre Veräußerung behufs Beschaffung der Mittel zur Erziehung und Unterhaltung des Mündels nützlich oder geboten ist. Pietätsrücksichten soll und darf sich der Vormund keineswegs verschließen. Er wird pflichtwidrig handeln, wenn er, um den Ertrag eines ohnehin voll-

---

[28]) So auch Brettner in den Beiträgen Bd. 20 S. 20.

[29]) Begründung zu §. 792 des Entwurfs der C. P. O. bei Hahn, Die gesammten Materialien zur Civilprozeßordnung Bd. 1 S. 490, ferner z. B. von Bülow, Die Civilprozeßordnung Anm. 1 zu §. 851, 2. Aufl. 1882, S. 613 u. 614.

[1]) V. O. §. 36. Siehe oben §. 34 unter Nr. 3 S. 140.

[2]) l. 7 §. 1 D. de adm. tut. 26, 7.

ständig zulänglichen Vermögens zu steigern, Objekte zur Veräußerung bringen will, an welche theure Erinnerungen und Traditionen der Familie geknüpft sind.

Zulässig ist auch die Veräußerung eines landwirthschaftlichen Inventars im Ganzen, namentlich bei Gelegenheit der Verpachtung des Gutes, auf dem es sich befindet.

Die freie Veräußerungsbefugniß des Vormunds besteht auch für sog. Kostbarkeiten, z. B. Gemälde, Silbergeschirr [3]).

§. 69. Veräußerung von unbeweglichen Sachen.

Die Veräußerung von unbeweglichen Sachen der Minderjährigen ist nicht mehr, wie nach römischem Rechte, verboten, so daß nur eine Dispensation durch die Obrigkeit im Fall der Noth eintritt [1]). Sie ist vielmehr dem Vormunde gestattet, aber an die Genehmigung des Gerichts gebunden, sofern es sich nicht um eine zwangsweise Veräußerung handelt [2]).

Unbewegliche Sachen im Sinne dieser Vorschrift sind nicht blos die Grundstücke als Theile der Erdoberfläche, welche einer Ortsveränderung unbedingt unfähig sind, sondern alle diejenigen Gegenstände, welche nach den allgemeinen Grundsätzen des Rechts des betreffenden Gebiets, in dem des A. L. R. also nach den §§. 6—9 I 2 A. L. R., überhaupt im gesetzlichen Sinne als unbewegliche Sachen gelten [3]).

1. Die Genehmigung ist nicht blos zur Uebereignung, sondern auch zur dinglichen Belastung des Grundstücks erfordert, also zur Bestellung von Hypotheken und Grundschulden [4]), zur Aufnahme von

---

[3]) Ueber den Fall, daß die Verwahrung bei einer öffentlichen Behörde angeordnet ist, siehe unten §. 85 unter Nr. 4.

[1]) l. 1 §. 2 D. de rebus eorum 27, 9. Freilich galt dies nur für landwirthschaftliche Grundstücke.

[2]) V. O. §. 42 unter Nr. 5. Vgl. A. L. R. II 18 §. 550 ff. und code civil art. 457 ff.

[3]) Urtheil des Ober-Tribunals vom 28. Februar 1879 in den Beiträgen Bd. 23 S. 917, auch Maaßen, Anm. 15 zu §. 42 S. 59.

[4]) Zu dieser gehören auch die zu Gunsten eines Dritten erfolgende Verfügung über eine auf dem Mündelgrundstück haftende Hypothek des Eigenthümers nach §§. 63—66 des Eigenthums-Erwerbs-Gesetzes vom 5. Mai 1872 (G. S. 1872 S. 433) und die über eine daselbst für den Erblasser des Mündels eingetragene Grundschuld nach §. 27 a. a. O. (Löwenstein, Anm. 167 zu §. 42 S. 67 und Hesse, Anm. 9 Abs. 2 zu §. 42 S. 144).

Pfandbriefsdarlehen [5]), zu Rentenbelastungen, sowie zur Einräumung eines Nießbrauchs und selbst einer Grundgerechtigkeit. Dagegen erstreckt sich die Vorschrift an und für sich nicht auf Vermiethungen und Verpachtungen, auch wo dieselben, wie nach A. L. R., einen dinglichen Charakter haben; es bestehen hierfür besondere Normen. Ferner nicht auf die Bewilligung der Eintragung eines Kündigungsausschlusses bezüglich bereits eingetragener Hypotheken, da diese sich nicht als ein Akt selbständiger Belastung des Grundstücks darstellt [6]), und nicht auf die Belastung des Mündelgrundstücks mit der bei Ablösung von Reallasten durch Vermittlung der Rentenbank einzutragenden Rentenpflicht, da die im Gesetz gestattete Wahl zwischen der Ablösung durch Baarzahlung oder durch Rentenbriefe die sonst zur Belastung erforderliche Genehmigung erledigt [7]).

Die Veräußerung begreift auch die Theilung eines im Miteigenthum des Mündels stehenden Grundstücks in sich [8]). Gehört aber das Grundstück auch nicht einmal antheilig dem Mündel, sondern hat dieser, z. B. als Ehemann an dem eingebrachten Grundstück der Frau, nur ein Verwaltungsrecht, so bedarf die Zustimmung, die sein Vormund für ihn zur Veräußerung zu geben hat, keiner obervormundschaftlichen Genehmigung [9]).

2. Das Gesetz verlangt die Genehmigung des Gerichts nicht, wenn die Veräußerung oder Belastung im Wege des Zwangsverfahrens gegen den Mündel erfolgt. Es trifft dies zunächst den Fall der Zwangsversteigerung und Zwangseintragung, wie sie besonders auf Antrag eines Gläubigers, eines Benefizialerben und eines Miteigenthümers zum Zwecke der Auseinandersetzung stattfinden können [10]). Nicht weniger gehört hierher der Fall der Enteignung, sowie der einer die bereits bestehende Verpflichtung des Mündels zur Veräußerung oder Belastung zum Ausdruck bringenden Verurtheilung zur Abgabe der Auflassungserklärung oder der Einwilligung zur Eintragung einer Hypothek oder Grundschuld, zur Einräumung einer

---

[5]) Jahrbuch (App.) Bd. 7 S. 59.

[6]) Jahrbuch Bd. 2 S. 115.

[7]) Jahrbuch (App.) Bd. 8 S. 100.

[8]) l. 7 pr. D. de rebus 27, 9.

[9]) Hesse, Anm. 8 Abs. 5 zu §. 42 S. 143 und Philler, Anm. 203 letzter Absatz zu §. 42 S. 90.

[10]) Vgl. §§. 2 u. 180 des Gesetzes vom 13. Juli 1883 betr. die Zwangsvollstreckung in das unbewegliche Vermögen (G. S. 1883 S. 131).

nothwendigen Servitut, namentlich eines Nothweges u. dgl., indem sonst das Vormundschaftsgericht durch Versagung seiner Genehmigung, weil es das Urtheil für ungerecht hält, dieses wirkungslos machen könnte [11]). Endlich der einer Veräußerung von dem Mündel zugefallenen Nachlaßgrundstücken durch Testamentsexekutoren auf Grund im Testamente ertheilter Ermächtigung, wenn die Testamentsexekutoren daneben auch Vormünder des Mündels sind, den Verkauf aber in ihrer ersteren Eigenschaft vornehmen [12]).

3. Bezüglich des Verfahrens bei der Genehmigung gelten die allgemeinen Grundsätze, insbesondere auch der, daß die Genehmigung vor Abschluß des zu genehmigenden Geschäfts [13]) und unter Bedingungen, z. B. der der Baarzahlung des Kaufpreises, ertheilt werden kann [14]). Außerdem ist hier der Mündel, wenn er über achtzehn Jahre alt ist, vom Gerichte vorher zu hören [15]).

Die Genehmigung darf nicht blos ertheilt werden wegen Nothwendigkeit, sondern auch wegen bloßen Nutzens des Mündels [16]). Täuscht sich das Gericht hierin, hat es leichtfertiger Weise eine Genehmigung zur Veräußerung ohne zureichenden Grund ertheilt, so ist die Veräußerung gleichwohl gültig, der Richter macht sich nur verantwortlich.

4. Die Genehmigung ist Bedingung der Geltung des Geschäfts, sowie des Ueberganges des Eigenthums und der dinglichen Rechte. Soweit die Grundbuchordnung vom 5. Mai 1872 gilt, bedarf es zur Auflassung sowie zur Einschreibung im Grundbuch der Beibringung der Genehmigung des Vormundschaftsgerichts. Damit ist jedoch nicht gesagt, daß, wenn der Vertrag über den Verkauf, die Verpfändung u. s. w. genehmigt ist, zur Auflassung bezw. Eintragungsbewilligung eine besondere Genehmigung erforderlich ist. Denn wenn auch dasjenige, was der Genehmigung unterliegt, nicht

---

[11]) Eccius, Bd. 4 §. 232 Anm. 20 S. 209.

[12]) Jahrbuch (App.) Bd. 6 S. 127.

[13]) A. A. Jahrbuch (App.) Bd. 7 S. 55, dagegen Anton, Anm. 118 zu §. 42 S. 118 und Hesse, Anm. 8 letzter Absatz zu §. 42 S. 144.

[14]) Siehe oben §. 21 unter Nr. 8 S. 86.

[15]) V. O. §. 55 Abs. 3. Ein Veto steht dem Mündel nicht mehr wie nach A. L. R. II 18 §§. 560 u. 561 zu, auch nicht, wenn es sich blos um Nutzen handelt. Ebensowenig ist die Rechtsgültigkeit der Genehmigung von der Anhörung abhängig.

[16]) Daß dies bereits gemeinrechtliche Praxis war, ist oben §. 4 S. 10 bemerkt. Aehnlich A. L. R. II 18 §. 555, code civil art. 457.

der Veräußerungsvertrag, sondern die Veräußerung selbst ist, so kann doch in der Genehmigung des ersteren die Genehmigung der letzteren bereits mitliegen. Andererseits ist dies aber auch nicht immer, z. B. dann nicht der Fall, wenn nach dem genehmigten Vertrage das Grundstück in der Weise verkauft ist, daß es nach Zahlung des Kaufpreises aufgelassen werden soll, hier bedarf es zur Auflassung der erneuten Zustimmung des Gerichts [17]). Es kommt sonach auf den Inhalt der Genehmigungserklärung und deren Auslegung an, und ist es weder richtig, stets die Genehmigung des Veräußerungs- oder Verpfändungsvertrages für genügend zu halten, noch stets eine besondere Genehmigung zur Auflassung oder Eintragungsbewilligung selbst zu verlangen [18]).

5. Die besondere Verjährung der Anfechtung der Veräußerung, welche das frühere Recht [19]) kannte, ist weggefallen.

Nach erlangter Selbständigkeit kann der Mündel statt des Gerichts genehmigen, ebenso kann dies sein verfügungsfähiger Erbe [20]).

6. In der gemeinrechtlichen Praxis hat sich der Satz eingebürgert, daß die Veräußerung von Mündelgrundstücken im Wege der Subhastation zu geschehen habe [21]). Dies hat auch das A. L. R. zur Regel gemacht, doch ließ dasselbe ausnahmsweise Verkauf aus freier Hand bei offenbarem Vortheil des Mündels zu [22]). Unbedingt ist endlich nach französischem Rechte die Form gerichtlicher oder notarieller Veräußerung nöthig [23]).

Entsprechender sind die Grundsätze der V. O. [24]). Hiernach bestimmt das Vormundschaftsgericht nach seinem Ermessen die Weise der Veräußerung einer unbeweglichen Sache, natürlich unbeschadet etwaiger Rechte der Miteigenthümer. Dabei sind die Anträge des

---

[17]) Vgl. oben §. 21 S. 86 bei Anm. 19.

[18]) Jahrbuch Bd. 3 S. 108 und Eccius, Bd. 4 §. 232 Anm. 20 S. 209. Für die anderen Ansichten vgl. z. B. Jahrbuch (App.) Bd. 3 S. 87 und Bd. 5 S. 92 sowie Jahrbuch Bd. 2 S. 99, Hesse, Anm. 8 Abs. 4 zu §. 42 S. 143 und Turnau, Bd. 1 Anm. I 3c zu §. 48 S. 167 und Bd. 2 §. 87 S. 336.

[19]) l. 3 C. si major factus 5, 74. A. L. R. II 18 §. 595.

[20]) Vgl. oben §. 21 unter Nr. 6 S. 85 und §. 42 S. 172.

[21]) Glück, Pandekten Bd. 33 S. 49 not. 97 und S. 51 not. 3, dagegen Kraut, Bd. 2 S. 148.

[22]) A. L. R. II 18 §. 568 ff. u. §. 586.

[23]) code civil art. 459.

[24]) V. O. §. 44 Abs. 1.

Vormunds zu prüfen [25]). Die Veräußerung kann durch gerichtliche oder notarielle Versteigerung oder aus freier Hand geschehen. Das Gericht kann behufs Beurtheilung der Nützlichkeit der Veräußerung eine Taxe aufnehmen lassen und wird sich dies oft empfehlen. Nothwendig ist es jedoch keineswegs, es entscheidet vielmehr lediglich das Ermessen des Gerichts, welches auch darüber bestimmt, sowohl in welcher Weise die Taxation zu bewirken ist, so daß die Taxe keineswegs nach den sonst geltenden Taxordnungen aufgestellt zu werden braucht, als welche Bedeutung der Taxe demnächst beigemessen wird [26]). Ebenso hat das Gericht die Bestimmung des Orts der Versteigerung.

Wird im Gebiete des rheinischen Rechts notarielle [27]) Veräußerung verordnet, so ist dieselbe nach dem Gesetze vom 18. April 1855, betr. das Verfahren bei Theilungen und bei gerichtlichen Verkäufen von Immobilien im Bezirke des Appellationsgerichtshofes zu Köln (G. S. 1855 S. 521) Art. 31 ff. zu vollziehen. Aber an Stelle der Rathskammer und des Landgerichts tritt hierbei das Vormundschaftsgericht. Ferner bestimmt das Vormundschaftsgericht die Art der Bekanntmachung der Versteigerung nach seinem Ermessen [28]).

7. In der Regel bedürfen Mieth- und Pachtkontrakte des Vormunds keiner gerichtlichen Genehmigung. Dies erleidet jedoch zwei erhebliche Ausnahmen [29]).

a) Die Genehmigung ist nöthig zur Verpachtung oder Vermiethung von unbeweglichen Sachen, wenn der Vertrag über das Alter der Großjährigkeit hinaus gelten soll. Ein über diesen Zeitpunkt hinaus ohne die Genehmigung des Gerichts geschlossener Vertrag kann jedoch für die Zeit der Minderjährigkeit wirken, wenn die

---

[25]) V. O. §§. 36 u. 55 sind zu beachten. Dafür, daß auch die im §. 55 erforderte Anhörung des Gegenvormunds sich auf die Bestimmung der Veräußerung einer unbeweglichen Sache erstreckt, siehe Bericht der K. d. H. H. S. 61.

[26]) Nicht ganz übereinstimmend Jahrbuch (App.) Bd. 6 S. 58 und Kayser in den Beiträgen Bd. 20 S. 479, dagegen Hesse, Anm. 8 zu §. 42 S. 142.

[27]) Der Friedensrichter, welcher die gerichtliche Veräußerung im Gebiete des rheinischen Rechts vollzog, konnte hierfür Gebühren nicht berechnen, da das Gesetz vom 21. Juli 1875 Art. 7 §. 1 u. 2 solche nicht vorsah. Man wollte dem Friedensrichter die volle Unbefangenheit bei Wahl des Veräußerungsmodus wahren. Dasselbe gilt nunmehr für den Amtsrichter nach den jetzt an Stelle des Art. 7 maßgebenden Bestimmungen, siehe unten im Anhang unter III.

[28]) V. O. §. 44 Abs. 2. Anders code civil art. 459.

[29]) V. O. §. 42 unter Nr. 7.

Kontrahenten die bedungene Zeit nicht als etwas Untheilbares angesehen, sondern wenigstens die Dauer der Verpachtung oder Vermiethung bis zur Großjährigkeit gewollt haben. Ob das eine oder das andere anzunehmen, ist nach den Umständen eines jeden einzelnen Falles zu beurtheilen. Wer auf 12 oder 14 Jahre pachten will, hat damit nicht immer die Absicht, auf kürzere Zeit zu pachten, da oft die letzten Jahre den Gewinn aus der allmähligen Besserung bringen sollen. Auch der Verpächter wird den Kontrakt in anderer Weise bei einer kürzeren Pachtzeit als auf längere Zeit abschließen.

Eine allgemeine Präsumtion für oder gegen das eine oder andere giebt es nicht, insbesondere ist die Absicht der Theilbarkeit noch nicht daraus zu folgern, daß die Betheiligten nicht übereingekommen sind, den Vertragsschluß von der gerichtlichen Genehmigung abhängig zu machen. Ist die Absicht der Theilbarkeit anzunehmen, so gilt mangels der Genehmigung der Vertrag für die Zeit der Minderjährigkeit, im anderen Falle ist er auch für diese und in seiner Totalität ungültig [30]).

Der Mangel der gerichtlichen Genehmigung kann nicht dagegen eingewendet werden, daß der an sich blos für eine die Dauer der Minderjährigkeit nicht überschreitende Zeit geschlossene Vertrag in Folge Todes des Mündels vor der Großjährigkeit oder Großjährigkeitserklärung desselben nachträglich über die Zeit der Minderjährigkeit hinaus Geltung erhält, da es für die Nothwendigkeit der gerichtlichen Genehmigung nur auf die Zeit des Abschlusses und die hierbei bestehende Absicht ankommen kann [31]). Es können jedoch jene Umstände in der Weise, wie nach dem gewöhnlichen Recht veränderte Umstände, zu einer vorzeitigen Aufhebung des Vertrages führen, andernfalls gilt derselbe während der ursprünglich beabsichtigten Zeit für den Rechtsnachfolger des Mündels bezw. für den großjährig erklärten Mündel selbst fort.

b) Die gerichtliche Genehmigung ist ferner nöthig zur Verpachtung von Grundstücken, welche nach dem auf das Grund- und Gebäudesteuerbuch zurückgeführten Grundbuchblatt eventuell der

---

[30]) Vgl. Eccius, Erörterungen aus dem Gebiet des Vormundschaftsrechts S. 38 Anm. 21 und in Förster's Privatrecht Bd. 4 §. 232 Anm. 22 S. 210, Brettner in den Beiträgen Bd. 20 S. 419, sowie Hesse, Anm. 12 Abs. 2 zu §. 42 S. 145, Maaßen, Anm. 24 zu §. 42 S. 60 u. A. m.

[31]) Hesse, Anm. 12 Abs. 1 zu §. 42 S. 145.

Grundsteuermutterrolle zu einem Grundsteuerreinertrag von 3000 Mark oder mehr eingeschätzt sind.

Da es einen Grundsteuerreinertrag nur für ländliche Grundstücke giebt, gilt die Vorschrift nur für solche.

Ist ein Grundstück der in Rede stehenden Art in Parzellen von unter 3000 Mark Grundsteuerreinertrag gleichzeitig oder successive verpachtet worden, so ist die Genehmigung nicht erforderlich, außer es müßten denn die mehrfachen Verpachtungen nur zur Umgehung einer Gesammtverpachtung von 3000 Mark und mehr Grundsteuerreinertrag des Pachtgrundstückes geschehen sein, was bei gleichzeitigen oder in kurzer Aufeinanderfolge vorgenommenen Verpachtungen an denselben Pächter meist ohne weiteres anzunehmen sein wird, aber auch in anderen Fällen nicht unbedingt ausgeschlossen ist[32]).

§. 70. Verfügung des Vormunds über Forderungen des Mündels.

Während das frühere römische Recht dem Vormund die Verfügung über die Forderungen des Mündels unbeschränkt zugestand, verlangte Justinian zur Zahlung von Mündelkapitalien an den Vormund — im Gegensatz von laufenden Einnahmen — obrigkeitlichen Konsens[1]). Nach dem A. L. R. hatte in ähnlicher Weise die Obrigkeit jedesmal zu bestimmen, zu wessen Händen die Zahlung eines Mündelkapitals geschehen sollte[2]), während der Vormund die Einziehung der Zinsen selbständig hatte, wenn nicht in der Bestallung eine Beschränkung seiner Vollmacht zugefügt war, was namentlich bei Nichtbestellung einer Kaution geschehen sollte[3]). Aehnliche Beschränkungen kannte das französische Recht nicht. Dagegen bestimmte die Kabinetsorder vom 18. Dezember 1836, betr. die vermehrte Aufsicht der Vormünder in der Rheinprovinz bei den Gelderhebungen (G. S. 1836 S. 323) für das rheinische Rechtsgebiet, daß, abgesehen von der Vormundschaft des Vaters oder der Mutter, Kapitalien des Mündels seinem Vormund nur unter Zuziehung des Gegenvormunds ausgezahlt werden könnten, und daß auch Hypothekenlöschungen von dieser Zuziehung abhängig seien.

---

[32]) Vgl. Maaßen, Anm. 26 zu §. 42 S. 60.

[1]) l. 25 pr. C. de adm. tut. 5, 37.

[2]) A. L. R. II 18 §. 500.

[3]) A. L. R. II 18 §§. 436, 437 u. 492.

Die letztere Bestimmung liegt der V. O.[4]) zu Grunde. Der Vormund bedarf der Genehmigung des Gegenvormunds,

1. zur Veräußerung von Werthpapieren. Letztere sind nicht in dem allgemeineren Sinne zu verstehen, in dem zu ihnen alle Papiere gehören, bei welchen im Unterschied von Beweisurkunden, z. B. Hypotheken- und Grundschuldbriefen, und bloßen Legitimationszeichen, z. B. Eisenbahnfahrbillets und Speisemarken, die Forderung durch das Papier nicht blos bewiesen, sondern repräsentirt und getragen wird, mit der Schrift und durch die Schrift entsteht, besteht und untergeht. Es sind vielmehr zunächst das Papiergeld, die Banknoten und überhaupt Alles, was sonst im Verkehr als Tauschmittel wie Metallgeld und statt dessen cirkulirt, auszuscheiden, da über deren Verwendung und die Mitwirkung des Gegenvormunds hierbei besondere Bestimmungen getroffen sind[5]). Ferner sind noch auszuscheiden die sog. Rekta- oder Namenpapiere, das sind die Werthpapiere, in denen der Gläubiger durch die einfache Niederschrift seines Namens direkt und ausschließlich genannt ist, und die sog. Orderpapiere, da die Uebertragung auf Andere bei den ersteren durch gewöhnliche Cession, bei den letzteren durch Indossirung bewirkt wird und weder jene noch diese unter die Veräußerung in dem hier offenbar gemeinten Sinne fällt. Es bleiben somit nur die sog. Inhaberpapiere und die sog. Blankopapiere, letztere indessen nur so lange, als sie nicht durch Ausfüllung des statt des Namens des Gläubigers gelassenen leeren Raums die Funktion eines Rekta- oder unter Umständen eines Orderpapiers erhalten haben.

Im übrigen steht der Veräußerung hier zweifelsohne die Verpfändung als eventuelle Veräußerung gleich[6]). Dagegen ist die bloße Empfangnahme eines Werthpapiers, z. B. einer freigewordenen Amtskaution des Erblassers des Mündels, noch keine Veräußerung, sondern würde dies erst die spätere Versilberung desselben sein[7]).

2. Des Weiteren ist solche Genehmigung nöthig zur Einziehung, Abtretung oder Verpfändung von Kapitalien anderer Art.

Der Ausdruck „Kapitalien" schließt einmal Alles aus, was nur die Natur von Nebenleistungen im Gegensatz zum Hauptstock hat, und ferner auch noch dasjenige, was nicht zur Gewinnung eines

---

[4]) V. O. §. 41.

[5]) Siehe unten §. 76 bei Anm. 8.

[6]) Bericht der K. d. A. H. S. 10.

[7]) Jahrbuch (App.) Bd. 7 S. 98.

fortlaufenden Ertrages bestimmt ist. Demgemäß steht die Einziehung laufender Einnahmen, z. B. von Zinsen, Renten, Dividenden, Miethsund Pachtgeldern, dem Vormund allein zu. Dies gilt auch von Rückständen, sofern dieselben nicht, z. B. durch Ausstellung eines Darlehnsscheins und Versprechen der Verzinsung, in eine Kapitalschuld verwandelt worden sind. Ferner kann der Vormund frei verfügen über Ansprüche auf Geldzahlungen, die aus für den Mündel abgeschlossenen Geschäften, als Kaufpreis für eine verkaufte Sache des Mündels oder dgl., zu entrichten sind, und ist z. B. auch eine Amtskaution kein Kapital im Sinne des § 41 Nr. 2 V. O. 1.[8]).

Außerdem hat auch zufolge ausdrücklich vom Gesetz gemachter Ausnahme der Vormund ohne Mitwirkung des Gegenvormunds die Verfügung über die bei den Sparkassen angelegten Kapitalien, welche Ausnahme mit Rücksicht darauf getroffen ist, daß diese Anlage nur eine vorübergehende sein soll[9]), auch die Verwaltungen der Sparkassen eine Legitimationsprüfung nicht übernehmen.

Darüber, was Einziehung im Sinne der in Rede stehenden Vorschrift sei, besteht Meinungsverschiedenheit, und wird darunter theils ausschließlich die Empfangnahme, theils diese und daneben auch die Kündigung, nicht aber die Einklagung[10]), theils die Empfangnahme und daneben die Einklagung, nicht aber die Kündigung[11]), theils sowohl die Empfangnahme als die Kündigung und die Einklagung verstanden[12]). Das erstere erscheint als das Richtige. Denn die Kündigung und Einklagung sollen die Einziehung lediglich vorbereiten dadurch, daß sie die Fälligkeit der Forderung bezw. deren Feststellung durch richterlichen Spruch herbeiführen, sie sind aber noch nicht die Einziehung und auch nicht einmal ein Anfang der Einziehung, der mit dieser identificirt werden könnte. Niemand wird von demjenigen, der ein Kapital nur gekündigt oder wegen desselben die Klage angestellt hat, sagen, daß er das Kapital einge-

[8]) Zur Empfangnahme einer freigewordenen Amtskaution ist somit auch nicht wegen §. 41 Nr. 2 V. O. die Zustimmung des Gegenvormunds erforderlich, siehe die Anm. 7.

[9]) Siehe unten §. 77 unter IIa.

[10]) So besonders Wundsch in den Beiträgen Bd. 21 S. 356.

[11]) So namentlich Brettner in den Beiträgen Bd. 20 S. 20 u. 705.

[12]) Jahrbuch (App), Bd. 7 S. 53, Koch in den Beiträgen Bd. 22 S. 660 Anm. 11, Rehbein u. Reincke, Anm. 112 zu §. 41 Bd. 4 S. 777, Eccius, Bd. 4 §. 232 S. 207, sowie Anton, Hesse, Löwenstein, Maaßen, Neumann, Wachler u. A. m.

zogen habe oder einziehe. Der Wortlaut schließt daher die Kündigung wie die Klage aus und muß an dem Wortlaut hier um so mehr festgehalten werden, als die erwähnte Kabinetsorder vom 18. Dezember 1836, welche den Vormund ausdrücklich nur bei der Empfangnahme von Zahlungen beschränkte, Vorbild für die in Rede stehende Vorschrift der V. O. gewesen [13]) und deshalb anzunehmen ist, daß der Gesetzgeber in der That nichts weiter, als der Wortlaut besagt, gewollt hat. Hierzu kommt, daß die Zusammenstellung der Einziehung mit der Abtretung und Verpfändung, welche beiden, die Verpfändung wenigstens eventuell, bewirken, daß der Mündel aufhört, Gläubiger zu sein, ebenfalls dahin führt, auch unter der Einziehung nur eine Handlung von gleicher Wirkung zu verstehen. Dies ist aber noch nicht die Kündigung oder die Klage, nach denen der Mündel nach wie vor forderungsberechtigt bleibt, sondern erst die Zahlung.

In Uebereinstimmung mit diesem Resultat, dessen Richtigkeit somit ebenfalls indirekt bestätigend, ist für hinterlegte Gelder des Mündels, auf die diesem nur ein Forderungsrecht zusteht und hinsichtlich deren daher eine Kapitalforderung im Sinne des §. 42 Nr. 2 V. O. besteht, bestimmt, daß zu ihrer Empfangnahme, aber andererseits auch blos zu dieser die Genehmigung des Gegenvormunds erforderlich ist [14]).

Ob die Zahlung auf Verlangen des Vormunds oder auf das des Schuldners, z. B. auf Kündigung des letzteren, oder in Folge einer gesetzlichen Vorschrift, wie im Konkurse, bei Zwangsversteigerungen unbeweglicher Sachen und bei Enteignungen vorkommt, erfolgt, ist unwesentlich, da das Gesetz in dieser Beziehung keine Unterscheidung macht und die Zahlung, die nicht abgelehnt werden kann, die Forderung ebenso tilgt, wie die auf Verlangen geleistete Zahlung, ihre Annahme daher in gleicher Weise eine Einziehung der Forderung ist [15]).

---

[13]) Nicht das A. L. R., das §§. 455 ff. u. 745 II 18 zur Aufkündigung und Einziehung von Kapitalien die Genehmigung des Gerichts erforderte.

[14]) §. 22 u. §. 33 Abs. 2 Nr. 2 der Hinterlegungsordnung vom 14. März 1879 (G. S. 1879 S. 249).

[15]) Uebereinstimmend z. B. Wundsch in den Beiträgen Bd. 21 S. 270 und Eccius, Bd. 1 §. 91 Anm. 11 S. 646, a. A. z. B. Brettner in den Beiträgen Bd. 20 S. 705, Anton, Anm. 109 zu §. 41 S. 116 und Neumann zu §. 41 S. 106.

3. Endlich fordert die Aufgabe oder Minderung der für eine Forderung bestellten Sicherheit durch den Vormund die Zustimmung des Gegenvormunds. Die Löschung einer dem Mündel zustehenden Hypothek kann hiernach nur geschehen, wenn der Gegenvormund die Quittung mitunterschrieben hat, oder eine von Vormund und Gegenvormund abgegebene Löschungsbewilligung vorliegt [16]).

Natürlich darf der Vormund auch in Verbindung mit dem Gegenvormund Sicherheiten des Mündels nur aufgeben, wenn dies zugleich in dessen eigenem Interesse liegt, z. B. nöthig ist, um der Kündigung eines vortheilhaft angelegten Hypothekenkapitals zu begegnen, welches nach Aufgabe eines Theils der Hypothek noch pupillarisch sicher steht [17]).

Die Genehmigung des Gegenvormunds kann formlos, also mündlich oder schriftlich geschehen und braucht auch nicht dem anderen Theile gegenüber, mit welchem der Rechtsakt geschlossen wird, erklärt zu sein. Es genügt, daß die Genehmigung dem Vormund selbst in irgend einer Weise erklärt ist [18]). Der Schuldner, welcher eine Mündelschuld zahlt, hat jedoch das Recht zu fordern, daß der Gegenvormund ihm neben dem Vormund schriftlich, bei eingetragenen Schulden in löschungs- bezw. umschreibungsfähiger Form, quittirt, und muß überhaupt derjenige, der die Gültigkeit des Geschäfts für den Mündel behauptet, beweisen, daß die Genehmigung des Gegenvormunds erfolgt ist. Derselbe wird also stets gut thun, sich diesen Beweis zu sichern.

Die Genehmigung des Gegenvormunds kann durch die Genehmigung des Vormundschaftsgerichts ersetzt werden [19]). Der Wortlaut dieser Vorschrift, dem zufolge die Genehmigung des Gerichts nur ein Ersatz sein soll, also erst in zweiter Linie in Betracht kommt, in Verbindung mit der allgemeinen Anordnung des §. 55 Abs. 2 V. O., daß vor der Entscheidung über jede zu einer Handlung des Vormunds erforderliche Genehmigung der Gegenvormund zu hören ist, ergiebt, daß jene nicht Platz greift, wenn gar kein Gegenvormund bestellt ist, sondern sich nur auf den Fall bezieht, daß ein Gegenvormund vorhanden, aber entweder zufällig vorüber-

---

16) Vgl. Grundbuchordnung vom 5. Mai 1872 §. 94 unter Nr. 2.

17) Vgl. oben §. 67 unter Nr. 3 S. 273.

18) Eccius, Bd. 4 §. 232 S. 207, vgl. auch Hesse, Anm. 7 zu §. 41 S. 136.

19) V. O. §. 41 Abs. 2.

gehend, z. B. wegen Krankheit oder Abwesenheit, verhindert ist oder die Genehmigung verweigert, und daß, auch soweit hiernach das Eintreten des Gerichts zulässig ist, dasselbe doch nicht ohne genügende Gründe, also z. B. nur wenn bis zu der Rückkehr oder der Wiederherstellung des Gegenvormunds nicht gewartet werden kann, bezw. nur wenn die Weigerung eine offenbar ungerechtfertigte ist, und nicht ohne vorherige Anhörung des Gegenvormunds, sofern diese nicht thatsächlich unausführbar ist, erfolgen darf [20]). Dritten gegenüber ist jedoch, sowie überhaupt nur die Zulässigkeit der Genehmigung des Gerichts an sich gegeben ist, unerheblich, ob diese Voraussetzungen des Eintretens desselben im einzelnen Fall vorhanden waren oder nicht [21]).

Wie sich die Verhältnisse gestalten, wenn kein Gegenvormund ernannt ist, darüber ist früher ausführlich gehandelt [22]).

Das ohne die erforderliche Genehmigung des Gegenvormunds vom Vormund eingegangene Geschäft ist in gleicher Art in der Schwebe, wie ein vom Mündel ohne die Genehmigung seines Vormunds abgeschlossenes Geschäft [23]). Eine Zahlung an den Vormund ohne Zuziehung des Gegenvormunds befreit den Zahlenden um den Betrag, um welchen der Mündel bereichert wird.

Speziell bei den Werthpapieren, zu deren Veräußerung die Genehmigung des Gegenvormunds erforderlich ist, führt deren Natur, vermöge deren der Vormund dieselben veräußern kann, ohne daß dabei das Eigenthum des Mündels und die Thätigkeit des Vormunds lediglich als solchen hervortritt, dahin, daß der Mangel der Mitwirkung des Gegenvormunds bei der Veräußerung dem Erwerber gegenüber nur insoweit Wirkung haben kann, als eine Vindikation derartiger Papiere möglich ist, und sonst nur eine civil- und strafrechtliche Verantwortung des Vormunds begründet [24]).

§. 71. Belastung mit Schulden.

Das Recht des Vormunds, den Mündel mit Schulden zu be-

---

20) Jahrbuch (App.) Bd. 5 S. 286 und Bd. 6 S. 52 und Jahrbuch Bd. 2 S. 305.

21) König, Anm. 6 zu §. 41 S. 39 und Neumann zu §. 41 S. 111 u. 112. Vgl. oben §. 21 bei Anm. 12 S. 84 und §. 33 bei Anm. 18 S. 137.

22) Vgl. oben §. 36 S. 149 ff.

23) V. O. §. 46.

24) Eccius, Bd. 4 §. 232 Anm. 11 S. 207.

lasten, ist dadurch eingeschränkt, daß die Genehmigung des Vormundschaftsgerichts zu folgenden Geschäften erforderlich ist,

a) zur Aufnahme von Darlehen [1]). Gemeint sind Gelddarlehen, aber auch alle anderen Geschäfte sind betroffen, durch welche der Mündel Geld auf Kredit entnimmt. Es ist hiernach unter anderem die Ermächtigung des Vormundschaftsgerichts nöthig, damit sich der Vormund auf Rechnung des Mündels im Kontokurrentverkehr bei einem Banquier bis zu einer gewissen Summe Kredit eröffnen läßt [2]). Dagegen gehört die Gewährung eines bloßen Waarenkredits nicht hierher [3]). In Ermangelung der Genehmigung haftet der Mündel aus der nützlichen Verwendung [4]).

b) Das Gericht hat ferner mitzuwirken zur Eingehung wechselmäßiger Verbindlichkeiten [5]). Es sind hierin alle Orderpapiere, welche durch Indossament übertragen werden können, inbegriffen, da diese in den für die Vorschrift der gerichtlichen Genehmigung offenbar maßgebend gewesenen Punkten den eigentlichen Wechseln gleichgestellt sind [6]). Zur Eingehung solcher Verbindlichkeiten darf vom Gericht eine allgemeine Ermächtigung ertheilt werden, wenn sie durch die vormundschaftliche Vermögensverwaltung erforderlich wird [7]).

Auch für die Wechsel bezw. Orderpapiere bewendet es bei den gewöhnlichen Grundsätzen über die Form der Genehmigung, insbesondere braucht diese nicht auf dem Wechsel oder Papier selbst zu stehen, wie aus der Zulassung der generellen Genehmigung klar erhellt [8]).

c) Gerichtliche Genehmigung ist auch nothwendig zur Uebernahme fremder Verbindlichkeiten [9]), also zu jeder Intercession, sei sie nun, wie Bürgschaft und Pfandbestellung, eine kumulative, oder sei sie,

---

[1]) V. O. §. 42 unter Nr. 12, nicht zur Hingabe von Darlehen. Vgl. A. L. R. II 18 §. 525 und code civil art. 457.

[2]) Bericht der K. d. H. H. S. 61.

[3]) Ebenso z. B. Hesse, Anm. 18 zu §. 42 S. 147.

[4]) Wegen der Darlehen und Vorschüsse des Vormunds an den Mündel siehe unten §. 78 unter Nr. 1 u. 2.

[5]) V. O. §. 42 unter Nr. 10.

[6]) Art. 301—304 u. 305 des deutschen Handelsgesetzbuchs, vgl. auch §. 732 der deutschen Civilprozeßordnung.

[7]) V. O. §. 45. Vgl. oben §. 21 S. 84.

[8]) Vgl. auch das Erkenntniß des Reichsoberhandelsgerichts vom 13. Januar 1871 in dessen Entscheidungen Bd. 4 S. 265.

[9]) V. O. §. 42 unter Nr. 13.

wie Expromission, eine privative, und mag sie als principale oder als accessorische übernommen werden. Voraussetzung der Genehmigung ist jedoch, daß die Uebernahme als solche auf dem freien Willen beruht. Ist sie nur die nothwendige Folge eines anderen Geschäfts, das ohne Genehmigung des Gerichts vorgenommen werden konnte, wie z. B. die Uebernahme vorehelicher Schulden des anderen Ehegatten bei dem ohne gerichtliche Genehmigung wirksamen Verzicht auf die Suspension der Gütergemeinschaft bei der Verheirathung des Mündels nach § 783 II 18 A. L. R.[10]), so erübrigt sich die Genehmigung[11]).

§. 72. Erwerb und Entsagung von Erbschaften.

Hinsichtlich der dem Mündel angefallenen Erbschaften bestanden bisher verschiedene Systeme in den Rechtsgebieten der Monarchie:

a) Nach älterem römischen Recht konnte der Pupill, da die Erbschaft in Person angetreten werden mußte, wohl auctore tutore erwerben oder ausschlagen, eine Vertretung durch den Vormund aber war unzulässig[1]). Im jüngsten römischen Recht wurde dagegen der Erwerb durch den Tutor des Unmündigen an dessen Statt anerkannt[2]). Das gemeine Recht gab dem Vormund ganz freie Hand[3]). Der Vormund konnte die Erbschaft entweder vorbehaltlos annehmen oder ablehnen oder durch rechtzeitige Errichtung des Inventars die Erbschaftsschulden auf den Betrag der Erbmasse einschränken. Dem Minderjährigen, welcher durch die Maßnahme des Vormunds geschädigt war, stand jedoch die Restitution offen. Dies namentlich auch dann, wenn der Vormund die Frist zur Errichtung des Inventars ungenützt hatte verstreichen lassen.

b) Aeltere deutsche Partikularrechte schlossen die vorbehaltslose Annahme der Erbschaft durch den Vormund völlig aus[4]). Hiervon geht auch der code civil aus[5]). Dieses Gesetz läßt nur die Alternative zwischen der Annahme unter Inventar und der Entsagung der

---

[10]) Vgl. oben §. 10 unter Nr. 2 S. 36.

[11]) A. A. Rehbein u. Reincke, Anm. 41 a. E. zu §. 780 II 18 Bd. 4 S. 753, dagegen Eccius, Bd. 4 §. 209 Anm. 46 S. 70.

[1]) l. 5 C. de jure delib. 6, 30 und l. 1 §. 4 D. de succ. ed. 38, 9.

[2]) l. 18 §. 2, aber auch l. 18 §. 4 C. de jure delib. 6, 30.

[3]) Rudorff, Bd. 2 S. 370.

[4]) Vgl. Kraut, Bd. 2 S. 134.

[5]) code civil art. 461.

Erbschaft und erfordert für Beides die Ermächtigung des Familienraths. Durch Fristablauf kann die Rechtswohlthat dem Mündel hier nicht verloren gehen.

c) Das A. L. R. ließ die drei Alternativen zu [6]). Es forderte aber die Genehmigung des Gerichts zu einer vorbehaltslosen Annahme, sowie zu einer Entsagung der Erbschaft. Nur der Antritt unter Inventar stand dem Vormund offen, ohne daß er der Einwilligung des Gerichts bedurfte. Der Vormund konnte durch Versäumung der gesetzlichen Frist zur Errichtung des Inventars den Pflegebefohlenen der Rechtswohlthat des Inventars nicht verlustig machen [7]).

Die V. O. §. 50 schließt sich dem zweiten Systeme an, ohne doch mit ihm zusammenzufallen.

Der Vormund kann ohne Genehmigung des Gerichts antreten. Der Mündel kann aber der Rechtswohlthat des Inventars durch Handlungen oder Unterlassungen des Vormunds nicht verlustig werden. Es hat daher die Erklärung des Vormunds, ohne Vorbehalt antreten zu wollen, keine Kraft. Ebensowenig schadet dem Mündel die Versäumniß der für die Errichtung des Inventars vom Gesetz angeordneten Fristen. Mit anderen Worten, das Inventar kann während der Minderjährigkeit des Mündels stets mit voller Rechtskraft nachgeholt werden. Die gesetzlichen Fristen laufen daher dem Mündel erst vom Augenblicke seiner Großjährigkeit an. Sollte freilich der Vermögensstand so verdunkelt sein, daß die Errichtung eines Inventars über die angefallene Erbschaft nicht mehr möglich ist, so geht auch der Mündel dieser Rechtswohlthat verlustig, da dieselbe hier an ihrer Undurchführbarkeit scheitert.

Die Entsagung einer Erbschaft oder eines Vermächtnisses bedarf der Genehmigung des Vormundschaftsgerichts [8]). Eine Entsagung auf die Rechtswohlthat des Inventars wäre dagegen dem Vormund auch nicht unter Genehmigung des Vormundschaftsgerichts möglich.

---

6) A. L. R. II 18 §§. 643 u. 644. Vgl. Arndts u. Leonhard, S. 132 ff.

7) A. L. R. I 9 §§. 430 u. 431.

8) V. O. §. 42 unter Nr. 14. Als Liberalität ist sie auch mit solcher Genehmigung nicht gültig (siehe oben §. 67 unter Nr. 2 S. 270), sie muß vielmehr aus geschäftlichen Rücksichten hervorgegangen sein, z. B. wegen Insolvenz der Erbschaft, wegen Verknüpfung des Vermächtnisses mit lästigen Bedingungen u. dgl.

Darüber, daß die zu einer Entsagung ertheilte nachträgliche Genehmigung nicht zurückwirkt, siehe oben §. 21 unter Nr. 7 S. 85 u. 86.

Der Antritt einer Erbschaft aus einem Testament unter Anerkennung desselben und Verzicht auf seine Anfechtung wegen Pflichttheilsverletzung enthält keine Erbschaftsentsagung und bedarf daher der Genehmigung nicht [9]).

§. 73. Auseinandersetzung des Mündels mit Miterben.

Gemäß dem A. L. R. [1]) mußte der Mündel nach berichtigtem Inventar mit den Miterben und den Miteigenthümern der Erbmasse von Amtswegen auseinandergesetzt werden; nur die Mutter, welche mit dem Vater des Mündels in Gütergemeinschaft lebte, konnte die Fortdauer der Gemeinschaft bis zur Eingehung einer zweiten Ehe oder bis die Theilung für die Kinder Bedürfniß wurde, fordern. Die Auseinandersetzung geschah unter der Direktion des Vormundschaftsgerichts. Wenn sie bei ihm nicht in Güte auszutragen war, hatte der Prozeßrichter die rechtliche Entscheidung. Nach dem Code ist es dem Vormund überlassen, auf Auseinandersetzung zu provoziren, wozu er der Genehmigung des Familienraths bedarf; die Theilung muß aber stets im Wege des Prozesses und unter bestimmten Formen geschehen [2]). Die V. O. §. 43 endlich legt — in Uebereinstimmung mit dem gemeinen Recht — in die Hand des Vormunds die selbständige Bestimmung sowohl des Zeitpunkts, wie auch der Weise der Erbauseinandersetzung, natürlich unvorgreiflich des Rechts der Miterben und Theilhaber, ihrerseits auf Theilung bei Gericht zu provoziren [3]), sowie unbeschadet des unter Umständen geltenden gesetzlichen Gebots der Erbauseinandersetzung [4]).

Der Vormund hat hiernach zu prüfen, ob die derzeitige Theilung eines Nachlasses im Interesse seines Mündels liegt. Dies wird z. B. meist nicht der Fall sein, wenn die Großjährigkeit des Mündels nahe bevorsteht, sodaß er seine Rechte bei der Theilung bald selbst wahrnehmen kann, ferner wenn die Mutter, von der nicht anzunehmen ist, daß sie sich wieder verheirathen wird, oder auch ein großjähriges Geschwister Miterbe ist und die Subsistenz der Familie auf

---

[9]) Jahrbuch (App.) Bd. 8 S. 101.

[1]) A. L. R. II 18 §. 409. Vgl. Arndts u. Leonhard, S. 71 ff.

[2]) code civil art. 465 u. 466.

[3]) Vgl. z. B. A. L. R. I 17 §. 117.

[4]) Vgl. z. B. §. 18 u. §§. 1001—1005 II 1 A. L. R., §. 38 Abs. 2 des Gesetzes vom 6. Februar 1875 über die Beurkundung des Personenstandes und die Eheschließung (R. G. Bl. 1875 S. 23) und §. 95 Abs. 3 V. O.

dem Zusammenhalten der Mittel zur Fortsetzung eines gemeinschaftlichen Geschäfts oder einer gemeinsamen Wirthschaft beruht. Wird zur Theilung geschritten, so muß sie nicht gerichtlich sein [5]), sie kann auch notariell sowie mittels Privatschrift geschehen [6]). Soweit die Auseinandersetzung auf Vereinbarung beruht [7]), ist sie, auch wenn sie vor Gericht geschah, noch von der Genehmigung des Vormundschaftsgerichts abhängig [8]). Seine Genehmigung ist aber natürlich nicht erforderlich, soweit die Auseinandersetzung durch gerichtliches Erkenntniß festgesetzt ist [9]).

Ob die Erbauseinandersetzung sich auf den ganzen Nachlaß erstreckt oder nur einen Theil desselben umfaßt, ist für das Erforderniß der Genehmigung gleichgültig. Es gehört daher auch eine zum Zweck der Erbtheilung vorgenommene Cession einer Nachlaßforderung an einen Miterben zum Alleineigenthum seitens der anderen Erben hier-

---

[5]) Im Gebiete des A. L. R. erfolgt die gerichtliche Theilung zunächst im Wege der freiwilligen Gerichtsbarkeit beim Nachlaßrichter, nicht beim Vormundschaftsgericht als solchem. A. L. R. II 18 §. 419 ist aufgehoben.

[6]) V. O. §. 43 Abs. 2.

[7]) V. O. §. 42 unter Nr. 4.

[8]) Geschah die Erbauseinandersetzung vor dem Nachlaßrichter und ist derselbe vom Vormundschaftsrichter verschieden, so wird jener zweckmäßig diesem die Akten zur Genehmigung vorlegen. Verpflichtet ist er jedoch hierzu nicht, sondern ist es an sich stets Sache des Vormunds, die Genehmigung nachzusuchen.

Ebenso ist es lediglich Sache des Vormunds, den genehmigten Rezeß, nöthigenfalls in Gemeinschaft mit dem Gegenvormunde, soweit es sich um die Interessen und Rechte des Mündels handelt, zur Ausführung zu bringen. Der Vormundschaftsrichter hat ihn jedoch hierbei zu überwachen und wird deshalb, sowie weil die Ergebnisse der Auseinandersetzung für die Rechnungslegung und sonst stets wesentlich bleiben, Abschrift des Rezesses wenigstens im Auszuge, sofern sich der Rezeß nicht bereits anderweit bei den Vormundschaftsakten befindet, zu diesen nehmen. Vgl. auch unten §. 81 Anm. 13 und Anhang unter IV 2a.

Vor der Genehmigung des Rezesses ist selbstredend der bestellte eventuell zu bestellende Gegenvormund zu hören.

[9]) Im Bezirke des Appellationsgerichtshofs zu Köln erhält die Erbauseinandersetzung durch die Genehmigung des Vormundschaftsgerichts dieselbe Gültigkeit, als wäre sie nur von großjährigen Personen vorgenommen (V. O. §. 43 Abs. 3). Hierdurch ist die Bestimmung des Art. 13 ff. des Gesetzes vom 18. April 1855 betr. das Verfahren bei Theilungen und bei gerichtlichen Verkäufen von Immobilien im Bezirk des Appellationsgerichtshofes zu Köln (G. S. 1855 S. 521) beseitigt. Die in art. 2109 des code civil bestimmte Frist von sechszig Tagen zur Erhaltung des Privilegiums des Miterben an dem Antheil der übrigen Theilhaber beginnt in Gemäßheit der V. O. §. 43 Abs. 5 vom Tage der richterlichen Genehmigung der Erbauseinandersetzung.

her[10]), nicht aber eine gemeinschaftliche Cession einer Nachlaßforderung oder der gemeinschaftliche Verkauf einer Nachlaßsache seitens sämmtlicher Erben an einen Dritten, da es hierbei an dem fehlt, was zur Erbauseinandersetzung begrifflich erforderlich ist, nämlich daß das Rechtsgeschäft zwischen den Miterben stattfindet[11]).

Der Erbauseinandersetzung steht die Theilung gütergemeinschaftlichen Vermögens zwischen dem Ehegatten und den Erben des Verstorbenen gleich[12]).

Es erhebt sich die Frage, ob die Auseinandersetzung auch dann vom bloßen Ermessen des Vormunds abhängt, wenn derselbe Miterbe oder Miteigenthümer neben seinem Mündel ist, was namentlich bei der Mutter leicht vorkommen wird. Dies ist nicht anzunehmen. Vielmehr ist in einem solchen Fall, da eine Kollision von Interessen des Mündels und des Vormunds vorliegt, auf Antrag des Gegenvormunds oder auch auf Antrag eines Dritten oder von Amtswegen ein Pfleger zu bestellen, um zu entscheiden, ob eine Auseinandersetzung erfolgen soll oder nicht, und eventuell um sie zu betreiben[13]).

Im allgemeinen empfiehlt es sich in der Praxis, daß die Auseinandersetzung als Regel stattfindet und nur ausnahmsweise, wenn ihr besondere Gründe entgegenstehen, unterbleibt, da die Nichtauseinandersetzung leicht zu einer schließlich dem Mündel zum Nachtheil gereichenden Verdunkelung der Vermögensverhältnisse führt und die Auseinandersetzung immer den Vortheil hat, daß genau festgestellt wird, was denn eigentlich dem Mündel gebührt, auch etwaigen Nachtheilen derselben sich meist durch Ueberlassung des Zinsgenusses an dem festgestellten Mündelerbe gegen die Pflicht zur Unterhaltung des Mündels u. dgl. genügend begegnen läßt. Es wird dementsprechend im Aufsichtswege auf den Vormund einzuwirken sein[14]). Ferner

---

[10]) Jahrbuch (App.) Bd. 6 S. 55.

[11]) Hesse, Anm. 5 zu §. 42 S. 399.

[12]) V.O. §. 43 Abs 4.

[13]) Ebenso z. B. Hesse, Anm. 2 zu §. 43 S. 149 und Philler, Anm. 214 zu §. 43 S. 92.

[14]) Daß dies zulässig ist, kann bei der diesseitigen Auffassung des Aufsichtsrechts keinem Bedenken unterliegen, während die gegnerische Ansicht allerdings dazu kommen muß, dem Gericht jede Einwirkung auf die Entschließung des Vormunds zu versagen, so z. B. Löwenstein, Anm. 177 Abs. 3 zu §. 43 S. 71 und Neumann zu §. 43 Abs. 1 S. 134, und dasselbe auch hier „zu einem passiven Zuschauen zu verurtheilen, wenn der regelmäßig ohne Kaution fungirende Vormund aus Mangel an Einsicht oder aus irgend einem

ist es zweckmäßig, daß der Vormundschaftsrichter, auch wenn er nicht Nachlaßrichter ist, bezw. nicht in seiner Eigenschaft als Nachlaßrichter, sondern als Vormundschaftsrichter in einfacheren Fällen der Kürze halber selbst die Erbauseinandersetzung aufnimmt, da diese eben in blos schriftlicher Form geschehen kann und er meist bereits durch die Einleitung und Beaufsichtigung der Vormundschaft die Kenntniß erlangt hat, um es am sachgemäßesten thun zu können, wobei dann ebenfalls der Einfachheit halber manche für die eigentlichen Nachlaßregulirungen vor dem Nachlaßrichter vorgeschriebene, für die Sache selbst aber bedeutungslose Form unbeachtet bleiben kann [15]).

§. 74. Gerichtliche Vertretung.

Der nächste Beruf des Vormunds nach älterem deutschen Recht war es, den Mündel vor Gericht zu vertreten.

Dies gilt heutzutage nicht mehr für das Verfahren in Strafsachen; obgleich auch hier dem Vormunde eine gewisse Sorge, z. B. für Beschaffung eines Vertheidigers, zufällt [1]). Dagegen liegt dem Vormund ob, alle gerichtlichen Schritte zu thun, welche zur Erhaltung der Statusrechte, sowie des Vermögens des Mündels erforderlich sind, und ist er demgemäß namentlich legitimirt, selbständig Prozesse für den Mündel als Kläger wie als Beklagter in eigener Person oder durch Bevollmächtigte zu führen [2]) und denselben in Konkursen

---

anderen Grunde im Begriff steht, seinem Mündel durch eine demselben nachtheilige Wahl einen trotz aller Regreßrechte vielleicht unwiderbringlichen Verlust zu bereiten" (Hesse, Anm. 2 zu §. 43 S. 149 und Anm. 20 Abs. 3 zu §. 42 S. 401).

[15]) Die Vormundschaftsrichter unterlassen es allerdings häufig, sich dieser Mühe im Interesse des Mündels zu unterziehen, in Folge des bei ihnen leider vielfach herrschenden, durch die beschränkte Auffassung des Aufsichtsrechts begünstigten Standpunkts des laissez faire laissez aller (s. oben §. 7 S. 22).

[1]) Siehe oben §. 62 S. 246.

[2]) Aehnlich im römischen Recht, l. 1 §. 2 ff. D. de adm. tut. 26, 7.

Das im Text Gesagte gilt selbst für einen Ehescheidungsprozeß. Denn wenn auch der Vormund die Ehescheidung nicht selbständig beantragen kann (oben §. 62 Anm. 15 S. 248), sondern der Mündel selbst sich für dieselbe entscheiden muß, so folgt aus dem letzteren doch noch nicht, daß der Mündel sich im Ehescheidungsverfahren allein vertreten kann bezw. muß.

Soll für einen Mündel das Armenrecht nachgesucht werden, so kann das dazu erforderliche Zeugniß von dem Vormundschaftsgericht ausgestellt werden (§. 109 Abs. 2 der deutschen Civilprozeßordnung).

sowohl über das Vermögen des Mündels als über das Dritter, deren Gläubiger der Mündel ist, zu vertreten [3]).

Eine Mitwirkung des Gegenvormunds ist zu der gerichtlichen Vertretung als solcher niemals erforderlich [4]) und gilt dies auch für Klagen wegen Forderungen, zu deren Einziehung der Vormund der Genehmigung des Gegenvormunds bedarf. Denn selbst wenn diese Genehmigung bereits zur Anstellung der Klage erforderlich sein sollte [5]), würde daraus doch nur folgen, daß die Genehmigung in der Klage in derselben Weise, wie die sonstigen zur Begründung des Anspruchs dienenden Thatsachen zu behaupten und unter Beweis zu stellen ist, nicht aber daß der Gegenvormund die Klage bezw. die Prozeßvollmacht mit zu unterzeichnen oder sonst im Prozeß den Mündel mit zu vertreten hat [6]).

Auch an die Genehmigung des Vormundschaftsgerichts ist der Vormund nach der V. O. nicht mehr gebunden, wie dies nach A. L. R. theilweise der Fall war [7]). Daß dies auch für Verzichte auf geltend gemachte Ansprüche des Mündels, für Anerkenntnisse von gegen den Mündel geltend gemachten Ansprüchen, sowie für die Zuschiebung, die Zurückschiebung und den Erlaß von Eiden zutrifft, ist unbestritten. Zweifelhaft ist es dagegen für die Vergleiche, durch welche der geltend gemachte Anspruch ganz oder theilweise erledigt wird, die sog. Prozeßvergleiche, und für die Zwangsvergleiche im Konkursverfahren insofern, als es sich hier fragt, ob dieselben nicht in der Weise, wie sonstige Vergleiche [8]), der gerichtlichen Genehmigung bedürfen.

Die Frage ist für jene zu bejahen, für diese zu verneinen.

Daß der Prozeßvergleich an sich unter den §. 42 Nr. 8 V. O.

Für die Klagen gegen einen Mündel besteht kein allgemeiner Gerichtsstand am Sitz des Vormundschaftsgerichts (z. B. Reincke, die deutsche Civilprozeßordnung zu §. 17 S. 38), vgl. jedoch unten §. 93 bei Anm. 2.

[3]) Vgl. oben §. 62 S. 246.

[4]) Natürlich kann aber, wenn nach dem Gegenstande des vor Gericht besorgten Geschäfts zu diesem der Gegenvormund zuzustimmen hat, dies auch gleich bei Gelegenheit der betreffenden gerichtlichen Verhandlung geschehen, z. B. bei der gerichtlichen Aufnahme einer Löschungsbewilligung diese vom Gegenvormunde miterklärt werden.

[5]) Vgl. oben §. 70 bei Anm. 11 u. 12 S. 284.

[6]) Eccius, Bd. 4 §. 232 Anm. 12 S. 207.

[7]) Arndts u. Leonhard, S. 133 ff.

[8]) Oben §. 67 unter Nr. 4 S. 273.

fällt, ist unbedenklich. Es handelt sich hier also lediglich darum, ob die deutsche Civilprozeßordnung entgegenstehende und somit die V. O. insoweit aufhebende Bestimmungen getroffen hat. Dies würde wieder nur der Fall sein, wenn der Prozeßvergleich eine Prozeßhandlung im Sinne des §. 52 der Civilprozeßordnung, der die hierbei maßgebende Vorschrift bildet, wäre. Letzteres ist aber nicht anzunehmen. Denn unter Prozeßhandlungen sind an sich nur solche Handlungen zu verstehen, welche zum Zwecke der Entscheidung des Streits vorgenommen werden, nicht aber auch solche, welche, wie der Prozeßvergleich, eine Disposition über den streitigen Anspruch enthalten, und ist dies auch die Auffassung der Civilprozeßordnung, welche z. B. im §. 77 den Vergleich den Prozeßhandlungen gegenüberstellt und nach der der Prozeßvergleich nicht blos vor dem Prozeßgericht, sondern gemäß §. 702 Nr. 1 mit gleicher Wirksamkeit vor jedem deutschen Gericht abgeschlossen werden kann, in welchem letzteren Falle der Vergleich, da Prozeßhandlung doch jedenfalls nur eine im Prozeß stattfindende Handlung sein kann, gewiß nicht eine Prozeßhandlung ist. Somit verbleibt es auch nach dem jetzigen Rechte für Prozeßvergleiche bei der Nothwendigkeit der gerichtlichen Genehmigung, sobald ihr Gegenstand unschätzbar ist oder die Summe von 300 Mark übersteigt [9]).

Anders liegt die Sache bei den Zwangsvergleichen im Konkurse. Diese erlangen Wirksamkeit erst durch die Bestätigung des Konkursgerichts, andererseits aber mit dieser, sobald die Frist zur Einlegung des gegen den bestätigenden Beschluß des Konkursgerichts zugelassenen Rechtsmittels der Beschwerde abgelaufen oder die Beschwerde verworfen ist, auch gegen Gläubiger, die an dem Konkursverfahren oder an der Beschlußfassung über den Vergleich nicht Theil genommen, oder gegen den Vergleich gestimmt haben, und selbst wenn die Voraussetzungen des Zwangsvergleichs nicht vorhanden waren. [10])

---

[9]) Ebenso Küntzel in den Beiträgen Bd. 24 S. 777 und besonders Bd. 25 S. 327, Hesse, Anm. 14 zu §. 42 S. 400, Märcker, Anm. 11 zu §. 42 S. 267, Eccius, Bd. 1 §. 103 Anm. 6 S. 792 u. Bd. 4 §. 232 Anm. 23 S. 210 und von den Kommentatoren der Civilprozeßordnung z. B. von Wilmowski u. Levy, 3. Aufl. 1884, Anm. 2 zu §. 52 S. 78 u. Anm. 2 zu §. 50 S. 76.

A. A, sind Brettner in den Beiträgen Bd. 25 S. 324 und von den Kommentatoren der Civilprozeßordnung z. B. Struckmann u. Koch, Puchelt, Petersen, Kleiner, Sarwey, Seuffert und Reincke.

[10]) §§. 170, 174, 175 u. 178 ff. der deutschen Konkursordnung.

Danach hat der Zwangsvergleich den Charakter einer gerichtlichen Entscheidung, nicht den eines Rechtsgeschäfts zwischen den Gläubigern und dem Schuldner [11]), wie zum Vergleich überhaupt und demgemäß auch zu einem Vergleich im Sinn des §. 42 Nr. 8 V. O. erforderlich ist. Der Zwangsvergleich fällt daher unter diesen Paragraphen nicht [12]).

Nur soweit nach dem Vorstehenden der Vormund selbständig den Mündel im Civilprozeß und Konkursverfahren vertreten kann, kann dies auch durch einen von ihm bestellten Prozeßbevollmächtigten geschehen, sodaß letzterer zu Prozeßvergleichen über einen unschätzbaren oder die Summe von 300 Mark übersteigenden Gegenstand nicht ermächtigt ist [13]).

Das Resultat der gerichtlichen Vertretung des Mündels durch den Vormund wirkt stets ausschließlich für und gegen den Mündel. Namentlich hat dieser die Kosten zu tragen, auch wenn die Verurtheilung auf den Namen des Vormunds gestellt sein sollte. Die Wirkung für den Mündel tritt selbst dann ein, wenn z. B. bei einem Anerkenntnisse des Vormunds eine Kollusion desselben mit dem Gegner stattfand. Letztere macht nur den Vormund verantwortlich. Derselbe ist überhaupt natürlich dem Mündel wegen seiner gerichtlichen Vertretung verantwortlich. Demgemäß darf er chikanöse und leichtsinnige Prozesse nicht unternehmen [14]), sonst muß er dem Mündel Ersatz der Prozeßkosten leisten. Rechtsmittel hat er ferner nur einzulegen, wenn er mit Grund einen Erfolg erwarten kann, sonst hat er die Kosten der Instanz zu ersetzen. Eide wird er dem Gegner nur zuschieben dürfen, wenn ihm andere Beweismittel fehlen, widrigenfalls er schadensersatzpflichtig werden kann [15]).

Wird der Mündel während eines Civilprozesses oder Konkurses großjährig, so hat ihn, da hierdurch das Verfahren nicht

[11]) Schultze, das deutsche Konkursrecht in seinen juristischen Grundlagen, Berlin 1880, S. 113—135, von Wilmowski, deutsche Reichs-Konkursordnung, 2. Aufl. 1881, Anm. 2 zum 6. Titel S. 456 u. 457 und Eccius, Bd. 1 §. 116 S. 895.

[12]) Uebereinstimmend Eccius a. a. O. Anm. 2 und Bd. 1 §. 103 S. 792. A. A. Hesse, Anm. 14 Abs. 4 zu §. 43 S. 146, von Wilmowski a. a. O. Anm. 3 zu §. 169 S. 468 und Willenbücher, die Reichs-Konkursordnung, Berlin 1885, S. 211 Anm. *).

[13]) §. 81 der deutschen Civilprozeßordnung und §. 65 der deutschen Konkursordnung.

[14]) Vgl. l. 9 §. 6 D. de adm. tut. 26, 7.

[15]) Vgl. l. 35 pr. D. de jurej. 12, 2.

unterbrochen wird[16]), der Vormund unverzüglich von Gang und Stand des Verfahrens zu informiren, die Versäumniß macht ihn, wenn sie bezw. ihre Wirkung auch erst nach Beendigung der Vormundschaft eintritt, ersatzpflichtig[17]).

c) Neue Anlagen[1]).

§. 75. Erwerb von unbeweglichen Sachen.

Bis in die neuere Zeit hielt man sich bei der Anlegung der Mündelgelder an die römischen Grundsätze, nach welchen solche Gelder in erster Linie zum Ankauf von landwirthschaftlichen Grundstücken zu verwenden waren und so lange deponirt wurden, bis sie sich in hierzu genügenden Beträgen angesammelt hatten und bis Gelegenheit zum Kauf geboten war[2]). Die Anschaffung von Obligationen stand erst in zweiter Linie[3]). Den modernen wirthschaftlichen Verhältnissen sind diese Sätze nicht mehr entsprechend. Die Römer mochten seiner Zeit in dem auch bei Krieg und Revolution unzerstörbaren landwirthschaftlichen Grundbesitz die solideste Geldanlage erkennen. Heutzutage hat die Kapitalanlage in Grundstücken wegen der raschen Werthveränderung, denen sie unterliegen, der Schwierigkeiten der Verwaltung, der geringen Rente, welche sie abwerfen, der leicht eintretenden Unveräußerlichkeit u. dgl. erhebliche Bedenken. Daher bestimmte bereits das A. L. R.[4]), daß die sichere zinsbare Unterbringung von Geldern dem Ankauf von Grundstücken vorzuziehen sei, sofern nicht von letzterem mit Wahrscheinlichkeit besondere Vortheile zu hoffen seien. Die V. O.[5]) nimmt den Erwerb von Grundstücken überhaupt nicht unter die regelmäßigen Kapitalanlagen auf. Der Erwerb von unbeweglichen Sachen[6]), insbesondere also von Grundstücken, ist dem

---

[16]) §. 219 der deutschen Civilprozeßordnung.

[17]) Mehr noch verlangte das römische Recht, vgl. l. un. C. ut causae post pubertatem adsit tutor 5, 48.

[1]) Vgl. Hecht, die Mündel- und Stiftungsgelder in den deutschen Staaten, Stuttgart 1875.

[2]) l. 3 §. 2 u. l. 5 pr. D. de adm. tut. 26, 7. Hecht a. a. O. S. 145.

[3]) Die wenig rationellen Bestimmungen Justinians in der nov. 72 cap. 6—8 sind ohne Folge geblieben und sind hier nicht zu erörtern.

[4]) A. L. R. II 18 §. 599.

[5]) V. O. §. 39.

[6]) Vgl. über deren Begriff oben §. 69 S. 276 bei Anm. 3.

Vormund gestattet, aber nur von dem Gesichtspunkte aus, daß es sich um eine durch die besondere Vermögenslage oder wenigstens die besonderen persönlichen Verhältnisse des Mündels veranlaßte Anschaffung handelt. Derselbe bedarf der Genehmigung des Vormundschaftsgerichts, sobald er durch lästigen Vertrag geschieht [7]).

Auch der Erwerb von unbeweglichen Sachen in der Zwangsversteigerung für den Mündel ist hiernach an die Genehmigung des Vormundschaftsgerichts und zwar selbst dann gebunden, wenn es sich um Rettung einer Mündelhypothek handelt, da auch bei der Zwangsversteigerung der Erwerb im Wege eines lästigen Vertrages bewirkt wird. Der Vormund, welcher für den Mündel mitbieten will, muß sich daher vorher diese Genehmigung verschaffen [8]), widrigenfalls er im Bietungstermine zurückzuweisen bezw. der Zuschlag an den Mündel zu versagen ist [9]).

Dagegen kann der Vormund ein persönliches oder dingliches Vorkaufsrecht seines Mündels ohne Ermächtigung des Gerichts ausüben und auf diesem Wege innerhalb oder außerhalb einer Zwangsversteigerung für den Mündel ein Grundstück erwerben. Denn wenn auch der Vorkaufsberechtigte durch die Ausübung des Vorkaufsrechts die Pflichten eines Käufers überkommt, so fehlt es doch auf Seiten des anderen Theils an der Zustimmung bezw. ist diese unwesentlich und wird daher der Erwerb des Grundstücks nicht durch einen Vertrag bewirkt [10]), und bei der Eigenschaft der in Rede stehenden Vorschrift als Ausnahmevorschrift muß an dem Erforderniß eines lästigen Vertrages festgehalten werden [11]).

---

[7]) V. O. §. 42 unter Nr. 6.

[8]) Anders nach A. L. R., hier war die Genehmigung des Gerichts nicht Bedingung des Erwerbs, Plenarbeschluß des Ober-Tribunals vom 22. Juni 1846 (Entsch. Bd. 13 S. 3). Daher die Entscheidung bei Striethorst, Archiv Bd. 9 S. 365.

[9]) Vgl. §§. 65, 78 Abs. 2 und 92 Abs. 1 des Gesetzes vom 13. Juli 1883 betr. die Zwangsvollstreckung in das unbewegliche Vermögen (G. S. 1883 S. 131).

[10]) A. A. Brettner in den Beiträgen Bd. 20 S. 417, ferner Löwenstein, Anm. 169 zu §. 42 S. 68, Neumann zu §. 42 S. 125, Hesse, Anm. 11 zu §. 42 S. 144 und Turnau, Bd. 2 §. 87 S. 337 u. A. m., übereinstimmend für das frühere Recht Entscheidungen des Ober-Tribunals Bd. 26 S. 51 und Striethorst, Archiv Bd. 9 S. 369, und für das jetzige Vormundschaftsrecht z. B. Wachler, Anm. 11 zu §. 42 S. 141 und Eccius, Bd. 4 §. 232 Anm. 21 S. 209.

[11]) Siehe oben §. 21 S. 83 bei Anm. 5.

Ebenso bedarf es keiner gerichtlichen Genehmigung für den Vormund, wenn ihm auf Grund eines Erwerbsgeschäfts des Erblassers seines Mündels für den letzteren ein Grundstück aufgelassen werden soll, da er hier nicht den Erwerbsvertrag geschlossen hat [12]).

§. 76. Anlegung von Geldern.

Nach dem System des A. L. R. flossen die Mündelgelder, soweit sie nicht zu laufenden Ausgaben bereit zu halten waren, in die gerichtliche Depositalkasse [1]). Es geschah dann auch die zinsbare Anlegung der Gelder, welche für die Bedürfnisse des Mündels entbehrlich waren, durch das Gericht, welches Vormundschaftsgericht war, und auf dessen Namen aus dem sog. Generaldepositorium, wenn der Vormund nicht eine andere Art der Anlegung beantragte.

Für die Ausleihung aus dem Generaldepositorium waren die Vorschriften der Depositalordnung von 15. September 1783 und der dieselbe ergänzenden oder abändernden Gesetze maßgebend. Hiernach durfte die Anlegung nur in Hypotheken innerhalb einer gesetzlich bestimmten Werthgrenze, in landschaftlichen Pfandbriefen oder bei der preußischen Bank geschehen, welche letztere 3 Prozent für Mündelgelder vergütete [2]). Wenn auch die Ausleihung auf den Namen des Generaldepositoriums erfolgte, so wurden doch die einzelnen Guthaben den Betheiligten zugeschrieben, so daß man auch annahm, die einzelnen Posten ständen auf Rechnung und Gefahr, ja im Eigenthume derer, welchen sie zugeschrieben waren [3]). Jedoch geschah die Rückzahlung stets in Geld oder Bankguthaben und nie in höherem Betrag als eingezahlt war. Die Depositalkasse verschaffte sich die Mittel zur Rückzahlung durch Umschreibung der den Mündeln zugetheilten Hypotheken und Pfandbriefe auf andere Betheiligte.

Seit dem Inkrafttreten der V. O. ist es stets Sache des Vormunds, nicht des Gerichts, für die Anlage derjenigen Mündelgelder zu sorgen, welche zu laufenden oder zu anderen durch die Vermögensverwaltung begründeten Ausgaben nicht erforderlich sind [4]).

---

[12]) Jahrbuch Bd. 2 S. 100 u. Bd. 3 S. 106.

[1]) A. L. R. II 18 §§. 422, 454, 499 ff., 545 u. 668.

[2]) Kabinetsorder vom 11. April 1839 (G. S. 1839 S. 161).

[3]) Entscheidungen des Ober-Tribunals Bd. 31 S. 78.

[4]) Natürlich wird hierdurch nicht ausgeschlossen, daß in Folge besonderer Vorschriften, z. B. über das Verfahren bei Siegelungen in Sterbefällen, die

Damit hat die Hinterlegung derselben beim Gericht und ihre weitere Anlegung durch das Gericht aufgehört, und sind die damals im Generaldepositorium befindlichen Mündelgelder, die mit dem 1. Januar 1876 in das Eigenthum des Staates übergingen, bis zum 1. Januar 1878 den Vormündern zur eigenen Verwaltung auszuzahlen gewesen und ausgezahlt worden [5]).

Die Anlegung der Mündelgelder durch den Vormund soll der Regel nach in Obligationen geschehen [6]). Die V. O. hat spezielle Vorschriften aufgestellt, durch welche die Kategorien von Obligationen bestimmt werden, unter welchen der Vormund zu wählen hat [7]). Es schließt sich dies an die Praxis und Gesetzgebung im Gebiete des A. L. R. an, während das französische Recht die Wahl der Anlage dem freien Ermessen des Vormunds überlassen hatte.

Jene Vorschriften beziehen sich aber nur auf die Anlegung der Gelder, welche zur Zeit der Einleitung der Vormundschaft vorhanden waren, oder dem Mündel im Laufe derselben zufielen, wobei unter Geldern Alles zu verstehen ist, was außer dem Metall- und Papiergelde im Verkehr als Geld cirkulirt [8]), und es gleichgültig ist, ob die Gelder aus eingezogenen Kapitalien oder aus Ersparnissen herrühren. Sie finden keine Anwendung auf Werthpapiere, Hypotheken und Forderungen, welche der Vormund im Mündelvermögen vorfand, oder die dem Mündel im Verlaufe der Vormundschaft, z. B. durch einen Erbfall, zukamen. Hinsichtlich dieser hat der Vormund nur die allgemeine Pflicht eines ordentlichen Hausvaters [9]).

Das Gleiche gilt ferner noch dann, wenn die Anlegung durch die sonstige Vermögensverwaltung bedingt ist und nicht mit der Sicherheit des §. 39 V. O. bewirkt werden kann, z. B. bei einer Annahme an Zahlungsstatt für eine zweifelhafte oder unsichere

---

Hinterlegung von Geldern, welche Minderjährigen gehören, noch erforderlich werden kann, vgl. oben §. 19 unter b S. 77.

[5]) V. O. §. 96 und §. 1 des Gesetzes vom 19. Juli 1875 betr. das Hinterlegungswesen (G. S. 1875 S. 531), sowie die allgem. Verfügungen vom 19. April 1876, 25. April 1876, 2. Mai 1876 und 27. September 1876 (Just. Min. Bl. 1876 S. 95, 100, 103 u. 185).

[6]) Vgl. Hecht a. a. O. S. 155 ff.

[7]) V. O. §. 39. Ueber Erweiterung der hiernach vorhandenen Befugnisse des Vormunds durch Anordnung des Erblassers siehe oben §. 34 unter Nr. 3 S. 140.

[8]) Siehe oben §. 70 S. 283 bei Anm. 5.

[9]) Siehe oben §. 65 S. 265 vor Anm. 11 und Jahrbuch Bd. 3 S. 49.

Forderung des Mündels, bei dem Kreditiren eines Erbtheils oder bei dem Stehenlassen eines Restkaufgeldes für ein verkauftes Mündelgrundstück. Hier greift der §. 39 V. O. ebenfalls nicht Platz und genügt es, wenn diejenige Sicherheit erlangt wird, welche erlangt werden kann oder welche der des aufgegebenen Vermögenswerthes, z. B. in dem Falle eines Grundstücksverkaufs der Sicherheit, die der Besitz des Grundstücks selbst dem Mündel gewährte, entspricht, bezw. konnte nur das Gericht die erforderliche Genehmigung des betreffenden Geschäfts versagen, weil die Sicherheit nicht ausreiche [10]).

Es unterscheidet nun die V. O. bei der Anlegung der Mündelgelder nach §. 39, den wirthschaftlichen Verhältnissen entsprechend, dauernde zinsbare Anlagen und vorübergehende Belegung [11]).

I. Dauernde Anlagen sind die nachstehenden, wobei jedoch eine Reihenfolge, so daß etwa die eine vor der andern bevorzugt wäre, dem Gesetz fremd ist:

1. Schuldverschreibungen, welche von dem deutschen Reiche oder von einem deutschen Bundesstaate mit gesetzlicher Ermächtigung ausgestellt sind. Mit Recht wird also durch die V. O. die früher festgehaltene Schranke der inländischen Staatspapiere überschritten; denn die Staatspapiere sämmtlicher Bundesstaaten haben im wesentlichen gleiche Sicherheit und bequeme Verwerthung.

Dem Erwerb von Schuldverschreibungen steht der Erwerb von Buchschulden des Staats auf den Namen des Mündels durch Eintragung in das Staatsschuldbuch gleich [12]).

---

[10]) Jahrbuch (App.) Bd. 6 S. 51, Wundsch in den Beiträgen Bd. 21 S. 357, Eccius, Bd. 4 §. 232 S. 218 und Märcker, Anm. 4 Abs. 2 zu §. 39 S. 261.

[11]) Dies ist erst durch Amendements in der Plenarberathung des Herrenhauses festgestellt worden, während der Regierungsentwurf eine solche Unterscheidung nicht kannte (Stenographische Verhandlungen des H. H. S. 160).

[12]) In solche Buchschulden können in Preußen nach dem mit dem 1. Oktober 1884 in Kraft getretenen Gesetz vom 20. Juli 1883 betr. das Staatsschuldbuch (G. S. 1883 S. 120 u. 1884 S. 269), zu welchem die Ausführungsbestimmungen vom 22. Juni 1884, der Nachtrag zu diesen vom 6. März 1885 und die Bekanntmachung vom 16. März 1885 erlassen sind (Just. Min. Bl. 1884 S. 155 ff. u. 1885 S. 125 ff.), die Schuldverschreibungen der vierprozentigen konsolidirten Staatsanleihe und nach dem Gesetz vom 4. März 1885 betr. die Kündigung und Umwandlung der $4^1/_2$ prozentigen konsolidirten Staatsanleihe (G. S. 1885 S. 55) §§. 4 u. 5 die durch dieses Gesetz gekündigten Schuldverschreibungen der $4^1/_2$ prozentigen konsolidirten Staatsanleihe umgewandelt werden. Ueber den Geschäftsverkehr mit dem Staatsschuldbuch ergiebt das Nähere die in einer

2. Des weiteren sind pupillarische Anlagen die Schuldverschreibungen, deren Verzinsung von dem deutschen Reiche oder von einem deutschen Bundesstaate gesetzlich garantirt ist. Von selbst versteht sich die Voraussetzung, daß diese Garantie eine unbedingte und bis zur Rückzahlung dauernde sein muß [13]). Zu dieser Kategorie gehören staatlich garantirte sogenannte Eisenbahn-Prioritäten, welche nichts anderes sind als Schuldverschreibungen der Eisenbahnen. Dagegen sind Eisenbahn-Stamm-Aktien und Eisenbahn-Prioritäts-Aktien keine Schuldverschreibungen, sondern Antheilsscheine. Sie dürfen daher selbst dann nicht vom Vormund angeschafft werden, wenn ihnen ein bestimmter Zins dauernd gesetzlich garantirt ist. Einen Grund für diese Ausschließung kann man in dem wechselnden Kurse solcher Papiere finden.

3. Zugelassen sind ferner Rentenbriefe der zur Vermittelung der Ablösung von Renten in Preußen bestehenden staatlichen Rentenbanken. Rentenbriefe anderer deutscher Staaten sind also ausgeschlossen, sofern sie nicht unter 1. und 2. fallen.

4. Pupillarische Anlagen sind weiter Schuldverschreibungen, welche von deutschen kommunalen Korporationen, also Provinzen, Kreisen, Gemeinden 2c., oder deren Kreditanstalten ausgestellt sind. Es ist hierbei jedoch Bedingung, daß diese Schuldverschreibungen entweder seitens der Inhaber kündbar sind, sei es sofort oder doch in kürzerer Frist, oder daß sie einer regelmäßigen Amortisation unterliegen. Als deutsche Korporationen sind alle diejenigen zu betrachten, welche dem Bundesgebiete angehören, also auch die im Gebiete des Reichslandes Elsaß-Lothringen belegenen [14]).

---

besonderen, im Buchhandel beziehbaren Druckschrift unter dem Titel: „Amtliche Nachrichten über das Preußische Staatsschuldbuch" erfolgte Veröffentlichung der Hauptverwaltung der Staatsschulden.

Ein dem von 20. Juli 1883 ähnliches Gesetz ist auch für das Königreich Sachsen erlassen.

Die Eintragung in das Staatsschuldbuch empfiehlt sich durch die Sicherung gegen die mit der Aufbewahrung der Schuldverschreibungen und Zinsscheine verbundene Gefahr des Verlustes, Diebstahls und Zerstörung, welche sonst nur durch die mit mancherlei Uebelständen verknüpfte Außerkurssetzung und auch durch diese nur theilweise vermieden werden kann, und durch die Bequemlichkeit bei der Zinserhebung.

[13]) Bericht der K. d. A. H. S. 9.

[14]) Eine Zusammenstellung der nach Nr. 1—4 zulässigen Werthpapiere findet sich z. B. bei Maaßen, S. 54—55, Hesse, S. 120—122, Märcker, S. 260 u. 262 und Anders, der Vormund, S. 76—79.

5. Auch in sicheren Hypotheken oder Grundschulden kann die zinsbare Anlage geschehen [15]). Eine Begrenzung auf Preußen oder Deutschland ist im Gesetze nicht bestimmt. Gleichwohl dürfte eine Belegung in außerdeutschen Hypotheken, z. B. in amerikanischen, schwerlich im Sinne des Gesetzes liegen. Höchstens in Grenzdistrikten wird eine Anlage auf benachbarte ausländische Grundstücke zu billigen sein, jedoch auch dies nur, wenn nach den dort geltenden pfandrechtlichen und prozessualischen Vorschriften nicht die Sicherheit beeinträchtigt oder die Geltendmachung erschwert ist, was z. B. von den an Preußen grenzenden Theilen Rußlands nicht gelten kann [16]).

Als sicher wird eine Hypothek oder Grundschuld entsprechend den allgemeinen Grundsätzen des preußischen Rechts [17]) angesehen:

a) Bei ländlichen Grundstücken, wenn sie innerhalb der ersten zwei Drittheile der öffentlichen Taxe oder innerhalb des fünfzehnfachen Betrags des aus dem Grundbuche eventuell der Grundsteuermutterrolle ersichtlichen Grundsteuerreinertrags der Liegenschaft zu stehen kommt [18]).

Die Taxe muß nicht nothwendig eine gerichtliche, d. i. unter Leitung eines Richters aufgenommene oder nach besonderen Vorschriften, wie z. B. den Gesetzen vom 15. Juni 1840 über die Abschätzung der Grundstücke von geringerem Werth und vom 4. Mai 1857 betr. die Vereinfachung des Taxverfahrens (G. S. 1840 S. 131 und 1857 S. 445), einer solchen gleichgestellte [19]) sein, es genügt auch eine von öffentlichen Kreditverbänden aufgenommene Taxe, also eine ritterschaftliche und landschaftliche, ferner die in Schleswig-Holstein vorkommende sogenannte Steuer-Taxe.

b) Bei städtischen Grundstücken gilt die Hypothek als sicher innerhalb der Hälfte des Taxwerthes. Die Taxe kann eine gerichtliche sein, es genügt aber auch die Taxe einer öffentlichen Feuer-Versicherungsanstalt. Hierunter sind zu verstehen solche Anstalten, welche von kommunalen Verbänden ausgehen und durch Beamte

---

[15]) Wegen Unzulässigkeit der Anlage in auf Grundstücken des Vormunds lastenden Hypotheken und Grundschulden siehe unten §. 78 unter Nr. 4.

[16]) Für die Beschränkung auf preußische Grundstücke sind z. B. Anton, Dalcke, Hesse und Wachler.

[17]) A. L. R. I 14 §. 188.

[18]) Es entspricht dies dem Gesetze vom 6. März 1868 betr die Ergänzung der Depositalordnung (G. S. 1868 S. 206).

[19]) Möbius, Erörterungen und Aphorismen S. 20.

derselben verwaltet werden, also insbesondere die Land-, Stadt- und Provinzial-Feuersocietäten.

Die Taxen dürfen natürlich nicht etwa veraltet und unter ganz andern Verhältnissen und Werthkonjunkturen gemacht sein.

6. Endlich kann die Anlage erfolgen in mit staatlicher Genehmigung ausgegebenen Pfandbriefen und gleichartigen Schuldverschreibungen von Kreditinstituten gewisser Einrichtung [20]). Es ist nämlich erfordert, daß diese Institute durch die Vereinigung von Grundbesitzern gebildet sind und demnach auf Gegenseitigkeit beruhen, ferner daß die Institute mit Korporationsrechten versehen sind und endlich, daß sie statutenmäßig die Beleihung auf die oben unter Nr. 5 angegebenen Theile des Werths der Liegenschaften zu beschränken haben. Die Ermittelung des Werths muß aber nicht in der bei den Individualhypotheken vorgesehenen Weise erfolgen.

Letzteres ist bestritten worden, weil die jetzige Bestimmung über die Art, wie der Werth der Individualhypotheken zu ermitteln ist, in der Regierungsvorlage nicht enthalten gewesen, sondern erst von der Kommission des Herrenhauses hinzugefügt und damit indirekt auch bei den Pfandbriefen die Regierungsvorlage geändert worden sei [21]). Indessen ergeben die Verhandlungen über den gedachten Zusatz nichts dafür, daß derselbe auch für die Pfandbriefe habe gelten sollen. Es war auch, da bei den letzteren bereits durch entsprechende Vorschriften für die Art der Werthsermittelung gesorgt war, diese Vorschriften einer staatlichen Prüfung und Genehmigung unterliegen und thatsächlich die solidesten und vorsichtigsten sind, kein Grund vorhanden, die hier nicht passenden Nothbehelfe für die Ermittelung des Werths von Indvidualhypotheken auch für die Pfandbriefinstitute für obligatorisch zu erklären. Es muß daher an dem Wortlaut des Gesetzes, nach welchem zweifellos nur wegen der Beleihungsgrenze und nicht auch wegen der Werthsermittelung auf die bei den Hypotheken gegebenen Vorschriften verwiesen ist, festgehalten werden, und sind hiernach auch die Pfandbriefe solcher Kreditinstitute zulässig, welche bei der Werthsermittlung den Ertragswerth berücksichtigen [22]).

[20]) Vgl. **Hecht** a. a. O. S. 171 ff.

[21]) So z. B. **Märcker**, Anm. 5 a. E. zu §. 39 S. 264, derselbe, Die Vormundschaftsordnung zu §. 39 S. 37 und **Maaßen**, Anm. 4 zu §. 39 S. 54.

[22]) z. B. die Pfandbriefe des Berliner Pfandbrief-Instituts.

Der diesseitigen Ansicht sind z. B. **Wachler**, Anm. 18 zu §. 39 S. 130,

Die früheren Pfandbriefe solcher Institute waren mit Spezialhypotheken ausgestattet, so daß ihre pupillarische Sicherheit unzweifelhaft war. Seit geraumer Zeit aber ist man zu einer anderen Modalität übergegangen. Die Pfandbriefe werden nicht mehr mit Spezialhypotheken versehen, vielmehr beleiht das Kreditinstitut in eigenem Namen auf Hypothek und fertigt seinerseits Schuldscheine, sog. neue Pfandbriefe, aus, welche keinen höheren Betrag erreichen dürfen, als die Summe der dem Institute gehörenden Hypotheken beträgt. Formell haben demnach die Inhaber solcher neuen Pfandbriefe nur ein persönliches Forderungsrecht gegenüber dem Kreditinstitut, materiell hingegen haben sie eine ähnliche Sicherheit wie Hypothekarien, weil die dem Institut zugehörigen Hypotheken lediglich zur Befriedigung der Pfandbriefgläubiger bestimmt sind [23]).

Die in Preußen bestehenden sogenannten Hypotheken-Aktien-Banken treiben dagegen, außer ihrer Beschäftigung mit dem Realkredit, meist Bankgeschäfte der verschiedensten Art. Die Inhaber der von solchen Instituten ausgegebenen Pfandbriefe, haben hiernach an und für sich bei der Konkurrenz anderer Gläubiger keine Garantie dafür, daß ihnen die der Bank gehörigen Hypotheken ausschließlich haften. Daher schließt die V. O. die Pfandbriefe von Aktiengesellschaften allgemein von den pupillarischen Anlagen aus.

Der Vormund hat bei den vorstehenden Anlagen von Mündelgeldern, deren Besorgung an und für sich ihm allein obliegt, im Einverständniß mit dem Gegenvormund zu handeln. Eine besondere Form für die Erklärung dieses Einverständnisses ist nicht vorgeschrieben.

II. Vorübergehende Belegungen:

a) Gelder, welche zu laufenden Ausgaben nicht erforderlich sind, die aber in eigentlichen Anlagepapieren nach den obwaltenden Umständen nicht sofort angelegt werden können, sind bei der Reichsbank [24]) oder bei öffentlichen, obrigkeitlich bestätigten Spar-

---

Hesse, Anm. 21 zu §. 39 S. 124 und Eccius, Bd. 4 §. 232 Anm. 59 S. 218. Auch das Kollegium des Berliner Stadtgerichts hatte sich seiner Zeit für die Zulassung der Berliner Pfandbriefe ausgesprochen, vgl. hierüber Märcker, Anm. 5 zu §. 39 S. 264.

[23]) Vgl. von Brünneck, Beiträge zur Geschichte und Dogmatik der Pfandbriefsysteme nach preußischem Recht in den Beiträgen Bd. 28 S. 48 ff., 318 ff. u. 481 ff. und Bd. 29 S. 23 ff. u. 161 ff.

[24]) Nach einer Bekanntmachung des Reichsbank-Direktoriums vom 3. De-

kassen [25]) vorläufig zinsbar zu belegen. Eine solche Belegung hat z. B. stattzufinden zum Zweck der Ansammlung kleinerer Beträge oder auch dann, wenn gute Hypotheken, welche in Aussicht genommen sind, erst nach einiger Zeit erworben werden können, oder wenn die börsenmäßigen Anlagepapiere in Folge besonderer, voraussichtlich vorübergehender Konjunkturen besonders hoch im Kurse stehen.

Diese Belegung geschieht durch den Vormund, ohne daß ein Einverständniß mit dem Gegenvormund hier erforderlich ist.

Da sie nur eine vorübergehende sein soll, so sind die Vormünder verpflichtet, Anlagepapiere zu erwerben, sowie dies in vortheilhafter Weise geschehen kann.

b) Die V. O. trifft keine besonderen Bestimmungen über diejenigen Gelder, welche zu laufenden oder zu anderen durch die Vermögensverwaltung begründeten Ausgaben erforderlich sind, ohne sofort verwendet werden zu müssen. Doch hat der Vormund auch sie ohne Zweifel, soweit dies einem ordentlichen Hausvater obliegt, nutzbar zu machen. Unbedeutende Beträge, welche voraussichtlich bald zur Ausgabe gelangen, mag er hiernach zinslos liegen lassen; bedeutendere Summen, welche erst in längeren Fristen zur Verwendung kommen, sind regelmäßig nach Ortsgelegenheit zinsbar unterzubringen. Insbesondere ist der Vormund berechtigt, unter Um-

---

zember 1878 werden von Privatpersonen überhaupt und speziell auch von Vormündern und Pflegern Gelder zur zinsbaren Belegung bei der Reichsbank nicht mehr angenommen. Die obige Bestimmung der V. O. ist also gegenwärtig gegenstandslos.

[25]) Die Sparkassen bieten zum Theil nach ihren Verwaltungsgrundsätzen unzureichende Sicherheit, deshalb ist die gedachte Beschränkung gemacht. Die Sparkassen eingetragener Genossenschaften gehören daher nicht hierher.

Die Bestätigung von Sparkassen erfolgt durch die Ober-Präsidenten, Reglement vom 12. Dezember 1838 betr. die Einrichtung des Sparkassenwesens (G. S. 1838 S. 5), Allerh. Kabinets-Order vom 4. Mai 1839 (Just. Min. Bl. 1839 S. 179) und §. 52 des Gesetzes vom 1. August 1883 über die Zuständigkeit der Verwaltungs- und Verwaltungsgerichtsbehörden (G S 1883 S. 237).

Zu den bestätigten und zulässigen Sparkassen gehört auch die der preußischen Rentenversicherungs-Anstalt zu Berlin (Märcker, Anm. 3 zu §. 39 S. 263).

Wenn sich übrigens, wie mitunter der Fall, nach dem Inhalt der Statuten einer städtischen Sparkasse den Einlagebüchern derselben die Bedeutung kündbarer Schuldverschreibungen beilegen läßt, so ist auch eine dauernde Anlage von Mündelgeldern bei einer solchen Sparkasse statthaft (Jahrbuch (App.) Bd. 8 S. 93).

ständen sogar verpflichtet, solche Gelder in Kontokurrent bei sicheren Firmen zu belegen [26]).

Das römische Recht gab dem Vormund eine Frist, sog. laxamentum temporis, für die Anlegung entbehrlicher Mündelgelder und verpflichtete ihn nach deren Ablauf zur Zahlung von Zinsen aus eigenen Mitteln [27]). Den modernen Geldverhältnissen entsprechend kennt weder das A. L. R. noch die V. O. eine solche Frist, da dem Vormund die zeitweilige Belegung bei Sparkassen und der Reichsbank — bei der letzteren allerdings thatsächlich zur Zeit nicht — offensteht. Der Vormund hat also ungesäumt hierfür thätig zu sein. Versäumt oder verzögert er die Anlegung von Geldern, so muß er dieselben mit Sechs vom Hundert jährlich verzinsen. Dies gilt auch für die Belegung vorübergehend entbehrlicher Gelder, da die Vorschrift schon im Entwurf des Gesetzes, der unter der Anlegung auch die Belegung bei Sparkassen — von der Reichsbank war im Entwurf noch nicht die Rede — verstand, wörtlich enthalten war und bei der nachträglichen Unterscheidung zwischen Anlegen und Belegen [28]) es fern gelegen hat, in der in Rede stehenden Beziehung etwas zu ändern, dies auch vom Standpunkt des Mündelinteresses aus jeder inneren Begründung entbehrt hätte [29]). Diese Zinsenpflicht läuft von der Säumniß oder Verzögerung an, deren Beginn wiederum nach den thatsächlichen Verhältnissen des einzelnen Falls zu beurtheilen ist [30]), bis zur Anlegung der Gelder oder der Ablieferung des Mündelvermögens an den Mündel, demnach also auch nach Beendigung der Vormundschaft, und geht, da sie keine Strafe, sondern Schadensersatz ist, auf die Erben des Vormunds über [31]).

Wenn da, wo es nach dem Vorstehenden des Einverständnisses des Gegenvormunds bedarf, dieses nicht zu erlangen ist, so wird zunächst die Belegung bei einer Sparkasse zu erfolgen haben, da

---

[26]) Dies hat auch bei der Berathung der Kommission des Herrenhauses der Regierungskommissar in Uebereinstimmung mit der Kommission anerkannt (Bericht der K. d. H. H. S. 52).

[27]) l. 15 u. l. 7 §. 11 D. de adm. tut. 26, 7.

[28]) Siehe oben Anm. 11 S. 302.

[29]) A. A. Jahrbuch (App.) Bd. 5 S. 286, Anton, Anm. 101 zu §. 39 S. 111, Löwenstein, Anm. 153 zu §. 39 S. 62, Maaßen, Anm. 13 zu §. 39 S. 56 und Neumann zu §. 39 S. 103, dagegen besonders Hesse, Anm. 22 zu §. 39 S. 124 u. 125.

[30]) Märcker, Anm. 6 zu §. 39 S. 264.

[31]) Hesse, Anm. 22 Abs. 2 zu §. 39 S. 125, vgl. unten §. 80 bei Anm. 8.

diese überall stattfindet, wo eine anderweite Anlegung nach den obwaltenden Umständen nicht bewirkt werden kann und hierunter auch der Mangel des Einverständnisses fällt [32]). Es darf jedoch hierbei, da eine dauernde Anlage größerer Summen in dieser Weise nicht zulässig ist, nicht verbleiben. Bei dem, was deshalb weiter zu geschehen hat, kann der Vormund, da, wie bemerkt, die Anschaffung an sich seine Sache ist und daher von ihm geschehen kann, auch wenn das Einverständniß des Gegenvormunds fehlt, auf seine Verantwortlichkeit hin handeln. Er macht sich dadurch allein noch keiner Pflichtwidrigkeit schuldig und kann, wenn er etwa später wegen Schadens des Mündels in Anspruch genommen werden sollte, sich damit wohl entschuldigen, daß er als ordentlicher Hausvater die nöthigen Schritte that, und daß es nur Eigensinn des Gegenvormunds war, wenn derselbe seine Einwilligung verweigerte. Er kann aber auch die Entscheidung des Gerichts anrufen, welches, wenn es nach §. 41 Abs. 2 V. O. die Genehmigung des Gegenvormunds, die doch offenbar eine größere Wichtigkeit und Bedeutung als das bloße Einverständiß hat, ersetzen kann, auch für befugt angesehen werden muß, in analoger Anwendung des §. 41 Abs. 2 das Einverständniß zu ersetzen [33]).

Darüber, daß das Vormundschaftsgericht bei Gelegenheit der Prüfung der gelegten Rechnung und sonst den Vormund durch Ordnungsstrafen zum Anlegen bezw. Belegen der Mündelgelder anhalten kann, sowie, wenn eine Anlegung oder Belegung stattgefunden hat, diese auf ihre Gesetzmäßigkeit zu prüfen hat und, sofern es hieran fehlt, die Einziehung und anderweite Anlegung oder Belegung, sobald sie ohne Verlust möglich ist, anordnen kann und muß, besteht kein Zweifel, indem es sich insoweit um dem Vormund vom Gesetz auferlegte Pflichten handelt und zur Erzwingung gesetzlicher Pflichten das Aufsichtsrecht auch nach der beschränktesten Auffassung desselben

[32]) Möbius, Erörterungen und Aphorismen S. 21 und Philler, Anm. 171 zu §. 39 S. 82.

[33]) Uebereinstimmend Eccius, Erörterungen aus dem Gebiete des Vormundschaftsrechts S. 20 und in Förster's Privatrecht Bd. 4 §. 232 Anm. 58 S. 217. A. A. dahin, daß der Vormund nur das Recht der Beschwerde über den Widerspruch des Gegenvormunds habe, z. B. Hesse, Anm. 4 zu §. 39 S. 119 und die dort Citirten, sowie Philler a. a. O. Praktisch führt übrigens das Recht des Vormundschaftsgerichts, den Gegenvormund bezüglich des Einverständnisses zu ersetzen, zu demselben Resultat, wie die Entscheidung auf Beschwerde.

benutzt werden darf. Eine weitere Konsequenz hiervon ist, daß das Gericht auch darüber, welche Gelder entbehrlich sind, zu befolgende Weisungen an den Vormund erlassen kann, denn die Entbehrlichkeit der Gelder ist die nothwendige Voraussetzung für deren Anlegung oder Belegung [34]). Nach der diesseitigen Auffassung des Aufsichtsrechts kann aber weiter das Gericht auch Anordnungen über die Art der Anlegung treffen. Es wird indessen hierzu nur selten Veranlassung haben, da Vorbedingung für das Einschreiten des Gerichts immer eine Unzweckmäßigkeit der Anlage sein würde und diese bei Gesetzmäßigkeit derselben schwer anzunehmen sein wird. Ausgeschlossen ist es jedoch nicht, es begnügt sich z. B. der Vormund mit einer blos dreiprozentigen Hypothek, obwohl eine gleich gute fünfprozentige erworben werden könnte.

Hat der Vormund Mündelgelder in anderen als den gesetzlich gestatteten Werthen angelegt, so verbleibt es bei dem allgemeinen Grundsatz, daß der Mündel, wenngleich der Vormund seine Pflichten verletzt, berechtigt und verpflichtet wird und nur Ersatzansprüche hat. Der Mündel wird also Eigenthümer der erworbenen Werthe, und der Vormund und, sofern der Gegenvormund mitgewirkt hat, auch dieser, haftet ihm unter den gewöhnlichen Voraussetzungen [35]) für allen Schaden, der bereits entstanden ist und noch aus der Umsetzung der Werthe in baares Geld oder aus deren Unmöglichkeit entsteht [36]). Für den Schaden kann dabei bei einer Anlage, die verschiedene Werthe umfaßt, aber als eine einheitliche gemacht ist, nur deren Gesammtresultat in Betracht kommen, so daß, wenn ein Theil der Anlage besonderen Nutzen für den Mündel gehabt hat, sich dadurch der zu erstattende Schaden verringert. War die Anlage zum Theil gesetzmäßig, zum Theil gesetzwidrig, z. B. eine Hypothek geht mit einem Theil über die zulässige Beleihungsgrenze hinaus, so erstreckt sich die Verpflichtung zum Schadensersatz nur auf den Ausfall, welcher bei dem über das Maß der gesetzlich vorgeschriebenen Sicherheit hinausgehenden Theil der Anlage eintritt. Denn nur bei diesem Theil ist die Bedingung des Ersatzanspruchs, das Verschulden des Vormunds bezw. Gegenvormunds, vorhanden [37]).

---

[34]) Eccius, Bd. 4 §. 232 Anm. 57 S. 217.

[35]) Siehe oben §. 37 S. 153 ff.

[36]) Ebenso Eccius, Erörterungen S. 21.

[37]) Vgl. das Urtheil des Reichsgerichts vom 26. März 1881 in dessen Entscheidungen in Civilsachen Bd. 4 S. 166.

Für die Frage, ob eine Anlage gesetzwidrig und ein Verschulden vorhanden ist oder nicht, ist allein entscheidend die Zeit der Anlegung oder Belegung, dagegen ist für die weitere Frage, ob durch das Verschulden der eingetretene Schaden entstanden ist, auch die spätere Zeit in Berücksichtigung zu ziehen [38]).

d) Verhältniß zwischen Vormund und Mündel.

§. 77. Unentgeltlichkeit. Honorar.

Nach älteren deutschen Rechten fielen die Nutzungen des Mündelguts vielfach dem Vormund zu, da überwiegend die Anschauung galt, Mündelgut solle weder gewinnen noch verlieren [1]). Mit dem Ausgang des Mittelalters hat aber der römische Satz der Unentgeltlichkeit der Vormundschaft [2]) die tutela usufructuaria in Deutschland und ebenso in Frankreich durchaus verdrängt. Dagegen gaben die meisten deutschen Partikularrechte dem Vormunde einen Anspruch auf eine Vergütung bald unter mehr, bald unter weniger erschwerenden Bedingungen. In der That ist eine Vergütung der Zeit und Mühe des Vormunds der Billigkeit entsprechend und selbst im Interesse des Mündels liegend, vorausgesetzt, daß die Einkünfte des Mündels unbeschadet anderer nothwendigen Ausgaben hierzu zulängliche Mittel bieten. Die V. O. jedoch faßt das Amt des Vormunds und Gegenvormunds als eine Bürgerpflicht auf, welche abgesehen von dem Ersatz von Auslagen, die für den Mündel zu nothwendigen oder nützlichen Zwecken gemacht worden sind und bei denen auch landesübliche Zinsen bis dahin, wo der Ersatz erfolgt ist oder erfolgen konnte,

---

[38]) Wenn also z. B. ein Grundstück die gesetzliche Sicherheit zur Zeit der Beleihung nicht, wohl aber durch spätere Werthssteigerung zur Zeit seiner Zwangsversteigerung gewährte, so ist anzunehmen, daß der bei dieser eingetretene Ausfall nicht in dem Mangel der gesetzlichen Sicherheit, sondern in anderen Umständen seinen Grund habe, der erforderliche Kausalzusammenhang zwischen dem Schaden und dem Verschulden also zu verneinen, vgl. das citirte Urtheil des Reichsgerichts S. 169.

[1]) Vgl. oben §. 4 S. 8 und Kraut, Bd. 2 S. 54 ff.

[2]) Dieser Satz ist erst ein Produkt des entwickelten römischen Rechts, siehe oben §. 2 S. 3. Nach diesem konnte nur dem die Vormundschaft führenden Freigelassenen, welchem sonst Subsistenzmittel fehlten, eine Sustentation von den Mitvormündern bewilligt werden, l. 33 §. 3 D. de adm. tut. 26, 7 und l. 1 §. 6 D. tutelae 27, 3.

verlangt werden dürfen [3]), unentgeltlich zu erfüllen ist, und läßt eine Honorirung nur innerhalb enger Grenzen zu [4]).

1. Nach römischem Rechte waren Dienste, welche der Vormund dem Mündel leistete, auch dann nicht zu vergüten, wenn sie in den Beruf des Vormunds einschlugen. Die V. O. [5]) gestattet hingegen im Anschluß an das A. L. R. II 18 §. 262, daß der Vormund oder Gegenvormund für geleistete Dienste, welche seinem Gewerbe oder Beruf angehören, wobei unter Diensten nicht blos unter den juristischen Begriff der Dienstmiethe fallende Handlungen, sondern Handlungen jeder Art zu verstehen sind, Bezahlung aus dem Vermögen des Mündels [6]) fordern kann. Natürlich kann aber nur für solche Dienste Bezahlung verlangt werden, deren Vornahme im Interesse des Mündels lag. Außerdem ist noch Voraussetzung des Anspruchs, daß es sich nicht um Dienste handelt, die von Jedem geleistet werden konnten, sondern um solche, für die der Vormund Dritte hätte annehmen müssen, wenn er nicht selbst das dazu erforderliche Wissen oder Können besessen hätte. Denn erstere sind, weil sie eben von jedem Vormunde geleistet werden können, nach dem Grundsatz der Unentgeltlichkeit des vormundschaftlichen Amtes auch von jedem Vormund unentgeltlich zu leisten. Hingegen ist es billig, daß derjenige, der seinem Beruf oder Gewerbe nach dem Mündel eine besondere Hülfe leisten kann und leistet, dafür auch in derselben Weise wie von anderen Personen Vergütung erhält [7]). Hiernach kann also Bezahlung verlangt werden z. B. vom Rechtsanwalt, welcher Prozesse des Mündels führt [8]), vom Banquier, welcher dessen Gelder unterbringt, vom Landmann, der die Aecker des Mündels bebaut.

---

[3]) V. O. §. 33 Abs. 2, vgl. l. 3 §. 1 D. de contr. tut. act. 27, 4 und A. L. R. II 18 §. 261, sowie Hesse, Anm. 2 zu §. 33 S. 100, ferner auch unten §. 78 bei Anm. 8.

[4]) V. O. §§. 33 u. 34.

[5]) V. O. §. 33 Abs. 3.

[6]) Ist kein ausreichendes Mündelvermögen vorhanden, so fällt der Anspruch auf Bezahlung fort, da er der Staatskasse gegenüber nicht besteht.

[7]) Hesse, Anm. 4 Abs. 2 zu §. 33 S. 101.

[8]) Die früher streitige Frage, ob der Rechtsanwalt seine Gebühren und Auslagen nur wie in eigenen oder wie in fremden Angelegenheiten liquidiren kann, die im letzteren Sinne zu beantworten war, da für den Rechtsanwalt, auch wenn er Vormund ist, das Mündelvermögen ein fremdes bleibt, ist gegenstandslos geworden, da es für die Liquidation keinen Unterschied mehr macht, ob es sich um eine eigene oder eine fremde Angelegenheit handelt, siehe §. 7 der

Ueber die Höhe der Bezahlung hat, da dem Vormundschaftsgericht eine Festsetzung derselben nicht eingeräumt ist, im Streitfalle nicht dieses, sondern das Prozeßgericht zu entscheiden [9]).

Der Vormund kann dagegen keinen Ersatz fordern, wenn er im Interesse des Mündels seine Geschäfte versäumte und hierdurch zu Schaden kam. Noch weniger hat er Anspruch auf Vergütung für zufällige Beschädigungen, welche ihn bei Gelegenheit der Besorgung der Vormundschaftsgeschäfte trafen [10]).

2. Der Erblasser des Mündels kann dem Vormund wie dem Gegenvormund ein Honorar zubilligen [11]), wobei, wenn der Erblasser den Betrag nicht festgesetzt hat, anzunehmen sein wird, daß derselbe vom Vormundschaftsgericht zu bestimmen ist [12]). Natürlich wird das vom Erblasser zugebilligte Honorar nur so weit geschuldet, als das eigene Vermögen des Erblassers reicht und soweit das dem Mündel zustehende Pflichttheilsrecht durch diese Bewilligung nicht verkürzt wird. Fehlt es an diesen Erfordernissen, so hat die Anordnung nur die Bedeutung eines für die gleich zu erwähnende Bestimmung des Vormundschaftsgerichts in Betracht zu ziehenden Wunsches [13]).

Eine besondere Form für die Anordnung des Erblassers ist nicht vorgeschrieben und daher nicht erforderlich. Insbesondere ist nicht nothwendig, daß sie in einem Testament enthalten ist. Denn das Gesetz spricht vom Erblasser schlechthin, also auch von dem, der ohne Testament verstorben ist und den der Mündel als gesetzlicher Erbe beerbt. Ebensowenig können die Formen des §. 17 V. O. verlangt werden, da das Gesetz auch zwischen berufenen und nicht

---

Gebührenordnung für Rechtsanwälte vom 7. Juli 1879 (R. G. Bl. 1879 S. 176) und §. 2 des Ausführungsgesetzes vom 2. Februar 1880 zu demselben (G. S. 1880 S. 43).

Für Geldempfang sowie für Anschaffung und Ablieferung von Werthpapieren kann auch ein Rechtsanwalt nach den Ausführungen im Text nicht, wie Jahrbuch (App.) Bd. 7 S. 37 angenommen ist, ohne weiteres Bezahlung beanspruchen.

[9]) Jahrbuch Bd. 4 S. 81.

[10]) Vgl. A. L. R. I 13 §§. 80 u. 81.

[11]) V. O. §. 34 Abs. 1. Ueber die Stempelpflichtigkeit der betreffenden Anordnung des Erblassers siehe das Urtheil des Reichsgerichts vom 10. Oktober 1881 in den Beiträgen Bd. 26 S. 1135.

[12]) Ebenso Eccius, Bd. 4 §. 231 Anm. 28 S. 203.

[13]) Eccius a. a. O.

berufenen Vormündern nicht scheidet und die Anordnung daher auch zu Gunsten eines vom Erblasser nicht berufenen Vormundes getroffen werden kann.

3. Das Vormundschaftsgericht darf dem Vormund, nicht aber dem Gegenvormund [14]), ein Honorar zubilligen. Der Gegenvormund ist vorher zu hören, dies ist aber nicht wesentlich [15]). Das Honorar kann bei Uebertragung der Vormundschaft oder auch im Laufe derselben, z. B. am Schlusse eines Rechnungsjahres, festgestellt werden, nicht jedoch mehr nach Beendigung der Vormundschaft, da mit dieser die Befugniß zur Vertretung des Mündels, um die es sich hier handelt [16]), wie für den Vormund, so auch für das Vormundschaftsgericht aufgehört hat [17]).

Gesetzliche Voraussetzung ist, außer bei Vormundschaften über Abwesende und Verschwender [18]), daß „die Vermögensverwaltung besonders umfangreich" ist. Es ist dies aber natürlich keineswegs der einzige Gesichtspunkt, welchen das Gericht zu erwägen hat. Dasselbe wird außerdem in Betracht ziehen, ob das Vermögen Ueberschüsse abwirft, ob die Vormundschaft von nahen Verwandten oder Fremden geführt wird, ob die Honorirung vielleicht das Mittel zur Gewinnung und Erhaltung eines besonders geeigneten Vormunds ist, u. s. w.

Bei der Bestimmung der Höhe des Honorars sind sowohl Arbeit und Mühe des Vormunds, als auch die Einkünfte des Mündels zu berücksichtigen. Häufig wird es zweckmäßig in Prozenten dieser Einkünfte festgesetzt werden [19]).

Natürlich kann das Gericht dem Vormund das Honorar auch blos für eine gewisse Zeit bewilligen, namentlich so lange, als es sich um die Liquidation umfänglicher und verwickelter Geschäfte handelt, und erlangt der Vormund dadurch, daß ihm ein Honorar ein oder mehrere Male bewilligt worden ist, noch kein Recht auf dessen Fortbezug [20]). Hiervon abgesehen kann aber das einmal be-

---

[14]) Siehe oben §. 36 unter Nr. 5 S. 152. Ist der Gegenvormund zugleich Vormund (§. 26 Abs. 3 V. O.), so kann ihm selbstredend in der letzteren Eigenschaft ein Honorar zugebilligt werden.

[15]) Eccius, Erörterungen aus dem Gebiete des Vormundschaftsrechts S. 44.

[16]) Oben §. 18 unter Nr. 5 S. 69.

[17]) Jahrbuch (App.) Bd. 7 S. 38.

[18]) Siehe unten §. 97 bei Anm. 15 u. 16. Wegen der Pflegschaften siehe unten §. 98 bei Anm. 30.

[19]) Vgl. A. L. R. II 18 §. 273.

[20]) Jahrbuch (App.) Bd. 8 S. 96.

willigte Honorar nicht mehr beliebig vom Gericht entzogen oder eingeschränkt werden. Das Gericht handelt bei der Honorarbewilligung, wie bemerkt, als Vertreter des Mündels, und das daraufhin erworbene Recht des Vormunds ist ein vertragsmäßiges, welches als solches nicht einseitig aufgehoben werden kann, wenn nicht der Inhalt der Bewilligung ergiebt, daß eine solche Aufhebung vorbehalten ist [21]).

§. 78. Verbotene Geschäfte zwischen Vormund und Mündel.

Eine wichtige Frage ist es, ob und inwieweit Vormund und Gegenvormund mit dem Mündel kontrahiren und Vermögensrechte desselben erwerben können. Einerseits liegt die Gefahr nahe, daß der Vormund sich durch solche Geschäfte auf Kosten des Mündels bereichert, andrerseits kann ein absolutes Verbot unter Umständen die Interessen des Mündels schädigen. Am weitesten ist das französische Gesetz in der Prohibition gegangen [1]). Nach demselben kann der Vormund Vermögensobjekte des Minderjährigen nicht kaufen, sie nur unter Genehmigung des Familienraths vom Gegenvormund pachten und die Cession von Rechten oder Forderungen gegen seinen Mündel nicht annehmen. Das römische Recht dagegen erklärte es zwar für unzulässig, daß der Vormund selbst seine vormundschaftlichen Befugnisse in eigenem Interesse übe, ließ aber einen Erwerb von Mündelobjekten, welchen der Vormund bona fide durch Verträge mit anderen Vertretern des Mündels machte, der Regel nach zu [2]). Dies ist auch der Standpunkt des A. L. R., welches verlangt, daß ein besonderer Kurator ernannt werde, wenn ein Vormund etwas in seinen eigenen Angelegenheiten mit dem Mündel zu verhandeln habe, und bestimmt, daß der Vormund keine Verträge oder Handlungen mit dem Pflegebefohlenen vornehmen kann, wodurch dieser ihm verpflichtet wird [3]).

---

[21]) Eccius, Erörterungen S. 44 und in Förster's Privatrecht Bd. 4 §. 231 S. 203, a. A. z. B. Maaßen, Anm. 2 zu §. 34 S. 51, Hesse, Anm. 1 a. E. zu §. 34 S. 102, Märcker, Anm. 2 letzter Absatz zu §. 34 S. 258, König, Anm. 1 zu §. 34 S. 31, Neumann zu §. 34 S. 91 und Philler, Anm. 150 zu §. 34 S. 76.

[1]) code civil art. 450, vgl. auch art. 1596.

[2]) l. 5 pr. u. §. 2 ff. D. de auct. tut. 26, 8 und l. 9 §. 5 u. §. 7 D. de adm. tut. 26, 7.

[3]) A. L. R. II 18 §§. 253 u. 254.

Die V. O. spricht sich über die Frage nicht besonders aus. Es findet sich nur der Satz, daß in den Fällen dem Mündel ein Pfleger ernannt werden soll, in welchen der Vormund aus rechtlichen oder thatsächlichen Gründen an der Vertretung des Mündels gehindert ist [4]). Man wird hiernach folgende Grundsätze aufstellen können:

1. Es ist unzulässig, daß der Vormund die Rolle des Vertreters des Mündels und die eines Mitkontrahenten in seiner Person vereinige. Ein Geschäftsschluß in diesem Sinne wäre nichtig [5]). Als nichtig wäre aber auch anzusehen, wenn der Vormund durch eine dazwischengeschobene Person Mündelobjekte für sich zu erwerben suchte [6]).

Hierdurch wird jedoch nicht ausgeschlossen, daß der Vormund im Interesse des Mündels diesem Vorschüsse macht [7]). Denn dieselben fallen unter den Begriff der Auslagen, welche dem Vormund zu ersetzen sind. Solche Vorschüsse sind auch ebenso, wie bei den Auslagen der Fall [8]), bis dahin, wo die Erstattung erfolgt oder hätte erfolgen können, in landesüblicher Weise zu verzinsen, da der Zinsverlust in der Auslage für den Mündel inbegriffen ist.

2. Dagegen bleibt es dem Vormund unbenommen, Mündelobjekte für sich von Personen zu erwerben, welche zur Vertretung des Mündels legitimirt sind. Der Vormund kann insbesondere die Bestellung eines Pflegers beantragen, mit welchem er kontrahirt. Er kann von seinen etwaigen Mitvormündern erwerben, sofern diese zur Vertretung seines Mündels ohne seine Mitwirkung befugt sind [9]).

---

[4]) V. O. §. 86 Abs. 1.

[5]) Vgl. oben §. 42 S. 169 Anm. 9. Auch hier ist, weil es gleichfalls an der erforderlichen Garantie des Mündels fehlen würde, und mit Rücksicht auf §. 86 Abs. 1 V. O. anzunehmen, daß nach der Absicht des Gesetzes die Vertretungsbefugniß des Vormunds sich nicht so weit erstrecken soll, um mit sich selbst kontrahiren zu können.

[6]) Vgl. l. 5 §. 3 D. de auct. tut. 26, 8.

[7]) Von den Geldern, die blos als Vorschüsse gegeben sind, sind die eigentlichen Darlehen wohl zu unterscheiden. Wegen der letzteren siehe unter Nr. 2.

Als Vorschuß wird es auch anzusehen sein, wenn der Vormund eine Forderung, die ihm der Mündel schuldete, aus Rücksicht für denselben nicht beitreibt. Es bleibt daher der Erstattungsanspruch, wenn auch die Forderung selbst inzwischen verjährt sein sollte. Vgl. l. 1 §. 5 u. 6 D. de contr. tut. act. 27, 4.

[8]) Siehe oben §. 77 S. 312 bei Anm. 3.

[9]) l. 5 §. 2 D. de auct. tut. 26, 8.

Auch der Gegenvormund kann mit dem Vormund kontrahiren, z. B. von ihm Mündelobjekte erwerben. Da er aber hierbei wegen der von ihm auszuübenden Kontrole mit den Interessen des Mündels ebenfalls kollidirt, so ist behufs interimistischer Wahrnehmung seiner Geschäfte als Gegenvormund ein Pfleger zu bestellen [10]).

Unter den vorstehenden Voraussetzungen, aber nur unter diesen, also so, daß der Mündel durch einen Pfleger oder Mitvormund vertreten bezw. die Gegenvormundschaft durch einen Pfleger wahrgenommen wird, sowie wegen §. 42 Nr. 12 V. O. unter der ferneren Voraussetzung der Genehmigung des Vormundschaftsgerichts können der Vormund und Gegenvormund dem Mündel auch Darlehen geben [11]).

3. Vormund und Gegenvormund können endlich von dritten Personen, welche das Veräußerungsrecht haben, Mündelsachen erwerben. Insbesondere können sie bei einer Zwangsversteigerung von Mündelgrundstücken für sich mitbieten und den Zuschlag erlangen. Sie würden aber freilich verantwortlich werden, wenn sich nachweisen ließe, daß das Mündelvermögen ausgereicht hätte, um das Meistgebot für den Mündel selber abzugeben und dies im Interesse des Mündels gewesen wäre.

Es steht auch nichts im Wege, daß die Vormünder sich Forderungen gegen den Mündel von Dritten cediren lassen [12]). Doch kann, wenn der Vormund mehr vom Mündel beitreibt, als er selbst für die Forderung an denselben gegeben hat, nach den thatsächlichen Verhältnissen hierin eine solche Verletzung der bona fides liegen, daß er sich civilrechtlich und strafrechtlich verantwortlich macht.

4. Mit einem positiven Verbot belegt es die V. O. nur, daß der Vormund eine Hypothek oder Grundschuld, welche auf seinem eigenen Grundstück lastet, für den Mündel erwerbe [13]). Man rechtfertigte diese in der Kommission des Herrenhauses gestellte und durchgesetzte

---

[10]) Siehe unten §. 99 a. E. bei Anm. 17, sowie Hesse, Anm. 3 Abs. 1 zu §. 29 S. 90 gegen Neumann zu §. 29 S. 83, der in dem gedachten Fall nicht an Stelle des Gegenvormunds, sondern des Vormunds einen Pfleger bestellt wissen will.

[11]) Anton, Anm. 125 zu §. 42 S. 120, Löwenstein, Anm. 175 zu §. 42 S. 69, Hesse, Anm. 18 zu §. 42 S. 147 und Möbius, Erörterungen und Aphorismen S. 15, vgl. auch l. 9 §. 7 D. de adm. tut. 26, 7 und A. L. R. II 18 §. 527.

[12]) Dagegen Nov. 72 cap. 5.

[13]) V. O. §. 40 Abs. 2.

Bestimmung damit, daß durch eine solche Operation eine dauernde Kollision der Interessen hervorgerufen werde, da das Interesse des Mündels häufig eine andere Verwendung seiner Kapitalien fordern werde, während das Interesse des Vormunds das Stehenbleiben bedinge. Das Verbot betrifft hiernach sowohl die Neubegründung einer Hypothek des Mündels an Grundstücken des Vormunds, als den Erwerb einer Hypothek mit den Mitteln des Mündels. Es setzt aber eine durch einen Akt der Vermögensverwaltung seitens des Vormunds erfolgte Anlage von Mündelkapitalien voraus. Unberührt bleibt daher der Fall, in welchem der Mündel eine Hypothek an den Grundstücken des Vormunds durch Erbschaft oder sonst ohne Veranlassung des Vormunds oder auch durch eine Schenkung seitens desselben erwirbt. Ferner gehört es nicht hierher, daß der Vormund den Mündel bei der Erbauseinandersetzung mit demselben wegen seines Erbtheils mit einer auf seinem Grundstück haftenden Hypothek oder Grundschuld abfindet oder durch eine solche sicher stellt [14]).

Das verbotene Geschäft ist übrigens keineswegs nichtig. Seine Vornahme enthält aber eine Pflichtwidrigkeit des Vormunds. Das Vormundschaftsgericht hat daher das Recht, den Vormund zur Weiterbegebung der Hypothek des Mündels anzuhalten, sofern sie ohne Benachtheiligung des Mündels geschehen kann, und wenn die Voraussetzungen der Entsetzung wegen Pflichtwidrigkeit vorhanden sind, insbesondere also wenn der Vormund dolos gehandelt hat, ihn zu entsetzen.

Auf den Gegenvormund bezieht sich das Verbot überhaupt nicht, da er nicht mitgenannt ist und die Gleichstellung desselben mit dem Vormund im §. 26 Abs. 5 V. O. nicht so weit geht, um ihn auch hier dem Vormunde ohne weiteres gleichstellen zu können [15]).

§. 79. Eheverbot.

Schon das attische Recht hatte die Ehe zwischen einem weiblichen Mündel und ihrem Vormunde oder dessen Kindern verboten. Die gleiche Bestimmung traf in Rom eine Oratio von Marc

[14]) Jahrbuch (App.) Bd. 7 S. 42 und Wundsch in den Beiträgen Bd. 21 S. 352.

[15]) Ebenso z. B. Hesse, Anm. 9 letzter Absatz zu § 40 S. 130, Löwenstein, Anm. 156 zu §. 40 S. 63 und Wachler, Anm. 5 zu §. 40 S. 132, a. A. Möbius, Erörterungen und Aphorismen S. 14, Lyon, Geharnischte Streifzüge in die V. O. S. 129 und Neumann zu §. 40 S. 104.

Aurel [1]. Der Grund des Verbots lag darin, daß man fürchtete, der Vormund werde in einer solchen Ehe das Mittel finden, sich der Schlußrechnung und der Herausgabe des Vermögens zu entziehen. Das römische Recht scheute sich nicht, eine Ehe, welche dem Verbot entgegenlief, geradezu als nichtig zu erklären [2].

Das Reichsgesetz über die Beurkundung des Personenstandes und die Eheschließung vom 6. Februar 1875 (R. G. Bl. 1875 S. 23) §. 37 verbietet gleichfalls die Eheschließung eines Pflegebefohlenen, worunter auch eine Pflegebefohlene zu verstehen ist [3], mit dem Vormund oder dessen Kindern, worunter gleichfalls nach der ratio legis auch weitere Descendenten zu verstehen sind [4], während der Dauer der Vormundschaft [5], bestimmt aber, daß die gleichwohl geschlossene Ehe als ungültig nicht angefochten werden könne [6]. Das Verbot betrifft nur den die fort dauernde Vermögensverwaltung führenden Vormund, daher nicht den Gegenvormund [7], und ferner nicht einen Pfleger, welcher keine oder doch keine fortlaufende Vermögensverwaltung hat [8].

Abweichend vom römischen Rechte ist auch die Ehe eines Mündels mit der Tochter des Vormunds — natürlich auch eine Ehe mit der die Vormundschaft führenden Frau — verboten.

Die beabsichtigte Ehe zwischen dem Mündel und dem Vormund oder dessen Kindern bildet einen erheblichen Grund für den Vormund, seine Entlassung zu beantragen. Derselben ist stattzugeben, wenn keine besonderen Gründe gegen die Eheschließung sprechen,

---

[1] Diogenes Laert. Solon cap. 4; l. 36, 59, 62 §. 2, 66 pr. u. 67 §. 3 D. de ritu nupt. 23, 2. Rudorff, Bd. 3 S. 94 ff.

[2] l. 7 pr. D. ad legem Juliam de adulteriis 48, 5.

[3] Koch, Kommentar Anm. 4 zum §. 37 Bd. 3 S. 73.

[4] Daselbst Anm. 6.

[5] Dies nach dem Vorbild des A. L. R. II 1 §. 14. Nach Beendigung der Vormundschaft ist die Ehe gestattet, selbst wenn der Vormund noch nicht Schlußrechnung gelegt hat. Denn der großjährig gewordene Pflegebefohlene kann seine Rechte allein wahrnehmen, war derselbe aber noch nicht großjährig, so bedarf es der Bestellung eines anderen Vormunds für ihn, der dann seine Interessen wahrnimmt, Koch, Kommentar a. a. O. Anm. 7.

[6] Sonstige gesetzlich an einen unerlaubten Eheschluß geknüpfte Nachtheile, wie die der §§. 980 ff. II 1 A. L. R., sind damit nicht beseitigt und treten noch ein, vgl. Stölzel in der Zeitschrift für Kirchenrecht Bd. 17 S. 96.

[7] Vgl. oben §. 78 a. E. S. 318. Uebereinstimmend z. B. Wachler, Anm. 1 a. E. zu §. 48 S. 157.

[8] Koch, Kommentar a. a. O. Anm. 5 und Wachler a. a. O. Vgl. A. L. R. II 1 §. 15.

und ist ein anderer Vormund zu bestellen, der dann in der gewöhnlichen Weise über die Heirath des Mündels zu befinden hat. Den entlassenen Vormund später nach dem Eheschluß wieder zu bestellen, ist an sich nicht ausgeschlossen. Eine Genehmigung der Ehe durch das Vormundschaftsgericht oder eine sonstige Dispensation von dem Ehehinderniß ist nicht vorgesehen.

Der Vormund, welcher eine Ehe trotz des Verbotes abschließt oder seine Zustimmung zu derselben gegeben hat, ist wegen Pflichtwidrigkeit zu entsetzen.

§. 80. Verwendung von Mündelobjekten in das Vermögen des Vormunds.

Der Vormund darf Vermögensgegenstände des Mündels nicht in seinem Nutzen verwenden [1]). Es gilt dies für Fungibeln wie für Nichtfungibeln [2]) und bezieht sich sowohl auf die Benutzung als auf die Verzehrung solcher Objekte.

1. Es ist dem Vormund verboten, die Nichtfungibeln des Mündels zu seinen Zwecken eigenmächtig in Gebrauch zu nehmen. Ob dies der Fall ist, läßt sich nur nach den speziellen Umständen beurtheilen. Das entscheidende Merkmal ist der gänzliche oder doch vorwiegend auf das eigene Interesse gerichtete Wille des Vormunds [3]). Der letztere darf daher z. B. nicht mit den Pferden oder dem Geschirr des Mündels die eigenen Grundstücke bewirthschaften. Dagegen ist ihm der Gebrauch der Mündelobjekte insoweit verstattet, als derselbe zugleich im Interesse des Mündels liegt [4]). Bewirthschaftet z. B. der Vormund die Mündelgrundstücke selbst, so darf er natürlich auf dem Gutshofe wohnen. Wird der Mündel im Hause des Vormunds erzogen und daselbst dessen Mobiliar, Tische, Stühle u. s. w., untergebracht, so ist der Vormund nicht gehindert, diese Mobilien mit zu

---

[1]) V. O. §. 40 Abs. 1.

[2]) In der Kommission des Herrenhauses erhoben sich Zweifel darüber, ob nach der Bestimmung des Paragraphen der Vormund nur gehindert sein solle, Fungibeln in seinem Nutzen zu verwenden, oder ob jeder Gebrauch von Vermögensobjekten des Mündels gehindert sein solle. Der Regierungs-Kommissar erklärte, es sei die Absicht des Entwurfs, eine jede Benutzung durch den Vormund auszuschließen.

[3]) Hesse, Anm. 1 zu §. 40 S. 126.

[4]) Hierdurch erledigen sich die Zweifel und Bedenken, welche man in der Kommission des Herrenhauses gegen den Paragraphen hegte und die zu einem wenig glücklichen, schließlich beseitigten Amendement führten.

benutzen, wenn eine solche Aufnahme des Mündels mit Sack und Pack in dessen Interesse lag.

Hat der Vormund in ungerechtfertigter Weise Nichtfungibeln des Mündels gebraucht oder vernutzt, so hat er natürlich dem Mündel dessen Schaden vollständig zu ersetzen, außerdem aber den Betrag seiner — des Vormunds — Bereicherung herauszugeben, wenn derselbe jenen Schaden übersteigen sollte.

2. Besondere Bestimmungen gelten, wenn der Vormund Mündelgelder eigenmächtig zu seinen Zwecken benutzte. Es gehört hierher insbesondere der Fall, daß der Vormund Objekte des Mündels, z. B. Werthpapiere, versilbert und das Geld zu seinen Zwecken verwendet.

Schon nach römischem Recht mußte der Vormund so verwendete Mündelgelder mit dem höchsten Satze, also mit 12 pCt., verzinsen [5]). Das A. L. R. verpflichtete ihn zu 8 pCt. als dem höchsten Zinsfuß, den es anerkannte [6]). Nach der V. O. §. 40 hat der Vormund gleichfalls das in seinem Nutzen verwendete Geld des Mündels von der Verwendung an bis zur Rückerstattung zu verzinsen. Den Zinsfuß bestimmt das Vormundschaftsgericht nach seinem Ermessen auf acht bis zwanzig vom Hundert. Da hierüber das Vormundschaftsgericht allein zu bestimmen hat, so hat dasselbe über den Zinsfuß nicht blos während der Dauer der Vormundschaft zu befinden, sondern auch dann, wenn erst nach Beendigung der Vormundschaft die Sache zur Sprache kommt, z. B. sich ein Prozeß wegen solcher Mündelgelder erhebt [7]). Bei der Bemessung der Höhe wird die Höhe des Gewinns, welchen der Vormund machte, aber auch das Risiko, welches der Mündel lief, in Betracht zu ziehen sein. Obgleich diese Zinsen dem Vormund gegenüber einen Strafcharakter haben, so bilden sie doch für den Mündel eine hochgegriffene Entschädigung, bei welcher der Mündel einerseits von dem Nachweise des Schadensbetrages befreit, andererseits aber auch in dem letzteren gesetzlich begrenzt ist [8]). Sie können daher auch vom Erben des Vor-

---

[5]) l. 7 §. 4 D. de adm. tut. 26, 7.

[6]) A. L. R. II 18 §. 486.

[7]) Ebenso Eccius, Erörterungen aus dem Gebiete des Vormundschaftsrechts S. 22 und in Förster's Privatrecht Bd. 4 §. 235 S. 231, ferner z. B. Hesse, Anm. 6 zu §. 40 S. 128 und Philler, Anm. 183 zu §. 40 S. 84. Vgl. über einen ähnlichen Fall unten §. 84 unter Nr. 7.

[8]) Siehe oben §. 76 bei Anm. 31 S. 308.

munds gefordert werden und theilen ferner im Konkurse des Vormunds das Vorrecht der übrigen Ansprüche des Mündels [9]).

Eine Verwendung von Mündelgeld in dem Nutzen des Vormunds ist insoweit nicht anzunehmen, als der Vormund dem Mündel gegenüber im Vorschuß ist [10]). Desgleichen hört sie auf, wenn der Vormund nachher eine entsprechende Summe aus seinem Vermögen für den Mündel verwendet.

Auch tritt der erhöhte Zinssatz nur ein, wenn der Vormund während des Amtes, nicht wenn er später Gelder seines ehemaligen Mündels für sich verwendet. Dagegen läuft der einmal erhöhte Zins auch nach Endigung der Vormundschaft, da das Gesetz solche Verzinsung von der Verwendung an bis zu deren Ende, d. i. bis zur Rückerstattung, vorschreibt, ohne eine Schranke zu ziehen [11]).

Die Bestimmung des römischen Rechts, nach welcher der Mündel auch die Befugniß hatte, die von seinem Vormund mit Mündelgeld erworbenen Sachen zu vindiciren [12]), ist von der V. O. nicht aufgenommen.

Es bedarf kaum besonderer Hervorhebung, daß der Vormund, welcher Mündelgelder eigenmächtig zu seinen Zwecken benutzt, selbst wenn er bereit wäre, die höchsten Zinsen zu zahlen, pflichtwidrig handelt [13]); ferner, daß der selbständig gewordene Mündel auch Ersatz seines Schadens, soweit er ihn beweisen kann, einklagen darf, wenn er die gesetzlichen Zinsen nicht in Anspruch nehmen will, und daß während der Dauer der Vormundschaft das Vormundschaftsgericht die Fortsetzung der unerlaubten Verwendung für die Zukunft bei Strafe untersagen kann.

Ob das Gericht auch bezüglich der Vergangenheit dem Vormund die Zahlung der Ersatzsumme aufgeben und eventuell, natürlich nicht selbst aber durch einen hierzu bestellten Pfleger, einklagen und beitreiben lassen kann, hängt wieder davon ab, ob man das Aufsichtsrecht in weiterem oder engerem Sinne versteht [14]).

---

[9]) Deutsche Konkursordnung §§. 54 u. 55. Uebereinstimmend z. B. Hesse, Anm. 7 zu §. 40 S. 129.

[10]) l. 3 §. 3 D. de contraria tutelae actione 27, 4. Vgl. oben §. 78 unter Nr. 1 S. 316.

[11]) Das Gegentheil bestimmt l. 46 §. 3 D. de adm. tut, 26, 7.

[12]) l. 3 C. arbitrium tutelae 5, 51.

[13]) Entscheidungen des Reichsgerichts in Strafsachen Bd. 9 S. 339.

[14]) Eccius, Erörterungen S. 22 verneint das erstere in Konsequenz seiner

Liegt bei einer unerlaubten Verwendung der Thatbestand einer Unterschlagung oder Untreue vor, so tritt Bestrafung des Vormunds nach den §§. 246 und 266 des deutschen Strafgesetzbuchs ein.

e) Die Kontrolmaßregeln.

§. 81. Vermögensverzeichniß.

Unverzüglich nach dem Antritt seines Amts hat der Vormund die Anfertigung eines genauen und vollständigen Verzeichnisses des Mündelvermögens vorzunehmen [1]). Dasselbe bildet die Grundlage für die Verwaltung des Vormunds, indem es ihm eine vollständige Uebersicht über die Verhältnisse des Mündels giebt. Es gewährt zugleich dem Mündel eine wichtige Sicherung, da der Vormund auf Grund des Verzeichnisses Rechenschaft zu geben hat.

Die Errichtung eines solchen Verzeichnisses ist in verschiedener Weise denkbar.

a) Es kann ein Privatverzeichniß des Vermögens sein, ohne daß eine Mitwirkung von öffentlichen Personen stattfindet. Dies war die ursprüngliche Weise des römischen Rechts [2]), welchem diese Einrichtung zu verdanken ist [3]).

b) Ferner kommt es vor, daß der Vormund zwar das Verzeichniß selbst errichtet, aber unter Zuziehung öffentlicher Personen. So geschah es in der christlichen Kaiserzeit Roms [4]). In ähnlicher Weise fordert das französische Recht die Zuziehung eines Notars [5]).

c) In den meisten Landestheilen war es bisher Regel, daß das Inventar von Gerichtswegen aufgenommen wurde, der Vormund dasselbe aber zu veranlassen hatte und dabei behülflich sein sollte. So gestaltete sich vielfach die gemeinrechtliche Praxis und so ordnete die Sache das A. L. R. [6]). Unter diesem Rechtszustand unterschied man

---

Auffassung des Aufsichtsrechts, dagegen z. B. Neumann zu §. 40 S. 103 und Hesse, Anm. 5 Abs. 2—5 zu §. 40 S. 127. Vgl. auch unten §. 83 unter Nr. 8.

1) V.O. §. 35. Vgl. Rudorff, Bd. 2 §. 112, Arndts u. Leonhard, S. 68.

2) l. 7 pr. D. de adm. tut. 26, 7.

3) Dem älteren deutschen Rechte war das schriftliche Inventar fremd, vgl. Kraut, Bd. 2 S. 54.

4) l. 13 C arbitrium tut. 5, 51, vgl. l. 6 C. Theod. de adm. tut. 3, 30.

5) code civil art. 451 und code de proc. art. 941.

6) A. L. R. II 18 §. 376 ff.

das ordentliche gerichtliche Inventar und eine sog. Privatspezifikation d. h. ein vom Vormund aufgenommenes Privatverzeichniß, womit sich das Recht ausnahmsweise begnügte [7]).

Die V. O. §. 35 Abs. 1 ist zu der ersten Weise zurückgekehrt; es ist nur ein Privatverzeichniß durch den Vormund nöthig und hat man sich mit der Kontrole durch den Gegenvormund begnügt. Hierdurch hielt man die Sicherheit des Mündels nicht wesentlich für gefährdet und erblickte in der erzielten Kostenersparniß einen nicht unbedeutenden Vortheil für die ärmeren Klassen, deren kleines Vermögen durch die Kosten des gerichtlichen und notariellen Inventars leicht erheblich gemindert oder gar aufgezehrt wird.

Die Errichtung des Verzeichnisses hat, dies liegt in der Natur der Sache, ungesäumt bei Antritt des Amts zu geschehen; ein verspätetes Verzeichniß schützt den Vormund nicht vor den nachtheiligen Folgen der versäumten Errichtung. Je nach Umständen kann der Vormund die Hülfe des Gerichts in Anspruch nehmen [8]) oder einen Notar oder eine sonstige Hülfsperson zuziehen, wofür er die Auslagen dem Mündel in Rechnung stellen darf. Der etwa vorhandene [9]) Gegenvormund ist zur Mitwirkung aufzufordern. Es ist nicht unzulässig, daß sich der Gegenvormund hierbei auf seine Kosten durch einen Andern vertreten läßt, da eine Stellvertretung vom Gesetz nicht verboten ist und oft Bedürfniß sein wird [10]). Folgt der Gegenvormund der Aufforderung zur Mitwirkung nicht, so darf der Vormund die Errichtung des Verzeichnisses nicht verzögern, vielmehr hat er in einem solchen Fall allein ans Werk zu gehen, wird aber zweckmäßigerweise dies dem Gegenvormunde und dem Gericht unverzüglich anzeigen.

Auch über das nach Einleitung der Vormundschaft dem Mündel anfallende Vermögen ist ein Verzeichniß aufzunehmen. Immer aber

---

[7]) A. L. R. II 18 §. 383 ff.

[8]) Die Erledigung dieses Geschäfts gehört nicht zu den Aufgaben des Vormundschaftsgerichts, ist vielmehr ein Akt der freiwilligen Gerichtsbarkeit (Jahrbuch (App.) Bd. 5 S. 285).

[9]) Fehlt es an einem Gegenvormunde, so bedarf es also nicht der Verpflichtung eines solchen ad hoc.

Dem später bestellten Gegenvormunde ist das Vermögensverzeichniß nachträglich mitzutheilen, damit er sich von dessen Richtigkeit und Vollständigkeit überzeugt.

[10]) So Demolombe, Cours de droit civil vol. VII p. 555. Die französischen Juristen streiten. Vgl. oben §. 36 S. 148 bei Anm. 17.

bezieht sich die Pflicht der Inventarisirung nur auf das vormundschaftlich verwaltete oder doch mitverwaltete Vermögen des Mündels. Hat die Mutter nach gesetzlichen oder testamentarischen Vorschriften als solche die Verwaltung des Vermögens ihrer Kinder frei von der Pflicht zur Inventarisirung, so wird hieran dadurch nichts geändert, daß sie auch Vormünderin ihrer Kinder wird. Ebensowenig liegt die Pflicht einem Anderen als dem Vormunde ob und kann dieser daher auch nicht von jenem eine Inventarisirung desjenigen Mündelvermögens verlangen, welches derselbe zu verwalten und zu nutzen berechtigt ist [11]).

Die V. O. faßt den Fall nicht besonders in's Auge, daß nach Beseitigung eines früheren Vormunds ein zweiter Vormund eintritt. Der Aufstellung eines Inventars seitens des neuen Vormundes bedarf es hier an sich nicht. Derselbe hat sich vielmehr zu überzeugen, ob das Mündelvermögen, welches nach der von dem früheren Vormunde oder dessen Rechtsnachfolgern bei dem Vormundschaftsgericht einzureichenden Schlußrechnung vorhanden sein soll, vorhanden und ihm übergeben ist [12]), und nur, wenn die Schlußrechnung nicht stimmt, als Folge seiner Pflicht zur Inventarisirung ein Verzeichniß des in seine Verwaltung gelangten Vermögens aufzustellen, im anderen Falle wird letzteres durch die Schlußrechnung ersetzt.

Das Verzeichniß soll ein genaues und vollständiges sein. Es wird vor allen Dingen enthalten müssen eine erschöpfende Angabe der im Mündelvermögen begriffenen Vermögensstücke, und zwar derart, daß ihre Wesenheit festgestellt wird [13]). Demzufolge wird auch eine Angabe des Werths der Mobilien oder doch eine Beschreibung, aus welcher ihr Werth ermittelbar ist, nicht zu entbehren sein, wenn auch die V. O. hiervon schweigt [14]). Die Zuziehung von Taxa-

---

[11]) Jahrbuch (App.) Bd. 6 S. 43, 44, 47 u. 48 und Bd. 8 S. 89 u. 90.

[12]) V. O. §. 67, siehe unten §. 90 unter Nr. 2 u. 3.

[13]) Besteht das vom Vormund verwaltete oder doch mitverwaltete (siehe oben bei Anm. 11) Vermögen des Mündels in einem Antheil an einem noch ungetheilten Nachlasse, so muß das Verzeichniß die ganze Erbmasse unter Angabe der Mitberechtigten spezifiziren. Nach der demnächstigen Erbtheilung muß dann ein neues Verzeichniß der als der reale Antheil des Mündels festgestellten Vermögensstücke aufgestellt und eingereicht werden. Dasselbe wird jedoch durch eine zu den Vormundschaftsakten gelangte Ausfertigung oder beglaubigte Abschrift des betreffenden Erbrezesses (siehe oben §. 73 Anm. 8 S. 292) ersetzt werden, wenn auch dem letzteren die vorgeschriebene Versicherung der Richtigkeit und Vollständigkeit fehlt, da diese hier bereits ohnedem feststehen.

[14]) Vgl. A. L. R. I 9 §. 435. Uebereinstimmend Jahrbuch (App.) Bd. 5

toren ist jedoch nicht erforderlich [15]), außer es müßte denn sein, daß ohne sie der Werth oder die Beschreibung, nach welcher sich der Werth bestimmen läßt, nicht festzustellen und sie somit zur Erzielung der Vollständigkeit des Inventars nothwendig ist. Auch die dem Vermögen zugehörigen Passiven sind zu verzeichnen [16]). Um eine vollständige Uebersicht zu gewinnen, haben Vormund und Gegenvormund die geeigneten Nachforschungen und Erkundigungen vorzunehmen und können bezw. müssen eventuell, soweit dies nach dem Recht des betreffenden Rechtsgebietes zulässig ist [17]), gegenüber den Miterben oder sonstigen Miteigenthümern ihres Mündels, die der Aufnahme des Inventars Schwierigkeiten bereiten oder dieselbe gar zu verhindern suchen, die Inventur erzwingen, geeignetenfalls von denselben auch die Leistung des Offenbarungseides verlangen [18]).

Das Verzeichniß ist nach seiner Vollendung dem Vormundschaftsgerichte einzureichen [19]) und verbleibt bei dessen Akten. Der Vormund und, sofern ein Gegenvormund vorhanden ist und mitgewirkt hat, auch dieser hat bei der Einreichung des Verzeichnisses dem Gerichte mündlich zu Protokoll oder schriftlich [20]) dessen Richtigkeit und Vollständigkeit pflichtmäßig zu versichern [21]). Zu bemerken ist noch:

S. 285, ferner z. B. Löwenstein, Anm. 132e zu §. 35 S. 55 und Philler, Anm. 156 Abs. 3 zu §. 35 S. 78.

[15]) Hierauf gerichtete Anträge wurden in der Kommission des Herrenhauses abgelehnt.

Auch bei Grundstücken ist regelmäßig eine allgemeine Werthsangabe ausreichend und bedarf es, soweit §. 35 V. O. in Frage steht, in keinem Falle einer eigentlichen Werths- oder Ertragstaxe, namentlich nicht einer Taxe nach den in den verschiedenen Gegenden geltenden verschiedenen Taxordnungen. A. A. Hesse, Anm. 2 Abs. 5 zu §. 35 S. 106.

[16]) Es empfiehlt sich, das Inventar nach den allgemein zweckmäßigen Vorschriften der §§. 36 ff. I 5 Allgem. Gerichtsordnung über die Form der gerichtlichen Inventare einzurichten.

[17]) Vgl. besonders Allgem. Gerichtsordnung §§. 28 u. 29 Nr. 3 I 22 und §. 7 I 46, sowie Einführungsgesetz zur deutschen Civilprozeßordnung §. 16 Nr. 3 und Allgem. Gerichtsordnung §. 40 II 5.

[18]) Jahrbuch (App.) Bd. 5 S. 285.

[19]) Beläge der verzeichneten Aktiva und Passiva, wie Hypothekenbriefe, Schuldscheine u. dgl., sind nicht mit einzureichen.

[20]) Brettner in den Beiträgen Bd. 20 S. 708. Sollten ausnahmsweise gegen die Echtheit der schriftlichen Versicherung Bedenken obwalten, so steht nichts entgegen, eine Beglaubigung derselben zu verlangen, so auch z. B. Hesse, Anm. 7 zu §. 35 S. 108.

[21]) Das Vormundschaftsgericht kann daher die eidliche Bestärkung nicht

1. Der Vater als gesetzlicher Vormund ist nach V. O. §. 35 Abs. 2 von der Verpflichtung der Abfassung und Einreichung eines Vermögensverzeichnisses frei. Für die beiden anderen Klassen gesetzlicher Vormünder (V. O. §. 12 Abs. 2 und §. 13) gilt die Befreiung nicht.

In Folge dessen ist im Gebiete des rheinischen Rechts eine wesentliche Veränderung des bisherigen Rechtszustandes eingetreten. Nach französischem Rechte mußte der Vater, welchem nach dem Tode seiner Ehefrau die Vormundschaft über seine Kinder anheimfiel, in diesem Augenblick ein Inventar verfertigen, während nach den Bestimmungen des A. L. R. [22]), womit auch eine in gemeinrechtlichen Landen verbreitete Praxis übereinstimmte, dem Vater die Pflicht der Auseinandersetzung mit seinen Kindern und die Feststellung ihres Vermögens unter Zuziehung eines Kurators zwar im Fall des Ueberganges zur zweiten Ehe, nicht aber beim Tode der Mutter oblag. Da nun im Gebiete des rheinischen Rechts der Vater nach dem Tode seiner Ehefrau in Gemäßheit der V. O. die Rechte und Pflichten eines gesetzlichen Vormunds hat, so ergab sich die Konsequenz, daß er fortan nicht mehr gehalten sein kann, ein Inventar über das Kindesvermögen beim Tode seiner Ehefrau aufzunehmen. Dagegen bestimmt die V. O. §. 95 Abs. 2, daß der Vater, wenn er zur ferneren Ehe schreitet, das Vermögen des Kindes unter Mitwirkung eines Pflegers durch ein dem Vormundschaftsgericht einzureichendes Verzeichniß festzustellen habe. Es ist hierdurch auch in dieser Ma-

---

mehr fordern, wie dies nach A. L. R. II 18 §. 389 ff. der Fall war, also namentlich auch nicht von der Mutter, die zur zweiten Ehe übergeht. A. L. R. II 18 §. 392, dessen Vorschrift nicht, wie Möbius, Erörterungen und Aphorismen S. 16 annimmt, dem Rechtsverhältnisse zwischen Eltern und Kindern, sondern gerade dem Vormundschaftsrecht angehört, ist beseitigt; ebenso z. B. Jahrbuch (App.) Bd. 5 S. 285, Hesse, Anm. 2 Abs. 2 zu §. 35 S. 105 und Anm. 6 Abs. 3 zu §. 95 S. 299 und die übrigen Kommentatoren. Das Recht des Mündels oder seines Vertreters, im Prozeßweg eidliche Bestärkung zu verlangen, ist aber nicht berührt. Siehe unten §. 82 Anm. 2.

Hat der Vormundschaftsrichter gegen die Vollständigkeit und Richtigkeit des Verzeichnisses Bedenken, so ist er in Folge seines Aufsichtsrechts befugt, die geeigneten Ermittelungen eintreten zu lassen, Philler, Anm. 157 zu §. 35 S. 78. Vgl. auch unten §. 82 unter Nr. 3.

Ueber die Bedeutung der ohne Verpflichtung dazu abgegebenen eidesstattlichen Versicherung der Richtigkeit des Vermögensverzeichnisses siehe Entscheidungen des Reichsgerichts in Strafsachen Bd. 7 S. 275.

[22]) A. L. R. II 1 §. 18 und II 18 §. 970 ff.

terie ein einheitliches Recht für die Monarchie im wesentlichen hergestellt. Es versteht sich indessen von selbst, daß, insoweit der Vater nach den Grundsätzen des französischen Rechts als Nießbraucher zur Inventarerrichtung verpflichtet ist [23]), diese Verpflichtung durch die V. O. nicht berührt wird [24]).

2. Nach römischem Rechte konnte der Erblasser die Inventarisirung seines dem Mündel anfallenden Nachlasses verbieten [25]), dagegen traf das A. L. R. [26]) die Bestimmung, daß der Erblasser die Aufnahme eines Privatverzeichnisses weder verbieten noch durch irgend eine dem Pflegebefohlenen nachtheilige Bedingung einschränken könne. Dies gilt auch nach der V. O., da dieselbe nirgends der Zulässigkeit einer Befreiung von der Abfassung eines Vermögensverzeichnisses gedenkt [27]). Es ist dies auch folgerichtig, da die V. O. eine Befreiung von der Legung der Schlußrechnung nicht zuläßt [28]), die Aufnahme eines Vermögensverzeichnisses aber unentbehrlich ist, wenn eine ordentliche Schlußrechnung aufgestellt werden soll.

Der Erblasser kann dagegen in den Formen des §. 17 der V. O. die Offenlegung des Verzeichnisses seines Nachlasses verbieten. In einem solchen Fall ist das Verzeichniß vom Vormund unter Zuziehung des Gegenvormunds aufzunehmen und mit der pflichtmäßigen Versicherung Beider über Richtigkeit und Vollständigkeit einzureichen, dann aber vom Vormundschaftsgericht einzusiegeln [29]),

---

[23]) code civil art. 600.

[24]) In der Kommission des Abgeordnetenhauses wurde beantragt, dies besonders im Gesetze zu bestimmen. Der Antrag wurde zurückgezogen, nachdem die Regierungskommissare erklärt hatten, die Einschaltung sei unnöthig, weil die V. O. alle übrigen Rechtsgebiete außer dem Vormundschaftsrechte, also auch die Pflicht des Nießbrauchers zur Aufnahme eines Verzeichnisses, unberührt lasse.

[25]) l. 13 §. 1 C. arbitr. tut. 5, 51.

[26]) A. L. R. II 18 §. 399.

[27]) Demgemäß ist auch die sonstige gesetzliche oder testamentarische Befreiung von der Inventur nicht geeignet, von der dem Vormund als solchem obliegenden Inventurpflicht zu entbinden, Jahrbuch Bd. 1 S. 32 und Bd. 3 S. 48.

[28]) V. O. §. 68.

[29]) Es genügt nicht die Uebergabe eines bereits eingesiegelten Verzeichnisses, weil sich das Gericht davon, daß das eingereichte Schriftstück in der That ein Vermögensverzeichniß und mit der vorgeschriebenen Versicherung versehen ist, wenn auch nicht von dem Inhalt und von der Vollständigkeit und Richtigkeit des Verzeichnisses zu überzeugen hat. Die Einsiegelung durch einen Rechtsanwalt oder Notar, A. L. R. §. 401 II 18, ist daher nicht mehr zulässig; ebenso

auf Verlangen des Vormunds [30]) in dessen Gegenwart.

Das Vormundschaftsgericht darf nur aus besonderen Gründen, über welche der Vormund zu hören ist, ohne daß es jedoch seiner Zustimmung irgend wie bedarf, von dem Inhalt eines solchen Verzeichnisses Kenntniß nehmen. Es wird dies namentlich dann zu thun haben, wenn Verdachtsgründe bezüglich der Verwaltung des Vormunds vorliegen und die Einsicht des Verzeichnisses geeignet ist, über dieselben Klarheit zu verbreiten.

Das letztwillige Verbot der Offenlegung des Verzeichnisses kann denjenigen nicht entgegengestellt werden, welche auf dessen Einsicht ein Recht haben. Es gehört hierher einer von mehreren unter derselben Vormundschaft stehenden Mündeln, welcher der Vormundschaft vor den andern entwächst und behufs Prüfung der Schlußrechnung Einsicht des Verzeichnisses fordert. Auch den Gläubigern ist ein solches Verzeichniß zugänglich zu machen, wenn über das Vermögen des Mündels Konkurs ausgebrochen ist.

§. 82. Fortsetzung. Rechtsfolgen.

1. Die Angaben des Inventars beweisen natürlich gegen den Vormund. Justinian bestimmte, daß dem Vormund nicht einmal der Gegenbeweis gegen die Angaben des Inventars offen stehe [1]). Diese positive Vorschrift gilt nicht mehr. Vielmehr kann ohne Zweifel der Vormund nachweisen, daß er in Folge eines Irrthums Objekte, die dem Mündel nicht gehörten, in das Inventar eintrug.

Noch weniger ist der Mündel an die Angaben des Inventars gebunden. Er kann nachweisen, daß mehr Gegenstände, als angegeben, vorhanden waren. Er kann aber auch die Ableistung eines sog. Manifestations- oder Offenbarungs-Eides fordern und hierdurch Vervollständigung des Inventars erzwingen, wenn er die Richtigkeit desselben nicht ohne scheinbaren Grund bemängelt [2]).

2. Nach römischem und gemeinem Rechte sollte der Vormund die Verwaltung der Vormundschaft nicht in Angriff nehmen, ehe er

---

z. B. Neumann zu §. 35 S. 93, Wachler, Anm. 14 zu §. 35 S. 121 und Hesse, Anm. 13 zu §. 35 S. 109.

[30]) Der Gegenvormund ist hier nicht mitgenannt, ihm steht also ein Recht auf Beiwohnung bei der Einsiegelung nicht zu, vgl. oben §. 78 S. 318 bei Anm. 15. Es ist aber unbedenklich, ihn zuzulassen.

[1]) l. 13 §. 1 C. arbitrium tutelae 5, 51.

[2]) Vgl. Allgem. Gerichtsordnung I 22 §. 29 und A. L. R. I 9 §. 440.

das Inventar errichtet hatte, nur Unaufschiebliches hatte er vorher auszuführen [3]).

Eine gleiche Bestimmung findet sich bei uns nicht. Operationen jedoch, welche geeignet sind, den Vermögensstand zu verdunkeln, sind vor der Inventarerrichtung pflichtwidrig und rechtfertigen die Absetzung des Vormunds.

3. Zur Erfüllung der Inventurpflicht kann das Vormundschaftsgericht den Vormund durch Ordnungsstrafen anhalten [4]). Hat der Vormund aus Arglist oder in grob fahrlässiger Weise die Errichtung des Inventars verabsäumt, und ist hierdurch dem Mündel ein Schaden erwachsen, so hat dieser Anspruch auf Ersatz. Die dabei früher zulässige Bestimmung des Schadensbetrages durch einen einseitig abgeleisteten Eid — juramentum in litem [5]) — ist durch §. 260 der deutschen Civilprozeßordnung aufgehoben [6]).

§. 83. Die Rechnungslegung während der Vormundschaft.

Die fortlaufende gerichtliche Kontrole des Vormunds durch die Pflicht zu periodischer Rechnungslegung beim Vormundschaftsgericht hat ihren Ursprung im älteren deutschen Rechte [1]). Dort hatte der Vormund dem nächsten Erben, vielfach auch den Blutsfreunden des Mündels, jährlich Rechenschaft zu geben, zuweilen nahm hierbei auch die Behörde Theil. Diesem Rechtszustande nahe steht noch jetzt das französische Recht, nach welchem der Vormund dem Gegenvormund Uebersichten über die Verwaltung zu legen hat in Fristen, welche der Familienrath festzustellen hat [2]).

In Deutschland selbst trat bezüglich der jährlichen Rechnungsabnahme mit Ausgang des Mittelalters die Behörde an die Stelle der Familie. Die Reichspolizeiordnung von 1548 Tit. 31 §. 3 verpflichtete den Vormund, Rechnung zu legen „auf Forderung der

---

[3]) l. 7 pr. D. de adm. tut. 26, 7 und l. 13 §. 1 C. arbitrium tut. 5, 51.

[4]) Vgl. oben §. 81 Anm. 21 Abs. 2 S. 327.

[5]) l. 7 pr. D. de adm. tut. 26, 7. Allgem. Gerichtsordnung I 22 §. 9 ff.

[6]) Die Strafbestimmung des code civil art. 451 Abs. 2, wonach Forderungen des Vormunds an den Mündel, welche nicht in das Inventar eingetragen werden, untergehen, ist als eine dem Vormundschaftswesen angehörige Vorschrift durch die V. O. beseitigt. Vgl. oben §. 48 S. 195. bei Anm. 27.

[1]) Kraut, Bd. 2 S. 48 ff. Vgl. insbesondere sächs. Landrecht I 23 §. 3.

[2]) code civil art. 470.

Obrigkeit". Weitergehend verlangte die Reichspolizeiordnung von 1577 Tit. 32 §. 3, daß der Vormund „jährlich nit allein auf Erforderung der Obrigkeit, sondern auch selbst vermöge seines Ampts auch geleisteten Pflicht und Eyds gebührlich Rechenschaft anbieten und thun solle." Hiernach legt auch das A. L. R. [3]) und nunmehr die V. O. §. 56 dem Vormund die Pflicht regelmäßiger Rechnungslegung bei Gericht auf. Wenn die V. O. dies so faßt, das Gericht habe jährlich Rechnung vom Vormund zu fordern, so ist dies doch nur ein unzutreffender Ausdruck. Die Meinung des Gesetzes geht sicherlich dahin, daß der Vormund auch unaufgefordert periodisch Rechnung zu legen und das Gericht deren Eingang nur zu kontroliren habe [4]). Letzteres hat die Rechnungslegung nöthigenfalls durch Ordnungsstrafen zu erzwingen. Sollten auch diese nicht zum Ziele führen, so würde der Vormund wegen Pflichtwidrigkeit zu entsetzen und dem Mündel schleunigst ein anderer Vormund zu bestellen sein, welcher dann den früheren Vormund auf Legung der Schlußrechnung zu verklagen hätte.

Im einzelnen gilt Folgendes:

1. Die Rechnungslegung findet nur statt, wann der Vormund eine Vermögensverwaltung hat. Darüber, wann dies der Fall ist, gilt dasselbe, wie bei der Frage nach der Nothwendigkeit eines Gegenvormunds [5]). Die Pflicht der Rechnungslegung tritt somit sowohl dann nicht ein, wenn Mündelvermögen gar nicht vorhanden ist, als auch dann nicht, wenn dasselbe in der Verwaltung eines Dritten steht, und fällt fort, sobald nichts mehr zu verwalten bleibt oder die bisher vom Vormund geführte Verwaltung auf einen Anderen übergeht.

2. Die Regel ist, daß die Rechnungslegung alljährlich geschieht. Es kann aber auch das Gericht bei Verwaltungen von geringerem Umfange, wenn die Rechnung des ersten Jahres gelegt ist, den Termin

---

[3]) A. L. R. II 18 §. 647 ff.

[4]) Ebenso z. B. Hesse, Anm. 2 zu §. 56 S. 186, Märcker, Anm. zu §. 56 S. 275 und Philler, Anm. 250 zu §. 56 S. 104. Praktisch stellt sich allerdings die Sache so, daß es meist einer besonderen Aufforderung zur Rechnungslegung bedarf. Die Kontrole der Rechnungslegungen wird am zweckmäßigsten in der Art bewirkt, daß für die einzelne Vormundschaftssache in den diese betreffenden Akten zuerst auf den Termin, zu welchem die erste Rechnung gelegt werden soll, und sodann nach Abnahme jeder Rechnung auf den Termin, zu welchem die nächste Rechnung zu legen ist, eine Reproduktion vermerkt wird, deren Befolgung durch den Geschäftskalender erfolgt.

[5]) Siehe oben §. 36 unter Nr. 1a S. 144 u. 145.

für die folgenden Rechnungen auf zwei bis drei Jahre bestimmen[6]). Ob dieser Fall gegeben ist, bestimmt richterliches Ermessen. Nicht blos die Höhe des Vermögens, sondern auch die Art und Weise seiner Anlage ist in Betracht zu ziehen. Die Bestimmung der längeren Termine kann ein für alle Mal oder von Rechnung zu Rechnung geschehen.

3. Das A. L. R. schrieb vor, daß die Rechnung spätestens innerhalb dreier Monate nach dem Ablauf des Rechnungsjahres dem Gerichte einzureichen sei[7]). Von einer solchen Fristbestimmung hat die V. O. abgesehen. Je nach der Lage der konkreten Verhältnisse ist die Rechnung in kürzerer Frist einzureichen, es kann auch eine längere Zeit nöthig werden.

4. Die Rechnung ist von dem verwaltenden Vormunde zu legen. Mehrere zu ungetrennter Verwaltung bestellte Vormünder legen die Rechnung gemeinschaftlich[8]). Vormünder, unter welche die Verwaltung getheilt ist, haben an und für sich getrennt Rechnung zu stellen. Es kann aber auch einem Vormund die Hauptleitung übertragen sein; dann sind die besonderen Rechnungen für die einzelnen Verwaltungen dem leitenden Vormund einzuhändigen, welcher die Gesammtrechnung aufzustellen und einzureichen hat.

5. Ist eine Vormundschaft über mehrere Mündel angeordnet, so muß über das Vermögen eines jeden besondere Rechnung gelegt werden, soweit nicht das Vermögen noch ungetheilt ist[9]).

6. Ueber die äußere Einrichtung der Rechnung giebt die V. O. nur wenige allgemeine Vorschriften. Im einzelnen werden sich die Anforderungen an die Rechnung nach der besonderen Lage der Verhältnisse verschieden zu gestalten haben. Das Gericht wird bei denselben das Maß des zur Darlegung der Ordnungsmäßigkeit der Verwaltung Nothwendigen und praktisch Ausführbaren nicht überschreiten dürfen. Der Vormund kann sich bei der Herstellung fremder

---

[6]) So schon, praktischem Bedürfniß entsprechend, A. L. R. II 18 §. 651. Das Rechnungsjahr fällt nicht mit dem Kalenderjahr zusammen, sondern beginnt an sich mit dem Anfang der Vermögensverwaltung. Doch kann das Gericht das Kalenderjahr zum maßgebenden machen.

[7]) A. L. R. II 18 §. 647.

[8]) Hieraus folgt aber nicht, daß der einzelne Vormund eine Ergänzung der Rechnung, die er allein zu bewirken im Stande ist, damit ablehnen kann, daß die Rechnung nur von allen Vormündern gemeinschaftlich zu legen sei, Eccius, Bd. 4 §. 235 S. 230.

[9]) A. L. R. II 18 §. 648 ff.

Hülfe bedienen [10]), auch erscheint es nicht blos zulässig, sondern oft sehr zweckmäßig und zur Erlangung einer ordnungsmäßigen Rechnung am geeignetsten, wenn dem Vormund auf seinen Wunsch gestattet oder er auch direkt aufgefordert wird, die Rechnung durch einen Gerichtsschreiber oder, wo besondere Kalkulatoren bestellt sind [11]), durch einen Gerichts-Kalkulator anfertigen zu lassen [12]).

Die Rechnung muß auf dem Inventar fußen, welches der Vormund bei der Einleitung der Vormundschaft oder dem späteren Anfall von Vermögen errichtet hat, oder auch auf dem etwaigen das Inventar ersetzenden [13]) Theilungsrezeß zwischen dem Minderjährigen und seinen Miterben. Hieran schließt sich ein Vorbericht über den Ab- und Zugang des Vermögens an. Derselbe kann bei umfassenden Vorräthen, z. B. auf großen Gütern, bei ausgedehnten Handelsgeschäften u. dgl., Schwierigkeit machen. Das Gericht wird hierbei nur

---

[10]) Auslagen, die ihm hierdurch erwachsen, sind ihm dann zu erstatten, wenn nach den obwaltenden Umständen die eigene Aufstellung von ihm nicht verlangt werden kann (siehe oben §. 77 S. 312). Letzteres kann sowohl deshalb der Fall sein, weil er durch Krankheit oder dgl. an der Herstellung verhindert ist, als weil ihm die erforderliche Fähigkeit mangelt. Denn grundsätzlich soll die Uebernahme der Vormundschaft Keinem zum Schaden gereichen (vgl. A. L. R. II 18 §. 255), und es sind Viele geeignet, die Vormundschaft vortrefflich zu führen, aber doch nicht im Stande, Rechnung über eine verwickelte Verwaltung derart zu legen, daß sie der Vormundschaftsrichter für genügend erachtet, mehr aber kann das Gesetz billigerweise vom Vormunde nicht verlangen. Ebenso Jahrbuch (App.) Bd. 6 S. 65 und Bd. 8 S. 95, ferner z. B. Neumann zu §. 33 S. 90 und Hesse, Anm. 5 zu §. 56 S. 187. Man wird sogar noch weiter gehen können und selbst dann fremde Hülfe und Erstattung der Auslagen hierfür zulassen müssen, wenn wegen des Umfangs der Rechnung die eigene Anfertigung derselben nach den bestehenden Verhältnissen eine zu große Last für den Vormund sein würde, vgl. König, Anm. 1 zu §. 33 S. 31.

[11]) Allgem. Verfügung vom 30. September 1879 (Just. Min. Bl. 1879 S. 391).

[12]) Der betreffende Gerichtsbeamte erhält dann allerdings für die Anfertigung als Auslagen zu behandelnde Kalkulaturgebühren, es werden aber andrerseits die Kalkulaturgebühren für die kalkulatorische Prüfung der Rechnung erspart. Wegen der weiteren Auslagen des Vormunds in solchem Falle, z. B. für Porto, Reisen zum Gerichtsschreiber u. dgl. gilt das in der Anmerkung 10 Bemerkte ebenfalls.

Eine Rechnungslegung zu richterlichem Protokoll ist, wenn auch ebenfalls nicht unzulässig, so doch im allgemeinen der Stellung des Richters nicht entsprechend.

[13]) Siehe oben §. 81 Anm. 13 S. 325.

den Grad von Spezialität verlangen, welche der sorgfältige Hausvater bei der jährlichen Aufstellung der Rechnung über sein eigenes Vermögen einhalten würde. Ueber die persönlichen Verhältnisse des Mündels muß sich der Vorbericht nicht verbreiten, zur Erklärung der Ausgaben kann dies gleichwohl zweckmäßig sein.

Die Beläge über Einnahmen und Ausgaben sind der Rechnung beizufügen.

Unter der Rechnung hat der Vormund zu versichern, daß er alle Einnahmen verrechnet habe und außer den in der Rechnung aufgeführten vormundschaftlichen Vermögensstücken andere nicht verwahre [14]).

Haben in der Rechnungsperiode keine Einnahmen oder Ausgaben stattgefunden, so genügt statt der Rechnung bezw. des betreffenden Theils derselben die entsprechende Angabe, der aber die vorgeschriebene Versicherung ebenfalls beizufügen ist.

7. Die Rechnung ist vor der Einreichung dem Gegenvormunde vorzulegen. Dieser hat sich, behufs der Prüfung, von dem Vorhandensein des Mündelvermögens zu überzeugen. Dabei soll der Gegenvormund zwar nicht leichtsinnig zu Werke gehen, denn diese Prüfung ist der Hauptpunkt der Thätigkeit des Gegenvormunds, der mehr, als der Richter, in der Lage ist, hinsichtlich der einzelnen Posten Erkundigungen einzuziehen, und derselbe macht sich dem Mündel verantwortlich, wenn er dabei nicht mit der Sorgfalt eines ordentlichen Hausvaters zu Werke geht. Andererseits darf er aber doch, bis ihm Verdachtsgründe aufsteigen, den Vormund für einen ehrlichen Mann halten; er soll und darf also nicht mit beleidigendem Mißtrauen verfahren. Insbesondere wird er sich vom Vorhandensein der Werthpapiere, beziehentlich der über sie ertheilten Depositenscheine, sowie vom Kassenbestand zu überzeugen haben. Der Gegenvormund hat die Rechnung mit seinen Bemerkungen zu versehen.

8. Dem Vormundschaftsgericht ist aufgegeben, die Rechnungen nicht blos kalkulatorisch nach den Belägen, sondern auch sachlich zu

---

[14]) Für die Einrichtung der Rechnung geben die §§. 647—678 II 18 A. L. R. und die Anweisung im Just. Min. Bl. von 1843 hinter S. 88 manchen noch jetzt verwerthbaren Anhalt. Muster zu Rechnungen nach der V. O. finden sich z. B. bei Anders, Der Vormund S. 83—107, in Reinecke's Kalender für Gerichtsbeamte von 1878 S. 235 ff., bei Christiani, Das Amt des Vormunds 2c. 2. Aufl. S. 98 ff., im Jahrbuch (App.) Bd. 7 S. 364 ff.. bei Neumann, S. 194 ff. und bei König, S. 94 ff.

prüfen. Bei dem ersteren kann sich der Richter, sofern die Rechnung nicht ganz einfach ist, der Hülfe eines Gerichtsschreibers bezw. Kalkulators bedienen, die sachliche Prüfung hat er dagegen stets selbst vorzunehmen [15]). Bei der sachlichen Prüfung hat das Gericht zuvörderst auf die Vermögenslage im Ganzen seine Aufmerksamkeit zu wenden. Wenn dasselbe auch in die Verwaltung regelmäßig nicht eingreifen soll, so rechtfertigen doch abnorme Erscheinungen, z. B. das Nichteingehen von Zinsen der angelegten Gelder, Erinnerungen, und wenn sich Pflichtwidrigkeit des Vormunds namentlich hinsichtlich der Vorschriften in den §§. 39 und 40 V. O. herausstellen sollte, ein weiteres Einschreiten. Ferner hat das Gericht die Angemessenheit und Nützlichkeit der Ausgabeposten zu prüfen. Wegen anscheinend ungerechtfertigter Ausgaben hat es den Vormund zu näherer Aufklärung aufzufordern und es kann, wenn es dieselbe nicht für zureichend hält, die Ausgabe in der Rechnung streichen, indem es zugleich dem Vormund aufgiebt, den Posten in der nächsten Rechnung in Einnahme zu stellen. Ebenso kann es fehlende Einnahmen moniren. Erhebt der Vormund sachlichen Widerspruch, den das Gericht für unbegründet hält, so kann es unter Vorbehalt der Rechte für den Mündel bis nach dessen erlangter Selbständigkeit die Angelegenheit vorläufig auf sich beruhen lassen. Es kann aber auch zwar nicht seine Anordnung selbst erzwingen, weil es sich dabei um materielle Rechte des Vormunds handelt, wohl aber, wenn die Umstände danach angethan sind, den Vormund wegen Pflichtwidrigkeit entsetzen und einen neuen Vormund bestellen, oder unter Belassung des Vormunds dem Mündel einen Pfleger bestellen, und haben dann der neue Vormund bezw. der Pfleger die Frage beim Prozeßgericht zum Austrag zu bringen [16]).

---

[15]) In der Praxis wird auch die sachliche Prüfung vielfach dem Gerichtsschreiber oder Kalkulator überlassen, ein Mißbrauch, dem energischer, als meist thatsächlich geschieht, von den Aufsichtsbehörden entgegen getreten werden sollte, vgl. oben §. 7 Anm. 11 S. 22.

[16]) So war auch die Meinung bei der Berathung der V. O., wie ihr namentlich auch die Regierungskommissare Ausdruck gaben (Bericht der K. d. A. H. S. 14), ferner stimmen überein Jahrbuch (App.) Bd. 5 S. 289 und im allgemeinen auch die Kommentatoren, z. B. Wachler, Anm. 12 zu §. 56 S. 187, Hesse, Anm. 10 zu §. 56 S. 190 und Märcker zu §. 56 S. 275. A. A. dahin, daß auch Ordnungsstrafen statthaft seien, z. B. Dalcke, Anm. 99 zu §. 56 S. 978, und dahin, daß die Bestellung eines Pflegers nicht zulässig sei, Eccius, Erörterungen S. 13 ff. und in Förster's Privatrecht

Das Vormundschaftsgericht wird zweckmäßigerweise, ehe es eine der gedachten Maßregeln trifft, den Gegenvormund hören.

Bd. 4 §. 233 S. 220 besonders Anm. 7, letzterer, weil nach §. 67 V. O. gegen den Vormund erst nach Beendigung seines Amtes ein Anspruch auf Herausgabe des verwalteten Vermögens erhoben werden könne, weil ferner Zweck des richterlichen Prüfungsrechtes rücksichtlich der gelegten Rechnung nur sei, daß neben den Irrthümern der Rechnung auch die Thatsachen, nach denen dieser oder jener Ansatz oder das Resultat in Frage gestellt werden könne, durch Rückfrage bei dem Vormund und andere Ermittelungen festgestellt werden, dem Vormund Gelegenheit gegeben werde, nach freiem eigenen Entschluß die Rechnung zu berichtigen, und der Richter Anlaß finden könne, je nach Lage der Sache auch die anderen Seiten des Aufsichtsrechts hervortreten zu lassen, insbesondere eine Sicherheitsbestellung zu fordern und vielleicht den Vormund zu entsetzen, für alle Fälle aber für die dereinstige Beschlußfassung des Mündels über Aufrechterhaltung des Monitums oder Quittung werthvolles Material gesammelt sei, und weil endlich bei einem zahlungsfähigen Vormunde kein Grund vorhanden sei, den Erfolg, daß die Rechnung geändert und der höhere Geldbetrag zinsbar angelegt werde, bei Fortdauer der Vormundschaft zu beschleunigen.

Allein um Herausgabe des verwalteten Vermögens handelt es sich hier nicht, sondern darum, daß die bezüglichen Gelder dem Mündel gutgeschrieben, pupillarische Forderungen dafür angeschafft werden u. dgl. Das Verlangen der Sicherheitsbestellung führt nach deren Gestaltung in der V. O. meist nicht zu dem gewünschten Resultat, und für eine Entsetzung des Vormunds wird es oft an der erforderlichen Voraussetzung der Pflichtwidrigkeit, die doch immer durch ein doloses oder kulposes Verhalten bedingt ist, fehlen, das bloße Sammeln schätzbaren Materials aber nützt vielfach dem Mündel später nicht viel und ein zahlungsfähiger Vormund kann nachträglich zahlungsunfähig werden. Der praktische Werth der diesseitigen Ansicht besteht gerade darin, daß das Mündelinteresse auch in Fällen, in denen dem Vormunde noch keine Pflichtwidrigkeit zur Last fällt und es auch nicht angängig ist, von demselben Sicherheitsleistung zu verlangen, etwa weil das verwaltete Vermögen nicht erheblich ist, oder es doch nicht wünschenswerth erscheint, durch das Verlangen der Sicherheitsleistung dem Vormunde Gelegenheit zu geben, sein Amt los zu werden, Fälle, die häufig vorkommen, in sofort wirksamer Weise wahrgenommen werden kann und nicht der Gefahr ausgesetzt zu werden braucht, daß bei später eintretender Zahlungsunfähigkeit des Vormunds der Mündel trotz allen gesammelten schätzbaren Materials das Nachsehen hat. Und wenn Eccius noch fragt, was geschehe, wenn der Vormund gegen den Pfleger obsiege, und ob nun nicht die Klage des großjährig gewordenen Mündels ausgeschlossen sei, so ist letzteres allerdings richtig, kann aber kein Bedenken erregen, da, wenn das Prozeßgericht eine Verpflichtung verneint, damit eben feststeht, daß eine solche nicht vorhanden ist, und dadurch, daß dies bereits jetzt festgestellt wird und auch später dem Mündel gegenüber wirkt, demselben kein Schaden geschieht. Es gilt dies selbst, wenn der Mündel später in Person besser seine Rechte ausgeführt hätte, als der Pfleger

9. Wird die Rechnung richtig befunden, oder sind die gemachten Ausstellungen erledigt, so sind die Beläge, welche möglicherweise noch zur Justifikation der Schlußrechnung nöthig werden, dem Vormund mit einem Vermerk des erfolgten Gebrauchs [17]) zurückzugeben. Das Gericht ertheilt dem Vormund eine Bescheinigung über die Abnahme der Rechnung, nicht mehr eine Entlastung. Die Abnahme präjudicirt nicht den von dem Mündel oder dessen anderweiten Vertreter nach Beendigung der Vormundschaft bei Legung der Schlußrechnung aufzustellenden Erinnerungen.

Das Original der Rechnung verbleibt beim Gericht, dem Vormund ist auf Verlangen eine Abschrift zu ertheilen [18]).

10. Von der Pflicht zur Rechnungslegung während der Verwaltung sind der Vater, die Mutter, der Ehemann und die Großeltern des Mündels frei [19]).

Ferner können Vater und Mutter den von ihnen benannten Vormund in den Formen des §. 17 der V. O. von dieser Pflicht befreien [20]). Die Befreiung gilt dabei sowohl für den Vater als für die Mutter nicht blos in Betreff des von diesen, sondern auch in Betreff des anderweit dem Mündel zugefallenen Vermögens [21]).

Endlich sind diejenigen, welche einen dem Mündel zugefallenen Nachlaß verwalten, in Ansehung dessen vom Erblasser in vorschrifts-

---

thun konnte oder gethan hat, denn dies kann auch bei anderen Ansprüchen des Mündels zutreffen und berechtigt nicht, deren Geltendmachung während der Vormundschaft auszuschließen. Vgl. gegen Eccius besonders auch König in der Zeitschrift für hannöversches Recht Bd. 8 S. 434.

[17]) Die Visirung soll die Wiederholung des Gebrauchs bei späterer Rechnungslegung unmöglich machen. Es genügt der Vermerk des die Rechnung in calculo prüfenden Gerichtsschreibers oder Kalkulators, eventuell des Richters: „Vorgelegt bei der Jahresrechnung vom —".

[18]) Dem Vormunde soll hierdurch die Anfertigung zweier Exemplare der Rechnung, eines für das Gericht und eines für sich, erspart werden.

[19]) V. O. §. 57 Abs. 1 Satz 1. Unter Vater, Mutter und Großeltern sind hier dieselben Personen zu verstehen, wie sonst, vgl. oben §. 50 S. 202, §. 55 S. 221, §. 49 S. 197 bei Anm. 9 und §. 51 S. 207 bei Anm. 20.

Wegen der gleichen Freiheit der Ehefrau, die über ihren großjährigen Mann die Vormundschaft führt, siehe unten §. 97 bei Anm. 7.

[20]) V. O. §. 57 Abs. 1 Satz 2. Wegen Befreiung eines Pflegers siehe unten §. 98 bei Anm. 27.

[21]) Märcker, Anm. 2 zu §. 57 S. 276, Philler, Anm. 261 Abs. 2 zu §. 57 S. 108 u. A. m.

mäßiger Form die Offenlegung eines Inventars verboten ist[22]), rücksichtlich dieses Nachlasses von der Rechnungslegung frei[23]).

Wird die vormundschaftliche Verwaltung von mehreren Vormündern gemeinschaftlich geführt, und gehört nur einer derselben zu den von der Rechnungslegung freien oder befreiten Personen, so ist die Rechnung doch von allen zu legen, weil die Verpflichtung eine untheilbare ist[24]).

11. In den Fällen, in denen keine Rechnungslegung stattfindet, sei es weil keine Vermögensverwaltung des Vormundes vorhanden ist, sei es weil eine Befreiung vorliegt, hat der Vormund auf Erfordern des Gerichts[25]) alle zwei Jahre oder nach Bestimmung des Gerichts in längeren Zwischenräumen eine Uebersicht des Vermögensbestandes gerichtlich einzureichen. Dieselbe, welche zweckmäßig in der Form eines Inventars, also nach Titeln geordnet, aufgestellt wird und den Zweck hat, dem Richter ein Urteil zu gewähren, ob nicht etwa ein Vermögensverfall, dem vorgebeugt werden müßte, eingetreten ist, ist vorher dem Gegenvormund unter Nachweisung des Bestandes und mit den Belägen[26]) vorzulegen und von diesem mit seinen Bemerkungen zu versehen[27]).

Die Frist von zwei Jahren oder länger bezieht sich nicht auf die erste Uebersicht; die Bestimmung des Zeitpunkts, an welchem diese einzureichen ist, unterliegt ganz dem Ermessen des Vormundschaftsgerichts und kann letzteres dieselbe auch schon früher als zwei Jahre nach Einleitung der Vormundschaft erfordern[28]).

Auch von dieser Verpflichtung finden sich Ausnahmen:

a) Der Vater des Mündels ist — als gesetzlicher oder bestellter Vormund — frei[29]).

b) Das Verbot der Offenlegung des Vermögensverzeichnisses durch den Erblasser schließt hinsichtlich des davon betroffenen Ver-

---

[22]) Oben §. 81 S. 328.

[23]) V. O. §. 57 Abs. 3.

[24]) A. A. Jahrbuch (App.) Bd. 6 S. 66, dagegen die Bemerkungen daselbst S. 67 u. 68, ferner Eccius, Bd. 4 §. 233 Anm. 8 S. 220, Anton, Hesse, Löwenstein, Neumann, Philler u. A. m.

[25]) Also anders wie bei der Jahresrechnung, siehe oben S. 331 bei Anm. 4. Die Aufforderung kann aber generell und für längere Zeit im Voraus erfolgen.

[26]) Jahrbuch Bd. 3 S. 47.

[27]) V. O. §. 57 Abs. 2 Satz 1.

[28]) Jahrbuch Bd. 2 S. 49.

[29]) V. O. §. 57 Abs. 2 Satz 2.

mögens außer der Befreiung von der Rechnungslegung auch noch die von der Einreichung der Vermögensübersicht in sich [30]). Demgemäß sind diejenigen, welche einen zugefallenen Nachlaß verwalten, in Ansehung dessen vom Erblasser in vorschriftsmäßiger Form die Offenlegung eines Verzeichnisses verboten ist [31]), rücksichtlich dieses Nachlasses wie von der Rechnungslegung so auch von der Einreichung einer Uebersicht frei.

12. Unabhängig von der vorstehend erörterten periodischen Rechnungslegung kann das Vormundschaftsgericht jeder Zeit aus besonderen Gründen Rechnungslegung und Nachweisung des Vermögensbestandes fordern. Es folgt dies aus seinem Aufsichtsrecht und dem in diesem enthaltenen Recht auf Kenntnißnahme von allen Angelegenheiten der vormundschaftlichen Verwaltung und auf Rechenschaft über einzelne Punkte derselben [32]), und giebt es von jener Verpflichtung keine Befreiungen, weil diesem Recht gegenüber keine Ausnahmen bestehen.

§. 84. Sicherheitsstellung.

Es ist eine römische Idee, daß die Obrigkeit den Vormund zur Sicherheitsstellung zu nöthigen habe, wenn derselbe nicht vollständig vertrauenswürdig erscheint [1]). Diese Anforderung wurde denn auch in Rom mit den energischsten Mitteln durchgesetzt. Man vollzog sie nöthigenfalls durch Pfandwegnahme [2]). Dazu kam, daß die Vormünder bis zur Sicherheitsstellung des Administrationsrechts entbehrten, ohne daß sich doch ihre Verantwortlichkeit minderte [3]). In Deutschland finden sich wohl auch in früherer Zeit Spuren von Sicherheitsstellung an die Erben und Blutsfreunde [4]), und die Reichspolizeiordnungen von 1548 Tit. 31 und von 1577 Tit. 32 §. 3 forderten vom Vormund allgemein Kaution und Versicherung zu Gunsten der Pflegkinder. Es fehlte aber viel, daß man dies hier mit der römischen Rücksichtslosigkeit erzwang. Daher äußerte z. B. die Vormundschaftsordnung vom 26. November 1718 für die Mark

---

[30]) V.O. §. 57 Abs. 3.

[31]) Oben §. 81 S. 328.

[32]) Oben §. 18 S. 70.

[1]) Vgl. Rudorff, Bd. 1 S. 213 ff.

[2]) §. 3 J. de satisdat. tut. 1, 24.

[3]) l. 7 §§. 1 u. 2 D. de cur. fur. 27, 10 und l. 3 C. h. t. 5, 42.

[4]) Kraut, Bd. 2 S. 43 ff. Sächs. Landrecht I 23 §. 2.

Brandenburg §. 34, es sei nicht thunlich, angesessene Vormünder mit Kaution zu belegen, da sich Vormünder, so besondere Kaution bestellen, nicht so leicht finden dürften. Das A. L. R. forderte zwar für die Regel Kaution, sah aber doch von solcher bei testamentarisch berufenen Vormündern ab und verschonte nach Ermessen des Gerichts auch andere Vormünder von der Last, wenn sie mit einer besonderen Kautionsbestellung nicht aufzukommen im Stande waren und im Ruf unbescholtener Redlichkeit und ordentlicher Wirthschaft standen [5]); in der Praxis wurde die Befreiung von der Kautionsleistung hiernach fast zur Regel [6]). Das französische Recht begnügt sich mit der gesetzlichen Hypothek der Mündel.

Nach der V. O. §. 58 ist es dem Ermessen des Vormundschaftsgerichts überlassen, vom Vormund Kaution zu fordern. Es gilt hierüber Folgendes:

1. Die Sicherheit kann nur verlangt werden, wenn der Vormund ein erhebliches Vermögen zu verwalten hat [7]). Dies kann hart scheinen, da dem Armen sein geringes Kapital so wichtig ist, als dem Reichen das große. Allein es ist eben nicht mehr durchzusetzen. Denn nur bei wohlhabenden Mündeln wird es häufiger vorkommen, daß der Vormund der besitzenden Klasse angehört und ohne zu große Belästigung Kaution stellen kann.

2. Die Art und der Umfang der Sicherheit wird durch richterliches Ermessen bestimmt. Das Vormundschaftsgericht kann aber nicht seine Anordnung selbst vollstrecken, sondern nur indirekt durch Ordnungsstrafen gegen den bestellten Vormund erzwingen, eventuell auch einen Pfleger bestellen, der gegen den Vormund auf die Sicherheitsleistung klagt [8]). Insbesondere kann es nur den Vormund zur Bewilligung der Eintragung einer für nothwendig erklärten Kautionshypothek auf seine Grundstücke anhalten, ist aber nicht befugt, die Eintragung einer solchen Hypothek beim Grundbuchamt unmittelbar nachzusuchen [9]). Auch mit Kaution in Werthpapieren oder anderen

---

[5]) A. L. R. II 18 §. 424 ff.

[6]) Arndts u. Leonhard, §. 21 Anm. 153 a. E. S. 37.

[7]) Es genügt also weder eine bloße Verwahrung noch ein geringeres Vermögen. Was ein erhebliches Vermögen ist, beurtheilt das Gericht. Bei mehreren Vormündern sind die nichtverwaltenden von der Sicherheitsstellung frei, ebenso ist es der Gegenvormund (V. O. §. 59 Abs. 3).

[8]) Siehe oben §. 18 unter Nr. 5 S. 69.

[9]) Jahrbuch (App.) Bd. 5 S. 289 und Bd. 6 S. 155 und die sämmtlichen

Faustpfändern kann sich das Vormundschaftsgericht behelfen und sich mit Bürgen begnügen.

Eine Sicherheitsleistung durch Eid erscheint ausgeschlossen [10]).

3. Die Kautionsforderung soll nicht die Regel, sondern eine lediglich durch besondere Umstände begründete Ausnahmemaßregel sein [11]). Das Vormundschaftsgericht wird die Sicherheit vorzugsweise dann fordern, wenn der Vormund zwar verdächtig ist, aber ein Grund zu seiner Absetzung nicht vorliegt. Aber auch wenn der Vormund nicht für seine Person verdächtig sein sollte, wenn ihm aber mehr als gewöhnlich anvertraut werden muß, wird eine Kaution zu fordern sein. Es wird hierbei der billigdenkende Richter in Betracht ziehen, ob dem Vormund das Aufbringen einer Kaution nach seinem Beruf und seinen Verhältnissen besonders schwer wird. Eine Kautionsstellung, welche einem Rentier wenig lästig wäre, kann einen Kaufmann von gleichem Kapitalbesitz zum Ruin führen.

4. Der Vater ist als Vormund seiner ehelichen und Adoptivkinder, die Mutter als Vormund über ihre ehelichen und unehelichen Kinder sowie über ihre Adoptivkinder von der Pflicht der Sicherheitsstellung frei. Desgleichen sind die Großeltern von der Sicherheitsstellung befreit, jedoch nur bei der Vormundschaft über ihre ehelichen Enkel [12]). Befreit ist endlich der Ehemann als Vormund seiner Frau [13]).

5. Nach römischem Rechte und auch nach dem A. L. R. [14]) hatten

---

Kommentatoren, insbesondere auch Dalcke, Anm. 8 zu §. 58 S. 980 unter Aenderung seiner früheren anderen Ansicht. Mit Recht macht übrigens Hesse, Anm. 3 Abs. 3 zu §. 58 S. 197 darauf aufmerksam, daß die ganze Frage über die Erzwingung der Kautionsleistung im Grunde eine ziemlich müßige sei, da sie praktisch nur vorkommen könne, wenn der Vormund weder Kaution leisten noch von dem im §. 63 Abs. 2 V. O. ihm ertheilten Rechte, seine Entlassung zu beantragen, Gebrauch machen wolle, und kaum anzunehmen sei, daß ein Vormund, welcher auf diese Weise einer ihm unbequemen Kautionsleistung sich entziehen könne, dieses Auskunftsmittel verschmähen und nichtsdestoweniger durch einen Prozeß, dessen Kosten ihm zur Last fallen müssen, zu der Sicherheitsstellung sich erst zwingen lassen werde.

[10]) Hesse, Anm. 4 zu §. 58 S. 197 unten.

[11]) Motive zur Regierungsvorlage S. 88, 91 u. 92. Jahrbuch (App.) Bd. 6 S. 68.

[12]) Vgl. oben §. 83 Anm. 19 S. 337.

[13]) V. O. §. 59 Abs. 3. Wegen der gleichen Freiheit der ihrem großjährigen Ehemann zum Vormund bestellten Frau siehe unten §. 97 bei Anm. 7.

[14]) A. L. R. II 18 §. 433.

die testamentarischen Vormünder regelmäßig Sicherheitsstellung nicht zu leisten. Dies ist in der V. O. nicht anerkannt[15]), wohl aber kann der Vater, sowie die Mutter des Mündels den von ihnen benannten Vormund in der V. O. §. 17 Nr. 2 bestimmten Form von der Pflicht zur Sicherheitsleistung, sei es für immer und unbedingt, sei es zeitweilig oder bedingt, befreien. Die Befreiung fällt weg, wenn Umstände eingetreten sind, welche nach dem Ermessen des Vormundschaftsgerichts eine Sicherheitsstellung nothwendig machen[16]).

6. Das Vormundschaftsgericht kann jeder Zeit anordnen, daß die vom Vormund gestellte Sicherheit erhöht, gemindert oder erlassen werde. Auf Grund einer solchen Anordnung kann der Vormund den Antrag auf Löschung der etwa gestellten Sicherheitshypothek stellen, da die Anordnung die sonst erforderliche Löschungsbewilligung ersetzt[17]).

Das Gesetz bestimmt nicht ausdrücklich, daß das Gericht den Gegenvormund vor der Minderung oder dem Erlaß der Sicherheit des Vormunds zu hören habe[18]). Es ist aber dem Gerichte zu rathen, diese Anhörung vor einer Beschlußfassung hierüber vorzunehmen. Auf Antrag des Vormunds oder Gegenvormunds oder eines Verwandten oder Verschwägerten sind auch Verwandte nach Maßgabe des §. 55 der V. O. zu hören.

---

[15]) Auch bereits zur Zeit des Inkrafttretens der V. O. bestellte testamentarische Vormünder können wie andere Vormünder zur Sicherheitsstellung angehalten werden, da die V. O. auch auf schwebende Vormundschaften Anwendung findet. Es gilt dies auch für die Vormünder im rheinischen Rechtsgebiete, welche vor dem 1. Januar 1876 eintraten.

[16]) V. O. §. 59 Abs. 1 u. 2. Vgl. auch oben §. 33 S. 138. Der im Abs. 2 zugelassene Wegfall der Befreiung gilt nicht für den erst im Abs. 3 für von der Pflicht zur Sicherheitsstellung frei erklärten Vater u. s. w., ebenso z. B. Wachler, Anm. 6 zu §. 59 S. 196 und Hesse, Anm. 6 zu §. 59 S. 199.

[17]) Grundbuchordnung vom 5. Mai 1872 §. 94. Eine unmittelbare Vertretung des Mündels durch das Vormundschaftsgericht liegt bei dieser Bewilligung einer gänzlichen oder theilweisen Löschung nicht vor, wie Hesse, Anm. 5 zu §. 58 S. 198 und König, Anm. zu §. 58 S. 56 annehmen, so wenig, wie bei der Anordnung der Kautionsleistung selbst. Es sind dies Maßregeln des Vormundschaftsgerichts, die zwar im Interesse des Mündels, aber nicht in Vertretung desselben geschehen und auf keiner anderen Stufe als die Bestellung eines Vormundes überhaupt stehen. Vgl. oben §. 18 unter Nr. 5. S. 69.

[18]) V. O. §. 55 Abs. 2 trifft nicht zu, da weder eine Handlung des Vormunds noch eine Genehmigung in Frage steht.

7. Ist die Vormundschaft beendigt und dem Vormunde seitens des ehemaligen Mündels oder seines Vertreters Quittung und Entlastung ertheilt, so erlischt natürlich auch die vom Vormund gestellte Sicherheit [19]). Daher sind die etwaigen Bürgen befreit, der Mündel ist verpflichtet, die Löschung der etwa bestellten Sicherheitshypothek zu bewilligen [20]), die von dem Vormund bei einer öffentlichen Behörde hinterlegten Faustpfänder sind zurückzustellen.

Ist aber bei der Quittung und Entlastung seitens des Mündels ein Vorbehalt gemacht, so hat das Vormundschaftsgericht zu entscheiden, ob und wieviel von der Sicherheit zurückzubehalten [21]) oder von einer Hypothek bestehen zu lassen sei. Das Vormundschaftsgericht wird nicht mehr Sicherheit zurückhalten, bezw. die Hypothek nicht in größerem Umfange bestehen lassen, als die Ansprüche betragen, welche der Mündel erhebt. Es wird aber auch nicht leicht die Sicherheit unter diesen Betrag herabsetzen, es seien denn die vom Mündel gemachten Ausstellungen offenbar frivol und unbegründet.

Die Uebertragung der in Rede stehenden Entscheidung auf das Vormundschaftsgericht ist aus Zweckmäßigkeitsgründen geschehen, weil diesem die erforderliche Sachkunde am nächsten liege und der Vormund durch die Nothwendigkeit, wegen unbedeutender Vorbehalte die ganze Sicherheit zurücklassen und erst den Rechtsweg beschreiten zu müssen, der Gefahr einer großen Belästigung ausgesetzt sein würde [22]). Ein Prozeß über die Frage, ob und wieviel von der Sicherheit zurückzubehalten oder von der Hypothek ungelöscht zu lassen sei, findet hiernach in keinem Falle statt [23]).

---

[19]) Vgl. hierüber und über das Folgende V. O. §. 70.

[20]) Das Vormundschaftsgericht ist weder zu dieser Bewilligung und noch weniger zur Stellung des Löschungsantrages befugt (Bericht der K. d. A. H. S. 18). A. A. hinsichtlich der Bewilligung Hesse, Anm. 1 zu §. 70 S. 229, offenbar zu Unrecht, da das Vormundschaftsgericht doch jedenfalls nicht mehr nach Beendigung der Vormundschaft den Mündel vertreten kann, vgl. oben §. 77 S. 314 bei Anm. 17.

Der Löschungsantrag ist nach §. 92 der Grundbuchordnung vom 5. Mai 1872 von dem Grundstückseigenthümer selbst zu stellen.

[21]) Hierunter fallen, da begrifflich die Sicherheit die Bürgschaft mitumfaßt und eine abweichende Behandlung der letzteren keinen Sinn hätte, auch Bürgen, sodaß deren Entlassung ganz oder theilweise ebenfalls möglich ist.

[22]) Motive zur Regierungsvorlage S. 104.

[23]) Ebenso z. B. Neumann zu §. 70 S. 233, Hesse, Anm. 4 zu §. 70 S. 230 und Philler, Anm. 315 zu §. 70 S. 137. Die Sache liegt hier

8. Die Uebernahme einer Vormundschaft kann, wie oben gezeigt wurde[24]), ablehnen, wer bei der Berufung durch den Richter zugleich zur Stellung einer Sicherheit angehalten wird. Hiermit ist nicht gemeint, daß das bloße Verlangen einer Sicherheit durch den Richter einen Ablehnungsgrund geben soll. Ablehnen kann der Berufene die Vormundschaft nur, wenn das Gericht die Leistung der Sicherheit zur conditio sine qua non der Bestellung als Vormund macht.

Ist Jemand bereits Vormund, so kann er die Entlassung von der Vormundschaft fordern, wenn er zur Sicherheitsstellung angehalten wird, und sich hierdurch von derselben befreien[25]). Zwar hört mit der Beantragung der Entlassung das Amt des Vormunds noch nicht auf, sondern endet erst, sobald die Entlassung bewilligt ist, und letzteres kann regelmäßig erst geschehen, wenn ein geeigneter Ersatzmann gefunden ist[26]). Es ist also an sich bis dahin das Gericht noch in der Lage, sein Verlangen der Sicherheitsleistung durchzusetzen[27]). Indessen dürfte dies doch, da die Entlassung nicht verweigert werden darf und nach derselben die Sicherheit sofort wieder zurückgegeben werden muß, im allgemeinen unnütz und deshalb zu unterlassen sein.

Dieses Ablehnungs- und Entlassungsrecht machen die Vorschriften über die Sicherheitsstellung nahezu ganz illusorisch und wird deshalb praktisch von ihnen fast gar kein Gebrauch gemacht. Am meisten dienen sie noch als Mittel, nach §. 17 V. O. berufene, aber nicht geeignet erscheinende Personen fernzuhalten.

---

ebenso wie bei der Frage der Höhe von Strafzinsen nach §. 40 Abs. 1 V. O. (siehe oben §. 80 S. 321 bei Anm. 7).

Daraus, daß das Vormundschaftsgericht darüber zu entscheiden hat, ob und wieviel von der Hypothek bestehen zu lassen sei, folgt noch nicht, wie Löwenstein, Anm. 252 Abs. 2 zu §. 70 S. 109 und diesem folgend auch Anton, Anm. 188 zu §. 70 S. 158 und Neumann a. a. O. aufstellen, daß es als zuständige Behörde im Sinne des §. 92 der Grundbuchordnung anzusehen sei. Es verbleibt vielmehr auch im Falle eines Vorbehalts dabei, daß, soweit hier eine Löschung stattfindet, der Löschungsantrag von dem Grundstückseigenthümer zu stellen ist. Gegen Löwenstein besonders auch Eccius, Bd. 4 §. 235 Anm. 18 S. 232 und Turnau, Bd. 2 §. 87 S. 340 Anm. 10.

[24]) Vgl. oben §. 58 unter Nr. 7 S. 233 nnd V O. §. 23 unter Nr. 6.

[25]) V. O. §. 63 Abs. 2.

[26]) Siehe unten §. 89 bei Anm. 28.

[27]) Eccius, Bd. 4 §. 233 S. 224.

9. Die Kosten der Sicherstellung, zu denen auch die für die Löschung einer Kautionshypothek gehören [28]), fallen dem Mündel zur Last [29]). Dies auch dann, wenn zweideutiges Benehmen des Vormunds die Nothwendigkeit der Sicherung veranlaßt hat.

§. 85. Verwahrung der Werthpapiere und Kostbarkeiten.

Nach dem A. L. R. waren sämmtliche dem Pflegebefohlenen gehörende Schuldinstrumente, mochten sie nun vom Erblasser herrühren oder während der Vormundschaft erworben sein, in gerichtliche Verwahrung zu nehmen. Ebenso waren Kostbarkeiten, Juwelen, Gold- und Silbergeschirr, sofern sie nicht sofortigem Verkauf unterstellt wurden, beim Gerichte zu deponiren [1]).

Nach der V. O. dagegen bleibt der Vormund, wie dies auch im gemeinen und französischen Rechte der Fall war, der Regel nach im Besitze aller Werthgegenstände des Mündels und bewendet es bei dieser Regel namentlich bezüglich der Hypothekendokumente. Dagegen bestimmt die V. O. im §. 60 Abs. 1: „Das Vormundschaftsgericht kann anordnen, daß Werthpapiere des Mündels, welche auf den Inhaber lauten oder an den Inhaber gezahlt werden können, und Kostbarkeiten bei der Reichsbank oder bei einer anderen dazu bestimmten Behörde oder Kasse in Verwahrung genommen, oder daß jene Werthpapiere außer Kurs gesetzt werden", und ist nachträglich noch bestimmt worden, daß das Vormundschaftsgericht ferner anordnen kann, daß die Eintragung der dem Mündel gehörigen Schuldverschreibungen der vierprozentigen konsolidirten Anleihe auf den Namen desselben im Staatsschuldbuche beantragt werde [2]).

Diese Abweichung vom Prinzip des Gesetzes, welche begreiflich vorzugsweise für die Werthpapiere von Wichtigkeit ist, rechtfertigt sich aus einem doppelten Grunde. Vor allem bilden die Inhaberpapiere, um welche es sich hier besonders handelt, häufig eine feste Kapitalanlage, welche nicht selten längere Zeit, unter Umständen während der ganzen Dauer der Minderjährigkeit, keine Veränderung erleidet, da nur die Koupons und Dividendenscheine zu erheben und zu den

---

[28]) Hesse, Anm. 5 zu §. 70 S. 230.

[29]) V. O. §. 58 Abs. 2.

[1]) A. L. R. II 18 §§. 423 u. 449.

[2]) Gesetz vom 20. Juli 1883 betr. das Staatsschuldbuch (G. S. 1883 S. 120) §. 24 Abs. 1, vgl. oben §. 76 S. 302 bei Anm. 12.

Zwecken des Mündels zu verwenden sind. In solchen Fällen ist es überflüssig, daß der Vormund die Papiere in Händen hat, und die Aufbewahrung derselben bei der Reichsbank oder an sonstiger amtlicher Stelle ein Gebot sorgsamer Verwaltung. Aehnlich steht es mit den Kostbarkeiten, welche nicht verkauft, sondern dem Mündel aufbewahrt werden sollen. Als zweiter Grund kommt hinzu, daß die Inhaberpapiere in der Hand des Vormunds möglicherweise gefährdet sind. Bei ihrer leichten Begebbarkeit kann der Vormund der Versuchung unterliegen, sie bei augenblicklicher eigener Geldnoth zu versilbern oder gar mit ihnen zu spekuliren, in der später getäuschten Hoffnung, dereinst Stücke gleicher Art wiederum für den Mündel anzuschaffen. Es wird zudem nicht selten dem Vormund die Gelegenheit fehlen, Inhaberpapiere oder Kostbarkeiten des Mündels sicher bei sich aufzubewahren.

Was nun das Einzelne betrifft, so ist Folgendes hervorzuheben:

1. Die Bestimmung bezieht sich zunächst auf Papiere, welche auf den Inhaber lauten, mögen dieselben nun einen festen Zins abwerfen, oder dividendentragende Aktien sein. Sie umfaßt aber auch solche Papiere, welche zwar nicht auf den Inhaber lauten, dennoch aber an jeden Inhaber gezahlt werden können, weil der Schuldner eine Prüfung der Legitimation des Ueberbringers nicht vorzunehmen hat. Es gehören hierher z. B. Sparkassenbücher [3]) und ferner Wechsel, die mit einem Blanko-Indossament versehen sind, solange dieses unausgefüllt ist [4]), dagegen niemals Hypothekenbriefe, Schuldscheine u. dgl.

Welche Gegenstände als Kostbarkeiten anzusehen sind, beurtheilt

---

[3]) Jahrbuch (App.) Bd. 8 S. 108.

[4]) A. A. einerseits dahin, daß die Wechsel gar nicht hierher gehörten, weil sie Order- nicht Inhaberpapiere seien, z. B. Anton, Anm. 163 zu §. 60 S. 146, und andererseits dahin, daß sie stets hierher gehören, z. B. Märcker, Anm. 2 zu §. 60 S. 278. Der Wechsel ist an sich Orderpapier, und wenn ausnahmsweise die Anorderstellung ausdrücklich ausgeschlossen ist, sog. Rektapapier und entbehrt daher der im §. 60 Abs. 1 V. O. getroffenen Voraussetzungen. Ein Blanko-Indossament macht ihn jedoch zum Inhaberpapier, solange es nicht ausgefüllt ist, abgesehen hiervon ist der Wechsel als Inhaberpapier unzulässig. Sofern hiernach der Wechsel Inhaberpapier ist, muß er als solches auch für dem §. 60 Abs. 1 unterworfen angesehen werden, wenngleich der Natur der Sache nach bei ihm selten von dem Recht, die Verwahrung anzuordnen, Gebrauch gemacht werden wird.

im einzelnen Falle das Vormundschaftsgericht[5]). Münzen und Werthzeichen, wenn sie auch sonst unter den Begriff des Geldes fallen, können, sobald sie als individuelle Sachen in Betracht kommen, zu den Kostbarkeiten gerechnet werden[6]).

2. Die Frage, ob eine der im §. 60 Abs. 1 der V.O. gedachten Maßnahmen zu erfolgen hat, unterliegt dem vernünftigen Ermessen des Richters unter seiner Verantwortlichkeit.

Nichts wäre irriger, als anzunehmen, jene Maßnahmen entsprängen an und für sich einem Mißtrauen gegen den Vormund und seien nur da anzuwenden, wo Gründe eines solchen Mißtrauens vorliegen. Ihre Anordnung ist vielmehr als eine zweckmäßige und im Interesse aller Betheiligten liegende Verwaltungsmaßregel anzusehen, wo immer es sich um Objekte handelt, welche voraussichtlich nicht in kürzerer Frist zu begeben sind, sondern einen dauernden Bestandtheil des Mündelvermögens bilden sollen. Sie kann selbst da eintreten, wo der Vormund Sicherheit bestellt hat[7]), wenngleich hier das Gericht thatsächlich meist einen Antrag des Vormunds abwarten oder doch nicht gegen dessen ausdrücklichen Willen seine Anordnung treffen wird.

Ebenso bestimmt über den Umfang der Anordnung lediglich das Ermessen des Gerichts, bei Werthpapieren namentlich also auch darüber, ob die Talons und Koupons ebenfalls zu hinterlegen oder dem Vormunde im Interesse der Geschäftserleichterung behufs Erhebung der Zinsen zu belassen sind.

3. Ob das Gericht die Verwahrung bei der Reichsbank, oder bei einer hierzu bestimmten Behörde oder Kasse, oder ob es die Außerkurssetzung oder die Eintragung im Staatsschuldbuche anordnen will, hat es nach den besonderen Verhältnissen zu beurtheilen.

---

[5]) Bei Hinterlegungen ohne Anordnung des Vormundschaftsgerichts (siehe unten Nr. 7) hat die Hinterlegungsstelle die Beurtheilung.

[6]) §. 36 Abs. 2 der Hinterlegungsordnung vom 14. März 1879 (G. S. 1879 S. 249). Vgl. auch §§. 4 u. 5 Tit. 1 der Allgem. Depositalordnung vom 15. September 1783, die besonders goldene, silberne und andere Medaillen und seltene Münzen, Juwelen und Kleinodien, Uhren und Tabatieren und andere kostbare und künstliche Stücke sowie auch Gold- und Silbergeschirr zu den Pretiosen rechnen.

[7]) Bericht der K. d. H. H. S. 78 und stenographische Verhandlungen des Herrenhauses S. 176.

Mit Recht stellt aber die V. O. die Aufbewahrung bei der deutschen Reichsbank an die Spitze [8]).

Diese Bank, und zwar ausschließlich das Komtoir derselben für Werthpapiere zu Berlin, an welches jedoch die Uebersendung durch die Post geschehen kann, nimmt gegen mäßige Gebühr Inhaberpapiere in sogenanntes offenes Depot. Sie übernimmt dabei für die sichere und getreue Aufbewahrung dieser Papiere die volle Gewähr und verpflichtet sich außerdem, die Koupons und Dividendenscheine, wenn sie in Berlin zahlbar sind, rechtzeitig einzuziehen, anderenfalls sie an der Berliner Börse zu verkaufen und die eingegangenen Beträge in Berlin oder bei einer Filialanstalt der Bank zur Verfügung des Deponenten zu stellen. Sie verpflichtet sich auch auf Verlangen des Deponenten, die in dem Reichsanzeiger erscheinenden Ziehungs- und Verlosungslisten nachzusehen, Interimsscheine umzutauschen und Bezugsrechte auf neue Aktien auszuüben. Die Zurückzahlung des Depositums und die Auszahlung der Beträge für ausgeloste oder gekündigte Stücke erfolgt gegen Rückgabe des ausgestellten Depotscheins. Ist der Schein verloren gegangen, so bedarf es einer rechtskräftigen gerichtlichen Amortisation desselben. Die Bank ist befugt, dem Ueberbringer des Depotscheins das Depositum auszuhändigen, zu einer Legitimationsprüfung ist dieselbe berechtigt, nicht aber verpflichtet. Ist ein sogenanntes Paßwort versiegelt eingereicht, so kann das Depositum nur unter gleichzeitiger Angabe des Paßworts zurückgestellt werden. Die Zahlung der Beträge für Zinsen und Dividenden geschieht ohne Vorlegung des Depotscheines.

Kostbarkeiten werden in entsprechender Weise, aber bei allen Reichsbankstellen, andererseits jedoch nur als verschlossene Depots und soweit der dazu vorhandene Raum ausreicht, zur Hinterlegung angenommen und gegen Rückgabe des Depotscheins zurückgegeben.

Vorstehendes gilt nun auch bei den auf Anordnung des Vormundschaftsgerichts niedergelegten Inhaberpapieren und Kostbarkeiten von Mündeln mit der Maßgabe, daß als Niederleger die Vormünder

[8]) Vgl. zum Folgenden R. Koch, Die Leistungen der Reichsbank für die Verwaltung des unter Vormundschaft oder Pflegschaft stehenden Vermögens in den Beiträgen Bd. 22 S. 655 ff. Eine Bekanntmachung des Reichsbank-Direktoriums über die Bedingungen und Formen, unter denen die Hinterlegung bei der Reichsbank zu bewirken ist, wird kostenfrei bei jeder Reichsbankstelle verabfolgt. Daß Gelder zur zinsbaren Belegung bei der Reichsbank nicht mehr angenommen werden (siehe oben §. 76 Anm. 24 S. 306), hat auf die Hinterlegung von Werthpapieren keinen Einfluß.

(Pfleger) unter Mitbenennung des Mündels fungiren, der Depotschein, welcher von rother Farbe und mit dem Vermerk: „Auf Anordnung des Vormundschaftsgerichts" versehen ist, auf den Namen des Vormunds (Pflegers) ausgefertigt wird, die Zahlung von Zinsen und Dividenden ohne weiteres, namentlich ohne Genehmigung des Gegenvormunds oder des Gerichts, an den deponirenden Vormund (Pfleger) erfolgt, so daß, wenn derselbe aufhört Vormund (Pfleger) zu sein, das Vormundschaftsgericht dies der Reichsbank mitzutheilen hat, und die Zurückzahlung oder Zurückgabe des Depots oder der Beträge für ausgeloste oder gekündigte Stücke gegen Vorlegung des Depotscheins nur mit Genehmigung des Vormundschaftsgerichts an den Vormund (Pfleger), oder wenn in der Genehmigungserklärung eine andere Person, etwa der großjährig gewordene Mündel oder ein anderer Vormund genannt ist, an diese geschieht.

Das Vormundschaftsgericht kann weiter die Verwahrung von Werthpapieren oder Kostbarkeiten bei einer anderen dazu bestimmten Behörde oder Kasse anordnen. Dies waren früher im Geltungsgebiete der allgemeinen Depositalordnung vom 15. September 1783 die gerichtlichen Depositorien. Seit dem 1. Oktober 1879 sind es für den ganzen Umfang des Staates die durch die Hinterlegungsordnung vom 14. März 1879 §§. 1, 2 und 3 bestimmten Hinterlegungsstellen [9]). Dieselben sind jedoch gesetzlich gar nicht und reglementsmäßig nur in beschränktem Maße verpflichtet, von Amtswegen die Auslosung oder Kündigung der Werthpapiere zu überwachen oder für die Einziehung neuer Zins- oder Dividendenscheine oder für die Einkassirung fälliger Zins- oder Dividendenscheine zu sorgen [10]). Gerade um deswillen wird sich für die Regel die Hinterlegung bei der Reichsbank mehr empfehlen [11]).

Die auf Anordnung des Vormundschaftsgerichts bei den Hinterlegungsstellen stattfindenden Hinterlegungen erfolgen unter Vorlegung oder Miteinsendung der Anweisung des Vormundschaftsgerichts zur Hinterlegung [12]) nebst einer Abschrift derselben; die Hinterlegungs-

[9]) Vgl. zu den §§. 2 u. 3 die allgem. Verfügung vom 31. Juli 1879 (Just. Min. Bl. 1879 S. 216).

[10]) §. 38 der Hinterlegungsordnung und die Nr. 27 der Bestimmungen zur Ausführung der Hinterlegungsordnung (Just. Min. Bl. 1879 S. 327), sowie die allgem. Verfügung vom 21. August 1880 (Just. Min. Bl. 1880 S. 197).

[11]) Jahrbuch (App.) Bd. 5 S. 289.

[12]) Den Inhalt, welchen diese Anweisung haben muß, bezeichnet §. 49 der Hinterlegungsordnung.

kasse behält die Abschrift zurück und bescheinigt auf der Anweisung die erfolgte Hinterlegung. Zur Zurückgabe des Hinterlegten bedarf es der Genehmigung des Vormundschaftsgerichts [13]).

Ist eine Hinterlegung bei einer Hinterlegungsstelle angeordnet, so kann der Vormund die vorläufige Verwahrung der betreffenden Werthpapiere oder Kostbarkeiten beim Amtsgericht verlangen und hat dann das Vormundschaftsgericht die Absendung an die Hinterlegungsstelle zu bewirken. Auch ohne Antrag kann in dringenden Fällen das Vormundschaftsgericht die vorläufige Verwahrung eintreten lassen, der dann auch hier die Uebersendung seitens des Gerichts an die Hinterlegungsstelle zu folgen hat. [14]).

Wird die Eintragung von Staatsschuldverschreibungen im Staatsschuldbuche angeordnet, so ist dem Vormunde aufzugeben, seinem Antrage auf Eintragung noch den Antrag auf Eintragung eines Vermerks im Staatsschuldbuche dahin, daß die Ausreichung von Staatsschuldverschreibungen gegen Löschung der eingetragenen Forderung oder eines Theils derselben der Genehmigung des Vormundschaftsgerichts bedarf, hinzuzufügen. Dieser Vermerk wird dann im Staatsschuldbuche selbst eingetragen, außerdem aber auch in die Benachrichtigung, welche der Vormund über die Eintragung erhält, aufgenommen und die Benachrichtigung auch dem betreffenden Vormundschaftsgericht ertheilt, welches danach in der Lage ist, zu kontroliren, ob von dem Vormunde der erlassenen Anordnung entsprochen worden ist [15]).

Die letzte Maßregel, welche das Gericht anordnen kann, ist die Außerkurssetzung der Werthpapiere. Eine solche Maßregel darf das Gericht natürlich dann nicht vorschreiben, wenn die fraglichen Papiere durch eine Außerkurssetzung die Umlaufsfähigkeit im Börsenverkehr verlieren, im Werthe gemindert oder gar ganz entwerthet werden. Dies ist bei den meisten ausländischen, z. B. bei den amerikanischen, holländischen und russischen Papieren der Fall.

Die Außerkurssetzung kann durch den Vormund oder durch das Vormundschaftsgericht bewirkt werden, es muß aber dabei immer zum

---

[13]) §§. 47, 48, 50 u. 51 der Hinterlegungsordnung.

[14]) §§. 74 Nr. 2 u. 73, 76 ff. daselbst und §. 11 Nr. 1 der allgem. Verfügung vom 9. Juli 1879 (Just. Min. Bl. 1879 S. 173).

[15]) Allgem. Verfügung vom 17. Dezember 1884 (Just. Min. Bl. 1884 S. 283).

Ausdruck gebracht werden, daß sie für den Mündel auf Anordnung des Vormundschaftsgerichts geschieht [16]).

Die Wiederinkurssetzung findet als Akt der freiwilligen Gerichtsbarkeit auf Antrag des legitimirten Gläubigers, also des Vormunds oder des großjährig gewordenen Mündels statt. Das Vormundschaftsgericht kann sie nicht vornehmen, weil es die Papiere nicht für sich außer Kurs gesetzt hat. Während der Dauer der Vormundschaft kann sie nur mit Zustimmung des Vormundschaftsgerichts geschehen [17]).

Da es nur bei Inhaberpapieren, nicht auch bei Papieren, welche nur an den Inhaber gezahlt werden können, eine wirkliche Außerkurssetzung giebt, so ist der Ausdruck „jene Werthpapiere" im §. 60 Abs. 1 V. O. nur auf die eigentlichen Inhaberpapiere zu beziehen, so daß also z. B. Sparkassenbücher nicht außer Kurs gesetzt werden können [18]).

4. Ueber die Bedeutung der vorstehenden Maßregeln besteht Meinungsverschiedenheit. Von der einen Seite werden sie als Verfügungsbeschränkungen aufgefaßt, so daß Verfügungen ohne die Genehmigung des Gerichts, welche dann in der Form der Einwilligung in die Herausgabe oder Wiederinkurssetzung ertheilt wird, ungültig seien [19]). Nach anderer Ansicht beschränken sie dagegen die Selbständigkeit des Vormunds in keiner Weise und müssen aufgehoben werden, sobald der Vormund allein oder unter der sonst verordneten Genehmigung des Gegenvormunds über die betreffenden Werthgegen-

---

[16]) Eccius, Bd. 4 §. 233 S. 222.

[17]) Siehe unten unter Nr. 4 S. 352. Vgl. im übrigen wegen des Verfahrens bei der Außerkurs- und Wiederinkurssetzung die §§. 47 ff. I 15 A. L. R., das Gesetz vom 16. Juni 1835 (G. S. 1835 S. 133), die beiden Gesetze vom 4. Mai 1843 (G. S. 1843 S. 177 u. 179), die §§. 49 u. 50 der Verordnung vom 8. Juni 1835 (G. S. 1835 S. 114) und die Verordnung vom 16. August 1867 (G. S. 1867 S. 1457), sowie auch den §. 37 der Hinterlegungsordnung.

[18]) A. A. Jahrbuch Bd 3 S. 61, dagegen Eccius, Bd. 4 §. 233 Anm. 15 S. 222. Vgl. auch Striethorst, Archiv Bd. 63 S. 95, Bd. 65 S. 77, Bd. 69 S. 273 und Bd. 96 S. 290. Thatsächlich hat übrigens die Außerkurssetzung der Sparkassenbücher, wenn sie auch rechtlich nicht zulässig erscheint, meist Erfolg, da sie von den Sparkassen-Verwaltungen beachtet zu werden pflegt.

[19]) So z. B. Löwenstein, Anm. 223 a. E. zu §. 60 S. 96 u. 97, Neumann zu §. 60 S. 204 und Philler, Anm. 282 zu §. 60 S. 127.

stände verfügt hat und diese danach nicht mehr für den Mündel zu verwahren sind [20]).

Indessen verknüpft einerseits das Gesetz keineswegs mit den in Rede stehenden Maßregeln ohne weiteres ein Verfügungsverbot. Andererseits ist Zweck derselben aber auch nicht blos, wie nach der zweiten Ansicht allein der Fall sein würde, einen sicheren Verwahrungsort für leicht verlierbare Gegenstände auf so lange, als dieselben zu verwahren sind, zu geben, sondern auch einen Schutz gegen den Vormund zu gewähren. Das Vormundschaftsgericht kann seine Anordnung lediglich aus dem ersteren Grunde treffen, dann hat sie nicht die Bedeutung eines Veräußerungsverbots. Es kann sie aber auch aus dem zweiten Grunde erlassen, und dann enthält sie eine Beschränkung des Vormunds. Mit anderen Worten, wenngleich die Anordnungen des Vormundschaftsgerichts an sich noch kein Veräußerungsverbot enthalten, kann das Gericht ihnen doch diese Bedeutung beilegen.

Die Meinungsverschiedenheit hat übrigens thatsächlich keine Bedeutung mehr, da nicht blos die Reichsbank, sondern, wie bereits bemerkt, auch jetzt nach positiver gesetzlicher Vorschrift die Hinterlegungsstellen die hinterlegten Gegenstände nicht ohne Genehmigung des Gerichts zurückgeben, letztere ferner zur Löschung der Eintragungen im Staatsschuldbuche verlangt wird und endlich auch bei der Wiederinkurssetzung nothwendig ist, indem sonst die in dem Außerkurssetzungsvermerk zum Ausdruck gebrachte Anordnung des Vormundschaftsgerichts als noch fortgeltend angesehen und deshalb die Wiederinkurssetzung abgelehnt werden müßte, somit also jetzt überall das Gericht in der Lage ist, zu bestimmen, unter welchen Bedingungen und Voraussetzungen die Verfügung des Vormunds allein Wirksamkeit erlangen kann. Der Vormund wird sich demgemäß hierüber vor seiner Verfügung zu vergewissern haben, indem er andernfalls in eine schwierige Lage kommen und sich allseitiger Verantwortlichkeit aussetzen könnte.

Selbstredend ist dabei, daß die Genehmigung vom Gericht nicht in willkürlicher Weise, namentlich dann nicht verweigert werden darf, wenn zur Zeit seiner Anordnung bereits eine Verpflichtung

---

[20]) Eccius, Erörterungen S. 23 ff. und in Förster's Privatrecht Bd. 4 §. 233 S. 223 u. 224 in an sich richtiger Konsequenz seiner Betonung der Selbständigkeit des Vormunds.

des Mündels, die Werthgegenstände zu einer späteren Zeit einem Dritten zu übereignen, bestand oder die Verfügung des Vormunds eine nothwendige oder doch zweckmäßige ist [21]), und daß, wenn in solchen Fällen der Richter seine Genehmigung versagen und dadurch den Mündel schädigen würde, er sich verantwortlich macht. Daraus folgt aber noch nicht, daß das Gericht kein Recht der Genehmigung hat, denn auch für die Genehmigungsrechte des Vormundschaftsgerichts aus §. 42 V. O. gilt das Gleiche.

5. Die gedachten Anordnungen finden gegen den Vater des Mündels keine Anwendung [22]). Dies ohne Unterschied, ob derselbe gesetzlicher oder vom Gerichte bestellter Vormund ist [23]). Die Mutter ist hier dem Vater nicht gleichgestellt.

Es kann auch der Vater in den Formen des §. 17 Nr. 2 der V. O. bestimmen, daß der von ihm benannte Vormund solchen Anordnungen nicht unterworfen ist.

6. Während sonst die Anordnung der Verwahrung nur fakultativ ist, muß das Vormundschaftsgericht die Verwahrung eintreten lassen, wenn der bestellte Vormund sie beantragt [24]).

Man gedachte hierdurch der Klasse der Vormünder zu Hülfe zu kommen, welche nicht im Stande zu sein glaubt, selbst für eine angemessene Aufbewahrung zu sorgen. Es bezieht sich dies nur auf den bestellten Vormund, nicht auf den gesetzlichen Vormund, insbesondere nicht auf den Vater als gesetzlichen Vormund, und lediglich auf die Verwahrung, nicht auch auf die übrigen erörterten Anordnungen des Gerichts.

Die Verwahrung wird dabei in der Art ausgeführt, daß das Vormundschaftsgericht die Werthpapiere und Kostbarkeiten in vorläufige Verwahrung nimmt und dann deren Absendung an die Hinterlegungsstelle bewirkt [25]). Im übrigen ist auch hier die Verwahrung eine vom Gericht angeordnete und gilt für sie das Gleiche, wie bei der ohne Antrag des Vormunds angeordneten Verwahrung.

---

[21]) Jahrbuch Bd. 3 S. 61 Nr. 2.

[22]) V. O. §. 60 Abs. 2 und Gesetz vom 20. Juli 1883 betr. das Staatsschuldbuch §. 24 Abs. 2.

[23]) Ebenso z. B. Hesse, Anm. 8 zu §. 60 S. 204 und Jahrbuch (App.) Bd. 7 S. 73.

[24]) V. O. §. 60 Abs. 3.

[25]) §. 74 Nr. 2 der Hinterlegungsordnung und §. 11 Nr. 1 der allgem. Verfügung vom 9. Juli 1879 (Just. Min. Bl. 1879 S. 173).

7. Auch ohne Anordnung des Vormundschaftsgerichts kann der Vormund Werthgegenstände des Mündels bei der Reichsbank oder bei einer Hinterlegungsstelle in Verwahrung geben, die Eintragung im Staatsschuldbuche beantragen und Papiere außer Kurs setzen. Es geschieht dies ohne jede Mitwirkung des Vormundschaftsgerichts und findet eine solche insbesondere auch nicht bei der Wiederaufhebung der Maßregel statt. Von der Reichsbank namentlich wird das Depot an den Vormund gegen Zurückgabe des Depotscheins und Vorlegung seiner Bestallung, und ohne daß es auch nur der Genehmigung des Gegenvormunds bedarf, zurückgegeben [26]). Für die Hinterlegung bei den Hinterlegungsstellen genügt die Beobachtung der Vorschriften der §§. 14, 15 und 40 der Hinterlegungsordnung und greifen bei der Herausgabe lediglich die gewöhnlichen Bestimmungen mit der Maßgabe Platz, daß die Vorschriften des §. 33 Abs. 1 u. 2 keine Anwendung finden, und wie nicht die Genehmigung des Vormundschaftsgerichts, so auch nicht die des Gegenvormunds erforderlich ist [27]). Bei den Eintragungen im Staatsschuldbuche und den Außerkurssetzungen gelten für den Vormund in jeder Beziehung nur die allgemeinen Vorschriften [28]).

f) Anhang.

§. 86. Die Vormundschaft über Verheirathete.

Nach älterer deutscher Anschauung erlosch die Vormundschaft mit der Verheirathung des Mündels [1]). Bei Männern erklärt sich dies wohl daraus, daß der Unmündige zur Ehe der Einwilligung seines Vaters und nach dessen Tode der Einwilligung des Vormunds, sowie der Familie bedurfte, und daß man in dieser Zustimmung zugleich die Mündigsprechung des Jünglings erblickte; bei weiblichen Personen liegt der Grund darin, daß sie durch die Verheirathung unter die Vormundschaft des Ehemannes kamen und daß neben dieser eine andere Vormundschaft nicht als zulässig galt, wie denn

---

[26]) Koch a. a. O. S. 664 ff. Die Reichsbank nimmt übrigens, wenn die Verwahrung ohne Anordnung des Vormundschaftsgerichts erfolgt, auch Namenspapiere jeder Art, Hypothekenbriefe u. dgl. in Gewahrsam.

[27]) §§. 52 u. 46 der Hinterlegungsordnung.

[28]) Siehe über diese oben §. 76 Anm. 12 S. 302 und in diesem §. Anm. 17 S. 351.

[1]) Siehe Kraut, Bd. 2 S. 175 ff.

bei dem älteren Brautkauf von Seiten der Blutsfreunde der Frau die ihnen bis dahin über dieselbe zustehende Vormundschaft förmlich auf den Ehemann übertragen wurde [2]).

Dieses ältere Recht erhielt sich partikularrechtlich theils so, daß nur die Ehefrau durch die Verheirathung großjährig wurde, z. B. in Schleswig-Holstein, Neuvorpommern, Nassau, theils in der Weise, daß auch die Söhne durch Verheirathung die Rechte der Großjährigkeit erhielten, so namentlich vielfach in Süddeutschland [3]). Gemeinrechtlich hingegen wurde seit dem sechszehnten Jahrhundert das entgegengesetzte Prinzip herrschend. Zum geringeren Theil ist dies als Folge der Rezeption des römischen Rechts anzusehen, welches die Minderjährigen nur fakultativ unter Kuratel stellte, so daß gewiß sehr häufig die Frauen, welche sich unmittelbar nach ihrer Pubertät zu verheirathen pflegten, in Rom der Kuratel entbehrten. Wohl aber hat die Bestimmung der Reichspolizeiordnung von 1548, wonach die Minderjährigen schlechthin unter Vormundschaft stehen sollten, in der gemeinrechtlichen Praxis den entgegengesetzten Grundsatz eingebürgert. Hieran hat sich das A. L. R. angeschlossen [4]). Nach französischem Rechte wurde der Minderjährige durch Verheirathung emanzipirt [5]), die Emanzipation beseitigte die Bevormundung aber keineswegs vollständig.

Bei der Berathung der V. O. entwickelte sich in der Kommission und im Plenum des Herrenhauses [6]) ein lebhafter Meinungsstreit darüber, ob, wie man von einer Seite beantragte, Minderjährige männlichen und weiblichen Geschlechts durch die Verheirathung großjährig und dadurch der Vormundschaft entledigt werden sollten. Man hob hierfür hervor, daß die minderjährige Frau ausreichenden Schutz und Vertretung bei ihrem Ehemanne finde, und daß es nicht Sache des Staates sei, solchen Personen einen Vormund zur Seite zu

---

[2]) Kraut a. a. O. S. 177 u. 179.

[3]) Nürnberger Reformation Tit. 39, Ges. 11: „Wo der Kinder eines vor Erfüllung des 18. Jahres ehelich bestattet würde, alsdann soll es der Kuration geendigt...", Solmser Landrecht Tit. 21 §. 28, Frankfurter Reformation VII 8 §. 11. Auch nach Cod. Max. Bav. I 7 §. 36 7mo wird die Kuratel eines Minderjährigen geendigt durch die Verehelichung sowohl auf Seiten des Mannes als des Weibes. Vgl. Kraut, Grundriß §. 192.

[4]) A. L. R. II 18 §. 736.

[5]) Vgl. hierüber oben §. 45 S. 180.

[6]) Vgl. insbesondere auch Verhandlungen in der Plenarsitzung des H. H. vom 15. März 1875 S. 112 ff.

stellen, welche schon genugsamen Schutz in dem Familienhaupte hätten. Wenn man die minderjährige Frau für großjährig erkläre, müsse das Gleiche für den minderjährigen Sohn gelten, da sonst, wenn Minderjährige sich heiratheten, der Mann minderjährig bleibe, die Frau aber großjährig sei, was offenbar verkehrt sei. Eine Einmischung des Vormunds in die Verhältnisse der Ehegatten sei überhaupt unerwünscht und deshalb eine Bevormundung eines derselben nicht richtig. Hiergegen wurde vorzugsweise geltend gemacht, daß frühe Ehen nicht zu begünstigen seien, und daß es ein Privilegium solcher Ehen sein würde, wenn sich die Großjährigkeit an sie ohne gerichtliche Ermächtigung knüpfte. Die Uebelstände träten besonders hervor, falls der Mündel ohne Zustimmung des Vormunds heirathe; es habe dies bis jetzt dem Vormund ein Recht zur Anfechtung der Ehe im Gebiete des A. L. R. gegeben, welches nach dem gegnerischen Antrag wegfallen müsse. Zudem sei die Einwilligung des Vormunds zur Ehe des Minderjährigen nicht immer eine ganz freie, sondern unter Umständen durch eine Zwangslage herbeigeführt. Die minderjährige Frau bedürfe ferner nach den realen Verhältnissen nicht selten des Schutzes ihres Vormunds gerade gegen den Mann. Ganz schutzlos werde sie aber nach dem Vorschlag dann sein, wenn sie als Minderjährige Wittwe werde. Diese Erwägungen führten zur Verwerfung des Vorschlags. Die Großjährigkeit ist also nach der V. O., auch wo dies bisher der Fall war, in der preußischen Monarchie nicht mehr Folge der Verheirathung [7]).

Allerdings tritt eine gewisse Kollision zwischen dem Rechte des Ehemannes an dem Vermögen seiner minderjährigen Ehefrau kraft ehelichen Güterrechts und zwischen den Befugnissen des Vormunds ein. Diese Kollision ist dahin zu lösen, daß dem Ehemann die Rechte, welche er gegenüber einer volljährigen Frau hat, auch der minderjährigen gegenüber zustehen, soweit sie nicht etwa durch Eheverträge ausgeschlossen sind [8]). Der Vormund hingegen wahrt die Rechte der minderjährigen Ehefrau an deren Statt. Der Mann hat also Anspruch auf Besitz, Verwaltung und Nießbrauch des Vermögens der minder-

---

[7]) V. O. §. 99 Abs. 1.

[8]) Daß solche Verträge, wenn sie nach den konkreten Verhältnissen zur Sicherung der minderjährigen Ehefrau erforderlich sind, geschlossen werden, dafür haben bei Genehmigung der Ehe Vormund bezw. Gericht zu sorgen, eventuell in der Art, daß sie dieselben zur Bedingung der Genehmigung machen.

jährigen Ehefrau in der gewöhnlichen Weise [9]) nach Maßgabe des zwischen den Eheleuten bestehenden Güterrechts [10]). Der Vormund hat also insoweit dem Ehemann das bisher von ihm verwaltete Vermögen auszuantworten und Schlußrechnung zu legen. Andererseits hat er aber auch die Sicherstellung der minderjährigen Frau zu betreiben, wenn auch die volljährige Frau solche verlangen konnte. Soweit vom Gesetze die Zustimmung der Frau zur Veräußerung ihrer Vermögensobjekte gefordert ist, ist sie während ihrer Minderjährigkeit an die Genehmigung des Vormunds, sowie in den von der V. O. vorgesehenen Fällen an die des Gegenvormunds und des Vormundschaftsgerichts gebunden. Hierbei werden die vormundschaftlichen Behörden zu beachten haben, daß die Erhaltung und Instandsetzung der Familie der minderjährigen Frau dringend in ihrem Interesse liegen kann.

Das etwaige Sondervermögen der Frau verwaltet der Vormund. Existirt ein Sondervermögen nicht, so muß ein Gegenvormund nicht ernannt werden, da der Vormund hier nichts zu verwalten hat.

Fünftes Kapitel. Beendigung der Vormundschaft.

§. 87. Absolute Beendigung der Vormundschaft.

Die Endigung der Vormundschaft geschieht bald absolut, bald so, daß nur das Amt des bisherigen Vormunds oder Gegenvormunds aufhört. Die absolute Beendigung wird veranlaßt durch Vorgänge in der Person des Mündels, die relative tritt vorzugsweise ein in Folge von Ereignissen in der Person des Vormunds oder des Gegenvormunds.

---

[9]) Wegen des Wegfalls der im A. L. R. II 18 §§. 737 ff. enthaltenen Abweichungen siehe oben §. 10 unter Nr. 2 S. 35.

[10]) Uebereinstimmend, außer bezüglich der Verwaltung an dem Eingebrachten der Frau bei getrenntem Güterrecht, welche Abweichung sich ohne weiteres damit widerlegt, daß danach der Ehemann noch mehr beschränkt wäre, als nach den §§. 742 ff. II 18 A. L. R., Wundsch in den Beiträgen Bd. 21 S. 361, ferner z. B. Neumann zu §. 95 S. 297 u. 299 und Löwenstein, Anm. 317 zu §. 102 S. 140.

Die Frage, welches Güterrecht bei der Verheirathung Minderjähriger eintritt, beantwortet sich gleichfalls nach den gewöhnlichen Grundsätzen, vorbehaltlich der noch geltenden (siehe oben §. 10 unter Nr. 2 S. 36) §§. 782 ff. II 18 A. L. R.

Gründe der absoluten Beendigung der Vormundschaft, mit deren Eintreten letztere sofort erlischt, sind folgende [1]:

1. Der Mündel erreicht das Alter der Großjährigkeit [2]. Damit ist die Vormundschaft selbst dann beendet, wenn der Mündel, z. B. wegen Erklärung für geisteskrank, auch noch nach erlangter Großjährigkeit der Bevormundung bedarf. Es setzt daher der Altersvormund die Vormundschaft nicht ohne weiteres fort, sondern wird seine Neuverpflichtung bezw. die Verpflichtung eines anderen Vormunds erforderlich. In Folge dessen hören auch letztwillig angeordnete Befreiungen des Altersvormunds nach dessen Wiederbestellung auf, außer es müßte denn deren Fortgeltung in der betreffenden Anordnung unzweifelhaft bestimmt sein [3].

2. Die Vormundschaft erlischt weiter in Folge der gerichtlichen Großjährigkeitserklärung des Mündels. Dies mit dem Augenblick, in welchem der bezügliche Beschluß dem Mündel mitgetheilt wird [4].

3. Die Vormundschaft hört ferner auf, wenn der Mündel in eine väterliche Gewalt kommt. Namentlich gilt dies im Fall einer Legitimation des Mündels durch nachfolgende Ehe. Bezüglich der Adoption ist das Recht der verschiedenen Landestheile zu unterscheiden [5]. Da nach gemeinem Recht die Arrogation, nicht die sog. adoptio minus plena, dem Adoptivvater alle Rechte der väterlichen Gewalt giebt, so erlischt bei der ersteren, nicht aber bei der letzteren die Vormundschaft [6]. Nach dem Rechte des A. L. R. erwirbt der Adoptirende nur die väterliche Gewalt bezüglich der Person, nicht aber hinsichtlich des Vermögens des Adoptirten. Für dieses ist also dem minderjährigen Adoptivkind ein Pfleger zu bestellen [7]. Ebenso

---

[1] Vgl. V. O. §. 61 Abs. 1.

[2] Wegen des Fortfalls der im A. L. R. gegebenen Befugniß zur Verlängerung der Vormundschaft über die Minderjährigkeit hinaus siehe oben §. 10 unter Nr. 3 S. 37. Auch bereits vor dem Inkrafttreten der V. O. auf Grund dieser Befugniß getroffene Anordnungen sind ohne Wirkung, wie ebenfalls allgemein anerkannt ist, z. B. Urtheil des Reichsgerichts vom 16. Juni 1876 im Just. Min. Bl. von 1876 S. 233, Hesse, Anm. 8 zu §. 61 S. 207 und Märcker, Anm. 5 Abs. 2 zu §. 61 S. 279.

[3] Jahrbuch (App.) Bd. 6 S. 71, vgl. unten §. 94 Anm. 3.

[4] Vgl. oben §. 45 bei Anm. 14 S. 181.

[5] Vgl. Stölzel, Das Recht der väterlichen Gewalt S. 12 ff. und oben §. 55 unter Nr. 1 S. 220.

[6] Partikularrechtlich finden sich jedoch Abweichungen, Stölzel a. a. O.

[7] Anders A. L. R. II 18 §. 81, aber nicht folgerecht.

steht es im Fall einer Einkindschaft[8]). Das französische Recht kennt die Adoption Minderjähriger nicht[9]).

4. Die Bevormundung des Hauskindes, welche durch das Ruhen der väterlichen Gewalt oder durch die Bevormundung des Vaters veranlaßt wurde, endigt, wenn die väterliche Gewalt wieder in Kraft tritt oder die Bevormundung des Vaters aufhört.

5. Endlich erlischt die Vormundschaft, wenn der Mündel während der Minderjährigkeit stirbt, oder gerichtlich für todt erklärt wird.

Verheirathet sich die bevormundete Minderjährige, so hört zwar die Vormundschaft nicht auf, aber die Verwaltung ihres Vermögens geht der Regel nach auf ihren Ehemann über[10]).

§. 88. Unmittelbare Endigung des Amts des Vormunds.

Die Ereignisse, welche blos das Amt des Vormunds beendigen, wirken theils unmittelbar ein, theils führen sie zur Entlassung oder Entsetzung des Vormunds durch das Gericht, bilden also mittelbare Endigungsgründe. Die Gründe der Beendigung der Vormundschaft bewirken, während die absolute Beendigung der Vormundschaft selbstverständlich auch die Gegenvormundschaft trifft, regelmäßig nicht ohne weiteres zugleich die Beendigung der Gegenvormundschaft, sie sind aber im übrigen als solche in der Regel auch Beendigungsgründe der Gegenvormundschaft. Unmittelbar wirkende Endigungsgründe sind:

1. Der Tod.

Im Fall des Todes entweder des Vormunds oder des Gegenvormunds ist der Ueberlebende zur Anzeige beim Vormundschaftsgericht verpflichtet[1]). Auch der Ueberlebende von mehreren Vormündern hat die Anzeige vorzunehmen[2]).

Den Erben des Vormunds und des Gegenvormunds liegen beim Tode ihres Erblassers erhebliche Verpflichtungen ob[3]). Sie sind zur Anzeige des Todes ihrer Erblasser beim Vormundschaftsgericht verpflichtet. Auch für die Sicherstellung der in dem Nachlaß befindlichen Vermögensstücke der Mündel haben sie zu sorgen. Dieselbe kann in jeder beliebigen, wenn nur geeigneten Weise statt-

---

8) A. L. R. II 2 §. 733.

9) Code civil art. 346.

10) Oben §. 86 S. 356 u. 357.

1) V. O. §. 65.

2) Vgl. A. L. R. II 18 §. 902. Siehe auch oben §. 32 S. 133.

3) V. O. §. 65.

finden. Natürlich haben sie diese Verbindlichkeiten aber blos, wenn sie handlungsfähig, insbesondere volljährig sind. Sie sind auch nur für Fahrlässigkeit verantwortlich, daher haften sie z. B. nicht, wenn ein Dritter sich Objekte des Mündels aneignete, ehe sie selbst in den Besitz der Erbschaft kamen. Auch die Schlußrechnung haben die Erben zu legen [4]).

Dagegen fordert die V. O. nicht, wie dies nach römischem Recht und nach französischem Recht der Fall war, von den Erben, die von ihrem Erblasser angefangenen Geschäfte, welche noch in der Schwebe sind, zu vollenden [5]). Nur das verlangt die bona fides zweifelsohne, daß der Erbe dem Vormundschaftsgericht von dringlichen obschwebenden Geschäften baldmöglichst Mittheilung mache, damit das Gericht die Ausführung einem Pfleger übertrage, wenn die Ernennung des Vormunds nicht sofort thunlich ist.

2. Das Amt des Vormunds oder Gegenvormunds erlischt weiter, wenn derselbe handlungsunfähig wird [6]). Von der eingetretenen Handlungsunfähigkeit des Vormunds ist der Gegenvormund verpflichtet, dem Gericht Anzeige zu machen [7]).

Die Handlungsunfähigkeit ist in demselben Sinne zu verstehen, wie im §. 21 Nr. 1 und §. 25 Abs. 1 u. 2 V. O., es fällt daher unter sie hier nur die Geisteskrankheit [8]). Mit dieser tritt das Erlöschen des Amts und die Nichtigkeit der vom Vormunde oder Gegenvormunde für den Mündel vorgenommenen Handlungen ipso jure ein, wobei allerdings, da der maßgebende Zeitpunkt sich bei der oft sehr allmähligen Entwicklung geistiger Krankheiten häufig nur schwer ermitteln läßt, praktische Schwierigkeiten entstehen können [9]).

Die so einmal erloschene Vormundschaft bleibt es, wenn auch die Geisteskrankheit später geheilt werden sollte, nur würde dann die Wiederbestellung zum Vormunde erfolgen können. Diese setzt jedoch voraus, daß inzwischen zum Ersatz entweder nur ein Pfleger bestellt oder bei einem Vormunde die Bestellung ausdrücklich nur für die Dauer der Unfähigkeit des früheren Vormunds erfolgt ist [10]), weil

---

[4]) V. O. §. 67, vgl. unten §. 91 unter Nr. 3.
[5]) l. 1 pr. D. de fidejuss. 27, 7; code civil art. 419.
[6]) V. O. §. 62 Abs. 1.
[7]) V. O. §. 31 Abs. 2.
[8]) Oben §. 47 unter Nr. 1 S. 188.
[9]) Vgl. Hesse, Anm. 4 Abs. 2 zu §. 25 S. 68 u. Anm. 2 zu §. 62 S. 211.
[10]) Siehe oben §. 31 S. 128.

sonst der neue Vormund ohne seinen Willen nicht entlassen werden könnte, und kann auch beim Vorhandensein dieser Voraussetzung nur dann der frühere Vormund die Wiederbestellung beanspruchen, wenn er nach den Grundsätzen über die Berufung ein Recht auf die Vormundschaft hat, sonst hängt sie lediglich vom richterlichen Ermessen ab [11]).

Auch das Amt des gesetzlichen Vormunds hört natürlich auf, wenn derselbe geisteskrank wird, und lebt, wenn seine Krankheit später wieder fortfällt, auch dessen Vormundschaft doch nicht wieder auf, weil die gesetzliche Vormundschaft nach der Fassung des §. 12 V. O nur eintritt, wenn ihre Vorbedingungen zur Zeit des ersten Bedürfnisses der Bevormundung bestehen. Es könnte nur der frühere gesetzliche Vormund in derselben Weise, wie es bei einem zeitweise geisteskrank gewesenen bestellten Vormunde möglich ist, wieder zum Vormund bestellt werden [12]).

Der dem geisteskranken Vormunde bestellte Vormund wird dieselben Pflichten haben, welche den Erben eines verstorbenen Vormunds auferlegt sind.

3. Ist die Ernennung des Vormunds von vornherein eine zeitlich beschränkte gewesen [13]), so erlischt das Amt des Vormunds mit dem Eintritt des Endtermins oder des Ereignisses, an welches die Beendigung geknüpft ist [14]).

4. Mit der Aufnahme des Mündels in eine Verpflegungsanstalt, deren Vorstand das Recht eines gesetzlichen Vormunds erlangt, endigt das Amt des bisherigen Vormunds [15]) und zugleich auch das des Gegenvormunds [16]), so daß hier ausnahmsweise der an sich blos den Vormund treffende Beendigungsgrund auch den Gegenvormund trifft.

5. Die gesetzliche Vormundschaft des Vaters der unehelichen Mutter und der Verpflegungsanstalt erlischt mit der Verpflichtung eines neuen vom Richter bestellten Vormunds.

---

[11]) Hesse, Anm. 5 Abs. 3 zu §. 21 S. 51 u. Anm. 9 zu §. 25 S. 69.

[12]) Vgl. Hesse, Anm. 8 u. 9 zu §. 25 S. 68 u. 69.

[13]) Siehe oben §. 31 S. 128.

[14]) Anders Arndts u. Leonhard, S. 145.

[15]) V. O. §. 62 Abs. 2.

[16]) Siehe oben §. 52 S. 210 bei Anm. 12.

§. 89. Beendigung der Vormundschaft durch Verfügung des Vormundschaftsgerichts.

Seitens des Vormundschaftsgerichts wird die Vormundschaft entweder durch Entsetzung oder durch Entlassung beendigt [1]). Für beide gilt gemeinschaftlich Folgendes:

Vorgängige Anhörung des Gegenvormunds ist gesetzlich nicht erfordert, wird aber meist nicht unterlassen werden. Die Entsetzung oder Entlassung wird nach vorheriger Sachuntersuchung durch schriftliche Verfügung ausgesprochen, welche dem Vormund bezw. Gegenvormund unter Beurkundung der Behändigung mitzutheilen [2]) und von der auch dem Gegenvormund bezw. Vormund und den etwaigen Mitvormündern sowie, wenn es sich um den Vormund handelt, auch dem Waisenrath [3]) Kenntniß zu geben ist. Sie wirkt mit der Behändigung. Auch ein gesetzlicher Vormund, insbesondere auch der Vater als solcher, unterliegt der Entsetzung oder Entlassung. Die erstere hat den Charakter einer Strafe und berührt die Ehre des Entsetzten. Die Entlassung hat nichts Ehrenrühriges und kann ohne oder mit dem Willen des Vormunds bezw. Gegenvormunds stattfinden. Gegen die Entsetzung und Entlassung ist Beschwerde zulässig, die an die Zeit von 4 Wochen von der Behändigung der Verfügung an gerechnet geknüpft ist, sonst aber den gewöhnlichen Regeln von der Beschwerde folgt [4]).

1. Die Entsetzung lehnt sich an das römische Recht an [5]), jedoch nicht ohne die wesentlichsten Veränderungen. In Rom war die Beurtheilung der accusatio suspecti Sache der höheren Magistrate, welche extra ordinem hierüber erkannten. Bei uns entscheidet über die Entsetzung das Vormundschaftsgericht und im Fall der Beschwerde das Beschwerdegericht. Das römische Verfahren beruhte wenigstens in der Regel auf dem Anklageprinzip, bei uns verfährt das Gericht von Amtswegen und inquisitorisch, womit nicht ausgeschlossen ist, daß das Verfahren vom Mündel oder anderen Personen angeregt wird. Eine Verpflichtung, dasselbe gegen den

---

[1]) V.O. §§. 63 u. 64.

[2]) Eine eigentliche Zustellung ist nicht erforderlich. Die Beurkundung der Behändigung hat wegen der Frist der Beschwerde zu geschehen.

[3]) Siehe oben §. 30 unter Nr. 3 S. 124 u. 125.

[4]) V.O. §. 63 Abs. 4, vgl. oben §. 23 S. 95 bei Anm. 38.

[5]) Rudorff, Bd. 3 S. 176 ff. Tit. Dig. de suspectis tutoribus 26, 10.

Vormund anzuregen, sobald ihnen eine Veranlassung dazu bekannt wird, haben der Gegenvormund und der Waisenrath[6]). Nähere Bestimmungen über das Verfahren sind nicht getroffen[7]). Der Vormund wird aus Billigkeitsrücksichten vor dem Bescheide über den Verdachtsgrund zu hören sein, aber die Entsetzung ohne seine Anhörung ist nicht ausgeschlossen, und z. B. gewiß unbedenklich, wenn nur durch eine sofortige Entsetzung neuen Pflichtwidrigkeiten vorgebeugt und weiterer Schaden des Mündels verhindert werden kann, oder die Anhörung nicht möglich ist, weil der Vormund sich ohne Entschuldigung entfernt hat.

Bezüglich der Entsetzungsgründe hat die Gesetzgebung vielfach gewechselt. Nach älterem römischen Rechte war allein Dolus des Vormunds Entsetzungsgrund. Das spätere römische Recht ließ Entsetzung nicht blos wegen Pflichtwidrigkeit des Vormunds, sondern auch wegen bloßer Untüchtigkeit und Ungeeignetheit desselben zu[8]). Hiernach verfuhr man auch im gemeinen Rechte und nach A. L. R.[9]). Dagegen kennt die V. O. eine Entsetzung nur wegen Pflichtwidrigkeit des Vormunds[10]).

Diese Pflichtwidrigkeit setzt stets ein schuldhaftes Verhalten des Vormunds voraus, kann aber im übrigen bestehen in einer Verletzung der allgemeinen Pflichten des Vormunds oder Gegenvormunds, insbesondere der zur Sorgfalt eines ordentlichen Hausvaters[11]), oder in einer Verletzung der daneben ausdrücklich und besonders zugewiesenen Obliegenheiten, und ferner in einem Nichtthun wie in einem Thun. Demgemäß ist namentlich auch der Un-

---

[6]) V. O. §. 31 Abs. 2 und §. 53 Abs. 1, siehe oben §. 36 unter Nr. 3c S. 148 u. 149 und §. 30 unter Nr. 1 S. 122.

[7]) Anders Allgem. Gerichtsordnung I 39 §. 13 ff.

[8]) l. 3 §. 12 D. h. t.

[9]) A. L. R. II 18 §. 918.

[10]) V. O. §. 63 Abs. 1. Aehnlich fordert der code civil art. 444 l'incapacité ou l'infidélité.

[11]) Jahrbuch Bd. 2 S. 50. Als eine solche Verletzung der allgemeinen Pflichten ist es auch anzusehen, wenn der Vormund in Verhältnisse gekommen ist, die ihm die Anwendung der Sorgfalt eines ordentlichen Hausvaters unmöglich machen und er nicht deshalb seine Entlassung beantragt. Denn wenn auch jenes ohne sein Verschulden geschehen sein mag, z. B. bei andauernder Kränklichkeit, so ist es doch ein Verschulden und somit eine Pflichtwidrigkeit, wenn er, trotzdem er sein Amt nicht mehr ausfüllen kann, die betreffenden Umstände dem Gericht nicht anzeigt und nicht wegen derselben seine Entlassung beantragt, sondern ruhig im Amte bleibt.

gehorsam gegen Anordnungen des Vormundschaftsgerichts, welche dieses zu erlassen das Recht hatte, und das Hintertreiben oder Vereiteln der Wirkung einer solchen Anordnung eine Pflichtwidrigkeit [12]).

Es genügt auch eine geringe Pflichtwidrigkeit zur Entsetzung. Doch wird das Vormundschaftsgericht trotz des weitgehenden Wortlauts des Gesetzes keineswegs gehalten sein, den Vormund wegen jeder unerheblichen Pflichtwidrigkeit zu entsetzen. Vielmehr hat das Gericht geringe Versehen außer Betracht zu lassen, wenn sie nicht ein übles Licht auf die vormundschaftliche Verwaltung im Ganzen werfen, wenn also die Entsetzung nicht im Interesse des Mündels liegt [13]).

Eine Suspension des Vormunds während der Dauer des Entsetzungsverfahrens, welche nach römischem Rechte nothwendige Folge der Einleitung des Verfahrens war [14]), ist von der V. O. nicht vorgesehen. Dem Gerichte bleibt daher bei Verdacht nichts übrig, als für die Sicherungsmittel zu sorgen [15]), welche die V. O. an die Hand giebt, also Sicherheitsstellung oder Erhöhung der gestellten Sicherheit zu fordern, Verwahrung der Werthgegenstände zu verlangen, den Gegenvormund zu benachrichtigen u. dgl., wobei allgemein von etwaigen Befreiungen abgesehen werden kann [16]).

2. Die Entlassung des Vormunds oder Gegenvormunds geschieht in folgenden Fällen [17]) ohne seinen Willen:

Vor allem muß sie erfolgen, wenn eine relative Unfähigkeit

---

[12]) Jahrbuch Bd. 1 S. 33.

[13]) Wegen einer Pflichtwidrigkeit, die zur Entsetzung nicht geeignet erscheint, kann auch eine Ordnungsstrafe nicht verhängt werden, da diese nicht den Charakter einer Strafe hat (siehe oben §. 20 unter Nr. 1 S. 79 u. 80). Höchstens insofern, als es sich darum handelt, die Fortdauer oder eine Wiederholung der Pflichtwidrigkeit zu verhindern, würde bei derselben eine Ordnungsstrafe möglich sein, vgl. Hesse, Anm. 3 letzter Absatz zu §. 63 S. 214.

[14]) §. 7 J. de suspectis tut. 1, 26.

[15]) Anders das römische Recht l. 5 D. h. t.: expedit enim pupillo rem salvam fore, quam tabulas rem salvam fore cautionis habere.

[16]) Das A. L. R. II 18 §. 932 ist direkt nicht mehr anwendbar. Für die Zulässigkeit einer Suspension ist besonders Wachler, Anm. 3 a. E. zu §. 63 S. 213, gegen dieselbe z. B. auch Maaßen, Anm. 8 zu §. 63 S. 76 und Hesse, Anm. 3 zu §. 63 S. 214.

[17]) Eine analoge Ausdehnung, wie sie Hesse, Anm. 6 zu §. 63 S. 215 annimmt, ist nicht zulässig, auch zu ihr kein Bedürfniß vorhanden. Die von Hesse angeführten Fälle fallen unter den Begriff der Pflichtwidrigkeit, siehe oben Anm. 11.

des Vormunds zur Kunde des Vormundschaftsgerichts kommt [18]). Dies ohne Unterschied, ob die Unfähigkeit von Anfang an vorhanden war, oder ob sie später eintritt.

Wegen der Wiederbestellung eines blos vorübergehend unfähig gewordenen Vormunds, z. B. eines Gemeinschuldners nach beendetem Konkurse, gilt das bei der unmittelbar wirkenden Unfähigkeit Bemerkte [19]) in entsprechender Weise.

Die Entlassung hat weiter einzutreten, wenn die zur Führung der Vormundschaft oder Gegenvormundschaft seitens eines Beamten erforderliche Genehmigung nicht ertheilt oder zurückgezogen wird [20]).

Verheirathet sich eine zum Vormund bestellte Frau, sei es nun die Mutter oder eine andere weibliche Person, so hat das Vormundschaftsgericht zu prüfen, ob die Frau die Vormundschaft beibehalten soll, oder zu entlassen ist [21]). Verwandte wie Verschwägerte des Mündels sind, sagt die V. O., vorher nach Maßgabe des §. 55 zu hören. Es ist hiermit gemeint, daß es des Antrags von Vormund und Gegenvormund hier nicht bedarf, daß vielmehr die im §. 55 genannten Angehörigen von Amtswegen zu hören sind, aber freilich nur unter der dort bezeichneten Voraussetzung, sofern sie ohne Verzug erreichbar sind [22]). Die Beibehaltung der Frau ist nur mit Einwilligung ihres Ehemannes zulässig [23]). Auf eine zum Gegenvormund bestellte Frau findet das Vorstehende keine Anwendung [24]).

---

[18]) V. O. §. 62 Abs. 1 u. §. 25 Abs. 3, siehe oben §. 47 unter Nr. 2 S. 189. Von der eintretenden Unfähigkeit ist der Gegenvormund verpflichtet, dem Gericht Anzeige zu machen.

[19]) Oben §. 88 unter Nr. 2 S. 360 u. 361.

[20]) V. O. §. 63 Abs. 2. Vgl. oben §. 59 unter Nr. 2 S. 237.

[21]) V. O. §. 64. Nach französischem Rechte entschied der Familienrath über Beibehaltung der Tutel, code civil art. 395. Nach römischem Recht wie nach A. L. R. II 18 §. 188 erlosch die Vormundschaft der Mutter durch die Wiederverheirathung.

[22]) Ebenso z. B. Hesse, Anm. 2 zu §. 64 S. 217. Die Nothwendigkeit der richterlichen Prüfung kann auch durch eine letztwillige Verordnung des Vaters des Mündels nicht ausgeschlossen werden, vgl. A. L. R. II 18 §. 189. Es gilt dies selbst für den Fall, daß der Vater nicht die Mutter, sondern eine andere weibliche Person zum Vormund ernannte.

[23]) Der Grund hierfür ist die Haftung des Ehemanns als Bürge für die vormundschaftliche Verwaltung der Frau, siehe oben §. 49 S. 199 bei Anm. 17.

[24]) Märcker, Anm. Abs. 3 zu §. 64 S. 281.

3. Auf Antrag des Vormunds oder Gegenvormunds ist derselbe vom Gerichte aus erheblichen Gründen zu entlassen [25]).

Diese Gründe können im Interesse des Mündels liegen, z. B. die Vermögensverhältnisse von Vormund und Mündel gestalten sich so, daß deren Ansprüche mit einander und zwar nicht blos in Bezug auf Einzelnes kollidiren. Sie können auch in Verhältnissen des Vormunds beruhen, welche ihm die Führung der Vormundschaft allzusehr erschweren. Hierüber entscheidet im allgemeinen richterliches Ermessen. Es hat jedoch das Gesetz ausdrücklich als erhebliche Gründe die in seinem §. 23 unter Nr. 4—7 aufgeführten Umstände bezeichnet, wenn sie im Laufe der Vormundschaft eintreten [26]), also insoweit ein Recht auf die Entlassung gegeben. Hiernach bildet, was sich von selbst versteht, einen Entlassungsgrund Krankheit und Gebrechen in der dort bezeichneten Weise. Bedenklicher ist, daß der Vormund auch entlassen werden muß, wenn er seinen Wohnsitz aus dem Bezirk des Vormundschaftsgerichts verlegt, ohne Berücksichtigung der Frage, ob ihm hierdurch die Führung der vormundschaftlichen Geschäfte besonders erschwert wird. Doch ist dies die Bestimmung des Gesetzes. Auch wer zur Sicherheitsstellung angehalten werden soll, ist befugt, seine Entlassung zu verlangen. Endlich muß auf seinen Antrag entlassen werden, wer während des Laufs der Vormundschaft fünf oder mehr minderjährige Kinder erhält.

Eine analoge Ausdehnung der Fälle, in denen ein Recht, die Entlassung zu fordern, besteht, ist nicht zulässig und geben daher weder andere Umstände als die im §. 23 Nr. 4—7 V. O. aufgeführten noch die letzteren, wenn sie bereits zur Zeit der Verpflichtung bestanden, einen Anspruch auf die Entlassung [27]).

Es ist ferner anzunehmen, daß jene Umstände nur zu berücksichtigen sind, wenn das Entlassungsgesuch ungesäumt nach ihrem Eintritte auf sie gestützt wird, da andernfalls der Vormund selbst durch Fortführung der Vormundschaft ihre Unerheblichkeit anerkennt.

Das Amt des Vormunds oder Gegenvormunds hört selbst da, wo dem Antrage stattgegeben werden muß, nicht schon mit diesem, sondern erst mit der darauf ausgesprochenen Entlassung und der Behändigung der betreffenden Verfügung auf. Die Entlassung

---

[25]) V. O. §. 63 Abs. 2.

[26]) Dies in Folge von Beschlüssen der Kommission des Herrenhauses.

[27]) Jahrbuch Bd. 4 S. 73.

wird regelmäßig vom Vormundschaftsgericht nicht eher bewilligt werden, als bis ein anderer geeigneter Vormund gefunden ist und bestellt werden kann [28]).

§. 90. Folgen der Beendigung der Vormundschaft.

Mit der Beendigung der Vormundschaft sind folgende Wirkungen verknüpft:

1. Die Vollmacht des Vormunds, den Mündel zu vertreten, erlischt [1]), die Gewalt des Vormunds über Person und Vermögen des Mündels hört auf, nur noch solche Rechte und Pflichten des gewesenen Vormunds, die in der geführten Verwaltung desselben ihren Entstehungsgrund haben, bestehen fort. Ebenso hört das Recht des Gegenvormunds zur Kontrole auf. Daher haben der Vormund wie der Gegenvormund bezw. deren Erben dem Gerichte die Bestallung zurückzugeben [2]). Das Vormundschaftsgericht hat die Zurückgabe zu kontroliren, jedoch keine Mittel, dieselbe zu erzwingen [3]). Letzteres ist jedoch selbst im Falle einer Entsetzung oder einer ohne den Willen erfolgten Entlassung nicht bedenklich, da die Bestallung nur den Beweis dafür liefert, daß die Bestellung erfolgt ist, nicht aber dafür, daß das Amt noch fortbesteht, somit ein Dritter, der mit dem früheren Vormunde oder Gegenvormunde sich eingelassen

[28]) Siehe oben §. 84 unter Nr. 8 S. 344. Noch weiter ging A. L. R. II 18 §. 950: „In allen Fällen, wo ein Vormund seines Amtes von dem vormundschaftlichen Gericht entlassen werden soll, ist er befugt und schuldig, dasselbe noch so lange fortzusetzen, bis dem Pflegebefohlenen ein neuer Vormund wirklich bestellt worden ist".

[1]) Dies gilt z. B. auch für die Vertretung des Mündels bei Stellung eines Strafantrages (Urtheil des Reichsgerichts vom 3. Mai 1881 in dessen Entscheidungen in Strafsachen Bd. 4 S. 145).

[2]) V. O. §. 66. Ist die Bestallung für mehrere Mündel gemeinschaftlich ausgefertigt, so bedarf es ihrer Zurückgabe bei der Beendigung der Vormundschaft blos über einen Mündel nicht, wenn die Beendigung Folge der Großjährigkeit ist, da diese bereits ohne weiteres aus der Bestallung ersichtlich ist, in anderen Fällen wird nur die Beendigung der Vormundschaft über den einen Mündel auf der Bestallung vermerkt und letztere sodann wieder ausgereicht.

[3]) Bericht der K. d. A. H. S. 17. Auch ein Mortifikationsverfahren ist nicht zugelassen, und eine öffentliche Bekanntmachung des Erlöschens wird, wenn sie auch nicht grade für unzulässig zu erachten ist, vgl. Dalcke, Anm. 31 zu §. 66 S. 983 und Hesse, Anm. 2 zu §. 66 S. 220, meist wenig Erfolg haben und jedenfalls, wenn der Mündel selbständig geworden ist, diesem zu überlassen sein, da sonst Schwierigkeiten wegen der Kosten entstehen können.

hat, aus dem fortdauernden Besitz der Bestallung nichts für sich herleiten kann[4].

Es gilt überhaupt sowohl für den Fall, daß die ganze Bevormundung, als für den, daß nur das Amt eines bestimmten Vormunds aufgehört hat, daß Handlungen des früheren Vormunds mit einem Dritten, selbst wenn dieser irrigerweise und ohne sein Verschulden, namentlich ohne etwas in seiner Erkundigungspflicht versehen zu haben, die Fortdauer der Vormundschaft bezw. des Amtes des mit ihm verhandelnden Vormundes angenommen hat, den Mündel nicht verpflichten[5]. Das französische Recht hat zwar eine theilweise entgegenstehende Vorschrift[6]. Dagegen fehlt sowohl dem römischen Recht[7] als dem A. L. R. jede Bestimmung. Da nun auch die V. O. nichts bestimmt, und selbst wenn bei einem eine allgemeine Geschäftsbesorgung übertragenden Vollmachtsvertrage der bloße Widerruf der Vollmacht dem im guten Glauben mit dem früheren Bevollmächtigten kontrahirenden Dritten nichts schaden sollte[8], dies nicht analoge Anwendung finden kann, weil zwischen einem Vollmachtsvertrage, bei dem der Bevollmächtigte seine Berechtigung lediglich durch und in dem Willen des Machtgebers hat und nur nach dem Willen des Machtgebers handeln soll, und der Stellung eines Vormunds, der weder sein Amt vom Mündel übertragen erhalten hat, noch in seinem Amte durch den Willen des Mündels bestimmt werden soll, vielmehr ausschließlich seinerseits den Willen des Mündels zu bestimmen hat, jede Analogie ausgeschlossen ist[9], so muß es bei dem bleiben, was aus allgemeinen Grundsätzen folgt. Dieses aber ist, daß es keinen Unterschied machen kann, ob die Vertretungsbefugniß des Vormunds aufhört, weil die Bevormundung überhaupt ihr Ende erreicht hat, oder ob sie aufhört, weil nur sein Amt beendet ist, daß, da es im Resultat gleich ist, ob Jemand nicht mehr Vertreter ist oder es von Anfang an nicht gewesen ist, ferner diese beiden Fälle wieder dem gleichstehen, in welchem Jemand, ohne Vormund zu sein, als solcher aufgetreten ist, und daß für alle drei Fälle es gleichmäßig an jedem Grunde

---

4) Eccius, Bd. 4 §. 234 S. 228.

5) Daselbst.

6) Code civil art. 2005.

7) l. 14 §. 1 a. E. u. §. 2 D. de solut. 46, 3 trifft nicht zu.

8) Koch, Kommentar Anm. 47 zu §. 171 I 13 Bd. 2 S. 186.

9) Vgl. oben §. 66 S. 267 bei Anm. 7.

fehlt, weshalb der gute Glaube des Dritten dem Mündel zum Schaden gereichen soll, jedenfalls der der Beendigung nur des Amtes eines bestimmten Vormunds nicht anders behandelt werden darf, als die beiden anderen Fälle, für die es wohl keinem Zweifel unterliegen kann, daß der Irrthum des Dritten nur diesem einen Anspruch an den früheren Vormund oder Protutor giebt[10]).

2. Dem Mündel, seinem neuen Vertreter, oder seinen Rechtsnachfolgern ist das Mündelvermögen herauszugeben[11]). Zu demselben ist Alles zu rechnen, was der Vormund für den Mündel beim Beginn der Vormundschaft oder im Laufe derselben überkommen hat, z. B. auch fremde Sachen und auf Rechnung des Mündels eingezahlte Indebita. Die Herausgabe hat sofort mit Endigung des Amts zu geschehen. Der Vormund hat nicht das Recht, bis zur Legung oder gar Erledigung der Schlußrechnung zu warten[12]). Er darf nur so viel zurückhalten, als voraussichtlich zur Berichtigung seiner Gegenansprüche erfordert wird.

Die Pflicht zur Herausgabe erstreckt sich natürlich nur auf diejenigen Vermögensstücke, die der Vormund selbst verwahrt, bei anderen hat er den Mündel nur in die Lage zu versetzen, die Herausgabe von dem dritten Inhaber erlangen zu können, z. B. also die über die bei der Reichsbank niedergelegten Werthgegenstände lautenden Depotscheine auszuhändigen.

Daß die Herausgabe an den richtigen Vertreter oder Rechtsnachfolger des Mündels geschieht, ist Sache der Prüfung des Vormunds. Das Vormundschaftsgericht hat an sich damit nichts zu thun, wird aber dem Vormund, soweit es dazu in der Lage ist, die gewünschte Auskunft nicht versagen[13]).

Verweigert der bisherige Vormund die Herausgabe des Mündelvermögens, so kann das Vormundschaftsgericht, da mit der Beendigung der Vormundschaft seine Disziplinargewalt über jenen aufgehört hat, dieselbe nicht durch Ordnungsstrafen erzwingen, sondern bleibt nur der Prozeßweg übrig[14]).

3. Der Vormund hat dem Mündel, oder dessen Vertreter, oder

[10]) Vgl. oben §. 38 unter Nr. 2 S. 158.

[11]) V.O. §. 67 Abs. 1. Vgl. auch A.L.R. II 18 §. 881.

[12]) Ebenso z. B. Eccius, Bd. 4 §. 235 Anm. 2 S. 229.

[13]) Vgl. oben §. 18 unter Nr. 7 S. 75 u. 76.

[14]) Jahrbuch (App.) Bd. 8 S. 116.

den Rechtsnachfolgern des Mündels Schlußrechnung zu legen[15]). Hierfür hat er eine gesetzliche Frist von zwei Monaten nach Beendigung der Vormundschaft bezw. seines Amtes.

Wie nicht für die Jahresrechnungen, so sind auch nicht für die Schlußrechnung nähere Vorschriften über ihre Einrichtung getroffen. Diese bestimmt sich daher lediglich nach dem Zwecke der Schlußrechnung, eine vollständige Uebersicht über die vormundschaftliche Verwaltung zu geben. Demgemäß muß, wenn keine Jahresrechnungen vorhergegangen sind, die Schlußrechnung über die gesammte Vermögensverwaltung vom Beginn bis zum Ende der Vormundschaft in gleicher Weise Auskunft geben, wie die Jahresrechnung es für ihre Rechnungsperiode thun soll. Wurden dagegen dem Gerichte während des Laufs der Vormundschaft periodisch genaue Rechnungen gelegt, so genügt natürlich die Zusammenstellung dieser Rechnungen und deren Fortführung bis zum Moment der Beendigung der Vormundschaft. Die Beläge sind wie bei der Jahresrechnung beizufügen. Es ist dies zwar für die Schlußrechnung nicht besonders angeordnet, folgt aber doch im Wege der Analogie der betreffenden Vorschrift bei der Jahresrechnung und daraus, daß zu jeder Rechnung die vorhandenen Beläge gehören[16]).

Die Schlußrechnung ist dem Gegenvormund vorzulegen[17]), welcher sie mit seinen Bemerkungen versehen soll, und dann regelmäßig beim Vormundschaftsgericht einzureichen[18]).

Auch die Erben des Vormunds haben die Pflicht, Schlußrechnung zu legen. Die V. O. bestimmt, daß die zweimonatliche Frist für sie mit dem Tode des Erblassers beginne, oder, wenn ihnen eine Ueberlegungsfrist zustehe, vom Ablauf der letzteren. Es ist hierbei an den Fall gedacht, daß dem Erben die Erbschaft mit dem Tode

---

[15]) V. O. §. 67. Vgl. code civil art. 469 ff. Ueber einen Fall, wo ohne absolute oder relative Beendigung der Vormundschaft das Mündelvermögen herauszugeben und Schlußrechnung zu legen ist, siehe oben §. 86 S. 357.

[16]) Urtheil des Reichsgerichts vom 21. Februar 1880 in den Beiträgen Bd. 24 S. 1004.

[17]) Eine Nachweisung des Vermögensbestandes wie bei der Jahresrechnung findet nicht statt, da zur Zeit der Legung der Schlußrechnung bereits das Vermögen dem Mündel ausgeantwortet sein soll.

[18]) An sich unaufgefordert, jedoch empfiehlt es sich, daß das Vormundschaftsgericht den Eingang der Schlußrechnung nicht blos abwartet, sondern daran in Form einer Aufforderung erinnert, siehe im übrigen den folgenden §. 91, besonders Anm. 17.

des Erblassers nach den Grundsätzen des A. L. R. anfiel. Wird Jemand erst später Erbe, so kann ihm die Frist natürlich erst von dem Augenblick des Erwerbes der Erbschaft an laufen. Ist ein Nachlaßpfleger bestellt, so liegt diesem die entsprechende Pflicht ob, sofern er nach dem sonst geltenden Recht nicht blos Erhalter, sondern auch Verwalter des Nachlasses und somit wirklicher Vertreter der Erben ist[19]). Ist dies nicht der Fall, so wird den unbekannten Erben nach Maßgabe des §. 90 V. O. behufs Aufmachung der Schlußrechnung ein Pfleger ad hoc zu bestellen sein[20]).

Die Pflicht zur Legung der Schlußrechnung besteht auch für den Konkursverwalter, wenn der Vormund in Konkurs gefallen und deshalb als zur Vormundschaftsführung unfähig geworden entlassen worden ist[21]). Ebenso ist anzunehmen, daß, wenn über den Nachlaß des Vormunds Konkurs eröffnet worden ist, die Pflicht der Erben auf den Konkursverwalter übergeht.

Ueberall besteht die Pflicht, Schlußrechnung zu legen, nur, wenn der Vormund und zwar als solcher eine Vermögensverwaltung gehabt hat, also weder, wenn gar kein Vermögen vorhanden war oder doch an demselben keine Verwaltung stattfand, noch wenn der Vormund in anderer Eigenschaft die Verwaltung geführt hat, was wieder nach denselben Grundsätzen, wie bei der Nothwendigkeit der Bestellung eines Gegenvormunds und der Legung von Jahresrechnungen zu beurtheilen ist[22]). Es ist aber nicht nöthig, daß die Vermögensverwaltung noch zur Zeit der Beendigung der Vormundschaft bestanden hat, sondern genügt es, wenn nur im Laufe der Vormundschaft der Vormund Vermögen verwaltet hat[23]).

---

19) Vgl. unten §. 101.

20) Hesse, Anm. 12 zu §. 67 S. 225.

21) §. 20 der deutschen Konkursordnung hat dies aufrecht erhalten.

22) Oben §. 36 unter 1a S. 144 u. 145 und §. 83 S. 331 bei Anm. 5.

23) Jahrbuch (App) Bd. 8 S. 112. Gegen die hiergegen daselbst S. 113 ff. gemachten Bemerkungen ist einzuwenden, daß Schlußrechnung und Auskunftsertheilung (Rechenschaftsablage) nicht identisch sind, erstere begrifflich eine Vermögensverwaltung voraussetzt und dem Bedürfniß nach letzterer anderweit genügt ist (siehe unten unter Nr. 4), und daß die Entlastung nach dem Zusammenhang im §. 67 Abs. 3 offenbar nur vorgeschrieben ist, wo eine Schlußrechnung zu legen war, also eine vormundschaftliche Vermögensverwaltung stattgefunden hat. Wären die Bemerkungen richtig, so müßte auch bei ganz vermögenslosen Vormundschaften Schlußrechnung und Entlastung stattfinden. Vgl. auch die allgem. Verfügung vom 17. März 1844 im Just. Min. Bl. 1844 S. 82.

4. Grundsätzlich erlischt die Haftpflicht des Vormunds mit der Beendigung seines Amts [24]). Solange er jedoch das Mündelvermögen noch nicht herausgab, hat er über dessen Erhaltung mit aller Sorgfalt zu wachen und haftet hierbei, aber nicht nach den besonderen Bestimmungen der V. O., sondern nach den allgemeinen civilrechtlichen Grundsätzen von der Haftung des Verwahrers und Verwalters eines fremden Vermögens und mit Berücksichtigung eines etwaigen Verzuges bei der Ausantwortung des Vermögens an den Mündel und der civilrechtlichen Folgen eines solchen.

Es hat der Vormund ferner den bisherigen Mündel, oder dessen neuen Vertreter oder Rechtsnachfolger bei Beendigung des Amts von der Lage seiner Geschäfte, insbesondere auch über schwebende für oder gegen ihn angestellte Prozesse [25]), zu instruiren und namentlich auf dringliche und sofort zu erledigende Dinge aufmerksam zu machen. Dies fordert die Treue des ordentlichen Vormunds. Ebenso hat der Gegenvormund über die von ihm geführte Gegenvormundschaft sowie über das von dem Vormunde verwaltete Vermögen jede erforderte Auskunft zu geben [26]).

Die durch die Ausantwortung des Vermögens, die Aufstellung der Schlußrechnung, die Quittungsleistung und die Entlastung entstandenen Kosten, ebenso die Kosten der Löschung der eingetragenen Kaution treffen den Mündel [27]), vorausgesetzt natürlich, daß sie vom Standpunkt eines ordentlichen Hausvaters aus nöthig oder nützlich aufgewendet worden sind.

Von der Pflicht, bei Beendigung der Vormundschaft über deren Verwaltung Rechenschaft zu geben, konnte der Vormund nach römischem Rechte auch durch den Vater des Mündels nicht befreit

---

Sollte über das Vorhandensein der hiernach geltenden Voraussetzung für die Schlußrechnung, der vormundschaftlichen Vermögensverwaltung, zwischen dem bisherigen Mündel und dem Vormund Meinungsverschiedenheit bestehen, so müßte bei dem dann nothwendigen Prozeß auf Legung der Schlußrechnung der Mündel jene darthun.

[24]) Französische Juristen lassen die Verantwortlichkeit des Vormunds meist bis zur Abnahme der Schlußrechnung dauern. Aehnlich ist auch die Auffassung von Wachler, Anm. 9 zu §. 32 S. 112.

[25]) Siehe oben §. 74 a. E. S. 297 u. 298.

[26]) V. O. §. 67 Abs. 2.

[27]) Motive der Regierungsvorlage S. 104. Vgl. A. L. R. II 18 §. 898 und code civil art. 471. V. O. §. 58 Abs. 2. Vgl. auch oben §. 84 unter Nr. 9 S. 345.

werden [28]). Das A. L. R. gestattete zwar eine Entbindung des Vormunds von der Rechnungslegung an den Pflegebefohlenen [29]), machte aber durch weitere Bestimmungen diese Befreiung hinterher fast illusorisch. Die V. O. hingegen läßt eine Befreiung des Vormunds von Legung der Schlußrechnung überhaupt nicht zu [30]). Eine solche Verfügung ist in der That unzweckmäßig. Sie führt dazu, die wechselseitigen Rechte und Pflichten zu verdunkeln, und wird leicht eine Quelle von Zwistigkeiten und Prozessen.

Der Erblasser kann natürlich dem Vormund den sich aus der Rechnung etwa ergebenden Rückstand vermachen [31]). Denn eine solche Verfügung dispensirt nicht von der Rechnungslegung, setzt sie vielmehr voraus. Nur kann sie sich nicht so weit erstrecken, daß auch Ansprüche wegen etwaigen Dolus des Vormunds im voraus erlassen werden.

Ob die letztwillige Befreiung von Legung der Schlußrechnung ein Vermächtniß des Rückstands enthält, ist Frage der Interpretation. Ohne besonderen Anhalt in den faktischen Verhältnissen würden wir diese Frage nicht bejahen.

§. 91. Die Auseinandersetzung zwischen Vormund und Mündel, Vermittelung des Vormundschaftsgerichts.

Der Konsequenz entsprechend war im römischen Rechte die Auseinandersetzung zwischen Vormund und Mündel nach Beendigung der Vormundschaft ihre Sache. Sie mochten sich gütlich berechnen und vertragen. Erhoben sich früher oder später Differenzen, so wurden dieselben im Prozeßweg mittels Anstellung der actio tutelae zur Erledigung gebracht.

Schon in der gemeinrechtlichen Praxis aber nahm vielfach die Obervormundschaft bei Beendigung der Vormundschaft die Auseinandersetzung zwischen den Betheiligten in die Hände. Noch ent-

---

[28]) l. 5 §. 7 D. de adm. tut. 26, 7.

[29]) A. L. R. II 18 §. 874 ff. Das französische Recht enthält keine Bestimmung. Angesehene Juristen, insbesondere Demolombe, Cours de droit civil vol. VIII n. 39 sprechen sich für die Nichtigkeit einer Befreiung von der Schlußrechnung aus.

[30]) V. O. §. 68. Vor dem 1. Januar 1876 nach den damaligen Gesetzen gültig erfolgte Befreiungen sind nach §. 94 V. O. wirksam geblieben.

[31]) l. 5 §. 7 D. de adm. tut. 26, 7. Vgl. auch Demolombe vol. VIII n. 40.

schiedener erhielt die vermittelnde Thätigkeit des Vormundschaftsgerichts im A. L. R. Raum und Anerkennung [1]). Das vormundschaftliche Gericht hatte dafür zu sorgen, daß der Vormund ihm innerhalb zwei Monaten eine Schlußrechnung einreichte. Das Gericht hatte dann diese Rechnung mit dem Inventar, den einzelnen Jahresrechnungen und den Akten dem Mündel oder dessen Vertreter oder Rechtsnachfolger vorzulegen und die Erklärung desselben herbeizuführen. Eine solche Rechnungsstellung ist grundsätzlich von derjenigen verschieden, welche dem Vormunde während der Dauer der Vormundschaft obliegt. Die letztere geschieht dem Gericht, die erstere dem bisherigen Mündel. Ueber die letztere hat daher das Vormundschaftsgericht zu befinden, die erstere hat der Mündel zu prüfen und in Streitfällen das Prozeßgericht zu beurtheilen.

Der Regierungsentwurf der V. O. beabsichtigte die Mitwirkung des Gerichts bei Abnahme der Schlußrechnung zu beseitigen [2]). Man ging davon aus, daß dem gewesenen Vormunde gegenüber die obrigkeitliche Aufsicht aufhöre, und daß dem selbständig gewordenen Mündel die Wahrnehmung seiner Rechte allein obliege. Auch führe die gerichtliche Verhandlung in einem meist kurzen Termine leicht dazu, den Mündel zu übereilen. Es bleibe dabei oft zweifelhaft, ob demselben die Vermögensberechnung und der ganze Gang der Verhandlung trotz seiner bejahenden Antwort völlig klar geworden sei.

In der Kommission des Herrenhauses [3]) wurde umgekehrt gewünscht, daß das Vormundschaftsgericht auch in der Folge bei Beendigung der Vormundschaft die vermittelnde Thätigkeit ausübe, welche geeignet sei, eine rasche Abwickelung der Verhältnisse zu befördern und schwierige und hartnäckige Prozesse, welche oft bei einer Verzögerung des Geschäfts entstehen würden, abzuschneiden. Hiernach wurde das Gesetz gestaltet [4]). Die Schlußrechnung ist, nachdem sie der Gegenvormund mit seinen Bemerkungen versehen hat, binnen der gesetzlichen Frist dem Vormundschaftsgericht einzureichen. Das Gericht hat, ohne eine Prüfung der Rechnung auch nur in kalkulatorischer Beziehung vorzunehmen [5]), die Rechnung dem bisherigen Mündel

[1]) A. L. R. II 18 §. 861 ff.

[2]) Motive des Regierungsentwurfs S. 101.

[3]) Bericht der K. d. H. H. S. 94 ff.

[4]) V. O. §. 67 Abs. 3.

[5]) Damit ist natürlich nicht ausgeschlossen, daß das Gericht zu prüfen hat, ob das eingereichte Schriftstück überhaupt eine Schlußrechnung und den äußeren

oder dem Vertreter oder Rechtsnachfolger desselben vorzulegen und, wenn Ausstellungen nicht gemacht werden, die Entlastung herbeizuführen. Letztere besteht darin, daß dem Vormund und dem Gegenvormund über treu und richtig geführte Vormundschaft und über Ausantwortung des Vermögens Quittung und Entlastung ertheilt wird [6]). Die Vorlegung erfolgt in einem zu dem Zweck anzuberaumenden Termine, zu welchem der bisherige Vormund und der frühere Mündel bezw. dessen neuer Vertreter oder Rechtsnachfolger zu laden sind. Es ist aber nicht ausgeschlossen, sie auch in anderer Weise zu bewirken [7]). Die Vorlegung hat an denjenigen zu geschehen, den der Vormund als den Rechnungsnehmer bezeichnet. Das Vormundschaftsgericht hat hier so wenig wie bei der Ausantwortung des Vermögens [8]) eine Prüfungspflicht der Legitimation. Selbstredend hat es aber auch hier eine gewünschte Auskunft zu ertheilen und das Recht, in zweifelhaften Fällen den Vormund auf etwaige Bedenken aufmerksam zu machen, letzteres kann aber immer nur in der Form eines Raths, niemals als eine Anweisung geschehen [9]).

Da das Vormundschaftsgericht nur eine vermittelnde Thätigkeit auszuüben und mit Beendigung des Amtes der Vormund aufgehört hat, unter dessen Disziplinargewalt zu stehen, so hat zunächst das Vormundschaftsgericht keine Zwangsmittel, um den bisherigen Vormund zur Einreichung der Schlußrechnung zu nöthigen [10]). Unterläßt

---

Erfordernissen einer solchen genügt ist, also z. B. insbesondere die Vorlegung an den Gegenvormund stattgefunden hat.

[6]) V. O. §. 69 Abs. 2. Diese Bestimmung schließt sich der gemeinrechtlichen Praxis (Kraut, Bd. 2 S. 190) und dem A. L. R. II 18 §. 885 an. Dem römischen Recht war ein Anspruch auf Entlastung fremd, l. 3 §. 1 D. de contr. tut. act. 27, 4.

[7]) Bei einer Vorlegung außerhalb der Gerichtsstelle und zu Hause wird jedoch mit Vorsicht zu verfahren, namentlich mindestens eine spezielle Empfangsbescheinigung vom Mündel rc. zu erfordern sein (Märcker, Anm. 3 Abs. 3 zu §. 67 S. 282).

[8]) Oben §. 90 S. 369 bei Anm. 13.

[9]) Märcker, Anm. 3 a. E. zu §. 67 S. 282.

[10]) Anträge, welche dem Vormundschaftsgerichte das Recht geben wollten, die Legung der Schlußrechnung durch Ordnungsstrafen zu erzwingen, wurden mit Recht abgelehnt. Wie lange sollte diese Befugniß dauern? Es können ferner Vereinbarungen über Nichtlegung der Schlußrechnung getroffen sein, über welche das Vormundschaftsgericht nicht füglich verhandeln kann (Bericht der K. d. H. H. S. 94). Vgl. Jahrbuch (App.) Bd. 5 S. 54 u. 290 und Bd. 8 S. 115.

daher der Vormund die Einreichung und bleibt eine diesfällige Aufforderung des Gerichts fruchtlos, so erübrigt dem Gerichte nur, dies dem bisherigen Mündel mitzutheilen und ihm anheim zu geben, den Weg Rechtens zu betreten[11]). Damit ist die Vermittelung des Vormundschaftsgerichts zu Ende. Der Mündel hat auf Legung der Rechnung beim Prozeßgericht zu klagen, wenn er dieselbe erzwingen will. Vor Anstellung der Klage muß er jedoch abwarten, ob nicht der Vormund innerhalb der gesetzlichen Frist die Schlußrechnung beim Vormundschaftsgericht einreicht.

Andererseits hat das Vormundschaftsgericht auch keine Zwangsmittel gegen den Rechnungsnehmer, die eingereichte Rechnung abzunehmen und die Quittung und Entlastung zu ertheilen, außer es müßte denn Rechnungsnehmer ein neuer Vormund sein, der vom Gericht wenigstens zur ordnungsmäßigen und unverzüglichen Abnahme der Rechnung im Aufsichtswege angehalten werden kann[12]). Abgesehen von dem letzteren Fall kann demgemäß die Vorladung zu dem Entlastungstermin nur unter der Verwarnung ergehen, daß beim Nichterscheinen angenommen werden würde, die Quittung und Entlastung werde verweigert, und steht es dem Rechnungsnehmer frei, seine Erinnerungen gegen die Rechnung unmittelbar beim Prozeßgericht im Wege der Klage anzubringen.

Erscheint der Rechnungsnehmer in dem Termin, so ist er zu veranlassen, entweder, wenn er keine Ausstellungen zu machen hat, dem Vormund und Gegenvormund schlechthin die Quittung und Entlastung zu ertheilen, oder, soweit er einzelne Ausstellungen erhebt, da wegen solcher die Quittung und Entlastung an sich nicht verweigert, sondern nur ein Vorbehalt gemacht werden darf, jenes mit Vorbehalt der bezüglichen Punkte zu thun. Dieser Vorbehalt ist im Falle schriftlicher Beurkundung der Entlastung, um wirksam zu sein, in die Urkunde aufzunehmen, er muß also in dem Protokoll über

---

Ein indirekter Zwang liegt jedoch darin, daß eine bestellte Sicherheit nicht freigegeben wird, siehe oben §. 84 unter Nr. 7 S. 343.

[11]) Dasselbe gilt, wenn der Vormund vor der Großjährigkeit des Mündels abgeht. Der neu bestellte Vormund muß auf Schlußrechnung klagen, Jahrbuch (App.) Bd. 5 S. 291.

[12]) Löwenstein, Anm. 247 zu §. 67 S. 106 und Anton, Anm. 181 zu §. 67 S. 156. Eine Genehmigung der Entlastung durch das Gericht findet auch hier nicht statt, Motive zum Regierungsentwurf S. 102.

den Entlastungstermin Ausdruck finden [13]). Wird vorbehaltlose Entlastung ertheilt, so können die Beläge der Schlußrechnung dem Rechnungsnehmer ausgehändigt werden; soweit Vorbehalte gemacht sind, sind sie bei den Vormundschaftsakten zurückzubehalten, da sie der Rechnungsleger zu seiner Deckung braucht [14]).

Natürlich können sich die Betheiligten [15]) auch dahin vereinigen, daß die Rechnung privatim ohne Zuziehung des Vormundschaftsgerichts gelegt, oder daß von einer Rechnungslegung ganz abgesehen werde [16]).

Es fällt dann jede Thätigkeit des Vormundschaftsgerichts fort. Thatsächlich wird jedoch in der überwiegenden Mehrheit der Fälle die Vermittelung des Gerichts in Anspruch genommen, und wirkt ersprießlich [17]).

---

[13]) V. O. §. 69 Abs. 3. Natürlich kann sich der Rechnungsnehmer auch Bedenkzeit ausbitten.

In Sachen, in denen das Vormundschaftsgericht vor dem 1. Januar 1876 Vermögensverwaltung gehabt hat, ist die im §. 885 II 18 A. L. R. angeordnete Entlastung des Gerichts diesem auch ferner zu ertheilen, da, wenn nach der V. O. wegen der Thätigkeit des Gerichts keine Entlastung stattfindet, dies sich nur auf die Thätigkeit des Gerichts auf Grund der V. O. bezieht, ebenso z. B. Wachler, Anm. 3 zu §. 69 S. 222.

[14]) Märcker, Anm. 1 zu §. 67 S. 282 und Urtheil des Reichsgerichts vom 21. Februar 1880 in den Beiträgen Bd. 24 S. 1004.

[15]) Der bisherige Mündel, resp. sein Erbe. Ein Vormund, welcher an die Stelle des ersten Vormunds tritt, muß sich der gerichtlichen Vermittelung bedienen.

Der Ehemann einer großjährig gewordenen Frau ist ohne die Zustimmung der letzteren und nur auf Grund seines maritalischen Verwaltungs- und Nießbrauchsrechts an dem Illatenvermögen nicht befugt, dem bisherigen Vormund seiner Ehefrau die Schlußrechnung zu erlassen (Entscheidungen des Ober-Tribunals Bd. 71 S. 63).

[16]) Code civil art. 472, wonach der Vertrag zwischen dem ehemaligen Mündel und dem Vormund nichtig ist, wenn nicht vorher spezifizirte Rechnung mit Belägen gestellt wurde, ist im Gebiet der V. O. beseitigt.

[17]) Praktisch gestaltet sich die Thätigkeit des Vormundschaftsgerichts bei der Großjährigkeit und entsprechend dann auch in den sonstigen Fällen der Beendigung der Vormundschaft, wie folgt:

Die Akten werden dem Richter sofort nach Eintritt der Großjährigkeit vorgelegt. Dies wird am zweckmäßigsten in der Weise herbeigeführt, daß gegen den Schluß eines jeden Geschäftsjahrs der Gerichtsschreiber aus der Spalte 4b der Vormundschaftsregister die in das nächste Geschäftsjahr fallenden Großjährigkeitstage auszieht und unter den Fristen des Geschäftskalenders für dieses Jahr einstellt.

Der bisherige Mündel, dessen Vertreter und Rechtsnachfolger sind berechtigt, behufs Prüfung der Schlußrechnung die Vormundschaftsakten einzusehen [18]). Die Frage, ob der Mündel die Akten behufs einer solchen Prüfung brauche, ist vom Gericht nicht zu untersuchen. Man wollte das Recht des Mündels auf beliebige Einsicht aller die Verwaltung seines Vermögens betreffenden Akten, wie in

Hat keine Vermögensverwaltung stattgefunden, so ist nur die Zurückgabe der Bestallung (vgl. jedoch oben §. 90 Anm. 2 S. 367) zu veranlassen. Sonst wird der Vormund aufgefordert, dem großjährig gewordenen Mündel sein Vermögen sofort auszuantworten, die Schlußrechnung binnen 2 Monaten einzureichen, sowie die erfolgte Ausantwortung des Vermögens und den zeitigen Aufenthalt des Mündels anzuzeigen. Daneben ist auch hier wegen Zurückgabe der Bestallungen des Vormunds und Gegenvormunds das Erforderliche zu veranlassen. Wird darauf seitens des Rechnungsnehmers angezeigt, daß er auf die Schlußrechnung oder doch die Vermittlung des Gerichts verzichte, so ist dessen Thätigkeit beendet. Im anderen Falle wird nach Eingang der Anzeige von der Ausantwortung des Vermögens und der Schlußrechnung Termin zur Aufnahme der Quittung und Entlastung anberaumt und zu demselben der bisherige Vormund und Mündel, letzterer unter der oben angegebenen Verwarnung, geladen, von dem Termin auch dem Gegenvormund Nachricht gegeben, wenn aber der frühere Mündel sich nicht im Gerichtsbezirk aufhält, das Amtsgericht des Aufenthaltsorts unter Uebersendung der Akten mit der Schlußrechnung um Aufnahme der Quittung und Entlastung ersucht. Letzteres kann das Ersuchen ablehnen, wenn der gewesene Mündel kein Vermögen besitzt oder dessen Ausantwortung noch nicht erfolgt oder die Schlußrechnung noch nicht bei den Akten ist, vgl. die Verfügung vom 24. Juni 1844 (Just. Min. Bl. 1844 S. 158), die noch entsprechende Geltung hat. Von dem Resultat des Termins erhalten Vormund und Gegenvormund, soweit sie in demselben nicht zugegen gewesen, durch Uebersendung einer Abschrift des betreffenden Protokolls Nachricht.

Nicht zweckmäßig ist es, die Akten schon einige Zeit vor dem Großjährigkeitstermin vorlegen und bereits dann die Aufforderungen an den Vormund ergehen zu lassen, wie vielfach in der Praxis geschieht, um den Aufforderungen noch durch Ordnungsstrafen Nachdruck geben zu können, vgl. z. B. Hesse, Anm. 7 Abs. 2 zu §. 67 S. 222. Denn da das Vermögen nicht vor dem wirklichen Eintritt der Großjährigkeit ausgeantwortet werden darf, so kann durch die vorherige Aufforderung hierzu leicht ein Mißverständniß in dieser Beziehung, das unter Umständen eine Haftung begründen könnte, veranlaßt, jedenfalls nicht noch vor dem Großjährigkeitstermin eine Ordnungsstrafe zur Erfüllung jener Aufforderung ausgesprochen oder auch nur angedroht werden. Noch mehr gilt dies hinsichtlich der Schlußrechnung, für die ja noch eine längere Frist nach der Großjährigkeit gesetzlich gegeben ist. Um aber den zeitigen Aufenthalt des Mündels zu erfahren, wird es wohl kaum jemals einer Ordnungsstrafe bedürfen, auch ändert dieser sich nachträglich noch öfter, so daß doch noch eine nochmalige Aufforderung erforderlich wird.

[18]) V. O. §. 69 Abs. 1.

der Kommission des Herrenhauses besonders konstatirt wurde, durch diesen Zusatz nicht beschränken [19]). Nur die Einsicht solcher Akten, welche sich auf die Vermögensverwaltung nicht beziehen, z. B. blos disziplinarer Natur sind, darf dem Mündel verweigert werden.

§. 92. Die Klage des Mündels gegen den Vormund [1]).

Ansprüche des Mündels gegen den Vormund oder Gegenvormund, welche nicht gütlich mit oder ohne Vermittelung des Vormundschaftsgerichts zu begleichen sind, hat das Prozeßgericht auf Klage des Mündels, seines neuen Vertreters oder seiner Rechtsnachfolger zu beurtheilen.

Der Prozeß kann zum nächsten Zweck Rechnungsablage haben. Er kann ferner, wenn dieselbe gelegt ist, sich in den Formen des Rechnungsprozesses bewegen. Es ist aber auch zulässig, daß der Mündel, welcher vielleicht die gelegte Rechnung sonst anerkennt, nur einen oder einzelne Punkte, z. B. einen angeblichen Einnahmeposten des Vormunds, zum Gegenstand der Klage macht. Diese kann im übrigen eine Vindikation, Schadensersatzklage, Klage wegen Bereicherung u. s. w. sein. Soweit sie aus der Vermögensverwaltung des Vormunds erhoben wird, ist das Amtsgericht, bei welchem die Vormundschaft geführt worden ist, bezw. das Landgericht, zu welchem dieses gehört, zuständig [2]).

Eine vorbehaltlose Quittung und Entlastung oder eine schriftlich ertheilte Quittung und Entlastung, bei der zwar ein Vorbehalt gemacht, dieser aber in jene nicht aufgenommen ist, schließt jede Klage aus der Vermögensverwaltung [3]) insoweit aus, daß nur noch wegen Irrthums oder Betruges Ansprüche erhoben werden können [4]).

1. Kläger ist der bisherige Mündel, sein Vertreter oder seine Rechtsnachfolger, nach seinem Tode also seine Erben. Ob und inwieweit, wenn mehrere Erben vorhanden sind, diese gemeinschaftlich klagen müssen oder einzeln klagen können, bestimmt sich verschieden

---

[19]) Bericht der K. d. H.H. S. 96.

[1]) Rudorff, Bd. 3 S. 1 ff. Tit. Dig. de tutelae et rationibus distrahendis 27, 3.

[2]) §. 31 der deutschen Civilprozeßordnung. Uebereinstimmend z. B. Stein in den Beiträgen Bd. 28 S. 424 bei Anm. 51.

[3]) Andere Klagen nicht, weil Quittung und Entlastung sich nur auf die Vermögensverwaltung beziehen.

[4]) V.O. §. 69 Abs. 3 u. 4.

nach dem Gegenstande der Klage und nach den in den einzelnen Rechtsgebieten verschiedenen Grundsätzen über die Rechte der Miterben [5]).

Beklagt werden kann der Vormund oder Gegenvormund, ferner deren Erben [6]), wobei gleichfalls bei einer Mehrheit von Erben die Verschiedenheit der Rechte über die passive Haftung der Erben in Betracht kommt. Gegen die Konkursmasse des Vormunds oder Gegenvormunds macht der Mündel seine Ansprüche im Konkursverfahren geltend.

2. Die Gesammtklage wegen der Vormundschaft ist erst nach Beendigung derselben zulässig [7]).

Während des Laufes der Vormundschaft kann gegen den Vormund nur wegen einzelner Posten durch einen Pfleger oder Mitvormund geklagt werden. Dies auch nur zu dem Zweck, damit der Vormund verurtheilt werde, sich einen Posten in das Debet stellen zu lassen [8]).

3. Die Verjährung der Ansprüche gegen den Vormund tritt daher erst mit Beendigung der Vormundschaft ein, oder vielmehr, da zunächst die Legung der Schlußrechnung abzuwarten ist [9]), erst mit Ablauf der zwei Monate, welche dem Vormund für deren Legung offen stehen.

Die Verjährung verlangt nach gemeinem Rechte dreißig Jahre [10]). Fraglich ist aber, ob sie sich nach den Grundsätzen des A. L. R., soweit sie sich auf Schadensansprüche bezieht, bereits in drei Jahren

---

[5]) Vgl. hierüber des Verfassers Privatrecht Bd. 3 §. 237 ff. S. 689 ff. Auf Legung der Schlußrechnung z. B. kann hiernach im Gebiet des A. L. R. der einzelne Miterbe dahin klagen, daß die Rechnungslegung an die Gesammtheit der Erben erfolgt (Striethorst, Archiv Bd. 4 S. 138, Bd. 13 S. 131 und Bd. 17 S. 101, des Verfassers Privatrecht a. a. O. S. 695 und Försters Privatrecht 4. Aufl. Bd. 4 §. 271 S. 629).

[6]) Vgl. oben §. 37 S. 157 bei Anm. 20.

[7]) l. 1 §. 24 und l. 4 pr. D. tutelae 27, 3. So auch im Grund bei der cura, l. 2 u. l. 14 C. de adm. tut. 5, 37. Nur gab man leichter einen Spezialkurator zur Klage gegen den Kurator, l. 4 §. 3 u. l. 16 §. 1 D. tutelae 27, 3.

[8]) Siehe oben §. 83 unter Nr. 8 S. 335.

[9]) Siehe oben §. 91 S. 376 hinter Anm. 11.

[10]) Nach code civil art. 457 verjährt die Klage des Minderjährigen gegen seinen Vormund wegen Vormundschaftshandlungen in zehn Jahren von der Volljährigkeit an gerechnet, Diese Bestimmung hat ihren Grund mehr in der Verjährungslehre als im Vormundschaftswesen. Man wird sie daher nicht als aufgehoben ansehen.

vom Augenblick der Kenntniß der Beschädigung an vollendet[11]), da die Deklaration vom 31. März 1838, betr. die Verjährungsfrist bei einer Schadensersatzforderung (G. S. 1838 S. 252), außerkontraktliche Schadensansprüche allgemein dieser kürzeren Verjährung unterwirft. Es ist jedoch diese Frage zu verneinen. Denn jene Verjährung bezieht sich nur auf Schadensansprüche, welche primär den Gegenstand der Verpflichtung bilden, nicht auf solche, welche sekundär wegen Verletzung von Rechtsansprüchen aus einem bereits bestehenden konkreten Rechtsverhältniß, mag dieses selbst auch nicht gerade ein kontraktliches sein, eintreten[12]).

4. Von demjenigen, was Gegenstand der Klage sein kann, ist besonders hervorzuheben:

a) die Herausgabe des Mündelvermögens. Der Kläger begründet seine Ansprüche durch Berufung auf das Vermögensverzeichniß und die Einnahmeposten, welche der Vormund in den dem Gerichte oder dem Mündel gelegten Rechnungen aufgeführt hat, so lange der Vormund nicht den Gegenbeweis des Irrthums führt. Einnahmen, welche in diesen Aktenstücken nicht verzeichnet sind, muß der Kläger dem Vormund nachweisen.

Der Vormund hat seinerseits darzuthun, weshalb er einen seiner Zeit eingenommenen Gegenstand nicht zu restituiren habe, z. B. durch Berufung auf ordnungsmäßige Veräußerung, zufälligen Untergang u. dgl.

b) Der Kläger kann weiter Ersatz des Schadens und entgangenen Gewinns fordern, welcher ihm durch Versehen des Vormunds oder Gegenvormunds erwuchs[13]).

Wie schon erwähnt[14]), kann der Mündel auch gegen solche

---

[11]) So Präj. des Ober-Tribunals Nr. 356 vom 31. Oktober 1837 (Präj.-Sammlung S. 20) und Arndts u. Leonhard, S. 150, ferner Hesse, Anm. 4 zu §. 32 S. 97.

[12]) Plenarbeschluß des Ober-Tribunals vom 6. September 1852 in dessen Entscheidungen Bd. 23 S. 241. Uebereinstimmend sind ferner z. B. auch hinsichtlich der Klagen gegen den Vormund Koch, Preußisches Privatrecht 3. Aufl. Bd. 2 S. 704, Koch, Kommentar Anm. 45 zu §. 54 I 6 Bd. 1 S. 301 und Förster, Privatrecht 4. Aufl. Bd. 1 §. 120 S. 917, besonders Anm. 13.

[13]) Vgl. oben §. 37 S. 153 ff. und §. 76 S. 310, sowie über die beiden Fälle, in denen der Schadensbetrag theils nicht nachgewiesen zu werden braucht, theils gesetzlich begrenzt ist, §. 76 S. 308 hinter Anm. 27 und §. 80 unter Nr. 2 S. 321.

[14]) Oben §. 83 unter Nr. 9 S. 337.

Posten Erinnerungen erheben, welche das Vormundschaftsgericht bei der jährlichen Rechnungslegung unbeanstandet passiren ließ. Denn das Vormundschaftsgericht konnte nur nach dem einseitigen Vorbringen der Vormünder beschließen. Es hat aber ferner auch die besondere Bestimmung des A. L. R. keine Geltung mehr, daß der Mündel gegen Rechnungen, welche weiter als zehn Jahre zurückliegen und vom Gericht nicht beanstandet wurden, Einwendungen nur auf Vorsatz oder grobes Versehen gründen könne [15]). Trotzdem wird auch in Zukunft der Prozeßrichter mit der Annahme eines Versehens schwierig sein, wenn es sich um Dinge handelt, welche lange zurückliegen und gegen welche seiner Zeit das Vormundschaftsgericht, zu dessen Kenntniß sie kamen, nichts zu erinnern fand [16]).

c) Zu den Posten, welche der Mündel dem Vormund in der actio tutelae in Rechnung stellen kann, gehören auch Summen, welche der Vormund dem Mündel aus anderem Grunde schuldete, und die er von sich selbst hätte einziehen sollen und müssen [17]). Es ist dies namentlich wichtig, im Fall die Forderung des Mündels einer kurzen Verjährung unterlag [18]).

5. Bei einer Mehrheit von Vormündern oder Gegenvormündern [19]) kommt für die Anstellung der Klage gegen sie in Betracht, daß Jeder nur für das eigene Verschulden einsteht, wenn sie aber gemeinschaftlich gehandelt haben und die Verschuldung in gleichem

---

[15]) A. L. R. II 18 §. 866. Es lag hierin eine, wenn auch anomale Verjährung. Die Vorschrift hat daher noch Geltung bezüglich derjenigen richterlichen Quittungen, die vor dem 1. Januar 1866 ertheilt sind, mochte auch die Vormundschaft am 1. Januar 1876 noch schweben. Dagegen haben die nach dem 1. Januar 1866 ertheilten Quittungen, weil sich die Verjährung nicht mehr vollenden konnte, die im A. L. R. II 18 §. 866 bestimmte Wirkung nicht mehr.

[16]) Vgl. oben §. 37 Anm. 20 S. 157.

[17]) l. 5 §. 4 und l. 9 §§. 1 u. 2 D. de adm. tut. 26, 7: Rudorff, Bd. 3 S. 60 ff.

[18]) Zweifel können sich erheben, ob die Bestimmung des A. L. R. I 9 §. 526 in Geltung geblieben ist: „Kein Vormund kann eine Verjährung gegen seinen Pflegebefohlenen anfangen, so lange er der Vormundschaft noch nicht entlassen ist.“ Man wird aber annehmen müssen, daß sie der Verjährungslehre angehört, als eine Konsequenz des Satzes agere non valenti non currit praescriptio. Hiernach würde sie durch die V. O. nicht berührt sein. Auch in Koch's Kommentar sowie in dem von Rehbein u. Reincke ist der §. 526 als fortgeltend angesehen.

[19]) Siehe oben §. 36 S. 147 bei Anm. 15.

Maße jeden Einzelnen trifft, sie solidarisch und ohne Einrede der Theilung für den Schadensersatz haften [20]).

Das beneficium cedendarum actionum, wodurch sich der verklagte Theil einen Rückgriff gegen den in gleicher Verschuldung befindlichen Mitvormund oder Mitgegenvormund verschafft, ist, soweit es nach dem Recht des betreffenden Rechtsgebiets überhaupt bei der Solidarhaft gegeben ist, nicht zu versagen.

6. Gegen den Gegenvormund ist nur eine Klage auf Ersatz des Schadens möglich, welcher durch Verletzung seiner Pflichten zur Beaufsichtigung des Vormunds und bei Genehmigung von Handlungen des Vormunds, sei es, daß er letztere ertheilt hat, wo sie hätte versagt werden sollen, sei es, daß er sie versagt hat, wo sie hätte ertheilt werden sollen, entstanden ist, es kann aber die Klage deswegen, da seine Haftung keine subsidiäre ist [21]), erhoben werden, ohne daß vorher gegen den Vormund geklagt und die Vollstreckung fruchtlos ausgefallen ist oder eine Klage gegen den Vormund, z. B. weil derselbe flüchtete, nicht durchführbar ist.

7. Man muß hiernach folgende Reihenfolge aufstellen:

a) in erster Linie haften neben einander der Vormund und der Gegenvormund,

b) dann sind die etwaigen Bürgen des Vormunds verbunden. Es gehört hierher der Ehemann, wenn seine Frau Vormund ist.

c) In letzter Linie haftet der Vormundschaftsrichter, welcher nur belangt werden kann, wenn Ersatz von anderer Seite nicht zu erlangen ist [22]).

8. Das gemeine Recht gab dem Mündel für seine Person, nicht aber dessen Rechtsnachfolgern ein Vorzugsrecht vor anderen Gläubigern [23]). Die Konkursordnung vom 8. Mai 1855 §§. 80 und 81 gewährte ein Vorzugsrecht in ihrem Gebiete nicht blos dem Mündel, sondern auch seinen Erben gegen den verwaltenden Vormund in Ansehung des seiner Verwaltung gesetzlich unterworfenen Vermögens.

---

[20]) Siehe oben §. 37 S. 155 bei Anm. 11.

[21]) Siehe oben §. 37 S. 155 bei Anm. 10.

[22]) Siehe oben §. 22 S. 88. Die Klage gegen den Vormundschaftsrichter unterliegt der kurzen Verjährung außerkontraktlicher Schadensansprüche. Denn diese Klage ist eine Deliktsklage und geht primär auf Schadensersatz; sie entspringt nicht aus einer vorher bestehenden privatrechtlichen Verpflichtung des Richters gegen den Mündel.

[23]) l. 19 §. 1 D. de rebus auct. jud. 42, 5.

Sie machte dasselbe aber davon abhängig, daß die Forderung binnen zwei Jahren nach Beendigung der Vermögensverwaltung des Gemeinschuldners im Wege der Klage geltend gemacht und bis zur Konkurseröffnung ununterbrochen verfolgt wurde. Im Gebiete des rheinisch-französischen Rechts findet sich ein ähnliches Vorzugsrecht nicht. Die hiernach bestehenden Vorzugsrechte ließ die V. O. §. 32 Abs. 6 in Kraft. Gegenwärtig ist durch die deutsche Konkursordnung §. 54 Nr. 5 die Vorschrift der Konkursordnung vom 8. Mai 1855 zu einer allgemein geltenden gemacht worden [24]).

Wegen seiner Ansprüche gegenüber dem Vormundschaftsrichter hatte der Mündel auch nach gemeinem Recht kein Vorrecht [25]), und giebt es ein solches auch jetzt nicht.

§. 93. Klagerechte des Vormunds gegen den Mündel [1]).

Der Vormund und Gegenvormund haben bei Beendigung der Vormundschaft bezw. Gegenvormundschaft theils materielle, theils formelle Rechte. Für ihre Klagen wegen derselben ist ebenfalls, soweit sie aus der Vermögensverwaltung erhoben werden, der Gerichtsstand der Verwaltung begründet [2]). Im übrigen bleibt noch Folgendes hervorzuheben:

1. Vormund und Gegenvormund sind befugt, soweit sie Anspruch auf Erstattung von Auslagen und Vorschüssen, auf Bezahlung für geleistete Dienste und auf Honorar haben [3]), und sich nicht selbst bezw. nicht der Vormund den Gegenvormund bereits während des Laufs der Vormundschaft befriedigt haben, diese Ansprüche gegen den Mündel klageweise geltend zu machen.

---

[24]) Das Vorzugsrecht ist auch gegeben wegen des Antheils der Mündel an einem ihnen und der Mutter-Vormünderin gemeinschaftlichen Nachlasse, der nach dem der Mutter gesetzlich zustehenden Rechte der Bevormundung ihrer Kinder und der Verwaltung des gemeinschaftlichen Nachlaßvermögens in deren Verwaltung und Nutznießung gelangt ist, sowie wegen der durch stattgefundene Erbregulirung an Stelle dieses Antheils getretenen, baar zu zahlenden Erbabfindungssumme (Entscheidungen des Reichsgerichts in Civilsachen Bd. 3 S. 294).

[25]) l. 1 §. 14 D. de mag. conv. 27, 8.

[1]) Rudorff, Bd. 3 S. 119 ff. Tit. Dig. de contraria tutelae et utili actione 27, 4. Tit. Cod. 5, 58.

[2]) §. 31 der deutschen Civilprozeßordnung. Vgl. oben §. 92 S. 379 bei Anm. 2.

[3]) Siehe oben §. 77 a. A. und unter Nr. 1 S. 311 u. 312, und unter Nr. 2 u. 3 S. 313 u. 314, §. 78 unter Nr. 1 S. 316 bei Anm. 7 und §. 36 unter Nr. 5 S. 152.

Der Vormund kann ferner Befreiung von Verpflichtungen fordern, welche er für Rechnung des Mündels, weil er materiell für diesen, formell aber in eigenem Namen kontrahirte, persönlich übernahm [4]).

Endlich kann Schadensersatz gefordert werden, wenn der Mündel dem Vormund oder Gegenvormund durch imputable Schuld, z. B. durch Diebstahl nach den Jahren der Zurechnungsfähigkeit [5]), Schaden zufügte.

Statt selbst zu klagen, kann der Vormund übrigens, wie oben bemerkt wurde [6]), wegen dieser seiner Ansprüche entsprechende Theile des Mündelvermögens bis zu seiner Befriedigung zurückbehalten, so daß dann der Mündel, wenn er die Ansprüche nicht für begründet hält, seinerseits auf die Herausgabe des Zurückbehaltenen klagen muß.

2. Der Vormund und Gegenvormund können ferner, wenn ihnen nach Ausantwortung des Mündelvermögens und Legung der Schlußrechnung vom bisherigen Mündel, oder dessen Vertreter oder Rechtsnachfolger Quittung und Entlastung verweigert worden ist, da sie darauf ein Recht haben, auf Ertheilung derselben klagen. Es gilt dies auch, wenn zwar Entlastung ertheilt ist, aber unbegründete Vorbehalte gemacht sind.

Nach dem A. L. R. war die Klage erst nach einem Jahre, vom Tage der zugestellten Schlußrechnung an, zulässig [7]). Nach der V. O. ist sie zulässig, sobald die Entlastung direkt verweigert oder als verweigert anzusehen, also insbesondere, wenn der Rechnungsnehmer in dem Entlastungstermin, zu dem er unter der Verwarnung, daß im Falle des Nichterscheinens die Entlastung für verweigert angenommen werden würde, nicht erschienen, oder wenn kein Termin anberaumt worden, eine angemessene Zeit zur Prüfung der gelegten Rechnung verflossen ist.

Das Urtheil, daß die Entlastung zu ertheilen sei, ersetzt die Entlastungserklärung selbst [8]).

---

[4]) l. 6 D. de contr. tut. act. 27, 4.

[5]) Vgl. auch A. L. R. I 6 §. 41 ff.

[6]) Siehe oben §. 90 unter Nr. 2 S. 369.

[7]) A. L. R. II 18 §. 894.

[8]) §. 779 der deutschen Civilprozeßordnung.

Vierter Abschnitt.

Die Vormundschaft über Großjährige.

§. 94. Die Bevormundung der Geisteskranken und Verschwender.

Die V. O. beschäftigt sich mit den Rechtsverhältnissen der Geisteskranken, der Verschwender und der preßhaften Personen nur insoweit, als dies für die Regelung des Vormundschaftswesens schlechthin nothwendig schien. Sie bestimmt nämlich im §. 81 nichts weiter, als daß einen Vormund erhalten sollen die für geisteskrank oder für Verschwender Erklärten [1]), sowie Taube, Stumme oder Blinde, welche durch ihre Gebrechen an der Besorgung ihrer Rechtsangelegenheiten gehindert sind. Hiernach sind für diese Personen überwiegend die Vorschriften des bisherigen Rechts maßgebend geblieben, welche in den drei Rechtsgebieten in mannigfacher Weise von einander abwichen. Inzwischen sind letztere aber durch die deutsche Civilprozeßordnung vielfach geändert und ist dadurch insoweit einheitliches Recht geschaffen worden.

1. Was zunächst die Geisteskranken (Wahnsinnigen, Blödsinnigen u. s. w.) betrifft, so läßt die V. O. ganz unberührt die Frage, wann und unter welchen Formen Jemand als geisteskrank zu erklären ist, so daß es hierfür vollständig bei den sonstigen Bestimmungen verblieb. An Stelle der letzteren sind nun diejenigen der

---

[1]) Dem erklärten Verschwender war bereits nach römischem und gemeinem Recht sowie nach A. L. R. ein Vormund zu bestellen. Dagegen hatte diese Erklärung im rheinischen Recht nur die Folge, daß der Verschwender bei wichtigeren Rechtsgeschäften an die Zustimmung eines Beiraths, eines conseil, gebunden war (code civil art. 513). In Folge der Vorschrift der V. O. war auch über Personen, die vor dem 1. Januar 1876 in der Rheinprovinz für Verschwender erklärt waren, eine Vormundschaft einzuleiten.

deutschen Civilprozeßordnung getreten, nach denen, soweit sie den Vormundschaftsrichter interessiren, die Erklärung für geisteskrank nur durch Beschluß des Amtsgerichts erfolgen kann und mit dessen Mittheilung an das Vormundschaftsgericht die Entmündigung in Wirksamkeit tritt [2]). Mit diesem Zeitpunkt hat daher die Bevormundung einzutreten [3]). Ist ein gesetzlicher Vormund vorhanden, so beginnt also dessen Amt, andernfalls hat das Vormundschaftsgericht einen Vormund zu bestellen. Andererseits findet die Bevormundung aber auch nicht vor jenem Zeitpunkte statt. Tritt das Bedürfniß einer Fürsorge schon vor der Entmündigung hervor, so kann nur ein Pfleger bestellt werden [4]).

Die Bevormundung dauert, abgesehen von dem Tode des Entmündigten, im Falle einer Anfechtung des Entmündigungsbeschlusses durch die hierzu allein zulässige Anfechtungsklage bis zur Rechtskraft des Urtheils, durch welches der die Entmündigung aussprechende Beschluß aufgehoben wird und welches dem Vormundschaftsgericht mitzutheilen ist [5]), und sonst bis zur rechtskräftig erfolgten Wiederaufhebung der Entmündigung, deren Voraussetzungen, Genesung u. s. w., sich nach dem bürgerlichen Recht bestimmen, durch Beschluß des Amtsgerichts oder durch im Prozeßwege ergangenes Urtheil, von welcher Wiederaufhebung gleichfalls dem Vormundschaftsgericht seitens des Amtsgerichts bezw. des Prozeßgerichts Mittheilung zu machen ist [6]). Sie hört dann von selbst auf [7]).

Unberührt sind durch die V. O. die civilrechtlichen Normen über die Handlungsfähigkeit der Geisteskranken sowohl vor als nach der Entmündigung geblieben [8]). Es wurden zwar bei Gelegenheit der

---

[2]) C. P. O. §§. 593 u. 603. Ist der den Beschluß fassende Amtsrichter zugleich der Vormundschaftsrichter, so wird die Mittheilung des Beschlusses als mit dessen Abfassung zusammenfallend anzusehen sein.

[3]) Festzuhalten ist dabei, daß dies nur für Großjährige, die für geisteskrank erklärt sind, gilt. Minderjährige können zwar ebenfalls für geisteskrank erklärt werden, vgl. §. 595 C. P. O., es wird aber die Altersvormundschaft als solche fortgeführt, siehe oben §. 39 Anm. 4 S. 161 und §. 87 unter Nr. 1 S. 358 bei Anm. 3.

[4]) Siehe unten §. 102 unter Nr. 2 bei Anm. 6.

[5]) C. P. O. §§. 605, 613 u. 615.

[6]) C. P. O. §§. 616, 619 Abs. 3 u. 620.

[7]) V. O. §. 84.

[8]) l. 6 C. de cur. fur. 5, 70, A. L. R. I 1 §. 29 ff., I 4 §. 20 ff. und I 12 §§. 20 u. 27 ff. und code civil art. 503 ff. u. 509 ff.

Berathung der V. O. Anträge gestellt, welche die Geschäftsfähigkeit der Geisteskranken einheitlich für die preußische Monarchie ordnen wollten. Da diese Materie aber in die V. O. nicht nothwendig gehört und da ihre Regelung nur auf Grund einer sehr eingehenden Prüfung schwieriger Probleme möglich ist, so wurden diese Anträge abgelehnt [9]).

Auch die deutsche Civilprozeßordnung hat hierin nichts geändert, sondern nur im §. 613 Abs. 2 bestimmt, daß die auf Anfechtungsklage erfolgende Aufhebung des die Entmündigung aussprechenden Beschlusses zur Folge hat, daß die Gültigkeit der bisherigen Handlungen des Entmündigten auf Grund des Beschlusses, welcher die Entmündigung ausgesprochen hatte, nicht in Frage gestellt werden kann, auf die Gültigkeit der bisherigen Handlungen des bestellten oder gesetzlichen Vormunds die Aufhebung aber keinen Einfluß hat, mit anderen Worten, daß das aufhebende Urtheil, weil danach der Entmündigte in Wahrheit nicht unfähig war, auf die in der Zwischenzeit seit dem Beginn der Wirksamkeit des Entmündigungsbeschlusses vorgenommenen Rechtshandlungen des Entmündigten insoweit zurückwirkt, daß der auf den Entmündigungsbeschluß gestützten Klage oder Einrede aus dem Aufhebungsurtheile eine Einrede bezw. Replik entgegensteht. Aus anderen Gründen als aus dem Entmündigungsbeschluß können die Handlungen des Entmündigten mithin in Frage gestellt werden, also z. B. auch dadurch, daß bezüglich der einzelnen Handlung dargethan wird, sie sei thatsächlich im Zustande geistiger Krankheit erfolgt. Da den in der Zwischenzeit vorgenommenen Handlungen des Vormunds die Wirksamkeit nicht entzogen ist, so

---

[9]) Nicht beseitigt ist die Vorschrift des französischen Rechts, code civil art. 499, wonach bei Verwerfung des Antrags auf Entmündigung der als geisteskrank Bezeichnete an die Zustimmung eines conseil zu gewissen Handlungen gebunden werden kann. Ebenso z. B. Stölzel im Just. Min. Bl. von 1878 S. 12, Hesse, Anm. 2 Abs. 4 zu §. 81 S. 248 und Turnau, Bd. 2 §. 96 S. 354. A. A. Maaßen, Anm. 4 zu §. 81 S. 89 und in seiner Brochüre: Die Auslegung der Gesetze aus den sog. Materialien ꝛc., gegen denselben Stölzel in den Beiträgen Bd. 22 S. 280 ff. Es handelt sich hier lediglich um eine Beistandschaft, die, wie die Beistandschaften überhaupt, durch die Bestimmungen der V. O. nicht berührt worden ist, vgl. oben §. 10 unter Nr. 7 S. 40. Die materiellrechtliche Bestimmung des Art. 499 ist auch durch die C. P. O. nicht geändert, es finden auf eine derartige Beistandsbestellung jetzt aber die Vorschriften der C. P. O. über das Entmündigungsverfahren entsprechende Anwendung (§. 10 des Einführungsgesetzes zur C. P. O.).

binden dieselben auch den Entmündigten, trotzdem durch das Urtheil seine fortdauernde Handlungsfähigkeit anerkannt worden ist. Um den Entmündigten gegen hieraus erwachsende Nachtheile zu schützen, kann das mit der Anfechtungsklage befaßte Prozeßgericht einstweilige Verfügungen nach Maßgabe der §§. 815—822 C. P. O. treffen [10]), die den Vormund binden.

2. Hinsichtlich der Verschwender gilt alles Vorstehende gleichfalls mit der Abweichung, daß der die Entmündigung aussprechende Beschluß des Amtsgerichts zwar auch dem Vormundschaftsgericht von Amtswegen mitzutheilen ist, aber nicht mit dieser Mittheilung, sondern mit der Zustellung an den Entmündigten in Wirksamkeit tritt, der die Entmündigung aufhebende Beschluß unanfechtbar, also sofort rechtskräftig ist, und die Entmündigung sowie deren Wiederaufhebung von dem Amtsgericht, bei welchem das Entmündigungs- bezw. Wiederaufhebungs-Verfahren anhängig war, öffentlich bekannt zu machen ist [11]).

Auch das Vormundschaftsgericht soll nach der V. O. §. 85 die Einleitung und die Aufhebung der Vormundschaft über einen Verschwender öffentlich bekannt machen und ist dies durch die Vorschrift über die soeben gedachte, von den Entmündigungsakten aus zu erlassende Bekanntmachung nicht aufgehoben worden [12]). Die Art der Bekanntmachung des Vormundschaftsgerichts unterliegt dessen Ermessen [13]).

---

[10]) C. P. O. §. 613 Abs. 1.

[11]) C. P. O. §§. 621 ff.

[12]) Uebereinstimmend z. B. Hesse, Anm. 2 zu §. 85 S. 265, Märcker zu §. 85 S. 290 und Eccius, Bd. 4 §. 230 Anm. 10 S. 195., A. A. Brettner in den Beiträgen Bd. 25 S. 322.

[13]) Wenn der Verschwender Grundstücke oder Hypotheken besitzt, als Bekanntmachung eine von dem Vormunde zu beantragende Eintragung in das Grundbuch gemäß §§. 11, 13 u. 14 des Eigenthums-Erwerbs-Gesetzes vom 5. Mai 1872 eintreten zu lassen (z. B. Hesse, Anm. 3 zu §. 85 S. 265 und Märcker, Anm. zu §. 85 S. 290), dürfte nicht angängig sein, da, wie allgemein anerkannt ist (vgl. z. B. Turnau, Anm. 2 zu §. 11 des Eigenthums-Erwerbs-Gesetzes Bd. 1 S. 649—651), zu den im §. 11 gedachten Beschränkungen des Eigenthumsrechts solche der Verfügungsfähigkeit des Eigenthümers durch Minderjährigkeit, väterliche Gewalt, Geisteskrankheit und Erklärung zum Verschwender nicht gehören.

Ist das Vormundschaftsgericht identisch mit dem Amtsgericht, vor dem das Entmündigungsverfahren oder dessen Wiederaufhebung schwebte, so können beide Bekanntmachungen mit einander verbunden werden.

Ueber die Geschäftsfähigkeit entmündigter Verschwender bestimmt die V. O. ebenfalls nichts weiter und gilt dies auch von der Civilprozeßordnung, abgesehen davon, daß nach dieser die Vorschrift des §. 613 Abs. 2 für Verschwender gleichfalls Platz greift[14]). Es bleibt also in dieser Hinsicht bei den Vorschriften des bisherigen Rechts. Im Gebiete des gemeinen und des preußischen Rechts steht der entmündigte Verschwender im wesentlichen dem Minderjährigen gleich[15]). Im Gebiete des französischen Rechts ist der Verschwender nunmehr bei denjenigen Handlungen an die Zustimmung des Vormunds gebunden, bei welchen bisher das conseil mitwirken mußte. Eine weitere Beschränkung seiner Handlungsfähigkeit läßt sich aus der V. O. nicht folgern[16]).

§. 95. Die Vormundschaft über preßhafte Personen.

Gemeinrechtlich erhielten Taube, Stumme sowie dauernd Kranke von der Obrigkeit Kuratoren, sofern sie der Besorgung ihrer Ge-

---

[14]) C. P. O. §. 624 Abs. 4.

[15]) l. 6 D. de verb. obl. 45, 1 und A. L. R. I 1 §. 31. Auch die Bestimmung des §. 16 I 5 A. L. R., wonach schon die Einleitung des Entmündigungsverfahrens die Anfechtbarkeit nachher, jedoch noch vor der öffentlichen Bekanntmachung eingegangener Verträge gegenüber Allen, welche Kenntniß davon erhalten, zur Folge hat, bleibt mit der Maßgabe unberührt, daß jetzt statt „vor der öffentlichen Bekanntmachung" zu lesen ist „vor der Zustellung an den Entmündigten". Dagegen sind die §§. 15 u. 17 I 5 A. L. R. geändert, da die mit der Zustellung an den Entmündigten eintretende Wirksamkeit des Entmündigungsbeschlusses gerade darin besteht, daß der Verschwender sich nicht mehr verpflichten kann, und mit dem die Entmündigung aufhebenden Beschlusse oder mit der Rechtskraft des hierauf gerichteten Urtheils sofort die Vormundschaft aufhört und die Verpflichtungsfähigkeit anfängt. Vgl. Koch, Kommentar Anm. 19—21 zu den §§. 15—17 Bd. 1 S. 183.

[16]) Die Motive des Regierungsentwurfs S. 105 sprechen sich zwar dahin aus, daß die Beschränkung der Fähigkeit des Verschwenders nach art. 513 des Code unzureichend und eine halbe Maßregel sei, daß deshalb die schon im A. L. R. ausgesprochene Gleichstellung des Verschwenders mit dem Minderjährigen rationeller erscheine und in den Entwurf aufgenommen wurde. Allein von einer solchen Gleichstellung der Verschwender mit den Minderjährigen enthält die V. O. nichts, dieselbe regelt überhaupt nur die Befugnisse des Vormunds, dagegen nicht die Geschäftsfähigkeit der Bevormundeten. Daher ist dieselbe auch für die Minderjährigen durch besonderes Gesetz geordnet worden. Im Gebiet des rheinischen Rechts trat also seit der V. O. gegenüber dem früheren Zustand nur der wesentliche Unterschied ein, daß der Vormund die Gewahrsam der Vermögensobjekte des Verschwenders an sich nimmt und das Verwaltungsrecht erlangt.

schäfte nicht gewachsen waren [1]). In der Praxis des Gebiets des A. L. R. wurden nur Taubstummgeborene, wenn ihnen die Einsicht in die Bedeutung rechtlicher Akte fehlte und Taubblinde unter Vormundschaft gestellt [2]). Die französische Jurisprudenz endlich läßt, wo nöthig, bei solchen Gebrechen Interdiktion wegen Geistesschwäche eintreten [3]).

Nach der V. O. §. 81 sollen nunmehr einen Vormund erhalten Taube, Stumme oder Blinde, welche durch ihre Gebrechen an der Besorgung ihrer Rechtsangelegenheiten gehindert sind.

Ob der Fall einer solchen Bevormundung eingetreten ist, darüber entscheidet ausschließlich das Vormundschaftsgericht, in zweiter Linie das Beschwerdegericht, und zwar gilt dies gleichmäßig für alle drei Rechtsgebiete [4]). Es bedarf dabei einer vorherigen Sachuntersuchung, durch welche die erforderlichen Thatsachen glaubhaft zu machen sind, und eines Gerichtsbeschlusses. Nähere Bestimmungen hierüber sind aber nicht getroffen und ist ein vorgängiges Verfahren bei dem Amtsgericht, wie bei der Entmündigung von Geisteskranken und Verschwendern, auch durch die Civilprozeßordnung nicht vorgesehen, ebensowenig eine Anfechtung durch Klage im Wege des Civilprozesses. Der Beschluß kann gefaßt werden, auch wenn der zu Bevormundende widerspricht, und er kann abgelehnt werden, obwohl derselbe selbst darum bittet. Es kommt lediglich auf das Vorhandensein der beiden Voraussetzungen, des Gebrechens und der Hinderung an der Besorgung der Rechtsangelegenheiten durch dasselbe, an. Die Hinderung braucht an sich keine dauernde zu sein, indessen wird doch von der Einleitung einer Vormundschaft abzusehen sein, wenn nach Lage des konkreten Falls die Einleitung einer Pflegschaft nach §. 90 V. O.

A. A. Stölzel im Just. Min. Bl. von 1878 S. 13, ferner z. B. Wachler, Anm. 4 zu §. 81 S. 239 und Märcker, Anm. 5 Abs. 4 zu §. 81 S. 288. Vgl. auch Maaßen, Anm. 7 zu §. 80 S. 88. Wegen der jetzigen Geltung des art. 513 gilt dasselbe, wie oben Anm. 9 für den art. 499 bemerkt ist.

[1]) §. 4 J. de curat. 1, 23 und l. 14 §. 7 D. de solut. 46, 3.

[2]) A. L. R. §§. 15 u. 16 II 18, Allgem. Gerichtsordnung §. 7 II 3, sowie A. L. R. §. 24 I 5 und Allgem. Gerichtsordnung §. 4 ff. II 3, vgl. auch Arndts u. Leonhard, S. 14 u. 15.

[3]) Code civil art. 489: Le majeur, qui est dans un état habituel d'imbécillité... doit être intredit. — Der Taubstumme, welcher nicht schreiben kann, soll zur Annahme von Schenkungen einen Kurator erhalten, code civil art. 936. Jetzt ist auch hier eine Vormundschaft einzuleiten.

[4]) Stölzel im Just. Min. Bl. von 1878 S. 14.

genügt, z. B. weil es sich nur um einen einzelnen Rechtsakt handelt [5]). Ferner macht es keinen rechtlichen Unterschied, wenn der Taube zugleich stumm oder blind ist, auch nicht, wenn er taubstumm geboren war oder in den ersten Lebensjahren in diesen Zustand gerathen ist [6]). Für die Beschwerde gilt das Gewöhnliche, insbesondere ist sie nicht an eine Frist gebunden.

Wenn ein gesetzlicher Vormund vorhanden ist, beginnt dessen Amt mit dem Beschluß [7]), andernfalls wird mit diesem die Bestellung eines Vormunds meist gleich verbunden werden.

Für die Frage, ob durch die Bevormundung die Verfügungsfähigkeit der preßhaften Personen berührt wird, entscheiden die Vorschriften des Civilrechts. Fehlt es an solchen, so besteht, da die Thatsache der Bevormundung die Geschäftsfähigkeit des Bevormundeten an sich nicht beseitigt [8]), die Verfügungsfähigkeit, soweit die Grenze der Einsicht der preßhaften Person reicht [9]).

Die Vormundschaft kann durch das Vormundschaftsgericht resp. die Beschwerdeinstanz aufgehoben werden, falls ihr Grund geschwunden ist, was durch eine der der Einleitung der Vormundschaft vorhergegangenen entsprechende Sachuntersuchung festgestellt wird.

§. 96. Die Vormundschaft über Abwesende.

Die Vormundschaft über Abwesende, wie sie durch das A. L. R. geordnet wurde und in die V. O. übergegangen ist, ist weder dem römischen, noch dem älteren deutschen Rechte entnommen.

Das römische Recht kannte zwar die Ernennung eines Kurators des Abwesenden. Aber Furcht vor Mißbrauch des Instituts veranlaßte, daß man einem solchen Kurator der Regel nach nur die Erhaltung des Vermögens des Abwesenden, nicht dessen freie Verwaltung einräumte [1]).

In Deutschland pflegte man die Erben eines Verschollenen in

---

[5]) Märcker, Anm. 6 zu §. 81 S. 288.

[6]) Eccius, Bd. 4 §. 230 S. 195.

[7]) V. O. §. 83 Abs. 1. Von einer Verantwortlichkeit des gesetzlichen Vormundes kann natürlich erst von da an die Rede sein, wo demselben der Beschluß des Vormundschaftsgerichts bekannt geworden ist (Philler, Anm. 357 zu §. 83 S. 146).

[8]) Siehe oben §. 40 Anm. 1 S. 164.

[9]) Im Gebiet des A. L. R. greifen die §§. 24 u. 25 I 5 Platz.

[1]) l. 1 §. 4 D. de mun. 50, 4.

dessen Vermögen einzuweisen, jedoch frühzeitig unter Auflegung einer Kaution für den Fall seiner Rückkehr [2]). Dies war nichts weniger als Vormundschaft, sondern eventuelle Beerbung. Erst die romanistische Doktrin faßte das Verhältniß nach der Rezeption des römischen Rechts als eine Art von Vormundschaft auf, welche bis zur Rückkehr des Verschollenen oder bis zur endgültigen Todeserklärung dauerte [3]). So entstand in deutschen Partikularrechten ein wunderliches Kompositum, indem bald die Erbberechtigung, bald die Gedanken des Vormundschaftsrechts überwogen. Dem französischen Rechte, welches dieselben Ausgangspunkte hatte wie das deutsche, ist die anticipirte Erbfolge in das Vermögen des Abwesenden der Schwerpunkt geblieben. Man unterscheidet nach dem code civil die absence declarée und présumée [4]). Die Erklärung der Abwesenheit ist nach Ablauf von vier Jahren seit der letzten Kunde zulässig. Sie giebt den vermuthlichen Erben das Recht, in dieser Eigenschaft Einweisung in den Nachlaß des Abwesenden zu fordern. Vor der Abwesenheitserklärung kann für den présumé absent nur im Bedürfnißfall ein Kurator eintreten. Und zwar wird zur Vertretung des Vermißten nach dem Gesetz vom Gericht auf Verlangen Betheiligter bei Inventaren, Rechnungslegungen, Theilungen und Auseinandersetzungen ein Notar ernannt, nach der Jurisprudenz auch in besonderen Fällen ein ständiger Kurator bestellt [5]).

Die Ansprüche der Erben auf Verwaltung und Nutznießung des Vermögens eines Abwesenden, wie sie solcher Gestalt deutsche Partikularrechte sowie der code civil entwickelten, sind durch die V. O. nicht berührt worden, mögen sie nun als anticipirte Erbfolge oder als Vormundschaft aufgefaßt sein. Sie fallen nicht unter das Vormundschaftswesen in dem Sinne, wie es die V. O. versteht [6]).

Das A. L. R. hat das Institut der Vormundschaft der Erben des Verschollenen in seinem Gebiete völlig beseitigt. Es konnte dies,

---

[2]) Vgl. **Kraut**, Bd. 2 §. 62 ff., **Heise u. Cropp**, Abhandlungen Bd. 2 Nr. 4 u. 5 und **Bruns** in Bekker u. Muther's Jahrbuch des gemeinen deutschen Rechts Bd. 1 S. 90 ff.

[3]) **Bruns** a. a. O. S. 145.

[4]) code civil art. 112 ff.

[5]) code civil art. 112—114, Demolombe, Cours de droit civil II 18 34—39.

[6]) V. O. §. 82 Abs. 4.

weil es die Zeit für die definitive Todeserklärung verkürzte und dieselbe auch sonst unter Umständen, in welchen der Tod des Verschollenen sehr wahrscheinlich ist, erleichterte.

Dagegen hat das A. L. R. eine wahre Vormundschaft über Abwesende ausgebildet [7]), welche nunmehr nach der V. O. im ganzen Gebiet der Monarchie einzutreten hat, soweit nicht die Rechte der Erben eingreifen [8]). Es erhalten hiernach abwesende Großjährige einen Vormund,

a) wenn über ihren Aufenthalt ein Jahr lang, welches Jahr von der Einleitung der Vormundschaft zurückzurechnen ist, keine Nachricht eingegangen ist.

b) Auch vor Ablauf eines Jahres ist aus dringenden Gründen dem Abwesenden, dessen Aufenthalt unbekannt ist, ein Vormund zu bestellen, z. B. wenn ihm eine Erbschaft anheimfällt, deren Ordnung erforderlich ist.

c) Einen Vormund erhält ferner der Abwesende, selbst vor Ablauf eines Jahres, wenn sein Aufenthalt zwar bekannt ist, wenn er aber an seiner Rückkehr, sowie an der Besorgung seiner Angelegenheiten gehindert ist. Er befindet sich z. B. in der Gefangenschaft von Feinden oder einer wilden Völkerschaft [9]).

Nicht erforderlich ist, daß der Abwesende Aktivvermögen zurückgelassen hat.

Keine Vormundschaft ist einzuleiten, wenn der Abwesende einen Bevollmächtigten zur Verwaltung seines gesammten Vermögens

---

[7]) A. L. R. II 18 §. 19 ff.

[8]) V. O. §. 82.

[9]) Die Verbüßung einer Freiheitsstrafe gehört nicht hierher, da der Sträfling an der Besorgung seiner Angelegenheiten selbst oder durch einen Vertreter nicht gehindert ist. Sollte ausnahmsweise diese Besorgung wegen Dringlichkeit nicht möglich sein, so würde ein Pfleger zu bestellen sein. Ferner ist eine Vormundschaft über einen Abwesenden nicht zu bestellen, wenn dessen Aufenthalt bekannt ist, er aber in Rechtsangelegenheiten, welche im Inlande zu erledigen sind, keine Erklärungen abgiebt, auch keinen Bevollmächtigten bestellt. Ein Antrag, auch in diesem Fall eine cura absentis zuzulassen, wurde in der Kommission des Abgeordnetenhauses abgelehnt (Bericht der K. d. A. H. S. 20). Endlich kann keine Vormundschaft stattfinden, wenn die Person des Abwesenden selbst unbekannt ist, hier kann nur eine Pflegschaft nach §. 89 oder §. 90 V. O. eintreten.

bestellt hat [10]). Gleicherweise bezieht sich das Amt des Abwesenheitsvormunds nicht auf die Geschäfte, für welche der Abwesende durch Bestellung eines Bevollmächtigten selbst Vorsorge getroffen hat. Eine Ehefrau ist kein bestellter Bevollmächtigter, ihr Vorhandensein schließt daher die Einleitung einer Vormundschaft nicht aus [11]).

Die ertheilte Vollmacht steht der Bevormundung wegen Abwesenheit von dem Augenblick an nicht mehr entgegen, in welchem sie nach dem dafür maßgebenden Rechte unkräftig wird, also z. B. in der Regel, wenn der Bevollmächtigte stirbt oder wenn er das Mandat kündigt. Das Gleiche ist der Fall, wenn das Vormundschaftsgericht die Vollmacht außer Kraft setzt, was zu geschehen hat, wenn Umstände eingetreten sind, welche deren Widerruf zu veranlassen geeignet sind. Es entscheidet hierüber das Ermessen des Vormundschaftsgerichts, welches sich dabei auf den Standpunkt des abwesenden Machtgebers selbst zu stellen hat. Hierher gehörige Fälle sind pflichtwidriges Benehmen, dauernde Erkrankung und Geistesschwäche des Bevollmächtigten [12]).

Jeder, welcher dem Vormundschaftsgericht ein Interesse zur Sache nachweist, ist, so verfügt die V. O., berechtigt, die Einleitung der Vormundschaft über Abwesende unter den gesetzlichen Voraussetzungen zu beantragen [13]). Die Bevormundung kann also nicht blos im Interesse des Abwesenden, sondern auch in dem eines Dritten geschehen, z. B. eines Gläubigers, um gegen den Abwesenden Klage erheben zu können, und zwar dies auch, selbst wenn auch ohnedem durch Bewilligung der öffentlichen Zustellung seitens des Prozeßgerichts der Prozeß anhängig gemacht werden könnte [14]). Mit jener Bestimmung der V. O. sollte aber nicht etwa die Einleitung der Vormundschaft über Abwesende von Amtswegen im Bedürfnißfalle ausgeschlossen werden [15]).

---

[10]) V. O. §. 82 Abs. 1.

[11]) A. A. Arndts u. Leonhard, S. 15 Anm. 14. Die gesetzliche Vertretungsbefugniß der Ehefrau, wie sie z. B. im A. L. R. II 1 §§. 202 u. 236 bestimmt ist, kann nur thatsächlich wirken, indem wegen derselben kein Bedürfniß zur Bevormundung vorhanden ist, vgl. Eccius, Bd. 4 §. 230 Anm. 12 S. 196.

[12]) Vgl. die Kasuistik des A. L. R. II 18 §. 23 ff.

[13]) V. O. §. 82 Abs. 3.

[14]) §§. 186 u. 187 der deutschen Civilprozeßordnung.

[15]) Ebenso z. B. Hesse, Anm. 12 zu §. 82 S. 258 und Philler, Anm. 354 zu §. 82 S. 145.

Ueber das Vorhandensein der Voraussetzungen der Bevormundung Abwesender entscheidet das Vormundschaftsgericht in der gleichen Weise, wie über die der Bevormundung preßhafter Personen. Die Thatsache des Weggangs und das angebliche Unbekanntsein des Aufenthalts werden dabei in der Regel durch eine Bescheinigung der Ortspolizeibehörde darzuthun sein.

Auch hier beginnt, wenn ein gesetzlicher Vormund vorhanden ist, dessen Amt mit dem Beschluß [16]), andernfalls ist nach diesem schleunigst ein Vormund zu bestellen.

Die minderjährigen Kinder des Abwesenden sind unter Vormundschaft zu stellen, sowie derselbe bevormundet wird [17]). Vorher kann ihnen im Bedürfnißfall ein Pfleger gegeben werden [18]).

Die Vormundschaft wegen Abwesenheit ist zu beendigen, wenn der Abwesende zurückkehrt oder von seinem Aufenthalt Kunde giebt und Verfügungen über sein Vermögen trifft, insbesondere einen Bevollmächtigten ernennt. Der Vormund ist nach dem Sinne dieser Institution verpflichtet, seine Funktionen einzustellen, sowie ihm die bezüglichen Mittheilungen glaubhaft gemacht werden. Sein Amt endigt aber erst mit dem Beschluß des Vormundschaftsgerichts, durch welchen der Grund der Aufhebung konstatirt wird. Die Vormundschaft über den Abwesenden erlischt natürlich auch, wenn dessen Tod festgestellt, sowie wenn derselbe für todt erklärt wird [19]). Mit dem Augenblick des Todes hört die Vormundschaft noch nicht von selbst auf, da die Bevormundung der Abwesenden eintritt, obwohl und weil es unbekannt ist, ob sie noch leben, die Legitimation des Vormunds zur Vertretung eines Abwesenden daher in ihrer Rechtswirksamkeit nicht davon abhängig ist, daß nicht nach Anordnung der Vormundschaft festgestellt wird, es sei der Tod des Abwesenden schon vor Abschluß des Rechtsgeschäfts oder sogar schon vor seiner Bestellung als Vormund eingetreten gewesen [20]).

Die Vormundschaft über Abwesende im Sinne der V. O. hört

---

[16]) V. O. §. 83 Abs. 1, vgl. oben §. 95 Anm. 7 S. 392.

[17]) V. O. §. 11.

[18]) Die Bestimmungen des code civil über die Obhut der Kinder des vermißten Vaters, art. 141 ff., sind hiernach beseitigt.

[19]) V. O. §. 84.

[20]) Urtheil des Reichsgerichts vom 10. Oktober 1884 in dessen Entscheidungen in Civilsachen Bd. 12 S. 66.

endlich auf, wenn die Erben des Verschollenen auf Grund des Partikularrechts in das Vermögen desselben eingewiesen werden [21]). Dies geschieht im Gebiete des rheinischen Rechts, wenn der bloße Zustand des Vermißtwerdens — der absence présumée — in den der gerichtlich erklärten Verschollenheit — absence declarée — übergeht.

Die Thatsachen, welche zur Beendigung der Vormundschaft führen, hat das Vormundschaftsgericht festzustellen, ehe es die Vormundschaft aufhebt.

§. 97. Die Rechtsverhältnisse im Fall der Bevormundung Großjähriger.

Auf die Vormundschaft über Großjährige finden die Bestimmungen der V. O. über die Bevormundung der Minderjährigen mit wenigen Modifikationen entsprechende Anwendung [1]). Eine grundsätzliche Verschiedenheit liegt darin, daß die V. O. diese Vormundschaft eintreten läßt, ohne den Fall auszunehmen, daß der Großjährige in der Gewalt des Vaters seinen zureichenden Schutz hat.

Diese Inkonsequenz wird verdeckt dadurch, daß die V. O. den Vater schlechthin zum gesetzlichen Vormund seines großjährigen Kindes erklärt [2]). Unter dem Vater hat man hier lediglich denjenigen zu verstehen, der als solcher an sich väterliche Gewalt haben kann, also nicht den Adoptivvater, wenn die Adoption überhaupt nicht, wie im Gebiet des rheinischen Rechts, oder die vorliegende Art der Adoption nicht, wie die adoptio minus plena, väterliche Gewalt zu begründen geeignet ist [3]), ferner nicht den Stiefvater und den Pflegevater. Es ergiebt sich dies aus dem Zweck der Vorschrift, die gedachte Inkonsequenz zu verdecken, und daraus, daß bei Minderjährigen auch nicht jeder Vater, sondern nur derjenige, der bisher die väterliche Gewalt hatte, gesetzlicher Vormund wird [4]). Hat ein solcher Vater noch die Gewalt über das großjährige Kind, so bringt ihm jene gesetzliche Vormundschaft keinen Zuwachs an Befugnissen und ist ein leeres Wort.

---

[21]) V. O. §. 82 Abs. 4.

[1]) V. O. §. 83 Abs. 3.

[2]) V. O. §. 83 Abs. 1.

[3]) Siehe oben §. 50 Anm. 10 S. 202 und §. 55 unter Nr. 1 S. 220.

[4]) V. O. §. 12, siehe oben §. 50 S. 201.

Wichtig wird seine gesetzliche Vormundschaft erst, wenn sein Kind aus seiner Gewalt getreten ist.

Die Ehefrau ist nach der V. O. zur Führung der Vormundschaft über ihren Ehemann fähig [5]), natürlich soweit ihr nicht andere Unfähigkeitsgründe als ihr Geschlecht entgegenstehen. Diese Fähigkeit erlangt sie aber nur für die Dauer der Ehe, sie verliert die Fähigkeit mit der Scheidung. Ihr Amt hört jedoch mit dieser nicht ipso jure auf, sondern hat nur ihre Entlassung einzutreten, und führt sie bis dahin die Verwaltung fort [6]).

Die Ehefrau, welche übrigens nach §. 23 Nr. 1 V. O. zur Ablehnung auch dieser Vormundschaft befugt ist, hat als Vormund die in der V. O. dem Ehemann beigelegten Rechte; in Folge dessen ist sie frei von der periodischen Rechnungslegung bei Gericht und der Verpflichtung zur Stellung einer Sicherheit [7]).

Der Vormund des Großjährigen hat, wie der des Minderjährigen, die volle Sorge für das Vermögen, wie auch für die Person des Mündels. Es gilt aber auch hier die für jeden Vormund bestehende Beschränkung, daß er bei an die Person gebundenen, sog. höchstpersönlichen Rechten den Mündel nicht vertritt. Es kann also z. B. auch der Vormund eines Geisteskranken nicht für diesen die Ehescheidungsklage, wohl aber kann er die Illegitimitätsklage anstellen [8]). Bei dem Abwesenheitsvormund kommt ferner hinzu, daß es sich bei dessen Vormundschaft um Personen handelt, bei denen eine Fürsorge für ihre Person wegen ihrer Abwesenheit im allgemeinen unmöglich ist, und damit seine Vertretung der Natur

---

[5]) V. O. §. 83 Abs. 2.

[6]) Hesse, Anm. 6 zu §. 83 S. 260.

[7]) V. O. §§. 57 Abs. 1 u. 59 Abs. 3.

[8]) Siehe oben §. 62 S. 247 bei Anm. 14 ff. Selbst wenn der Geisteskranke bereits zu einer Zeit, wo er dieses noch nicht war, den Willen, sich scheiden zu lassen, erklärt haben sollte, würde der Vormund die Scheidungsklage nicht anstellen können, da diese den gegenwärtigen Willen, daß die Auflösung der Ehe eintreten solle, bedingt und letzterer Wille durch die vor Einleitung des Prozesses abgegebene Erklärung nicht ersetzt wird (Entscheidungen des Reichsgerichts in Civilsachen Bd. 6 S. 159). In weiterer Konsequenz hiervon kann der Vormund auch eine von seinem Mündel vor der Bevormundung bereits angestellte Ehescheidungsklage nicht fortsetzen, denn nicht blos die Scheidungsklage, sondern noch mehr auch das Scheidungsurtheil bedingt den gegenwärtigen Willen, daß die Scheidung eintreten und keine Verzeihung gewährt werden solle.

der Sache nach zu einer beschränkten wird. Weiter, als es so die thatsächlichen Verhältnisse mit sich bringen, geht aber die Beschränkung des Abwesenheitsvormunds nicht [9]). Es sagt zwar die V. O. §. 82, daß die abwesenden Großjährigen einen Vormund zur Vertretung bei ihren Vermögensangelegenheiten erhalten. Allein damit hat nur das hauptsächliche Feld der Thätigkeit des Abwesenheitsvormunds bezeichnet und nicht ausgedrückt werden sollen, daß derselbe lediglich zur Vertretung bei den Vermögensangelegenheiten des Abwesenden eintrete. Denn darin würde eine Abweichung von den Bestimmungen des A. L. R. liegen, die gerade hier Vorbild gewesen sind und nach denen den Abwesenden Vormünder zur Erhaltung ihres zurückgelassenen Vermögens und zur Besorgung ihrer übrigen Angelegenheiten — also nicht blos Vermögensangelegenheiten — zu bestellen waren [10]), für die Absicht einer solchen Abweichung aber geben weder die Motive der V. O. noch die Verhandlungen über dieselbe einen Anhalt. Die Abweichung würde auch damit in Widerspruch treten, daß die Fürsorge für die Abwesenden zu einer Vormundschaft und nicht zu einer Pflegschaft ausgestaltet [11]) und auch für den Abwesenheitsvormund die entsprechende Anwendung der Vorschriften über die Bevormundung der Minderjährigen ausgesprochen ist, und daß die V. O. ausdrücklich den Abwesenheitsvormund für berechtigt erklärt, für seinen Mündel zu erwerben, Rechtsstreite zu führen und nach Maßgabe des §. 50 Erbschaften anzutreten [12]), ohne dies auf Vermögensklagen und auf Erbschaften, die einen Vermögensvortheil verschaffen, zu beschränken.

Demgemäß kann auch der Abwesenheitsvormund nicht blos, soweit davon Vermögensrechte abhängen, sondern auch sonst wie jeder andere Vormund Statusrechte seines Mündels geltend machen [13]).

---

[9]) A. M. Eccius, Bd. 4 §. 230 S. 196 u. 197, ferner z. B. Rehbein u. Reincke, Anm. 149 zu §. 82 Bd. 4 S. 788, Hesse, Anm. 6 zu §. 82 S. 255, Anton, Dalcke, Löwenstein und Wachler.

[10]) A. L. R. II 18 §. 19.

[11]) In dem einen Spezialfalle des §. 334 der deutschen Strafprozeßordnung, in welchem in der That nur eine Vermögensverwaltung stattfindet, tritt auch nur eine Pflegschaft ein, siehe unten §. 98 a. E.

[12]) V. O. §. 83 Abs. 3.

[13]) Vgl. speziell wegen der Illegitimitätsklage noch Entscheidungen des Ober-Tribunals Bd. 8 S. 320, Beiträge Bd. 7 S. 527 und Eccius a. a. O. S. 197 Anm. 15, und dagegen Entscheidungen des Ober-Tribunals Bd. 57

Durch besondere gesetzliche Vorschrift ist dem Abwesenheitsvormund noch ein Recht beigelegt worden, bei dem es sich nicht um Vertretung des Abwesenden handelt, nämlich das Recht, dessen Todeserklärung zu beantragen [14]).

Dem Vormund eines Verschwenders oder eines Abwesenden kann das Vormundschaftsgericht auch bei nicht umfangreicher Vermögensverwaltung ein Honorar zubilligen [15]), da im ersten Falle die Nothwendigkeit der Bevormundung stets durch die Schuld des Bevormundeten herbeigeführt ist, im letzteren Falle die Verwaltung häufig im Interesse der Erben desselben geschieht [16]), nicht selten aber auch dem Abwesenden, der sich entfernt, ohne einen Bevollmächtigten zu hinterlassen, eine Schuld zur Last fällt.

Die generell ausgesprochene Anwendung der Bestimmungen der V. O. über die Bevormundung der Minderjährigen auf die der Großjährigen soll nur eine entsprechende sein. Daraus folgt, daß außer Anwendung bleibt, was die Minderjährigkeit ausdrücklich voraussetzt, wie z. B. die gesetzliche Vormundschaft der Verpflegungsanstalten [17]). Im übrigen und soweit nicht nach dem Vorstehenden besondere Vorschriften hinsichtlich der Großjährigen getroffen sind, kommt Alles zur Anwendung. Demgemäß stehen insbesondere dem Vormunde eines Großjährigen die gewöhnlichen vormundschaftlichen Rechte auch hinsichtlich der Verwaltung des Vermögens zu und gelten dabei auch die Befreiungen des Vaters als gesetzlichen Vormundes seines minderjährigen Kindes für ihn als solchen seines großjährigen Kindes. Ferner kann bei der Vormundschaft über Großjährige ein Familienrath gebildet werden. Desgleichen greifen die Vorschriften über die gerichtliche Genehmigung zu einzelnen Rechtshandlungen des Vormunds Platz, die über die Genehmigung zu Verpachtungen und Vermiethungen unbeweglicher Sachen z. B. in der Weise, daß die Ge-

---

S. 179 und Bornemann, Systematische Darstellung des Preuß. Civilrechts, 2. Ausg. Bd. 5 S. 275.

[14]) Ausführungsgesetz vom 24. März 1879 zur Civilprozeßordnung §. 22.

[15]) V. O. §. 83 Abs. 4.

[16]) Bericht der K. d. A. H. S. 19.

[17]) Siehe oben §. 52 unter Nr. 2 S. 209. Hierher gehört auch noch, daß, während Minderjährige in der Wahl des Aufenthaltsortes nicht selbständig sind (oben §. 63 Anm. 28 S. 255), bevormundeten Verschwendern die freie Selbstbestimmung in dieser Beziehung bleibt (Entscheidungen des Bundesamts für das Heimathwesen Bd. 8 S. 22).

nehmigung des Vormundschaftsgerichts erforderlich wird, wenn der Zeitpunkt der Beendigung der Vormundschaft ungewiß ist und der Vertrag ohne Rücksicht auf die Dauer der Vormundschaft für eine fest bestimmte Reihe von Jahren gelten soll, oder wenn, was ja ausnahmsweise auch der Fall sein kann, die Dauer der Vormundschaft eine bestimmte ist und der Vertrag ausdrücklich noch für eine Zeit nach derselben gelten soll [18]).

---

[18]) Urtheil des Reichsgerichts vom 29. Januar 1884 (Just. Min. Bl. 1884 S. 79) und Eccius, Bd. 4 §. 232 S. 210 bei Anm. 22.

Fünfter Abschnitt.

Die Pflegschaft.

§. 98. Die Rechtsverhältnisse der Pflegschaft.

Die Pflegschaft unterscheidet sich, wie früher hervorgehoben wurde [1]), von der Vormundschaft dadurch, daß der Vormund einen allgemeinen Auftrag zur Sorge für Person und Vermögen des Mündels hat, dem Pfleger aber vormundschaftliche Rechte nur in Bezug auf gewisse Geschäfte oder Angelegenheiten übertragen werden, und daß ferner die Vormundschaft nur in gesetzlich bestimmten Fällen, die Pflegschaft aber nach Bedürfniß einzutreten hat. Im übrigen sind beide Verhältnisse gleichartig, und es finden daher die Regeln der Vormundschaft auf die Pflegschaft entsprechende Anwendung, soweit nicht Ausnahmen durch ausdrückliche spezielle gesetzliche Vorschriften getroffen sind oder auch ohne solche durch die Natur des dem Pfleger aufgetragenen Geschäfts bedingt werden [2]).

Demgemäß handelt es sich auch bei der Pflegschaft um die Vertretung und den Schutz von Personen und giebt es keine Realpflegschaften [3]). Es tritt ferner, wie die Vormundschaft, so auch die

---

[1]) Oben §. 8 a. E. S. 25 u. 26.

[2]) V.O. §. 91 Abs. 1.

[3]) Siehe oben §. 8 S. 24 vor Anm. 2. Auch die im §. 334 Abs. 2 der deutschen Strafprozeßordnung angeordnete Güterpflege (siehe unten am Ende dieses Paragraphen) ist trotz dieses Ausdrucks keine cura rei, sondern eine cura personae, nämlich des in der Verfügung über sein Vermögen beschränkten Abwesenden (Eccius, Bd. 4 §. 236 Anm. 2 S. 234).

Der Zweck einer Realpflegschaft wird sich in vielen Fällen durch Niederlegung bei der Reichsbank erreichen lassen, welche nach einer Bekanntmachung des Direktoriums derselben vom 15. Dezember 1880 außer den gewöhnlichen

Pflegschaft gleichmäßig für Preußen wie für Nichtpreußen ein [4]). Dabei ist festzuhalten, daß ausländischen Minderjährigen, die im Inlande Vermögen haben, deswegen allein kein Pfleger zu bestellen ist, vielmehr der ausländische Vormund im Inlande die Legitimation hat, welche ihm nach den Gesetzen des Domizils des Mündels zusteht [5]).

Es gelten weiter über die örtliche Zuständigkeit des Vormundschaftsgerichts die in den §§. 2—4 und 6 der V. O. für die Vormundschaft aufgestellten Regeln [6]), so daß in erster Linie der Wohnsitz, in zweiter der Aufenthalt des Mündels entscheidet [7]). Die V. O. fügt jedoch hinzu:

a) Für die Pflegschaft eines Bevormundeten ist stets das Gericht der Vormundschaft zuständig [8]).

b) Sind die Vorschriften der V. O. §§. 2—4 und 6 auf die Pflegschaft nicht anwendbar, so ist das Gericht zuständig, in dessen Bezirk die Angelegenheiten wahrzunehmen sind, wegen deren die Thätigkeit des Vormundschaftsgerichts eintritt [9]). Danach findet eine Bestimmung des zuständigen Pflegschaftsgerichts durch den Justizminister niemals statt [10]) und ist z. B. zuständig für die Pflegschaft über einen Nichtpreußen dasjenige inländische Gericht, bei welchem über denselben eine Vormundschaft geführt wird oder zu führen sein

---

Depots und den Depots für Vormundschaften auch solche offene Depots annimmt, bei welchen eine dritte Person vertragsmäßig oder auf Grund einer letztwilligen Verfügung lebenslänglich die Zinsen beziehen soll, und in einem solchen Fall die Zahlung der Zinsen und die Rückgabe des Depots an den Deponenten selbst oder dessen Rechtsnachfolger ohne Zustimmung des Zinsenempfängers nur bei Vorlegung einer standesamtlichen Bescheinigung über dessen Tod erfolgen läßt.

[4]) Oben §. 17 unter Nr. 4 S. 64 und Urtheil des Reichsgerichts vom 28. November 1879 in den Beiträgen Bd. 24 S. 511.

[5]) Vgl. oben §. 65 bei Anm. 13 S. 265 und unten §. 99 bei Anm. 15. A. L. R. §. 84 II 18 ist aus demselben Grunde wie der §. 83 daselbst beseitigt.

[6]) V. O. §. 8 Abs. 2 Satz 1.

[7]) Vgl. oben §. 16 S. 59 ff., sowie §. 334 Abs. 2 der deutschen Strafprozeßordnung und dazu Löwe, Die Strafprozeßordnung, 3. Aufl. (1882) Anm. 4 zu §. 334 S. 601.

[8]) V. O. §. 8 Abs. 1.

[9]) V. O. §. 8 Abs. 2 Satz 2.

[10]) Jahrbuch (App.) Bd. 8 S. 78. Hiermit ist auch die entgegenstehende Bestimmung des §. 12 des Gesetzes vom 15. Februar 1840 über Familienschlüsse (G. S. 1840 S. 20), soweit dieselbe Pflegschaften betrifft, beseitigt, siehe oben §. 16 Anm. 4 S. 60.

würde, falls eine solche hier einzuleiten wäre, beim Mangel eines Wohnsitzes also das des Aufenthaltsortes, und beim Mangel auch eines Aufenthaltsortes dasjenige, in dessen Bezirk die betreffende Angelegenheit wahrzunehmen ist [11]), für die Pflegschaft zu Gunsten unbekannter Berechtigter behufs Erhaltung ihrer Rechte und Ermittelung der Berechtigten, insbesondere für die Pflegschaft über die künftige Nachkommenschaft einer Person, das soeben gedachte Gericht des Bezirks [12]), und für die Pflegschaft bei einer Auseinandersetzung des Vaters mit seinen minderjährigen Kindern das Gericht des Wohnorts bezw. des Aufenthaltsortes des Vaters zu der Zeit, wo die Einleitung der Pflegschaft nothwendig geworden, d. i. der Antrag auf die Auseinandersetzung gestellt ist, nicht zu der, wo die Mutter gestorben ist [13]).

Für Streitigkeiten über die Zuständigkeit gelten die Vorschriften des §. 9 Abs. 1 V. O. gleichfalls und ebenso erfolgt die Abgabe einer Pflegschaft in derselben Weise, wie die einer Vormundschaft [14]).

Unmittelbar kraft Gesetzes tritt die Pflegschaft nie ein [15]).

Die Bestellung des Pflegers geht stets von dem Vormundschaftsgericht aus [16]).

Das Vormundschaftsgericht hat bei Einleitung der Pflegschaft die gesetzlichen Berufungsgründe kraft Gesetzes oder Familienrechts zu beachten. Außer denselben giebt es kein Recht auf die Pflegschaft [17]). Bei Bestellung der Pfleger hat der Waisenrath mitzuwirken,

---

[11]) Beiträge a. a. O. S. 513 und Jahrbuch Bd. 2 S. 37.

[12]) Jahrbuch Bd. 2 S. 35.

[13]) Für die Regulirung des Nachlasses der Mutter bleibt nach den hierfür geltenden Grundsätzen, sofern dieselbe als eine eigentliche gerichtliche stattfindet, was aber nicht nothwendig ist (siehe oben §. 73 S. 292 bei Anm. 5), das Nachlaßgericht, d. i. das Gericht des Wohnortes bezw. Aufenthaltsortes des Ehemanns zur Zeit des Todes seiner Frau zuständig.

[14]) V. O. §. 9 Abs. 2. A. L. R. §. 89 II 18 und das Reskript vom 30. Juni 1841 (Just. Min. Bl. 1841 S. 220) sind danach modifizirt.

[15]) Die V. O. §. 86 ff. spricht stets nur davon, daß Personen einen Pfleger „erhalten", daß er „zu berufen", „zu bestellen" ist. A. A. ist Maaßen, S. 91 Anm. 4.

[16]) Die Fälle, in denen der Vorsitzende des Prozeßgerichts, das Vollstreckungsgericht und das Nachlaßgericht Vertreter für eine Partei zu bestellen haben, bilden keine Ausnahme, weil die betreffenden Fälle keine solche von Pflegschaften sind, siehe oben §. 10 unter Nr. 4 u. 5 S. 38 u. 39.

[17]) Damit ist das im §. 490 I 9 A. L. R. dem legitimirten Verwandten des Erblassers gegebene Recht auf die Nachlaßpflegschaft beseitigt, es wird aber

und zwar gleichviel, ob der Pfleger für die Person des Mündels oder blos für Vermögensangelegenheiten bestimmt ist [18]). Wo Eile Noth thut, wird das Gericht hiervon absehen können.

Der Pfleger ist wie der Vormund zu verpflichten. Dabei ist, da die Pflegschaft nicht ein gesetzlich geschlossener Begriff ist, aus dem die Rechte und Pflichten eines Pflegers sich fest ergeben, die Funktionen und das Vertretungsrecht des Pflegers sich vielmehr in jedem Falle nach dem Grunde und Zwecke der Pflegschaft richten, vom Vormundschaftsgericht die Angelegenheit oder der Kreis von Angelegenheiten, auf welche sich die Pflegschaft erstrecken soll, so bestimmt festzustellen, daß daraus die Funktionen des Pflegers, insbesondere ob er auch zur Vermögensverwaltung berufen ist, mit Sicherheit zu entnehmen sind, und die Verpflichtung hierfür vorzunehmen. Diese bleibt dann für die Dauer der Pflegschaft der Art maßgebend für den Umfang der Rechte und Pflichten des Pflegers, daß, wenn in den letzteren eine Aenderung eintreten soll, zunächst eine anderweite Verpflichtung vorhergehen muß [19]).

Der Pfleger erhält eine Bestallung, in der, damit Dritte die Funktionen des Pflegers daraus ersehen können, genau zum Ausdruck zu bringen ist, wozu die Verpflichtung erfolgt ist [20]). Bei Bestellung des Pflegers lediglich zu einem ganz vorübergehenden, eine weitere Legitimation des Pflegers als solchen Dritten gegenüber nicht erfordernden Zwecke wird von der Ertheilung einer Bestallung abgesehen werden können.

Zur Bestellung eines Beamten als Pfleger ist der Konsens der Vorgesetzten wie zu der als Vormund erforderlich.

---

oft zweckmäßig sein, demselben auch ohne ein Recht darauf die Pflegschaft zu übertragen.

[18]) Gegen die Mitwirkung des Waisenraths im letzten Falle läßt sich nicht einwenden, daß dieser nur mit der Person des Mündels zu thun habe. Denn derselbe hat nach §. 53 Abs. 2 V. O. auch die Gegenvormünder, obgleich diese nur die Vermögensverwaltung kontroliren sollen, und nach §. 83 Abs. 3 V. O. auch die Vormünder der großjährigen Abwesenden, die hauptsächlich nur vermögensrechtliche Verwaltung haben, vorzuschlagen. Uebereinstimmend sind Jahrbuch (App.) Bd. 5 S. 282 und Bd. 7 S. 29, ferner z. B. Hesse, Anm. 5 Abs. 2 zu §. 53 S. 177, a. A. sind z. B. Wachler, Anm. 1 zu §. 91 S. 258, Hesse, Anm. 2 zu §. 89 S. 409 und Märcker, Anm. 2 zu §. 91 S. 295, sowie hinsichtlich der Nachlaßpflegschaft Jahrbuch (App.) Bd. 8 S. 119.

[19]) Jahrbuch Bd. 2 S. 51.

[20]) Jahrbuch (App.) Bd. 7 S. 88 und Jahrbuch Bd. 4 S. 87. Vgl. auch A. L. R. II 18 §. 957.

Innerhalb des Umfangs der Pflegschaft sind die Rechte und Pflichten des Pflegers die gewöhnlichen eines Vormunds [21]). Demgemäß vertritt er insoweit auch den Pflegebefohlenen im Prozeß [22]), und wirken ferner seine Handlungen auch über die Dauer der Pflegschaft hinaus in derselben Weise, wie die des Vormunds über die Dauer der Vormundschaft [23]).

Die Bestellung eines Gegenvormunds neben dem Pfleger ist auch dann nicht erforderlich, wenn demselben eine Vermögensverwaltung aufgetragen wird. Sie ist aber auch nicht ausgeschlossen [24]). Daraus folgt, daß auch in den Fällen des §. 41 V. O., in denen der Vormund der Genehmigung des Gegenvormunds nothwendig bedarf, der Pfleger, wenn ihm ein Gegenvormund oder, wie eigentlich richtiger zu sagen wäre, ein Gegenpfleger nicht zur Seite gestellt ist, allein wirksam handeln kann, bezw. es der Bestellung eines solchen nicht bedarf und auch von einem Ersatz der Genehmigung des Gegen-

---

[21]) Bei der Pflegschaft behufs Auseinandersetzung des Vaters mit seinen minderjährigen Kindern z. B. hat daher der Pfleger zwar nur die in den soweit noch fortgeltenden (siehe oben §. 10 unter Nr. 1 S. 32 u. 33) §§. 970 ff. II 18 A. L. R. bestimmten Funktionen, weil dadurch der Umfang der Auseinandersetzungspflegschaft beschränkt ist, insoweit aber, namentlich auch, wenn er danach Vermögensverwaltung hat, bei dieser ebenfalls, alle Rechte und Pflichten eines Vormunds. Demgemäß liegt ihm, soweit er Vermögensverwaltung hat, aber auch nur soweit, die Verwahrung der Dokumente ob, vgl. Jahrbuch (App.) Bd. 7 S. 73 u. S. 75 Nr. 1.

[22]) Da die Vertretung im Prozeß eben nur innerhalb des Umfangs der Pflegschaft stattfinden kann, ist der Pfleger z. B. niemals legitimirt, die Entmündigung des Pflegebefohlenen zu beantragen. Denn diese wirkt auf die gesammten persönlichen und vermögensrechtlichen Verhältnisse des Entmündigten ein, der Pfleger aber ist immer nur für einzelne Angelegenheiten oder für einen bestimmten Kreis von Angelegenheiten legitimirt. Hieraus folgt, daß auch nicht speziell behufs Stellung des Antrags auf Entmündigung ein Pfleger bestellt, bezw. nicht von einem solchen die Entmündigung beantragt werden kann, vgl. v. Wilmowski u. Levy, Civilprozeßordnung, 3. Aufl. 1884 Anm. 3 zu §. 595 S. 720.

Auch bei der nach §. 334 der deutschen Strafprozeßordnung einzuleitenden Pflegschaft (siehe unten am Ende dieses Paragraphen) ist der Pfleger innerhalb des Rahmens seiner Pflegschaft, also hinsichtlich des mit Beschlag belegten Vermögens, befugt, den abwesenden Angeschuldigten im Prozeß zu vertreten, und zwar ohne daß eine Mitladung des letzteren stattfindet (Urtheil des Reichsgerichts vom 23. Mai 1884 in dessen Entscheidungen in Civilsachen Bd. 11 S. 188).

[23]) Jahrbuch Bd. 1 S. 53.

[24]) V. O. §. 91 Abs. 1.

vormunds, wie ihn der §. 41 Abs. 2 V. O. zuläßt, nicht die Rede sein kann. Ist aber ein Gegenvormund bestellt, so hat derselbe in gleicher Weise wie neben einem Vormunde mitzuwirken und das Unterbleiben seiner Mitwirkung die gleichen Folgen wie dort[25]).

Der Pfleger, welcher Vermögen des Pflegebefohlenen verwaltet, hat die Pflicht zur Inventarisirung und zur regelmäßigen Rechnungslegung oder Einreichung einer Vermögensübersicht bei Gericht; es kann von ihm Sicherheitsleistung und die Verwahrung der Werthgegenstände wie von einem Vormunde gefordert werden. Die gerichtliche Genehmigung, welche zu gewissen Handlungen des Vormunds erforderlich ist, muß auch zu den entsprechenden Handlungen des Pflegers eingeholt werden[26]). Der Entscheidung über die Genehmigung hat die Anhörung des Gegenvormunds in derselben Weise wie bei der Vormundschaft vorherzugehen, d. h. also nur wenn ein Gegenvormund vorhanden ist.

Abgesehen davon, daß die bei einem Vormunde möglichen Befreiungen[27]) auch bei einem Pfleger zulässig sind, kann der Pfleger noch weiter durch denjenigen, der dem Pflegebefohlenen eine Zuwendung gemacht hat, hinsichtlich dieser befreit werden[28]). Eine hiernach ausgesprochene Befreiung von der Genehmigung des Gegenvormunds hat dann die Bedeutung, daß in den Fällen des §. 41 V. O. der Pfleger nicht blos dann, wenn kein Gegenvormund bestellt ist, sondern auch dann, wenn ein solcher bestellt ist, selbständig handeln kann[29]).

Die V. O. bestimmt, daß einem Nachlaßpfleger auch dann ein Honorar vom Vormundschaftsgericht zugebilligt werden kann, wenn dessen Verwaltung keine besonders umfangreiche ist[30]). Darüber,

---

[25]) Jahrbuch Bd. 1 S. 30 und Bd. 4 S. 84, Hesse, Anm. 3 zu §. 41 S. 132 u. 133, Eccius, Bd. 4 §. 236 S. 239 und sonst fast durchweg. Vgl. auch Jahrbuch (App.) Bd. 7 S. 43 ff.

[26]) Vgl. V. O. §. 87 Abs. 2. Hiernach ist die gerichtliche Genehmigung zu einem Pachtvertrage erforderlich, wenn entweder das Ende der Pflegschaft ungewiß ist und der Vertrag ohne Rücksicht auf deren Dauer für eine fest bestimmte Zeit gelten soll, oder derselbe ausdrücklich über die bestimmte Dauer der Pflegschaft hinaus geschlossen wird (Urtheil des Reichsgerichts vom 29. Januar 1884 im Just. Min. Bl. 1884 S. 79.)

[27]) Siehe oben §. 33 S. 133 ff. und §. 34 S. 139 ff.

[28]) Siehe hierüber oben §. 34 unter Nr. 1 S. 139.

[29]) Jahrbuch (App.) Bd. 7 S. 52 und Eccius, Bd. 4 §. 236 S. 239.

[30]) V. O. §. 89 Abs. 2.

ob dies, weil der Grund der in Rede stehenden, sowie der im §. 83 Abs. 4 V. O. in gleicher Weise bei der Vormundschaft über einen Abwesenden oder Verschwender getroffenen Vorschrift darin liege, daß in diesen Fällen der Bevormundete die Schuld daran habe oder wenigstens die Ursache sei, weshalb die Dienste eines Dritten als Vormunds in Anspruch genommen werden müssen, und daß nicht natürliche Hülfsbedürftigkeit vorhanden sei, auch für andere Fälle, in welchen ein Pfleger um deswillen bestellt werden muß, weil der Berechtigte unbekannt oder ungewiß sei, zur Anwendung zu bringen ist, besteht Meinungsverschiedenheit [31]). Das Richtige möchte sein, daß zwar an sich die Vorschrift über den Fall hinaus, für den sie speziell gegeben, nicht auszudehnen ist, weil, wenn der Gesetzgeber eine so allgemeine Geltung gewollt hätte, er diese ausgesprochen und sich nicht auf einige wenige, bestimmt bezeichnete Fälle beschränkt haben würde, und ferner die Ursache der Pflegschaft immer in der Person des Vertretenen liegt und sich nicht mit genügender Gewißheit ermessen läßt, welche Hinderungsgründe der natürlichen Hülfsbedürftigkeit gleichzustellen und welche auf eine Verschuldung zurückzuführen sind, daß aber der Richter bei der in sein Ermessen gestellten Beurtheilung der Frage, ob die Vermögensverwaltung besonders umfangreich ist, wenn für die Annahme einer natürlichen Hülfsbedürftigkeit als Veranlassung der Pflegschaft kein Anhalt vorliegt, thatsächlich leichter zu einer bejahenden Ansicht gelangen wird als sonst. Abgesehen von diesem Honoraranspruch sind die rechtlichen Beziehungen zwischen dem Pfleger und dem Pflegebefohlenen analog denen zwischen Vormund und Mündel, insbesondere haben die Pflegebefohlenen im Konkurse des Pflegers dasselbe Vorrecht, wie Bevormundete in dem des Vormunds [32]).

Daß auch neben einem Pfleger ein Familienrath bestellt werden kann, ist außer Zweifel.

Die Pflegschaft hört auf, wenn der Grund zu ihrer Einleitung gehoben bezw. ihr Zweck erfüllt ist [33]). Und zwar tritt die Beendi-

[31]) Vgl. des Verfassers Privatrecht Bd. 3 §. 84 Anm. 3 S. 255 und die dortigen Citate, ferner z. B. noch Eccius, Bd. 4 §. 236 Anm. 30 S. 239.

[32]) Deutsche Konkursordnung §. 54 Nr. 5, v. Wilmowski, Deutsche Reichs-Konkursordnung, 2. Aufl. 1881 Anm. 12 Abs. 3 zu §. 54 S. 283.

Nach römischem Rechte galt dies bei gewissen Pflegschaften nicht, l. 22 §. 1 u. ff. D. de r. a. j. 42, 5.

[33]) V. O. §. 91 Abs. 2. Vgl. A. L. R. II 18 §. 960.

Hiernach hört die wegen Eröffnung des Konkurses über das Vermögen des

gung von selbst ein, wenn das Geschäft, um welches es sich handelte, zu Ende geführt ist, z. B. der Prozeß, dessen Führung dem Pfleger aufgetragen war. Doch hat über den Eintritt des Endes der Pflegschaft, sobald darüber irgend ein Zweifel möglich ist, nicht der Pfleger selbst zu entscheiden, sondern ist die Beendigung seines Amtes von der Beurtheilung des Vormundschaftsgerichts und einer entsprechenden Erklärung desselben abhängig [34]).

Nach dieser Beendigung hat auch der Pfleger die ihm ertheilte Bestallung zurückzureichen und ist, wenn er Vermögen verwaltete, von ihm dasselbe dem Berechtigten, z. B. vom Nachlaßpfleger dem legitimirten Erben oder im Falle des Ausschlusses der unbekannten Erben zu Gunsten des Fiskus der diesen vertretenden Verwaltungsbehörde, herauszugeben und dem Vormundschaftsgericht Schluß-

---

Vaters eingeleitete Pflegschaft im Gebiet des A. L. R. nicht bereits mit der Beendigung des Konkurses auf, da mit dieser der Vater die Verwaltung und den Nießbrauch des nicht freien Vermögens seiner Kinder nicht wieder erlangt (Jahrbuch Bd. 3 S. 66, vgl. wegen des gleichen Falls im Gebiet des gemeinen Rechts Jahrbuch Bd. 1 S. 50). Die für eine künftige Descendenz bestellte Pflegschaft endet, sobald durch Gutachten Sachverständiger die eingetretene Zeugungsunfähigkeit des Parens nachgewiesen ist (Jahrbuch Bd. 4 S. 87 Nr. 3). Die mehrerwähnte Auseinandersetzungspflegschaft des A. L. R. erreicht ihr Ende, wenn der Pfleger Vermögensverwaltung bekommen hat, sei es, daß dies nach den gesetzlichen Vorschriften geschehen mußte, sei es, daß es nur thatsächlich in Folge freien Willens des Vaters ohne Verpflichtung desselben hierzu geschehen ist (Jahrbuch Bd. 1 S. 48, a. A. Möbius, Erörterungen und Aphorismen S. 13), erst mit der Großjährigkeit des Pflegebefohlenen, wenn gar kein Vermögen für den Pflegebefohlenen ermittelt worden ist, sofort mit der Beendigung der Auseinandersetzung, die mit deren nach §. 42 Nr. 4 V. O. erforderlichen Genehmigung des Vormundschaftsgerichts eintritt, und wenn zwar Vermögen für den Pflegebefohlenen ermittelt worden, dieses aber mit oder ohne Sicherstellung in der Verwaltung des Vaters geblieben ist, wiederum erst mit der Großjährigkeit, da hier der Pfleger nach den in Kraft gebliebenen Vorschriften der §§. 973 u. 974 II 18 A. L. R. auch nach beendeter Auseinandersetzung für das Beste des Pflegebefohlenen zu sorgen hat, sobald der Fall der Sicherstellung eintritt, die bestellte Sicherheit schlechter wird oder eine Veränderung mit derselben vorgenommen werden soll oder der Vater bei seiner Verwaltung die in den Gesetzen bestimmten Schranken überschreitet, und diese Pflichten erst mit der Großjährigkeit des Pflegebefohlenen aufhören. Vgl. des Verfassers Privatrecht Bd. 3 §. 56 S. 183, Märcker, S. 168—169, Jahrbuch Bd. 2 S. 58 und Hesse, Anm. 5 zu §. 91 S. 284.

[34]) Hesse, Anm. 4 Abs. 2 zu §. 90 S. 281 u. Anm. 4 zu §. 91 S. 284, Eccius, Bd. 4 §. 236 Anm. 30 S. 239 und Jahrbuch Bd. 1 S. 50. A. A. Märcker, Anm. 3 zu §. 91 S. 295.

rechnung einzureichen, von dem letzteren aber seine Entlastung zu vermitteln.

Was die einzelnen Fälle der Pflegschaft anbetrifft, so ist das hierüber entscheidende Bedürfniß theils durch das Gesetz als ein solches bezeichnet, theils vollständig der richterlichen Beurtheilung überlassen. Ersteres ist außer durch die V. O. selbst in einem Falle auch anderweit geschehen, indem nämlich durch §. 334 der deutschen Strafprozeßordnung bestimmt ist, daß in dem Verfahren gegen einen Abwesenden der Angeschuldigte mit dem Zeitpunkt der ersten Bekanntmachung des die Beschlagnahme seines im deutschen Reiche befindlichen Vermögens in dem deutschen Reichsanzeiger das Recht verliert, über das in Beschlag genommene Vermögen unter Lebenden zu verfügen, und eine Pflegschaft einzuleiten ist [35]). Im übrigen sind es drei Fälle, welche die V. O. als solche, in denen ein Pfleger zu bestellen ist, besonders hervorhebt, während die Ermächtigung an den Vormundschaftsrichter zur Bestellung eines Pflegers ganz nach seinem pflichtmäßigen Ermessen durch eine allgemeine Klausel ausgesprochen ist.

Fehlt es an den für die Pflegschaft vorgeschriebenen Voraussetzungen, so kann die Privatanordnung einer solchen die Einleitung derselben nicht begründen [36]).

§. 99. Die Pflegschaft neben der väterlichen oder vormundschaftlichen Gewalt.

Neben der väterlichen oder vormundschaftlichen Gewalt kann eine Pflegschaft nöthig werden für Angelegenheiten, bei welchen die

[35]) Eine Abwesenheits-Vormundschaft ist nicht einzuleiten, wie in dem Urtheil des Reichsgerichts vom 23. Mai 1884 (Entscheidungen desselben in Civilsachen Bd. 11 S. 188) angenommen zu werden scheint, da die betreffende Fürsorge nicht allgemein, sondern speziell nur in Ansehung des in Beschlag genommenen und dadurch der Verfügung des Angeschuldigten entzogenen Vermögens eintritt und diese Beschränkung mit dem Begriff sowohl der Vormundschaft an sich als der Abwesenheits-Vormundschaft unvereinbar ist (vgl. oben §. 97 S. 399, auch Anm. 3 dieses Paragraphen S. 402). Die im §. 334 St. P. O. angeordnete Güterpflege und die Abwesenheits-Vormundschaft decken sich so wenig, daß erstere, selbst wenn eine letztere bereits besteht, noch einzuleiten ist, da sie bei der Verschiedenheit ihrer Voraussetzungen und ihres Zwecks unter Umständen fortdauert, auch wenn die Abwesenheits-Vormundschaft aufzuheben ist. Es schließt dies aber nicht aus, sondern ist unbedenklich zulässig, daß der Abwesenheits-Vormund zugleich zum Pfleger für die Pflegschaft nach §. 334 St. P. O. bestellt wird (Eccius, Bd. 4 §. 236 Anm. 2 S. 234, auch Rehbein u. Reincke, Anm. 152 zu §. 82 S. 789).

[36]) Jahrbuch (App.) Bd. 6 S. 75.

Ausübung der väterlichen oder vormundschaftlichen Rechte erforderlich ist, aber aus thatsächlichen oder rechtlichen Gründen nicht stattfinden kann [1]), d. i. mit anderen Worten, bei denen eine Vertretung nothwendig wird [2]), die sonst vorhandene Vertretung [3]) aber nicht ausreichend ist. Dies trifft z. B. zu bei der Anfechtung der Legitimität eines Kindes durch den Vater [4]), bei der Abfassung eines Familienschlusses [5]), ferner wenn dem Vater die Erziehung seiner Kinder oder die Verwaltung des Kindesvermögens gerichtlich entzogen wird [6]), wenn der Vater zu einer ferneren Ehe schreiten will und sich deshalb mit seinen minderjährigen Kindern aus der früheren Ehe auseinandersetzen muß [7]), und wenn ein Geschäft zwischen dem Minderjährigen und seinem Vormunde oder Vater geschlossen oder ein Prozeß zwischen denselben geführt werden soll [8]).

Auch für freies Kindergut kann die Bestellung eines Pflegers nothwendig werden [9]).

---

[1]) V. O. §. 86 Abs. 1.

[2]) Solange eine solche Nothwendigkeit nicht hervortritt, unterbleibt also die Einleitung einer Pflegschaft.

[3]) Ist diese nicht vorhanden, weil die väterliche Gewalt bereits aufgehört hat oder ruht, bezw. die Vormundschaft beendet ist oder noch gar nicht begonnen hat, so ist im Falle der Nothwendigkeit, abgesehen von den besonderen Veranlassungen der §§. 88, 89 u. 90 V. O., ein Vormund und nicht ein Pfleger zu bestellen.

[4]) A. L. R. II 2 §. 9.

[5]) A. L. R. II 4 §§. 42 u. 43.

[6]) A. L. R. II 2 §§. 90 u. 91 und §. 266 ff. Schwebt zwischen den Eltern ein Ehescheidungsprozeß, so ist den Kindern nur in Fällen ein Pfleger zu bestellen, in welchen persönliche oder sachliche Rechte oder Interessen derselben zu wahren sind (vgl. oben Anm. 2). Die hierüber im §. 33 II 18 A. L. R. und im Anhang §. 153 getroffenen Bestimmungen sind, weil dem Vormundschaftsrecht angehörig, durch die V. O. formell beseitigt, der §. 8 der Verordnung vom 28. Juni 1844 (G. S. 1844 S. 184) aber ist durch §. 5 des Ausführungsgesetzes vom 24. März 1879 zur deutschen Civilprozeßordnung direkt aufgehoben.

Die Fälle von A. L. R. II 2 §. 169, wo die Genehmigung des Gerichts vorgeschrieben wird, gehören nicht hierher, da es sich dabei um eine außerhalb der Vormundschaft erforderliche Thätigkeit des Vormundschaftsgerichts handelt (Hesse, Anm. 6 zu §. 86 S. 269).

[7]) A. L. R. II 1 §. 1001

[8]) A. L. R. II 18 §. 29. Die Streitfrage des gemeinen Rechts, ob großjährige in väterlicher Gewalt stehende Personen zu Rechtsgeschäften mit dem Vater einer Vertretung bedürfen, läßt das Gesetz unberührt (Motive zur Regierungsvorlage S. 108).

[9]) Vgl. A. L. R. II 2 §. 159 ff. u. II 18 §. 984 ff., l. 8 §. 1 C. de bonis,

Weiter gehören hierher die Fälle, in welchen dem Vater die Verwaltung des nichtfreien Vermögens wegen Konkurs [10]), Unfähigkeit zur Sicherstellung, wo solche zu leisten wäre, u. s. w. entzogen wird und das Kind minderjährig oder sonst nicht im Stande ist, sich selbst zu vertreten [11]).

Ausdrücklich bestimmt ferner die V. O. §. 86 Abs. 2, daß bei einem Widerstreit erheblicher Interessen — also nicht schon bei jeder Kollision der Interessen — mehrerer Mündel desselben Vormunds jeder Mündel bezw. jede Gruppe von Mündeln einen Pfleger erhalte. Es erschien nicht angemessen, in solchen Fällen den Vormund Partei ergreifen zu lassen.

Ist ein Minderjähriger zur Adoption gegeben, so bedarf es im Gebiete des A. L. R. einer Pflegschaft für dessen Vermögen, wenn der natürliche Vater stirbt [12]).

Derjenige, welcher einem Mündel oder Hauskind eine Zuwendung gemacht hat, kann bestimmen, daß dieses Vermögen nicht unter die Verwaltung des Vormunds oder in den Nießbrauch des Vaters des Bedachten falle. Auch hier ist ein Pfleger zu bestellen, wobei in erster Linie der Vorschlag des Zuwenders maßgebend ist [13]).

Faktische Umstände, welche die Ausübung der väterlichen oder vormundschaftlichen Gewalt hindern und die Ernennung eines Pflegers veranlassen können, sind namentlich zeitweilige Abwesenheit, sowie akute Krankheit des Vaters oder Vormunds [14]). Aus diesem Grunde kann ferner einem im Auslande bevormundeten Kinde für hier zu erledigende Angelegenheiten ein Pfleger bestellt werden, bis der Vormund unterrichtet ist, oder sofern, wie z. B. in Amerika, der Vormund nur für die inländischen Angelegenheiten legitimirter Vertreter ist [15]).

quae liberis 6, 61 u. l. 7 pr. C. de cur. fur. 5, 70, sowie oben §. 10 unter Nr. 1 S. 33 u. 34.

[10]) Hier ist die Pflegschaft einzuleiten, ohne abzuwarten, ob bei einer einzelnen Angelegenheit ein Widerstreit der Interessen des Vaters und des Kindes hervortritt (Jahrbuch Bd. 1 S. 40).

[11]) Vgl. auch Jahrbuch Bd. 3 S. 63.

[12]) Vgl. oben §. 55 unter Nr. 1 S. 220.

[13]) V. O. §. 87 Abs. 1, vgl. oben §. 34 unter Nr. 1 S. 139.

[14]) Vgl. Urtheil des Reichsgerichts vom 3. Mai 1881 in dessen Entscheidungen in Strafsachen Bd. 4 S. 145 bezüglich der Bestellung eines Pflegers zur Stellung eines Strafantrags im Falle einer thatsächlichen Verhinderung des Vormunds.

[15]) Eccius, Bd. 4 §. 236 Anm. 9 S. 235. Vgl. oben §. 98 bei Anm. 5 S. 403.

Auch zur Wahrnehmung der Funktionen eines verhinderten Gegenvormunds kann ein Pfleger bestellt werden, da der Ausdruck „vormundschaftliche Rechte“ wie gewöhnlich [16]), so auch im §. 86 V. O. die gegenvormundschaftlichen Rechte mitumfaßt [17]).

§. 100. Die Pflegschaft zu Gunsten eines Embryo.

Nicht neben einer väterlichen oder vormundschaftlichen Gewalt kann eine Pflegschaft eingeleitet werden zunächst zur Wahrung der Rechte eines Kindes im Mutterleibe — der sog. Leibesfrucht oder des Embryo [1]). Dies freilich der Regel nach nur dann, wenn der Embryo nicht unter Voraussetzung seiner bereits erfolgten Geburt in väterlicher Gewalt stehen würde [2]).

Das römische Recht, welches diesen Fall der Pflegschaft ausbildete, hatte die Ernennung des curator ventris aufs engste an das Erbrecht geknüpft. Denn nach römischem Rechte wurde ein solcher Kurator nur bestellt, wenn das Kind im Mutterleibe Erbansprüche für den Fall seiner Geburt hatte, und die schwangere Mutter daraufhin eine Einweisung in die Erbmasse erlangt hatte. Der curator ventris hatte dann für die Alimentation der Mutter aus dem Nachlasse zu sorgen, und zu diesem Zwecke Theile desselben zu versilbern. Meist erhielt er außerdem noch die Funktion eines Nachlaßkurators.

Das neuere Recht hat die Verbindung dieser Pflegschaft mit den Erbansprüchen des Embryo gelöst. So das französische Recht [3]), insbesondere aber das A. L. R. [4]). Dem folgt die V. O. im §. 88. Der Embryo erhält einen Pfleger ohne Rücksicht darauf, ob er ehelich oder unehelich erzeugt ist, ob er eventuelle Erbansprüche hat, oder

---

[16]) Oben §. 31 Anm. 1 S. 126.

[17]) Möbius, Erörterungen und Aphorismen S. 15 und Turnau, Bd. 2 §. 90 S. 345. Siehe auch z. B. oben §. 78 S. 317 bei Anm. 10.

[1]) Ueber römisches Recht vgl. Rudorff, Bd. 1 S. 76 ff., Bachofen, Pfandrecht Bd. 1 S. 328 ff. und Tit. Dig. de ventre in possessionem mittendo et curatore ejus 37, 9. Ueber preußisches Recht siehe Arndts u. Leonhard, S. 157 ff. sowie A. L. R. II 18 §§. 10, 11 u. 962 und I 9 §. 371 ff.

[2]) V. O. §. 88. Trotz des Wortlautes des Gesetzes kann unter besonderen Umständen auch dem Embryo, dessen Vater lebt, ein Pfleger zu ernennen sein.

[3]) Code civil art. 393. Dasselbe giebt einen solchen Kurator jedoch nur, falls eine Wittwe schwanger ist.

[4]) A. L. R. II 18 §§. 966 u. 967.

ob andere Rechte desselben, sei es in Folge Vertrags oder Vermächtnisses oder auf Grund des Gesetzes, zu wahren sind. Die Ernennung des Pflegers erfolgt aber nur im Bedürfnißfall[5]). Sie geschieht auf Antrag der Schwangeren oder auf Antrag desjenigen, dessen Rechte durch eine mögliche Geburt betroffen werden, z. B. der Miterben, oder in geeigneten Fällen von Amtswegen. Die Schwangerschaft muß nur wahrscheinlich gemacht sein, denn ein voller Beweis der Schwangerschaft ist während ihrer Dauer nicht möglich[6]). Das Wahrscheinlichmachen geschieht in der Regel durch Atteste eines Arztes oder einer Hebeamme.

Ueber den Umfang der Vollmacht des Pflegers der Leibesfrucht spricht sich die V. O. nicht aus. Sie besteht natürlich vor allem in der Sorge für die Alimentation der Mutter und damit des Embryo. Inwieweit aus dem Nachlaß, auf welchen der Embryo Erbansprüche hat, Alimente zu entnehmen sind, bestimmt das Civilrecht. Nach römischem Rechte kann die schwangere Mutter aus dem Nachlasse des Vaters des Embryo unbedingt, aus dem Nachlaß anderer Erblasser desselben nur im Nothfall Alimente fordern[7]). Das A. L. R. bewilligt solche Alimente aus dem Nachlaß, an welchem der Embryo Rechte hat, unterschiedslos[8]). Die Alimente bilden eine Schuld der Erbmasse. Die Mutter hat sie nicht zu ersetzen, wenn der Embryo zu Grunde geht oder eine Schwangerschaft nicht vorhanden war, es liege denn der Fall einer Täuschung vor[9]).

Auch andere Ansprüche des Embryo, die das Civilrecht demselben giebt[10]), hat dessen Pfleger zu wahren. Die Verwaltung der Erbschaft, in welche der Embryo möglicherweise succedirt, steht ihm jedoch an und für sich nicht zu, da hier auch die Ansprüche anderer Personen in Frage kommen. Doch bestimmt das A. L. R., daß der Kurator des Embryo zugleich zum Nachlaßkurator zu bestellen sei, wenn es sich um einen Nachlaß handle, bezüglich dessen die Leibes=

---

[5]) Das A. L. R. II 18 §. 10 verlangte die Ernennung in allen Fällen, in welchen einem schon geborenen Menschen wegen Unmündigkeit ein Vormund zuzuordnen sei.

[6]) A. L. R. II 18 §. 11. Etwas Anderes will auch l. 1 §. 1 D. h. t. nicht.

[7]) l. 5 pr. und l. 6 D. h. t. 37, 9.

[8]) So ist A. L. R. II 18 §. 962 aufzufassen.

[9]) l. 3 D. h. t. und A. L. R. I 9 §§. 377 u. 381.

[10]) Vgl. A. L. R. I 1 §§. 10—12.

frucht im Fall ihrer Geburt alle anderen Personen ausschließen würde [11]). Dies ist nicht mehr positive Norm, aber selbstverständlich auch jetzt noch die Regel, nach welcher der Vormundschaftsrichter bei der Einleitung der Nachlaßpflegschaft verfährt.

Sind Miterben neben der Leibesfrucht vorhanden, so können sie nach gemeinem Rechte über die ihnen gewiß zufallenden ideellen Theile thatsächlich und rechtlich verfügen, für den Embryo aber werden drei Theile reservirt, da Drillinge möglich sind [12]). Nach dem A. L. R. können sie zwar die Verwaltung des Nachlasses verlangen, müssen aber den Pfleger der Leibesfrucht zuziehen und sind an die gesetzlichen Einschränkungen des Nachlaßpflegers gebunden [13]).

Die Pflegschaft über die Leibesfrucht erlischt, wenn dieselbe lebendig geboren wird. Es hat dann eine Vormundschaft, sei es eine gesetzliche, sei es eventuell eine bestellte, und zwar im letzteren Fall regelmäßig die der Mutter, an ihre Stelle zu treten. Die Pflegschaft hört natürlich auch ohne weiteres auf, wenn eine Todtgeburt des Embryo erfolgt, oder die Zeit, innerhalb welcher der Geburtsakt hätte eintreten müssen, verflossen ist [14]).

§. 101. Der Nachlaßpfleger.

Die Rechtsstellung des Nachlaßpflegers ist ein schlagendes Beispiel, wie schwer es der Jurisprudenz und Gesetzgebung wird, sich von den Fesseln der Tradition zu befreien und die Rechtsinstitute zu ordnen nach dem, was die Bedürfnisse gegenwärtiger Zeit und deren Verhältnisse erfordern.

Die römischen Prätoren ernannten zwar Nachlaßkuratoren, falls es längere Zeit in der Schwebe war, ob und wer der Erbe sein werde. Aus Furcht jedoch, hierdurch zu tief in die Rechtsangelegenheiten selbständiger Menschen einzugreifen, und aus Besorgniß vor möglichem Mißbrauch beschränkten sie die Vollmacht der Nachlaßkuratoren auf die bloße Erhaltung der Vermögensobjekte, ohne ihnen die Verwaltung der Masse anzuvertrauen [1]).

---

[11]) A. L. R. I 9 §. 372. Vgl. auch l. 1 §§. 17 u. 18 D. h. t. 37, 9.

[12]) l. 3 u. 4 D. si pars her. pet. 5, 4.

[13]) A. L. R. I 9 §. 378 ff.

[14]) l. 1 §. 27 D. h. t., A. L. R. II 18 §. 964.

[1]) l. 48 D. adm. tut. 26, 7 und l. 1 §. 4 D. de mun. et honor. 50, 4. Vgl. Rudorff, Bd. 1 S. 162 ff.

Diese Eingrenzung ist jedoch volkswirthschaftlich schädlich, da im Fall sich die Sache in die Länge zieht, eine bloße Erhaltung der Vermögensobjekte in keiner Weise genügt, vielmehr der Zweck der Konservation des Vermögens bei der allgemeinen Verkehrsbewegung häufig nur durch eine zweckmäßige Verwaltung erreicht werden kann. Auch Dritten, welche Rechte geltend machen wollen, ist jene Beschränkung hinderlich. Ein innerer Grund liegt nicht vor, dem Nachlaßkurator mit mehr Mißtrauen zu begegnen als jedem andern Vormund.

Dennoch hat selbst das A. L. R., beeinflußt durch das gemeine Recht, die Befugniß des Nachlaßkurators vielfach beschränkt, wenn es ihm auch die vormundschaftliche Verwaltung im Ganzen anvertraute [2]). Der Nachlaßkurator soll soviel wie möglich den Nachlaß in der Lage wie zur Zeit des Ablebens des Erblassers erhalten, also keine Grundstücke veräußern, keine sicher ausstehenden Kapitalien aufkündigen, keine neuen Geschäfte unternehmen, und selbst bewegliche Sachen nur so weit versilbern, als dieses wegen Gefahr des Verderbens oder wegen unverhältnißmäßiger Kosten der Aufbewahrung nöthig wird. Sind Schulden zu tilgen, so fällt dies Alles natürlich weg. Diese Beschränkungen waren inkonsequent, nachdem man dem Kurator des Abwesenden eine weit unbeschränktere Vollmacht gegeben hatte. Im gemeinen Rechte kämpfte insbesondere die hessische Praxis für die Erweiterung der Vollmacht des Nachlaßkurators, ohne jedoch allgemeine Nachfolge zu finden [3]). Am freiesten hat das französische Recht den Nachlaßkurator gestellt [4]).

Die V. O. §. 89 hat den kontroversen und wenig befriedigenden Zustand des bisherigen Rechts erhalten. Sie bestimmt nur Folgendes:

a) Ein Nachlaßpfleger ist zu bestellen, wenn der Erbe eines Nachlasses unbekannt ist [5]). Dies kann sein wegen Dunkelheit des

---

[2]) Vgl. A. L. R. I 9 §. 471 ff., des Verfassers Privatrecht Bd. 3 §. 216 S. 621 ff. und Gruchot, Preußisches Erbrecht Bd. 1 S. 211 ff., auch Beiträge Bd. 19 S. 474 ff.

[3]) Vgl. Heuser, Annalen IX S. 633 ff., sowie Martin, Archiv für prakt. Rechtsw. Bd. 9 S. 361 ff. und Bd. 10 S. 279 ff. Dagegen u. A. Seuffert, Archiv Bd. 18 Nr. 149.

[4]) Code civil art. 813.

[5]) Vgl. Jahrbuch Bd. 4 S. 98. Dem unbekannten Vermächtnißnehmer kann nicht nach §. 89, sondern nur nach §. 90 V. O. ein Pfleger bestellt werden (Bericht der K. d. H. H. S. 99, vgl. unten §. 102 bei Anm. 2).

Sachverhältnisses oder weil die Existenz des präsumtiven Erben, insbesondere einer Leibesfrucht, in der Schwebe ist. Ist der Erbe bekannt, aber sein Aufenthalt unbekannt, so ist kein Nachlaßpfleger, sondern ein Vormund des Abwesenden zu bestellen. Auch für eine Quote des Nachlasses, deren Erbe unbekannt ist, kann eine Pflegschaft nöthig werden, z. B. wenn der überlebende Ehegatte nur Anspruch auf eine Quote hat, die nächsten Verwandten aber unbekannt sind [6]).

b) Der Nachlaßpfleger hat die Aufgabe der Erhaltung des Nachlasses. Demzufolge liegt ihm unter anderem ob die Inventarisirung des Nachlasses, die Deponirung der Werthgegenstände und die Veräußerung des rasch Verderblichen sowie dessen, was die Kosten der Aufbewahrung nicht lohnt.

c) Er hat ferner die Ausmittelung des Erben zu betreiben.

d) Die V. O. fügt hinzu, daß die in einzelnen Landestheilen bestehenden, weitergehenden Befugnisse des Pflegers eines Nachlasses durch dieses Gesetz nicht berührt würden. Danach ist nach den einzelnen Rechten z. B. zu beurtheilen, ob der Nachlaßpfleger das Recht hat, der Erbschaft zu entsagen [7]), das Aufgebot der Nachlaßgläubiger und Vermächtnißnehmer sowie das der unbekannten Erben zu beantragen [8]), die Zwangsversteigerung eines Nachlaßgrundstücks zu betreiben [9]) und für den Nachlaß zu erwerben [10]).

Allgemein ist ihm das Recht beigelegt, im Prozeß als gesetzlicher Vertreter aufzutreten [11]) und den Konkurs über den Nachlaß

---

[6]) Jahrbuch (App.) Bd. 7 S. 87.

[7]) Siehe hierüber Striethorst, Archiv Bd. 90 S. 231, Entscheidungen des Ober-Tribunals Bd. 70 S. 355, Beiträge Bd. 19 S. 480, des Verfassers Privatrecht a. a. O. S. 622 Anm. 13 und Eccius, Bd. 4 §. 236 Anm. 19 S. 237.

[8]) §. 1 des Gesetzes vom 28. März 1879, betr. die Zwangsvollstreckung gegen Benefizialerben (G. S. 1879 S. 293), §§. 477 I 9 A. L. R. und §. 24 des Ausführungsgesetzes vom 24. März 1879 zur deutschen Civilprozeßordnung. Vgl. wegen des gemeinen Rechts Daube, Das Aufgebotsverfahren nach Preuß. Recht §. 39 Anm. 48 S. 158. Im Geltungsgebiet des Code ist ein gerichtliches Aufgebot eines erblosen Nachlasses nicht zulässig.

[9]) §. 180 Nr. 1 des Zwangsvollstreckungsgesetzes vom 13. Juli 1883 (G. S. 1883 S. 131).

[10]) Vgl. des Verfassers Privatrecht a. a. O. S. 624 bei Anm. 26.

[11]) Deutsche Civilprozeßordnung §§. 219 u. 220. Auch zur Stellung eines Strafantrags ist der Nachlaßpfleger befugt, wenn in Beziehung auf den Nachlaß

im Falle der Ueberschuldung zu beantragen[12]), und ist ferner die Streitfrage, ob der Nachlaßpfleger den unbekannten Erben, den Erblasser oder den Nachlaß repräsentirt[13]), da die V. O. keine cura rei, sondern nur eine Vormundschaft oder Pflegschaft für physische Personen kennt[14]), als dahin erledigt anzusehen, daß der Nachlaßpfleger den unbekannten Erben vertritt.

Die Bestellung des Nachlaßpflegers kann auf Antrag Betheiligter, z. B. der Gläubiger, oder von Amtswegen geschehen[15]). Nach dem A. L. R. sollte die Bestellung des Nachlaßkurators regelmäßig nicht vor Ablauf von 3 Monaten seit dem Tode des Erblassers bewirkt, aber auch nicht länger verschoben werden[16]). Jetzt hat sie zu erfolgen, sobald das Bedürfniß einer Sicherung des Nachlasses durch sie hervortritt[17]). An einem solchen wird es z. B. meist dann dauernd fehlen, wenn der Konkurs über den Nachlaß eröffnet ist.

Vorhandensein einer Aktivmasse ist selbstverständliche Voraussetzung der Einleitung. Ist überhaupt keine Masse oder blos Passivmasse vorhanden, so kann von den Funktionen eines Nachlaßpflegers, insbesondere von einer Erhaltung für den Erben, keine Rede sein und ist durch andere Vorschriften dafür gesorgt, daß das Interesse dritter Personen ohne Einleitung einer Nachlaßpflegschaft genügend gewahrt werden kann[18]).

Das Amt des Nachlaßpflegers endet, wenn sich ein Erbe gemeldet und gerichtlich legitimirt hat[19]), oder wenn der Nachlaß für herrenloses Gut erklärt und dem Fiskus oder einem sonstigen an solchem Gute Berechtigten ausgehändigt wird. Des weiteren endet

---

ein Delikt begangen ist, dessen strafrechtliche Ahndung durch Stellung eines Antrags bedingt ist (Urtheil des Reichsgerichts vom 16. Februar 1883 in dessen Entscheidungen in Strafsachen Bd. 8 S. 112).

[12]) Deutsche Konkursordnung §. 205.

[13]) Vgl. Gruchot, Erbrecht a. a. O. S. 213, des Verfassers Privatrecht a. a. O. S. 622 und Eccius, Bd. 4 §. 236 Anm. 16 S. 236.

[14]) Siehe oben §. 8 S. 24 bei Anm. 2 und §. 98 S. 402 bei Anm. 3.

[15]) Ueber die Honorirung siehe oben §. 98 S. 407 bei Anm. 30 u. S. 408.

[16]) A. L. R. I 9 §§. 460 u. 461.

[17]) Vgl. Jahrbuch Bd. 2 S. 53 und Hesse, Anm. 4 zu §. 89 S. 275.

[18]) Siehe z. B. V. O. §. 82 Abs. 3 u. §. 90, deutsche Civilprozeßordnung §§. 186—190 u. 823 ff., deutsche Konkursordnung §§. 202—206 und Grundbuchordnung vom 5. Mai 1872 §§. 103—107. Vgl. Hesse, Anm. 3 zu §. 89 S. 409.

[19]) A. L. R. I 9 §. 482 ff.

sie aber auch, wenn keine Masse mehr da ist, indem dieselbe zur Bestreitung der Erbschaftslasten und der Schulden der Erbschaft oder auch der Vermächtnisse aufgebraucht worden ist.

§. 102. Allgemeine Klausel.

Die V. O. hat die allgemeine Klausel aufgenommen, daß außer in den von ihr besonders aufgeführten Fällen ein Pfleger für einzelne Angelegenheiten oder für einen Kreis von Angelegenheiten Personen gegeben werden könne, welche selbst zu handeln außer Stande sind und der väterlichen oder vormundschaftlichen Vertretung entbehren [1]). Es gehören hierher vorzugsweise zwei Klassen von Fällen. Einmal, wenn es unbekannt oder ungewiß ist, wer der Inhaber eines Rechts ist; zweitens, wenn der Berechtigte zwar bekannt, jedoch an Wahrnehmung seiner Rechte verhindert ist, wobei aber, da der §. 90 V. O. subsidiären Charakter hat, hier wie dort Voraussetzung ist, daß nicht bereits aus einem anderen Grunde eine Pflegschaft, wie bei unbekannten Erben, oder eine Vormundschaft, wie bei Abwesenden, einzuleiten ist.

1. Die Fälle der ersten Art sind wiederum sehr mannigfach. Eine erschöpfende Aufzählung ist nicht möglich und hätte auch keinen Nutzen. Es gehört unter anderem hierher, daß ungewiß oder unbekannt ist, wem ein Anspruch aus einer erbrechtlichen Substitution oder auf ein Vermächtniß zusteht [2]). Ferner kann den nach dem Ableben des Fideikommiß- oder Lehnsbesitzers unbekannten oder ungewissen Fideikommiß- oder Lehnsanwärtern [3]) oder auch sonst einer künftigen Descendenz, welcher Rechte zugefallen sind, hinsichtlich deren es einer Vertretung bedarf [4]), ein Pfleger bestellt werden, nicht aber den unbekannten Interessenten an einer Stiftung [5]).

Inhalt und Umfang der Vollmacht der Pfleger dieser Kategorie ist verschieden je nach den Bedürfnissen des Falls, welche für das

---

1) V. O. §. 90.

2) Jahrbuch Bd. 2 S. 55 Nr. 1 und oben §. 101 Anm. 5 S. 416.

3) Vgl. oben §. 8 Anm. 3 S 24.

4) Jahrbuch (App.) Bd 8 S. 123, Jahrbuch Bd. 1 S. 43 und Bd. 4 S. 87 Nr. 2 u. S. 96, ferner z. B. Turnau, Bd. 2 §. 102 S. 371.

5) Jahrbuch Bd. 4 S. 101. Darüber, daß die Vertretung unbekannter Interessenten bei einer Zwangsversteigerung u. dgl. nicht hierher gehört, siehe oben §. 10 unter Nr. 5 S. 39.

Gericht bei dem Maß der zuzuweisenden Befugnisse bestimmend sein werden. Zuweilen muß dem Pfleger eine Verwaltungsbefugniß zugetheilt werden; es ist dies aber keineswegs stets der Fall. Der Regel nach hat der unbekannten Betheiligten gegebene Pfleger Nachforschungen nach dem Berechtigten anzustellen, häufig auch ein Aufgebot zu veranlassen.

Mit Beendigung des aufgetragenen Geschäfts erlischt für die Regel diese Pflegschaft. Dies ist namentlich dann der Fall, wenn der unbekannte Berechtigte ermittelt ist, oder auch wenn durch Ausschlußurtheil festgestellt ist, daß ein Berechtigter nicht existirt.

2. Des weiteren kann ein Pfleger im Bedürfnißfalle bestellt werden zur Vertretung einer bestimmten Person, welche an Wahrnehmung ihrer Geschäfte behindert ist, für einzelne persönliche oder Vermögens-Angelegenheiten.

Ob dies der Fall ist, darüber entscheidet das Vormundschaftsgericht. Dasselbe kann unter anderem einem Schwerkranken, falls es sich um ein Geschäft handelt, welches keinen Aufschub leidet, einen Pfleger bestellen; ebenso dem Geisteskranken, welcher für einzelne Angelegenheiten einer Vertretung bedarf, sei es, daß das Entmündigungsverfahren eingeleitet ist, aber noch schwebt, sei es, daß die Umstände, z. B. weil eine baldige Heilung zu erwarten steht, die Einleitung eines Entmündigungsverfahrens nicht als räthlich oder zulässig erscheinen lassen [6]). Auch der in dem Verfahren auf unfreiwillige Versetzung in den Ruhestand eines zwar nicht völlig verfügungsunfähigen, aber doch geistig geschwächten Beamten diesem zur Wahrung seiner Rechte zu bestellende Pfleger [7]) gehört hierher [8]).

---

[6]) Jahrbuch (App.) Bd. 8 S. 80, Jahrbuch Bd. 4 S. 107 und Entscheidungen des Reichsgerichts in Civilsachen Bd. 9 S. 180. Auch hier ist der Umfang der Befugnisse des Pflegers nach den obwaltenden Verhältnissen vom Vormundschaftsgericht zu bestimmen (Jahrbuch Bd. 4 S. 107), die Pflegschaft über den zu Entmündigenden darf aber nicht mit der Wirkung einer vorläufigen Entmündigung angeordnet werden (Beiträge Bd. 24 S. 769 Nr. 2 und Entscheidungen des Reichsgerichts in Civilsachen Bd. 1 S. 107). Von der während des Entmündigungsverfahrens hervortretenden Nothwendigkeit einer Pflegschaft hat der Prozeßrichter dem Vormundschaftsgericht Mittheilung zu machen (§. 600 der deutschen Civilprozeßordnung). Vgl. auch noch die allgemeine Verfügung vom 10. Februar 1880 (Just. Min. Bl. 1880 S. 28) über die Zeit, wann die Entmündigung zu beantragen ist.

[7]) §. 60 Gesetz vom 7. Mai 1851, betr. die Dienstvergehen der Richter 2c. (G. S. 1851 S. 218), §. 89 Gesetz vom 21. Juli 1852, betr. die Dienstvergehen

In diesen weit gegriffenen Bestimmungen spricht sich das Bestreben des modernen Staates aus, überall helfend einzutreten, wo es Noth thut, und nicht weniger ein hohes, aber wohlverdientes Vertrauen zur Gewissenhaftigkeit und Einsicht unseres Richterstandes.

---

der nichtrichterlichen Beamten (G. S. 1852 S. 465), und §. 62 Gesetz vom 31. März 1873, betr. die Rechtsverhältnisse der Reichsbeamten (R. G. Bl. 1873 S. 61).

[8]) Jahrbuch (App.) Bd. 7 S. 80.

Anhang.

I.

Vormundschaftsordnung. Vom 5. Juli 1875.

(G. S. 1875 S. 431.)

(In den Anmerkungen verweisen die Paragraphen und die Seiten auf die des Werkes.)

Erster Abschnitt.

Vormundschaftsgericht.

§. 1 [1]).

Das Vormundschaftsgericht wird von Einzelrichtern (Friedensrichtern, Amtsrichtern, Gerichtskommissarien) verwaltet [2]).

Im Geltungsbereich der Verordnung vom 2. Januar 1849. und im Bezirk des Appellationsgerichts zu Frankfurt a. M. werden zu diesem Zwecke bei den Kollegialgerichten erster Instanz ein oder mehrere Einzelrichter ernannt.

[1]) Der Paragraph würde jetzt zu lauten haben: „Vormundschaftsgericht ist das Amtsgericht", im übrigen ist er obsolet. Erläutert ist er §. 15 S. 55 ff.
[2]) Vgl. auch §. 10 S. 31 Abs. 2.

§. 2.

Für die Vormundschaft über einen Minderjährigen ist das Gericht zuständig, in dessen Bezirk der Vater zu der Zeit, in welcher die Bevormundung nöthig geworden ist, seinen Wohnsitz oder in Ermangelung eines solchen seinen Aufenthalt gehabt hat [1]).

Für eine innerhalb der gesetzlichen Vormundschaft des Vaters erforderliche Thätigkeit des Vormundschaftsgerichts wird die Zuständigkeit durch den Wohnsitz oder in Ermangelung eines solchen durch den Aufenthalt des Vaters bestimmt [2]) [3]).

[1]) Erläutert §. 16, §. 60 ff. Vgl. auch §. 61 unter Nr. 3 S. 243 u. 244.
[2]) Erläutert im §. 17 unter Nr. 3 S. 64.
[3]) Im Absatz 2 wie in den folgenden Paragraphen ist das Wort „Vormundschaftsgericht" statt des Ausdrucks der Regierungsvorlage „Vormundschaftsrichter" gebraucht. Vgl. hierüber §. 15 S. 57 bei Anm. 9 u. 10.

§. 3 [1]).

Für die Vormundschaft über ein minderjähriges uneheliches Kind ist das Gericht zuständig, in dessen Bezirk die Mutter zur Zeit der Geburt des Kindes ihren Wohnsitz oder in Ermangelung eines solchen ihren Aufenthalt gehabt hat.

[1]) Erläutert §. 16 unter Nr. 2 S. 61, vgl. auch §. 53 Anm. 9 S. 214.

§. 4 [1]).

Für die Vormundschaft über einen Großjährigen ist das Gericht zuständig, in dessen Bezirk derselbe seinen Wohnsitz oder in Ermangelung eines solchen seinen Aufenthalt hat.

[1]) Siehe §. 16 unter Nr. 3 S. 62.

§. 5 [1]).

Fehlt es an einem der in den §§. 2—4. angeordneten Gerichtsstände, so ist das Gericht, in dessen Bezirk der Vater oder die uneheliche Mutter oder der zu bevormundende Großjährige den letzten Wohnsitz gehabt hat, und in Ermangelung eines solchen dasjenige Gericht zuständig, welches der Justizminister bestimmt.

[1]) Erläutert §. 16 unter Nr. 4 S. 62, vgl. §. 98 S. 403 bei Anm. 10.

§. 6 [1]).

Für die Vormundschaft über einen Nichtpreußen wird die Zuständigkeit durch den Wohnsitz nach Maßgabe der §§. 2—4. bestimmt.

In Ermangelung eines Wohnsitzes in Preußen kann das Gericht des Aufenthalts vorläufige Maßregeln ergreifen. Dasselbe hat eine Vormundschaft einzuleiten, wenn der Heimathstaat die Sorge für den zu Bevormundenden nicht übernimmt.

Die Vormundschaft über einen Nichtpreußen ist auf Verlangen der Behörden des Heimathstaates an diese abzugeben [2]).

[1]) Erläutert §. 17 unter Nr. 4 S. 64 u. 65.
[2]) Siehe §. 17 unter Nr. 4 u. 7 S. 65 u. 67. — Abs. 2 verstärkt die Pflicht des Gerichts zur Einleitung der Vormundschaft gegenüber dem Regierungsentwurf.

§. 7 [1]).

Minderjährige, deren Eltern unbekannt sind, werden von dem Gericht unter Vormundschaft gestellt, in dessen Bezirk sie gefunden wurden.

[1]) Siehe §. 16 unter Nr. 5 S. 63.

§. 8 [1]).

Für die Pflegschaft eines Bevormundeten ist das Gericht der Vormundschaft zuständig.

Im Uebrigen finden für die Pflegschaft, sowie für die außerhalb einer Vormundschaft oder Pflegschaft erforderliche Thätigkeit des Vormundschaftsgerichts [2])

[1]) Erläutert §. 98 S. 403 u. 404.
[2]) Siehe §. 10 Anm. 2 u. 5 S. 31 u. 32, sowie S. 35 bei Anm. 15 u. 16.

die Vorschriften der §§. 2—4. 6. entsprechende Anwendung. Sofern diese Vorschriften nicht anwendbar sind, ist das Gericht zuständig, in dessen Bezirk die Angelegenheiten wahrzunehmen sind, wegen deren die Thätigkeit des Vormundschaftsgerichts eintritt.

§. 9.

Streitigkeiten über die Zuständigkeit mehrerer Vormundschaftsgerichte entscheidet endgültig das Appellationsgericht [1]) oder, wenn die Gerichte verschiedenen Appellationsgerichtsbezirken [1]) angehören, der Justizminister [2]).

Das Vormundschaftsgericht kann die Vormundschaft oder die Pflegschaft aus erheblichen Gründen an ein anderes Vormundschaftsgericht abgeben, nach Bestellung des Vormundes oder des Pflegers jedoch nur mit dessen Zustimmung. Einigen sich die Gerichte nicht, so entscheidet nach Maßgabe der Vorschrift des ersten Absatzes das Appellationsgericht [1]) oder der Justizminister [3]).

[1]) Jetzt Oberlandesgericht bezw. Oberlandesgerichtsbezirken.
[2]) Siehe §. 17 S. 65, vgl. auch §. 98 S. 404.
[3]) Interpretirt §. 17 S. 66 u. 67. Vgl. noch §. 26 S. 112, §. 31 S. 126 und §. 98 S. 404.

§. 10 [1]).

Gegen die Anordnungen des Vormundschaftsgerichts findet Beschwerde statt. Die Entscheidung erfolgt, und zwar endgültig, in dem Bezirk des Appellations-

[1]) Ueber die Beschwerde und die neu eingeführte weitere Beschwerde siehe §. 23 S. 88 ff., ferner §. 26 S. 113 u. 114, §. 30 S. 125, §. 45 S. 181 u. 182, §. 57 S. 228 u. §. 95 S. 392. Die den §. 10 insoweit ergänzenden §§. 40, 42 u. 51—57 des Ausführungsgesetzes vom 24. April 1878 zum deutschen Gerichtsverfassungsgesetz (G. S. 1878 S. 230) lauten:

„§. 40. Die Landgerichte sind zuständig für die Verhandlung und Entscheidung über die Rechtsmittel in den Angelegenheiten, welche durch dieses Gesetz den Amtsgerichten zugewiesen sind.

Gegen die Entscheidungen der Landgerichte findet das Rechtsmittel der weiteren Beschwerde statt.

§. 42. Die in diesem Gesetze den Landgerichten zugewiesenen Angelegenheiten werden von den Civilkammern erledigt.

§. 51. Das Oberlandesgericht in Berlin ist ferner ausschließlich zuständig für die Verhandlung und Entscheidung über das im §. 40 bezeichnete Rechtsmittel der weiteren Beschwerde. Für dieses Rechtsmittel gelten die nachstehenden Vorschriften.

§. 52. Die weitere Beschwerde kann nur darauf gestützt werden, daß die Entscheidung auf einer Verletzung des Gesetzes beruhe. Die Vorschriften der §§. 512, 513 der Deutschen Civilprozeßordnung finden entsprechende Anwendung.

§. 53. Die weitere Beschwerde wird bei dem Gericht eingelegt, von welchem die angefochtene Entscheidung erlassen ist; sie kann in dringenden Fällen auch bei dem Oberlandesgericht in Berlin eingelegt werden.

Die Einlegung erfolgt durch Einreichung einer Beschwerdeschrift oder durch Erklärung zu Protokoll des Gerichtsschreibers. Im ersteren Falle muß die Beschwerdeschrift von einem Rechtsanwalt unterzeichnet sein. Oeffentliche Behörden, sowie Personen, welche zum Richteramt befähigt sind, können die Beschwerde schriftlich ohne Zuziehung eines Rechtsanwalts einlegen.

Die Beschwerde muß die Bezeichnung der verletzten Rechtsnorm enthalten. Eine unrichtige Bezeichnung der verletzten Rechtsnorm ist unschädlich.

§. 54. Die Vorschriften über die Frist des gegen die Entscheidung erster Instanz zulässigen Rechtsmittels finden auf die weitere Beschwerde entsprechende

gerichtshofs zu Cöln durch das Landgericht, in dem Bezirk des Appellationsgerichts zu Celle durch das Obergericht, in den übrigen Landestheilen durch das Appellationsgericht [2]).

Die Beschwerde wird bei dem Vormundschaftsgericht oder bei dem Beschwerdegericht eingelegt.

Die Beschwerde an das Landgericht kann ohne Mitwirkung eines Anwalts eingereicht werden und ist in einer Civilkammer des Landgerichts durch Rathskammerbeschluß [3]) zu erledigen [4]).

Anwendung. Die Einlegung bei dem Oberlandesgericht in Berlin genügt zur Wahrung der Nothfrist, auch wenn der Fall für dringlich nicht erachtet wird.

§. 55. Für das weitere Verfahren finden die Vorschriften der §§. 535—538 der Deutschen Civilprozeßordnung entsprechende Anwendung.

§. 56. Wird die weitere Beschwerde ausschließlich auf die Verletzung einer Rechtsnorm gestützt, welche in dem Bezirke des Oberlandesgerichts in Berlin nicht gilt, so hat dasselbe die Verhandlung und Entscheidung dem Oberlandesgerichte zu überweisen, zu dessen Bezirk das Landgericht gehört, welches die angefochtene Entscheidung erlassen hat. Eine gleiche Ueberweisung kann erfolgen, wenn die weitere Beschwerde auf die Verletzung mehrerer Rechtsnormen gestützt wird, von denen die eine, nicht aber die andere im Bezirke des Oberlandesgerichts in Berlin Geltung hat.

Das Oberlandesgericht, an welches die Ueberweisung erfolgt ist, hat sich der Erledigung der Sache zu unterziehen. Dasselbe ist an die rechtliche Begründung des Ueberweisungsbeschlusses nicht gebunden.

§. 57. Die in den §§. ... 51, ... den Oberlandesgerichten zugewiesenen Angelegenheiten werden von den Civilsenaten erledigt."

[2]) Der Satz 2 des ersten Absatzes würde jetzt zu lauten haben: „Die Entscheidung erfolgt durch das Landgericht."

[3]) Statt „Rathskammerbeschluß" würde es jetzt blos zu lauten haben: „Beschluß".

[4]) Absatz 3 fehlte in der Regierungsvorlage.

Zweiter Abschnitt.

Vormundschaft über Minderjährige.

I. Einleitung der Vormundschaft.

§. 11 [1]).

Minderjährige erhalten einen Vormund, wenn sie nicht unter väterlicher Gewalt stehen, wenn die väterliche Gewalt nach den Vorschriften des bürgerlichen Rechts ruht [2]), oder wenn ihr Vater selbst bevormundet wird [3]).

[1]) Erläutert §. 9 S. 29 und §. 39 S. 160 ff.

[2]) Siehe S. 162—164.

[3]) S. 164, vgl. auch §. 9 Anm. 15 S. 29.

§. 12.

Erlischt die väterliche Gewalt durch Verheirathung, durch getrennte Haushaltung, oder durch Entlassung des Kindes, ohne daß dasselbe die Rechte eines Großjährigen erlangt, so wird der bisherige Gewalthaber gesetzlicher Vormund[1]).

Ueber ein uneheliches Kind wird der Vater der unehelichen Mutter gesetzlicher Vormund, so lange das Vormundschaftsgericht nicht einen anderen Vormund bestellt[2])[3]).

[1]) Ueber die gesetzliche Vormundschaft des Vaters handelt §. 50 S. 200 ff. Vgl. §. 46 S. 185 ff. und §. 56 S. 224.

[2]) Hierüber vgl. §. 51 S. 203 ff., sowie §. 16 S. 61 u. 62 und §. 53 Anm. 9 S. 214. Der Abs. 2 fehlte in der Regierungsvorlage.

[3]) Vgl. zu Abs. 1 u. 2 §. 32 S. 129.

§. 13[1]).

Ueber einen Mündel, welcher in eine unter Verwaltung des Staats oder einer Gemeindebehörde stehende Verpflegungsanstalt aufgenommen ist, hat bis zu dessen Großjährigkeit der Vorstand der Anstalt die Rechte und Pflichten eines gesetzlichen Vormundes, so lange das Vormundschaftsgericht nicht einen anderen Vormund bestellt.

[1]) Siehe §. 52 S. 207 ff. Vgl. auch §. 32 S. 129, §. 46 S. 185 ff., §. 47 S. 189 und §. 97 S. 400. Die Bestimmung beruht auf den Beschlüssen des Landtags.

§. 14[1]).

Ist ein gesetzlicher Vormund nicht vorhanden, so hat das Vormundschaftsgericht von Amtswegen die Vormundschaft einzuleiten[2]).

[1]) Siehe §. 53 S. 212. §. 14 entspricht dem §. 13 der Regierungsvorlage.

[2]) Der §. 14 der Regierungsvorlage lautete:
„Hat sich der Vater unter Umständen entfernt, welche seine Rückkehr zweifelhaft erscheinen lassen, so kann der Vormundschaftsrichter zur Sicherung der Person und des Vermögens Minderjähriger vorläufige Maßregeln ergreifen.“ Man hielt eine solche Bestimmung für zu weit gehend. Uebrigens kann ein Pfleger ernannt werden.

§. 15[1]).

So lange ein Vormund nicht vorhanden oder der vorhandene Vormund bei dem Anfall eines Nachlasses an den Mündel abwesend ist, hat das Vormundschaftsgericht das Vermögen des Mündels sicher zu stellen[2]).

Die gleiche Pflicht hat jedes Vormundschaftsgericht, in dessen Bezirk sich Vermögen des Mündels befindet.

Sind der Vater oder die Mutter des Mündels oder großjährige Miteigenthümer anwesend, so ist die Sicherstellung nicht erforderlich[3]).

[1]) Vgl. die Erläuterungen §. 19 S. 76 ff. Siehe auch §. 26 S. 113 und §. 53 Anm. 9 S. 214. Die Bestimmung fehlt in der Regierungsvorlage.

[2]) Statt des Wortes „Mündel“ hatte die Regierungsvorlage durchgängig den Ausdruck „Pflegebefohlener“ nach dem Vorgang des A. L. R.

[3]) Interpretirt §. 19 S. 78 u. 79.

§. 16 [1]).

Wird die Einleitung einer Vormundschaft nöthig, so sind die Mutter, die Stiefmutter und die großjährigen Geschwister, sowie derjenige, welcher den Mündel an Kindesstatt angenommen hat, verpflichtet, dem Vormundschaftsgericht unverzüglich Anzeige zu machen [2]).

Eine gleiche Pflicht zur Anzeige haben die Standesbeamten, wenn ihnen ein Geburts- oder Sterbefall, welcher die Einleitung einer Vormundschaft nöthig macht, oder die Geburt eines unehelichen Kindes angemeldet wird [3]) [4]).

Wird eine Bevormundung in Folge eines gerichtlichen Verfahrens nöthig, so ist das Gericht oder, wenn die Staatsanwaltschaft in dem Verfahren mitgewirkt hat, diese verpflichtet, das Vormundschaftsgericht zu benachrichtigen [5]) [6]).

1) Ueber die Anzeigepflicht vgl. §. 53 S. 212 ff.

2) Im Absatz 1 sind die Worte: „die großjährigen Geschwister" Zusatz des Landtages. Die Bestimmung in der Regierungsvorlage §. 15: „wer durch Hingabe an Kindesstatt die väterliche Gewalt über den Pflegebefohlenen aufgegeben hat", ist gestrichen. Vgl. §. 50 S. 202.

3) Vgl. §. 53 S. 213.

4) Im Absatz 2 ist die in der Regierungsvorlage §. 15 dem Vormundschaftsrichter anheimgegebene Ordnungsstrafe gegen die Standesbeamten bei Unterlassung der Anzeige innerhalb 2 Wochen gestrichen. Der Standesbeamte unterliegt nur der Disziplinirung durch seine ordentlichen Vorgesetzten. Dagegen wurde seine Anzeigepflicht präzisirt und erweitert.

5) Siehe §. 53 S. 214 und §. 102 S. 420 Anm. 6.

6) Absatz 3 der Regierungsvorlage §. 15, betreffend die Verantwortlichkeit für den aus der verzögerten Einleitung der Vormundschaft entstehenden Schaden, ist gestrichen. Vgl. hierüber §. 53 S. 215.

§. 17 [1]).

Als Vormünder sind in nachstehender Reihenfolge berufen:

1) wer ohne die väterliche Gewalt zu erwerben, den Mündel an Kindesstatt angenommen hat [2]);

2) wer von dem Vater in einem Testament oder in einer gerichtlich oder notariell beglaubigten oder eigenhändig geschriebenen und unterschriebenen Urkunde benannt ist, sofern der Vater zur Zeit seines Todes die väterliche Gewalt über den Mündel gehabt hat oder unter Voraussetzung der bereits erfolgten Geburt desselben gehabt haben würde, oder sofern der Vater bis zum Tode die Vormundschaft geführt hat [3]) [4]).

3) die Mutter über ihre ehelichen, nicht an Kindesstatt hingegebenen Kinder [5]);

1) Erläutert in den §§. 54, 55 und 56 S. 215 ff. Vgl. auch §. 32 S. 129, §. 46 S. 185 ff. und §. 84 S. 344.

2) Vgl. §. 55 S. 220.

3) Vgl. §. 54 S. 217 ff.

4) Die Bestimmung der Regierungsvorlage §. 16 Nr. 3: „Wer durch Hingabe an Kindesstatt die väterliche Gewalt über den Pflegebefohlenen aufgegeben hat", ist gestrichen. Siehe §. 50 S. 202. Hiernach wurde Nr. 2 durch Zusammenziehung mit Nr. 4 der Regierungsvorlage redaktionell verändert.

5) Vgl. S. 220 ff. In Nr. 3 sind die Worte: „nicht an Kindesstatt hingegebenen" Zusatz des Landtags. Siehe §. 50 S. 202.

4) wer von der Mutter in der unter Nr. 2 bestimmten Form benannt ist, sofern die Mutter bis zum Tode die Vormundschaft geführt hat[6]);
5) der Großvater väterlicher Seits[7]);
6) der Großvater mütterlicher Seits[8]).

Die Mutter ist nicht berufen, wenn sie mit einem Anderen als dem Vater des Mündels verheirathet oder wenn die Ehe mit dem Vater des Mündels durch Urtheil getrennt ist[9]).

Ist einer Ehefrau ein Vormund zu bestellen, so darf vor jedem nach diesem Paragraphen Berufenen der Ehemann bestellt werden[10]).

[6]) §. 54 S. 217.
[7]) Vgl. S. 222 u. 223. Die Bestimmung ist Zusatz des Landtags.
[8]) S. 222 u. 223, auch §. 51 Anm. 20 S. 207. Zusatz des Landtags.
[9]) S. 222. Zusatz des Landtags, zum Theil entnommen aus §. 17 der Regierungsvorlage.
[10]) §. 56 S. 223 u. 224. Aus §. 17 Abs. 2 der Regierungsvorlage hierhergestellt, siehe bei dem folgenden §. 18 Anm. 3.

§. 18.

Wegen Uebergehung der nach §. 17. Berufenen ist die Beschwerde nur bis zum Ablauf von vier Wochen nach erhaltener Kenntniß von der Bestellung eines anderen Vormundes zulässig[1]).

Sind Umstände eingetreten, welche die Bestellung des nach §. 17. Berufenen als nachtheilig für den Mündel erscheinen lassen, so kann das Vormundschaftsgericht den Berufenen mit dessen Zustimmung übergehen. Bei dessen Widerspruch ist die Entscheidung des Beschwerdegerichts einzuholen[2])[3]).

[1]) Vgl. §. 23 S. 95 und §. 56 S. 224. Ueber Analogien siehe §. 51 S. 206 und §. 57 S. 228.
[2]) Vgl. §. 56 Anm. 2 S. 223 u. S. 225—227, auch §. 23 Anm. 12 S. 90 u. S. 100, §. 34 S. 142, §. 33 S. 138, §. 36 S. 147, §. 53 S. 215, §. 54 S. 219 und §. 57 S. 229.
[3]) Der §. 17 der Regierungsvorlage lautete durchaus abweichend:
„Der nach §. 16 Berufene darf nur wegen gesetzlicher Unfähigkeit, aus anderen Gründen nur mit seiner Zustimmung, die Mutter auch, weil sie mit einem Andern als dem Vater des Pflegebefohlenen verheirathet ist, übergangen werden. Im Falle solcher Verheirathung ist die Bestellung der Mutter zum Vormund nur mit Einwilligung des Ehemannes zulässig.
Als Vormund einer Ehefrau darf vor jedem nach §. 16 Berufenen der Ehemann bestellt werden.
Die Beschwerde wegen Uebergehung ist nur bis zum Ablauf von zwei Wochen nach erhaltener Kenntniß von der Bestellung eines anderen Vormunds zulässig". Vgl. über die Abänderung S. 225 ff.

§. 19[1]).

Kann die Vormundschaft keinem der nach §. 17. Berufenen übertragen werden, so hat das Vormundschaftsgericht nach Anhörung des Waisenraths (§. 52.) einen Vormund zu berufen und dabei geeignete Verwandte oder Verschwägerte des Mündels zunächst zu berücksichtigen[2]).

[1]) Erläutert §. 57 S. 227 ff.
[2]) Im Abs. 1 ist wie im ganzen Gesetz für „Gemeindewaisenrath" der Regierungsvorlage gesetzt „Waisenrath".

Bei der Auswahl des Vormunds ist auf das religiöse Bekenntniß des Mündels Rücksicht zu nehmen[3]).

Das Vormundschaftsgericht hat in der Regel für einen Mündel, sowie für mehrere Geschwister nur einen Vormund zu berufen[4]).

[3]) Die Worte im Abs. 1: „und dabei geeignete" 2c., ebensowie Abs. 2 u. 3 fehlten in der Regierungsvorlage und sind Zusätze des Herrenhauses. Vgl. §. 57 S. 229.

[4]) Siehe §. 32 S. 129 und §. 57 S. 229.

§. 20.

Jeder Preuße, welcher nicht gesetzlich unfähig oder zur Ablehnung berechtigt ist, muß die Vormundschaft, zu welcher er berufen ist, übernehmen[1]).

Weigert sich der Berufene, so kann er von dem Vormundschaftsgerichte durch Ordnungsstrafen bis zum Betrage von je dreihundert Mark zur Uebernahme der Vormundschaft angehalten werden.

Mehrere Strafen sind nur in Zwischenräumen von mindestens einer Woche zu verhängen. Ist dreimal eine Strafe ohne Erfolg verhängt, so ist ein anderer Vormund zu bestellen[2])[3]).

[1]) Erläutert §. 58 S. 230 ff.

[2]) §. 60 S. 239 u. 240. Vgl. §. 26 S. 110 und §. 20 S. 81.

[3]) Abs. 3 ist Zusatz des Landtages. Abs. 2 u. 3 des §. 19 der Regierungsvorlage lauteten:

Abs. 2: „Weigert sich der Berufene, so wird er dem Pflegebefohlenen für allen aus der Weigerung entstehenden Schaden verantwortlich und kann von dem Vormundschaftsrichter durch Ordnungsstrafen zur Uebernahme der Vormundschaft angehalten werden".

Abs. 3: „Eine Ordnungsstrafe darf den Betrag von dreihundert Mark nicht übersteigen".

§. 21[1]).

Unfähig zur Führung einer Vormundschaft sind:

1) Bevormundete oder Handlungsunfähige[2]);
2) wer das einundzwanzigste Lebensjahr noch nicht zurückgelegt hat[3]);
3) wer der bürgerlichen Ehrenrechte verlustig erklärt ist, nach Maßgabe des Strafgesetzbuchs[4]);
4) Gemeinschuldner während der Dauer des Konkursverfahrens[4]);
5) wer offenkundig einen unsittlichen Lebenswandel führt[4]);
6) wer von dem Vater oder von der Mutter nach Maßgabe der in §. 17. für die Berufung eines Vormundes gegebenen Vorschriften ausgeschlossen worden ist[5]);
7) weibliche Personen[6]).

Nicht unfähig zur Führung einer Vormundschaft sind jedoch die Mutter

[1]) Erläutert §. 47 S. 188 ff.

[2]) S. 188 und §. 48 S. 190.

[3]) §. 48 S. 190.

[4]) S. 191 u. 192.

[5]) S. 192, vgl. auch §. 54 S. 219.

[6]) Vgl. die Ausführung in §. 49 S. 195 ff. Der Regierungsentwurf setzte hinzu „mit Ausnahme der ehelichen und unehelichen Mutter".

über ihre ehelichen, unehelichen oder angenommenen Kinder und die Großmutter, sofern sie nicht bei etwaiger Trennung der Ehe für den schuldigen Theil erklärt sind, sowie diejenigen weiblichen Personen, welche nach §. 17. Nr. 2. und 4. berufen sind [7]).

Eine Frau, welche mit einem Andern, als dem Vater des Mündels verheirathet ist, darf nur mit Einwilligung des Ehemannes zum Vormund bestellt werden [8]) [9]).

[7]) §. 49 S. 197 und §. 55 S. 222. Abs. 2 ist Zusatz des Landtags statt des in der Anm. 6 erwähnten Passus.

[8]) §. 49 S. 198 u. 200. Abs. 3 ist Zusatz des Landtags.

[9]) Gestrichen wurden Nr. 5 der Regierungsvorlage §. 20: „Wer eines vormundschaftlichen Amtes entsetzt worden ist," ferner Nr. 9, 10, 11 der Regierungsvorlage: „Wer offenkundig mit den Eltern des Pflegebefohlenen oder mit diesem selbst in Feindschaft gelebt hat oder noch lebt." „Stiefväter über ihre Stiefkinder, ausgenommen, wenn Einkindschaft stattfindet." „Uneheliche Erzeuger über ihre natürlichen Kinder, ausgenommen, wenn sie dieselben freiwillig anerkannt haben."

§. 22 [1]).

Wer ein Staatsamt oder ein besoldetes Amt in der Kommunal- oder Kirchenverwaltung bekleidet, bedarf zur Führung einer von dem Vormundschaftsgericht eingeleiteten Vormundschaft der Genehmigung der zunächst vorgesetzten Behörde [2]).

[1]) Erläutert §. 59 S. 236 ff., vgl. §. 98 S. 405.

[2]) Der Ausdruck „besoldetes Amt" ist Zusatz des Landtags. Der §. 21 der Regierungsvorlage lautete: „Personen, welche in einem Staats-, Gemeinde- oder Kirchenamt stehen, bedürfen zur Führung einer von dem Vormundschaftsrichter eingeleiteten Vormundschaft der Genehmigung der ihnen zunächst vorgesetzten Behörde."

§. 23.

Die Uebernahme einer Vormundschaft können ablehnen:

1) weibliche Personen [1]);
2) wer das sechszigste Lebensjahr überschritten hat [2]);
3) wer bereits mehr als eine Vormundschaft oder Pflegschaft führt [3]);
4) wer an einer die ordnungsmäßige Führung der Vormundschaft hindernden Krankheit leidet [4]);
5) wer nicht in dem Bezirk des Vormundschaftsgerichts seinen Wohnsitz hat [5]);
6) wer nach Maßgabe des §. 58. zur Stellung einer Sicherheit angehalten wird [6]);

[1]) Vgl. §. 49 S. 198, §. 58 S. 230 und §. 97 S. 398. Nr. 1 lautete in der Regierungsvorlage: „die Mutter". Die Aenderung war eine Konsequenz der Beschlüsse im §. 17 Abs. 2 V. O.

[2]) Vgl. §. 58 S. 231.

[3]) Vgl. S. 231. Die Regierungsvorlage lautete: „diejenigen, welche bereits zwei Vormundschaften oder Gegenvormundschaften verwalten".

[4]) Vgl. §. 58 S. 232 und §. 89 S. 366.

[5]) Vgl. §. 58 S. 232 u. 233 und §. 89 S 366.

[6]) S. 233 und §. 84 S. 344. Nr. 6 und Nr. 7 fehlten in der Regierungsvorlage.

7) wer fünf oder mehr minderjährige eheliche Kinder hat[7]).

Die Führung einer Gegenvormundschaft steht im Sinne der Nr. 3. der Führung einer Vormundschaft oder Pflegschaft nicht gleich[8]).

Das Ablehnungsrecht geht verloren, wenn es nicht bei dem Vormundschaftsgericht vor der Verpflichtung geltend gemacht wird[9]).

[7]) S. 233 und §. 89 S. 366.

[8]) Vgl. S. 231. Dieser Satz fehlte in der Regierungsvorlage; er war nöthig zur Feststellung des Sinnes der Nr. 3.

[9]) Siehe §. 58 S. 234.

§. 24.

Der Vormund wird von dem Vormundschaftsgericht durch Verpflichtung auf treue und gewissenhafte Führung der Vormundschaft bestellt. Die Verpflichtung erfolgt mittels Handschlags an Eidesstatt[1]).

Der Vormund erhält eine Bestallung, aus welcher die Namen und die Geburtszeiten der Mündel, die Namen des Vormundes, des Gegenvormundes und der Mitvormünder, sowie die Art der etwaigen Theilung der Verwaltuug ersichtlich sein müssen. Ist ein Familienrath bestellt, so ist auch dies anzugeben[2]).

Eine Bestellung des gesetzlichen Vormundes findet nicht statt[3])[4]).

[1]) Erläutert §. 60 S. 240. Vgl. §. 31 S. 128. Statt Abs. 1 und 2 lautete Abs. 1 der Regierungsvorlage §. 23: „Der Vormund wird von dem Vormundschaftsrichter auf treue und gewissenhafte Führung der Vormundschaft mündlich verpflichtet. Er erhält einen Vormundsbrief, aus welchem auch die Namen und die Geburtszeiten der Pflegebefohlenen, sowie die Namen des Gegenvormunds und der Mitvormünder ersichtlich sein müssen."

[2]) §. 60 S. 241. Vgl. auch §. 26 S. 114 und §. 32 S. 132, sowie §. 98 S. 405.

[3]) Siehe §. 60 S. 243.

[4]) Abs. 3 der Regierungsvorlage lautete: „Sofern nicht mehrere Vormünder durch den Vater oder die Mutter berufen sind, wird in der Regel für einen Pflegebefohlenen oder für mehrere Geschwister nur ein Vormund bestellt." An seine Stelle kam §. 19 Abs. 3 V. O.

§. 25[1]).

Wird ein Handlungsunfähiger zum Vormund bestellt, so ist die Bestellung nichtig.

Ist der zum gesetzlichen Vormund Berufene bevormundet oder handlungsunfähig oder nicht im Besitz der bürgerlichen Ehrenrechte, so tritt die gesetzliche Vormundschaft nicht ein.

Stehen dem Vormund andere Unfähigkeitsgründe entgegen, oder fehlt es an der nach §. 22. erforderlichen Genehmigung, so führt er sein Amt, bis er entlassen wird[2]).

[1]) Erläutert §. 47 S. 189 und §. 88 S. 360, auch §. 89 S. 364 u. 365.

[2]) Der gestrichene Abs. 4 der Regierungsvorlage §. 24 lautete: „Wer wissentlich eine unfähige Person dem Richter als Vormund in Vorschlag gebracht hat, haftet dem Pflegebefohlenen für allen daraus entstehenden Schaden." Man nahm an, dies sei selbstverständlich, die Haftung bestimme sich nach allgemeinen Grundsätzen.

§. 26[1]).

Neben dem Vormund kann ein Gegenvormund bestellt werden.

Ein Gegenvormund muß bestellt werden, wenn mit der Vormundschaft eine Vermögensverwaltung verbunden ist und nicht mehrere Vormünder zu ungetrennter Verwaltung bestellt sind[2]).

Führen mehrere Vormünder die Verwaltung nach Geschäftszweigen getrennt, so kann der eine zum Gegenvormund des andern bestellt werden[3]).

Neben dem gesetzlichen Vormund ist ein Gegenvormund nur zu bestellen, wenn dessen Anhörung nach Maßgabe des §. 55. erforderlich wird; die Bestellung erfolgt nur zum Zwecke der Prüfung der von dem Vormundschaftsgerichte zu genehmigenden Handlung[4]).

Auf die Berufung und Bestellung des Gegenvormundes finden die für die Berufung und Bestellung des Vormundes geltenden Vorschriften entsprechende Anwendung[5]).

Der Vater oder die Mutter können nach Maßgabe der in §. 17. für die Berufung eines Vormundes gegebenen Vorschriften die Bestellung eines Gegenvormundes untersagen[6]).

[1]) Ueber den Gegenvormund vgl. §§. 35 u. 36 S. 142 ff.
[2]) Erläutert S. 144, 145 u. 146.
[3]) Siehe §. 32 S. 132.
[4]) §. 36 S. 146 u. 149 bei Anm. 34. Siehe auch §. 58 S. 231 u. 232 und §. 50 S. 202, §. 51 S. 207 und § 52 S. 210, sowie §. 9 S. 30.
[5]) §. 36 S. 146 u. 147, §. 46 S. 187, §. 58 S. 231 u. 232 und §. 78 S. 318.
[6]) Vgl. §. 33 S. 134 u. 137 und §. 36 S. 146 u. 147. Abs. 6 fehlte in der Regierungsvorlage.

II. Führung der Vormundschaft.

§. 27[1]).

Dem Vormund liegt die Sorge für die Person und die Vermögensangelegenheiten des Mündels sowie die erforderliche Vertretung desselben ob, soweit nicht für gewisse Angelegenheiten ein Pfleger bestellt ist.

[1]) Erläutert §. 62 S. 245 ff. Vgl. §. 31 S. 126 ff., §. 66 S. 266, §. 97 S. 398 u. 399 und §. 98 S. 402.

§. 28.

Der Mutter des Mündels steht dessen Erziehung unter der Aufsicht des Vormundes zu. Dieselbe kann ihr aus erheblichen Gründen nach Anhörung des Vormundes, sowie des Waisenrathes durch das Vormundschaftsgericht entzogen werden[1])[2]).

Die bestehenden Vorschriften über die religiöse Erziehung der Kinder bleiben in Kraft[3]).

[1]) Erläutert §. 63 S. 249 ff. Vgl. auch §. 10 S. 39.
[2]) Der Abs. 1 der Regierungsvorlage §. 27 lautete: „Der Vormund hat der Mutter des Pflegebefohlenen, sofern nicht erhebliche Bedenken entgegenstehen, die Erziehung zu überlassen, jedoch Aufsicht darüber zu führen."
[3]) Erklärt §. 63 S. 252 ff.

§. 29 [1]).

Der Mündel wird durch solche Rechtsgeschäfte berechtigt und verpflichtet, welche der Vormund ausdrücklich im Namen des Mündels oder unter Umständen abgeschlossen hat, welche ergeben, daß das Geschäft nach dem Willen der Betheiligten für den Mündel geschlossen werden sollte.

[1]) Vgl. die Ausführung §. 66 S. 267.

§. 30 [1]).

Mehrere Vormünder verwalten gemeinschaftlich.

Bei Meinungsverschiedenheiten entscheidet die Mehrheit oder, wenn eine solche nicht erzielt wird, das Vormundschaftsgericht [2]).

Ist unter mehreren Vormündern die Verwaltung getheilt, so verwaltet jeder die ihm zugetheilten Geschäfte selbstständig.

Andere Bestimmungen über die Verwaltung mehrerer Vormünder können durch den zur Berufung Berechtigten getroffen werden [3]).

[1]) Ueber das Verhältniß der Mitvormünder siehe §. 32 S. 128 ff., auch §. 37 S. 155, §. 64 S. 263 und §. 83 S. 338.

[2]) Vgl. auch oben §. 18 S. 68 u. 69 Anm. 4 und §. 25 S. 105. Im Abs. 1 ist gestrichen der Zusatz der Regierungsvorlage: „sofern nicht durch den zur Berufung Berechtigten oder durch den Richter etwas anderes bestimmt ist."

[3]) Abs. 4 fehlte in der Regierungsvorlage und ist Zusatz des Landtags anstatt des Anm. 2 gedachten Zusatzes im Abs. 1. Vgl. §. 32 S. 132.

§. 31 [1]).

Der Gegenvormund hat darauf zu achten, daß die Vermögensverwaltung des Vormundes oder des bei Verhinderung desselben eintretenden Pflegers ordnungsmäßig geführt wird. Er hat in den in diesem Gesetze bestimmten Fällen bei Führung der Vormundschaft mitzuwirken [2]).

Er hat von etwaigen Pflichtwidrigkeiten oder der eintretenden Unfähigkeit des Vormundes dem Vormundschaftsgericht Anzeige zu machen [3]).

[1]) Vgl. die Ausführungen §. 36 S. 148 ff.

[2]) Im Abs. 1 sind die Worte: „Er hat in den" u. s. w. Zusatz des Landtags. Abs. 2 u. 4 des §. 30 der Regierungsvorlage lauteten:

„Er hat wenigstens einmal in jedem Jahre und jedenfalls vor Abgabe seiner Bemerkungen zu der von dem Vormund einzureichenden Rechnung oder Vermögensübersicht den Vermögensbestand durch den Vormund sich nachweisen zu lassen und dem Vormundschaftsrichter hierüber Anzeige zu machen. Meinungsverschiedenheiten zwischen dem Vormund und dem Gegenvormund sind von dem Vormundschaftsrichter zu entscheiden." Dies wurde gestrichen. Man wollte weder eine soweit gehende Einwirkung des Gegenvormunds noch auch die Möglichkeit, durch Meinungsverschiedenheit dem Richter die Verwaltung in die Hand zu legen.

[3]) Siehe §. 88 S. 360 und §. 89 S. 363 u. 365 Anm. 18.

§. 32.

Der Vormund sowie der Gegenvormund haftet für die Sorgfalt, welche ein ordentlicher Hausvater auf seine eigenen Angelegenheiten verwendet [1]).

[1]) Vgl. die Ausführungen §. 37 S. 153 ff., auch §. 65 S. 265 und §. 76 S. 310; über culpa in eligendo §. 66 S. 268. Bezüglich der Verwaltung vor Inkrafttreten des Gesetzes vgl. §. 12 S. 45.

Die Verantwortlichkeit des bestellten Vormundes beginnt mit dem Zeitpunkt der Bestellung [2]).

Der Ehemann einer zum Vormund bestellten Frau haftet, wenn er nicht der Vater des Mündels ist, für die vormundschaftliche Verwaltung als Bürge [3]).

Die Einrede der Theilung unter mehreren Verhafteten ist ausgeschlossen [4]).

Die bestehenden Vorschriften, nach welchen dem Mündel ein persönliches Vorzugsrecht vor anderen Gläubigern des Vormundes zusteht, bleiben in Kraft [5]).

Ein Pfandrecht oder ein Titel zum Pfandrecht an dem Vermögen des Vormundes entsteht durch die Vormundschaft nicht [6]).

[2]) §. 60 S. 242. Die Worte „des bestellten Vormundes" fehlten in der Regierungsvorlage.

[3]) Erläutert §. 49 S. 199 u. 200, auch §. 37 S. 157, §. 92 unter Nr. 7 S. 383. In der Regierungsvorlage §. 31 hieß es „der zum Vormund bestellten Mutter".

[4]) Vgl. §. 32 S. 131, §. 37 S. 155 u. §. 92 S. 383.

[5]) Siehe S. 383 u. 384, vgl. auch §. 38 S. 158, §. 47 S. 188, §. 80 S. 322 und §. 98 S. 408. Die an die Stelle der bestehenden Vorschriften getretene Nr. 5 des §. 54 der deutschen Konkursordnung lautet:

„Die Konkursforderungen werden nach folgender Rangordnung, bei gleichem Range nach Verhältniß ihrer Beträge, berichtigt:

5. die Forderungen der Kinder und Pflegebefohlenen des Gemeinschuldners in Ansehung ihres gesetzlich der Verwaltung desselben unterworfenen Vermögens; das Vorrecht steht ihnen nicht zu, wenn die Forderung nicht binnen zwei Jahren nach Beendigung der Vermögensverwaltung gerichtlich geltend gemacht und bis zur Eröffnung des Verfahrens verfolgt worden ist."

[6]) Vgl. §. 12 unter Nr. 5 S. 47.

§. 33 [1]).

Die Vormundschaft wird in der Regel unentgeltlich geführt.

Auslagen müssen dem Vormund und dem Gegenvormund aus dem Vermögen des Mündels erstattet werden [2]).

Hat der Vormund oder der Gegenvormund Dienste geleistet, welche seinem Gewerbe oder Beruf angehören, so kann er die Bezahlung dieser Dienste aus dem Vermögen des Mündels fordern [3]).

[1]) Erläutert §. 77 S. 311 ff.

[2]) Vgl. hierüber §. 93 S. 384 u. 385, ferner §. 36 S. 152, §. 77 S. 311, §. 81 S. 324 und §. 83 Anm. 10 u. 12 S. 333.

[3]) Vgl. S. 312, ferner §. 93 S. 384 u. 385.

§. 34 [1]).

Ein Honorar steht dem Vormund nur zu, soweit ihm ein solches von dem Erblasser des Mündels oder von dem Vormundschaftsgericht zugebilligt worden ist.

Das Vormundschaftsgericht darf dem Vormund ein Honorar nach Anhörung des Gegenvormundes und nur dann zubilligen, wenn die Vermögensverwaltung der Vormundschaft besonders umfangreich ist [2]).

[1]) Erläutert §. 77 S. 313 ff.

[2]) Siehe S. 314 u. 315 und §. 36 S. 148. Vgl. noch §. 12 S. 45 und §. 18 S. 69. Im Abs. 2 sind die Worte: „nach Anhörung des Gegenvormundes und nur dann" Zusatz des Landtags.

Dem Gegenvormund darf das Vormundschaftsgericht ein Honorar nicht zubilligen [3]).

[3]) Siehe §. 36 S. 152 und §. 77 S. 314.

§. 35 [1]).

Von dem bei Einleitung der Vormundschaft vorhandenen oder später dem Mündel zugefallenen Vermögen hat der Vormund unter Zuziehung des etwa vorhandenen Gegenvormundes ein genaues und vollständiges Verzeichniß aufzunehmen und dem Vormundschaftsgericht mit der von ihm und dem Gegenvormund abzugebenden pflichtmäßigen Versicherung der Richtigkeit und Vollständigkeit einzureichen [2]).

Der Vater des Mündels ist als gesetzlicher Vormund von dieser Verpflichtung frei [3]).

Hat ein Erblasser des Mündels in der §. 17 Nr. 2. bestimmten Form die Offenlegung des Verzeichnisses seines Nachlasses verboten, so ist dasselbe von dem Vormund nach Vorschrift des ersten Absatzes einzureichen und von dem Vormundschaftsgericht einzusiegeln, auf Verlangen des Vormundes in dessen Gegenwart. Das Vormundschaftsgericht darf nur aus besonderen Gründen, über welche der Vormund zu hören ist, von dem Inhalte dieses Verzeichnisses Kenntniß nehmen [4]).

[1]) Erläutert §. 81 S. 323 ff.

[2]) Im Abs. 1 sind die Worte: „unter Zuziehung des etwa vorhandenen Gegenvormundes“ Zusatz des Landtags. Vgl. §. 36 S. 148 u. 149.

[3]) Vgl. §. 81 S. 327.

[4]) Erläutert S. 328 u. 329. Vgl. auch §. 34 S. 140.

§. 36 [1]).

Hat ein Erblasser des Mündels über die Verwaltung oder die Veräußerung der zu seinem Nachlasse gehörigen Gegenstände Bestimmungen für den Vormund getroffen, so sind diese zu befolgen. Eine Abweichung von diesen Bestimmungen ist mit Genehmigung des Vormundschaftsgerichts gestattet, wenn [2]) Umstände eingetreten sind, welche die Befolgung als nachtheilig fur den Mündel erscheinen lassen [3]).

[1]) Vgl. §. 34 S. 140, ferner §. 31 S. 127, §. 33 S. 136, §. 66 S. 266 und §. 68 S. 275.

[2]) Hier war im §. 35 der Regierungsvorlage eingefügt „später“, vgl. §. 56 S. 226.

[3]) Vgl. §. 34 S. 141, auch §. 21 Anm. 4 S. 82 und §. 33 S. 138.

§. 37 [1]).

Die Kosten der Erziehung des Mündels hat der Vormund aus den Einkünften desselben zu bestreiten. Reichen die Einkünfte nicht aus, so kann das Stammvermögen angegriffen werden [2]).

[1]) Vgl. §. 63 S. 255.

[2]) Der diesem Paragraphen folgende §. 37 der Regierungsvorlage lautete: „Einem Pflegebefohlenen, welcher das achtzehnte Lebensjahr vollendet hat, kann der Vormund mit Genehmigung des Gegenvormundes die Einkünfte des Vermögens ganz oder zum Theil zur eigenen Einziehung und Verwendung überlassen.“ Man hielt das so vorgeschlagene Verhältniß für unklar und für kein Bedürfniß, da dem Mündel eine seinen Verhältnissen entsprechende Summe vom Vormunde überlassen werden kann, siehe S. 255.

§. 38 [1]).

Der Vormund kann Schenkungen für den Mündel nicht vornehmen. Jedoch sind Geschenke zulässig, welche üblich sind oder durch die Vermögensverwaltung begründet werden [2]).

[1] Erläutert §. 67 S. 270 ff.

[2]) Der §. 38 der Regierungsvorlage lautete: „Der Vormund kann Verzichtleistungen und Schenkungen für den Pflegebefohlenen nicht vornehmen. Jedoch sind Geschenke, welche der Anstand anräth, zulässig." Die Gründe der Aenderung ergeben sich aus den Ausführungen S. 272 u. 273.

§. 39 [1]).

Gelder, welche zu laufenden oder zu anderen durch die Vermögensverwaltung begründeten Ausgaben nicht erforderlich sind, hat der Vormund im Einverständnisse mit dem Gegenvormund [2]) in Schuldverschreibungen, welche von dem Deutschen Reiche oder von einem Deutschen Bundesstaate mit gesetzlicher Ermächtigung ausgestellt sind, oder in Schuldverschreibungen, deren Verzinsung von dem Deutschen Reiche oder von einem Deutschen Bundesstaate gesetzlich garantirt ist, oder in Rentenbriefen der zur Vermittelung der Ablösung von Renten in Preußen bestehenden Rentenbanken, oder in Schuldverschreibungen, welche von Deutschen kommunalen Korporationen (Provinzen, Kreisen, Gemeinden 2c.), oder von deren Kreditanstalten ausgestellt und entweder Seitens der Inhaber kündbar sind, oder einer regelmäßigen Amortisation unterliegen, oder auf sichere Hypotheken oder Grundschulden, zinsbar anzulegen [3]).

Gelder, welche in dieser Weise nach den obwaltenden Umständen nicht angelegt werden können, sind bei der Reichsbank oder bei öffentlichen, obrigkeitlich bestätigten Sparkassen zinsbar zu belegen [4]).

Eine Hypothek oder Grundschuld ist für sicher zu erachten, wenn sie bei ländlichen Grundstücken innerhalb der ersten zwei Drittheile des durch ritterschaftliche, landschaftliche, gerichtliche oder Steuertaxe, bei städtischen innerhalb der ersten Hälfte des durch Taxe einer öffentlichen Feuerversicherungs-Gesellschaft oder durch gerichtliche Taxe zu ermittelnden Werthes, oder wenn sie innerhalb des fünfzehnfachen Betrags des Grundsteuerreinertrags der Liegenschaft zu stehen kommt [5]).

[1]) Die Bestimmungen des Paragraphen erläutert §. 76 S. 302 ff. Vgl. auch §. 75 S. 298.

[2]) Vgl. hierüber §. 37 S. 154 und §. 76 S. 306.

[3]) Abs. 1 des §. 39 der Regierungsvorlage lautete: „Gelder, welche zu laufenden Ausgaben nicht erforderlich sind, hat der Vormund im Einverständnisse mit dem Gegenvormund in Schuldverschreibungen, welche von dem deutschen Reiche oder von einem deutschen Bundesstaate mit gesetzlicher Ermächtigung ausgestellt sind, oder in Schuldverschreibungen, deren Verzinsung von dem deutschen Reiche oder von einem deutschen Bundesstaate gesetzlich garantirt ist, oder in Rentenbriefen der zur Vermittelung der Ablösung von Renten in Preußen bestehenden Rentenbanken oder in Schuldverschreibungen deutscher kommunaler Korporationen (Provinzen, Kreise, Gemeinden 2c.), welche einer regelmäßigen Amortisation unterliegen, oder auf sichere Hypotheken oder Grundschulden oder in öffentlichen, obrigkeitlich bestätigten Sparkassen zinsbar anzulegen".

[4]) Abs. 2 fehlte in der Regierungsvorlage und ist nur zum Theil ihrem Abs. 1 entnommen, siehe §. 76 Anm. 11 S. 302, 306 ff. u. 309.

[5]) Vgl. die Erläuterung auf S. 304 u. 305, auch §. 37 S. 155. Im

Sicheren Hypotheken stehen im Sinne dieser Vorschriften die mit staatlicher Genehmigung ausgegebenen Pfandbriefe und gleichartigen Schuldverschreibungen solcher Kreditinstitute gleich, welche durch Vereinigung von Grundbesitzern gebildet, mit Korporationsrechten versehen sind und nach ihren Statuten die Beleihung von Grundstücken auf die im dritten Absatz angegebenen Theile des Werthes derselben zu beschränken haben[6]).

Versäumt oder verzögert der Vormund die Anlegung von Geldern, so muß er die anzulegende Summe mit sechs vom Hundert jährlich verzinsen[7]).

Abs. 3 sind die Worte: „des durch ritterschaftliche, landschaftliche, gerichtliche oder Steuertaxe" und „des durch Taxe einer öffentlichen Feuerversicherungs-Gesellschaft oder durch gerichtliche Taxe zu ermittelnden" Zusatz des Landtags, in der Regierungsvorlage fehlten sie.

[6]) Siehe §. 76 S. 305.

[7]) Vgl. §. 76 S. 308.

§. 40[1]).

Der Vormund darf Vermögensgegenstände des Mündels nicht in seinem Nutzen verwenden. Er hat das trotzdem in seinem Nutzen verwendete Geld von der Verwendung an zu verzinsen. Den Zinsfuß bestimmt das Vormundschaftsgericht nach seinem Ermessen auf acht bis zwanzig vom Hundert.

Eine Hypothek oder Grundschuld, welche auf einem Grundstücke des Vormundes haftet, darf derselbe für den Mündel nicht erwerben[2]).

[1]) Erläutert §. 80 S. 320 ff.

[2]) Siehe §. 78 S. 317 u. 318. Abs. 2 fehlte in der Regierungsvorlage und ist Zusatz des Landtags.

§. 41[1])[2]).

Der Genehmigung des Gegenvormundes bedarf es:

1) zur Veräußerung von Werthpapieren,
2) zur Einziehung, Abtretung oder Verpfändung von Kapitalien, sofern dieselben nicht bei Sparkassen belegt sind,
3) zur Aufgabe oder Minderung der für eine Forderung bestellten Sicherheit.

Die Genehmigung des Gegenvormundes kann durch die Genehmigung des Vormundschaftsgerichts ersetzt werden[3]).

[1]) Siehe die Ausführung §. 70 S. 283 ff. Vgl. §. 36 S. 149 u. 150 ff., §. 67 S. 273 und §. 98 S. 406 u. 407.

[2]) Der §. 41 lautete in der Regierungsvorlage:

„Der Genehmigung des Gegenvormundes bedarf es:
1) zur Veräußerung von Kostbarkeiten und von Inhaberpapieren,
2) zur Einziehung, Abtretung oder Verpfändung von Forderungen auf angelegte Kapitalien.

Von der Genehmigung des Gegenvormundes ist Dritten gegenüber die Gültigkeit der Handlungen des Vormundes nicht abhängig." Wichtig war insbesondere die Beseitigung des letzten Absatzes, welcher durch die entgegengesetzten Bestimmungen im §. 46 V. O. ersetzt wurde.

[3]) Siehe §. 36 S. 149, §. 70 S. 286 u. 287, §. 76 S. 309 und §. 98 S. 406 u. 407. Der Zusatz des Absatzes wurde nothwendig durch die Streichung des Abs. 4 im §. 30 der Regierungsvorlage. Vgl. Bemerkung in der Anm. 2 zu §. 31 des Gesetzes.

§. 42 [1]).

Der Genehmigung des Vormundschaftsgerichts bedarf es:

1) zur Entlassung des Mündels aus der Preußischen Staatsangehörigkeit [2]);
2) zur Annahme des Mündels an Kindesstatt [2]);
3) zum Eintritt des Mündels in eine Einkindschaft [2]);
4) zur Erbauseinandersetzung, sofern dieselbe nicht durch Erkenntniß festgesetzt wird [3]);
5) zur Veräußerung oder Belastung unbeweglicher Sachen, soweit dieselbe nicht im Zwangsverfahren gegen den Mündel erfolgt [4]);
6) zum Erwerb von unbeweglichen Sachen durch lästigen Vertrag [5]);
7) zur Verpachtung oder Vermiethung unbeweglicher Sachen, wenn der Vertrag über das Alter der Großjährigkeit hinaus gelten soll, sowie zur Verpachtung von Grundstücken, die zu einem Grundsteuerreinertrag von dreitausend Mark oder mehr eingeschätzt sind [6]);
8) zur Abschließung von Vergleichen, wenn deren Gegenstand unschätzbar ist oder die Summe von dreihundert Mark übersteigt [7]);
9) zur Veränderung oder Auflösung, sowie zur Neubegründung oder Uebernahme eines Erwerbsgeschäfts [8]);
10) zur Eingehung wechselmäßiger Verbindlichkeiten [9]);
11) zur Ertheilung einer Prokura [10]);
12) zur Aufnahme von Darlehen [11]);
13) zur Uebernahme fremder Verbindlichkeiten [12]);
14) zur Entsagung einer Erbschaft oder eines Vermächtnisses [13]).

[1]) Im allgemeinen vergleiche §. 21 S. 81 ff.

[2]) Siehe §. 62 S. 248 u. 249.

[3]) Vgl. die Ausführung §. 73 S. 292 ff.

[4]) Siehe die Ausführung §. 69 S. 276 ff. Vgl. §. 21 S. 86.

[5]) Behandelt §. 75 S. 298 ff.

[6]) Vgl. §. 69 S. 280 ff., sowie §. 97 S. 400 u. 401 und §. 98 Anm. 26 S. 407. — Nr. 7 der Regierungsvorlage lautete:

„Zur Verpachtung oder Vermiethung unbeweglicher Sachen des Pflegebefohlenen, wenn der Vertrag auf mehr als 2 Jahre nach erreichtem Alter der Großjährigkeit gelten soll.“

[7]) Siehe §. 67 S. 273 u. 274 und §. 74 S. 295—297.

[8]) Vgl. §. 65 S. 264. Die Regierungsvorlage hatte auch die „Fortsetzung“ des Geschäfts von der Genehmigung abhängig gemacht, was gestrichen wurde im Interesse der Industrie und weil das Geschäft nicht etwa bis zur Entscheidung des Gerichts stille stehen kann.

[9]) Siehe §. 71 unter b S. 288.

[10]) §. 66 S. 269. Vgl. auch §. 21 S. 85.

[11]) Erläutert §. 71 unter a S. 288.

[12]) Siehe §. 71 unter c S. 288.

[13]) §. 67 S. 273 und §. 72 S. 290 u. 291.

§. 43 [1]).

Ob die Auseinandersetzung über einen dem Mündel angefallenen Nachlaß mit dessen Miterben von dem Vormund herbeizuführen sei, hat dieser zu ermessen.

Die Erbauseinandersetzung kann vor Gericht, vor einem Notar oder mittelst Privatschrift erfolgen.

Im Bezirk des Appellationsgerichtshofes [2]) zu Cöln erhält die Erbauseinandersetzung durch die Genehmigung des Vormundschaftsgerichts dieselbe Gültigkeit, als wäre sie nur von großjährigen Personen vorgenommen worden.

Der Erbauseinandersetzung steht die Theilung gütergemeinschaftlichen Vermögens zwischen dem Ehegatten und den Erben des Verstorbenen gleich [3]).

Die in Artikel 2109. des Rheinischen Civilgesetzbuchs bestimmte Frist beginnt von dem Tage der richterlichen Genehmigung der Erbauseinandersetzung [4]).

[1]) Erläutert §. 73 S. 291 ff. Vgl. §. 65 S. 264.
[2]) Jetzt des Oberlandesgerichts.
[3]) Abs. 4 fehlte in der Regierungsvorlage.
[4]) Zu Abs. 3—5 siehe §. 73 Anm. 9 S. 292 u. 293.

§. 44 [1]).

Die Art der Veräußerung einer unbeweglichen Sache wird unbeschadet der Rechte der Miteigenthümer von dem Vormundschaftsgericht bestimmt. Die Veräußerung kann durch gerichtliche und notarielle Versteigerung oder aus freier Hand erfolgen.

Erfolgt die Veräußerung durch notarielle Versteigerung, so finden in dem Geltungsbereiche des Gesetzes vom 18. April 1855. (Gesetz-Samml. S. 521.) die Vorschriften desselben über die Versteigerung durch einen Notar mit der Maßgabe Anwendung, daß die der Rathskammer oder dem Präsidenten des Landgerichts zugewiesene Thätigkeit von dem Vormundschaftsgericht auszuüben ist. Das Vormundschaftsgericht bestimmt nach freiem Ermessen, in welcher Art die Versteigerung bekannt zu machen ist.

[1]) Erläutert §. 69 S. 279 u. 280. Vgl. auch §. 21 S. 86.

§. 45 [1]).

Zur Eingehung von wechselmäßigen Verbindlichkeiten darf eine allgemeine Genehmigung ertheilt werden, wenn sie durch die vormundschaftliche Vermögensverwaltung erforderlich wird [2]).

[1]) Siehe §. 21 S. 84 und §. 71 S. 288.
[2]) §. 45 der Regierungsvorlage schloß den Satz mit den Worten: „wenn sie durch die Führung eines Erwerbsgeschäfts für den Pflegebefohlenen erforderlich wird".

§. 46 [1]).

Ein ohne die nach §§. 41. 42. erforderliche Genehmigung abgeschlossenes Rechtsgeschäft hat nur dieselbe Wirksamkeit, wie ein von einem Mündel, welcher sich mit Genehmigung des Vormundes verpflichten kann, ohne Genehmigung des Vormundes abgeschlossenes Rechtsgeschäft.

[1]) Siehe §. 21 S. 85, §. 36 S. 150 ff. und §. 70 S. 287. Die Einschaltung „§. 41." ist Zusatz des Landtags. Die Regierungsvorlage hatte (siehe Anm. 2 zu §. 41 V. O.) der Genehmigung des Gegenvormunds eine ganz andere Bedeutung zugemessen.

§. 47.

Der Vater des Mündels ist berechtigt, in der §. 17. Nr. 2. bestimmten Form den von ihm benannten Vormund von der Nothwendigkeit der Genehmigung des Gegenvormundes oder des Vormundschaftsgerichts zu den §. 41. §. 42. Nr. 4—14. und §. 44. bezeichneten Handlungen zu befreien [1]).

Im Falle solcher Befreiung ist in der Bestallung die allgemeine Ermächtigung zur Vornahme der bezeichneten Handlungen zu ertheilen. Die Befreiung wird erst durch diese Ermächtigung wirksam [2]).

[1]) Vgl. §. 33 S. 135. — Dieser Paragraph fehlte in der Regierungsvorlage.
[2]) Vgl. §. 33 S. 136 u. 137 und §. 60 S. 241 u. 242.

§. 48 [1]).

Die bestehenden Vorschriften über das Erforderniß der Einwilligung des Vormundes, des Vormundschaftsgerichts und des Familienraths zur Eheschließung des Mündels und über die Wirkungen des Mangels dieser Einwilligung bleiben mit der Maßgabe in Kraft, daß in dem Bezirk des Appellationsgerichtshofes [2]) zu Cöln die dem Familienrath zugewiesene Thätigkeit von dem Vormundschaftsgericht auszuüben ist.

[1]) Vgl. die Ausführungen §. 64 S. 257 ff. Siehe auch §. 21 Anm. 4 S. 82, §. 32 Anm. 11 S. 130 und §. 86 S. 356 u. 357.
[2]) Jetzt des Oberlandesgerichts.

§. 49 [1]).

Durch die Genehmigung eines Geschäfts Seitens des Gegenvormundes wird der Vormund, durch die Genehmigung Seitens des Vormundschaftsgerichts werden der Vormund und der Gegenvormund von ihrer Haftpflicht dem Mündel gegenüber nicht befreit.

[1]) Vgl. §. 37 S. 156.

§. 50 [1]).

Der Mündel wird der Rechtswohlthat des Nachlaßverzeichnisses bei einer ihm angefallenen Erbschaft durch Handlungen oder Unterlassungen des Vormundes nicht verlustig.

[1]) Vgl. die Erläuterungen §. 72 S. 289 ff.

III. Beaufsichtigung der Vormundschaft.

§. 51 [1]).

Das Vormundschaftsgericht hat über die gesammte Thätigkeit des Vormundes und des Gegenvormundes die Aufsicht zu führen.

Das Vormundschaftsgericht ist befugt, gegen den Vormund und den Gegen-

[1]) Vgl. die Ausführungen §. 18 ff. S. 69 ff., sowie auch §. 63 S. 257, besonders Anm. 37, §. 73 S. 293, §. 76 S. 309 u. 310, §. 80 S. 322, §. 81 Anm. 21 S. 327 und §. 83 S. 335 u. 336.

vormund Ordnungsstrafen zu verhängen. Eine Ordnungsstrafe darf den Betrag von dreihundert Mark nicht übersteigen [2]).

[2]) Interpretirt §. 20 S. 79 ff., vgl. §. 18 S. 69, ferner §. 26 S. 112 u. Anm. 20 S. 113, §. 36 S. 152 und §. 89 Anm. 13 S. 364.

§. 52 [1]) [2]).

Dem Vormundschaftsgericht sind für jede Gemeinde oder für örtlich abzugrenzende Gemeindetheile ein oder mehrere Gemeindeglieder als Waisenräthe zur Seite zu setzen.

Für benachbarte Gemeindebezirke können dieselben Personen zu Waisenräthen bestellt werden.

Das Amt eines Waisenraths ist ein unentgeltliches Gemeindeamt.

Durch Beschluß der Gemeindebehörde kann das Amt des Waisenraths besonderen Abtheilungen der Gemeindeverwaltung übertragen oder mit schon bestehenden Organen der Gemeindeverwaltung verbunden werden.

Auf selbstständige Gutsbezirke finden die vorstehenden Bestimmungen mit der Maßgabe entsprechende Anwendung, daß die Waisenräthe von dem Gutsvorsteher ernannt werden.

[1]) Ueber den Waisenrath — im Regierungsentwurf Gemeindewaisenrath genannt — siehe die Ausführungen in den §§. 28, 29 u. 30 S. 117 ff., insbesondere über den Inhalt des §. 52 den §. 29 S. 119 ff.

[2]) Der Absatz 1 der Regierungsvorlage lautete: „Dem Vormundschaftsrichter steht für jede Gemeinde oder für einen örtlich abzugrenzenden Gemeindetheil ein Gemeindemitglied als Gemeindewaisenrath zur Seite." Man wollte durch die Veränderung den Gemeinden größere Latitude geben. Abs. 2, 3, 4 u. 5 fehlten in der Regierungsvorlage. Vgl. die Ausführung S. 118 u. 119.

§. 53.

Der Waisenrath hat die Aufsicht über das persönliche Wohl des Mündels und über dessen Erziehung zu führen, insbesondere Mängel oder Pflichtwidrigkeiten, welche er bei der körperlichen oder sittlichen Erziehung des Mündels wahrnimmt, anzuzeigen, auch auf Erfordern über die Person des Mündels Auskunft zu ertheilen [1]) [2]).

Er hat diejenigen Personen vorzuschlagen, welche im einzelnen Falle zur Berufung als Vormund oder Gegenvormund geeignet erscheinen [3]).

[1]) Siehe §. 30 S. 122. Vgl. §. 9 S. 29 und §. 89 S. 363.

[2]) Im Abs. 2 der Regierungsvorlage §. 51 fehlten die Worte: „die Aufsicht über das persönliche Wohl des Mündels und über dessen Erziehung zu führen, insbesondere".

[3]) Vgl. §. 30 S. 123, §. 57 S. 227 und §. 98 S. 404 u. 405.

§. 54.

Das Vormundschaftsgericht hat dem Waisenrath des Bezirks, in welchem der Mündel wohnt, von der einzuleitenden Vormundschaft, sowie in den Fällen des zweiten Absatzes §. 12. und des §. 13. von der gesetzlichen Vormundschaft Kenntniß zu geben und den Vormund namhaft zu machen [1]) [2]).

[1]) Erläutert §. 30 S. 124, vgl. auch §. 26 Anm. 21 S. 113 und §. 51 S. 207.

[2]) Im Abs. 1 des Regierungsentwurfs fehlten die Worte: „sowie in den Fällen des zweiten Absatzes §. 12. und des §. 13.".

Von einer Verlegung der Wohnung des Mündels in eine andere Gemeinde oder einen anderen Bezirk hat der Vormund den Waisenrath zu benachrichtigen. Dieser hat dem Waisenrath des neuen Aufenthaltsortes Kenntniß zu geben [3] [4].

[3]) Vgl. S. 125 und §. 52 Anm. 14 S. 211.

[4]) Gestrichen sind folgende Sätze des §. 53 der Regierungsvorlage: „Der Gemeindewaisenrath wird aus Männern, welche das allgemeine Vertrauen genießen, durch die Gemeindebehörde berufen. Diese entscheidet über die Erheblichkeit geltend gemachter Ablehnungsgründe."

„Nach Ablauf von 5 Jahren kann der Gemeindewaisenrath das Amt niederlegen."

„Wird die Entlassung des Gemeindewaisenraths nothwendig, so hat der Vormundschaftsrichter dieselbe bei der Gemeindebehörde herbeizuführen." Durch die Bestimmung des Gesetzes, daß das Amt ein Gemeindeamt sei, wurde dies Alles überflüssig und vollständiger geregelt.

§. 55 [1]).

Das Vormundschaftsgericht hat vor einer von ihm zu treffenden Anordnung auf Antrag des Vormundes oder des Gegenvormundes oder eines Verwandten oder Verschwägerten des Mündels drei von den näheren Verwandten oder Verschwägerten desselben, sofern sie ohne Verzug erreichbar sind, gutachtlich zu hören. Es steht ihm frei, auch ohne Antrag Verwandte oder Verschwägerte des Mündels gutachtlich zu hören [2]).

Das Vormundschaftsgericht hat vor der Entscheidung über die zu einer Handlung des Vormundes erforderliche Genehmigung den Gegenvormund zu hören [3]).

Das Vormundschaftsgericht hat vor der Entscheidung über die Veräußerung einer unbeweglichen Sache oder die Auflösung eines Erwerbsgeschäfts den Mündel, welcher das achtzehnte Lebensjahr zurückgelegt hat, zu hören [4]).

Die Wirksamkeit der Anordnungen des Vormundschaftsgerichts ist von der Anhörung der bezeichneten Personen nicht abhängig [5]).

[1]) Siehe §. 21 S. 84, §. 36 S. 149 und §. 45 S. 183.

[2]) Der Abs. 1 des §. 54 der Regierungsvorlage lautete: „Der Vormundschaftsrichter kann vor einer von ihm zu treffenden Anordnung Verwandte oder Verschwägerte des Pflegebefohlenen gutachtlich hören." Hiernach war das Recht der Verwandten ein viel eingeschränkteres. Vgl. §. 27 S. 115 ff. und §. 84 S. 342.

[3]) Siehe §. 36 S. 148, §. 45 S. 183, §. 60 Anm. 10 S. 241, §. 62 S. 249, §. 64 S. 263 und §. 84 S. 342.

[4]) Abs. 3 fehlte in der Regierungsvorlage und ist Zusatz des Landtags nach dem Vorgang des A. L. R. — Siehe oben § 21 S. 84, §. 65 S. 264 und §. 69 S. 278.

[5]) Der Abs. 2 des §. 54 der Regierungsvorlage lautete: „Die Wirksamkeit der Genehmigung des Vormundschaftsrichters ist von der vorherigen Anhörung des Gegenvormundes nicht abhängig."

§. 56 [1]).

Das Vormundschaftsgericht hat jährlich von dem Vormund Rechnungslegung über die Vermögensverwaltung zu fordern. Bei Verwaltungen von geringerem Umfange kann, wenn die Rechnung des ersten Jahres gelegt ist, der Termin für die folgenden auf zwei bis drei Jahre bestimmt werden.

[1]) Vgl. die Erläuterungen §. 83 S. 330 ff.

Mehrere zu ungetrennter Verwaltung bestellte Vormünder legen die Rechnung gemeinschaftlich [2]).

Der Rechnung sind ein Vorbericht über den Ab- und Zugang des Vermögens und die Beläge beizufügen. Unter der Rechnung hat der Vormund zu versichern, daß er alle Einnahmen verrechnet habe und außer den in der Rechnung aufgeführten vormundschaftlichen Vermögensstücken andere nicht verwahre [3]).

Die Rechnung ist vor der Einreichung dem Gegenvormund unter Nachweisung des Vermögensbestandes vorzulegen und von diesem mit seinen Bemerkungen zu versehen [4]).

Das Vormundschaftsgericht hat die Rechnung sachlich und nach den Belägen zu prüfen, nach Erledigung der Erinnerungen dem Vormund die Beläge mit einem Vermerke des erfolgten Gebrauchs zurückzugeben und auf Verlangen Abschrift der Rechnung zu ertheilen [5]).

[2]) Vgl. §. 32 S. 131 und §. 83 S. 332.

[3]) Siehe S. 334.

[4]) Im Abs. 4 sind die Worte „unter Nachweisung des Vermögensbestandes" Zusatz des Landtags in Folge der Streichung von Abs. 2 §. 30 des Regierungsentwurfs (siehe Anm. 2 zu §. 31 der V. O.). — Vgl. §. 36 S. 148 und §. 83 S. 334.

[5]) Vgl. hierüber §. 83 S. 334—337. Im Abs. 5 fehlten in der Fassung der Regierungsvorlage die Worte: „sachlich und nach den Belägen" sowie „und auf Verlangen Abschrift der Rechnung zu ertheilen". Die Wichtigkeit des ersten dieser beiden Zusätze erhellt von selbst.

§. 57 [1]).

Der Vater, die Mutter, der Ehemann und die Großeltern des Mündels sind von der Rechnungslegung während der Verwaltung frei. Der Vater und die Mutter sind berechtigt, in der §. 17. Nr. 2. bestimmten Form den von ihnen benannten Vormund von der Rechnungslegung während der Verwaltung zu befreien.

In Fällen, in denen keine Rechnungslegung stattfindet, hat der Vormund auf Erfordern des Vormundschaftsgerichts alle zwei Jahre oder in längeren Zwischenräumen eine Uebersicht des Vermögensbestandes einzureichen, welche vorher dem Gegenvormund unter Nachweisung des Bestandes vorzulegen und von diesem mit seinen Bemerkungen zu versehen ist [2]). Der Vater des Mündels ist von dieser Verpflichtung frei [3]).

Das Verbot der Offenlegung des Vermögensverzeichnisses ist rücksichtlich des davon betroffenen Vermögens als Befreiung von der Rechnungslegung und der Einreichung der Vermögensübersicht zu erachten [4]).

[1]) Vgl. §. 33 S. 135, auch §. 51 S. 207, §. 83 S. 337, §. 97 S. 400 und §. 98 S. 407. Im Abs. 1 der Regierungsvorlage fehlten die Worte: „die Großeltern".

[2]) Siehe §. 32 Anm. 14 S. 131, §. 36 S. 148 und §. 83 S. 338.

[3]) Im Abs. 2 sind die Worte „unter Nachweisung des Bestandes" und der Satz „der Vater des Mündels ist von dieser Verpflichtung frei" Zusätze des Landtags. Ersteres in Folge Streichung von §. 30 Abs. 2 der Regierungsvorlage, siehe Anm. 2 zum §. 31 der V. O., letzteres wegen Beseitigung des §. 61 der Regierungsvorlage, siehe unten Anm. 5 zu §. 60 der V. O.

[4]) Vgl. §. 34 S. 140 und §. 83 S. 337, 338 u. 339.

§. 58[1]).

Vormünder, welche für den Mündel ein erhebliches Vermögen zu verwalten haben, können von dem Vormundschaftsgerichte zur Stellung einer Sicherheit angehalten werden. Die Art und der Umfang der Sicherheit wird nach richterlichem Ermessen bestimmt; sie kann jederzeit erhöhet, gemindert oder erlassen werden[2]).

Kosten, welche aus der Stellung der Sicherheit erwachsen, sind aus dem Vermögen des Mündels zu entrichten[3]).

[1]) Vgl. die Ausführungen §. 84 S. 339 ff.
[2]) Die Fassung des §. 58 lautete in der Regierungsvorlage: „Vormünder, welche regelmäßig eine den jährlichen Aufwand übersteigende Einnahme für den Pflegebefohlenen haben," 2c.
[3]) Vgl. §. 84 S. 345.

§. 59.

Der Vater, sowie die Mutter des Mündels sind berechtigt, in der §. 17. Nr. 2. bestimmten Form den von ihnen benannten Vormund von der Pflicht zur Sicherheitsstellung zu befreien[1]).

Die Befreiung fällt weg, wenn Umstände eingetreten sind[2]), welche nach dem Ermessen des Vormundschaftsgerichts eine Sicherheitsstellung nothwendig machen[3]).

Der Vater, die Mutter, der Ehemann und die Großeltern als Vormünder und der Gegenvormund sind von der Pflicht zur Sicherheitsstellung frei[4]).

[1]) Vgl. §. 33 S. 135 und §. 84 S. 342.
[2]) Der Satz lautete in der Regierungsvorlage: „Wenn später in der Person des Vormundes Umstände eintreten" 2c.
[3]) Vgl. §. 33 S. 138 und §. 84 S. 342.
[4]) Siehe §. 84 S. 341. Im Abs. 3 fehlten der Regierungsvorlage, wie im §. 57 Abs. 1, die Worte: „die Großeltern als Vormünder".

§. 60[1]).

Das Vormundschaftsgericht kann anordnen, daß Werthpapiere des Mündels, welche auf den Inhaber lauten oder an den Inhaber gezahlt werden können, und Kostbarkeiten bei der Reichsbank oder bei einer anderen dazu bestimmten Behörde oder Kasse in Verwahrung genommen oder daß jene Werthpapiere außer Kurs gesetzt werden[2]).

Diese Anordnungen finden gegen den Vater des Mündels als Vormund

[1]) Siehe die Ausführungen §. 85 S. 345 ff. Vgl. §. 13 unter Nr. 4 S. 50. Der den §. 60 ergänzende §. 24 des Gesetzes vom 20. Juli 1883 betr. das Staatsschuldbuch (G. S. 1883 S. 120) lautet:

„Das Vormundschaftsgericht kann anordnen, daß die Eintragung der dem Mündel gehörigen Schuldverschreibungen der vierprozentigen konsolidirten Anleihe auf den Namen desselben im Staatsschuldbuche beantragt werde.

Die Anordnung findet in den Fällen des §. 60 Abs. 2 der Vormundschaftsordnung nicht statt."

[2]) Im Abs. 1 sind gestrichen die Worte der Regierungsvorlage: „wenn der Vormund Sicherheit nicht gestellt hat"; und Zusatz des Landtags ist die Bestimmung: „oder daß jene Werthpapiere außer Kurs gesetzt werden", sowie die Erwähnung der Reichsbank. Siehe §. 85 S. 347.

nicht statt. Sie finden gegen den von dem Vater benannten Vormund nicht statt, wenn sie von dem Vater in der §. 17. Nr. 2. bestimmten Form ausgeschlossen sind[3][4]).

Das Vormundschaftsgericht muß die Verwahrung eintreten lassen, wenn der bestellte Vormund sie beantragt[5]).

[3]) Abs. 2 und 3 sind Zusätze des Landtags.
[4]) Siehe §. 33 S. 135 und §. 85 S. 353.
[5]) Vgl. §. 85 S. 353. Gestrichen ist in §. 61 der Regierungsvorlage der Satz: „Auf den gesetzlichen Vormund finden die Vorschriften über die obrigkeitliche Beaufsichtigung der Vormundschaft keine Anwendung."

IV. Beendigung der Vormundschaft.

§. 61.

Die Vormundschaft hört auf, wenn der Mündel die Großjährigkeit erreicht, wenn er für großjährig erklärt wird, wenn er in väterliche Gewalt tritt, und wenn das Ruhen der väterlichen Gewalt oder die Bevormundung des Vaters aufhört[1]).

Die Großjährigkeitserklärung eines Mündels ist zulässig, wenn derselbe das achtzehnte Lebensjahr zurückgelegt hat. Sie erfolgt mit Einwilligung des Mündels durch das Vormundschaftsgericht nach geführter Sachuntersuchung. Verwandte sowie Verschwägerte des Mündels sind nach Maßgabe des §. 55. zu hören[2][3]).

[1]) Vgl. §. 87 S. 357 ff., §. 39 S. 160 ff. und §. 9 S. 29 ff. Im Absatz 1 sind die Worte: „und wenn das Ruhen der väterlichen Gewalt oder die Bevormundung des Vaters aufhört" Zusatz des Landtags.
[2]) Vgl. die Erörterungen §. 45 S. 179 ff.
[3]) Im Absatz 2 folgten in der Regierungsvorlage auf „Sachuntersuchung" die Worte: „insbesondere nach Anhörung des etwa eingesetzten Familienraths". Diese sind geändert in die Bestimmung: „Verwandte u. s. w."

§. 62.

Wird der Vormund oder der Gegenvormund handlungsunfähig, so erlischt das Amt desselben[1]).

Mit der Aufnahme des Mündels in eine Verpflegungsanstalt, deren Vorstand nach §. 13. die Rechte eines gesetzlichen Vormundes erlangt, erlischt das Amt des bisherigen Vormundes[2]).

[1]) Siehe §. 47 S. 188 ff., §. 88 S. 360 und §. 89 S. 364 u. 365.
[2]) Absatz 2 fehlte in der Regierungsvorlage. Vgl. §. 51 S. 205 Anm. 11, §. 52 S. 210 und §. 88 S. 361.

§. 63[1]).

Der Vormund oder der Gegenvormund, welcher sich pflichtwidrig erweist, ist von dem Vormundschaftsgerichte zu entsetzen[2]).

Der Vormund oder der Gegenvormund, welcher sich als gesetzlich unfähig

[1]) Siehe die Ausführungen §. 89 S. 362 ff., auch §. 36 S. 152 und §. 49 S. 198.
[2]) Vgl. §. 31 S. 126, §. 36 S. 153 und §. 89 S. 363.

erweist oder aus erheblichen Gründen seine Entlassung beantragt, oder welchem die zur Führung der Vormundschaft nach §. 22. erforderliche Genehmigung nicht ertheilt oder entzogen wird, ist von dem Vormundschaftsgerichte zu entlassen. Als erhebliche Gründe sind namentlich anzusehen die in §. 23. Nr. 4—7. angeführten Umstände, wenn sie im Laufe der Vormundschaft eintreten[3]).

Diese Vorschriften finden auch auf den gesetzlichen Vormund Anwendung.

Die Beschwerde gegen die erfolgte Entsetzung oder Entlassung ist nur bis zum Ablauf von vier Wochen nach Zustellung der Entscheidung zulässig[4]).

[3]) Vgl. §. 58 S. 230 u. Anm. 25 S. 233, §. 59 S. 237 u. 239, §. 79 S. 319 u. 320, §. 84 S. 344 und §. 89 S. 364 ff. Die Worte „oder entzogen" und der Satz „Als erhebliche Gründe u. s. w." fehlten in der Regierungsvorlage.

[4]) Siehe §. 23 S. 95 und §. 89 S. 362. Die Regierungsvorlage bestimmte statt 4 Wochen 2 Wochen.

§. 64[1]).

Verheirathet sich eine zum Vormunde bestellte Frau, so hat das Vormundschaftsgericht zu entscheiden, ob sie zu entlassen sei. Verwandte sowie Verschwägerte des Mündels sind vorher nach Maßgabe des §. 55. zu hören. Die Beibehaltung ist nur mit Einwilligung des Ehemannes zulässig.

[1]) Siehe §. 49 S. 196 Anm. 5 und §. 89 S. 365. Gestrichen sind aus der Regierungsvorlage die Worte: „nach Anhörung des etwa eingesetzten Familienraths". Zusatz des Landtags ist der Satz: „Verwandte sowie Verschwägerte des Mündels u. s. w." Statt des Ausdrucks „eine zum Vormund bestellte Frau" stand in der Regierungsvorlage: „die zum Vormund bestellte Mutter". Die Aenderungen sind Konsequenzen anderer beschlossener Abänderungen.

§. 65.

Stirbt der Vormund oder der Gegenvormund, so sind der Ueberlebende und die Erben verpflichtet, dem Vormundschaftsgerichte Anzeige zu machen. Die Erben haben für die Sicherstellung der in dem Nachlasse befindlichen Vermögensstücke des Mündels zu sorgen[1]).

Sind mehrere Vormünder bestellt, so wird durch den Abgang eines Vormundes das vormundschaftliche Amt der übrigen nicht aufgehoben[2]).

[1]) Siehe §. 19 S. 77, §. 32 S. 133, §. 36 S. 149 und §. 88 S. 359.

[2]) Erläutert §. 32 S. 132 u. 133.

§. 66.

Der Vormund sowie der Gegenvormund hat nach Beendigung seines Amtes die Bestallung an das Gericht zurückzugeben[1]).

[1]) Vgl. §. 26 S. 114, §. 61 S. 241 und §. 90 S. 367.

§. 67[1]).

Der Vormund hat nach Beendigung seines Amtes dem bisherigen Mündel oder dessen Rechtsnachfolger oder dem neu bestellten Vormund das verwaltete Vermögen herauszugeben[2]) und binnen zwei Monaten Schlußrechnung zu legen.

[1]) Erläuterungen giebt §. 90 S. 367 ff. Vgl. auch §. 32 Anm. 14 S. 131.

[2]) Siehe S. 369.

Der Gegenvormund hat die Schlußrechnung mit seinen Bemerkungen zu versehen und über die von ihm geführte Gegenvormundschaft, sowie über das von dem Vormund verwaltete Vermögen jede erforderte Auskunft zu geben [3]).

Die Schlußrechnung ist dem Vormundschaftsgerichte einzureichen. Dieses hat dieselbe dem bisherigen Mündel oder dessen Rechtsnachfolger oder dem neu bestellten Vormund zur Erklärung vorzulegen und, wenn Ausstellungen nicht gemacht werden, die Entlastung herbeizuführen [4]).

Die Pflicht zur Legung der Schlußrechnung geht auf den Verwalter im Konkursverfahren und auf die Erben des Vormundes über. Die zweimonatliche Frist beginnt für die Erben vom Todestage des Vormundes, oder, wenn ihnen eine Ueberlegungsfrist zusteht, vom Ablauf der letzteren [5]).

[3]) Vgl. §. 36 S. 148 und §. 90 S. 370 u. 372.
[4]) Siehe §. 91 S. 374 ff. Abs. 3 fehlte in der Regierungsvorlage.
[5]) Siehe §. 90 S. 370 u. 371, auch §. 80 S. 360.

§. 68 [1]).

Von der Pflicht, Schlußrechnung zu legen, kann der Vormund von den Eltern oder dem Erblasser des Mündels nicht befreit werden.

[1]) Siehe die Ausführungen §. 90 S. 373, auch erwähnt §. 33 S. 136 und §. 81 S. 328.

§. 69.

Der bisherige Mündel, dessen Rechtsnachfolger und der neu bestellte Vormund sind berechtigt, Behufs Prüfung der Schlußrechnung die Vormundschaftsakten einzusehen [1]).

Dieselben sind verpflichtet, dem Vormund und dem Gegenvormund über treu und richtig geführte Vormundschaft und über Ausantwortung des Vermögens Quittung und Entlastung zu ertheilen [2]).

Die Quittung und Entlastung ist wegen einzelner Ausstellungen nicht zu verweigern. Wegen dieser darf ein Vorbehalt gemacht werden. Im Falle schriftlicher Beurkundung ist der Vorbehalt, um wirksam zu sein, in die Urkunde aufzunehmen [3]).

Die Anerkennung der Rechnung schließt den Beweis eines Irrthums oder eines Betrugs in der Rechnung nicht aus [4]).

[1]) Vgl. §. 91 S. 378 u. 379.
[2]) Vgl. §. 93 S. 385 und §. 91 S. 375 u. 376.
[3]) Siehe §. 91 S. 376 u. 377.
[4]) Siehe §. 92 S. 379.

§. 70 [1]).

Die von dem Vormund gestellte Sicherheit ist zurückzugeben und die Löschung der Sicherheitshypothek zu bewilligen, sobald dem Vormund Quittung und Entlastung ertheilt worden ist. Ist bei der Quittung und Entlastung ein Vorbehalt gemacht, so hat das Vormundschaftsgericht zu entscheiden, ob und wie viel von der Sicherheit zurückzubehalten oder von der Hypothek bestehen zu lassen sei.

[1]) Siehe §. 84 S. 343.

V. Familienrath[1]).

§. 71[2]).

Ein Familienrath ist zu bilden:

1) wenn der Vater oder die Mutter des Mündels nach Maßgabe der in §. 17. für die Berufung eines Vormundes gegebenen Vorschriften die Bildung angeordnet hat,
2) wenn drei Personen, welche mit dem Mündel bis zum dritten Grade verwandt oder verschwägert sind, die Bildung beantragen,
3) wenn der Vormund oder der Gegenvormund die Bildung beantragen.

Die Bildung eines Familienraths unterbleibt, wenn sie von dem Vater oder der Mutter nach Maßgabe der Vorschriften des §. 17. untersagt ist[3]).

Zum Eintritt in den Familienrath kann Niemand gezwungen werden[4]).

[1]) Die Abweichungen dieses Abschnitts vom Regierungsentwurf sind durchgreifende. Eine Zusammenstellung hat kein Interesse. Siehe §. 24 S. 101 ff.
[2]) Vgl. die Ausführungen §. 25 S. 103 ff., sowie §. 97 S. 400 und §. 98 S. 408.
[3]) Vgl. §. 25 S. 105.
[4]) Vgl. §. 25 S. 108 u. 109.

§. 72[1]).

Der Familienrath wird aus dem Vormundschaftsrichter als Vorsitzendem und aus Verwandten oder Verschwägerten des Mündels als Mitgliedern gebildet. Andere Personen können in denselben berufen werden:

1) durch den Vater oder die Mutter nach Maßgabe der Vorschriften des §. 17.,
2) durch Beschluß eines bestehenden Familienraths.

Nur männliche Personen, welche zur Führung der Vormundschaft gesetzlich fähig sind, können Mitglieder des Familienraths werden. Die Gültigkeit der Bestellung gesetzlich unfähiger Mitglieder ist nach den Vorschriften der §§. 25. 62. zu beurtheilen.

Der Gegenvormund kann zugleich Mitglied des Familienraths sein.

Die Zahl der Mitglieder beträgt höchstens sechs.

[1]) §. 25 S. 106 u. 107.

§. 73[1]).

Soweit die Mitglieder des Familienraths nicht durch den Vater oder die Mutter berufen sind, oder die von diesen Berufenen nicht eintreten oder Mitglieder ausscheiden, erfolgt die Berufung der Mitglieder bis zur Herstellung der Beschlußfähigkeit durch den Vormundschaftsrichter nach Anhörung von Verwandten und Verschwägerten des Mündels, sofern dieselbe ohne Verzug geschehen kann.

Darüber, ob und welche Personen außerdem zu berufen sind, beschließt der Familienrath.

[1]) §. 25 S. 107.

§. 74 [1]).

Die Mitglieder des Familienraths werden von dem Vormundschaftsrichter durch Verpflichtung auf treue und gewissenhafte Führung ihres Amtes bestellt. Die Verpflichtung erfolgt mittels Handschlags an Eidesstatt.

[1]) Vgl. §. 25 S. 109.

§. 75 [1]).

Der Familienrath hat die Rechte und Pflichten des Vormundschaftsgerichts.

[1]) Interpretirt §. 26 S. 112 u. 123.

§. 76.

Der Familienrath ist nur bei Anwesenheit des Vormundschaftsrichters und mindestens zweier Mitglieder beschlußfähig [1]).

Sind außer dem Vorsitzenden nur zwei Mitglieder vorhanden, so hat der Familienrath ein oder zwei Ersatzmitglieder zu berufen und die Reihenfolge zu bestimmen, in welcher dieselben bei etwaiger Beschlußunfähigkeit einzutreten haben [2]).

[1]) Vgl. §. 25 S. 107, ferner §. 26 S. 110.
[2]) Vgl. S. 108.

§. 77.

Der Familienrath wird durch den Vormundschaftsrichter auf den Antrag zweier Mitglieder, des Vormundes oder des Gegenvormundes oder von Amtswegen zusammengerufen.

Alle Mitglieder sind mündlich oder schriftlich durch den Vormundschaftsrichter einzuladen [1]).

Der Familienrath faßt seine Beschlüsse nach der Mehrheit der Stimmen der Anwesenden. Bei Stimmengleichheit giebt die Stimme des Vormundschaftsrichters den Ausschlag [2]).

[1]) Abs. 1 u. 2 interpretirt §. 26 S. 110.
[2]) Siehe S. 111.

§. 78.

Zum Nachweise eines gültigen Beschlusses genügt die Unterschrift des Vormundschaftsrichters [1]).

Der Vormund kann verlangen, daß ihm die Beschlüsse des Familienraths schriftlich zugehen [2]).

Gegen die Beschlüsse des Familienraths findet Beschwerde nach Maßgabe des §. 10. statt [3]).

Wird ein sofortiges Einschreiten erforderlich, so hat der Vormundschaftsrichter die nöthigen Anordnungen zu treffen und unverzüglich den Familienrath zusammen zu berufen, um diesen von der getroffenen Verfügung in Kenntniß

[1]) Vgl. §. 26 S. 111.
[2]) Siehe S. 112.
[3]) Vgl. S. 113.

zu setzen und über die weiter zu ergreifenden Maßregeln einen Beschluß herbeizuführen[4]).

[4]) Siehe S. 113 u. 114.

§. 79.

Die Mitglieder des Familienraths können aus denselben Gründen wie ein Vormund durch das Beschwerdegericht entsetzt oder entlassen werden[1]).

Gegen Mitglieder des Familienraths, welche ohne genügende Entschuldigung ausbleiben, kann der Vormundschaftsrichter eine Ordnungsstrafe bis zu hundert Mark verhängen[2]).

Gegen die Verhängung der Ordnungsstrafe findet Beschwerde nach Maßgabe des §. 10. statt[3]).

[1]) Vgl. §. 25 S. 108 u. 109, auch §. 23 Anm. 12 S. 90.
[2]) Vgl. §. 26 S. 110 u. 111, auch §. 25 S. 109 bei Anm. 23.
[3]) Siehe §. 26 S. 111.

§. 80[1]).

Fehlt es an der erforderlichen Anzahl von geeigneten Personen zur Bildung oder Ergänzung des Familienraths, so ist die Vormundschaft nach den Vorschriften dieses Abschnittes I.—IV. zu behandeln.

Von der Auflösung des Familienraths sind die bisherigen Mitglieder, der Vormund und der Gegenvormund durch den Vormundschaftsrichter in Kenntniß zu setzen.

Auch ist dem Vormund und dem Gegenvormund eine neue Bestallung zu ertheilen, die frühere aber zurückzugeben.

[1]) Erklärt §. 26 S. 114 u. 115.

Dritter Abschnitt.

Vormundschaft über Großjährige.

§. 81.

Großjährige erhalten einen Vormund:

1) wenn sie für geisteskrank erklärt sind[1]);
2) wenn sie für Verschwender erklärt sind[2]);
3) wenn sie taub, stumm oder blind und hierdurch an Besorgung ihrer Rechtsangelegenheiten gehindert sind[3]).

[1]) Siehe die Ausführungen §. 94 S. 386 ff.
[2]) Vgl. S. 389 u. 390.
[3]) Siehe §. 95 S. 390 ff.

§. 82 [1]).

Abwesende Großjährige, über deren Aufenthalt ein Jahr lang keine Nachricht eingegangen ist, oder welche an ihrer Rückkehr sowie an der Besorgung ihrer Vermögensangelegenheiten gehindert sind, erhalten einen Vormund zur Vertretung bei ihren Vermögensangelegenheiten, insoweit sie dazu einen Bevollmächtigten nicht bestellt haben oder Umstände eingetreten sind, welche die ertheilte Vollmacht aufheben oder deren Widerruf zu veranlassen geeignet sind.

Aus dringenden Gründen kann demjenigen, dessen Aufenthaltsort unbekannt ist, auch vor Ablauf eines Jahres ein Vormund bestellt werden [2]).

Jeder, welcher dem Vormundschaftsgericht ein Interesse zur Sache nachweist, ist berechtigt, die Einleitung der Vormundschaft zu beantragen [3]).

Die nach dem geltenden Rechte bestehenden Ansprüche der Erben auf die Verwaltung und Nutznießung des Vermögens eines Abwesenden werden durch dieses Gesetz nicht berührt [4]).

[1]) Vgl. §. 96 S. 392 ff. und §. 97 S. 399.
[2]) Siehe S. 394.
[3]) Vgl. S. 395, auch §. 101 Anm. 18 S. 418.
[4]) Abs. 4, der nur für das rheinische Recht Bedeutung hat, fehlte in der Regierungsvorlage, galt aber als selbstverständlich. Vgl. S. 393 u. 397.

§. 83 [1]).

Der Vater ist gesetzlicher Vormund. In den Fällen des §. 81. Nr. 3. und des §. 82. beginnt sein Amt, sobald das Vormundschaftsgericht den Grund zur Bevormundung festgestellt hat [2]).

Die Ehefrau ist zur Führung der Vormundschaft fähig und hat die in diesem Gesetze dem Ehemann beigelegten Rechte [3]).

Im Uebrigen finden auf die Vormundschaft über Großjährige die Vorschriften des zweiten Abschnittes dieses Gesetzes entsprechende Anwendung. Insbesondere ist auch der Vormund eines Abwesenden berechtigt, für denselben zu erwerben, Rechtsstreite zu führen und nach Maßgabe des §. 50. Erbschaften anzutreten [4]).

Dem Vormund eines Abwesenden oder Verschwenders kann auch bei nicht umfangreicher Vermögensverwaltung ein Honorar zugebilligt werden [5]).

[1]) Vgl. die Ausführung §. 97 S. 397 ff. Vgl. auch §. 16 S. 62, §. 25 S. 109 und §. 55 S. 220.
[2]) Siehe §. 95 S. 392.
[3]) Vgl. S. 398. Im Abs. 2 sind die Worte des §. 85 der Regierungsvorlage: „Sie kann die Uebernahme der Vormundschaft ablehnen", gestrichen als selbstverständlich nach Abs. 3.
[4]) Siehe S. 398 u. 399, auch §. 25 S. 109, §. 52 S. 209 u. 210, §. 55 S. 220 und §. 72 S. 290.
[5]) Vgl. S. 400, auch §. 98 S. 408. Abs. 4 fehlte in der Regierungsvorlage.

§. 84 [1]).

Die Vormundschaft über einen Großjährigen hört auf, wenn der Grund zu deren Einleitung gehoben ist, die über einen Abwesenden namentlich auch,

[1]) Vgl. §. 94 S. 387 u. 389, §. 95 S. 392 und §. 96 S. 396 u. 397.

wenn derselbe für todt, für verschollen oder im Bezirk des Appellationsgerichtshofes [2]) zu Cöln für abwesend erklärt worden ist.

[2]) Jetzt des Oberlandesgerichts.

§. 85 [1]).

Die Einleitung und die Aufhebung der Vormundschaft über einen Verschwender ist von dem Vormundschaftsgericht öffentlich bekannt zu machen.

[1]) Siehe §. 94 S. 389, auch §. 26 Anm. 21 S. 113.

Vierter Abschnitt.

Pflegschaft.

§. 86 [1]).

Die in väterlicher Gewalt oder unter Vormundschaft stehenden Personen erhalten einen Pfleger für Angelegenheiten, bei welchen die Ausübung der väterlichen oder vormundschaftlichen Rechte erforderlich ist, aber aus thatsächlichen oder rechtlichen Gründen nicht stattfinden kann [2]).

Bei einem Widerstreit erheblicher Interessen mehrerer Mündel desselben Vormundes erhält jeder Mündel einen Pfleger [3]).

[1]) Vgl. §. 99 S. 410 ff., auch §. 98 S. 404 bei Anm. 15.
[2]) Siehe §. 78 S. 316 u. 317.
[3]) Vgl. §. 99 S. 412.

§. 87.

Wird bei Zuwendungen an eine in väterlicher Gewalt oder unter Vormundschaft stehende Person durch Anordnung desjenigen, welcher die Zuwendung gemacht hat, eine Pflegschaft nöthig, so ist der bei der Zuwendung Benannte zum Pfleger berufen [1]).

Von der Rechnungslegung während der Dauer der Pflegschaft, von der Sicherheitsstellung und von der Nothwendigkeit der Genehmigung des Gegenvormundes oder des Vormundschaftsgerichts zu gewissen Handlungen kann der Pfleger bei der Zuwendung [2]) befreit werden [3]).

[1]) Siehe §. 54 S. 217 u. 218 und §. 99 S. 412.
[2]) §. 34 Anm. 11 S. 141.
[3]) §. 34 S. 139 u. 140 und §. 98 S. 407, vgl. auch §. 13 Anm. 1 S. 48.

§. 88 [1]).

Eine Leibesfrucht, welche unter Voraussetzung ihrer bereits erfolgten Geburt nicht unter väterlicher Gewalt stehen würde, erhält auf Antrag der

[1]) Vgl. die Ausführungen §. 100 S. 413 ff.

Schwangeren oder auf Antrag desjenigen, dessen Rechte durch eine mögliche Geburt betroffen werden, oder in geeigneten Fällen von Amtswegen einen Pfleger.

§. 89 [1]).

Ist der Erbe eines Nachlasses unbekannt, so ist zur Erhaltung des Nachlasses und zur Ausmittelung des Erben ein Pfleger zu bestellen.

Die in den einzelnen Landestheilen bestehenden weiteren Befugnisse dieses Pflegers werden durch dieses Gesetz nicht berührt [2]).

Auch bei nicht umfangreicher Vermögensverwaltung kann diesem Pfleger ein Honorar zugebilligt werden [3]).

[1]) Vgl. §. 101 S. 415 ff., auch §. 98 Anm. 17 S. 404.
[2]) S. 417.
[3]) Siehe §. 98 S. 407. Abs. 3 fehlte in der Regierungsvorlage.

§. 90 [1]).

Außer in den Fällen der §§. 86—89. können Personen, welche selbst zu handeln außer Stande sind und der väterlichen oder vormundschaftlichen Vertretung entbehren, für einzelne Angelegenheiten oder für einen bestimmten Kreis von Angelegenheiten einen Pfleger erhalten.

[1]) Siehe die Ausführungen §. 102 S. 419 ff., vgl. auch §. 95 S. 391 u. 392 und §. 101 Anm. 5 S. 416 u. Anm. 18 S. 418.

§. 91 [1]).

Auf die Pflegschaft finden die Vorschriften dieses Gesetzes über die Vormundschaft entsprechende Anwendung; die Bestellung eines Gegenvormundes ist nicht erforderlich [2]).

Die Pflegschaft hört auf, wenn der Grund zu deren Einleitung gehoben ist [3]).

[1]) Siehe die Ausführungen §. 98 S. 402 ff. Vgl. noch §. 25 S. 109 und §. 34 S. 141.
[2]) Siehe §. 36 S. 146 und §. 98 S. 406 u. 407.
[3]) S. 408 u. 409, ferner §. 100 S. 415, §. 101 S. 418 u. 419 und §. 102 S. 420.

Fünfter Abschnitt.

Schlußbestimmungen.

§. 92 [1]).

Dieses Gesetz tritt am 1. Januar 1876. in Kraft und findet auch auf die schwebenden Vormundschaften oder Pflegschaften Anwendung, soweit nicht in den nachstehenden Paragraphen etwas Anderes bestimmt ist [2]).

[1]) Interpretirt §. 12 S. 44 ff.
[2]) Vgl. S. 47.

Die vormundschaftliche Thätigkeit der Familienräthe im Bezirk des Appellationsgerichtshofes zu Cöln, der Voluntairgerichte im Bezirk des Justizsenats zu Ehrenbreitstein, der Waisengerichte in den Hohenzollernschen Landen und der Kirchspielsgerichte des Landes Hadeln hört auf[3]).

[3]) Vgl. S. 45.

§. 93[1]).

Die bisherigen Vormünder oder Pfleger verbleiben in ihrem Amte; sie können jedoch vom Vormundschaftsgerichte in der Zeit bis zum 1. Januar 1878. entlassen werden, wenn sie zur Führung der Vormundschaft oder Pflegschaft ungeeignet erscheinen, und weder nach Maßgabe der §§. 17. 87. als berufen zu erachten, noch nach Maßgabe der §§. 12. 83. gesetzliche Vormünder sind.

[1]) Erklärt §. 12 S. 46, vgl. auch §. 60 Anm. 10 S. 242.

§. 94[1]).

Sind einem bisher bestellten oder berufenen Vormund oder Pfleger durch Verfügung der Eltern oder der Erblasser des Mündels nach dem bisherigen Rechte zulässigerweise größere Befugnisse eingeräumt, als dieses Gesetz zuläßt, so bleiben diese Befugnisse bestehen.

[1]) Siehe §. 12 S. 46 u. 47 und §. 33 Anm. 16 S. 136, auch §. 90 Anm. 30 S. 373. Der §. 94 lautete in der Regierungsvorlage:

„Die Befugnisse, welche einem bisher bestellten Vormund oder Pfleger durch Verfügung der Eltern oder der Erblasser des Pflegebefohlenen über die gesetzlichen Grenzen hinaus eingeräumt sind, bleiben bestehen.“

§. 95.

Die Befugnisse, welche Eltern oder Ehegatten Kraft gesetzlicher Nutznießung am Vermögen der Kinder oder Kraft ehelichen Güterrechts zustehen, werden von diesem Gesetze nicht berührt[1]).

Im Bezirk des Appellationsgerichtshofes[2]) zu Cöln hat der Vater nach dem Tode der Mutter die Rechte und Pflichten des gesetzlichen Vormundes[3]). Schreitet der Vater zur ferneren Ehe, so ist das Vermögen des Kindes unter Mitwirkung eines Pflegers durch ein von dem Vater dem Vormundschaftsgerichte einzureichendes Verzeichniß festzustellen[4]).

Die in den übrigen Landestheilen bestehenden Vorschriften, welche vor oder nach der Eheschließung eine Nachweisung, Auseinandersetzung oder Sicherstellung des Vermögens erfordern, bleiben in Kraft[5]).

[1]) Erklärt §. 10 S. 36 und §. 11 S. 41 ff.
[2]) Jetzt des Oberlandesgerichts.
[3]) Vgl. die Ausführungen §. 9 S. 29 und §. 56 S. 224.
[4]) Siehe die Ausführung §. 81 S. 327.
[5]) Abs. 3 fehlte in der Regierungsvorlage. Siehe hierüber §. 11 S. 42.

§. 96[1]).

Im Geltungsbereiche der Depositalordnung vom 15. September 1783. kann die Auszahlung von Geldern aus dem Depositum auf Grund der dem Vormund erst durch dieses Gesetz übertragenen Rechte vor dem 1. Januar 1878. nicht verlangt werden.

[1]) Siehe §. 76 S. 301, auch §. 66 S. 266.

§. 97 [1]).

Die Großjährigkeitserklärung eines in väterlicher Gewalt stehenden Kindes erfolgt mit Zustimmung des Vaters nach Maßgabe der Vorschriften des zweiten Absatzes §. 61. [2]). Die Anhörung von Verwandten oder Verschwägerten des Kindes ist nicht erforderlich [3]).

Im Bezirk des Appellationsgerichtshofes [4]) zu Cöln findet die nach den bisherigen Vorschriften zulässige Emanzipation nicht mehr statt. [5])

[1]) Vgl. die Erörterungen §. 45 S. 179 ff.
[2]) Siehe insbesondere S. 181.
[3]) Der Satz „Die Anhörung u. s. w." fehlte in der Regierungsvorlage. Der Zusatz wurde nothwendig durch die in §. 61 Absatz 2 V. O. getroffene Abänderung.
[4]) Jetzt des Oberlandesgerichts.
[5]) Siehe §. 39 S. 163 und §. 45 S. 185.

§. 98 [1]).

Die für großjährig Erklärten haben alle Rechte der Großjährigen [2]).

Dasselbe gilt im Bezirk des Appellationsgerichtshofes [3]) zu Cöln von den vor dem 1. Januar 1876. Emanzipirten, wenn sie das achtzehnte Lebensjahr zurückgelegt haben. Auf die vor dem 1. Januar 1876. Emanzipirten, welche das achtzehnte Lebensjahr noch nicht zurückgelegt haben, finden die bisherigen Vorschriften mit der Maßgabe Anwendung, daß die dem Familienrathe und dem Landgericht zugewiesene Thätigkeit von dem Vormundschaftsgerichte auszuüben ist [4]).

[1]) Siehe §. 45 S. 179 ff.
[2]) §. 39 S. 163.
[3]) Jetzt des Oberlandesgerichts.
[4]) §. 45 S. 185.

§. 99.

Die Großjährigkeit tritt als Folge der Verheirathung nicht mehr ein [1]).

Im Bezirk des Appellationsgerichtshofes [2]) zu Cöln erlischt durch Verheirathung des Kindes die väterliche Gewalt [3]).

[1]) Vgl. §. 86 S. 355 u. 356.
[2]) Jetzt des Oberlandesgerichts.
[3]) §. 39 S. 163.

§. 100 [1]).

Rücksichtlich der Vormundschafts- und Pflegschaftsangelegenheiten der Mitglieder der Königlichen Familie und des Hohenzollernschen Fürstenhauses behält es bei der Hausverfassung sein Bewenden.

[1]) Vgl. §. 11 S. 42 u. 43. Der Paragraph wurde durch das Herrenhaus eingefügt.

§. 101 [1]).

Die nach dem bisher geltenden Privat-Familienrechte der Häupter und Mitglieder der früher reichsständischen Familien begründeten Rechte werden durch dieses Gesetz nicht berührt.

[1]) Siehe die Ausführungen §. 11 S. 43 ff. Der Paragraph wurde durch das Herrenhaus eingefügt.

§. 102 [1]).

Die Vorschriften des gemeinen Deutschen Rechts, des allgemeinen Landrechts und der allgemeinen Gerichtsordnung für die Preußischen Staaten, des Rheinischen Civilgesetzbuchs und der in den einzelnen Landestheilen geltenden Ordnungen und Gesetze über das Vormundschaftswesen, welche in diesem Gesetze nicht ausdrücklich aufrecht erhalten sind, werden aufgehoben.

[1]) Interpretirt §. 10 S. 30 ff.

II.

Gesetz,

betreffend die Geschäftsfähigkeit Minderjähriger und die Aufhebung der Wiedereinsetzung in den vorigen Stand wegen Minderjährigkeit. Vom 12. Juli 1875.

(G.S. 1875 S. 518.)

---

§. 1 [1]).

Minderjährige, welche das siebente Lebensjahr noch nicht vollendet haben, sind zur Vornahme von Rechtsgeschäften nicht fähig.

[1]) Vgl. §. 41 S. 167.

§. 2 [1]).

Minderjährige, welche das siebente Lebensjahr vollendet haben, sind ohne Genehmigung des Vaters, Vormundes oder Pflegers nicht fähig, durch Rechtsgeschäfte Verbindlichkeiten zu übernehmen oder Rechte aufzugeben, jedoch fähig, durch Rechtsgeschäfte, bei welchen von ihnen keine Gegenleistung übernommen wird, Rechte zu erwerben oder von Verbindlichkeiten sich zu befreien.

[1]) Siehe §. 40 S. 165 u. 166 und §. 42 S. 168.

§. 3 [1]).

Die wegen fehlender Genehmigung unwirksamen Geschäfte werden wirksam, wenn der Minderjährige nach erlangter Selbstständigkeit sie anerkennt. Durch Zeitablauf werden sie nicht wirksam.

[1]) §. 42 S. 172.

§. 4[1]).

Derjenige, mit welchem der Minderjährige ein wegen fehlender Genehmigung unwirksames Rechtsgeschäft abgeschlossen hat, ist an dasselbe gebunden; er wird jedoch von seiner Verbindlichkeit frei, wenn der Vater, Vormund oder Pfleger die Genehmigung zu dem abgeschlossenen Rechtsgeschäft verweigert.

Der Verweigerung steht es gleich, wenn auf ergangene Aufforderung der Vater, Vormund oder Pfleger oder der Minderjährige nach erlangter Selbstständigkeit die Genehmigung innerhalb einer Frist von zwei Wochen nicht ertheilt.

[1]) §. 42 S. 171 ff.

§. 5[1]).

Hat der Vater oder unter Genehmigung des Vormundschaftsgerichts der Vormund den selbstständigen Betrieb eines Erwerbsgeschäftes dem Minderjährigen gestattet, so ist Letzterer zur selbstständigen Vornahme derjenigen Rechtsgeschäfte fähig, welche der Betrieb des Erwerbsgeschäfts mit sich bringt.

Zu einzelnen innerhalb dieses Betriebs vorkommenden Rechtsgeschäften bedarf der Minderjährige der Genehmigung des Vormundschaftsgerichts in gleicher Weise, wie nach den bestehenden Vorschriften der Vater oder Vormund dieser Genehmigung bedürfen würde[2]).

[1]) §. 44 S. 176 ff.
[2]) §. 21 Anm. 4c S. 83, vgl. auch §. 42 Anm. 11 S. 170.

§. 6[1]).

Hat der Vater oder der Vormund seine Genehmigung ertheilt, daß der Minderjährige in Dienst oder Arbeit trete, so ist Letzterer selbstständig zur Eingehung und Auflösung von Dienst- oder Arbeitsverhältnissen der genehmigten Art befugt.

Dem Vater oder Vormund steht es frei, eine solche Genehmigung zurückzuziehen oder einzuschränken, soweit dadurch Rechte Dritter nicht beeinträchtigt werden.

[1]) §. 44 S. 178 u. 179.

§. 7[1]).

Hat sich ein Minderjähriger fälschlich für geschäftsfähig ausgegeben und einen Andern ohne dessen Verschulden zur Vornahme eines Rechtsgeschäfts verleitet, so kann letzterer den Ersatz des hierdurch ihm zugefügten Schadens aus dem Vermögen des Minderjährigen verlangen.

[1]) §. 43 S. 174 ff.

§. 8[1]).

Die Fähigkeit der Minderjährigen zur Eingehung einer Ehe oder eines Verlöbnisses, sowie zu letztwilligen Anordnungen wird von diesem Gesetze nicht berührt.

[1]) §. 40 S. 165. Vgl. §. 64 Anm. 11 S. 261.

§. 9 [1]).

Die Wiedereinsetzung in den vorigen Stand wegen Minderjährigkeit findet gegen die nach Erlaß dieses Gesetzes vorgenommenen Rechtsgeschäfte nicht statt.

Dies gilt auch von den Rechtsgeschäften der den Minderjährigen gleichgestellten Personen.

[1]) §. 40 S. 166 u. 167.

§. 10.

Dieses Gesetz tritt am 1. Januar 1876. in Kraft [1]).

[1]) §. 40 S. 164.

III.

Die Kosten in Vormundschaftssachen.

1. Gesetz, betreffend die Kosten, Stempel und Gebühren in Vormundschaftssachen. Vom 21. Juli 1875.

(G. S. 1875 S. 548.)

Artikel 1.

Die §§. 41—46. des Tarifs zu dem Gesetze über den Ansatz und die Erhebung der Gerichtskosten vom 10. Mai 1851 (Gesetz-Samml. S. 622.),

der Artikel 19. Nr. 1. des Gesetzes, betreffend einige Abänderungen des Gesetzes vom 10. Mai 1851., vom 9. Mai 1854. (Gesetz-Samml. S. 273.),

der §. 13. Littr. A. B. C. der Verordnung vom 30. August 1867., betreffend den Ansatz und die Erhebung der Gerichtskosten 2c. in den Herzogthümern Holstein und Schleswig (Gesetz-Samml. S. 1369.),

der §. 13. der Verordnung vom 30. August 1867., betreffend den Ansatz und die Erhebung der Gerichtskosten 2c. in dem vormaligen Kurfürstenthum Hessen (Gesetz-Samml. S. 1385.),

der §. 16. der Verordnung vom 30. August 1867., betreffend den Ansatz und die Erhebung der Gerichtskosten 2c. in dem vormaligen Herzogthum Nassau 2c. (Gesetz-Samml. S. 1399.),

der Artikel XIV. des Gesetzes, betreffend die Gerichtskosten im Bezirke des Appellationsgerichts zu Wiesbaden vom 7. März 1870. (Gesetz-Samml. S. 193.),

werden, mit Vorbehalt der ferneren Anwendung des bisherigen §. 43. des Tarifs zu dem Gesetze vom 10. Mai 1851. im Falle des §. 47. desselben [1]), durch nachstehende Paragraphen ersetzt [2]):

[1]) Der §. 47 betrifft die Verwaltung von Fideikommissen und Stiftungen, die Aufrechterhaltung des bisherigen §. 43 interessirt also hier nicht.

[2]) In allen Fällen, in denen ein Familienrath eintritt, wird ebenso liquidirt, als wenn die Vormundschaft lediglich vom Gericht bearbeitet wird (Stenogr. Verhandlungen des H. H. S. 571 u. 572).

§. 41.

A. Bei den zur Wahrnehmung einzelner Geschäfte eingeleiteten Pflegschaften und im Falle der Bestellung eines Gegenvormundes neben dem gesetzlichen Vormunde sind nach dem Werthe des Gegenstandes zu erheben:

1) von je 50 Mark des Betrages bis zu 300 Mark,
2) von je 150 Mark des Mehrbetrages bis zu 600 Mark,
3) von je 300 Mark des Mehrbetrages bis zu 1500 Mark,
4) von je 500 Mark des Mehrbetrages bis zu 3000 Mark,
5) von je 1000 Mark des Mehrbetrages bis zu 15,000 Mark

fünfzig Pfennige,

6) von dem Mehrbetrage bis zu 30,000 Mark,
7) von dem Mehrbetrage bis zu 60,000 Mark

je drei Mark,

8) von dem Mehrbetrage sechs Mark.

Diese Sätze kommen jedoch bei Pflegschaften nur insoweit zum Ansatz, als nicht rücksichtlich der Person, in deren Interesse ein Pfleger bestellt wird, eine Vormundschaft oder Pflegschaft eingeleitet oder einzuleiten ist, auf welche die folgenden Bestimmungen Anwendung finden.

Dieselben Sätze sind von dem Kapitalbetrage [1]) des Vermögens des Mündels [2]) zu erheben, wenn die gesetzliche Vormundschaft über einen Großjährigen in Folge der Anordnung des Vormundschaftsgerichtes eintritt [3]). Wird später eine andere Vormundschaft eingeleitet, so ist der erhobene Betrag auf die Kosten derselben anzurechnen.

[1]) Bei Berechnung dieses Kapitalbetrages ist der Werth von Belastungen des Mündelvermögens, welche nicht wie Schulden das Kapitalvermögen absorbiren, insbesondere der eines auf dem Mündelvermögen ruhenden Nießbrauchs, nicht in Abzug zu bringen (Jahrbuch Bd. 3 S. 203).

[2]) Der Ausdruck „Mündel" in dem Kostengesetz ist gewählt, um in Anschluß an die Sprachweise der V. O. festzustellen, daß hierunter jede unter Vormundschaft oder Pflegschaft stehende Person verstanden werden soll (Bericht der K. d. A. H. S. 2).

[3]) Bei der gesetzlichen Vormundschaft über Minderjährige und bei der gesetzlichen Vormundschaft über Großjährige in den Fällen des §. 81 Nr. 1 u. 2 V. O. werden also Kosten nur erhoben, wenn ein Gegenvormund bestellt ist, nach Absatz 1, und wenn §. 43 Platz greift, auch noch nach diesem.

§. 42.

B. Bei anderen Pflegschaften und bei Vormundschaften, mit Ausnahme der gesetzlichen Vormundschaft [1]), ist von dem Kapitalbetrage [2]) des Vermögens des Mündels, auf welches sich die Pflegschaft oder Vormundschaft erstreckt [3]), insofern dasselbe über 150 Mark beträgt (§. 7. Nr. 5. des Gesetzes vom 10. Mai 1851.), zu erheben:

1) von je 50 Mark des Betrages bis zu 300 Mark,

2) von je 100 Mark des Mehrbetrages bis zu 600 Mark,

3) von je 150 Mark des Mehrbetrages bis zu 1500 Mark,

4) von je 300 Mark des Mehrbetrages

fünfzig Pennige.

[1]) Bei der gesetzlichen Vormundschaft werden also Gebühren nach §. 42 niemals berechnet.

[2]) Siehe Anm. 1 zu §. 41.

[3]) Auch wenn nicht das gesammte Vermögen der Pflegschaft oder Vormundschaft unterworfen ist (Bericht der K. d. A. H. S. 3).

§. 43.

Außerdem [1]) ist zu erheben

C. von den jährlichen Revenüen desjenigen Vermögens, über dessen Verwaltung dem Vormundschaftsgericht Rechnung gelegt werden muß [2]):

1) von je 20 Mark des Revenüenbetrages bis zu 300 Mark,

2) von je 30 Mark des Mehrbetrages bis zu 600 Mark,

3) von je 60 Mark des Mehrbetrages bis zu 1500 Mark,

4) von je 120 Mark des Mehrbetrages

zwanzig Pfennige.

Dabei werden statt der Berechnung die jährlichen Revenüen zu 3 Prozent des Kapitalvermögens nach Abzug der Schulden angenommen und das angefangene Kalenderjahr sowohl am Anfang als am Ende der Verwaltung voll gerechnet. [3])

[1]) Dieses „Außerdem" ergiebt, daß die Revenüenkosten nur zu erheben sind, wenn nach §. 42 Kosten erhoben werden, also nur dann, wenn das Mündelvermögen über 150 Mark beträgt. Es ist daher nicht richtig, Revenüenkosten auch bei einem geringeren Vermögen zu berechnen, wie allerdings vielfach in der Praxis geschieht. Es würde auch dem §. 7 Nr. 2 des Gesetzes vom 10. Mai 1851 und dem §. 21 des Gesetzes vom 10. März 1879 widersprechen, daß Gerichtskosten den baaren Auslagen vorgehen und liquidirt werden sollen, wo letztere außer Ansatz zu lassen sind. Endlich würde auch nach der anderen Ansicht bei dem Mangel einer Grenze nach unten hin im §. 43 die Konsequenz sein, daß bei einem ganz geringen Vermögen, dessen jährliche Zinsen nicht 20 Pfennige erreichen, z. B. bei zu $3\frac{1}{2}$ % oder weniger bei der Sparkasse angelegten 6 Mark, zur Zahlung der Revenüenkosten alle Jahr etwas vom Kapital genommen werden müßte.

[2]) Entscheidend ist die gelegte Rechnung während der Verwaltung, nicht die Schlußrechnung, die nicht dem Vormundschaftsgericht gelegt wird. Bei jener ist, wenn ein Familienrath gebildet ist, die diesem gelegte Jahresrechnung der dem Vormundschaftsgericht gelegten unbedenklich gleichzustellen, vgl. oben Anm. 2 zu Art. 1 S. 459.

Unerheblich ist, ob thatsächlich eine Rechnungslegung stattgefunden hat, vielmehr kommt es nur darauf an, ob das Mündelvermögen ein solches ist, über dessen Verwaltung nach den gesetzlichen Vorschriften (§§. 56 u. 91 V. O.) vom Vormund oder Pfleger jährlich Rechnungslegung gefordert werden konnte (Jahrbuch Bd. 4 S. 220). An diesem Erforderniß fehlt es, wenn eine Befreiung von der Rechnungslegung vorliegt, so daß in diesem Fall nicht nach §. 43 zu liquidiren ist.

[3]) Sind mehrere Mündel vorhanden, so wird die Revenüengebühr nicht von den Gesammtrevenüen, so daß sie sich bei dem Ausscheiden des einen oder anderen Mündels modifizirte, sondern von den Revenüen jedes einzelnen Mündels erhoben (Jahrbuch Bd. 4 S. 222).

§. 44.

Für Verhandlungen und Verfügungen, welche von den Vormundschaftsgerichten als solchen oder Behufs Sicherstellung, Verwaltung oder Beaufsichtigung des Vermögens des Mündels von den Erbtheilungsbehörden vorgenommen oder erlassen werden, ingleichen für die Auseinandersetzung über den Nachlaß des Vaters oder der unehelichen Mutter oder desjenigen, durch dessen Tod die Vormundschaft oder Pflegschaft nöthig geworden ist, einschließlich der Ermittelung des Nachlasses und des Erbeslegitimationsverfahrens, dürfen bei Vormundschaften und bei Pflegschaften neben den in den §§. 42. 43. bestimmten Kostenbeträgen nur die etwa entstehenden baaren Auslagen [1]) und Kalkulaturgebühren und die Kosten eines etwa gerichtlich aufgenommenen Vermögensverzeichnisses angesetzt werden [2]).

[1]) Was dazu gehört, bestimmt sich jetzt nach §. 21 Abs. 1 des Ausführungsgesetzes vom 10. März 1879 zum deutschen Gerichtskostengesetze (siehe unten unter Nr. 5).

[2]) Hiernach ist auch für die Großjährigkeitserklärung eines Bevormundeten neben der Pauschsumme für Führung der Vormundschaft nicht noch der im Tarif zum Stempelgesetze vom 7. März 1822 bestimmte Stempel von 6 Mark zu erheben, dieser kann vielmehr nur noch für Großjährigkeitserklärungen nicht bevormundeter Personen erhoben werden (Jahrbuch Bd. 2 S. 183).

§. 45 [1]).

Für die Ermittelung und die Theilung eines anderen Nachlasses und für das Erbeslegitimationsverfahren zu demselben kommen besondere Kosten nach Maßgabe der geltenden Vorschriften in Ansatz.

[1]) Die §§. 45 u. 46 sind ergänzt durch Art. 19 Nr. 2 des Gesetzes vom 9. Mai 1854 betr. einige Abänderungen des Gesetzes vom 10. Mai 1851 (G.S. 1854 S. 273), welcher durch das Gesetz vom 21. Juli 1875 nicht berührt ist.

§. 46 [1]).

Sind bei einzelnen Geschäften, für welche dem Mündel besondere Kosten nicht angesetzt werden dürfen, andere Personen betheiligt, so müssen diese die für solche Geschäfte in anderen Fällen bestimmten Kosten nach dem Verhältniß ihres Antheils entrichten.

[1]) Siehe die Anm. zum §. 45.

Artikel 2.

Die Vorschriften des §. 7. des Gesetzes vom 10. Mai 1851. finden in dessen Geltungsbereiche auch auf die unter Vormundschaft stehenden tauben, stummen und blinden Personen Anwendung.

Artikel 3.

Die nach Artikel 1. abgeänderten §§. 41—44. des Tarifs zu dem Gesetze vom 10. Mai 1851. treten auch für die Hohenzollernschen Lande an Stelle der bisher geltenden Vorschriften als Theile des Gesetzes vom 10. Mai 1851. in Kraft.

Artikel 4.

Die nach Artikel 1. abgeänderten §§. 41—46. des Tarifs zu dem Gesetze vom 10. Mai 1851., der nach Artikel 2. ausgedehnte §. 7. des Gesetzes vom 10. Mai 1851., soweit derselbe auf die in Vormundschaftssachen zu erhebenden Kosten sich bezieht, und der §. 10. Nr. 3. desselben Gesetzes (Anlage) treten auch für die Provinz Hannover an Stelle der bisher geltenden Vorschriften mit den folgenden Bestimmungen in Kraft.

§. 1.

Die Berechnung der Kosten nach den Sätzen des Tarifs erfolgt dergestalt, daß die vollen Sätze, welche für Beträge von 20, 30, 50 Mark u. s. w. bestimmt sind, auch für die nur angefangenen Beträge entrichtet werden.

§. 2.

Neben den nach diesem Gesetze zu erhebenden Kostensätzen sind weder Schreibgebühren, noch Gebühren oder Porto für Zustellungen und Behändigungen, noch Aufrufsgebühren, noch Gebühren für einfache auf Anfrage ergehende Bescheide, für die wegen Beseitigung vorläufiger Anstände ergehenden Zwischenverfügungen und für die Abhaltung von Terminen zu entrichten [1]).

Für Bescheide auf unbegründete Gesuche oder Beschwerden außerhalb einer eingeleiteten Vormundschaft oder Pflegschaft und für vereitelte Termine werden die Gebühren nach Maßgabe der bisherigen Bestimmungen besonders erhoben.

[1]) Wegen der Schreib-, Porto- und Zustellungsgebühren und der Aufrufsgebühren siehe jetzt die §§. 21 u. 33 des Gesetzes vom 10. März 1879 (unten unter Nr. 5).

§. 3.

Durch die Tarifsätze werden zugleich die Stempelabgaben gedeckt, welche auf Grund der nach dem Gesetze wegen Aenderung der Stempelsteuer vom 24. Februar 1869. (Gesetz-Samml. S. 366.) §§. 1. 2. und dem Gesetze, betreffend die Aufhebung ꝛc. gewisser Stempelabgaben vom 26. März 1873 (Gesetz-Samml. S. 131.) §. 2. in Kraft gebliebenen älteren Vorschriften zu erheben waren [1]).

[1]) Der nach dieser Vorschrift gebliebene Zweifel, ob in der Provinz Hannover für die Genehmigung eines Rechtsgeschäfts durch das Vormundschaftsgericht der dafür nach der Verordnung vom 19. Juli 1867 (G. S. 1867 S. 1191) und nach dem hannoverschen Stempelgesetz vom 30. Januar 1859 (hannoversche G. S. 1859 S. 3) festgesetzte Stempel von 15 Sgr. noch forterhoben werden solle, ist durch §. 11 des Gesetzes vom 10. März 1879 (siehe unten unter Nr. 5) gehoben.

§. 4.

Hinsichtlich der Zahlung von Kostenvorschüssen, der Kostenstundung und der Kostenbefreiung, sowie hinsichtlich der Erledigung von Beschwerden über den Ansatz und über die verweigerte Stundung oder Niederschlagung der Kosten kommen die bisher in Vormundschaftssachen gelten Vorschriften zur Anwendung, soweit dieselben nicht durch §. 7. des Gesetzes vom 10. Mai 1851. abgeändert werden [1]).

[1]) Jetzt kommen die entsprechenden Vorschriften des Gesetzes vom 10. März 1879 zur Anwendung.

§. 5[1]).

Insoweit nach den vorstehenden Bestimmungen Schreib=, Zustellungs= und Aufrufsgebühren von den Betheiligten nicht zu entrichten sind, werden den auf den Bezug solcher Gebühren angewiesenen Beamten aus der Staatskasse ohne Rücksicht auf den Eingang des Kostenpauschquantums vergütigt:

1) an Schreibgebühren für jeden Bogen fünfundzwanzig Pfennige.
   Dabei werden 96 Zeilen Schrift, die Zeile zu 12 Silben gerechnet, einem Bogen Schreibwerk gleich geachtet und nur angefangene Bogen, ingleichen Schriftstücke von geringerem Umfange als einem Bogen wie volle Bogen vergütigt;
2) für die Vornahme von Behändigungen oder Zustellungen fünfundzwanzig Pfennige.
   Diese Gebühr wird um zwanzig Pfennige erhöht, wenn die Zustellung an die Partei außerhalb des Ortes, wo der Zustellungsbeamte seinen Wohnsitz hat, bewirkt werden muß;
3) an Aufrufsgebühren für jeden Termin dreizehn Pfennige.

Diese Gebühren werden nicht gezahlt, wenn der Mündel zur Zeit der Schreibarbeit, der Behändigung, der Zustellung oder des Aufrufes nicht mehr als das ihm nach §. 7. Nr. 5. des Gesetzes vom 10. Mai 1851. zu belassende Vermögen hat.

Bis zur Höhe der gezahlten Gebühren werden die nach den §§. 42. 43. des Tarifs zu erhebenden Kosten nach Maßgabe des zur Zeit vorhandenen Vermögens des Mündels sofort erhoben.

[1]) Der §. 5 ist obsolet.

Artikel 5.

In dem bisherigen Geltungsbereiche des Gesetzes vom 10. Mai 1851., mit Ausnahme des Bezirks des Justizsenats zu Ehrenbreitstein und der Hohenzollernschen Lande kommen die Vorschriften dieses Gesetzes zur Anwendung, soweit nicht die zu erhebenden Kosten bereits festgesetzt sind oder die Vormundschaft oder Pflegschaft des betheiligten Mündels bereits beendigt ist.

Der von den Revenüen des Vermögens des Mündels zu erhebende Kostenbetrag wird jedoch für die Zeit bis zum Ende des Jahres 1875. nach den bisherigen Vorschriften berechnet.

Artikel 6.

In dem Bezirke des Justizsenats zu Ehrenbreitstein, in den Hohenzollernschen Landen und in der Provinz Hannover kommt bei den noch nicht beendigten Vormundschaften oder Pflegschaften der Betrag der nach den bisherigen Vorschriften in Ansatz gebrachten oder zu bringenden Kosten, Stempel und Gebühren auf die nach den §§. 41. 42. des Tarifs zu dem Gesetze vom 10. Mai 1851. zu erhebenden Kosten in Anrechnung, soweit nicht jene Kosten, Stempel und Gebühren lediglich bei der Revision und Abnahme der von dem Vormunde oder Pfleger gelegten Rechnung entstanden sind oder nach den Vorschriften der §§. 44—46. des Tarifs neben den in den §§. 42. 43. desselben bestimmten Kosten zu erheben gewesen wären.

Die in §. 43. des Tarifs bestimmten Kosten sind auch für das Jahr 1875. zu erheben, wenn die Vermögensverwaltung bereits in diesem Jahre bestanden hat und noch nicht beendigt ist.

Ist die Verwaltung bereits beendigt, so finden bei der Revision und Abnahme der Rechnung die bisherigen Vorschriften Anwendung.

Artikel 7. und 8.

Dieselben, welche die Kosten in den Bezirken der Appellationsgerichte zu Köln und Frankfurt a. M. betreffen, sind durch §. 10 des Gesetzes vom 10. März 1879 (unten unter Nr. 5) beseitigt und deshalb fortgelassen.

Artikel 9.

Dieses Gesetz tritt am 1. Januar 1876. in Kraft.

Anlage.

2. Auszug aus dem Gesetze, betreffend den Ansatz und die Erhebung der Gerichtskosten. Vom 10. Mai 1851.

(G. S. 1851 S. 622.)

§. 7.

In Rücksicht auf die unter Vormundschaft stehenden minderjährigen, taubstummen und geisteskranken Personen[1]) wird Folgendes bestimmt[2]):

1. Während der Dauer der Vormundschaft können ohne Rücksicht auf die Höhe der Vermögens des Pflegebefohlenen aus demselben erhoben werden:
   a) alle Kosten, welche vor Einleitung der Vormundschaft entstanden[3]), insofern sie nicht für vormundschaftsgerichtliche Akte zu entrichten sind, welche in Rücksicht auf die einzuleitende Vormundschaft vorzunehmen waren[4]);
   b) alle baaren Auslagen (§. 6.)[5]) und Kalkulaturgebühren, diese jedoch nur soweit, als das Vermögen des Pflegebefohlenen zur Zeit der angefertigten Kalkulaturarbeit 50 Thaler nach Nr. 5. übersteigt[6]);

[1]) Jetzt auch in Rücksicht auf die unter Vormundschaft stehenden tauben, stummen und blinden Personen, siehe Art. 2 des Gesetzes vom 21. Juli 1875 (oben S. 461). Auf großjährige Personen, die als Verschwender unter Vormundschaft gestellt sind, beziehen sich dagegen die im §. 7 ausgesprochenen Begünstigungen nicht.

[2]) Wegen der Fortgeltung der nachstehenden Bestimmungen siehe §. 27 Abs. 2 des Gesetzes vom 10. März 1879 (unten unter Nr. 5).

[3]) Z. B. als Erbschaftsschulden überkommene Kostenrückstände und die Kosten eines Entmündigungsverfahrens.

[4]) Solche Akte sind z. B. vorläufige Sicherungsmaßregeln nach §. 15 Abs. 1 V. O.

[5]) An Stelle des §. 6 sind Abs. 1 u. 2 des §. 21 des Gesetzes vom 10. März 1879 getreten.

[6]) Bei der Berechnung der 150 Mark sind auch die unbedingt zu entrichtenden baaren Auslagen vorweg von dem Vermögen des Pflegebefohlenen in Abzug zu bringen.

c) die in der Regel aus den betreffenden Massen zu entnehmenden Kosten eines durch Adjudikatoria beendigten Subhastationsprozesses und der Kaufgelderbelegung, und des erbschaftlichen Liquidationsprozesses, wenn und sobald sich eine Unzulänglichkeit des Vermögens zur Befriedigung der Gläubiger ergiebt [7]).

2. Mit der Einziehung anderer Kosten sollen dieselben während der Dauer der Vormundschaft verschont bleiben, wenn und soweit diese nicht aus den nach Bestreitung des Unterhalts und der Erziehung etwa übrig bleibenden Ueberschüssen der Revenüen ihres Vermögens gedeckt werden können. Sobald aus der am Schlusse eines Jahres oder sonst gelegten Rechnung sich ein solcher Ueberschuß [8]) ergibt, kann derselbe zur Deckung der bis dahin entstandenen Kosten, jedoch unter der Maßgabe, daß daraus zunächst die noch nicht berichtigten baaren Auslagen zu entnehmen sind, verwendet werden.

3. Wenn in Folge letztwilliger Verordnung, oder nach Provinzial- oder Statutarrecht, oder nach besonderen Verträgen der Mutter oder einem Dritten der Nießbrauch oder die von der Aufsicht des Gerichts befreite Verwaltung des Vermögens zusteht, so ist von dem vormundschaftlichen Gerichte nach Vernehmung des Vormundes und nach billigem Ermessen zu bestimmen, ob und welcher Revenüenbetrag als Ueberschuß anzusehen ist.

4. Wenn die Ermittelung deshalb unthunlich ist, weil die Angabe des Vermögens von demjenigen, welcher von Einreichung eines Inventars befreit ist, verweigert wird, so findet die Erhebung der in der Vormundschaftssache selbst entstandenen Kosten, nach Maßgabe eines durch Arbitrium der Vormundschaftsbehörde und nach Vernehmung des Vormundes festzustellenden Betrages statt, vorbehaltlich einer künftigen Nachliquidation beim Fortfall des Hindernisses; andere Kosten sind sofort zu erheben [9]).

5. Die gestundeten Kosten sind nach beendigter Vormundschaft zu erheben; dem gewesenen Pflegebefohlenen [10]) muß jedoch außer dem Bettzeuge, den

Wie der Ausdruck „der Pflegebefohlene" ergiebt, muß bei mehreren Pflegebefohlenen jedem derselben der Betrag von 150 Mark freigelassen werden.

[7]) Die Bestimmung gilt für die Kosten der Zwangsversteigerung unbeweglicher Gegenstände, soweit solche nicht schon etwa nach den darüber bestehenden, für Pflegebefohlene keine Ausnahme machenden Vorschriften aus deren Vermögen vorgeschossen sein sollten, noch fort.

An die Stelle des erbschaftlichen Liquidationsprozesses ist das Aufgebot der Nachlaßgläubiger und Vermächtnißnehmer nach dem Gesetz vom 28. März 1879 (G.S. 1879 S. 293) getreten, dessen Kosten an sich zu den Ausgaben für die Verwaltung des Nachlasses gehören (§. 16 a. a. O.), in Folge der obigen Vorschrift aber den Pflegebefohlenen gegenüber nur dann unbedingt aus der Masse zu entnehmen sind, wenn über den Nachlaß Konkurs eröffnet wird, während sonst die Frage, ob und wann ihre Berichtigung herbeizuführen ist, nach den Bestimmungen unter Nr. 2 ff. zu entscheiden ist (Siméon, Gesetze über den Kostenansatz, 2. Aufl. 1881, S. 150).

[8]) Der Revenüenüberschuß muß ein wirklicher sein. Nicht verausgabte Revenüen, welche zur Deckung bereits entstandener, aber noch nicht befriedigter Bedürfnisse der Pflegebefohlenen bestimmt sind, können als Revenüenüberschüsse nicht angesehen werden (Siméon a. a. O.).

[9]) Durch die Vorschriften unter Nr. 3 u. 4 wird nicht ausgeschlossen, daß ein Nießbraucher nach den Grundsätzen des materiellen Rechts oder den Bestimmungen, auf denen sein Recht beruht, Kosten vorzuschießen oder zu zahlen hat.

[10]) Der Ausdruck „dem Pflegebefohlenen" ergiebt auch hier, daß bei

Kleidungsstücken und Geräthschaften, welche ihm zu seinem persönlichen Gebrauch etwa schon verabfolgt oder angeschafft sind, ein reines Vermögen von 50 Thalern belassen und der demzufolge nicht einzuziehende Betrag seiner Kostenschuld muß niedergeschlagen werden.

6. Auf eine Stundung der Kosten können weibliche Pflegebefohlene, sobald sie sich verheirathen, und diejenigen Pflegebefohlenen, hinsichtlich welcher die Vormundschaft über die Zeit der erlangten Großjährigkeit aus einem andern Grunde, als dem einer vorhandenen erheblichen Gemüthsschwäche verlängert wird, von diesem Zeitpunkte an nicht ferner Anspruch machen [11]).

7. Die Verjährung beginnt rücksichtlich der von den Pflegebefohlenen zu bezahlenden Kosten [12]) erst mit dem Ablauf desjenigen Jahres, in welchem die über sie geführte Vormundschaft beendigt ist.

mehreren Pflegebefohlenen jedem derselben der Betrag von 150 Mark gelassen werden muß.

[11]) Der zweite Fall der Verlängerung einer Vormundschaft kommt nicht mehr vor.

[12]) Auch für nicht in der Vormundschaftssache entstandene Kosten gilt die Vorschrift, da sie sich auf alle von den Pflegebefohlenen zu zahlenden Kosten bezieht.

§. 10.

3. In Vormunschafts- und Kuratelsachen, insoweit letztere nicht lediglich mit der Abwickelung eines einzelnen Geschäfts beendigt werden, sind die vom Kapitalvermögen der Pflegebefohlenen nach dem Tarif §. 42. zu erhebenden Sätze bei Beendigung der Vormundschaft oder Kuratel [1]), die von den Revenüen nach §. 43. des Tarifs zu erhebenden aber am Schlusse eines jeden Jahres, in welchem dieselben fällig werden, wenn aber eine Rechnungslegung beim vormundschaftlichen Gericht stattfindet, nach Eingang und Abnahme der Rechnung zu liquidiren [2]).

[1]) Die von dem Kapitalbetrage zu erhebenden Kosten für die Führung solcher Pflegschaften, welche nicht mit der Abwickelung eines Geschäfts beendigt sind, sind ohne Unterschied der Veranlassung der Pflegschaft erst bei Beendigung der letzteren zu erheben (Jahrbuch Bd. 2 S. 177).

[2]) Der Ansatz der Revenüenkosten erfolgt für jedes Jahr, auch wenn die Rechnung mehrere Jahre umfaßt. Die Registrirung geschieht erst, wenn Revenüenüberschüsse vorhanden sind, aus denen die Berichtigung erfolgen darf.

3. Tabellen zu dem Gesetz vom 21. Juli 1875.

Tabelle 1.

Gebühren für die zur Wahrnehmung einzelner Geschäfte eingeleiteten Pflegschaften oder für die Bestellung eines Gegenvormundes neben dem gesetzlichen Vormunde (Ges. v. 21. Juli 1875 Art. 1 §. 41).

Bei einem Werthe des Gegenstandes sind zu erheben	Mark	Pfennige
bis 50 Mark einschließlich	—	50
von mehr als		
50 Mark — 100 „ „	1	—
100 „ — 150 „ „	1	50
150 „ — 200 „ „	2	—
200 „ — 250 „ „	2	50
250 „ — 300 „ „	3	—
300 „ — 450 „ „	3	50
450 „ — 600 „ „	4	—
600 „ — 900 „ „	4	50
900 „ — 1 200 „ „	5	—
1 200 „ — 1 500 „ „	5	50
1 500 „ — 2 000 „ „	6	—
2 000 „ — 2 500 „ „	6	50
2 500 „ — 3 000 „ „	7	—
3 000 „ — 4 000 „ „	7	50
4 000 „ — 5 000 „ „	8	—
5 000 „ — 6 000 „ „	8	50
6 000 „ — 7 000 „ „	9	—
7 000 „ — 8 000 „ „	9	50
8 000 „ — 9 000 „ „	10	—
9 000 „ — 10 000 „ „	10	50
10 000 „ — 11 000 „ „	11	—
11 000 „ — 12 000 „ „	11	50
12 000 „ — 13 000 „ „	12	—
13 000 „ — 14 000 „ „	12	50
14 000 „ — 15 000 „ „	13	—
15 000 „ — 30 000 „ „	16	—
30 000 „ — 60 000 „ „	19	—
60 000 „	25	—

Bemerkungen.

1. Diese Sätze kommen bei Pflegschaften nur insoweit zum Ansatz, als nicht rücksichtlich der Person, in deren Interesse ein Pfleger bestellt wird, eine Vormundschaft oder Pflegschaft eingeleitet oder einzuleiten ist, auf welche die folgenden Tabellen Anwendung finden.

2. Dieselben Sätze (Tabelle 1) sind von dem Kapitalbetrage des Vermögens des Mündels zu erheben, wenn die gesetzliche Vormundschaft über einen Großjährigen in Folge der Anordnung des Vormundschaftsgerichts eintritt. (V.O. §. 81 Nr. 3 und §. 82.) Wird später eine andere Vormundschaft eingeleitet, so ist der erhobene Betrag auf die Kosten derselben anzurechnen.

Tabelle 2.

Gebühren für andere Pflegschaften und bei Vormundschaften, mit Ausnahme der gesetzlichen Vormundschaften, von dem Kapitalbetrage des Vermögens des Mündels, auf welches sich die Pflegschaft oder Vormundschaft erstreckt (Ges. v. 21. Juli 1875 Art. 1 §. 42).

Es ist zu erheben von mehr als	Mark	Pfennige
150 Mark — 200 Mark einschließlich	2	—
200 „ — 250 „ „	2	50
250 „ — 300 „ „	3	—
300 „ — 400 „ „	3	50
400 „ — 500 „ „	4	—
500 „ — 600 „ „	4	50
600 „ — 750 „ „	5	—
750 „ — 900 „ „	5	50
900 „ — 1 050 „ „	6	—
1 050 „ — 1 200 „ „	6	50
1 200 „ — 1 350 „ „	7	—
1 350 „ — 1 500 „ „	7	50
1 500 „ — 1 800 „ „	8	—
1 800 „ — 2 100 „ „	8	50
2 100 „ — 2 400 „ „	9	—
2 400 „ — 2 700 „ „	9	50
2 700 „ — 3 000 „ „	10	—
3 000 „ — 3 300 „ „	10	50
3 300 „ — 3 600 „ „	11	—
3 600 „ — 3 900 „ „	11	50
3 900 „ — 4 200 „ „	12	—
4 200 „ — 4 500 „ „	12	50
4 500 „ — 4 800 „ „	13	—
4 800 „ — 5 100 „ „	13	50
5 100 „ — 5 400 „ „	14	—
5 400 „ — 5 700 „ „	14	50
5 700 „ — 6 000 „ „	15	—
6 000 „ — 6 300 „ „	15	50
6 300 „ — 6 600 „ „	16	—
6 600 „ — 6 900 „ „	16	50
6 900 „ — 7 200 „ „	17	—
7 200 „ — 7 500 „ „	17	50

Es ist zu erheben von mehr als	Mark	Pfennige
7 500 Mark — 7 800 Mark einschließlich	18	—
7 800 „ — 8 100 „ „	18	50
8 100 „ — 8 400 „ „	19	—
8 400 „ — 8 700 „ „	19	50
8 700 „ — 9 000 „ „	20	—
9 000 „ — 9 300 „ „	20	50
9 300 „ — 9 600 „ „	21	—
9 600 „ — 9 900 „ „	21	50
9 900 „ — 10 200 „ „	22	—
10 200 „ — 10 500 „ „	22	50
10 500 „ — 10 800 „ „	23	—
10 800 „ — 11 100 „ „	23	50
11 100 „ — 11 400 „ „	24	—
11 400 „ — 11 700 „ „	24	50
11 700 „ — 12 000 „ „	25	—
12 000 „ — 12 300 „ „	25	50
12 300 „ — 12 600 „ „	26	—
12 600 „ — 12 900 „ „	26	50
12 900 „ — 13 200 „ „	27	—
13 200 „ — 13 500 „ „	27	50
13 500 „ — 13 800 „ „	28	—
13 800 „ — 14 100 „ „	28	50
14 100 „ — 14 400 „ „	29	—
14 400 „ — 14 700 „ „	29	50
14 700 „ — 15 000 „ „	30	—
u. s. w., von je 300 Mark noch fünfzig Pfennige, also z. B. bei einem Objekte von mehr als		
23 700 Mark — 24 000 Mark einschließlich	45	—
29 700 „ — 30 000 „ „	55	—
59 700 „ — 60 000 „ „	105	—
150 000 „ — 150 300 „ „	255	50

Tabelle 3.

Gebühren bei Pflegschaften und bei Vormundschaften von den jährlichen Revenüen desjenigen Vermögens, über dessen Verwaltung dem Vormundschaftsgericht Rechnung gelegt werden muß (Ges. v. 21. Juli 1875 Art. 1 §. 43).

Es sind zu erheben bei einem Kapitalswerthe	einem jährlichen Revenüen-Betrage	Mark	Pf.
Mark bis 666⅔ einschl.	Mark bis 20 einschl.	—	20
von mehr als Mark … Mark	von mehr als Mark … Mark		
666⅔ bis 1 333⅓ "	20 bis 40 "	—	40
1 333⅓ — 2 000 "	40 — 60 "	—	60
2 000 — 2 666⅔ "	60 — 80 "	—	80
2 666⅔ — 3 333⅓ "	80 — 100 "	1	—
3 333⅓ — 4 000 "	100 — 120 "	1	20
4 000 — 4 666⅔ "	120 — 140 "	1	40
4 666⅔ — 5 333⅓ "	140 — 160 "	1	60
5 333⅓ — 6 000 "	160 — 180 "	1	80
6 000 — 6 666⅔ "	180 — 200 "	2	—
6 666⅔ — 7 333⅓ "	200 — 220 "	2	20
7 333⅓ — 8 000 "	220 — 240 "	2	40
8 000 — 8 666⅔ "	240 — 260 "	2	60
8 666⅔ — 9 333⅓ "	260 — 280 "	2	80
9 333⅓ — 10 000 "	280 — 300 "	3	—
10 000 — 11 000 "	300 — 330 "	3	20
11 000 — 12 000 "	330 — 360 "	3	40
12 000 — 13 000 "	360 — 390 "	3	60
13 000 — 14 000 "	390 — 420 "	3	80
14 000 — 15 000 "	420 — 450 "	4	—
15 000 — 16 000 "	450 — 480 "	4	20
16 000 — 17 000 "	480 — 510 "	4	40
17 000 — 18 000 "	510 — 540 "	4	60
18 000 — 19 000 "	540 — 570 "	4	80
19 000 — 20 000 "	570 — 600 "	5	—
20 000 — 22 000 "	600 — 660 "	5	20
22 000 — 24 000 "	660 — 720 "	5	40
24 000 — 26 000 "	720 — 780 "	5	60
26 000 — 28 000 "	780 — 840 "	5	80
28 000 — 30 000 "	840 — 900 "	6	—

Es sind zu erheben			
bei einem Kapitalswerthe	einem jährlichen Revenüen-Betrage	Mark	Pf.
von mehr als Mark — Mark	von mehr als Mark — Mark		
30 000 — 32 000 einschl.	900 — 960 einschl.	6	20
32 000 — 34 000 „	960 — 1,020 „	6	40
34 000 — 36 000 „	1 020 — 1 080 „	6	60
36 000 — 38 000 „	1 080 — 1 140 „	6	80
38 000 — 40 000 „	1 140 — 1 200 „	7	—
40 000 — 42 000 „	1 200 — 1 260 „	7	20
42 000 — 44 000 „	1 260 — 1 320 „	7	40
44 000 — 46 000 „	1 320 — 1 380 „	7	60
46 000 — 48 000 „	1 380 — 1 440 „	7	80
48 000 — 50 000 „	1 440 — 1 500 „	8	—
50 000 — 54 000 „	1 500 — 1 620 „	8	20
54 000 — 58 000 „	1 620 — 1 740 „	8	40
58 000 — 62 000 „	1 740 — 1 860 „	8	60
62 000 — 66 000 „	1 860 — 1 980 „	8	80
66 000 — 70 000 „	1 980 — 2 100 „	9	—
u. s. w. von je 4 000 „	u. s. w., von je 120 „	—	20
z. B. bei einem Objekte von mehr als 206 000 Mark bis 210 000 Mark einschl.	z. B. bei einem Objekte von mehr als 6 180 Mark bis 63 00 Mark einschl.	16	—

4. Auszug aus dem Gesetz, betreffend die Ausdehnung verschiedener Preußischer Gesetze auf den Kreis Herzogthum Lauenburg. Vom 25. Februar 1878.

(G. S. 1878 S. 97).

§. 4.

Es werden im Kreise Herzogthum Lauenburg in Wirksamkeit gesetzt:

5) das Gesetz vom 21. Juli 1875, betreffend die Kosten, Stempel und Gebühren in Vormundschaftssachen (Gesetz-Samml. S. 548), jedoch mit der Maßgabe, daß die Artikel 1, 2 und 5 des Gesetzes nachstehende veränderte Fassung erhalten:

Artikel 1.

Die §§. 40 bis 45 des Tarifs zum Lauenburgischen Gesetze vom 4. Dezember 1869 über den Ansatz und die Erhebung der Gerichtskosten (Extra-Ausgabe des Offiziellen Wochenblatts 1869 S. 393) werden, mit Vorbehalt der ferneren Anwendung des bisherigen §. 42 des Tarifs zum Gesetze vom 4. Dezember 1869 im Falle des §. 47 desselben, durch nachstehende Paragraphen ersetzt.

Artikel 2.

Die Vorschriften des §. 6 des Lauenburgischen Gesetzes vom 4. Dezember 1869 finden auch auf die unter Vormundschaft stehenden tauben, stummen und blinden Personen Anwendung.

Artikel 5.

Im Kreise Herzogthum Lauenburg kommen die Vorschriften dieses Gesetzes zur Anwendung, soweit nicht die zu erhebenden Kosten bereits festgesetzt sind oder die Vormundschaft oder Pflegschaft des betheiligten Mündels bereits beendigt ist.

Der von den Revenüen des Vermögens des Mündels zu erhebende Kostenbetrag wird jedoch für die Zeit bis zum 1. Oktober 1878 nach den bisherigen Vorschriften berechnet. [1])

[1]) Eine Modifikation der vorstehenden Vorschriften enthält §. 12 des Gesetzes vom 10. März 1879 (unten unter Nr. 5).

§. 10.

Dieses Gesetz tritt . . . hinsichtlich der im §. 4 unter . . . 5 bezeichneten Gesetze . . . am 1. Oktober 1878 in Kraft.

Alle entgegenstehenden Vorschriften treten alsdann außer Geltung.

5. Auszug aus dem Ausführungsgesetz zum Deutschen Gerichtskostengesetze rc. Vom 10. März 1879.

(G. S. 1879 S. 145.)

§. 10.

Für Vormundschaftssachen treten die nach Artikel 1 des Gesetzes vom 21. Juli 1875 abgeänderten §§. 41 bis 46 des Tarifs zu dem Gesetze vom 10. Mai 1851, der durch Artikel 2 des ersteren Gesetzes ausgedehnte §. 7 des Gesetzes vom 10. Mai 1851 und der §. 10 Nr. 3 des letzteren Gesetzes auch für die Bezirke des Appellationsgerichtshofes zu Cöln und des Appellationsgerichts zu Frankfurt a. M. in Kraft.

Die Berechnung der Kosten erfolgt dergestalt, daß die vollen Sätze, welche für Beträge von 20, 30, 50 Mark u. s. w. bestimmt sind, auch für die nur angefangenen Beträge entrichtet werden.

Neben den Tarifsätzen werden Stempelabgaben nur erhoben, soweit dieselben als Urkundenstempel nach §. 1 der für das Gebiet der ehemals freien Stadt Frankfurt erlassenen Verordnung vom 16. August 1867 und den entsprechenden Positionen der im Bezirk des Appellationsgerichtshofes zu Cöln bestehenden Stempelgesetze unter Berücksichtigung des Gesetzes vom 26. März 1873 zu erheben sind. Die im §. 44 des Tarifs bestimmte Befreiung von weiteren Kosten erstreckt sich auch auf die Stempelabgaben.

Bei den vor dem Inkrafttreten dieses Gesetzes eingeleiteten, noch nicht beendigten Vormundschaften und Pflegschaften kommt der Betrag der nach den bisherigen Vorschriften in Ansatz gebrachten oder zu bringenden Gebühren und Stempel auf die nach den §§. 41, 42 des Tarifs zu erhebenden Gebühren in Anrechnung, soweit nicht jene Stempel und Gebühren lediglich bei der Revision und Abnahme der von dem Vormunde oder Pfleger gelegten Rechnung entstanden sind, oder nach den Vorschriften der §§. 44 bis 46 des Tarifs neben den in den §§. 42, 43 desselben bestimmten Gebühren zu erheben gewesen wären [1]).

[1]) Hiernach ist also die bestehende Kostengesetzgebung in Vormundschaftssachen auf die Bezirke der Oberlandesgerichte zu Cöln und Frankfurt a. M. ausgedehnt worden.

§. 11.

Die Genehmigung eines Rechtsgeschäfts durch das Vormundschaftsgericht ist im ganzen Umfange der Monarchie stempelfrei [1]).

[1]) Diese Vorschrift richtet sich gegen den oben S. 462 Anm. 1 zu §. 3 erwähnten, in der Provinz Hannover bestandenen Zweifel. Durch dieselbe wird natürlich die Stempelpflichtigkeit des genehmigten Rechtsgeschäfts selbst nicht berührt.

§. 12.

Im Kreise Herzogthum Lauenburg sind in Vormundschaftssachen von den nach der Hannoverschen Verordnung vom 31. Dezember 1813 zu erhebenden Stempelabgaben der ordentliche Stempel und die besonderen Stempel für Bestallungen, Konfirmationen, Bescheide, Rechnungen, Rechnungsauszüge und Protokolle nicht mehr zu erheben.

Die im §. 43 des Tarifs zu dem Lauenburgischen Gesetze vom 4. Dezember 1869 nach dem Gesetze vom 25. Februar 1878 bestimmte Befreiung der Bevormundeten von weiteren als den in dem Tarife bestimmten Kosten erstreckt sich auch auf die Stempelabgaben [1]).

[1]) Im Kreise Herzogthum Lauenburg fehlte bis dahin die allgemeine Bestimmung des Gesetzes vom 10. Mai 1851 §. 16, daß Stempelbeträge nur noch in den ausdrücklich bestimmten Fällen zu erheben sind.

§. 21.

In allen gerichtlichen Angelegenheiten sind, soweit nicht reichsgesetzliche Bestimmungen entgegenstehen, baare Auslagen nach den Vorschriften der §§. 79, 80 des Deutschen Gerichtskostengesetzes zu erheben.

In Vormundschaftssachen sind Schreibgebühren [1]), Postgebühren und Zustellungskosten [2]) nur zu erheben, wenn der Mündel zur Zeit der Entstehung derselben mehr als das ihm nach §. 7 Nr. 5 des Gesetzes vom 10. Mai 1851 zu belassende Vermögen hat [3]). — — —

Auf bereits anhängige Angelegenheiten finden die vorstehenden Vorschriften Anwendung, wenn die Handlung, durch welche die Auslagen entstehen, nicht vor dem Inkrafttreten dieses Gesetzes beantragt oder angeordnet worden ist.

[1]) Auch für die im letzten Absatz des §. 56 V. O. gedachte Abschrift der Rechnung, für die früher keine Schreibgebühren zu erheben waren, sind jetzt solche zu erheben, da das Gesetz wegen derselben keine Ausnahme macht, a. A. z. B. Philler Anm. 257 a. E. zu §. 56 S. 107. Schuldner derselben ist aber nicht der Vormund, sondern der Mündel, weil der Vormund als solcher ein Recht auf die Abschrift hat.

[2]) Die Erhebung der Zustellungskosten hat inzwischen durch Art. 2 des Gesetzes vom 29. Juni 1881, betr. die Abänderung von Bestimmungen des Gerichtskostengesetzes ꝛc. (R. G. Bl. 1881 S. 178) eine Abänderung dahin erfahren, daß für die von Amtswegen bewirkten Zustellungen baare Auslagen nicht erhoben werden, die Erhebung der Schreibgebühr für die Ausfertigungen und Abschriften des zuzustellenden Schriftstücks jedoch hierdurch nicht ausgeschlossen wird.

[3]) Nach dem klaren Wortlaut des Gesetzes sind, wogegen häufig in der Praxis verstoßen wird, die Schreib- und Portogebühren stets nur zu erheben, wenn das Mündelvermögen 150 Mark übersteigt.

§. 27.

In Angelegenheiten, auf welche die Deutschen Prozeßordnungen nicht Anwendung finden, werden die Gerichtsgebühren bei Beendigung des Geschäfts, baare Auslagen bei deren Entstehung fällig.

Die bestehenden Vorschriften über die Einziehung von Vorschüssen, sowie die Vorschriften über die Einziehung der Kosten in Vormundschaftssachen und von Bevormundeten bleiben in Kraft [1]).

[1]) Diese bestehenden Vorschriften sind für den ganzen Umfang der Monarchie die §§. 7 und 10 Nr. 3 des Gesetzes vom 10. Mai 1851 mit der durch Art. 2 des Gesetzes vom 21. Juli 1875 dem ersteren Paragraphen gegebenen Ausdehnung, für den Kreis Herzogthum Lauenburg nur formell selbständig, sachlich übereinstimmend die §§. 6 und 9 Nr. 3 des Gesetzes vom 4. Dezember 1869, betr. den Ansatz und die Erhebung der Gerichtskosten (Offiz. Wochenblatt, Extra-Ausgabe 1869 S. 561).

§. 33.

In Vormundschaftssachen stehen den Gerichtsvollziehern Aufrufsgebühren nicht zu [1]).

[1]) Diese Vorschrift betrifft nur die Bezirke der Oberlandesgerichte zu Cöln und zu Celle. Für Hannover war die Einrechnung der Aufrufsgebühren in die Pauschgebühr bereits durch das Gesetz vom 21. Juli 1875 vollzogen worden.

§. 44.

Dieses Gesetz tritt gleichzeitig mit dem Deutschen Gerichtsverfassungsgesetz in Kraft [1]).

[1]) Es ist also am 1. Oktober 1879 in Kraft getreten.

6. Außer den vorstehenden, die Kosten in Vormundschaftssachen speziell betreffenden Vorschriften finden bei denselben nach dem für alle Angelegenheiten der nichtstreitigen Gerichtsbarkeit geltenden §. 4 des Gesetzes vom 10. März 1879 die §§. 4—7, 9—14, 16 und 17 des deutschen Gerichtskostengesetzes, welche die Zuständigkeit und das Verfahren in Bezug auf die Festsetzung der Kosten und die Berechnung des für die Gebühren maßgebenden Werths regeln, mit den in den §§. 5—8 des Gesetzes vom 10. März 1879 getroffenen Maßgaben entsprechende Anwendung. Demgemäß ist insbesondere über Erinnerungen gegen den Kostenansatz vom Vormundschaftsrichter gebührenfrei zu entscheiden, und ist gegen dessen Entscheidung nach Maßgabe der §§. 531—538 der Civilprozeßordnung die Beschwerde, welche an das Landgericht geht, und die weitere Beschwerde, welche, wenn nicht gleichzeitig über eine Beschwerde in der Angelegenheit, für welche Kosten zum Ansatz gebracht worden sind, zu entscheiden ist, an das Kammergericht geht, gegeben. Letzteres ist somit, wie in den sonstigen durch die deutschen Prozeßordnungen nicht betroffenen Angelegenheiten, so auch namentlich in Vormundschaftssachen Centralinstanz für die Entscheidung in Kostensachen, wie es bei Stempelabgaben für gerichtliche Akte der Justizminister ist. Die Erinnerungen und die Beschwerden, und zwar auch die weiteren Beschwerden, können durch Erklärung zu Protokoll des Gerichtsschreibers oder schriftlich ohne Mitwirkung eines Anwalts erfolgen, und findet der Kostenansatz für die Entscheidungen über Beschwerden und weitere Beschwerden nicht nach §. 45 des deutschen Gerichtskostengesetzes, sondern nach den seitherigen Gesetzen, also z. B. im Geltungsgebiet des Kostengesetzes vom 10. Mai 1851 nach Art. 5 und 15 des Gesetzes vom 9. Mai 1854 betr. einige Abänderungen des Gesetzes über den Ansatz und die Erhebung der Gerichtskosten vom 10. Mai 1851 (G. S. 1854 S. 273), statt (Jahrbuch Bd. 1 S. 163 und Bd. 3 S. 188).

IV.

Die geschäftliche Behandlung der Vormundschaftssachen*).

1. Allgemeine Verfügung vom 20. November 1875, — betreffend die Vormundschafts-Ordnung vom 5. Juli 1875 (Ges.-Samml. S. 431).

(Just. Min. Bl. 1875 S. 241.)

Zur Ausführung der Vormundschaftsordnung vom 5. Juli 1875 wird bestimmt:

§. 1. und 2.

Dieselben, welche die Vormundschaftsbehörden betreffen, sind durch die veränderte Justizorganisation beseitigt.

§. 3.

Ueber die anhängigen Vormundschaften und Pflegschaften sind Register nach dem anliegenden Formular I. zu führen [1])[2]).

Vormundschaften und Pflegschaften, über welche besondere Akten nicht angelegt werden, sind in die Register nicht einzutragen.

Es sind dies:

1. gesetzliche Vormundschaften des Vaters,

[1]) Ob diese Register für alle Sachen eines Gerichts ungetrennt zu führen und wie sie eventuell zu trennen sind, ist den Gerichten überlassen. Es empfiehlt sich entschieden, für jede Ortschaft ein besonderes Register anzulegen, woneben die Vertheilung der Sachen eines Ortes unter mehreren Richtern oder die zu große Zahl der Sachen eines Ortes zugleich eine weitere Theilung nach Namen rechtfertigt, und es unter Umständen zweckmäßig sein kann, um in den Fällen, wo weiter nichts als der Name des Mündels bekannt ist, die Auffindung zu erleichtern, noch ein einfaches alphabetisches Verzeichniß aller Vormundschaften des Bezirks zu führen. Die Eintragungen in jedes Register können nur nach chronologischer Ordnung erfolgen. Vgl. Kurlbaum a. a. O. S. 250 unter Nr. III.

[2]) Vormundschaften, bei denen eine Befreiung nicht ausgesprochen ist, sondern lediglich deswegen, weil kein Vermögen oder doch kein vom Vormunde verwaltetes Vermögen vorhanden ist, eine Rechnungslegung nicht stattfindet, gehören entsprechend den Vorschriften im §. 4 unter II. a und b nicht in die Spalte 6a sondern 6b des Formulars I. Ist dagegen eine Befreiung von der Rechnungslegung ausgesprochen, so ist nach der Anmerkung 3 auf dem Formular I. die Spalte 6a auch dann auszufüllen, wenn die Befreiung wegen des Mangels einer Vermögensverwaltung thatsächlich gegenstandslos ist.

*) Vgl. hierzu den jetzt allerdings größtentheils nicht mehr zutreffenden Aufsatz von Kurlbaum II. im Justiz-Ministerial-Blatt von 1875 S. 248 ff., sowie wegen der fortdauernden Geltung unten unter Nr. 2a.

2. gesetzliche Vormundschaften des Vaters der Mutter eines unehelichen Kindes, so lange dem Mündel nicht Vermögen zufällt,
3. Pflegschaften über bereits bevormundete Personen, wenn mit der Pflegschaft eine dauernde Vermögensverwaltung nicht verbunden ist [3]).

[3]) In den Fällen Nr. 1 und 2 werden Blattsammlungen gebildet, in dem Nr. 3 die Schriftstücke zu den betreffenden Vormundschaftsakten genommen. Bei der gesetzlichen Vormundschaft des §. 13 V. O. verbleibt es bei der Regel, daß Akten anzulegen sind.

§. 4.

Die alljährlich von den Gerichten aufzustellenden und an die Aufsichtsbehörden einzureichenden Geschäftsübersichten haben rücksichtlich der Vormundschaften unter dem Abschnitt „Vormundschaften und Pflegschaften" folgende Ergebnisse darzustellen:

I. im Laufe des Jahres vorhandene Sachen, und zwar:
   a) überjährige,
   b) diesjährige,
   c) Gesammtzahl aller Sachen;

II. am Schluß des Jahres noch nicht beendigte Sachen und zwar:
   a) von der Rechnungslegung befreite,
   b) nicht befreite, aber ohne Vermögensverwaltung,
   c) mit jährlicher Rechnungslegung,
   d) mit Rechnungslegung alle zwei bis drei Jahre,
   e) mit Gegenvormund oder ungetrennter Verwaltung mehrerer Vormünder,
   f) mit Familienrath,
   g) überhaupt.

In die Uebersichten sind nur die in die Register einzutragenden Sachen aufzunehmen [1]).

[1]) Was über die Beschwerden und weiteren Beschwerden in Vormundschaftssachen in die Geschäftsübersichten aufzunehmen ist, ergiebt sich aus den durch die allgemeine Verfügung vom 6. Dezember 1880, betr. die Einreichung von Geschäftsübersichten (Just. Min. Bl. 1880 S. 272) vorgeschriebenen Formularen für die Hauptübersichten der Geschäfte bei den Landgerichten und den Oberlandesgerichten.

§. 5.

Bei den einzelnen Akten sind Nachweisungen nach dem anliegenden Formular II. zu führen [1]) [2]).

[1]) Die Ausfüllung der Nachweisungen kann bei der Spalte 12 nach deren Inhalt jedenfalls nur durch den Vormundschaftsrichter selbst geschehen, erfolgt aber auch im übrigen am zweckmäßigsten durch diesen, indem die Nachweisungen nur dann die, um ihren Zweck zu erfüllen, d. i. einen schnellen Ueberblick über die Lage der Sache zu gewähren und die Durchsicht der Akten zu ersparen (Kurlbaum a. a. O. S. 251 unter Nr. V.), erforderliche Zuverlässigkeit haben. Höchstens bei den Spalten 1—5 kann sie unbedenklich dem Gerichtsschreiber überlassen werden. Direkt vorgeschrieben ist jedoch die Ausfüllung durch den Richter nirgends.

[2]) Mit Rücksicht auf die Bestimmung in der Anmerkung 2 auf dem Formular II., durch welche doppelte Schreiberei vermieden werden soll, und da die Aufnahme in der Nachweisung zweckmäßiger als die auf dem Aktendeckel ist, empfiehlt es sich, auf dem letzteren nur dasjenige anzugeben, was zur Bezeichnung der Sache nothwendig ist, also blos Name, Stand und Wohnort des Vaters oder der unehelichen Mutter (Kurlbaum a. a. O. S. 251 unter Nr. V.).

§. 6.

Sonstige in einzelnen Landestheilen übliche, das Vormundschaftswesen betreffende Verzeichnisse (Vormundschaftsbücher, Vormundschaftstabellen u. s. w.) kommen in Wegfall.

§. 7.

Für den Bezirk des Appellationsgerichtshofes zu Cöln wird besonders bestimmt:

1. Sind wegen geringen Vermögens der Mündel bisher besondere Akten nicht angelegt, so bedarf es dieser Anlegung erst, wenn die Bestellung eines neuen Vormundes oder Pflegers oder eine Rechnungslegung nothwendig wird.
2. Die bisher vorgeschriebene Rückgabe der Vermögensverzeichnisse und förmlichen Inventarien, sowie der Anzeigen über die Nothwendigkeit einer Bevormundung unterbleibt.
3. Die Anzeige-Register über Sterbefälle, die Register der Notare zur Eintragung der Inventarisationen in Vormundschaftssachen, sowie die Verzeichnisse der Dativ- und Gegenvormünder, welche zum Zwecke der Mittheilung an die Standesbeamten geführt werden, kommen in Wegfall.

§. 8.

In dem Bezirk des Appellationsgerichts zu Cassel sind die in der Verordnung vom 24. Juni 1767 angeordneten Vollständigkeitsatteste der Pfarrer nicht weiter zu erfordern und demgemäß die den Pfarrern mitzutheilenden Verzeichnisse über Vormundschaften nicht weiter zu führen.

Anlagen.

Formular I.*)

Register über Vormundschaften und Pflegschaften.

Laufende Nummer.	Angefangen im Geschäftsjahre	Des Vaters oder der unehelichen Mutter der minderjährigen Mündel			Der Mündel		Name, Stand und Wohnort		Rechnungslegung.				Die Kosten sind berechnet bis Blatt	Die Akten sind im Geschäftsjahre		Grund der Vormundschaft über Großjährige oder der Pflegschaft und Bemerkungen.
		Name und Stand.	Wohnort oder Aufenthaltsort.	Todestag.	Name.	Geburtstag (bei Nachlaßpflegschaften der Todestag des Erblassers).	des Vormundes oder Pflegers.	des Gegenvormundes.	Befreit.	Ohne Verwaltung.	Jährlich.	Alle 2—3 Jahre.		reponirt.	kassirt.	
		a.	b.	c.	a.	b.	a.	b.	a.	b.	c.	d		a.	b.	
1.	2.	3			4.		5.		6				7.	8.		9.

*) Anmerkungen (amtliche): 1) In Spalte 4a. ist bei Vormundschaften und Pflegschaften über Großjährige und bei Nachlaßpflegschaften auch der Stand und der Wohnort oder Aufenthaltsort des Mündels oder des Erblassers anzugeben.

2) Die Spalte 5b. ist durch eine Bemerkung auch dann auszufüllen, wenn ein Gegenvormund nicht bestellt ist, aber mehrere Vormünder zu ungetrennter Verwaltung bestellt sind.

3) Die Ausfüllung der Spalte 6 erfolgt durch Eintragung der Zahl 1 in die betreffende Unterspalte. Ist die Unterspalte „befreit" zu benutzen, so ist daneben nicht zu unterscheiden, ob eine Vermögensverwaltung besteht oder nicht besteht.

4) Die Spalte 9 ist insbesondere zu Angaben über die Bildung eines Familienraths zu benutzen.

5) Eintretende Veränderungen sind nachzutragen. Die Namen der Mündel, deren Vormundschaft, sowie die Namen der Vormünder, Gegenvormünder und Pfleger, deren Amt beendet ist, sind in Spalte 4 und 5 roth zu unterstreichen. Tritt eine Aenderung in der Rechnungslegung ein, so ist die in Spalte 6 zuerst gemachte Notiz roth zu durchstreichen. In gleicher Weise ist bei Beendigung der Sache zu verfahren.

Formular II.*)

Nachweisung zu Vormundschafts- und Pflegschaftsakten.

Aktenzeichen .....

1.	Vor- und Familienname, Stand und Wohnort oder Aufenthaltsort des Vaters oder der unehelichen Mutter der minderjährigen Mündel, sowie der Todestag des Vaters.	
2.	Vor- und Familienname und Geburtstag der Mündel, bei großjährigen Mündeln auch deren Stand und Wohnort oder Aufenthaltsort, bei Nachlaßpflegschaften auch Stand und letzter Wohnort oder Aufenthaltsort des Erblassers und an Stelle des Geburtstages der Todestag desselben.	
3.	Name, Stand und Wohnort des Vormundes oder Pflegers und des Gegenvormundes.	
4.	Ist der Waisenrath benachrichtigt?	
5.	Ist das Vermögensverzeichniß eingereicht?	
6.	Gehören zum Vermögen der Mündel Inhaber- oder dergleichen Werthpapiere? Sind dieselben hinterlegt oder außer Kurs gesetzt?	
7.	Hat der Vormund oder Pfleger Sicherheit bestellt?	
8.	Hat der Vormund oder Pfleger Rechnung zu legen und in welchen Zeitabschnitten?	
9.	Für welche Zeit und wann ist Rechnung gelegt oder eine Uebersicht des Vermögensbestandes eingereicht?	
10	Wann ist die letzte Rechnung geprüft?	
11.	Rücksichtlich welcher Mündel ist die Schlußrechnung gelegt?	
12.	Bemerkungen.	

*) Anmerkungen (amtliche): 1) Zu dem Formular ist ein halber Bogen zu verwenden †), auf dessen beiden Seiten den einzelnen Spalten ein entsprechender Raum zuzutheilen ist.
2) Diejenigen Spalten, deren Inhalt auf dem Aktendeckel angegeben wird, brauchen nicht aufgenommen zu werden.
3) In der Spalte „Bemerkungen" ist insbesondere anzugeben, ob ein Familienrath bestellt ist und aus welchen Mitgliedern derselbe besteht.
4) Bei den Eintragungen ist die betreffende Stelle der Akten zu bezeichnen.

†) Da ein halber Bogen oft keinen genügenden Raum läßt, wäre es zweckmäßiger, wenn ein ganzer Bogen zu dem Formular verwendet würde.

2. Von den außer der vorstehenden ausschließlich für Vormundschaftssachen erlassenen Anordnung[1]) theils ebenfalls blos Vormundschaftssachen betreffenden, theils sich auch auf andere Rechtsangelegenheiten beziehenden Vorschriften sind besonders folgende hervorzuheben[2]):

a) Die allgemeinen Bestimmungen der §§. 1—20 der Geschäftsordnung für die Gerichtsschreibereien der Amtsgerichte vom 1. August 1879 nebst deren Ergänzungen und Abänderungen[3]) finden auch auf die Vormundschaftssachen Anwendung (§. 40 Abs. 1 daselbst). Daneben sind die bisher geltenden Bestimmungen über die Führung von Büchern, Registern und Listen und über die sonstigen den Beamten übertragenen Arbeiten auch ferner zu befolgen (§. 40 Abs. 2 ebenda), jedoch bezieht sich dies nicht auf das früher geführte Journal, vielmehr ist dieses weggefallen[4]). Dagegen ist hierdurch das im §. 3 der allgemeinen Verfügung vom 20. November 1875 angeordnete Register aufrecht erhalten. Eingangsregister, Geschäftskalender u. s. w. werden übrigens selbstverständlich nicht für die Vormundschaftssachen besonders, sondern für die sonstigen in der Gerichtsschreiberei oder der betreffenden Gerichtsschreiberei-Abtheilung bearbeiteten Angelegenheiten mitgeführt.

Zu den Vormundschaftsakten werden auch die Akte der freiwilligen Gerichtsbarkeit, die, wie das Anerkenntniß der Erzeugung eines unehelichen Kindes, keine weitere Verwendung finden, sowie die Verhandlungen über Erbauseinandersetzungen, bei denen ein Mündel betheiligt ist, genommen werden können, und zwar diese sowohl wenn die Auseinandersetzung keine eigentlich gerichtliche gewesen ist, sondern die Verhandlungen über dieselbe von dem Vormundschaftsrichter als solchem geführt worden sind, als auch wenn eine eigentlich gerichtliche Nachlaßregulirung stattgefunden hat, im letzteren Falle natürlich aber nur, wenn der Vormundschaftsrichter zugleich Nachlaßrichter ist. Diese Verbindung der Nachlaßregulirungs-Verhandlungen mit den Vormundschaftsakten ist durchaus zweckmäßig, da es sonst wegen des Zusammenhangs der Sachen und der Gemeinschaftlichkeit vieler Schriftstücke, z. B. der Personenstandsurkunden, des Vermögensverzeichnisses u. dgl., entweder der theilweisen Abschreibung der Nachlaßakten zu den Vormundschaftsakten und umgekehrt oder einer fortwährenden Beifügung der einen bei den anderen bedarf, und steht ihr der Umstand, daß die Nachlaßregulirungen und Erbauseinandersetzungen nicht zu den Geschäften des Vormundschaftsrichters als solchen gehören, umsoweniger entgegen, als die grundsätzliche Vereinigung der materiellen Bearbeitung der Vormundschaftssachen und der Nachlaßsachen in der Hand desselben Richters[5]) von selbst auch zu einer formellen Vereinigung der zusammengehörigen

---

[1]) Verschiedene andere gleicher Art, wie z. B. die Verfügung vom 30. November 1875 betr. den Gebrauch der Gerichtssiegel in Vormundschaftssachen (Just. Min. Bl. 1875 S. 246), sind in Folge der veränderten Gerichtsverfassung beseitigt.

[2]) Siehe auch oben §. 15 S. 57 u. 58, §. 83 Anm. 4 S. 331 und §. 91 Anm. 17 S. 377.

[3]) Z. B. also den Verfügungen vom 5. April 1881 und 31. Oktober 1881 (Just. Min. Bl. 1881 S. 66 u. 257).

[4]) Allg. Verfügung vom 13. November 1879 (Just. Min. Bl. 1879 S. 452).

[5]) Siehe oben §. 15 S. 56 u. 57 bei Anm. 7.

Schriftstücke in demselben Aktenstücke führt[6]). Hat eine eigentlich gerichtliche Nachlaßregulirung stattgefunden, so muß diese natürlich in das Nachlaßregister unter Hinweis auf die Verbindung der Nachlaßakten mit den Vormundschaftsakten eingestellt werden.

Ist eine Vormundschaft oder Pflegschaft nur die Fortsetzung einer vorausgegangenen Vormundschaft oder Pflegschaft, wie dies bei Großjährigen und neugeborenen Kindern vorkommen kann, so sind nicht neue Akten anzulegen, sondern nur die bisherigen unter Ergänzung des Registers durch die bezüglichen Vermerke fortzuführen[7]).

b) Wenn nach den darüber maßgebenden Vorschriften die Vormundschaft oder Pflegschaft beendet und Alles, was darauf seitens des Gerichts noch zu veranlassen ist, geschehen ist, insbesondere also die Entlastung stattgefunden hat und die Bestallungen zurückgegeben sind, so ist gemäß §. 7 Abs. 5 der Geschäftsordnung für die Gerichtsschreibereien der Amtsgerichte vom Vormundschaftsrichter die Weglegung der Akten und dabei die Dauer ihrer Aufbewahrung zu verfügen. Letztere beträgt vom Tage der erreichten Großjährigkeit bezw. erfolgten Großjährigkeitserklärung des letzten Pflegebefohlenen oder der sonstigen Beendigung der Vormundschaft oder Pflegschaft über denselben[8]) ab 10 Jahre, und wenn eine Vermögensverwaltung nicht stattgefunden hat, 5 Jahre. Ausgeschlossen bleiben von der Vernichtung Erbrezesse und die Verhandlungen über Anerkennung derselben sowie die Verhandlungen betreffend die Anerkennung der Vaterschaft unehelicher Mündel und sonstige ausnahmsweise bei den Vormundschaftsakten etwa noch vorkommende Akte der freiwilligen Gerichtsbarkeit[9]).

---

[6]) Gegen die letztere Vereinigung zuerst Kurlbaum a. a. O. S. 250 unter Nr. IV und ihm folgend meist die Kommentatoren, z. B. Anton Anm. 4a zu §. 1 unter g S. 57 und Philler Anm. 316 zu §. 70 S. 137. Für die Vereinigung besonders Lyon, Geharnischte Streifzüge in die Vormundschaftsordnung, S. 114 ff. Dieselbe galt früher im Gebiet des A. L. R. als selbstverständlich und enthält die V. O. und deren Anwendung nichts, was zu einem Abgehen von dieser alten und wohlbewährten Praxis veranlassen könnte, wenigstens nicht, seitdem die Verschiedenheit der Vormundschafts- und Nachlaßsachen nicht mehr bis zu einer Trennung der Personen der sie bearbeitenden Richter durchgeführt wird, was in der ersten Zeit nach dem Inkrafttreten der V. O. vielfach als das richtige angesehen und, soweit es thatsächlich möglich war, bewirkt wurde.

Sollte die Frist für die Vernichtung der Vormundschaftsakten kürzer sein, als die für die mit ihnen vereinigten Akte der freiwilligen Gerichtsbarkeit und Nachlaßregulirungs-Verhandlungen bestimmte, so sind diese selbstredend noch länger aufzubewahren (siehe nachstehend unter b), so daß sich gegen die Vereinigung auch nicht einwenden läßt, daß bei ihr eine zu frühe Vernichtung der letztgedachten Schriftstücke eintritt.

Werden durch dieselbe die Akten zu dick, so ist einfach zu geeigneter Zeit, z. B. nach Beendigung der Auseinandersetzung und mit dem Beginn der bloßen vormundschaftlichen Verwaltung, ein neuer Band anzulegen.

[7]) Kurlbaum a. a. O. S. 251 unter Nr. IV a. E.

[8]) Arndts u. Leonhard, S. 154 Anm. 591.

[9]) Allg. Verfügungen vom 24. Juni 1848, 26. Mai 1862 und 15. Oktober 1864 (Just. Min. Bl. 1848 S. 224, 1862 S. 170 und 1864 S. 278), welche noch gelten, da die allg. Verfügung vom 22. September 1879 (Just. Min. Bl. 1879 S. 376) insoweit nicht Platz greift.

c) Die Gerichtsferien haben auf die Vormundschaftssachen an sich keinen Einfluß, die Bearbeitung der letzteren kann aber während der Ferien unterbleiben, soweit das Bedürfniß einer Beschleunigung nicht vorhanden ist[10]).

Vorstehendes gilt auch für die Bearbeitung der Beschwerden und weiteren Beschwerden in Vormundschaftssachen.

---

[10]) §. 91 des Ausführungsgesetzes vom 24. April 1878 zum deutschen Gerichtsverfassungsgesetz.

Sachregister.

Die größeren Zahlen verweisen auf die Seiten des Textes, die kleineren auf die Anmerkungen.

Druckfehler und Nachträge aus der Zeit während des Drucks.

Zu S. 33. Ein im Just. Min. Bl. von 1885 S. 346 abgedrucktes Urtheil des Reichsgerichts vom 17. November 1884 nimmt, ohne die Fortgeltung oder Aufhebung des §. 159 II. 2 und der §§. 984 ff. II. 18 A. L. R. zu erörtern, an, daß der §. 160 II. 2 A. L. R. nicht aufgehoben sei, weil er eine Vorschrift über die Entziehung des väterlichen Verwaltungsrechts enthalte und sich als eine von den in Geltung gebliebenen Bestimmungen darstelle, welche die Rechte des Vaters an dem Vermögen der Kinder als Ausfluß der väterlichen Gewalt regeln.

Der §. 160 dürfte aber von dem §. 159 nicht zu trennen und über seine Fortgeltung nur in Verbindung mit der des §. 159 zu entscheiden sein. Ist die nach dem letzteren dem Vater zustehende Verwaltung eine vormundschaftliche und nicht eine auf der väterlichen Gewalt beruhende, so enthält die Vorschrift des §. 160 die Entziehung nicht sowohl eines väterlichen, als vielmehr eines vormundschaftlichen Verwaltungsrechts, denn der Vater kommt bei demselben dann eben nicht als solcher, sondern als Kurator in Betracht, und hat sie in diesem Falle den §. 87 V. O. ohne weiteres ersetzt und nicht blos, wie das citirte Urtheil weiter ausspricht, unmittelbar im Sinn.

S. 49 Zeile 16 lies: „gemeinsame“ statt „gemeinsamen“.

S. 50 Zeile 1 lies: „der ersteren“ statt „dem ersteren“.

S. 51 ist den nur oder doch vorwiegend zum Gebrauch für Vormünder u. s. w. bestimmten Erläuterungen und Besprechungen der V. O. noch das inzwischen erschienene Buch: Waisenrath und Vormund in der Stadt und auf dem Lande, von einem preußischen Vormundschaftsrichter, nebst einem Anhange, enthaltend Muster zur Inventur und Rechnungslegung, Hannover 1885, hinzuzufügen, außerdem noch als ein lediglich für die Zwecke der praktischen Handhabung der V. O. berechnetes Hülfsbuch zu nennen: Kurtz, Anleitung zur Bearbeitung der Vormundschafts-, Nachlaß- und Testamentssachen mit den einschlägigen gesetzlichen Bestimmungen, Breslau 1885.

Zu S. 52. Bd. 4 des Kommentars zum Allg. Landrecht von Rehbein u. Reincke ist inzwischen in dritter Auflage (1885) erschienen. Der Kommentar der V. O. befindet sich daselbst S. 786—816.

S. 85 Anm. 16 ist hinzuzufügen: sowie über die Anwendbarkeit des art. 1304 code civil auf Rechtshandlungen, welche der erforderlichen Genehmigung des Familienrathes bezw. des Gerichts entbehren, das Urtheil des Reichsgerichts vom 13. Juni 1884 in dessen Entscheidungen in Civilsachen Bd. 12 S. 332.

S. 90 Zeile 20 lies: „die Unterschrift" statt „der Unterschrift".

S. 103 ist der Anm. 4 hinzuzufügen: und unter den am Schlusse des Jahres 1884 anhängig gebliebenen 1 268 128 Vormundschaften und Pflegschaften sogar nur 225 Vormundschaften mit Familienrath (Just. Min. Bl. von 1884 S. 174 u. 175 und von 1885 S. 276 u. 277).

Zu S. 123 Nr. 2, 213 Nr. 2 und 229 Nr. 2. Behufs besserer Anwendung der Vorschrift über die Berücksichtigung des religiösen Bekenntnisses des Mündels bei der Auswahl des Vormunds ist durch Cirkular-Verfügung des Justizministers vom 11. Juli 1885 den Amtsgerichten die Anweisung ertheilt worden, daß sie in den gemäß §. 53 Abs. 2 der V. O. ergehenden Requisitionen dem Waisenrathe die Religion des Mündels angeben oder ihn um deren Ermittelung angehen, unter allen Umständen aber ihn auf die Bestimmung des §. 19 Abs. 2 der V. O., wonach bei der Auswahl des Vormundes auf das religiöse Bekenntniß des Mündels Rücksicht zu nehmen ist, aufmerksam machen, und ist ferner durch gleichfalls nur im Cirkularwege mitgetheilten Erlaß der Minister des Innern und der geistlichen, Unterrichts- und Medizinal-Angelegenheiten vom 31. Juli 1885 angeordnet worden, daß die Standesbeamten in den Anzeigen, welche sie gemäß §. 16 Abs. 2 der V. O. den Gerichten über die eingetretene Nothwendigkeit einer Vormundschaftseinleitung machen, einen Vermerk über die ihnen aus der Geburts- oder Sterbe-Urkunde bekannte Religion des Vaters oder der Mutter beifügen.

S. 129 Anm. 2 ist „l. 24" statt „l. 22" zu lesen und hinzuzufügen: Vgl. Entscheidungen des Reichsgerichts in Civilsachen Bd. 12 S. 150.

S. 147 Anm. 15 Zeile 2 lies: „Gegenvormundschaft" statt „Vormundschaft".

S. 164 Zeile 1 ist zwischen „341" und „343" das Zeichen: — einzuschalten.

S. 172 Anm. 20 Zeile 14 ist zwischen „1884" und „im" einzuschalten: in dessen Entscheidungen in Civilsachen Bd. 11 S. 324 und.

Zu S. 267. Vgl. darüber, daß die von dem Vormund für den Mündel abgeschlossenen Rechtsgeschäfte und für denselben vorgenommenen Rechtshandlungen auch im Sinne des §. 3 Ziffer 2 des Anfechtungsgesetzes vom 21. Juli 1879 (R. G. Bl. 1879 S. 277) als Verträge und Rechtshandlungen des Mündels betrachtet werden müssen, das Urtheil des Reichsgerichts vom 10. Oktober 1884 in dessen Entscheidungen in Civilsachen Bd. 12 S. 66.

Zu S. 294 §. 74. Vgl. darüber, daß der Mündel, soweit er sich selbständig verpflichten kann und bei der Begründung von Ansprüchen nicht durch den Vormund vertreten wird, also bei Ansprüchen aus einem Erwerbsgeschäft, zu dessen selbständigem Betriebe, und aus einem Arbeits- oder Dienstverhältniß, zu dessen Eingehung er die erforderliche Genehmigung erhalten hat, ferner aus einem Heuervertrage, aus dem Fortdienen im stehenden Heere und aus der Annahme von Vorlesungen (vgl. oben §. 44 S. 176 ff., insbesondere auch Anm. 11 S. 178, und §. 6 der Seemannsordnung vom 27. Dezember 1872, oben §. 63 Anm. 28 S. 255), auch bei deren Geltendmachung im Civilprozeß nicht durch den Vormund vertreten wird, sondern selbst prozeßfähig ist, die — noch nicht vollendete — Abhandlung von Fuchs, Ueber den Umfang der Erweiterung der Prozeß- und Dispositionsfähigkeit der Minderjährigen infolge der Vorschrift des §. 51 al. 1 der Civilprozeßordnung, in den Beiträgen Bd. 29 S. 590 ff.

S. 306 Anm. 23 ist als Schluß des von Brünneck'schen Aufsatzes hinzuzufügen: und S. 465 ff.

S. 328 Anm. 24 ist hinzuzufügen: Vgl. auch Entscheidungen des Reichsgerichts in Civilsachen Bd. 12 S. 331.

Zu S. 350 und 354 Nr. 7. Durch die allgemeine Verfügung des Justizministers vom 10. November 1885, betr. die Außerkurssetzung ausländischer Werthpapiere (Just. Min. Bl. 1885 S. 364) sind unter Erinnerung an die allgemeine Verfügung vom 19. Januar 1872 (Just. Min. Bl. 1872 S. 22), welche die Vorschrift, wonach alle in die gerichtlichen Depositorien gelangenden Werthpapiere auf Inhaber in den Fällen außer Kurs gesetzt werden sollten, in welchen die Wiederinkurssetzung von dem Gericht bewirkt werden konnte, für die ausländischen Inhaberpapiere ausschloß, und weil erfahrungsmäßig die Verkäuflichkeit ausländischer Werthpapiere durch Außerkurssetzungsvermerke dauernd beeinträchtigt und ihre Umlaufsfähigkeit durch eine nach Maßgabe der Landesgesetze bewirkte Wiederinkurssetzung nicht wiederhergestellt werde, die Vormundschaftsgerichte darauf hingewiesen worden, daß die nach §. 60 der V. O. gestattete Anordnung der Außerkurssetzung bei ausländischen Werthpapieren zu vermeiden ist, und ist empfohlen, die mit der Verwaltung solcher Werthpapiere betrauten Vormünder und Pfleger in den geeigneten Fällen auf die mit der Außerkurssetzung verbundenen Nachtheile und Gefahren aufmerksam zu machen.

G. Pätz'sche Buchdr. (Otto Hauthal) in Naumburg a/S.

FSC
www.fsc.org
MIX
Papier | Fördert gute Waldnutzung
FSC® C083411

Kolibri 360 GmbH
Ferdinand-Jühlke-Straße 7
99095 Erfurt, Deutschland
produktsicherheit@kolibri360.de